应用型本科院校通用教材

企业营销策划

张延斌　编著

南开大学出版社

天　津

图书在版编目(CIP)数据

企业营销策划 / 张延斌编著. —天津：南开大学出版社，2016.8(2022.3 重印)
应用型本科院校通用教材
ISBN 978-7-310-04978-3

Ⅰ. ①企… Ⅱ. ①张… Ⅲ. ①企业管理－营销策划－高等学校－教材 Ⅳ. ①F274

中国版本图书馆 CIP 数据核字(2015)第 220639 号

企业营销策划
QIYE YINGXIAO CEHUA

南开大学出版社出版发行
出版人:陈　敬
地址:天津市南开区卫津路 94 号　邮政编码:300071
营销部电话:(022)23508339　营销部传真:(022)23508542
https://nkup.nankai.edu.cn

天津午阳印刷股份有限公司印刷　全国各地新华书店经销
2016 年 8 月第 1 版　2022 年 3 月第 2 次印刷
260×185 毫米　16 开本　24.75 印张　629 千字
定价:66.00 元

如遇图书印装质量问题,请与本社营销部联系调换,电话:(022)23508339

前　言

企业营销策划是以培养学生实际操作能力为主要目的的课程，也是整个企业管理系统中的重要组成部分，涉及管理学和经济学的很多领域。企业营销策划与营销基础课程的关系在于，营销基础课程侧重于营销相关理论的阐述，说明企业营销活动都涉及哪些方面，应该怎样做和为什么这样做，而企业营销策划则侧重于说明企业的营销策划者应该怎样做营销计划和如何“导演”与实现制订出来的营销计划。

本教材是应用型本科院校通用教材，通过本课程的讲授与训练，使学生达到知识和技能两方面的目标：在知识方面，使学生了解并掌握企业营销策划的基本概念、基本理论，了解市场经济条件下，营销策划的重要性。在技能方面，系统地学习和掌握营销策划的基本原则和方法，从中体会并掌握企业营销策划的技巧和方法，能在一定条件下，有效地进行一般营销项目的策划工作。

根据课程目标，本教材突出了以下几点特色。

第一，案例教学。教材中每一章节都采用大量的案例，能形象生动地使学生理解知识点，掌握章节要点。

第二，操作性强。本教材对于专业理论方面的知识运用简单易懂的语言进行分析与解释，并且每一章节都附有案例训练。在每章的能力培养技能方面采用的均是操作性的问题与技能练习。

第三，本土化。充分结合中国的政治、经济、社会与文化环境等对我国企业营销活动的影响，结合中国的国情与中国企业的思考方式来编排课程的内容。尽可能地采用适合中国本土企业的案例来对学生进行训练。

本书共 16 章，分为 5 个部分。

第 1 部分为营销策划基础，包括企业营销策划概论，营销策划理念与策划的基本方法介绍，以及营销策划很关键的创意部分。

第 2 部分为营销策划流程，包括市场营销调研，营销策划程序与文案的撰写与注意事项。

第 3 部分从战略的角度介绍营销策划的环境分析、竞争分析以及市场定位。

第 4 部分从战术的角度介绍产品价格策划、渠道策划、广告策划等方面的具体策划。

第 5 部分介绍了现在常用的一些策划活动，包括关系营销策划、网络与会展等常用的营销策划。

在教学和自学过程中，教师或学生可以灵活使用本教材内容。国内一些高校从事营销策划教学的教师参加了本书的编写工作，具体编写分工如下：张延斌（郑州大学西亚斯国际学院）编写第 1、2 章，李静（郑州大学西亚斯国际学院）编写第 3、8、9 章，薛熹（郑州大学西亚斯国际学院）编写第 4、5、12 章，赵国甫（郑州大学西亚斯国际学院）编写第 6、7 章，马强（郑州大学西亚斯国际学院）编写第 10、11 章，孙楠楠（郑州成功财经学院）编写第 13、14、15、16 章。由于编者的学识与经验有限，书中难免有错误与疏漏，敬请读者不吝赐教。最后，感谢所有参编人员以及南开大学出版社编辑的辛苦劳作。

目 录

第 1 章　营销策划概论

学习目标

1. 理解市场营销、策划和市场营销策划的含义
2. 了解市场营销策划所包含的内容
3. 掌握策划与计划的关系
4. 了解营销策划未来的发展方向

实践中的营销策划

海尔洗衣机“无所不洗”

创立于 1984 年的海尔集团，经过多年的持续发展，现已成为享誉海内外的大型国际化企业集团。1984 年海尔只生产单一的电冰箱，而目前它拥有白色家电、黑色家电、米色家电在内的 96 大门类 15100 多个规格的产品群。海尔的产品出口到世界 160 多个国家和地区。2003 年，海尔全球营业额实现 806 亿元。2003 年，海尔蝉联中国最有价值品牌第一名。2004 年 1 月 31 日，世界五大品牌价值评估机构之一的世界品牌实验室编制的《世界最具影响力的 100 个品牌》报告揭晓，海尔排在第 95 位，是唯一入选的中国企业。2003 年 12 月，全球著名战略调查公司 Euro monitor 公布了 2002 年全球白色家电制造商排序，海尔以 3.79%的市场份额跃升至全球第二大白色家电品牌。2004 年 8 月《财富》中文版评出最新“中国最受赞赏的公司”，海尔集团紧随 IBM 中国有限公司之后，排名第二位。

冰箱、空调、洗衣机等产品属于白色家电。作为在白色家电领域最具核心竞争力的企业之一，海尔有许多令人感慨和感动的营销故事。1996 年，四川成都的一位农民投诉海尔洗衣机排水管老是被堵，服务人员上门维修时发现，这位农民用洗衣机洗地瓜（南方又称红薯），泥土大，当然容易堵塞。服务人员并不推卸自己的责任，而是帮顾客加粗了排水管。顾客感激之余，埋怨自己给海尔人添了麻烦，还说如果能有洗红薯的洗衣机，就不用烦劳海尔人了。农民兄弟的一句话，被海尔人记在了心上。海尔营销人员调查四川农民使用洗衣机的状况时发现，在盛产红薯的成都平原，每当红薯大丰收的时节，许多农民除了卖掉一部分新鲜红薯，还要将大量的红薯洗净后加工成薯条。但红薯上沾带的泥土洗起来费时费力，于是农民就动用了洗衣机。更深一步地调查发现，在四川农村有不少洗衣机用过一段时间后，电机转速减弱、电机壳体发烫。向农民一打听，才知道他们冬天用洗衣机洗红薯，夏天用它来洗衣服。这令张瑞敏萌生了一个大胆的想法：发明一种洗红薯的洗衣机。1997 年海尔为该洗衣机立项，成立以工程师李崇正为组长的四人课题组，1998 年 4 月投入批量生产。洗衣机型号为 XPB40-DS，不仅具有一般双桶洗衣机的全部功能，还可以洗地瓜、水果甚至蛤蜊，价格仅

为 848 元。首次生产了 1 万台投放农村，立刻被一抢而空。

一般来讲，每年的 6 月至 8 月是洗衣机销售的淡季。每到这段时间，很多厂家就把促销员从商场里撤回去了。张瑞敏纳闷儿：难道天气越热，出汗越多，老百姓越不洗衣裳？调查发现，不是老百姓不洗衣裳，而是夏天里 5 千克的洗衣机不实用，既浪费水又浪费电。于是，海尔的科研人员很快设计出一种洗衣量只有 1.5 千克的洗衣机——小小神童。小小神童投产后先在上海试销，因为张瑞敏认为上海人消费水平高又对产品质量要求高。结果，上海人马上认可了这种世界上最小的洗衣机。该产品在上海热销之后，很快又风靡全国。在不到两年的时间里，海尔的小小神童在全国卖了 100 多万台，并出口到日本和韩国。张瑞敏告诫员工说："只有淡季的思想，没有淡季的市场。"

在西藏，海尔洗衣机甚至可以合格地打酥油。2000 年 7 月，海尔集团研制开发的一种既可洗衣又可打酥油的高原型"小小神童"洗衣机在西藏市场一上市，便受到消费者欢迎，从而开辟出自己独有的市场。这种洗衣机三个小时打制的酥油，相当于一名藏族地区妇女三天的工作量。藏族同胞购买这种洗衣机后，从此可以告别手工打酥油的繁重劳动。在 2002 年举办的第一届合肥"龙虾节"上，海尔推出的一款"洗虾机"引发了难得一见的抢购热潮，上百台"洗虾机"不到一天就被当地消费者抢购一空，更有许多龙虾店经营者纷纷交订金预约购买。这款海尔"洗虾机"因其巨大的市场潜力被安徽卫视评为"市场前景奖"。每年 5 月的安徽，是当地特产龙虾上市的季节，龙虾是许多消费者喜爱的美味。每到这个季节，各龙虾店大小排档生意异常火爆，仅合肥大小龙虾店就有上千家，每天要消费龙虾近 2.5 万千克。但龙虾好吃清洗难的问题一直困扰着当地龙虾店的经营者。因为龙虾生长在泥湾里，捕捞出来时浑身是泥，清洗异常麻烦，一般的龙虾店一天要用 2～3 人专门手工刷洗龙虾，但常常一天洗的虾，不及几个小时卖得多，并且，人工洗刷费时又费力，还增加了人工成本。针对这一潜在的市场需求，海尔洗衣机事业部利用自己拥有的"大地瓜洗衣机"技术，迅速推出了一款采用全塑一体桶、宽电压设计的可以洗龙虾的"洗虾机"，不但省时省力、洗涤效果非常好，而且价格定位也较合理，极大地满足了当地消费者的需求。过去洗 2 千克龙虾一个人需要 10～15 分钟，现在用"洗虾机"只需要三分钟就可以搞定。

"听说你们的洗衣机能为牧民打酥油，还给合肥的饭店洗过龙虾，真是神了！能洗荞麦皮吗？"2003 年的一天，一个来自北方某枕头厂的电话打进了海尔总部。海尔洗衣机公司在接到用户需求后，仅用了 24 小时，就在已有的洗衣机模块技术上，创新地推出了一款可洗荞麦皮枕头的洗衣机，受到用户的极力称赞，更成为继海尔洗地瓜机、打酥油机、洗龙虾机之后，在满足市场个性化需求上的又一经典之作。明代医学家李时珍在《本草纲目》中有一则"明目枕"的记载："荞麦皮、绿豆皮……菊花同作枕，至老明目。"在我国，人们历来把荞麦皮枕芯视为枕中上品。荞麦皮属生谷类，具有油性，而且硬度较高，如果不常洗或者晒不干又容易滋生细菌，但荞麦皮的清洗与干燥特别费劲，因为荞麦皮自身体积微小，重量极轻，很难晾晒，如果在户外晾晒更容易被风刮走。荞麦皮的清洗和晾晒问题就成了荞麦皮枕头厂家及消费者的一大难题。海尔开发的这款既可以家庭洗衣，又可以用来洗荞麦皮枕头的"爽神童"洗衣机，除了洗涤、脱水等基本功能外，还独有高效的 PTC 转动烘干、自然风晾干两种干燥技术，同时专门设计了荞麦皮包装洗涤袋，加上海尔独有的"抗菌"技术，非常圆满地解决了荞麦皮枕头的清洗、干燥难题。

专家指出，目前洗衣机市场已进入更新换代、需求快速增长期。始终靠技术创新领先市场的海尔，通过多年以来的技术储备和市场优势的积累，在快速启动的洗衣机市场上占尽先机。世界第四种洗衣机——海尔“双动力”是海尔根据用户需求，为解决用户对波轮式、滚筒式、搅拌式洗衣机的抱怨而创新推出的一款全新的洗衣机，由于集合了洗得净、磨损低、不缠绕、15 分钟洗好大件衣物、省水省时各一半等优点于一身，迎合了人们新的洗衣需求，产品上市一个月就创造了国内高端洗衣机销量、零售额第一名的非常业绩，成为国内市场上升最快的洗衣机新品，在第 95 届法国列宾国际发明展览会上一举夺得了世界家电行业唯一发明金奖。

赛诺市场研究公司 2004 年 4 月份统计数据显示，海尔洗衣机市场份额继续高居全国第一，尤其在我国华北、东北、华东、西北、中南、西南这六大地区市场上分别稳居第一，且与竞争对手的距离进一步拉大。在西北地区，海尔洗衣机的市场份额已接近 40%，超出第二名近三倍；在其他五大地区，海尔洗衣机的市场份额也都有明显上升，均超出了第二名近两倍。

资料来源：作者根据互联网相关资料进行整理。

评述

企业不断高速发展，风险非常大，好比行驶在高速公路上的汽车，稍微遇到一点障碍就会翻车。要想不翻车，唯一的选择就是要不断创新。创新就是要不断战胜自己，也就是确定目标，不断打破现有平衡，再建立一个新的不平衡；在新的不平衡的基础上，再建一个新的平衡。

创新也有风险，但并不是说不创新就没有风险，不创新风险会更大，等待只有死路一条。

海尔的价值观是什么？只有两个字：创新。

企业营销策划的核心价值是什么？也只有两个字：创新。再加一句话，站在顾客视角不断创新。

1.1　营销

1.1.1　市场的含义

从市场营销的角度来看，市场是由一切具有特定欲望和需求并且愿意和能够以交换来满足这些需求的潜在顾客组成。从销售的角度来说，市场包括三个要素：有某种需要的人（购买者）、满足某种需要的购买能力和购买欲望。

用公式表示：市场=人口×购买能力×购买欲望。

市场营销在一般意义上可理解为与市场有关的人类活动。伴随着营销理论与实践的不断创新，营销的概念在不同时期有不同的主流表述。美国市场营销协会在 2004 年的定义是：“营销既是一种组织职能，也是为了组织自身及利益相关者的利益而创造、传播、传递顾客价值、管理顾客关系的一系列过程。”

著名营销学家菲利普·科特勒（Philip Kotler）教授给营销下的定义是：市场营销是个人和集体通过创造、提供、出售、并同别人自由交换产品和价值，来获得其所需所欲职务的社会过程。

根据这一定义，可以将市场营销概念具体归纳为下列要点：

（1）市场营销的基本目标是“获得、保持和增加顾客”。

（2）“交换”是市场营销的核心。市场营销的基本业务就是在交换过程中“创造、传播和传递更高的顾客价值”。

（3）交换过程能否顺利进行，取决于营销者创造的产品和价值满足顾客需求的程度，以及对交换过程管理的水平。

小案例 1-1

“马狮”立于不败之地的秘决

最初英国的马狮公司是一个小百货店，现已成为英国第一大百货公司，在本国拥有 260 家商店，4.6 万多名员工，在国外还有 7 家分公司。如今，马狮已成为世界著名的成功企业，被世界经济学界称为“世界最经营有术的企业”。

马狮独特的经营方式是其所有的商品，无论是服装、鞋类、日用品或食品、酒类都是一个牌子——“圣米高”。单一的品牌，顾客没有选择的余地，为什么还能吸引众多的消费者呢？关键在于“圣米高”这个牌子本身就是高品质的象征，是物美价廉的代名词，因此对顾客有强大的吸引力。同时，马狮还注意在营销中把握好以下几个环节。

（1）一般零售商是按照市场的销售情况向制造商购买已经制造出来的商品，而马狮公司则是按照市场的需求来决定生产什么商品，然后向制造商订制，并标以“圣米高”的商标。

（2）为了使商品适时地推出，以适应顾客的消费潮流，马狮要求所有高层的人员亲自做市场调查，捕捉顾客的消费心态，预测市场动向。马狮公司经营的每类货品都由一个采购组负责，详细进行市场研究和制定产品规划，然后将产品进行试销，观察反映，根据市场需要改进或推出商品。当产品成为适销产品时，采购组对产品还要经常加以评估，以尽量延长其寿命。当某些产品销路不畅时，公司会毫不惋惜地立即将其撤离市场，为畅销的新产品让路。

（3）公司从认识顾客所需出发，确定满足顾客需要的标准，并坚决达到目标，为顾客提供全新的服务。

资料来源：世界营销绝妙点子 800 例，营销管理资源，http://www.qywd.com/。

1.1.2 营销的本质

企业的市场营销活动只有从市场营销的本质出发进行策划、实施，才能取得营销活动的最大预期效果。违背市场营销的本质实施市场营销活动，有可能取得短期的经济效益，但最终会失败得很惨。在实施市场营销活动前，企业必须明确市场营销活动的本质。企业只有遵循市场营销的本质开展营销活动，才能取得企业的长盛不衰。我国企业还需要更加自觉地遵循这一根本。

市场营销是企业经营管理活动的中心。市场营销的成败决定企业的生存与发展。决定企业市场营销活动成败的关键是企业营销活动的出发点，即指导企业营销活动的指导思想。而指导思想应该符合市场营销的本质。

对市场营销本质的认识是一个不断发展的过程，市场营销观念或市场营销哲学的变化基本反映了这个过程。市场营销观念的核心是企业如何处理企业、顾客、社会三者的利益。市场营销观念从生产观念开始，经过了推销观念、市场营销观念、生态营销观念、社会市场营销观念、绿色营销观念、大市场营销观念、4C 营销观念等。市场营销观念的不同阶段，对市场营销本质的认识是不同的。虽然没有证据表明在生产观念、推销观念阶段对市场营销本质的认识有具体表述，但我们可以总结出，争取获得最大的企业利益是营销的本质。市场营销观念阶段，“以消费者为中心实现利益上的双赢”是市场营销的本质，即只有先满足顾客的需求才能实现企业的利益。

随着企业生产规模的扩大、企业数目的急剧增长、生产力水平的大幅提高，企业生产中对自然资源的掠夺性开发和使用造成了自然资源的大量浪费和环境污染，致使人类的生存和发展受到了威胁。王曼莹在哈佛大学教授马尔康·麦克纳尔“市场营销是创造与传递生活标准给社会”的市场营销本质概括基础上，提出了“发展循环经济实现人类社会可持续发展，为社会创造和传递新的生活标准，是对现代市场营销最本质最深刻的揭示”观点。研究者对市场营销本质的认识，一方面反映了社会营销观念对社会长远利益的关注，另一方面反映了企业的市场营销活动不仅要提供给顾客所需的物美价廉的商品，更要引导消费者进行健康消费，不断提高消费的质量，改善生活品质。

中国经济进入 21 世纪，市场的国际化，产品的同质化，企业数量的大量增长，国外大型企业的强劲竞争，加之消费者消费观念的日渐成熟，使得企业间的竞争加剧。中国企业充分认识到了品牌对企业的重要性，通过广告手段不断提升品牌的知名度。但高知名度不会给企业带来利益。企业的利益需要品牌的高信誉度、高美誉度作为支撑，但这不是仅靠广告能够实现的。企业的营销活动基本上还处于“以消费者为中心实现利益上的双赢”阶段。可以说，在“为社会创造和传递新的生活标准”方面，我们的企业还处于一种朦胧状态，目标还不明确，营销活动的计划性、目的性不强。

在“为社会创造和传递新的生活标准”方面，消费品制造企业应该是先锋队。消费品制造领域的高科技企业和服务企业正在通过不断的产品创新和广告等促销活动做着努力，但这仅仅是开始。综合媒体的各种产品和服务的广告宣传，一幅新的生活方式的画面展现在我们眼前：典型的白领，年龄在 30 岁以上，拥有域外风情或乡土风情装饰风格的大面积住宅，穿着高档西装或休闲装，有私家车，舒适的工作环境和紧张的工作状态，闲暇时出入于西餐厅、咖啡馆，打高尔夫或去健身房，身背手提电脑，手机响不停，划卡消费……当然，新的生活标准不仅是这些，健康的、节约的、适度的消费理念也是需要的。在引领消费者新的生活标准和方式上，持续发展的理念也是不能忽视的。

小案例 1-2

美国的“花生酱来了”

美国的生活方式正潜移默化地影响俄罗斯人的生活方式。蓝色斜纹布裤子、摇滚乐、可口可乐、汉堡包、馅饼、计算机、增氧健身法、旅游鞋，乃至福音派教义都传进了俄罗斯并且流行起来。难怪不少俄罗斯人不断惊呼：“美国人来啦！美国人来啦！”

当时，一种美国花生酱又成功地打入俄罗斯的市场，使越来越多的俄罗斯人喜欢上这种正宗美国食品。

美国花生主产于佐治亚等州，前民主党总统杰米·卡特就是靠在佐治亚州种植花生起家的。几十年前，一位美国黑人科学家经过了多次试验，研制出了特殊风味的花生酱，一下子风行全美。这种花生酱的加工技术独特，营养丰富，据说蛋白质含量超过了牛肉。当时，美国经济不景气，这种价格便宜的花生酱很快成为南方穷人的主要食品。目前，美国全国花生理事会依靠了四种促销手段很快使美国花生酱在俄罗斯站稳了脚跟。

首先是免费赠送。苏联解体之后，俄罗斯出现了严重的经济危机，商品短缺，食品匮乏。美国布什政府同意向俄罗斯提供援助。美国的花生种植和加工者看准了这一机会，主动向俄罗斯提供60吨花生酱,分配给俄罗斯人。食物不足的俄罗斯人一吃到这种味道鲜美的花生酱，就有些舍不得放下了。

其次是大搞宣传活动。美国花生酱的宣传活动已在莫斯科和圣彼得堡两大城市开展起来，美国人希望俄罗斯这两座“领导新潮流”的城市能首先“热爱花生酱，然后把花生酱传到俄罗斯全国各地”。

再次是投俄罗斯政府所好。俄罗斯目前外汇短缺，用珍贵的硬通货进口花生酱可能性不大。美国的花生大亨们于是对美国政府和俄罗斯政府开展游说活动，以期实施由美国现款援助向俄罗斯出售美国花生酱的计划。美国全国花生理事会负责人说，以俄罗斯政府来说，牛肉短缺现象严重，用价廉的花生酱替代牛肉既可满足老百姓需要又能省钱，因此俄罗斯政府赞同这一计划是很有可能的。

最后是抓住青少年。美国花生商的目标是俄罗斯青少年。美国一个代表目前正在莫斯科和圣彼得堡的学校里东奔西跑，促使各学校同意把美国花生酱列入学生午餐食谱中去。为了笼络感情，代表团携带了大批美国花生酱纪念章，在俄罗斯青少年中散发。

资料来源：经典市场营销案例149篇，电商报，http://www.iecnews.com/。

1.1.3 策划的定义

营销策划是为了快速高效地实现企业的营销目标，在科学分析有关影响因素的基础上，对未来将要开展的营销工作进行系统地、全面地构思与谋划，进而制定和选择切实可行的执行方案，并且根据企业营销目标要求和环境变化对方案进行不断调整的一种富有创意的规划活动。

简言之，营销策划就是以营销活动为对象的策划活动，它可以是对企业营销活动全过程的战略性规划，也可以是对企业营销过程中某一阶段、某一产品或某一活动的策略性计划。

小案例 1-3

农夫山泉有点甜

2000年左右，中国水市竞争格局基本上已经成为定势。以娃哈哈、乐百氏为主导的全国性品牌基本上已经实现了对中国市场的瓜分与蚕食！同时，很多区域性品牌也在对水市不断进行冲击，但是往往很难有重大突破。

在此时，海南养生堂开始进入水市，农夫山泉的出现改变了中国水市竞争格局，成为中国市场强劲的后起之秀品牌，并且随着市场竞争加剧，农夫山泉在一定意义上逐渐取代了乐百氏成为中国市场第二大品牌，从而创造了弱势资源品牌打败强势资源品牌的著名案例。在具体的操作过程中，其一，农夫山泉买断了千岛湖五十年水质独家开采权，在这期间，任何一家水企业并且不可以使用千岛湖水质进行水产品开发，并用不仅在瓶盖上创新，利用独特的开瓶声来塑造差异，而且打出“甜”的概念，“农夫山泉有点甜”成为差异化的卖点；其二，为了进一步获得发展和清理行业门户，农夫山泉宣称将不再生产纯净水，而仅仅生产更加健康、更加营养的农夫山泉天然水，并且做了“水仙花对比”实验，分别将三株植物放在纯净水、天然水与污染水之中，我们会发现，放在纯净水与污染水中的植物生长速度明显不如放在天然水中，由此，农夫山泉得出一个结论，天然水才是营养水。其“天然水比纯净水健康”

的观点通过学者、孩子之口不断传播，因而赢得了影响力，农夫山泉一气呵成，牢牢占据瓶装水市场前三甲的位置。

资料来源：支磊，康金辉. 营销策划实务[M]. 西安：西北工业大学出版社，2013。

1.1.4　策划与营销的关系

策划与营销都是以市场为基础的，两者本质上是互通的，营销包含了策划。

策划是一种运用智慧与策略的营销活动与理性行为，策划是为了改变企业现状，达到理想目标，借助科学方法与创新思维，分析研究创新设计并制定营销方案的理性思维活动。它是根据企业的营销目标，以满足消费者需求和欲望为核心，设计和规划企业产品、服务和创意、价格、渠道、促销，从而实现个人和组织的交换过程。策划是为了改变企业现状，完成营销目标，借助科学方法与创新思维，立足于企业现有营销状况，对企业未来的营销发展做出战略性的决策和指导，带有前瞻性、全局性、创新性、系统性。它适合于任何一个产品，包括无形的服务，它要求企业根据市场环境变化和自身资源状况做出相适应的规划，从而提高产品销售，获取利润。营销策划的内容包含市场细分、产品创新、营销战略设计、营销组合 4P 战术共四个方面的内容。

营，指经营；销，指销售。学营销、谈营销、做营销者众多，但销售高手并不多，既懂销售又懂经营者更不多。营销是一个融合了诸多元素的系统工程。策，指计策、谋略；划，指计划、安排。两者连起来就是：有计划地实施谋略。通常需要组织者因时、因地制宜，集天时、地利、人和，整合各种资源而进行的一种安排周密的活动。好的策划，能环环相扣、前后呼应。策划可大可小，时间可长可短。

营销是指为了实现企业或组织目标，建立和保持与目标市场之间的互利的交换关系，而对设计项目的分析、规划、实施和控制。营销管理的实质，是需求管理，即对需求的水平、时机和性质进行有效的调节。在营销实践中，企业通常需要预先设定一个预期的市场需求水平，然而，实际的市场需求水平可能与预期的市场需求水平并不一致。这就需要企业营销者针对不同的需求情况，采取不同的营销对策，进而有效地满足市场需求，确保企业目标的实现。但是探讨营销到底是什么，还是需要回到市场营销的本质上来。每个人、每个企业在社会上生存和发展，都有需要，并愿意付出一定的报酬来满足部分需要，于是这部分需要就形成了需求。可以通过很多方式来满足需求，有自行生产、有乞讨、有抢夺、有交换等。市场营销的出发点是通过交换满足需求。也就是说，市场营销是企业通过交换，满足自身需求的过程。企业存在的价值，在于企业提供的产品能满足别人的需求，双方愿意交换，如此而已。所以需求是营销的基础，交换是满足需求的手段，两者缺一不可，营销管理就是需求管理。

小案例 1-4

凡客诚品的 AISAS 营销模式

在巨大的互联网浪潮下，中国的电子商务行业也迎来一场空前的网络盛宴，而凡客诚品（VANCL）就是在这个“网络盛宴”中，赢得了自己的一席之地。在 CEO 陈年的带领下，凡客由一个默默无名的跟随者，成为中国目前网络直销行业的领军人物。其中，凡客所提倡的 AISAS 营销模式正是它营销策划成功的制胜法宝。

凡客的广告策划。凡客通过大面积的广告覆盖来引起消费者的注意。在各大主流媒体网站，比如腾讯、新浪、搜狐等都可以见到凡客的身影。曾经风光无限的批批吉服装网络直销公司（PPG）也是一度用广告来拉动需求，但凡客的广告策略更高一筹，它利用广告分账的做法促使了众多个人网络站长成为兼职的凡客的推销员，大规模的网络联盟营销自然促进了凡客品牌信息的传播向纵深发展，大大降低了广告费用占销售收入的比重。

凡客的CGM。得益于互联网的巨大贡献，凡客发起了消费者发布型媒体营销（Consumer Generated Media，简称为CGM）。Blog、Wiki、BBS、SNS等个人媒体以及论坛与帖子等大众媒体的盛行，提高了凡客的影响力，加大了它的营销功能。而“68元”可以说是凡客吸引用户的核心筹码。消费者初次购买凡客的产品时，无论是原价248～299元的全棉免烫牛津纺衬衫还是原价199元的POLO经典T恤衫，都可以凭68元购买任意一件产品，光看这样的一个差价，就可以吸引不少的眼球。

凡客的渠道策略。经过广告宣传、体验营销，建立了一定的品牌声势以后，让消费者注意不到都难，形成了一定的品牌认知，消费者自己就会蠢蠢欲动了。而凡客也在渠道上下足功夫，搜索凡客对于消费者来说是轻而易举的事情。打开百度，输入凡客或者凡客诚品，立即就会出现76万多篇相关网页。打开凡客的官方网站，几乎所有产品及折扣都被展示在消费者面前，位于网页中央，占据一半页面的图片优惠信息也特别冲击人的视觉，而相关产品礼包优惠装的展示则往往会让凡客的用户从单买一件转而选择优惠套装。

凡客的口碑宣传。由于这些种类繁多的优惠加上体验营销的策略，很多消费者都会抱着试一试的心态，购买自己的第一件商品。有了第一次购物体验，伴随着第二次、第三次的购物经历，消费者的不信任感渐渐消失，取而代之的是对凡客不遗余力的口碑宣传。在网络时代，在博客、社区、SNS流行的时代，人们会主动地把自己购买到的商品、服务拿出来分享，而自这个分享开始，又是一个新的信息轮回，因为你的分享恰恰能够引起新的消费者的关注与兴趣。而这，也正是凡客CEO陈年所倡导的，利用消费者自身来做品牌宣传的口碑营销策略。凡客网络口碑靠的主要就是用户体验的口碑传播，包括用户在购物时的心得分享。

注：AISAS模式是由电通公司针对互联网与无线应用时代消费者生活形态的变化，而提出的一种全新的消费者行为分析模型，AISAS（Attention，引起注意；Interest，引起兴趣；Search，进行搜索；Action，购买行动；Share，人人分享）。

资料来源：孟韬，毕克贵. 营销策划方法、技巧与文案[M]. 北京：机械工业出版社，2014。

1.2 营销策划的作用

1.2.1 策划与计划

营销策划的实质是计划营销策划就是战略性规划或策略性计划活动。但策划又不完全等同于计划活动，它不是一种简单的或程序性的计划活动，它更强调计划的筹谋性、谋略性、策略性和艺术性。

策划的英文是Strategy Planning，是一个动态的过程，是一个为了实现预定目标而进行的创造性思考和创造性实践过程；而计划的英文是Plan，是为了实现预定目标所做出的对未来实践活动的总体安排。从广义的角度来说，计划的外延更广泛一些，计划包括策划，策划从本质上说属于计划。从狭义的角度来说，计划是实现策划目标的行动方案，策划的最终产物是计划，计划是对一系列策划活动的归纳和总结，是策划所决定的战略、战术、部署安排的书面体现。计划与策划的关系如表 1-1 所示。

表 1-1　策划与计划的关系

关　系	项　目	策　划	计　划
区别	工作任务	范围不定，随机应变	范围一定，按部就班
	创意要求	创意是策划的灵魂，必须有	不一定有
	工作规范	把握原则与方向	遵循程序与步骤
	工作重点	做什么（What to do）	怎么做（How to do）
	工作能力	技艺融合，长期积淀	初级技能，短期训练
	思维要求	创造性思维强	逻辑性思维强
	工作意义	创造性强，挑战性大	创造性弱，挑战性小
	工作约束	弹性为主，刚性为辅	刚性为主，弹性为辅
联系	广义的计划包括策划与决策，计划不一定是策划		
	狭义的计划是策划的产物或延续，策划是计划的先导，策划的实质是计划，是富有创意的计划		

1.2.2　策划在企业营销活动中的作用

1. 营销策划能够提高企业的经营管理水平

随着科学技术的发展，社会生产力不断提高，产品同质化程度越来越高，消费者有了足够的选择余地，当今的市场已经成为买方市场。这种形势直接导致了企业间竞争的白热化，迫使企业改变以往以产品为中心的营销策略，实施以消费者需求为中心的营销策略。现阶段的企业虽然接受了一些市场营销的观念和方法，但更多的是按惯例和经验来进行营销活动，缺乏科学的理论指导和系统的营销方法。而营销策划可以帮助企业有效地解决这一问题，营销策划以需求管理为核心，把市场需求作为市场经济条件下一切生产经营活动的起点和归宿，以市场营销为龙头改造整个经营管理流程，按市场需求配置企业资源，这无疑促进了企业整体经营管理水平的提高。

2. 营销策划能够促进企业营销资源的高效配置

营销策划以市场需求为中心，打破传统观念，用创新的思维和系统的观念，把企业可利用的人才、资金、技术、设备以及信息等资源有效地整合起来。营销策划是知识高度密集的营销活动，它能将企业的营销资源引向有效满足市场需求的地方，使企业资源的运用更有效率。

3. 营销策划能够帮助企业降低未来的不确定性

市场环境是极不稳定的，波动性很强，这就给企业营销活动带来了更多的不确定性，而不确定性就意味着风险，这增加了企业管理的难度。一套合理的营销策划方案可以帮助企业管理者有效地降低这种不确定性，提高企业未来期望的实现程度。这是因为营销策划是建立在对未来环境科学预测的基础之上，考虑了将来可能出现的各种情况，使企业管理者能够做到未雨绸缪，对未来有更好的把握。所以，营销策划在一定程度上能够克服外界环境的不确定性。

4. 营销策划能够增强企业的市场竞争能力

营销策划以多学科知识的整合为基础，用创造性的营销思维打破传统观念的禁锢，用富有创意的营销理念和经营哲学指导企业进行营销制度、营销方式、营销策略等方面的创新，并用这种创新去适应需求、创造需求和满足需求。企业在正确的营销策划理念的指导下，以消费者需求为中心，能够高效率地配置自身的有限资源，更好地满足和创造需求，提高企业的盈利能力，增强企业的市场竞争能力。

5. 营销策划能强化营销目的

每个企业的每次营销活动都有一定的营销目的，有了目的，企业就有了方向。而营销策划把营销目的明确提出来，围绕目的进行策划，进一步加强和突出了企业营销目的。

6. 营销策划使企业能更好地定位于市场

营销观念发展到今天，已经进入大营销时代。企业首先要做的是细分市场，找出在市场上的位置，做好市场定位，并借助各种营销组合和各种手段去占领市场。在这个过程中，企业需要营销策划。营销策划的基本任务是要找到市场的空当，为企业确定一个生存和发展的空间，并根据这样的市场定位开展营销活动。有时候，优秀的营销策划能创造新的需求，发掘新的市场，这在当今的营销活动中屡见不鲜。

7. 营销策划能使营销活动变得更有计划

营销策划含有一定的计划性，包含一定的计划方案，这就使企业的营销活动变得有序，未来营销操作也有计划可依，从而使整个营销活动能够有条不紊地进行。

要想真正实现营销策划的目的，单纯将营销策划工作做好不行，还离不开销售方面的支持。因此，在现实营销活动中，还必须协调好策划与销售之间的关系。换个角度来思考，也就是如何处理策划部门与一线销售部门的关系。营销界的人士，喜欢把策划称为“拉”式策略，而把一线销售称为“推”式策略。只有真正推拉结合，才能构建起营销工作的闭环。

打个比方，一线销售人员就好比军队中的步兵，向顾客发起一轮又一轮冲锋。但是，在冲锋过程中，敌方在阵地前布满了雷，在阵地上修建了坚固的工事，这给步兵的冲锋造成很大的麻烦，那么该怎么办呢？这就需要在步兵冲锋前先由炮兵和空军肃清障碍。而营销策划人员，就好比炮兵和空军，不断为一线人员提供充足的火力支援。也只有营销策划的强力支持，销售人员才能处处“攻城掠地”，时时“旗开得胜”。

反过来说，即使营销策划的炮弹再厉害，即使将敌方的阵地炸开了花，如果没有步兵的层层推进，那么占领阵地、歼灭敌人的作战目标也是难以实现的。所以，营销策划人员在策划过程中，也要积极争取销售人员的支持，不能为策划而策划，而应该为销售而策划。

小案例 1-5

“连邦鼻炎片”的成功案例

2004 年 6 月，北京铭扬远发公司接下“连邦鼻炎片”全国包销任务；2004 年 8 月参加内蒙古药交会完成招商；2004 年 8 月中旬召开经销商大会，开始陆续为经销商发货。两个月后，市场销售却是不温不火，难见起色，部分经销商开始要求退货。

“连邦”项目组迅速成立，随即动身深入市场一线进行考察。在短短的一天时间内，项目组马不停蹄，连续奔波于石家庄所属的四个县，对各大药店的竞品、宣传点、销售情况、鼻炎产品的主要购买人群以及目标人群购买习惯等进行了详细的考察和了解。

回到公司，项目组立即召开会议，对收集到的信息、数据进行整理和分析。项目组发现，几乎所有的鼻炎产品的目标群体都是泛人群，既有老年、中年、青少年，又有儿童。但实际上，对于上了年纪的人，或者是老鼻炎患者，他们对鼻炎症状早已见怪不怪，大多抱着治疗不治疗都无所谓的态度。要让这帮人掏腰包购买像"连邦鼻炎片"这种价格高达150元左右的产品显然是不切实际的。

真正想花大钱购买鼻炎产品的主要群体是青少年，然而几乎所有的鼻炎产品都没有把这个显而易见的现象明确提出来。

"连邦"项目组明确提出：把"连邦鼻炎片"的目标人群锁定在青少年人群。同时提出响亮的口号："让中国5000万青少年鼻炎患者远离鼻炎困扰！"

但如何为治疗青少年鼻炎找一个与众不同的支撑点呢？通过调查，他们发现，青少年的智力发育是父母最关注的问题。于是项目组不失时机地提出了"第五等残疾人"的概念，把智力障碍列为第五等残废，同时打造出"鼻癣"的概念，以其蔓延难除的特性，指出"鼻癣"能够穿透血脑屏障，严重阻碍孩子的智力发育。

于是，一篇题为"别让孩子成为第五等残疾人"的文案诞生了。一篇打出去，一天就接了300多个电话。家长们急切地询问关于第五等残疾人和"连邦鼻炎片"的情况。

"连邦鼻炎片"销售开始快速上升，经销商也有了信心，纷纷要求供货，起初要求退货的经销商也打消了退货念头。由于实际出货大大超出预期形势，招商期的存货和现有生产能力根本供应不上，市场开始出现断货。2004年10月下旬，先是河南出现断货，接着山东、黑龙江等市场的十多个城市也出现产品供应不上的情况。又是两个月过去了，"连邦鼻炎片"市场销售如火如荼，经销商们无不赚了个盆满钵溢。

"连邦鼻炎片"终于通过精细的定位、市场的精耕细作，在短短的几个月内迅速成为2004年鼻炎市场的最大赢家。

资料来源：福来顾问. 精细营销撬开快速智胜的大门. 中国营销传播网，www.emkt.com。

1.2.3　营销策划的理解误区

伴随着中国市场经济体制的建立和市场营销理论的引入，出现了市场营销策划。营销策划对企业营销活动产生巨大促进作用，然而在对营销策划的认识及如何发挥作用的认识中至今仍然存在着很多的误区，这些误区严重误导了从事营销活动的管理者，并导致了很多营销方案的失败。

1. 策划是万能的

随着市场竞争的激烈，企业在经营与管理中遇到的难题也越来越多，一些管理者就把解决问题的希望完全寄托在某些策划者的策划上，这是极其错误和危险的。企业自身素质是最重要的。任何一个企业在市场竞争中，首要任务是提高自己的综合素质，这是决定企业成败的关键因素。因此，作为企业应该首先是围绕自己本身考虑如何加强整体素质，如何加强企业的市场应变能力和核心竞争能力，把眼光盯在自己身上。

2. 策划经验主义

有些人在企业营销一线的实践经历比较多，有丰富的行业营销管理经验，甚至对自己所从事的行业市场营销还有一定的研究，因此就认为自己可以做好策划了。实践证明，有实践经验是做好策划的必要条件，但不是充分条件。策划人不仅要有实践经验，还要具有丰富的专业知识。

3. 策划本本主义

这种情况多出现在市场营销专业缺乏实践经历的毕业生当中。他们专业知识丰富，但缺乏实战经验。这种情况下，他们往往墨守成规，严格按照书本上的方案来做策划，而对企业营销环境的实际情况考虑不多。这样的策划往往脱离实际，纸上谈兵，实际运用起来漏洞百出、问题连连，其危害性不可轻视。

4. 策划模仿

每一个策划方案都是一种新的思维的表现，是赢得竞争胜利的先决条件。在市场竞争中，市场的形势复杂多变，作为企业要获得竞争优势，就必须对自己的竞争手段进行创新，这样才能战胜对手。如果策划方案可以模仿，这样的方案不能叫策划方案，也没有力量去战胜对手，甚至还可能贻误商机，给企业造成不必要的损失。因而，策划方案是不能模仿的，一定要从创新基点出发来构思策划方案，对于每一次策划都是对营销理念和营销手段的创新，也只有这样才能体现策划方案的价值。

5. 策划造势

不少策划人时刻想制造轰动效应，以求得媒介的免费宣传与消费者的关注。营销策划关于传播部分要求是有效传播，即将正确的信息传达给潜在消费人群。所谓"造势"也好，"轰动效应"也好，绝大部分只能是帮助提高知名度，而追求此效应的企业，为了一时的新闻价值，往往不能将正确的产品或项目信息传递给有效的购买人群，最终导致营销策划工作只能停留在追求热闹的表面上。

小案例 1-6

营销策划的境界

营销作为企业一种目的性极强的行为已逐渐深入人们生活的各个层面，作为普通的消费者不论我们愿不愿意几乎每天都被各种类型的营销策划活动"主动"营销。早上出门不论您是选择什么样的交通工具，街边的路牌广告、地铁里的墙体广告都承载着各种产品信息在等着您，即使您选择步行也时不时会被厂家发放传单的促销人员"拦截"。中午走进饭店，各种类型的酒水饮料促销让您不知如何选择。走进卖场，各种产品的陈列展示、促销活动"你方唱罢我登场"，只为留住您的脚步。晚上回家打开电视，各种类型的产品广告更是铺天盖地而来，上个网各种购物网站信息不时弹出，极具诱惑力的商品信息诱惑着您的鼠标。毫无疑问，任何企业都希望通过一定的营销行为让自己的产品真正俘获消费者的"芳心"，为什么有的产品最终取得了成功而有的产品却失败？也许造成产品成败的原因有很多，但其中企业营销策划境界的高低之分应该是关键的因素之一。我们不禁要问营销的最高境界究竟在哪里呢？接下来让我们先从两个案例说起：

只要使用智能手机的人，对"微信"应该是再熟悉不过了，微信是腾讯公司于 2011 年 1 月 21 日推出的一款手机聊天软件。根据第三方的观察数据表明，截止到 2014 年 3 月份微信的实际使用用户数量已经达到 6 亿而且呈现出快速增长的态势。换句话说，整个中国已近一半的人数在使用微信。谈心情、秀照片、交朋友、学知识、做宣传，各种类型的"消费者"们忙得不亦乐乎，为什么微信能如此红火？

"饭后嚼两粒"——益达口香糖的这句广告语相信您一定不会陌生，而在实际生活中的确有很多消费者在饭后的时候会嚼上两粒益达口香糖，当然更不会忘了也让一起吃饭的朋友跟着分享两粒。益达口香糖是美国箭牌公司在 1984 推出的第一款无糖口香糖，短短 5 年时间已跃居全球无糖口香糖第一品牌，根据 AC 尼尔森的权威统计，益达口香糖在中国的市场占有率达到了 70%以上，近乎垄断。益达口香糖为何能如此成功？

这两个案例看似没有联系，但仔细分析后，我们发现不论是微信还是益达口香糖都实现了营销的最高境界——让产品成为消费者生活方式中的某一部分。微信已经成为我们生活方式中的一部分似乎不用多说，重度的"消费者"一天不看几遍微信就会感觉心里痒痒的，只要打开手机就会情不自禁地去点开微信。正是这每天的一个或几个点开动作潜移默化地让我们养成了使用微信的习惯，而这种习惯最终形成了一种强大的力量让我们不知不觉中对使用微信这种行为产生了依赖，而这种依赖最终让使用微信成为了我们生活方式中近乎不可或缺的一部分，消费者忠诚从此形成。同样的道理，益达口香糖通过对消费场景（饭后嚼两粒）的不断提示，借助强大的广告力量不断地"诱使"消费者饭后嚼上两粒。这么一嚼，嚼出了习惯，这种习惯最终也形成了一种强大的力量让消费者在饭后很自然地就拿出了随身携带的益达口香糖，饭后嚼上两粒益达口香糖的行为也逐渐成为我们生活方式中的一部分。

营销的终极目的是长期拥有忠实的消费者，产品仅仅提供某种利益诉求即所谓的"卖点"，充其量也只能做到消费者的短暂忠诚，因为您提供的利益需求竞争对手也可以做到甚至比您做得更好，而让产品成为消费者生活方式的一部分才能真正实现对消费者的长期拥有，即使竞争对手后期跟进，您也会因为先入为主早已让消费者形成了习惯，强大的习惯力量也足以让竞争对手无功而返！阿里集团巨资打造并寄予厚望用来挑战微信的社交平台"来往"估计您没使用过甚至压根就没听说过吧？这就对了……

资料来源：刘杰. 营销策划的境界[J]. 销售与市场，2014（07）。

1.3　营销策划的发展

1.3.1　营销策划理念的演变与发展

企业营销策划观念的演变与发展，可归纳为五种，即生产观念、产品观念、营销观念、市场营销观念和社会市场营销观念。

1. 生产观念

这是工业革命之前西方的主要营销策划理念，社会的需求及企业的发展均以工业发展程度为指导方向。生产观念的定义是：生产观念是一种传统的经营思想，在供给相对不足、卖方竞争有限的条件下一直支配着企业的生产经营活动。生产观念的核心是以生产者为中心，企业以顾客买得到和买得起产品为假设的出发点，因此，企业的主要任务是扩大生产经营规模，增加供给并努力降低成本和售价。生产观念强调的是以生产者为中心，任何经济活动都是围绕着生产进行的。

企业主要精力放在产品的生产上。追求高效率、大批量、低成本；产品品种单一，生命周期长。企业对市场的关心，主要表现在关心市场上产品的有无和产品的多少，而不是市场上消费者的需求。企业管理中以生产部门作为主要部门。企业认为消费者会喜欢那些价格低的和随处可买得到的产品，因此企业应致力于提高生产的效率和扩大配销的范围。企业生产经营的核心在生产环节，而非消费需求。

生产观念在一定情况下，也会发挥作用。适用生产观念的情况有以下两种：

一是物资短缺条件下，市场商品供不应求时。二是由于产品成本过高而导致产品的市场价格居高不下时。从1869年至20世纪20年代，世界上的许多企业一直运用生产观念指导企业营销策划活动。美国汽车大王亨利·福特曾傲慢地宣称："不管顾客需要什么颜色的汽车，我只有一种黑色的。"这就是典型表现。

2. 产品观念

当工业发展到一定时期后，产品的品种及生产力已经达到一定的发达程度，社会的需求及企业对产品的开发研究均有了选择的方向。但这个时候，市场没有形成竞争，还是以产品作为指导。

随着供不应求的市场现象在西方社会得到缓和，产品观念应运而生。产品观念认为，消费者最喜欢高质量、多功能和具有某种特色的产品，企业应致力于生产高值产品，并不断加以改进。这种观念产生于市场产品供不应求的"卖方市场"形式下。最容易滋生产品观念的场合，莫过于当企业发明一项新产品时。此时企业最容易导致"市场营销近视"，即把注意力放在产品上，而不是放在市场需要上，在市场营销管理中缺乏远见，只看到自己的产品质量好，看不到市场需求在变化，致使企业经营陷入困境。有这样一个故事，一位办公室文具柜制造商认为他的文具柜一定好销，因为它们是世界上最好的柜子。他自豪地说："这些柜子即使从四层楼扔下去也能完好无损。"他的销售经理对此赞同，但补充一句："不过我们的顾客并不打算把它们从四层楼往下扔"。

小案例 1-7

弗雷堡钟表公司的衰败

美国弗雷堡钟表公司自1869年创立到20世纪50年代，一直被公认为是美国最好的钟表制造商之一。该公司在市场营销管理中强调生产优质产品，并通过由著名珠宝商店、大百货公司等构成的市场营销网络分销产品。1958年之前，公司销售额始终呈上升趋势。但此后其销售额和市场占有率开始下降。造成这种状况的主要原因是市场形势发生了变化：这一时期的许多消费者对名贵手表已经不感兴趣，而趋向于购买那些经济、方便和新颖的手表；而且，许多制造商为了迎合消费者需要，已经开始生产低档产品，并通过廉价商店、超级市场等大众分销渠道积极推销，从而夺得了弗雷堡钟表公司的大部分市场份额。弗雷堡钟表公司竟没有注意到市场形势的变化，依然迷恋于生产精美的传统样式手表，仍旧借助传统渠道销售，认为自己的产品质量好，顾客必然会找上门。结果，致使企业经营遭受重大挫折。

资料来源：作者根据互联网相关资料进行整理。

3. 营销观念

步入西方资本主义社会初级阶段及中国具有自身特色的社会主义阶段时期，产品的生产力已经达到先进水平时，市场产生了一定的竞争压力，企业在扩大市场占有率的情况下而制定的市场策略，主动地将产品进行销售，主动地寻找多方面的客户。其特征是：市场竞争已经形成，以产品创新为指导。

自20世纪30年代以来，由于科学技术的进步，加之科学管理和在"生产观念"驱动下产生的大规模生产，商品产量迅速增加，产品质量不断提高，买方市场开始在西方国家逐渐形成。在激烈的市场竞争中，许多企业的管理思想开始从生产观念或产品观念转移到营销观念。这些企业认为要想在竞争中取胜就必须卖掉自己生产的每一件产品；要想卖掉自己的产品，就必须引起消费者购买自己的产品的兴趣和欲望，要想引起这种兴趣和欲望，公司就必须进行大量的推销活动，他们认为企业产品的销售量总是和企业所做的促销努力成正比的。于是营销观念开始在当时的企业中流行。

营销观念认为，消费者通常表现出一种购买惰性或抗衡心理，如果任其自然的话，消费者一般不会足量购买某一企业产品。因此，企业必须积极推销和大力促销，以刺激消费者大量购买本企业产品。营销观念在现代市场经济条件下被大量用于那些非可求物品，即购买者一般不会想到要去购买的产品或服务。许多企业在产品过剩时，也常常奉行营销观念。

4. 市场营销观念

面对现今社会竞争激烈的情况，企业营销策划已经形成一个系统的、完善的组织战略，营销的开发、研究已经不是单单针对产品，而是针对市场。其特征是：以客户、以需求为指导。

市场营销观念是指企业进行经营决策，组织管理市场营销活动的基本指导思想，也就是企业的经营哲学。它是一种观念，一种态度，一种企业思维方式。市场营销观念是一种“以消费者需求为中心，以市场为出发点”的经营指导思想。市场营销观念认为，实现组织其目标的关键在于正确确定目标市场的需要与欲望，并比竞争对手更有效、更有利地传送目标市场所期望满足的东西。

市场营销观念产生于 20 世纪初期的美国，是企业进行市场营销活动时的指导思想和行为准则的总和。企业的市场营销观念决定了企业如何看待顾客和社会利益，如何处理企业、社会和顾客三方的利益协调。企业的市场营销观念经历了从最初的生产观念、产品观念、营销观念到市场营销观念和社会市场营销观念的发展和演变过程。真正的营销观念形成于第四个阶段的市场营销观念，这是市场营销观念演变进程中的一次重大飞跃。基本特点如下：

（1）以消费者需求为中心，实行目标市场营销。

（2）运用市场营销组合手段，全面满足消费者的需求。

（3）树立整体产品概念，刺激新产品开发，满足消费者整体需求。

（4）通过满足消费者需求而实现企业获取利润的目标。

（5）市场营销部门成为指挥和协调企业整个生产经营活动的中心。

小案例 1-8

迪士尼的欢乐

美国的迪士尼乐园，欢乐如同空气一般无所不在。它使得来自世界各地的每一位儿童美梦得以实现，使各种肤色的成年人产生忘年之爱。因为迪士尼乐园成立之时便明确了它的目标：它的产品不是米老鼠、唐老鸭，而是快乐。人们来到这里是享受欢乐的。公园提供的全是欢乐。公司的每一个人都要成为欢乐的灵魂。游人无论向谁提出问题，谁都必须用“迪士尼礼节”回答，决不能说“不知道”。因此游人们一次又一次地重返这里，享受欢乐，并愿付出代价。

资料来源：作者根据互联网相关资料进行整理。

5. 社会市场营销观念

未来营销策划的方向及范畴在逐渐扩大，市场、产品的开发、研究达到高峰阶段，营销策划已经成为社会、民生的一个普遍现象，营销策划逐渐影响生活、改变生活模式。其特征是：营销已经是社会的普遍观念。

随着全球环境破坏、资源短缺、人口爆炸等问题日益严重，要求企业顾及消费者整体与长远利益即社会利益的呼声越来越高。市场营销学界提出了一系列的新观念，如人类观念、理智消费观念、生态准则观念。其共同点认为企业生产经营不仅要考虑消费者需要，而且要考虑消费者和整个社会的长远利益。这被称为社会营销观念。

与市场营销观念相比，社会营销观念有以下特点：在继续坚持通过满足消费者和用户需求及欲望而获取利润的同时，更加合理地兼顾消费者和用户的眼前利益与长远利益，更加周密地考虑如何解决满足消费者和用户需求与社会公众利益之间的矛盾。

贝因美就看到了实现社会利益和企业效益双赢才是真正可行的发展道路，在这样的认识的基础上，贝因美就确定了走社会营销的道路，通过运用丰富的社会手段来发现、引导消费者的需求并予以满足。它发现许多中国家长因为缺乏育儿知识方面的科学指导，并不能真正地判断什么样的食品是自己的孩子所需要的，从而影响了孩子的成长。因此提出了“育婴工程”的概念，竭力完善这个概念的内涵和外延，并运用这个概念进行了有效的市场推广。从而在一个制高点上实现了社会利益和企业利益的统一，巧妙地避开了国外品牌以巨大资金为后盾的强大广告攻势，在十几年的企业发展中不断在市场取得胜利。

1.3.2 中国营销策划业未来的发展方向

中国营销策划业是在不规范的状况下发展的，因此形成了依靠策划明星，半路出家为多和策划关注短期利益的状态。中国营销策划行业必须在市场经济环境下接受考验并逐步向规范化方向发展，其趋势是：

（1）从策划明星向策划团队方向发展。

（2）从半路出家向规范化成长方向发展。

（3）从关注短期利益向关注长期利益发展。

本章小结

市场是由一切具有特定欲望和需求并且愿意和能够以交换来满足这些需求的潜在顾客组成的。从销售的角度来说，市场包括三个要素：有某种需要的人（购买者）、满足某种需要的购买能力和购买欲望。

市场营销观念的核心是企业如何处理企业、顾客、社会三者的利益。市场营销观念从生产观念开始，经过了推销观念、市场营销观念、生态营销观念、社会市场营销观念、绿色营销观念、大市场营销观念、4C 营销观念等。市场营销观念的不同阶段，对市场营销本质的认识是不同的。营销策划就是以营销活动为对象的策划活动，它可以是对企业营销活动全过程的战略性规划，也可以是对企业营销过程中某一阶段、某一产品或某一活动的策略性计划。

营销策划对企业营销活动产生巨大促进作用，然而在对营销策划的认识及如何发挥作用的认识中至今仍然存在着很多的误区，这些误区严重误导了从事营销活动的管理者，并导致了很多营销方案的失败。

中国营销策划行业必须在市场经济环境下接受考验并逐步向规范化方向发展，其趋势是：从策划明星向策划团队方向发展；从半路出家向规范化成长方向发展；从关注短期利益向关注长期利益发展。

能力培养指导

1. 结合所学的策划知识，挑出市场上一个知名策划案，指出它的创新点在哪里？

2. 结合所学的市场知识，找一两个市场上你感兴趣的策划案，分析企业是如何进行营销策划的，利用了什么营销观念？

3. 找出一些失败的策划案，分析策划失败的原因。

复习题

1. 策划和营销的关系是什么？

2. 试述营销策划在企业管理中的作用是什么？

3. 试述营销策划理念的演变与发展阶段。

4. 谈谈你对社会市场营销观念的认识。

案例应用 1

全球之星：联系每个地方的每个人

1999 年 8 月 25 日，《华尔街日报》和其他一些主要报纸上刊登了一封令人惊奇的信，这封信是由铱星公司（Iridium）的新任执行总裁约翰•理查森（John Richardson）发表的。铱星是一家无线电全球卫星电话公司，成立于 9 个月前。在这封信中，理查森写道：然而，开拓者们遇到了许多新的挑战，我们在安装新的服务系统时也犯了一些错误。我们认识到了这些错误，并正努力纠正。我们唯一的、最重要的目标就是为我们的用户提供世界级的服务。为了达成这一目标，我们必须拥有良好的财务状况。铱星有限责任公司为了能够在一个有序的、由法院监督的过程中完成全面的财务调整，最近根据破产法第 11 章提交了重组申请。我希望让我们的用户、投资者和全世界的合作伙伴相信，铱星将继续提供领先水平的、高质量的全球远程通信服务，不会停顿。我们仍然在运行之中，并且运行得很正常。

远程通信系统的开发者长期以来一直希望能建立一个低空轨道通信卫星系统，以使人们能从地球上的任何地方打电话。铱星及其支持者，如摩托罗拉和日本的零件制造商京瓷株式会社，曾经用了 12 年多的时间，投资超过 50 亿美元，想要把这一梦想变为现实。这样一个具有远大理想和热情的公司怎么会这么快坠入低谷呢？

铱星公司的工程师设计了一套系统，使用 66 个通信卫星构造一个地面移动电话网络，与 90 个国家的 200 个服务站相连。公司将其成员组织分派到 15 个地区的网关，负责在各自的地区推广公司的服务。网关是地面的转换系统，从通信卫星上接收信息并向其发出信息。

铱星的支持者们认为，这种电话服务具有极大的潜在市场。实际上，美林公司（Merrill Lynch）的一项调查预测，到 2007 年，全世界将会有 3200 万用户每年为通信卫星电话服务付出近 320 亿美元。调查发现，世界上有 65%的家庭没有电话。移动电话还没有进入许多发展中国家，甚至连美国和欧洲的许多地方这种电话也不普及。

广告代理商 Ammirati Purist Lintas（APL）与铱星协作设计其营销战略。APL 从它在 77 个国家的办事处调用了 8 名管理人员与铱星公司共同工作。APL 小组对 600 名在全球各地开展业务的重要人士进行了分析。结果表明，他们对于到远处出差时与他人失去联系的状况忧心忡忡，他们担心错过了在公司总部的发展机会，以及由于与公司失去联系而失去控制。他们也担心忽略家庭。这群人都有官员的头衔，至少 35 岁，或是从事石油勘探、航海或电影制作等有趣职业。

铱星已经制造出能够解决这些担忧的产品，它能很好地满足这些人的现状和需求。然而，公司开发的这种约 0.5 千克的电话机就像一块砖头，上面有一根面包棒似的天线。使用它的人必须随身带一个公事包，里面装一大堆零件和接头。并且，使用者还必须确定天线指向了正确的方向——卫星运转的方向，还需要没有建筑物阻碍信号接收。因此，用户不能在楼内或汽车内使用这种电话。当然，铱星的确提供了漫游服务，它使全球的用户能够接触到移动电话网络，并享受它提供的呼叫服务。对于全球范围内的所有服务，每一位用户只需一个号码，并且只会收到一份账单。

铱星想要收回投资成本，因此采用了“撇脂”的市场定价措施。电话机的价格为 3000 美元，每分钟通话价格为 7 美元。这样的定价将它定位成一种社会阶层的象征，吸引那些愿意付出高价而成为第一批使用者的人。

在铱星的组织结构中，各地区网关组织负责本地区的推广和营销计划。然而，到 1998 年 9 月一期工程开始时，预定计划几乎都没有完成。原因是一些合作者缺乏电信方面的经验。

许多管理者认为应当尽快将铱星树立成为一个全球的品牌。因此，铱星公司投入 1.25 亿美元资助了一项覆盖 50 个国家的广告运动。在最流行的杂志上刊登双页广告，谈论成功人士与他人联系、交往和控制事物的需求。这些广告、电视宣传和直邮材料令相关人士震惊。一份印刷广告谈道：“如果你想拥有这个世界，你必须有一个能陪你走遍世界的电话。”APL 将这些宣传品按地区制成不同的版本（共使用了 20 种不同的语言），但统一的主题是令人激动和兴奋的全球成功论。

为了造成令人振奋的效果，这一广告运动开始于 1998 年 9 月一期工程之前的三个月。在几周之内，超过 100 万顾客开始询问铱星的情况。公司将这些询问转到地区网关，但大部分合作者无法或是没有准备回答。并且，当公司最终于 1998 年 11 月完成第一期服务工程的准备时，电话机的供应出现了短缺。到了 1999 年 8 月，公司承认只有 2 万个订购者，远远低于预计的数目。事实上，公司需要 50 万顾客才能抵偿每年 10 亿美元的运作成本，以及向银行付款。公司拨通了 911——破产清算电话，准备重组。

铱星公司如此匆忙的原因之一是它知道许多竞争对手正在虎视眈眈。全球之星、ICO 全球通信、Teledesic 和 Ellipso 等公司都在准备建立卫星电话系统。然而，ICO 也跟着铱星破产了。

全球之星公司总部在加利福尼亚的圣何塞，计划竣工期限在 1999 年，投资 38 亿美元于其包含 48 颗通信卫星的系统上。Loral Space & Communications 和 Qualcomm 公司是主要的投资者。

全球之星正在尽量避免铱星所犯的错误。铱星定位于为经常到外地公干的人士提供全球性服务，而全球之星则致力于发展中国家的国内服务，而非国际覆盖。公司的执行总裁伯纳德・施瓦兹（Bernard Schwartz）说，主要的用户是那些没有电话，并且居住在未开通移动通信服务的地区的人们。这些人们通过商业和其他关系与人口较多的商业中心联系在一起。虽然那些重要的商业人士也可以使用全球之星的服务，施瓦兹却将主要的目标市场定位在不发达国家或地区的那些需要及时通信方式的人群。施瓦兹相信，墨西哥、加拿大、巴西、印度、中国、印度尼西亚和俄罗斯都是重要的市场。另一位全球之星的行政官员建议道，一些垂直市场，如自然资源公司、海上油船和建筑公司，也是很重要的。

全球之星设计出多用的电话机，用户可以在移动服务和卫星服务之间切换，这使他们能够找到最便宜的价格组合。这种电话还备有可在汽车和轮船上使用的装置。此外，除了语音通信，全球之星还提供漫游、定向、无线电传真和数据传输的服务。公司将其电话机定价为1250美元，每分钟服务收费1.25美元。尽管这一定价仍然远远高于诺基亚200美元的电话机和每分钟0.10美元的通信费，但全球之星的目标顾客通常无法选择后一种服务。

为了巩固基础，全球之星将其系统的使用权销售给了全球各区域和地方的电信服务公司。这些公司与其他一些地方公司合作，为当地用户提供所需的电信服务。全球之星相信，通过与地方电信公司相互补充而非相互竞争，公司才能够打开市场，将自己的电话服务传播到新领域。

公司计划需要20万用户才能收支平衡。但是，要得到这么多用户并不容易。施瓦兹和其他管理者们面对着巨大的挑战。维持48颗卫星的运转也不是小事情。1998年9月，一枚乌克兰制造的火箭从哈萨克斯坦Baikonur发射基地发出，携带着全球之星的12颗通信卫星。但是火箭坠落并被烧毁，价值1亿美元的卫星也被毁坏。这一事件延误了全球之星的竣工时间，因为公司需要32颗卫星的运行才能提供服务。1999年10月11日，公司正式宣布服务开通，计划通过9个运行的网关提供全球的地区性服务。

最后，到1999年11月22日，公司宣布已经部署了另外4颗卫星，现在轨道上共有48颗卫星在运转。当这4颗卫星到位以后，公司就能在2000年初开展全面的商业服务。

即使这4颗卫星到位以后，公司仍然还面对100多个国家的政府法规、应付财务危机，以及完成36个网关的建设。然而，想到铱星公司的破产也许最严重的问题就是要说服投资者在这个项目中投入几十甚至上百亿美元的资金。

现在再谈论一下远程通话。铱星的失败使分析家们开始怀疑是否真的存在卫星通信服务的市场。现在轮到全球之星公司来回答这个问题，证明任何地方的人们都需要相互联系。

资料来源：作者根据互联网相关资料进行整理。

【讨论题】

1．什么样的顾客需要导致了对卫星电话服务的需求？

2．营销环境的变化是如何影响对电话服务的需求？你认为存在卫星通信服务的市场吗？

3．铱星公司犯了什么样的营销错误？你认为它为什么会犯这些错误？

4．列出全球之星的营销过程要点，包括细分市场、选择目标市场、定位和营销组合决策。你认为它会比铱星成功吗？说明理由。

5．你会为全球之星提出什么样的营销建议？

案例应用2

立顿公司网络营销策略分析

“立顿红茶”是汤姆斯·立顿爵士1890年在英国创造的品牌，如今行销全球120多个国家，在袋泡红茶市场上拥有80%的市场份额。

中国茶叶流通协会提供的数字表明，我国是目前世界上茶叶种植面积第一大国，绿茶年产量约为65万吨，整个茶叶市场的规模约为120亿元，并以每年3%的速度增长。

立顿茶在世界五大洲市场占有率达 40%～60%，其进入中国市场就是靠品牌影响力。立顿茶年销售额达数十亿美元，一个品牌全年利润额就超过我国茶叶的出口总值。1992 年，立顿进入了全球喝茶历史最悠久、饮茶人数最多的中国。当时的市场上，袋泡茶仅仅在饭店宾馆中使用，一般的家庭都只用散装茶。中国产茶企业的规模小，生产水平低，当时的茶叶市场缺少品牌意识，一般消费者买茶都只认茶的品种而不是产茶企业的品牌。立顿在这种情况下进入中国市场，给原本相对比较原始的市场导入了品牌意识。短短五年之后，立顿在全国百家商城系列调查中获得茶包销售额第一、市场占有率第一。立顿以高档消费场所为突破口，充分利用各种宣传方式，如在电影电视片、各种时尚杂志的文章、网络小说中出现等，以潜移默化的方式把立顿品牌深埋在消费者心中。

立顿有两种非常著名的包装设计：一种是“三角立体空间”，能让精选的原片茶叶在茶包里完全舒展，释放百分之百的原味；另一种是“双包茶袋”，它能让沸水毫无阻拦地渗入、浸透每一片茶叶。立顿通过不断创新塑造其积极、开放、自信的形象，吸引了年轻人的眼球，将立顿形象渐渐渗透进他们的工作、生活，使年轻人认同饮用立顿茶的目的已不仅仅是解渴，而是一种享受。

同时，立顿公司的网络营销也是标新立异的。立顿在网站立意上以一种人人都熟悉的超市食品货架为背景，以饮食为切入点，定位于居家过日子的普通民众，创意新颖、视觉形象生动、感召力强。

立顿公司是一家制销茶叶的公司，其网站在想象中应该以大诵茶经为本，但事实上，茶叶制品在其网站中并不占首栏首位，相反，美食经——《各国食谱大全》及按季节时令变化的《每日烹调一课》才是其先导栏目。这一“以食论茶”的创意，在题材定位上是很成功的，因为正如中国的古话所言，“民以食为天”，立顿公司利用人们对“食”的广泛关注，极大地扩展了市场受众的范围，吸引了更多的消费者留意立顿、品尝立顿、喜爱立顿的产品、服务或是立顿的文化，从而建立品牌形象，增加顾客资产。

在营销时序上，该网站也可谓是独具匠心：网站中先导入一位拥有高超传统厨艺的意大利老太太为“妈妈的小屋”栏目主角；一位芳踪不定却精于品尝各类巧克力、甜点、饼干等零食、寻求“浪漫生活”的年轻女士为另一代消费者的代表，待她们在网上大侃各色各类浓汤大菜，使得观众们饱览一通美妙的主食和点心之后，立顿推出茶叶（立顿清茶、红茶、黑茶等），使得人们将对美食的喜好转移到对立顿茶的联想上，并引导消费者培养一种“在美食之后饮用立顿茶”的习惯和文化。可以说，立顿网站致力于体现其文化、亲情与品位的倾向是十分明显的。网站的文化气息体现在立顿的许多菜肴都富于诗意的介绍和亲情的烘托，使网站的整体意境在亲情关爱中得以升华，不同于一些冷冰冰的生意网站。

早期的企业网站多可以理解为电子广告，网站内容就是其产品页的网络版。之后，随着网站数的爆炸性增长，人们才意识到营销网站的建立是一门艺术，网络营销并不是直接将企业产品手册找来，不做任何改动地翻版到站点上去，只有定位于“服务为本、与众不同”，网站才能有所收获，网络营销才能成功。

传统工业文明时代的营销，以标准化、规模化、模式化、讲求效率和层次化为特点，而以互联网为代表的新经济则是建立在信息技术基础之上，追求差异化、个性化、网络化和速度化。因此，我们需要一种全新的营销观念，以有效应对瞬息万变的市场。这种营销观念应该更关心顾客的内心，在供需双方之间搭起互动的桥梁。这也是深度营销，建立品牌忠诚的原因所在。深度营销可以理解为建立在互联网基础上，以企业和顾客之间的深度沟通、认同为目标，从关心人的显性需求转向关心人的隐性需求的一种新型、互动、更加人性化的营销新模式或新观念。它要求让顾客参与企业的营销管理，给顾客提供无限的关怀，与顾客建立长期的合作性伙伴关系，通过大量的人性化沟通工作，使自己的产品品牌产生润物细无声的效果，保持顾客长久的品牌忠诚。它强调将人文关怀的色彩体现到从产品设计到产品销售的整个过程，乃至产品生命周期的各个阶段。网站营销最有效的手段就在于提供个性化，互动式服务，企业网站只有提供特色化、个性化、实时化和互动性服务时，才能聚集人气，培养忠诚顾客，发挥商业功能，真正做到深度营销。立顿在网站上以饮食搭台，由茶叶唱戏，并以文化、亲情与品位为烘托，在网络的世界中树立自己的品牌。作为茶文化发源地的中国，那些国内茶叶商是否也该有所启示呢?

资料来源：作者根据互联网相关资料进行整理。

【讨论题】

1. 你如何理解本案例中立顿公司的特色网络营销方式?
2. 你从立顿公司网站“以食论茶”的创意中体会出什么感想?
3. 谈谈你对我国茶叶企业通过“茶文化”开展营销的想法。

第 2 章　营销策划理念

学习目标

1. 理解知识营销的含义及特征，掌握知识营销的内容，理解知识营销与传统营销的区别，了解知识经济对企业营销的影响及知识经济时代营销工作的特点
2. 掌握可持续发展营销理念的界定
3. 掌握推进绿色营销和可持续发展的举措

实践中的营销策划

一场失败的营销策划

2009 年 7 月，地兴基业委托美地房产经纪公司开始了“东方·勃艮第”温泉项目的销售与策划。然而，这样一个“精品项目”最后却“烂柿子满地”，这其中的原因何在？让我们先看一下“东方·勃艮第”的营销策划。

品牌：勃艮第的红酒产量不仅占法国所有葡萄酒的 3/4，而且全国最昂贵的葡萄酒也产于此地。取名“东方·勃艮第”，在葡萄峪种植大量葡萄，收获季节物业中心可以将收获的葡萄酿造成红酒，使住户享受到法国红酒的浪漫气息。以希腊名谣“Windflower”为蓝本，将其改成“东方·勃艮第”的广告主文案，以“精装法香的浪漫”为诉求向购房客户传递一种朦胧的法国风尚。

质量：打造当地楼盘最高品质，将工程硬件方面做到绝对第一。其中，开槽 5 米，保证 7 级抗震；采用高级无缝钢，保证 50 年不渗水；所有钢筋、水泥等建筑材料均选用一级品。

价格：售价当地第一。一则保证高价格可以作为高成本的补偿；二则昭示其楼盘的绝对高端。比如，“东方·勃艮第”公寓期房价格定于同比楼房洋房现房的价格。即价格比竞品高出 25%。

推广：大范围高频度。在项目前期实施大范围高频度广告轰炸，以《燕赵都市报》《燕赵晚报》、石家庄交通音乐台、河北经济频道、河北影视频道等本地高端媒体为主要平台进行立体推广。

让我们分析一下“东方·勃艮第”在策划组织中的失败之处。

品牌方面：为了形成一种西洋式的概念，楼盘定名为“东方·勃艮第”，但是，闻名世界的勃艮第绝对不是靠几亩果树园一举成名的。另外，在细节方面，“希腊名谣”怎么又和“法派气息”联姻呢？概念先行，更要内涵兼并。没有深层次的文化支撑，仅靠“高处不胜寒”的空头支票这很难打动顾客的心。

价格方面：售价当地第一，以价格为卖点是不错的想法。但是价格这把“双刃剑”又该

如何利用呢？首先，要知道各竞品在售楼盘主要为现房或准现房，而“东方·勃艮第”在销售的不过是“楼花”，一无成型建筑，二无成型景观，这哪里能让大老远来的顾客不去周边楼盘扫视一番呢？

推广方面：一个小地产商要做高端楼盘，不把广告的针对性做得恰到好处是万万不行的。如果集中所有的推广资金一齐投向唯一的高端媒体，打十几期广告，也必然有些功效。在广告投放拮据的情况下，如果在一些绝佳地段多设几个沿街门市，还是能起到宣传与销售双功效的。

资料来源：作者根据互联网相关资料进行整理。

评述

通过这场失败的推广策划案，或许您已经意识到，营销策划的成功与否，很大程度上也取决于能否在策划过程中进行有效的组织与管理。那么究竟什么是营销策划的组织与管理，如何才能有效地实现它？您将在本章中寻找到答案。

2.1 知识营销理念

小案例 2-1

问题+解决方案=经典的乔布斯

引进对手（问题）可以唤起观众的正义感，使其紧密地团结在英雄（解决方案）的周围。乔布斯往往根据这种经典的故事模式策划激动人心的演讲。例如，在他最得意的演讲——2007 年 Macworld 大会 iPhone 手机的发布会上，30 分钟的时间里，他花了 3 分钟解释了为什么 iPhone 产品时代已经来临。当时，强劲对手包括市场上所有的智能手机，但是乔布斯认为它们都不够智能。

1. 苹果宗教

营销大师马丁·林斯特龙（Martin Lindstrom）在他的《买——顾客为什么买？如何购买？买的真相！》（Buyology: Truth and Lies About Why We Buy）一书中告诉我们：“宗教——庄严高贵的传道，神秘的符号和仪式。”苹果公司的广告所传递的信息和宗教的推动力量有异曲同工之妙，都有着共同愿景和明确的敌人。

“一般宗教信仰都有一个明确的愿景。”林斯特龙写道，“这就是说，他们都有着明确的使命，无论是达到一种完美的状态还是实现某种精神上的目标。当然，大多数公司也都有其明确的使命。史蒂夫·乔布斯的愿景规划可以追溯到 20 世纪 80 年代中期，当时他说：‘人类是这个世界上变化的创造者和推动者。因此，人类应高于电脑系统和结构，而不是从属于后者。’20 多年过去了，当 iPod 播放器也已经售出了几百万部后，苹果公司仍然坚持这一愿景”。

林斯特龙常年研究老牌子的共同特征。他认为，宗教和品牌具有共同特征，以苹果公司为例，它们有一个共同的特征：征服共同的敌人。“有一个明确的敌人为我们创造了一种机会，我们不仅可以清晰地表达并展示我们的信仰，而且还可以将我们的忠实信徒们紧密地团结起来……这种我们主动宣布挑战的策略会吸引我们的忠实客户，引发争议，提高忠诚度，并迫使我们展开思考、争论，当然会引起购买行为。”

2. 强劲的对手：一种便利的故事讲述工具

史蒂夫·乔布斯和美国前副总统阿尔·戈尔都转变成了全球变暖问题的专家，他们有 3 个共同点：对改善环境的承诺，对苹果公司的挚爱（戈尔就是苹果公司的董事会成员），以及有魅力的演讲风格。

阿尔·戈尔讲述全球气候变暖危机的获奖纪录片《难以忽视的真相》，采用了苹果公司叙述故事的工具。戈尔在告诉听众解决全球变暖问题的方案之前，提出了全球变暖这一现实问题，这是目前所有人都认为亟待解决的现实问题（评论家对于他所提出的方案可能有不同的意见，但现实问题是大家所普遍认可的）。

戈尔通过讲故事开始他的演讲，为他的论点设置场景。通过向大家展示在太空任务中拍摄到的一系列地球的彩色图片，他不仅让观众得以欣赏我们这个星球的美，还引入了关键问题。

首先，戈尔向大家展示了宇航员杰克·扬格在月球上拍下的那幅著名的摄影作品——《地出》(Earthrise)，这是人类首次从月球表面来欣赏地球的景象。然后，戈尔演示了随后拍摄的一系列标志全球气候变暖的照片：冰盖融化，海岸线后退，同时还有强烈的飓风。他说："冰有一个故事要告诉我们。"紧接着戈尔直接引进了破坏者：矿物燃料如煤炭、瓦斯、石油等的燃烧，大大增加了地球表面大气层二氧化碳的含量，造成全球性的气温上升。

这部纪录片中让人最难忘的场景之一，是戈尔用两种颜色的线条（红色和蓝色）分别代表 60 万年前空气中的二氧化碳含量和平均气温水平。戈尔说："当二氧化碳含量升高，气温也随之上升。"然后，他演示了一张幻灯片，显示二氧化碳含量在不断攀升，已经达到地球的最高历史水平，也就是今天的水平。"现在，如果你们愿意耐心等待的话，我真的想强调一点。"戈尔说着，爬上一个机械升降机。他按下一个按钮，电梯带着他升高了至少 5 英尺（约 1.5 米），这样他就同当前二氧化碳排放量的点平行。这引起听众一阵笑声。这显得有趣且意义深邃。"在不到 50 年的时间内"，他接着说，"这还将继续上升。今天在这里的一些孩子到了我的年纪时，二氧化碳含量的数字将到这里"。戈尔再次按下按钮，电梯运载他攀升了大约 10 秒钟。他看着图表上升的趋势，转身对听众说："你听说过'破纪录'吧？嗯，不到 50 年，在这里我们就会破纪录了"。演讲很有趣，有很强的说服力，给观众留下了难以磨灭的印象。戈尔运用了事实、数字和统计来说明道理，生动活泼，很有感染力。

戈尔用了很多修辞方法和技巧，我们从中可以发现，这些方法和乔布斯的演讲技巧如出一辙，其中就包含引进对手的方法。两位演讲大师都在演讲一开始就引入了对手，使周围的听众围绕着共同的目标紧密地团结在一起。在乔布斯的演讲中，一旦对手得以明确，接下来就是揭秘即将拯救世界的人物——凯旋英雄的时刻了。

资料来源：卡迈恩·加洛. 乔布斯的魔力演讲[M]. 北京：中信出版社，2010。

2.1.1 知识营销的含义

知识营销（Knowledge Marketing）指的是向大众传播新的科学技术以及它们对人们生活的影响，通过科普宣传，让消费者不仅知其然，而且知其所以然，重新建立新的产品概念，进而使消费者萌发对新产品的需要，达到拓宽市场的目的。随着知识经济时代的到来，知识成为发展经济的资本，知识的积累和创新，成为促进经济增长的主要动力源，因此，作为一个企业，在搞科研开发的同时，就要想到知识的推广，使一项新产品研制成功的市场风险降到最小，而要做到这一点，就必须运作知识营销。

比尔·盖茨的先教电脑，再卖电脑的做法是典型的知识营销。他斥资 2 亿元，成立盖茨图书馆基金会，为全球一些低收入的地区图书馆配备最先进的电脑，又捐赠软件让公众接受电脑知识。再比如，上海交大昂立公司开展的送你一把金钥匙科普活动，通过在社区举办科普讲座，向市民赠送生物科学书籍，举办科普知识竞赛等，提高了市民的科学健康理念，引发了人们对生物科技产品的需求，达到了其他任何形式的产品营销所达不到的目的，使微生态试剂市场在短短的 10 年间，从零发展到如今近百亿元，创造了广阔的市场。

2.1.2　知识营销的特征

与传统的营销方式相比，知识营销具有以下特征。

1．营销环境发生了质变

知识经济时代企业的营销环境将发生巨大变化。其一，竞争日益激烈。随着信息网络技术的飞速发展及世界经济一体化的不断演进，"国内市场国际化，国际竞争国内化"将逐步成为现实，竞争将愈演愈烈。其二，竞争的方式也将发生变化。大家共有信息技术，共享知识资源，共同开发市场，在合作中竞争，在竞争中合作，形成良性循环的竞争环境。

2．营销产品发生了质变

传统营销产品逐步被知识型产品所替代。所谓知识型产品即为高科技产品的升华，产品科技含量高，如数字化彩电等。对于这些知识型产品的营销必须要求营销者具有高素质，不仅要深谙营销技巧，同时也要掌握产品的知识含量，能够把这些知识推销给消费者。如果营销者对产品本身的技术含量、使用功能、维修知识一知半解，对消费者的询问含糊其辞，产品售出发生故障时也不能及时提供售后服务的话，那么消费者将疑虑重重，营销也就很难成功。

3．营销方式发生质变

20 世纪的计算机和网络技术正一日千里地迅猛发展，在知识经济时代必将获得更大的发展甚至出现更大的突破。如今，互联网已将世界联为一体。与此同时国际互联网使得营销信息系统更加完善与迅速。传统的营销方式是靠媒体、广告等向消费者传达产品信息的。这种传递是单向的，往往是营销者比较主动而消费者处于被动，信息反馈速度慢并有限，而且成本较高，因而往往不能制订适宜的营销战略。而在知识经济时代，网络化的实现使营销渠道四通八达。不仅营销部门可以通过网络将产品信息迅速传达给消费者，大大减少了营销环节，从而降低了成本，而且消费者也可以通过网络与营销部门进行对话，提出自己的愿望与要求，促使厂家生产出更适合市场需求的产品。

2.1.3　知识营销的内容

在这样一种全新的社会形态下，知识营销应包括以下内容。

1. 学习营销

学习营销是一种以学习为主要手段的高层次创新营销方式。提起学习，人们很容易想起学校教室里有老师在讲、学生在听的正规教育的情形。但学习的含义远不止于此，正规教育只不过是学习中的一小部分而已。其实，从行为学的观点来看，学习被定义为与一种外在刺激条件相关的、随着时间而发生的行为改变。我们每个人每天都在学习着，都在接受着“信息的无痛注射”，并对这些信息反馈进行加工和处理，用以指导、改变自己未来的行为，发生改变的行为就是学习的结果。因此，可以说，学习是一个行为改变的过程，是一个在外界刺激作用下行为改变的过程。

确切来说，所谓学习营销，是指企业围绕着商品（包括产品或服务）的销售，以知识学习为主要手段所开展的一系列营销活动。即企业通过加强对企业内部有关人员，特别是对营销人员的教育和培训，采取多种方式，开展向社会及广大消费者传播与产品消费有关的知识与技能，让消费者不仅从直接的商品消费中享受到一定的使用价值，而且还可以从企业那里学习到相关的知识文化，使消费者的需求得到最大限度的满足，从而最终达到企业的营销目的。企业的学习营销方式贯穿于企业的全方位、全过程营销活动中，即进行全过程的学习营销和全员性的学习营销。

知识经济时代人类将进入学习社会，实现真正意义上的“活到老，学到老”。学习社会的到来，知识和信息的大爆炸决定了知识经济时代的营销是“学习营销”。因此，企业面对的不仅仅是现实的消费者，还有大量的潜在消费者。企业要想有好的发展，就不仅仅要重视对企业现实消费者的知识学习需求的满足，而且还要高度重视可能的潜在消费者的学习需求。因此，企业要向社会及公众传播消费知识。另外，企业也需要向社会和公众学习，向他们征求意见、搜集信息，用以指导企业的下一步营销工作。所以要进行全社会互动式的学习营销。

2．网络营销

21 世纪是网络营销的世纪，网络营销是知识经济与网络技术飞速发展的产物。简单来说，它就是利用互联网进行的企业营销。网络营销主要通过在互联网上建立虚拟商店和虚拟商业区来实现。虚拟商店又称为电子空间商店，它不同于传统的商店，不需要店面、货架、服务人员，只要拥有一个网址连通互联网，就可以向全世界进行营销活动。它具有成本低廉、无存货样品、全天候服务和无国界区域界限等特点。另外，在网络上还可以同步进行广告促销和市场调查以及收集信息等活动。互联网为企业和客户间建立了一个即时反映交互式的信息交流系统，拉近了企业与消费者之间的距离，具有很好的发展前景。

3．绿色营销

随着生活水平及自身素质的双重提高，人们已不再满足于消费传统意义上的商品及服务，注意力及需求消费健康化、自然化，“绿色产品”更是成为人们的新宠。“需求创造自己的供给”，根据这一最新潮流，企业营销时应特别重视“绿色”概念，开发“绿色产品”是指从生产到使用、回收处置的整个过程对生态环境无害或危害极小，符合特定的环保要求，并有利于资源再生回收的产品。同时在营销策略上应注重“绿色情怀”，重视“绿色包装”，提供“绿色服务”，做到天人合一，健康营销。只有这样才会得到社会的肯定和顾客的信任，企业营销也才可能取得成功。另外，企业也应积极努力，争取得到 ISO 14000 认证和“环境标志”，取得 21 世纪营销的“合格证”。

2.1.4 知识营销与传统营销的区别

知识营销与传统营销有什么区别呢？综合起来看，主要有以下几个方面。

1. 营销环境的不同

营销环境发生了巨大变化。竞争日益激烈，随着我国加入（WTO）和经济全球化不断演进，“国内市场国际化，国际竞争国内化”正逐步成为现实。另外，竞争的方式发生了变化，大家共同拥有信息技术，共享信息资源，在合作中竞争，在竞争中合作。

2. 营销产品的不同

营销产品有了质的改变，传统营销产品逐步被知识型产品所替代。对知识产品的营销要求营销者必须具有较高的知识素质，不仅要深谙营销技巧，同时也要掌握有关产品的知识，能够把这些知识推销给消费者，能够提供迅速、及时和高知识含量的售后服务。

3. 营销方式的不同

传统的营销方式是靠媒体、广告等向消费者传达产品信息的，这种方式是单向的，营销者往往处于主动地位，而消费者处于被动地位，信息反馈速度缓慢并且有限，成本也较高；而在知识经济时代，网络化使营销渠道四通八达，不仅营销部门可以通过网络将产品信息迅速传达给消费者，大大减少了营销环节，降低成本，而且消费者也可以通过网络与营销部门进行对话，表达自己的愿望，提出自己的要求，促使厂家生产出更适合市场需求的产品。

4. 营销结果的不同

传统营销的结果往往是有利于企业和营销者的，因为营销的出发点和关注点在于能更多更快地推销出自己的产品和服务；而知识营销更多地关注消费者的需求，不仅有利于企业树立良好的形象，提升品牌竞争力，也能使消费者放心地消费产品和服务，特别是使消费者获得了有关产品的知识和使用技巧。

小案例 2-2

两辆中巴

家门口有一条汽车线路，是从小巷口开往火车站的。不知道是因为线路短，还是沿途人少的缘故，客运公司仅安排两辆中巴来回对开。

开 101 的是一对夫妇，开 102 的也是一对夫妇。

坐车的大多是一些船民，由于他们长期在水上生活，因此，一进城往往是一家老小。

101 号的女主人很少让孩子买票，即使是一对夫妇带几个孩子，她也是熟视无睹，只要求船民买两张成人票。有的船民过意不去，执意要给大点的孩子买票，她就笑着对船民的孩子说："下次给我们带个小河蚌来，好吗？这次让你免费坐车"。

102 号的女主人市场销售技巧恰恰相反，只要有带孩子的，大一点的要全票，小一点的也得买半票。她总是说，这车是承包的，每月要向客运公司交多少多少钱，哪个月不交足，马上就干不下去了。

船民们也理解，几个人掏几张票的钱，因此，每次也都相安无事。

不过，三个月后，门口的 102 号不见了。听说停开了。它应验了 102 号女主人的话：马上就干不下去了，因为搭她车的人很少。

资料来源：作者根据互联网相关资料进行整理。

启示：

忠诚顾客是靠感情培养的，也同样是靠一点优惠获得顾客的忠诚的，当我们固执地执行我们的销售政策的时候，我们放走了多少忠诚顾客呢？

2.1.5　知识经济对企业营销的影响

以数字化、网络化为主要特征的科技革命，以科技革命为基础的知识经济，对人们的生产方式、思维方式、生活方式及行为方式将产生巨大而深刻的影响。同样，对企业管理、企业营销将产生深刻的影响。

1. 对消费者需求的影响

以技术革命为推动力的知识经济的发展，一方面使社会财富迅猛发展，另一方面，使广大消费者生活水平提高，并使消费者需求发生如下变化：

（1）消费者需求趋于个性化

由于知识经济使消费者受教育的程度和文化水平获得普遍提高，从而促使消费者的消费需求和消费行为趋于个性化。同时由于知识经济带来科技与知识的创新，从而引导消费者消费的个性化。因而，要求企业一改工业经济时代那种单一的、大批量的营销方式，转向实行个性化和多样化的营销方式。

（2）消费者行为趋于理性化

在知识经济时代，由于消费者文化水平的提高，他们能够借助发达的信息网络、全面、迅速地搜集和购买与决策有关的信息。例如，消费者借助电脑咨询软件迅速收集有关产品信息，并拟定和评估不同的购买方案，从中选择最佳的购买决策。

（3）消费者的需求从低层次的生理需求向高层次需求转变

它即是消费者的需求从物质需求向精神需求转变。如消费者从原来的对衣食住行最低的生理需求向文化教育、娱乐等精神需求转变。

（4）消费者面临更多的产品选择

知识经济促进互联网迅速发展，从而使国外市场冲破地区界限、行为界限和时间界限，购买者可以在任何地区、任何时间通过网络搜寻和选择理想的卖主，销售商之间发生激烈的竞争，从而使购买者能够自由选择国内外的卖主，消费者对产品越来越挑剔。

2. 对产品的影响

（1）知识经济使产品的外延与内涵发生巨大的变化

从产品的外延看，知识经济时代不仅农产品、工业品成为商品，知识、服务、信息和技术都成为商品，即与知识相关的无形产品成为消费者主要的消费对象。从产品的内涵看，由于知识成为知识经济的核心要素，要求产品中的知识含量提高了。因而，衡量产品价值的标准产生了变化，即由传统的以物质为基础转为以知识含量为基础进行衡量。

（2）以信息技术为核心的知识经济

科学技术发展日新月异，产品的设计、开发和使用周期日益缩短，因而，要求企业快速开发新产品，并迅速将新产品投入市场。

3. 对营销方式的影响

人类进入知识经济时代，这必将对人类社会历史进程产生划时代的影响，在此背景下，一场旨在通过普及科技知识拓宽市场、为用户提供更多的应用支持的营销革命在世界各大企业风起云涌，这就是知识营销。知识营销是指企业在营销过程中，使企业的广告、宣传、公关、产品注入一定的知识含量和文化内蕴，帮助顾客增加与商品相关并实用的信息和知识，激发他们提高消费水平和生活质量的愿望，从而达到推广产品、建立企业形象、提升品牌力的目的。它势必成为一种新的营销方式，成为企业获得市场的一种重要的营销方式。

小案例 2-3

两家小店

有两家卖粥的小店。

左边这个和右边那个每天的顾客相差不多，都是川流不息，人进人出的。然而晚上结算的时候，左边这个总是比右边那个多出了百十元来。天天如此。

于是，我走进了右边那个粥店。服务小姐微笑着把我迎进去，给我盛好一碗粥。问我："加不加鸡蛋？"我说加。于是她给我加了一个鸡蛋。

每进来一个顾客，服务员都要问一句："加不加鸡蛋？"也有说加的，也有说不加的，大概各占一半。

我又走进左边那个小店。服务小姐同样微笑着把我迎进去，给我盛好一碗粥。问我："加一个鸡蛋还是加两个鸡蛋？"我笑了，说："加一个"。

再进来一个顾客，服务员又问一句："加一个鸡蛋还是加两个鸡蛋？"爱吃鸡蛋的就要求加两个，不爱吃的就要求加一个。也有要求不加的，但是很少。

一天下来，左边这个小店就要比右边那个多卖出很多个鸡蛋。

资料来源：作者根据互联网相关资料进行整理。

市场销售技巧启示：

给别人留有余地，更要为自己争取尽可能大的领地。只有这样，才会于不声不响中获胜。销售不仅仅是方法问题，更多的是对消费心理的理解。

2.1.6　知识经济时代营销工作的特点

1. 用知识推动营销是知识营销的本质要求

知识营销是创造、使用、储存、提升并转化知识智力的一种全新营销理念，它把信息技术、市场预测、营销决策等体现人类智力资源的主要环节统一起来，共同为企业服务，以取得最好的经济效益。知识营销是营销理念深化与知识经济发展二者相碰撞的结果。其一，知识营销是营销理念从占领到培育缔造市场的必然产物。它将市场看作为动态上升。企业要满足目标市场需要，关键让顾客了解产品，喜欢偏爱产品。其二，知识经济发展促使企业进行知识营销。一方面，技术发展变化快，产品生命周期缩短，新型企业不断崛起，使市场竞争更为激烈复杂；另一方面，人的知识增长速度特别对高新技术产品认识水平，远远没有技术发展那么迅速。消费者这种对高新技术产品认识"滞后性"，就成为企业营销一大障碍，因此，知识营销应运而生。例如，微软公司为低收入地区图书馆配备电脑、培训人员、捐赠软件，不惜耗费巨资，这种行为正体现了"先教电脑，再买电脑"的知识营销观念。

具体而言，知识营销至少应包括以下三方面内容：

（1）挖掘产品文化内涵，增加营销活动知识含量，并注重与消费者形成共鸣的价值观

知识经济时代，知识成为一种重要消费资料，企业要把学习知识作为一项必不可少的活动内容。知识营销活动应努力使消费者学到更多知识。同时，随着经济发展人民生活水平提高，消费者购买商品时已不仅仅考虑其使用价值，而且关注它所带来的价值观念，即日益注重商品与服务背后文化内涵。如"李宁"服装倡导青春、健康、活泼的精神生活，这与许多青少年的价值追求相吻合，因此备受青年人青睐。

（2）注重与消费者建立结构层次上的营销关系，使消费者成为自己产品的忠实顾客

营销关系一般可分为三个层次：一是财务层次，即以价格折扣、回扣、奖励等形式来回报顾客，这是最低层次的竞争手段，也最易仿效；二是社交层次，即与客户建立友谊或各种社交关系，这是目前较流行的一种方式，但过度使用会带来拉关系甚至腐败现象；三是最高

结构层次上的营销关系，即产品与顾客之间技术结构、知识结构、习惯结构上建立起稳固关系，从而使顾客成为企业产品长期而忠实的顾客。随着产品技术含量不断提高，建立这种结构关系更为重要。

（3）加强营销队伍建设，使营销更适合产品高技术含量、智能化、个性化要求

知识经济时代，企业必须用知识赢得顾客，首先要让顾客了解并懂得如何使用产品，以及使用后能带来好处，才能激发顾客购买欲望，从而扩大销售。同时营销策略要针对不同类型顾客进行特定设计，使产品或服务适应顾客消费特点、文化品位及价值观念。而要做到这些，必须加强营销队伍建设，提高营销人员素质，这是我国企业面临的一项紧迫任务。

2. 将现代信息技术运用到营销是知识经济时代营销工作的一大特色

当前，企业若想在激烈竞争中使自己产品占领市场，就要从了解市场需求动向入手，分析市场，研究市场，在掌握大量市场信息基础上进行经营决策。随着知识经济到来，信息产业飞速发展。信息基础设施快速发展，电子交易与支付手段日益成熟，传统市场营销，无论观念、战略还是手段上都面临挑战，迫切需要革新。对于制造商中间商来讲，利用交互网络可以用最少资本投入将市场拓展到最大空间，并以较低成本提高获取信息处理的能力，对于消费者来讲，利用电子交易网上购物可以节约购买时间，降低购买成本，最大限度地满足消费需求。由此可见，由于现代信息技术营销应用，将使市场营销在目标市场选择、市场调研、营销组合策略等各个环节发生重大变化，形成新营销格局模式。

3. 创新知识经济灵魂也是知识营销最重要的一个特征

知识经济时代创新主攻点在于基础性研究突破，以形成新支柱产业，实现产业结构升级。它不同于工业经济时代把新设想转变为新产品、新工艺、新市场这一应用档次上的技术创新。鉴于此，营销工作也必须创新。例如，营销观念创新，要求企业树立社会营销观念，即通过对营销方案设计、分析、实施及评估，从而影响目标公众行为，改善目标公众及他们所关注的群众福利，以实现企业、社会消费者利益和谐统一。我国从总体上来讲，已经成为买方市场，大多数产品出现了供过于求现象，许多企业为此不知所措，只好在广告投入、降低价格上下功夫。然而海尔公司却以新一代高清晰、数字化电视抢先进入彩电市场，在已饱和的彩电市场取得巨大成功。因此，创新是企业在知识经济时代下立于不败之地的根本途径。

小案例 2-4

这种“营销”的真诚和坦率，让爱心无法拒绝

新华社电　日本作家栗良平的小说《一碗阳春面》，把一种坚强、善良的人性之美长留世间。近日在郑州，因为患癌面馆老板一句“来我店里吃碗面”的呼唤，素不相识的人们纷至沓来，演绎出“一碗阳春面”式的真情故事。

几天前，42 岁的李刚在网上发出一个求助帖，他说最近查出得了骨肉瘤，需要钱做手术，但家庭条件不好，希望网友们外出吃饭时能到他家的面馆去，这样妻子能多赚一点钱。

帖子措辞朴实，没有为吸引眼球而耸人听闻，也没有连篇的惊叹号，但是它并没有湮没在海量的信息中，反而迅速被转发扩散，网友评价说：“这种真诚和坦率无法拒绝”。于是，相约吃面成了郑州城里的一股风潮，微博上熟人之间都在问“你啥时候去吃？”

李刚的面馆位于郑州西郊一个偏僻的小巷，记者一路找过去摸不准该在哪下车，“的哥”短暂沉默后恍然大悟，扭头问：“你们是去吃面的吧？我知道地方”。几天来，他已经拉了不少去吃面的乘客。看记者手忙脚乱找零钱，“的哥”一脸好商量的样子：“还怪有爱心哩，差

5角就算了”。

11时30分，只有8张4人桌的面馆就坐满了人，一问都是看了帖子或报道后慕名而来。一位中年男士进门点了一碗面，然后硬塞给李刚的妻子井小敏100元钱，他有点不好意思地说：“谁都有难处，尽不了太大心，一点微薄之力吧”。井小敏推辞不掉，坚持让他留下姓名电话，说等老公病好了，一定把大家救急的钱都还回去。“我们不要捐款，就想让大家来吃碗面。”井小敏说，他们要自食其力，实在有人要放钱的话，就当是借的。店内一个本上已写下20多笔记录，从100元到1000元不等，名字大多登记为“X先生”或“爱心人”。

在收银台，时不时听到拿整钱的顾客说“不用找了”。有三个结伴来吃面的小伙子，看到人手不够，就去帮忙端汤、点餐了，俨然跑堂的伙计。其中一个长发青年说：“不管吃碗面还是打个杂，就想力所能及帮点忙，希望爱的正能量更好地在城市散播。”

一碗面的真情，你愿意去做吗？这场爱心吃面行动还在蔓延中。热衷公益的市民魏晓军感慨：“在人声鼎沸的吃面现场，再一次感受到了普通人之间的浓浓爱意和人性的美丽。”

资料来源：新浪新闻，http://news.sina.com.cn/c/2013-01-28/145926142029.shtml。

2.2 可持续发展与绿色营销理念

人类文明几千年，创造了前所未有的物质财富，极大地推动了社会的进步。然而，在文明的背后，却隐藏着忧患与不安：资源短缺、环境污染、生态破坏、臭氧层锐减、温室效应、人口剧增等。面对这些严重问题，人们不得不对产业革命以来的工业化发展道路、经济增长方式进行重新审视，试图寻找一种不同于传统工业化发展方式的新的发展模式，确立一种全新的社会营销理念，这就是可持续发展营销理念。

小案例 2-5

沃尔玛绿色营销之启示

在全球环保风暴的席卷下，以沃尔玛为代表的国际零售巨头不再一味追求低价策略，一味同竞争对手打“价格战”，而是将节能环保理念融入企业供应链和业务发展的各个环节中，向绿色营销转型，走可持续发展道路，以实现长期发展并提高公司商业利润。沃尔玛早在2005年就制定了“可持续发展”战略，在未来20年实现百分之百使用可再生能源、实现“零”浪费和出售利于资源和环境的无害商品三大目标。沃尔玛从2011年开始为其全球食品采购网络供应商制定可持续性生产评估方案，以了解生产每单位食品所需的能源、水、肥料和杀虫剂的数量；沃尔玛全球所有自有品牌使用可持续采购的棕榈油，仅在美国和英国这一项就可减少500万吨的温室气体排放等。从推广绿色产品、节能减排、控制使用塑料袋到绿色采购计划等，沃尔玛正在树立绿色企业形象，为积极实施绿色营销而不断努力。

打造绿色供应链

在绿色营销战略的指引下，沃尔玛整合原有供应链、打造绿色供应链，最大限度减少对环境的污染。沃尔玛要求全球供应商必须在供应合同里提供符合环保标准和遵守当地环境法律法规的证明。对于遵守并认同沃尔玛可持续发展战略的供应商给予更高的采购价格。除此以外，沃尔玛全球采购部在中国实施了“模范工厂”项目和记分卡制度。

大力推行绿色包装

在产品包装方面，沃尔玛在2006年9月就鼓励全球6万多家供应商推行绿色包装，减少包装材料的能源消耗，在2013年之前包装材料使用量就减少了5%，这就意味着可以减少数以百万公斤的生产垃圾，减少二氧化碳66.7万吨的排放量。据沃尔玛测算，此举可节约32.4万吨煤炭以及25362万升的石油消耗，不仅对社会环保做出巨大贡献，还可为供应商和沃尔玛带来巨大回报，沃尔玛自身供应链节省成本34亿美元、全球供应链节省110亿美元。

节能减排

沃尔玛也致力于自身经营和消费者购物环境的节能减排措施的改进和尝试，主要是：在照明系统方面，普通照明、食品柜和冰柜等广泛使用LED灯，客流量低的地方安装动态感应器和定时器等设备，减少照明时间;在空调系统方面，使用变频技术，采用混合新风系统设计，在保证消费者舒适的前提下，人工调节空调温度;在冷冻系统方面，采用冷冻系统压缩机变频、蒸发式冷凝器和冷库架空层设计;在用水方面，自然解冻替代流水解冻，对生鲜产品严格控制覆冰率，并在鲜食部门安装水表以监督用水量;此外，使用能源EMS管理系统调整和优化能源设备的运行参数，更科学有效地利用能源。

积极组织环保公益活动

沃尔玛积极与环保公益组织合作，帮助企业认识到企业运营对保护人类环境的重要性。比如，2007年1月，沃尔玛邀请保护国际企业环境领导力中心专家迈克尔·陶顿进行环保的主题宣讲，并对珠三角地区的部分供应商进行深入访谈，就减少废弃物排放、改进包装和节能等方面进行广泛交流。2008年4月，沃尔玛携手可口可乐公司、全球瓶罐包装制造企业Ball Asia公司和保护国际在中国的代理机构山水自然保护中心，在北京、上海、广东等地试点发起“瓶罐可回收项目”，宣传引导消费者把使用过的铝质罐或塑料罐投入沃尔玛试点店的特制回收箱内，沃尔玛收集并发货给Ball Asia回收并重新制作包装瓶或罐，以每个9分钱的价格计算将所得捐给山水自然保护中心用于植树造林等环保项目。

资料来源：赵艳丰. 沃尔玛绿色营销之启示[J]. 店长，2013(8)。

2.2.1 可持续发展营销理念的界定

1. 可持续发展营销理念的定义

可持续发展营销理念是指以可持续发展作为企业营销的指导思想的一种新理念。可持续发展的定义有100多种，其中具有代表性、影响力较大的有以下几种。

巴伯:“在保护自然资源的质量和其所提供的服务的前提下，使经济发展的净利益增到最大限度，以保证维持最多人数的生存。”

雷德利夫特:“可持续发展的本质在于维持生产和经济系统的恢复，即寻求经济与环境之间的动态平衡。”这种观点认为要保持和加强环境系统的生产和更新能力，即可持续发展是不超越环境系统再生能力的发展，是寻求一种最佳的生态系统以支持生态的完整性和人类愿望的实现，使人类的生存环境得以持续。

布伦特兰：“既满足当代人的需要，又不对后代人满足其需要的能力构成危害的发展。”这个定义在国际社会得到了普遍认同和广泛引用。

蒂坦伯格：“可持续发展的核心在于公平性，使后代的经济利益至少不低于先一代。”

2. 可持续发展营销理念的特征

可持续发展营销理念有如下特征。

（1）企业经营的目标是在保证人类生存的前提下获取自身的发展与壮大。

（2）企业经营重视研究资源的最有效利用和可持续利用。表现在具体经营销售活动中，即重视技术的革新和新产品的研制开发。

（3）国际企业重视通过寻求经济行动与环境之间的动态平衡，使环境得以保持和持续。

（4）企业经营活动恪守公平性原则，不仅要考虑满足当代人的经济利益，而且要考虑维持后代人的经济利益。

小案例 2-6

2006 年 7 月 5 日，格兰仕在北京推出“绿色回收废旧家电——光波升级以旧换新”活动，消费者手中任何品牌的废旧家电，均可折换 30～100 元，用于购买格兰仕部分型号微波炉和小家电的优惠，同时格兰仕联合专业环保公司对回收的废旧小家电进行环保处理，为绿色奥运做出自己的贡献。活动推出后，北京市场连续 3 日单日销售突破 1000 台，高端光波炉的销售同比增长 69.6%。北京电视台、北京晚报、北京青年报、中国青年报、京华时报、北京娱乐信报、中国经营报等都对活动进行了追踪报道。随后活动向山东、福建、辽宁、云南、吉林、重庆等省份的 10 多个城市蔓延。格兰仕“绿色回收废旧家电”的活动成为 2006 年淡季小家电市场一道靓丽的风景。

资料来源：作者根据互联网相关资料进行整理。

3. 可持续发展是人类的共同需要

（1）自然环境的恶化给人类敲响了不可持续发展的警钟。全球自然环境恶化，表现为森林毁坏、水土流失、温室效应、酸雨增多、臭氧层破坏、环境污染加剧等。汽车释放的铅、一氧化碳、二氧化碳毒害人的呼吸道、心血管、神经系统；新型反光材料造成的光污染，伤害人的角膜、虹膜，引起视力下降；合成纤维服装诱发心律失常、皮肤病等。这一切表明环境的恶化极为严重，人类赖以生存的环境受到摧毁性威胁，人类难以在这种恶劣的环境下持续发展。

（2）工业文明带来的不可持续发展的经济问题加剧了人类生存危机。工业文明带来的经济问题主要有：

①对资源的掠夺性开发，发达国家对资源的开发近乎竭泽而渔的地步，占世界 1/5 的人口却消耗了世界资源总量的 2/3。

②工业发展对资源的索取、掠夺、污染、破坏的循环往复，不仅危及当代人的生态环境，而且危及子孙后代对资源需求的满足。

③社会财富分配不均，贫富两极分化加剧，极度贫穷的国家丧失了经济活力。贫富两极分化加剧了人类的生存危机，加剧了社会环境的恶化。

（3）可持续发展战略是人类针对环境恶化提出来的。可持续发展战略是针对上述不可持续发展的自然现象和社会现象而提出来的。可持续发展战略的酝酿经历了几十年的历史。

早在 1962 年，美国海洋生物学家 R.卡逊就在他的著述《沉默的春天》中揭示了人类与自然的矛盾，提出了“人与自然不应对立而应和谐，‘人主宰自然’的思想必须摒弃”。

1972 年，英国经济学家 B.沃德在其著作《只有一个地球》中呼吁：“目前人类生活的两个世界——他们所继承的生物圈和他们所创造的技术圈已经失去平衡，正处在深刻的矛盾之中……我们要承担保护人类环境的责任，学会明智地管理地球”。

人类正是在不断吞下破坏环境而结下的苦果的情况下逐步警醒，逐步要求自身合乎环境要求的发展，对环境无破坏的发展，保护生态平衡的发展，从而使人类社会的发展得以持续地进行下去。

1987 年，挪威前首相格·布伦特兰向联合国环境委员会提交了倡议实施可持续发展战略的报告，对可持续发展战略做了这样的界定：既满足当代人的需要，又不对后代人满足其需要的能力构成危害。这一界定被联合国环境委员会所采纳而成为诠释可持续发展战略的权威性论述。可持续发展战略要求社会经济发展必须同自然环境及社会环境相联系，使经济建设与资源、环境相协调，使人口增长与社会生产力发展相适应，以保证社会实现良性循环发展。可持续发展战略是生态持续、经济持续、社会持续的综合发展战略，是全人类的共同需要。

2.2.2 绿色营销是可持续发展理念的实施

1. 可持续发展战略呼唤企业实施绿色营销

绿色营销是一种化危机为商机的营销趋势，英国威尔斯大学的肯·毕教授将它定义为：“一种能辨识、预期及符合消费者与社会需求并且可带来利润及永续经营的管理过程。”绿色营销中的“绿色”为保护环境、崇尚自然、促进可持续发展。绿色营销是企业以保护环境为经营哲学，以绿色文化为价值观念，通过制定与实施绿色营销策略，满足消费者的绿色需求，实现企业经营目标的一种营销行为。

绿色营销以消费者的绿色意识的觉醒和绿色消费的形成为前提，通过发展绿色产品和绿色产业，坚持适度消费，清洁生产，以谋求人类行为与自然的融合，实现人类社会的共同愿望和需求，实现可持续发展。

绿色消费是一种适度节制性的消费，以避免或减少对环境的破坏，以崇尚自然、返璞归真为体征的消费，包括消费无污染的物品，消费过程中不污染环境，自觉抵制和不消费那些影响生态的物品，不食用珍稀动物，不造成水资源浪费等。

绿色营销是可持续发展战略的一个方面，绿色消费要求企业实施绿色营销，绿色营销是人类社会可持续发展战略对企业提出的要求。

2. 可持续发展理论是绿色营销活动的依据

可持续发展战略是一个理论体系，发展是人类永恒的主题，可持续发展是当代人类的主题，现代经济社会的可持续发展是面向 21 世纪人类发展的基本趋势。建设有中国特色的社会主义，把我国建设成为富强、民主、生态协调发展、可持续发展之路，这是我国实现跨世纪发展的主旋律，这个主旋律始终是以现代化经济的可持续发展为中心，中国特色的可持续发展理论是中国经济发展伟大实践的结晶，是中国现代化建设坚持走可持续发展道路的依据。

可持续发展理论由以下基本因素构成：

（1）发展是硬道理。它强调常规产业与环保产业同步发展，常规农业与生态农业相随共生，城建工程、生态工程彼此协调。

（2）发展的可持续性。当发展与环保构成矛盾体时，要摒弃“先污染，后治理”的无措观念，坚持减少对环境的危害，要发展更要加强环境的保护。

（3）享有环境和保护环境的统一观。每个人，每个企业，既有享有环境的权利，也有保护环境和因破坏环境而加以补偿的义务。

（4）改善生产方式和生活方式。改变传统的损害环境的生产方式和生活方式，把生产方式和生活方式限制在生态环境可持续支撑的范围内。

可持续发展理论的这些基本因素已成为绿色营销行为活动的指导思想，绿色营销的一系列行为和活动无不来源于可持续发展理论。

小案例 2-7

早在 1994 年 3 月，美国商务部门就把环保产业列为重点出口企业之一，并规定环保产业享受出口免税。日本政府提出了以“21 世纪新地球”为主题的绿色管理计划。进入 20 世纪 90 年代以后，世界上许多公司正在纷纷实践“绿色营销”的战略思想。例如，日本一家超级市场要求顾客自备购物袋，以便减少使用塑料袋。超级市场发给每位顾客一张登记卡，自备购物袋的顾客，商店每次在登记卡上盖章，积累到一定数量后，商店免费赠送一定价值的商品。英国恩斯伯里超级市场集团不仅声称自己是“最绿杂货店”，而且推出了一系列“护绿”家庭用取代化学清洁剂的植物制成品，从而使其营业额大幅度上升，取得了竞争优势。在日本、美国，被人们称为“生态服装”的图案、色彩、文字极富特色与寓意：用珍稀动植物作为图案，以花草树木为色调，甚至用简洁明了的文字写在服装上，如“我爱大自然”“保护臭氧层”等直接来表达消费者的心声。因此，各种“绿色广告”应运而生，不少著名的跨国公司和大企业纷纷利用“绿色商品”大做“绿色广告”，不少新兴的中小企业也不断强化自己的“绿色企业”形象，以谋求飞跃发展。美国生产尿布的企业，从环保角度出发，进行广告促销，强调布尿片埋在土里至少要经过 500 年才能分解，而纸尿片在土里很快分解，于是纸尿片在公众心中树起了“绿色形象”，短短三年，销售量猛增了 1.8 倍。

资料来源：作者根据互联网相关资料进行整理。

3. 绿色营销的方方面面都关系着可持续发展

绿色营销包括引进绿色技术，实施绿色设计，生产绿色产品，引导绿色消费，实行绿色 4P 组合，加强绿色营销管理等诸多方面，所有这些方面都关联着社会可持续发展问题：

（1）引进绿色技术。一切有生命的物质都是材料和能源转化系统，技术是其手段，企业营销过程中离不开引进技术，绿色营销就是引进绿色技术，以创造一个更加美妙的、极少浪费的产业过程网络，为人们提供高效率生产，减少对环境的负面影响，降低原材料的消耗，更好地利用废弃物。例如，减少一定数量的用碳量，尽量利用非碳能源如核能、太阳能、水能、以减弱碳对地球产生的温室效应、烟雾等副作用。

（2）实施绿色设计。企业在产品设计及包装设计时，努力减少材料的利用，减少商品包装或使用过后的残余物，以减少污染，如研制设计以太阳能为动力的新型节能无公害汽车等，设计健康型、环保型、安全型的建筑材料，把对人体有害的物质控制在一定量之内，改善含有二甲苯、甲醛等对人体有害的放射性物质的涂料、墙纸、石膏板等建材产品的化学成分设计。

（3）生产绿色产品。绿色产品是安全、无公害的产品，绿色食品是优质、无污染的食品，对添加剂、防腐剂等化学合成物有严格的限制，绿色服装是以天然动植物为原材料并以手工处理以保持原色的服装，绿色用品应以减少树林砍伐，节能、无公害为前提，绿色住房是远离喧嚣，减少化学建材的使用，充分利用太阳能和风能的生态建筑，绿色交通工具以降低油耗，不使用有铅汽油，不排污，降低噪声为特征。

（4）引导绿色消费。在商品消费过程中，企业设法引导消费者降低对环境破坏及对他人的危害，推行绿色环保标志是引导绿色消费的手段之一，绿色环保标志是由政府的管理部门依据有关标准、规定，向某些产品颁发的一种特殊标志，它表明该产品是从生产、使用到回收处置的整个过程符合特定的环保要求，消费者使用这类商品既有利于自身健康，又对生态环境无害或损害极小，并利用了再生的资源。

（5）实现绿色 4P 组合。市场营销的 4P 即产品、渠道、定价、促销的组合，每一个环节都体现绿色营销的内涵，使绿色营销融入营销活动的各个方面。

（6）加强绿色营销管理。企业除了对绿色营销活动的管理制定专门法规加以约束外，还可委派专职生态经理，以建立保证绿色营销的组织系统。

2.2.3 推进绿色营销和可持续发展的举措

国际社会为谋求企业、环境和社会的和谐、均衡、共生而采取了推进绿色营销和可持续发展的举措。

（1）各国增加对环保的投入，努力为绿色营销的实施提供良好的环境。

（2）推行环保标志和 ISO 14000（企业环境管理体系）认证制度，促进绿色营销的实施。

环保标志包括许可性标签、证明性标签和环境信息标签三类，环保标志将同质量和价格一样成为 21 世纪市场竞争的重要因素，我国于 1993 年正式决定实施环保标志制度。

ISO 14000 是国际标准化组织从 1993 年开始制定和实施的一系列环境管理国际标准，该标准向各国政府及各类组织提供统一的环境管理体系、产品的国际标准和严格规范的审核认证方法。

中国环境管理体系认证指导委员会于 1997 年 5 月成立，具体指导 ISO 14000 系列标准的落实工作。

推进绿色营销和可持续发展只有从硬件（环境的治理、设施的改善）和软件（法律、法规、制度的制定和实施）两个方面全力下功夫，政府、企业和消费者个人一起行动，才能取得成效。

小链接 2-1

中国企业绿色营销案例探讨

一、案例介绍及问题提出

案例：蒙牛集团铝塑包装盒的回收

配音：绿色中国——迎奥运，蒙牛集团“包装盒换奶回收计划”全面启动，在哪里买就在哪里换，为了绿色中国，请参与我们吧！

画面：蒙牛品牌推广部比我更专业。

铝塑包装盒的回收情况：环保人士坦言废弃包装的回收系统是最让人头疼的。建有聚乙烯铝塑复合包装材料回收利用技术公司的大中城市回收率不到 20%，普遍困扰这些企业的问题，就是利乐包回收数量的不足；没有建有回收公司的中小城市回收率更低；城乡、农村三四级市场白送给收废品的都不要，马路边、水渠旁随处可见，又不易降解，问题连连。

离奥运只有一年多了，蒙牛虽然没有拿到奥运合作权，但也可以在不“侵权”的情况下充分利用奥运商机给企业带来的营销机会。错过了就没有这么好的载体有这么大的号召力了。

卖点：“一件捆一盒奶、一件送一盒纸巾”的促销本身给人有点“费力不讨好”的感觉（在人们印象中只有低端产品才做赠品促销），以环保的名义用包装盒来换奶更能体现出企业的社会责任感，更能体现出蒙牛产品的价值（蒙牛是不轻易送的）。

“得人心者得天下”，蒙牛为中小学生免费送奶计划也是为了企业品牌形象，“包装盒换奶回收计划”适应时代环保需求，更能笼络现代人对都市环保的关心，从而赢得企业品牌形象，巩固消费者对企业的价值认定。

具体实施方案：十个或二十个空盒换一盒奶，建立回收系统让经销商一级一级往上交，定期送到邻近有回收设备的城市，先期投资就是物流费和系统建立的费用，不期望能回收系统建立成本，但给企业形象带来的却是无形的价值！

在这个案例中运用了现代绿色营销的理论及做法。绿色营销是现代营销学中比较新的理论观念，那何为“绿色营销”？以及绿色营销较传统营销有哪些区别？绿色营销在中国发展的现状如何等一些问题将在以下阐述。

二、绿色营销理论综述

何谓“绿色营销”？它是一种新的营销概念，是人类跨世纪营销活动的一个新飞跃。美国威尔斯大学的肯·毕提（Ken Peattie）教授曾指出：“绿色营销是一种能辨识、预期及符合消费的社会需求，并且可以带来利润及永续经营的管理过程。”从本质内涵上看，企业绿色营销是企业以环保观念作为其经营指导思想，以绿色消费为出发点，以绿色文化作为企业文化核心，在满足消费者绿色消费需求的前提下，为实现企业目标而进行的营销活动。它是传统市场营销的进一步扩展和深层次延伸，也比传统市场营销意义更深远，更具时代性。

1. 绿色营销与传统营销的区别

（1）传统营销方式注重的是刺激消费，并使其无限扩张，即企业以最大规模求效益，消费者以同等价格获取更多商品为趋向，最终导致的是资源严重浪费；而绿色营销则不同，它突出的是产品消费过程的绿色、环保、无害和有效，企业追求的是消费需求与有效需求的统一和资源利用边际效益的最大化。

（2）传统营销强调采用各种手段达到营销目标，但忽视了营销手段的负面影响；而绿色营销在管理上强调营销手段必须与自然环境、社会环境和谐与协调，以利于环境的良性发展。

其实，绿色产品的营销并不是一个简单的概念，企业应该根据消费者的特征、产品的特点和市场竞争的状况等，来制定自己的绿色营销策略。

2. 绿色营销的特点

（1）综合性特点。绿色营销综合了市场营销、生态营销、社会营销和大市场营销观念的内容。市场营销观念的重点是满足消费的需求，“一切为了顾客需求”是企业制定一切工作的最高准则；生态营销观念要求企业把市场要求和自身资源条件有机结合，发展也要与周围自然的、社会的、经济的环境相协调；社会营销要求企业不仅要根据自身资源条件满足消费者需求，还要符合消费者及整个社会目前需要及长远需要，倡导符合社会长远利益，促进人类社会自身发展；大市场营销是在传统的市场营销四要素（即产品、价格、渠道、促销）基础上加上权力与公共关系，使企业能成功地进入特定市场，在策略上必须协调使用经济、心理、政治和公共关系等手段，以取得外国或地方有关方面的合作和支持。绿色营销观念是多种营销观念的综合，它要求企业在满足顾客需要和保护生态环境的前提下取得利润，把三方利益协调起来，实现可持续发展。

（2）统一性特点。绿色营销强调社会效益与企业经济效益统一在一起。企业在制定产品策略的实施战略决策时，既要考虑到产品的经济效益，同时又必须考虑社会公众的长远利益与身心健康，这样，产品才能在大市场中站住脚。人类要寻求可持续发展，就必须约束自己，尊重自然规律，实现经济、自然环境和生活质量三者之间的相互促进与协调。社会公众绿色意识的觉醒，使他们在购买产品时不仅考虑对自己身心健康的影响，也考虑对地球生态环境的影响，谴责破坏生态环境的企业，拒绝接受有害于环境的产品、服务和消费方式，只有国家、企业和消费者三者同时牢牢树立绿色意识并付诸实施，绿色营销才能蓬勃发展。

（3）无差别性特点。绿色标准及标志呈现世界无差别性。绿色产品的标准尽管世界各国不尽相同，但都是要求产品质量、产品生产及使用消费及处置等方面符合环境保护要求、对生态环境和人体健康无损害。

（4）双向性特点。绿色营销不仅要求企业树立绿色观念、生产绿色产品、开发绿色产业，同时也要求广大消费者购买绿色产品，对有害产品进行自觉抵制，树立绿色观念。

绿色营销也是降低资源消费，提高经济效益的重要途径。日本推出节省25%燃油，少排80%废气的绿色汽车；美国研制出燃烧效率比现有汽车高3倍的小型汽车，推出装有计算机闲置部件“安眠”的电流控制芯片，推行低辐射的节能电视机……越来越多的事实证明，只有发展清洁技术，生产绿色产品，推进生产全过程控制和预防，才能建立节能、降耗、节水、节地的资源节约型经济，实现生产方式的变革，加速工业、交通及通信业发展模式的全面转换，实现以尽可能小的代价和最少的能源、资源消耗，获得最大的经济发展效益。国际商会和联合国环境规划署联合在巴黎召开的可持续发展商务宪章委员会提出的第一条基本原则就明确指出，要把可持续发展和保护环境作为企业发展的首要目标，只有“绿色企业”才有竞争力。

3. 中国绿色营销的现状

中国的绿色工程始于绿色食品开发。1984年，广州市最早开始进行无公害蔬菜的生产试验并建立了专门的生产基地。1989年，农业部组织专家研究，正式提出了绿色食品概念。1992年11月，我国代表参加了在香港地区举行的国际市场营销研讨会，充分接触到国际性的绿色营销理论。同月，国务院批准成立了“中国绿色食品发展中心”，制定了《绿色食品标志管理办法》，开始实施绿色食品标志制度。1993年5月，中国绿色食品发展中心加入了“有机农业运动国际联盟”。1994年，农业部又提出了发展绿色食品的三项基本原则，并正式决定由太阳、植物叶片、蓓蕾构成绿色食品标志。从此，绿色食品标志开始受到消费者的青睐，绿色食品逐步成为我国各大城市的最畅销食品。现在全国绿色食品的生产基地已达28个，有近300家企业进行着630余种绿色食品的开发和生产。以绿色产品开发为中心，我国企业也全面展开了绿色营销。在北京、上海、广州等一些城市，数十家绿色商店相继建立，并程度不同地承担着绿色产品的批发、零售、储存、运输等多项功能，有的还负责绿色产品生产的物资供应、技术培训等服务项目。1997年我国第一部《绿色营销》专著的问世，标志着我国绿色营销理论的形成。

营销学界认为，绿色营销在中国的实施是合乎潮流的顺理成章之举，也是实施可持续发展战略的基本途径，必将成为21世纪营销的主流。但必须看到，绿色浪潮在给我们带来机遇的时候，也给我们提出了严峻的挑战。如对外贸易上，许多国家利用ISO 14000环境管理标准来拒绝或限制进口，使我国一些出口产品遭受威胁。据不完全统计，若不及时采取措施，我国数百个品种、50多亿美元的出口产品将因保护臭氧层的有关国际公约而被禁止生产和销售；40多亿美元的出口产品将因主要贸易对象国实施环境标志而面临市场准入问题；由于农药残留量超标，我国部分粮油食品出口受阻；纺织品出口也因染料问题面临退出欧盟市场的危险。因此，对实施绿色营销，我们必须要有紧迫感。

三、案例分析

此案例充分体现了绿色营销的四个特点。

1. 综合性

蒙牛公司的一切活动都是为了满足消费者的需求，是企业制定一切工作的最高准则。蒙牛集团要长远发展必须从社会长远利益着想，绿色营销观念是多种营销观念的综合，它要求蒙牛集团在满足顾客需要和保护生态环境的前提下取得利润，把三方利益协调起来，实现可持续发展。

2. 统一性

蒙牛公司这些做法正是为了唤醒全民环保意识的提高，因为蒙牛作为全国知名品牌，全国牛奶饮品的龙头，它的影响力可想而知。此次活动既提醒了所有国民要有更好的环保意识，也因此让全民更记住了蒙牛，拥有先进意识的蒙牛，更是提升了蒙牛品牌的无形价值。同时，成功的榜样更是可以带动其他同类企业的效仿，形成一个良性循环，从而产生了巨大的社会效益和经济效益。所以，这个案例充分体现了绿色营销经济和社会效益高度的统一性。

3. 无差别性

这个世界是由社会环境和自然环境组成的。世界上的每个人活在这个世界上，都是需要人与人和谐相处，安全的环境和干净的食品。中国有蒙牛在引领着绿色营销的前进，而作为世界食品连锁店领头羊的麦当劳，也在 2007 年做了一次非常有意义的营销活动。

2007 年 10 月 26 日，麦当劳欢乐套餐的官方网站全新改版，北美与遍及全球的麦当劳餐厅也同步展开麦当劳（BeeMovie）欢乐套餐活动，传递绿色环保概念。

Bee Movie“蜜蜂总动员”是一部于 11 月 2 日全球首映的 3D 动画片，故事讲述的是一只名为 Barry 的蜜蜂发现人类的蜂蜜消耗量非常大，因此决定阻止人类继续偷窃蜜蜂们劳动成果的行为，结果却引起了蜜蜂与人类之间关系的混乱和麻烦……“这部动画片为环保教育提供了一个十分契合的主题。”麦当劳的副总裁、企业社会责任代表 Bob Langert 表示。

麦当劳 Bee Movie 活动不仅包括麦当劳以往随欢乐套餐附赠玩具的做法，这次孩子们会买到包括主角 Barry 在内的系列“蜜蜂”玩具，而且通过网站和户外活动，鼓励孩子们“Bee Good to the Planet”（利用 Bee 同 Be 的谐音，译作“热爱地球”）。网站上还专门开辟了一个板块，让孩子们留下自己会对环境友好的承诺；欢乐套餐的网站上还有保护环境的各类小提示等，以及一个在线游戏，孩子们可以在游戏里的“新蜂房城”（New Hive City）建立自己的“蜜蜂屋”（Bcc House），并在虚拟世界里做各种保护环境的事。

此外，麦当劳还直接支持保护国际（Conservation International）在南美洲和墨西哥等地保护重要蜜蜂栖居地的工作项目。Bob Langert 称 Bee Movie 活动不是一锤子买卖，麦当劳将持续传达公司的绿色环保理念。

4. 双向性

蒙牛公司实行的十个或二十个空盒换一盒奶，对消费者的消费行为起到指引的作用，让消费者对空盒自觉回收并累计到一定的数目，从而在一定程度上减少了垃圾，同时培养消费者形成良好的环保意识并逐步养成习惯。而空盒兑换牛奶的行为正是让消费者认同了蒙牛公司的环保观念，也增强了消费者的绿色观念，购买同类的绿色产品，抵制非绿色产品。

四、总结的经验和注意的问题归纳

1. 总结的经验

在这个蒙牛案例中有许多成功的经验可以供中国更多的企业借鉴，这些经验是：

（1）环保在当代是一面旗帜。因为在现在环境日益恶劣的今天，不安全食品带来的事件屡屡发生，如假酒事件，毒奶粉事件等，正在唤醒着消费者对于食品安全的意识；住房装修中经常发生的中毒事件中，甲醛这个罪魁祸首一直在人们的视线中从未消失；某些少数人为了追求时尚，一味使用昂贵的貂皮，使面临灭绝的动物雪上加霜；在大气污染日益严重的今天，尾气排放有增无减，但是在中国汽车的产量并没有缩减。所以，全球环保的呼声日益高涨，全球的企业都在寻找绿色产品，来满足消费者的需求，蒙牛公司的这一活动适应时代的环保需求，笼络现代人对都市环保的关心。

（2）强大的品牌号召力。蒙牛是全国知名品牌，拥有全国良好的销售渠道，使得活动在全国可以顺利进行。如果是个小品牌，那影响力很有限。同时消费者对蒙牛公司有足够的信任，也是成功的保证，仅此一次绿色环保活动就足以引起全国的关注。就如在全球当前头号经济强国——美国，一次次级信贷的“感冒”就让全球的国家经济跟着“流感”。

（3）可持续发展。蒙牛公司的此次活动在无形中教育并影响了这一代人的环保意识，大量绿色食品的出现，已掀起热爱绿色食品的浪潮，促进了绿色消费意识的形成；可降解餐饮用具的使用，不仅减少了“白色污染”，也增强了人们保护环境、防止污染的意识；可回收电池的应用也大大改变了人们节约资源、回收废物的观念……消费者环保意识逐步增强，代代相传，实现可持续发展。

（4）可操作性强。一箱250ml的纯牛奶有24盒，一箱1L的纯牛奶有10盒，所以对于经常喝的用户来说，这只是一个很小的量，也是很容易积累的量，10或20个空盒拿到买的商店或超市去换盒奶，这是很简单又实惠的事，而且又是让消费者感到环保的好事，所以基于方便和好的理念，这个做法可以得到全面推广，得到消费者的支持。

2. 注意的问题

虽然蒙牛公司此次活动有很多经验值得很多企业借鉴，但还存在一些需要注意的问题：

（1）没有形成全社会性的绿色消费需求。蒙牛公司即使是牛奶饮品的龙头老大，但凭它一己之力也是力量有限，因为同类产品是三足鼎立，伊利和光明的份额在全国市场中的比重也是较大的，所以，只有当更多的同盟，比如三个企业联合起来后一起号召，那就是真正意义的全国号召力。

我国目前人们的绿色意识淡薄，相当多的人对环境问题缺乏认识，政府必须承担起对全民进行绿色教育的责任，针对不同对象，采取不同方式进行教育培训，以提高全民的环境保护知识水平，增强全社会的绿色意识。

蒙牛公司要加大绿色宣传的力度。绿色消费是绿色营销的前提，要利用各种宣传媒体和宣传方式，积极传播环境保护和绿色消费知识，积极引导广大消费者将眼界由自身扩展到自然生态环境及整个社会范围，增强公众的环保意识，激发全社会性的绿色消费欲望，从而形成全社会性的绿色消费需求。

（2）企业的生产管理方式滞后。如果只是通过蒙牛的案例得出的绿色营销的观念，那只是一个局限的概念。当绿色营销推广到企业，就是生产管理方式改进，前提是要生产出绿色产品，解决消费环节污染的根本方法需要通过改善生产环节来实现。早在20世纪70年代，国际社会就提出了清洁生产的概念，并在西方国家得到了普遍推广。清洁生产的实质是追求物耗和能耗的最小。我国企业由于生产方式滞后，投入高、产出低，不仅浪费能源，同时还产生大量的工业“三废”。如果继续沿用这种旧的生产管理方式，必然对环境造成更大的污染，所生产的非绿色产品也将逐渐失去市场。

（3）企业的营销组合策略不相适应。绿色营销对我国企业的营销组合策略提出了挑战，首先，绿色产品必将取代非绿色产品逐步成为市场营销活动的中心，而我们的企业却普遍缺乏开发过硬的绿色产品的紧迫感，现有绿色产品的绿色含量也有待提高；其次，产品的包装至今仍是一味追求坚固、精美、豪华，很少考虑所用材料的环保性；再次，企业缺少绿色会计和绿色审计制度，用于环境保护方面的费用没有科学地计入成本而制定出绿色产品价格；又次，在销售渠道的选择上，仍是沿用传统的方式，还没有从产品的绿色特征出发来考虑怎样简化分销环节，如何防止绿色产品在分销过程中的二次污染；最后，促销方式陈旧，特别是一些先行生产绿色产品的企业，还没有负担起绿色信息的传播者、宣传者的责任，缺乏引导绿色消费、开辟绿色市场的时代创意。

（4）政府没有制定足够多的措施来支持绿色营销的发展。绿色营销作为一种全新的营销思想，对协调企业、消费者、社会利益具有重要作用，但它需要政府的支持。我国政府尽管也制定了一些有利于环保的法律法规以及促进绿色运动开展的措施，但是与一些发达国家的政府相比，还是远远不够的。

资料来源：作者根据互联网相关资料进行整理。

本章小结

理念即观念，或指导思想。营销策划需要正确的指导思想，需要不脱离时代特色的指导思想。

知识营销理念具有超前性，是引导企业营销行为的最新理念。营销策划以知识营销理念为指导，就能高屋建瓴地使企业行为与时俱进，紧跟时代的变迁和发展。

绿色营销理念强调了企业营销策划要适应全球可持续发展的大方向，企业营销策划要着力于规划企业绿色营销的具体实施。

能力培养指导

理解知识营销和绿色营销的理念，从理论深度构建自己的营销策划理论知识体系，并用该知识体系指导自己的营销策划工作。

复习题

1. 什么是知识营销？其特征、内容和原则以及知识经济时代营销工作的特点是怎样的？
2. 什么是绿色营销？它的特点、研究架构和管理内容是什么样的？
3. 企业绿色营销的需求、对策和评价体系是怎样的？
4. 绿色营销组合策略有哪些方面？

案例应用 1

康乐绿色食品有限公司营销策划书

一、背景

目前市场上的普通蔬菜因为化肥、农药、催熟剂、保鲜剂的大量使用遭到了严重污染，有些菜农为了减少虫害的袭击，竟让用农药浸泡过的种子培育幼苗。这不仅使得蔬菜表面附着了一层厚厚的有害物质，而且使得蔬菜本身就含有有害成分，这对消费者的健康来说都是无形的杀手。另外，一些超市和菜摊上出售的纯天然的蔬菜由于土壤等因素的污染也不全是无害蔬菜，对人类的健康还是有很大影响的。病来如山倒，每个人都希望有一个健康的身体，“癌”字的结构就可以清楚地告诉我们很多疾病都是病由口入。所以预防疾病，应该把好“口”关。蔬菜是人们每天饮食的一大部分，注意蔬菜安全势在必行。与此同时随着经济水平的提高，人们的消费需求也在朝着健康的方向发展，绿色蔬菜作为一种绿色食品（通过应用无公害的技术进行生产，经专门机构检测认定，允许使用无公害农产品标志的蔬菜），迎合了人们的这种需求。

目前武汉市场还没有形成绿色蔬菜的规模经营，康乐公司的绿色蔬菜在武汉市场可以说处于产品导入期，人们对它的认知度、重视度、接受度还不够。如何让更多的武汉市民接受绿色蔬菜这个健康产品，如何开拓武汉市场成了康乐公司面临的问题。

二、策划目的（1～3 年）

（1）提高武汉市民对绿色蔬菜的消费意识，使绿色蔬菜的消费量达到武汉市民蔬菜消费总量的 60%～70%。

（2）使 80%～90%中高端用户消费绿色蔬菜。

（3）提高低端用户对绿色蔬菜的认知度。

三、现状分析

通过问卷调查得出如下结论：

（1）对绿色蔬菜的认知度：45%的人无法定义何为绿色蔬菜；22%的人认为颜色是绿色的为绿色蔬菜；22%的人没有听说过绿色蔬菜；11%的人在市面上没有见过绿色蔬菜。

（2）购买蔬菜时的影响因素：50%的人看重新鲜程度；29%的人看重营养价值；13%的人看重污染程度；8%的人看重价格。

（3）潜在需求度：62%的消费者不放心现在使用的蔬菜，希望买到安全可靠的蔬菜。

（4）购买渠道选择：57%的消费者想在超市买到绿色蔬菜；24%的消费者希望在绿色蔬菜专营店买到；19%的消费者选择在菜场买到。

（5）市场所能接受的绿色蔬菜的价格：大多数消费者希望绿色蔬菜的价格高于普通蔬菜的程度小于 10%。

（6）对包装的需求度：47%的人对包装无要求；28%的人觉得需要包装；25%的人觉得不需要包装。

（7）对脱水蔬菜的需求度：54%的人愿意购买脱水蔬菜；33%的人愿意购买新鲜的蔬菜；13%的人持无所谓态度。

（8）消费者的年龄分布：56%的购买者是老年人，年龄在 50 岁以上；22%的人是中年人，年龄在 30～40 岁；22%的人是青年人，年龄在 20～30 岁。

（9）消费者的文化程度：44%的消费者为大专以上学历；34%的消费者为高中学历；22%的消费者为初中以下学历。

（10）采购用途：84%的人购买蔬菜是为自己的家庭食用；16%的人是为集体采购。

（11）消费者的家庭收入情况：47%的人家庭月收入在2000元以上；37%的人在1000～2000元；16%的人在1000元以下。

四、SWOT分析

优势（strengths）：

（1）技术含金量高，难以为对手模仿。

（2）无污染，健康安全。

（3）产品特征迎合目前消费潮流。

劣势（weaknesses）：

（1）成本高，售价高。

（2）不易保鲜，生产周期长。

（3）市场秩序紊乱，价格定位没有统一标准，不容易形成规范经营。

（4）绿色蔬菜生产的环境和技术要求高，难以形成大批量生产。

（5）目前公司品牌在武汉没有知名度。

机会（opportunities）：

（1）市场上同类产品没有形成规模，没有强势的竞争对手。

（2）城市人员素质整体较高便于宣传和理解。

（3）消费者不满足现状，对绿色蔬菜有很高的潜在要求。

（4）收入增加引发市场需求的变化，安全优质的绿色蔬菜日益受到消费者的欢迎。

（5）绿色蔬菜定位于时尚消费，有望引起随从效应和消费热潮。

（6）中部崛起，国家资金投放加大，人们生活水平有待提高。

（7）武汉饮食文化浓厚，饮食考究，注重饮食质量。

威胁（threats）：

（1）市民对绿色蔬菜认识不足，对其标准难以定位。

（2）主要购买人员56%是老年人，对新生事物接受度低。

（3）外观上难以区分，消费者仍会购买价格低廉的普通蔬菜，菜贩可能以假乱真。

（4）目前对蔬菜的鉴定技术不成熟，难以形成统一标准，容易假冒。

五、营销策略

（一）产品策略

绿色蔬菜由于其自身特点，不易储存、营养成分流失、生产周期长。在生产和种植绿色蔬菜的过程中应该注意如下方面：

（1）应考虑绿色蔬菜相对于普通蔬菜的知晓度和信任度比较低，所以可以与某个农业研究所合作，利用他们的高科技进行种植，达到高质量和多产的效果，这样做也容易使用户信任公司的产品，从而乐于购买。

（2）蔬菜种类虽然繁多，但根据调查资料显示，应集中力量生产消费者最喜爱的蔬菜，如黄瓜、西红柿、豆角、冬瓜、花菜。

（3）顾客购买蔬菜时最关注的就是蔬菜的新鲜度，应每天按时向各销售点供应当天的蔬菜，确保其新鲜度，保证其健康营养，从而使消费者相信产品质量。

（4）根据调查，25%的消费者认为不需要包装，47%的人认为无所谓。由此可知我们的产品不需要特别包装。这样可以方便用户根据自己的需要自由购买。若给产品加上包装会出现两个方面的问题：其一，每个消费者的需求量不一样，不容易根据量来包装。若包装的数量过大，反而会影响销售，用户会放弃购买。其二，给产品加上包装会增加成本而提高价格。与普通蔬菜相比，绿色蔬菜科技含量高，成本本来就高。而消费者认为绿色蔬菜的价格最多应比普通蔬菜高10%，所以增加包装会增加用户购买负担。

（5）采用统一商标策略，公司的商标在其他市场上已经获得了较高的声誉，此种策略有利于公司利用已经取得声誉的商标将绿色蔬菜带入武汉这一新市场，同时为公司创造品牌忠诚者，增加重复购买的消费者，树立公司形象，获得经销商和消费者的信任，从而更容易推出新产品。

（6）根据消费者的口味和市场环境及其季节的变化增减产品项目，改进原有产品或增减产品的生产量，不断适应市场变化。

（二）价格策略

（1）渗透定价：问卷中显示57.8%的人认为能接受高于普通蔬菜10%的价格，我们的产品刚刚进入武汉市场，所以我们就以低于这个预期价格的价格销售，力争获得最高的销售量和最大的市场占有率。

（2）数量折扣：当用户购买我们的绿色蔬菜达到一定数额或者有团购时，我们给予一定的折扣。

（3）季节折扣：由于蔬菜具有很强的季节性，我们对时令蔬菜采取适当的降价销售，对反季节的蔬菜，稍微提高价格出售。

（4）尾数定价（尾数定价是指企业利用消费者求廉、求实心理，制定价格时有意使价格带有尾数）：消费者对蔬菜价格的尾数存有某种心理状态，会觉得低一位比高一位要便宜些，如1.99元比2.00元便宜。所以我们对于蔬菜的零售价格定位采用此方法。

（5）在超市和专营店根据具体情况灵活定价。

（三）渠道策略

1. 分销渠道类型

绿色蔬菜由于其生产过程中的工艺严格，可以说是一种技术含量较高的产品，而且不易储放、营养成分易流失、生产周期长、单位价值低、附加服务少，且购买批量小而分散。根据我们的调查，90%的人在购买蔬菜时最看重新鲜度，这要求销售的核心在于速度，因此需要每天按时上新货并收回前一天的剩余蔬菜以保证其新鲜度。这些特点也要求选择一种直接和以超市为零售商的间接营销模式相结合的渠道。我们采取的具体形式为：

（1）接受用户的电话订货或者网上订购。采用送货上门服务，既保证蔬菜的新鲜，又提高顾客忠诚度。

（2）设计绿色蔬菜专营店这一销售形式具有购买方便，可信度高的特点，减少了销售环节，降低了营销成本，集中营业利润率，降低价格。

（3）产品进入武汉的大型超市。调查显示，68.75%的人选择在超市购买绿色蔬菜，仅有18.75%的人会在菜场购买绿色蔬菜。

2. 渠道管理

（1）分销商选择：要求分销商有实力进入上述卖场；具有较强的配送能力；有丰富的农产品或快速消费品营销经验。

（2）分销商激励：独家分销，保证较高利润。

（3）分销商工作评价：根据合同要求进行周、月、季度及年度考核，如销售额、销售量、退货率、供货质量、与公司合作效率等指标，并根据考核结果进行奖惩及调整。

（四）促销策略

促销策略的总体思路如下。

（1）前期密集型广告宣传后全面上市。

（2）上市后利用媒体报道跟进宣传。

（3）用展览会等方式补充宣传。

（4）根据市场反应调整广告及促销策略。

资料来源：由中南财经政法大学王慧丽、易晓芳、詹丽琼、夏小利、王丽、陈玉娥、王丽芳、刘铭眠、张轲、周心元、王建峰等策划整理。

【讨论题】

试分析该策划的理念，策划中如何体现该理念？

案例应用 2

“金眠露”市场策划

2002年夏季的饮料市场是一个战火不断的市场，还在未进入盛夏的时候，各种饮料的广告战已经让人感觉到了今年饮料界会有一场硬战要打，从目前的情况来看各类饮料都占据了一定的市场份额，其中发展最快的是果汁饮料和茶饮料，这两种饮料已经蚕食掉了碳酸饮料的大部分市场份额。健力宝公司凭借其对市场的敏锐观察和消费需求的趋势，早在年初就投入资金联合我国某著名中医学院进行研究，开发出了一种功能型饮料——金眠露，为2002年在夏季饮料市场的战斗中做了充分的准备。

一、产品名称：金眠露

品名基本含义：金，在中国民俗文化里，一般是指最好的东西，金色的，金子般的，在应用方面如金品、金报。《辞海》里说：金，其寓意泛指上等品质。眠，顾名思义，实指睡觉，是中国对睡觉最传统的表述，古文里常说“眠床”就是指睡觉的意思。金眠，隐指金色的睡眠。而睡眠成为金子一般，就意味着睡眠的质量很高。让消费者从品名上就能产生出一种联想。

二、市场分析

（一）市场消费需求现状

1. 从分析消费者的实际需求来看，随着社会经济发展和人们整体素质的提高，现代人的生活节奏加快，工作和生活的压力也进一步加重，失眠或不能正常入睡越来越严重地困扰着人们，导致工作质量、效率下降。据相关资料显示，在我国，目前约有30%的成年人曾经有过失眠史。有7%～9%的成年人有较顽固的失眠症状。而在这个群体中，从事脑力劳动的群体所占的比例在80%以上。分析失眠的原因，主要有如下几点：

（1）由于运动量不够，机能紊乱，身体过早出现老化；

（2）承受过重的工作和生活压力，心力交瘁；

（3）生理或心理有不健康的因素；

（4）体质虚弱（处于亚健康状态）。

非病因失眠现象者，一般没有购买药品用于改善睡眠状况的经历，其原因是害怕对药品有依赖性和惧怕药品的副作用，但失眠者潜在有对可能出现的针对失眠的非药物解决途径的浓厚兴趣。设想如果有一种改善睡眠功能的饮料，采用与传统药食同源的中草药，并以天然的含有丰富的人体所需矿物质的泉水为原料，采用先进的去味技术，使人们感觉不到中药苦涩的味道，既是饮料且具有改善睡眠功效，又无任何副作用，口感较好，将会深受广大消费者欢迎。因此，从市场需求导向的角度看，开发改善睡眠功能的保健饮料是可行的。

2. 实际上市场对功能型的具有明显的改善睡眠类产品的需求是比较大的。特别是最近一段时间出现的“睡宝”是这种风向的有力证明。

3. 市面上流行的改善睡眠的产品要么是补品、要么是药品，还没有出现改善睡眠的功能性饮料。

（二）市场劣势分析

1. 艰苦的品牌树立过程：市场竞争激烈，需要大量的广告宣传投入，方可鹤立鸡群，脱颖而出。

2. 漫长的消费引导过程。

3. 巨大的市场投入。

4. 零售价位较高，在功能性及品牌强调不足的情况下，很难与对手抗衡。

5. 功能性强调过重，会导致非嗜好功能性饮者不考虑购买，将一大部分潜在客户区隔出去，造成消费群体减少。

（三）市场优势分析

1. 潜在的消费需求大。

2. 新产品宣传包装变化空间较大，易于将产品定性。

3. 它是健力宝品牌属下之家族品牌，在进入市场时较为顺利，但在行销一段时间以后，应逐渐树立自己的品牌形象，淡化健力宝品牌。

4. 金眠露含有人体所需的丰富矿物质以及帮助人体神经系统放松的物质，是改善睡眠的功能性饮料的卖点。

5. 金眠露不是药品，引用后无嗜睡感，无副作用；金眠露是矿泉水饮料，但有别于普通矿泉水饮料，它融合了我国传统的中药技术和现代生物技术，在视觉和味觉上都给人一种前所未有的新体验。

三、目标消费群的确定

1. 金眠露的目标消费群具有如下特征：

（1）睡眠质量较差，经常出现失眠或者“睡没睡，醒没醒”的状况，引发愈来愈重的烦躁和愤怒，进而渴望改善睡眠质量。

（2）认为改善睡眠的药品有副作用或者会产生依赖。

（3）认为改善睡眠的药品价格过于昂贵。

（4）对于可能改善睡眠的途径很感兴趣。

（5）多为收入较高但工作压力较大的青年和中年人群。

2. 喜好情况：

（1）时尚、高档、效果，决不会敷衍了事，而且非常理性。在选购物品时，首先是产品的质量（功能），其次才是产品的价格。

（2）市场消费渠道简析：

①产品的购买：大型购物中心、超级市场、在线购买、厂家直销处。

②购买方式：单位购买、需求者自己购买或者礼品赠送为主。

③消费场所：家庭消费者居多、办公场所。

3. 目标消费群：

（1）主要消费目标群：工作压力大、收入高的人群。

（2）潜在消费目标群：学习压力大的初、高中生（由于中国青少年是家庭的中心，他们的身心健康是父母最关注的，所以消费潜力大）。

四、产品市场定位

（一）产品设计定位

1. 基本定位：新型饮料，功能明显。

（1）因为金眠露具有改善睡眠的作用，它的产品定位是：特定功能饮料，主要效果是能改善睡眠质量，从而实现延缓衰老、保持精力的效果。传播点就是改善睡眠，延缓衰老。

（2）从其保健作用来看，它更像一种跟药打擦边球的功能消费品。但因是保健饮料，所以，我们必须将其做成饮料。

（3）在市场宣传和推广的时候，要突出其功效宣传，但是不要使消费者误以为是一种药，避免实际使用后如果不能达到其期望值（很多东西是因人而异的）而产生负面效果。这样，就会导致消费者对这个产品的不信任。

（4）在宣传时，我们要反复提示消费者“长期饮用，效果更佳”。

（5）由于金眠露是一种功能性饮料，是由精选药材通过新工艺、新技术研制而成的，因此口感好，适合平时饮用。而且，功效会很明显，所以，我们的终端目标是目标消费群体的白领消费。鼓励目标消费群改变饮水习惯。

（6）消费形式基本上是个人、公司和礼品购买。

2. 对饮料要求：

（1）饮料的浓度要稍高，能挂杯。

（2）饮料的颜色要偏深。

3. 特别卖点：

（1）饮料设计高雅，具有国际品味。而且用矿泉水做功能型保健饮料在中国乃至世界来说，是一项创新。在保健功能饮料领域，是领先的技术，使产品更具天然、绿色的特征。

（2）生物技术的应用，不是产生睡眠需求而是改善体内神经功能，使人体能够从紧张的压力中放松下来，处于正常的状态。在人体自然需要睡眠时能够很快从紧张的神经系统中松弛下来。

（3）基本具备新一代保健饮料的特征，即时尚性、科技性、功能性。

（二）产品宣传定位

1. 特殊功能型保健饮品。概念结构：优质天然矿泉水+现代生物技术+传统中药养生文化。

2. 使用国际流行治疗失眠的新功能因子，有改善睡眠质量的效果。

3. 生物技术，口感无中药的苦涩感，颜色呈现出透明蓝色。

4. 坚持长期饮用，不仅可以缓解失眠的痛苦，还具有较好的养生效果，延缓衰老，放松神经缓解紧张保持旺盛精力，是一种物有所值的健康饮品。

五、产品理念、包装、价格及市场推广建议

（一）产品理念

1. 好的睡眠，您的健康；您的健康，金眠露的目标。

2. 喝金眠露，拥有健康生活方式的开始。

3. 金眠露放松您的心神，使您从容面对挑战。

4. 金眠露，实现工作、学习最佳状态的饮料。

（二）包装设计格调

1. 基本分析：包装的风格与目标消费群体的文化背景应是统一的关系。我们的产品生产给谁喝，就应该按照谁的欣赏水平定位包装风格以及产品设计的外观，绝对不能按照生产者自己的喜好而设计。根据我们现在掌握的信息，要求我们的产品必须具备传达“科技含量高、效果明显、物有所值、美观（值得鉴赏）”等信息。

2. 创意思考：

（1）瓶装饮料。

①走“洋”路。整个风格是时尚化、经典化、高档化，具有较高的欣赏价值，包装已经超出了产品的概念。整个格调明快、亮丽，给人以愉悦感。

②走“传统”路。充分发扬中国保健文化特色和风格，以代表中国五千年文化的景泰蓝（主要是仿景泰蓝）为焦点，延伸包装思想。整个格调以蓝色为主，优雅、宁静，犹如深山峡谷的回音，又似泉水的叮咚，如精湛的工艺品，令人爱不释手，拍案叫绝。拿在手上，放在桌上，都能无声地展示一种身份。

③以上两种风格，都要避免故意的豪华，故意的奇特，不能有任何“故意”之嫌。无论是“洋”还是“古”，都要求自然、流畅、平静，具有越看越美、越看越有品位的感觉。

④文字设计上要尽可能简洁明了，一看就明白产品的内涵。坚决排除故意的华丽修饰。

（2）桶装饮料。

①分成家庭型和办公型两类。

②家庭型和办公型两类包装整体上延续瓶装饮料风格，但是考虑到它的使用场所，故应在保持其独特风格的基础上使之简化，更加简洁明了。

（三）价格设计

根据以上分析，金眠露的价格我们认为应该采取高价格的策略，因为金眠露就是一个针对较高层面消费者进行功能性消费而设计的一个特殊保健品，而产品自身技术含量较高，所以金眠露必须采取物有所值的价格策略。

（四）市场推广建议

1. 品牌联合推广策略（权威部门／媒体）。

金眠露是一个很特殊的功能型保健品。在消费市场上，将肯定会形成量少面广的市场格局。这无疑带给该产品很大的推广难度。我们不可能像一些以广告为主导的保健品那样轰炸市场，所以必须选择圈地式的市场开发方式。“重点包围，重点突破”。所以，金眠露必须采取联合推广的策略。

所谓联合推广的概念是：

（1）联合社会资源，如当地（指具体市场）的媒体（栏目）、保健界名医、养生医院等单位以及一些特殊的民间协会组织（如企业家协会、文秘工作者协会、记者协会等）。

（2）建议以“中国营养学会”的名义面向全国目标消费群体进行推介。

2. 品牌主导策略。

（1）从功能性保健品看，很多名噪一时的产品生命力不强，很快销声匿迹。现在回头来看，这些产品在运营上，一般都是以产品运作为主，很少考虑实施有效的品牌运作。所以，当这些产品在市场上败北的时候，其品牌就同时荡然无存。当然这些企业从一开始，就根本没有考虑到如何积累品牌价值，所以在运作的过程中自己伤害了自己的品牌形象。

（2）从目前看，金眠露还只能算是一个后起之秀，而且还是新品牌。金眠露只是一个在保健饮料大市场上的后起之秀。金眠露作为新品牌，整体方向上要求不能离开功能性保健饮料的概念。这个大概念就是保健与健康专家的形象，与其他饮料相比，金眠露就是又一种新型（或者说第三代）保健饮料——功能相对固定明晰的新产品。目标市场非常有针对性。所以，应该形成“健力宝（健康专家）—金眠露（新功能产品）”的传播互动带。

3. 通路策略。

（1）金眠露由于是功能性保健饮料，所以产品内涵展示必须做精做足。通过实实在在的内涵品质来引起相关消费者的注意。可以这样说，金眠露从开始到最后，都将是一个品质认知—尝试—信任的过程。由品质带动消费者对品牌的信赖，认识金眠露的优秀内涵。而我们在市场上的每一个行动，都将是一个品质演示的过程，所以我们必须紧紧地抓住每一次市场机会。

（2）从现代分销市场上的多种方式来看，我们觉得“采取特许经营”更适合金眠露。在产品上市前期，我们可以集中在省会城市选择一家代理商，并允许其辐射全省市场，形成以点带面的网络效果。产品并不因为只要一家代理商而出现通路堵塞，相反，市场还将自然成长。

（3）金眠露的通路首先在目标城市进行。它主要是以特殊的保健饮料销售场所的深度分销为主，如大型购物中心、超级市场、在线购买、厂家直销处。

（4）由于金眠露是饮料，要遵循普通消费品的通路策略，但由于其定位的特殊性，就有有别于普通消费品的通路策略之处，特别是在上市之初一定要使其选择的卖场与其自身产品的身份相符。

4. 自上而下的市场策略。

由于金眠露产品自身的特点，决定了其消费群体和市场份额。知识集中、文化集中、经济集中、政治集中的地方就是金眠露的潜在市场所在。所以，省会市场就是其首选目标。同时，较高档次的消费群体是我们的首选核心目标。先做高端市场，再以之影响中低端消费市场。但是，在目前无法对大型城市实施全面开发的产品试销期内，我们将抓紧对小型的经济发达、知识集中、竞争激烈的城市实施试点开发。

六、武汉地区整体推广方案

鉴于以上产品及市场分析，拟定以下推广方案：

1. 整体投入预算。销售目标是制定该广告目标之前提，其中 30%用于市场推广费用，即100万，整体销售配比为：促销活动占50%，媒体占50%。

2. 形式。以终端促销活动，提高产品销量，报纸、电视配合户外强势媒体的宣传，以树立产品及企业形象。

3. 目的。使消费者接触广告后，对产品的性能、特点有比较清楚的认识，树立产品形象，使之根植于消费者心中，以增强用户购买欲，直到采取购买的行为。从而指明消费，扩大影响，提升自然销量。

4. 曝光形式。以全面曝光（各终端促销活动）为主，辅以局部（电视、报纸、网络、杂志）曝光。

（一）促销推广活动

1. 活动一。

主题：金眠露新品上市新闻发布会。

方式：不用常规的正式的新闻发布会方式，而是以参与、体验的方式邀请新闻媒介的朋友在一个十分休闲的环境下品用金眠露，时间最好是在周日傍晚，这样更能让新闻媒介的朋友记住我们的理念。

目的：在新品上市的第一环节，以此新闻发布会宣传产品功能、特点，新闻媒介参与可作软文宣传，使消费者认识本产品。

2. 活动二。

主题：新品特卖——咨询促销活动。

方式：

（1）选取汉阳的经济开发区、汉口吴家山经济开发区、武昌的高新科技开发园作为重点试销地区。与这些地区物业管理部门、后勤部门合作推广金眠露，进行工作时间派水活动。

（2）选取潜在目标消费群重点中学十所，在其会考、联考后的家长会上以公益形式宣传金眠露，鼓励家长在中、高考前两个月开始调整学生的状态（武昌、汉阳、汉口各为5、2、3所学校）。

目的：充分与主要消费目标群和潜在消费目标群接触。

3. 活动三。

主题：金眠露夏日晚会。

方式：举行以金眠露功能性饮料有关知识为主题的晚会，邀请市妇联、市卫生部、市食品部有关人士和商界、学界成功人士参加。

目的：提高金眠露的知名度、美誉度和可信度。

（以上活动均要求武汉市的独家代理商参与）

（二）媒体投放

考虑到预算，媒体投入主要用于配合促销活动，并以软文报道本产品市场所独有的成分和功能。实现产品及企业形象的树立和宣传，从而吸引消费群体，提高销售额。

宣传形式：

（1）每次活动前在《楚天都市报》刊登1/8版面活动宣传通告。

（2）活动期间，不定期地在《武汉晨报》和《武汉晚报》上刊登此产品知识连载及活动新闻报道。

（3）电视广告形象及产品功效宣传。注意广告的时间段选择，应该与目标顾客的时间相吻合。

（4）在线宣传——在搜狐、新浪等网站做宣传，充分与目标顾客接触。

（5）选择一些档次较高的杂志（管理、经济、信息、电子、教育类）进行宣传。

七、总结

1. 通过以上不同季节、不同形式的活动推广及媒体广告投放，以期在短时间内迅速打开市场，完善网络建设，占领市场份额，提升目标顾客对产品的认知、接受、了解和对产品习惯性购买的速度。

2. 提高品牌知名度及美誉度，为拓展销售渠道打好基础，使市场销售量不断提高。

资料来源：作者根据互联网相关资料进行整理。

【讨论题】

1. 本案例对产品进入市场提出了哪些好的建议？

2. 分别有哪些方式可以提高产品的知名度与美誉度？

第3章　营销策划创意

学习目标

1. 理解营销策划创意的概念，了解创意在营销策划中的重要性
2. 理解营销策划创意的步骤，掌握营销策划创意的方法与技巧
3. 理解创意思维的表现形式，掌握创意训练的方法

实践中的品牌系统符号

可口可乐与《魔兽世界》有何干系

“可乐”与“魔兽”，一个是有着百年历史的饮料品牌，一个是对全世界年轻人有着巨大吸引力的网络游戏，它们之间有何干系？它们能否被联系到一起？也许，很多人的回答是否定的。然而，经过巧妙的创意与策划，2005年4月15日，“第九城市”与可口可乐（中国）饮料有限公司在上海建立了战略合作伙伴关系，共同签署了在中国跨领域推广《魔兽世界》的协议，成功地将“可乐”与“魔兽”的合作变成了现实。一时间，“饮料+网游”也成了2005年中国营销界广为流传的佳话。

“饮料+网游”，其实也并非是“可乐”的突发奇想，而是来自于现实的需要。年轻人一直是可口可乐市场定位和推广中很重要的一部分。通过对年轻人长久的追踪研究，“可乐”发现：网络是对年轻人最具吸引力的媒介，年轻人对网络的重视和依赖程度在不断攀升；与此同时，传统媒体对年轻人的吸引力正在下降。因此，适应这种变化，选择一种新的、能加强与消费者之间联系的渠道和方式，对“可乐”来说是必需的。

然而，“可乐”与“魔兽”进行合作，仍是一个大胆的想法，毕竟这是将两个来自不同行业领域的事物进行联系。但事实证明，“饮料+网游”的确是一个绝妙的创意，因为它巧妙地实现了“可乐”与“魔兽”在共同消费群上的汇合。《魔兽世界》的消费群多为年轻人，而可口可乐是年轻、活力、青春的象征。“网游”与“饮料”的结合，可以让年轻人产生一种“可口可乐和我在一起，和我一样好玩，一样叛逆”的感觉，这种情感结合和心理诉求是最容易吸引年轻人的。“饮料+网游”，不仅为年轻的消费者带来了具有震撼力的全新网络体验，而且也以创新的方式使“可乐”实现了与年轻人间的有效沟通和联络，当然，这个独特的创意给“可乐”和“魔兽”带来的利润回报也是相当可观的。通过《魔兽世界》游戏的普及，可口可乐加大了品牌在网吧等新兴销售渠道中的影响力，更提升了品牌在年轻人心中的地位。有统计数字显示：通过合作，《魔兽世界》于2005年7月在中国内地的付费玩家人数已超过150万；而可口可乐2005年第二季度的净利润比2004年同期增长了15%，达到12.9亿美元。“饮料+网游”这一跨行业合作的营销模式无疑给消费群的拓展带来了“火花”。

资料来源：张建华《市场营销策划》精品课，http://jpkcl.szjm.edu.cn。

评述

由该案例，我们不难看出，对于策划活动来说，一个新奇的创意不仅具有“画龙点睛”的妙用，更有“点石成金”的神奇功效。正是由于创意的作用，“可乐”与“魔兽”这两个原本看似毫不相干的事物能成功实现合作，并开创了“联手网游”的先河。

3.1　营销策划中创意的运用

创意是神奇的，创意也是营销策划活动必不可少的。然而，究竟什么是创意？创意对策划有什么作用？创意的来源又在哪里？这些都是我们需要弄清楚的问题。

3.1.1　创意的概念

1. 创意的内涵与实质

创意是综合运用各种天赋能力和专业技术，在现有的资源中求得新概念、新做法、新样式的过程。事实上百分之九十九的创意都是改良现成的创意素材。

策划方案是策划工作的核心，而创意则是策划方案的核心，可以说创意是策划活动的灵魂。在英语中有三个词含有创意的意思，被翻译为“创意”。其一是 creative，其英文原意是创造性的、有创造力的，现在常被人们译为创意，如 creative strategy 一词常被译为创意策略；其二是 creativity，其英文原意为创造力，有时也被人们译为创意；其三是 idea，其原意是思想、概念、主意、念头、计划、打算等，是创意最普遍、最有代表性的英文词汇。其实，最能表达中文“创意”内涵的英语词组是 creative idea。

在日常生活中，我们经常会听到诸如“有没有好的创意？”或“塑造好这个产品形象，要好好进行创意”之类的话语。那么，什么是创意？怎样准确地把握它的要旨吗？

所谓创意，首先就是一个好的主意、别出心裁的想法或高明的点子。这也正是“有没有好的创意？”这句话中“创意”所要表达的意思。

但是，如果把创意仅仅理解为好的主意、别出心裁的想法或高明的点子的话，那么还没有准确把握住创意的真谛。

一个好的创意包含着众多新奇的想法、好的点子或主意，但就这些想法、点子或主意本身来说，却还不是真正意义上的创意，它们只是创造性思维的成果。真正意义上的创意，应当是一种创造新事物、新形象的思维方式和行为，应当是一个进行创造性的思维的过程。创造性思维是创意的核心。通俗点儿讲，创意的过程也就是想出好点子的过程。

全面、准确地把握创意的内涵与实质是十分重要的。如果理解的不全面或不到位，那么我们的创意活动必将是盲目的或不科学的。只有将创意看作是进行创造性的思维而不是一个个静止的已有的思维成果，创意的“创”的作用才能真正得到发挥，才可能会有更多的新奇想法、好的点子或主意源源不断地被创造出来。

小链接 3-1

衡量创意的三个要素

对于策划人员来说，获得一个有价值的、优秀的创意，是其梦寐以求的理想。然而，怎样的创意才是一个有价值的、优秀的创意，我们又该如何来衡量它呢？一般情况下，我们可以从以下三个方面来衡量创意：

（1）独创性。独创性是衡量创意是否具有价值的首要标准。缺乏独创性的创意是没有个性、是缺乏活力和没有生命力的，它只能是对已有策划思路机械地模仿或拼凑。这样的创意我们也就不能再称其为创意了。

（2）影响力。所谓影响力，是指创意对大众影响的广度和深度。例如，优秀的创意总是能以极强的震撼力与感染力来吸引大众，并激发其无限的遐想。反之，即使创意方案再奇特、再巧妙，如果曲高和寡，发挥不了影响力，那么这样的创意也是没有任何意义的。

（3）持续性。持续性也是衡量创意的一个重要指标。有些策划者费尽周折，日积月累才形成的一个策划方案，实行周期却只有短短几天。这样的创意，投入产出比低不说，想要真正达到预期效果也很难。

资料来源：作者根据互联网相关资料进行整理。

2. 创意的来源

创意是创造性思维的过程，常常会给我们的工作带来神奇的效果，因此，创意也常常被我们看成是一种非常神秘的东西。但是，经过仔细观察，我们会发现创意并非我们想象的那样难以捉摸，其实它一点也不神秘，它就来源于我们的身边。

（1）创意来源于生活

我们日常的生活，是创意的最主要的来源。生活是丰富多彩的，它能为创意提供大量的有价值的素材，而且能引发我们创意的灵感，很多优秀的创意都是源于对生活深入细致观察的结果。另外，创意的产生也是为了满足实际的需要，只有贴近生活，人们才能更好地接受这些新奇的想法或点子，创意才更容易取得成功。

（2）创意来源于幻想

创意的产生，很大程度上也是来源于我们的幻想。想象力是我们人类特有的一种思维能力。想象力的发挥，能使我们突破各种思维定势以及条件、环境的阻隔，使我们的创造性思维得到最大限度的发挥。很多看似不可能的事情，正是由于大胆合理的想象，才成为了现实。举个简单例子，人类正是有了像鸟儿一样在天空自由飞翔的幻想，才有了后来飞机的发明。所以，要想获得好的创意，充分发挥我们的想象力是必需的。

（3）创意来源于兴趣

兴趣对于创意的形成也有着重要的影响，也是创意的一个重要来源。只有对某个问题产生了兴趣，我们的思维才能够兴奋和活跃，我们的想象力和创造力才能充分得到发挥。假如对某个事物丝毫不感兴趣，那又怎么可能会不断地认识它、研究它呢？既然不去认识，不去研究，创意灵感又将从何而来呢？

（4）创意来源于积累

俗话说“机遇只垂青于有准备的头脑”，创意的发生也是这样。如果我们平常没有对知识、经验的广泛积累，那么要有好的创意几乎是不可能的。灵感的获得也许只是一瞬间的事，然而在灵感到来之前却是需要有大量的思考和准备过程来铺垫的。正如树上掉落的苹果砸到牛顿，他发现了万有引力定律；而有过相似被砸经历的其他人，他们又发现了什么呢？可见，面对同样的际遇，有准备与无准备之间的差距就是这么大。

（5）创意来源于“看”的方法

事物之间的关系是相当复杂的，从不同的角度来思考，得出的结论可能就会有很大的不同。我们在创意的过程中，当一种思路进行不下去，无法产生创造性的想法时，换个角度、换种思考方法，或许很快就能发现“另一片天空”。由此看来，创意的产生也是来源于我们对事物不同的“看法”。

3.1.2　创意在策划中的重要性

对于营销策划来讲，创意既关键，又重要。任何策划都是要和创意紧密联系在一起的。离开了创意，没有了令人惊奇的好点子，策划就不再是策划了，而只能算作是计划。从某种意义上说，创意是策划的灵魂。

1. 为策划提供点子与方案

创意对于策划的作用，首先体现在能为策划活动提供众多新奇的点子、构想与方案上。我们知道，创意的过程就是创造性思维发挥与运用的过程。通过创造性思维的作用，一些新奇的想法、点子或方案便会随之出现，而这些都是我们的策划工作所需要的。

对于策划活动来说，创意之所以是重要的，最主要的原因就在于创意能为策划工作提供一系列的解决方案和措施，而这也正是营销策划创意的本质所在。

2. 使策划活动更具独特性与创新性

创意对于策划活动的另一个作用就是能使策划活动更具独特性与创新性。创意的过程，是创造的过程、创新的过程，各种新奇的想法、主意、点子能为策划活动带来“活力”，使策划方案更加新颖、独特。正如开篇案例中“可乐”与“魔兽”联手网游的创意，就使得这场营销策划活动变得独特而富有创新魅力。

总之，策划活动是不能没有创意的。离开了创意的策划，只能是缺乏个性、生硬的拼凑或无趣的模仿；而只有那些蕴涵了创意的策划，才是富有鲜活个性和持久影响力的策划，才是真正意义上的策划。

3.2　营销策划创意的方法与技巧

3.2.1　创意的步骤与方法

1. 创意的一般步骤

创意的过程是寻找解决问题的灵感，进行创造性思维的过程。虽然灵感的获得更多的是需要我们“打破定势与常规”，但就创意过程本身来说还是有规律可循的。因此，我们可以通过对创意一般步骤的总结，来认识创意的规律和提高创意的技巧。

在这里，我们将创意归纳为以下九个步骤：界定问题、设想最佳结果、查证资料、寻找灵感、走出熟悉的领域、尝试多种组合、使自己放松、初选方案、验证创意，如图 3-1 所示。

图 3–1　创意的九个步骤

（1）界定问题

界定所要解决的问题，是进行创意工作的首要步骤。只有明确所要解决的问题，才能进行下一步的工作。那么，如何才能对问题进行有效的界定呢？

我们认为，界定问题最好的办法就是对问题进行多角度、全方位、立体式的分析和思考。因为多角度的分析和思考，不仅能够更加全面、准确地认识所要解决的问题，同时，也便于在问题的多个角度之间进行比较，从而找到最佳的解决问题的方向来进行创意。

（2）设想最佳结果

在问题界定完成后，就进入了创意工作的第二个步骤，即设想最佳结果。所谓最佳结果，就是在创意过程中最想要和最希望得到的那个结果。当然，这个最理想的结果不一定能够实现，但是它至少使我们有了努力的方向。

另外，设想最佳结果对于提高创意的质量和水平也有着重要意义。一般情况下，人的思维是有“惰性”的。正是由于这种“惰性”的作用，我们做事常常是“浅尝辄止”，即一旦寻求到解决方案或完成了目标，就不再考虑是否还有其他更好的方法或途径，这将对更好的创意方案的产生起到阻碍作用。因此，把“目标”定的高一些、远一些，对于克服思维上的这种“惰性”，提高创意的质量和水平是很有帮助的。

（3）查证资料

资料的查证是创意工作的第三个步骤。所谓资料的查证，就是根据创意提出的设想，对我们所占有的各种资料的完备性、有用性和有效性进行验证和评估。

资料的查证对于创意工作来说是十分重要的，也是必不可少的。因为我们所占有的资料并不一定都适合创意的需要，哪些有用，哪些没用，只有通过资料的查证才能知道。另外，通过查证资料，也能及时发现资料收集工作中存在的不足，从而及时纠正。

同时，查证资料的过程，也是一个对已有资料、信息进行分析、整理和再加工的过程。通过对已有资料、信息的分析、整理和再加工，我们很可能会获得新的启示和认识，而这也是我们获得更好创意灵感的一个重要来源。因此，从某种意义上来说，资料查证的过程也是获得创意灵感的过程。

（4）寻找灵感

如果说界定问题、设想最佳结果、查证资料这三个步骤是策划创意的准备阶段的话，那么从寻找灵感这一步开始就进入了创意的酝酿阶段。

灵感的获得对于创意活动来说是十分关键的。即使有了解决问题的方向，假如没有解决问题的灵感，那么也不可能想出什么好的创意。

首先，寻找灵感的过程是一个基于准备与积累的创造过程。没有事前对问题的研究与分析，想获得灵感几乎是不可能的事。正如发现“万有引力定律”的牛顿，假如没有事前充分的思考和准备，恐怕即使被一百个苹果砸倒，他也不会有什么灵感产生。

其次，寻找灵感的过程也是一个痛苦的、不断思索的过程。这也是创造性思维活动的一个特点。只有通过“冥思苦想”，我们的思路才会更加清晰，对问题的认识才会更加深刻。当我们对问题的认识达到一定程度时，灵感也许在不经意间就会来到我们身边。

最后，寻找灵感的过程也是一个打破定势、大胆想象的过程。打破已有的思维定势、进行合理大胆的想象，能使我们的思维突破各种限制，能使思维的创造性得到最大限度的发挥。灵感的获得有时就来源于大胆的想象。

总之，寻找灵感的过程不能靠等待，也不能靠运气，而应在充分准备和积累的基础上进行创造性的思考，只有这样才能获得灵感。

（5）走出熟悉的领域

在进行策划创意的过程中，走出我们熟悉的领域，从其他领域或行业的视角来审视要解决的问题，是很有必要的。

这是因为，如果将思维长时间地停留在我们熟悉的领域的话，那么我们看问题、想问题的角度和方法总是有局限性的，即使变换多种角度，思维的视野仍然不会有突破性的拓展。这就需要在创意的过程中，适当地从不熟悉的领域来寻找解决问题的方法，尤其是在熟悉的领域内找不到好的创意思路时，更应该这样。走出熟悉的领域，展现在我们面前的将会是“另一片天空”，好的创意方案和创意灵感可能就由此产生。这不仅是经验之谈，也是克服思维局限性的一种有效方法。

要想摆脱熟悉领域对我们思维的限制，首先，要有“走出去”的意识，即能够认识到从不同领域思考问题的重要性和必要性；其次，要有“走出去”的勇气，即不被已有领域的知识和观念束缚，敢于利用多领域的知识来分析问题；最后，要有“走出去”的方法，即“走出去”不是盲目的，而是围绕着所要解决的问题来进行的，既要善于对其他领域知识的获取，也要善于对这些知识的灵活运用。

（6）尝试多种组合

所谓尝试多种组合，就是要我们从不同的思维原点出发，去尝试各种解决方案的组合。这也是我们创意过程中非常重要的一步。

不同的组合往往代表着不同的意义，即使相同的要素采用不同的组合也可能产生完全不同的效果。因此，在对多种组合的尝试过程中，或许就能找到最具独特性和创新性的那条思路。虽然这一做法实行起来并不容易，但效果却是非常明显的。

要想运用好这一方法，就要经常从不同角度、不同方向、不同理解和不同标准等方面进行思考，同时，还要多问自己像“如果……会怎样？”之类的问题。只要坚持这样做，获得新的有价值创意的概率就会大大增加。

（7）使自己放松

人在放松的状态下，思维是最活跃的，也只有在放松的状态下，人类的创造力才能得到最大限度的发挥。可见，保持放松的状态是成功创意的前提和必要保证。

我们可能都有过这样的经历，当我们苦苦去寻求某个问题的答案时，却怎么也得不到，反而是放下来后，在意外的场合和不经意间得到了答案。这实际上反映的正是一种思维的规律：大脑经过长时间的思考往往会效率低下，只有中断思考，使其充分休息，才能使其重新恢复效率与活力。

创意是一种创造性思维的活动，因此，要想取得好的创意效果，就应尽可能地在放松状态下进行。如果在创意的过程中一时找不到合适的思路或方案，千万不要着急。此时，要做的事情就是要尽可能利用各种方法来放松自己，使大脑得到调节和休息。也许在休息的过程中，就会有新奇的想法或思路突然出现。

能使人得到放松的方法有很多，如散步、听音乐、喝咖啡或与朋友聊天等，这些都是不错的选择。当然，也可以利用其他方式，如睡眠、沐浴等。

（8）初选方案

经过前面充分的创意准备和酝酿之后，创意的灵感也许就已经悄悄地来到了我们的身边。灵感的到来，有时是极富戏剧性的，它可能会在我们毫无准备的情况下出现，甚至是出现在睡梦中。这时，要以最快的速度将这转瞬即逝的“思维火花”记录下来。如果不是这样，它一旦离去想要把它再找回来将是十分困难的。

当然，有时创意灵感的到来是不止一个的。在这种情况下，除了要快速、完整地将它们记录下来之外，还要根据创意的目的和需要，依据一定的标准对它们进行比较和筛选，将那些价值不大的创意剔除，以提高创意工作的效率。

在筛选方案的过程中，常用的几个判断标准是：

创意方案要具有新奇性。新奇性是衡量创意方案好坏的一个重要标准。好的创意总是能巧出奇招，引人入胜，引发人们无限的兴趣和遐想，而这些都是思路平淡的创意根本无法实现的。

创意方案要具有独特性。独特性标准是要求创意方案要有自己的特色，要能表现出与众不同的特征和差别化。缺乏特色与个性的创意是没有活力和“市场”的。

创意方案要具有可行性。方案能否得到实施，是否切实可行，也是进行创意方案选择与评估的一个重要标准。假如方案过于理想化，缺乏可行性，那么即使它再新奇、再独特，我们也要将其放弃。

（9）验证创意

创意经过初选之后，就进入了最后的验证阶段。创意验证主要有两个目的，一是决定创意方案的最终取舍；二是对创意阶段的经验教训进行总结。

创意方案的验证，首要目的就是对创意方案做出最后的取舍，通过验证的创意方案就可以进入具体的实施阶段，而没有通过验证的方案将被否定或需要重新创意。

当然，如果进行验证阶段的创意只有一个，那么只需要对其进行进一步的验证即可，而不需要再进行选择。然而，通常情况下，具有新奇性、独特性、可行性特征的创意是不止一个的，尤其是在多个营销策划人员各自进行创意的情况下，这就需要在创意的最终验证阶段按照最优原则进行取舍。

进行创意优选，可以参照下面的方法来进行，即通过比较候选方案来选优。进行比较选优，比较的方面可以有多个，但最主要的比较是对方案的效果、方案实行的难易程度以及方案成功的概率等方面的比较。一般来说，通过比较就可以确定其中最优的那个方案。如果通过比较仍然无法选出所需的方案的话，也可以采用“方案综合”的方法，即把各个创意的可取之处进行综合，以形成新的更具特色的方案。

总结经验教训。经验教训的总结对于创意工作来说也是至关重要的。通过经验与教训的总结，不仅能加深对创意规律与方法的认识，而且也能为下次创意提供可供参考的信息。

2. 创意的方法

（1）缺点列举法

缺点列举法是指通过列举某事物当前存在的缺点，并将克服其缺点作为期望目标，提出如何克服这些缺点，从而改进该事物的创意方法。这种方法使用简单且用途广泛，其使用的简便性在于，只要确定了认识对象，列举其当前存在的缺点，就可以直接将这些缺点作为内容，直接提出问题。缺点列举法包括五个阶段，如图 3-2 所示。

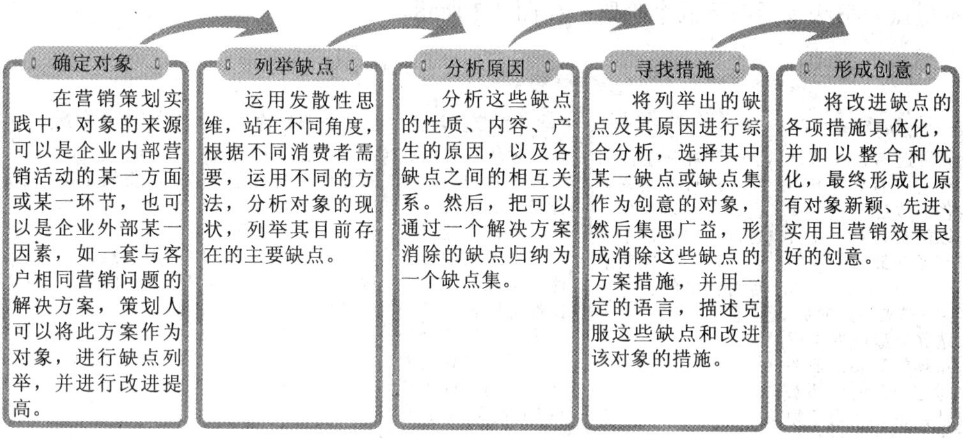

图 3–2　缺点列举法的程序

应用缺点列举法，通常的做法是：召开一次缺点列举会，会议由 5～10 人参加，会前先由主持人或策划人针对选定的对象，选择一个需要变革的主题，在会上发动参加者围绕这一主题列举尽可能多的缺点；指定专人将提出的缺点逐一编号，并记录在一张小卡片上，然后从中选定主要的缺点，根据这些缺点制定出改进的方案。会议一般控制在两个小时以内，讨论的主题一般宜小不宜大，如果是大的课题，则应该设法分解成若干个小的课题，分组解决，这样缺点就不会被遗漏。

小案例 3-1

电动剃须刀的改进

几年前，电动剃须刀的发明给男性消费者带来很大的方便，但是有人将电动剃须刀作为改进对象，并采取缺点列举法寻求创意点。

当时电动剃须刀最大的缺点是：使用交流电费用低，但不方便；使用干电池方便，但不经济。在此分析基础上，进而提出了能否设计一种“用交流电，却像使用干电池一样方便，用干电池却像用交流电一样省钱”的新型电动剃须刀的问题。

分析其缺点产生的原因，用交流电不方便是因为电动剃须刀必须在有交流电插座的地方才能使用，而且还需要随身携带变压器和插头，特别是给旅行者带来很大的不便；用电池费电，是指使用电池成本高且功率小，经济上不合算。

为了寻找克服该缺点的措施，创造者将充电电池应用于电动剃须刀，发明了“可充电电动剃须刀”，这一发明克服了原有电动剃须刀的缺点，适应了消费者的需要，随后在国际国内市场上也获得了巨大的经济效益。

资料来源：作者根据互联网相关资料进行整理。

（2）希望点列举法

希望点列举法是列举关于某事物的希望点，提出如何满足这些希望，从而改进原有事物或创造新事物的创意方法。

这种方法的主要特点是，提出的问题一般能够满足新颖性的要求，这是因为关于某一对象的希望，一般都是基于对现状的不满而言的。需要注意的是，所提出的希望点应该具有比较广泛的代表性，能够形成足够的市场规模。

希望点列举法包括如下五个阶段，如图 3-3 所示。

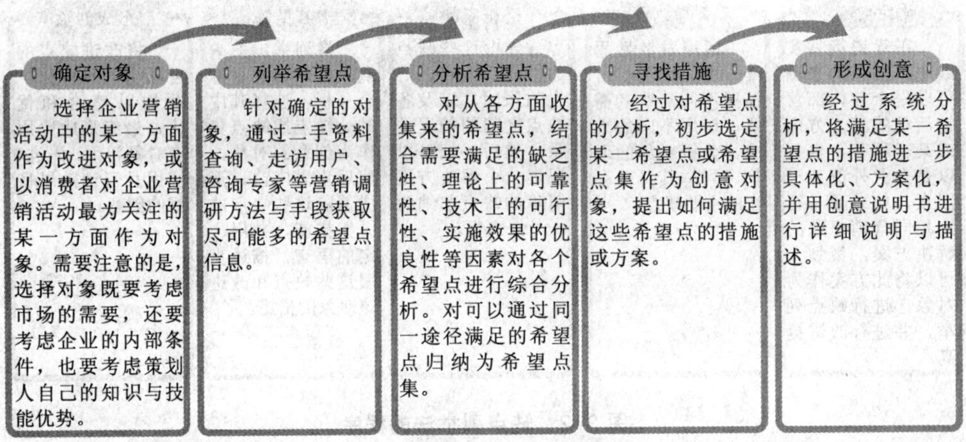

图 3–3　希望点列举法的程序

小案例 3-2

伸缩钢笔的发明

有一家制笔公司用希望点列举发明法产生出了一批改革钢笔的希望，希望绝对不漏水，希望不沾污纸面，希望书写流利，希望能粗能细，希望小型化，希望笔尖不开裂，希望不用打墨水，希望省去笔套，希望落地时不损坏笔尖等。这家制笔公司从中选出“希望省去笔套”这一条，研制出一种像圆珠笔一样可以伸缩的钢笔，从而省去了笔套。从希望点出发设计出的这种可以伸缩的钢笔推出市场后大受欢迎。

案例来源：作者根据互联网相关资料整理。

（3）属性列举法

属性列举法是指将事物的属性分解为不同的部分或方面，并全面列举出来，然后以某一部分或方面的属性为置换内容，提出对该部分的创新构想（程序和举例分别见图 3-4 和表 3-1）。

属性列举法是美国内布拉斯加大学克劳福德教授发明的一种提出问题和分析问题的方法。这一方法依据的原理是：任何事物，不论某种技术原理、设备、工艺、产品，还是某种组织管理形式都有其属性，而所谓创造，在一定意义上说，就是掌握呈现在自己眼前的事物属性，并将其放置到其他事物上，或者用其他形式来置换，从而实现对该事物的创新。

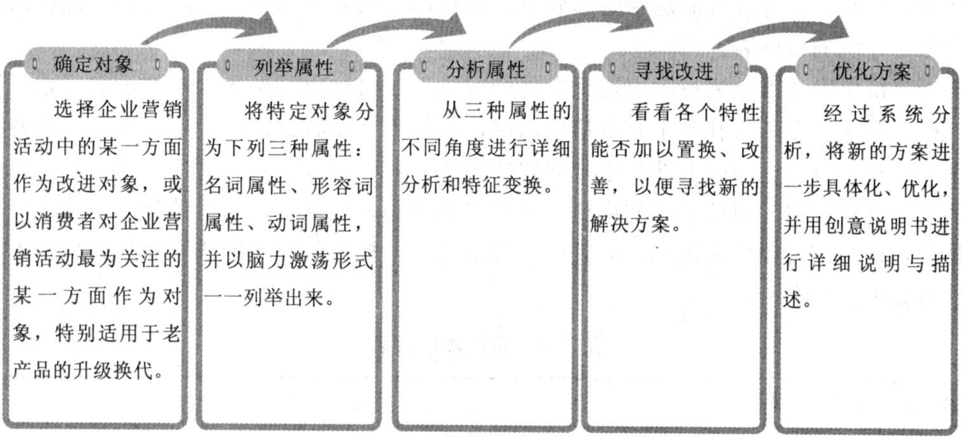

图 3-4 属性列举法的程序

表 3-1 打火机产品营销策划中的属性列举法

名词属性	动词属性	形容词属性
全体——打火机 部分——燃料桶、打火装置、外壳 材料——金属、塑料、其他 燃料——液化气、汽油、煤油、酒精、其他	功能——打火、装饰 操作方式——推、按、碾	性质——轻型、重型；大的、小的；高档次、低档次；持久性、一次性等 状态——圆柱体、长方体、多棱体；有焰、无焰（防风）等 色彩——黑色、白色、金黄色、透明无色等

资料来源：张丁卫东. 营销策划：理论与技艺[M]. 北京：电子工业出版社，2010。

（4）6W2H 法

6W2H 方法代表了八种问题类型或八个分析问题的思路，如图 3-5 所示。在营销策划中，针对具体的对象，只要在每一个模式中填入具体内容，就会产生八个不同的问题。

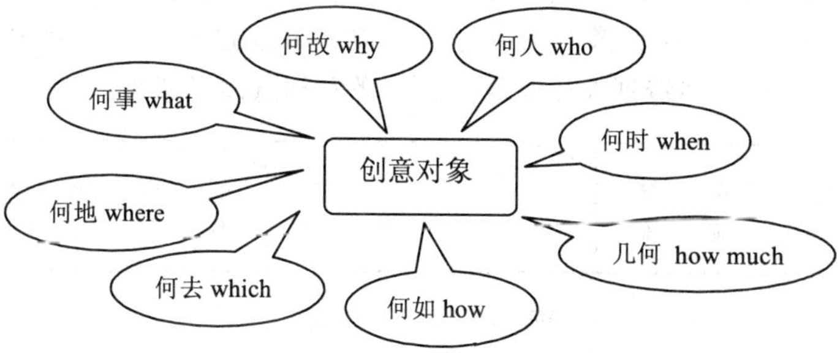

图 3-5 6W2H 方法的程序

资料来源：张丁卫东. 营销策划：理论与技艺[M]. 北京：电子工业出版社，2010。

（5）奥斯本设问法

奥斯本设问法也称检核表法，是美国创造学家奥斯本在总结自己和他人的创造活动过程中，特别是在新产品开发经验总结的基础上，概括出来的九种问题模式，并把这九种问题归纳成一张全方位的检核表。

奥斯本检核表法就是通过列表进行提问的方法，对自己已经熟悉的事物设定问题，然后再逐一检查核对，看是否找到了有价值的问题，如果找到了有价值的问题，则意味着找到了一个策划的新起点。这种强制性的设定问题的思考方式，可以有效地突破“固有的、已成熟的事物不可改变”这一习惯思维的束缚，所以很受策划人的欢迎。在营销策划活动中，不论遇到什么项目，都可以依照这九种问题一一检核设问，提出创新问题或寻找创新思路。奥斯本检核表如表 3-2 所示。

表 3-2 奥斯本检核表

序 号	问 题	创 意
1	能否改变用途	是否还有其他用途，能否用于其他场合，是否改变后另做他用……
2	能否模仿	能否在当前设计中引用别人的创意，该创意能否引申出新的创意……
3	能否改变	能否在原设计基础上改变形态、颜色、声音、味道、制造方法……
4	能否缩小或舍去	能否缩小体积、减轻重量、微型化、省略、消除或分割某些部分……
5	能否扩大或增加	能否增大体积、增加重量、延长寿命、增加功能、扩大面积……
6	能否替代	能否进行材料替代、工艺替代、方法替代、动力替代……
7	能否重组	能否改变结构、改变布局、改变成分、改变顺序……
8	能否颠倒	能否颠倒方向、调换正负、里外翻转、时间倒计、上下颠倒、功能颠倒……
9	能否组合	能否将产品功能组合到其他产品上、将其他产品的功能组合至本产品上……

资料来源：张丁卫东. 营销策划：理论与技艺[M]. 北京：电子工业出版社，2010。

（6）和田 12 法

上海和田路小学在对小学生进行创新教育的实践中，在奥斯本设问法的基础上，进一步制定了适合儿童记忆和运用的 12 个创意法则，也称“和田 12 法”或“和田技法”，如图 3-6 所示。这 12 种方法对于营销策划人员发现问题，激发创意同样适用。

加一加	减一减	搬一搬	代一代	改一改	联一联
扩一扩	缩一缩	学一学	变一变	反一反	定一定

图 3-6 和田 12 法

①加一加。从添加、增加、加长、加宽、附加、组合等角度考虑，使之出现新事物。例如，将四个篮球板面向外围成四面，中间有一共同支架连接支撑，就变成了供儿童练习投玩的新型篮球架，儿童可在有限的场地上从四面投篮，解决了人多篮板少的困难。

②减一减。对原事物从删除、减少、减小、减轻、拆散、去掉等角度考虑，使之出现新事物。例如，曾经流行的 5 变速、10 变速、15 变速自行车的变速功能逐步被删除等。

小案例 3-3

廉价航空公司

在整个民用航空界有一个“不老的传说”——美国西南航空公司，其成长壮大的历程不但被全球比喻成低成本航空运营模式的鼻祖，而且能够在美国遍地哀鸿的民航领域中一枝独秀，连续保持盈利。那么到底什么是该公司成功的秘决呢？其成功的秘决当然是其廉价航空模式。

美国西南航空公司只开设中短途的点对点的航线，没有长途航班，更没有国际航班，时间短、班次密集；把每班空姐减少两名，降低飞机票价格；不提供餐饮服务——一般航空公司的空姐都询问“您需要来点儿什么，果汁、茶、咖啡还是矿泉水”，而西南航空公司的空姐则问“您渴吗”，只有当乘客回答“渴”时才会提供普通的水，从而减少服务人员，省去一笔昂贵的加热设施（热饭）的费用，省下的空间还可以再增加 6 个座位，也更便于打扫卫生；机型统一为一种 737 飞机，因而机械师、零配件以及飞行员的培训都是统一的，大大节约了成本；地勤人员少而精，等等。

资料来源：谭贞. 创新创意基础教程[M]. 北京：机械工业出版社，2013。

③扩一扩。考虑将策划对象的体积、面积、长度、宽度、空间等有所扩大，使之出现新事物。例如，电视机屏幕由 12 英寸（1 英寸＝2.54 厘米）到 18 英寸，18 英寸到 21 英寸、24 英寸、34 英寸变化，以迎合消费者住房面积增大、消费水平提高后的需求。

④缩一缩。从减少、缩短、缩小等角度考虑，使之出现新事物。例如，曾经流行的大块头“大哥大”移动电话，体积减小到今天所见的小型手机。

⑤搬一搬。把事物搬到别的地方，或将事物移到别的领域，从而产生新创意的办法。例如，将电视上的拉杆天线“搬”到鞋跟上去，可设计出后跟高低可调的新式鞋。

⑥代一代。用一事物（或材料、技术、零件、功能等）代替另一事物。例如，甲醇汽车、乙醇汽车代替燃油汽车；铁制门窗代替木制门窗，铝合金门窗代替铁制门窗，塑料门窗代替铝合金门窗；空心环保砖代替实心砖等。

⑦学一学。学一学动物、植物的做法，模仿现有事物的形状、结构、原理等，使之出现新事物。例如，模仿蛇的嘴巴能张得大大超过它自己头的结构特征，发明蛇口形晒衣夹，将衣物搭在横竹竿上后，用这种衣夹可从上往下连竹竿一起夹住，解决了普通夹子不能夹竹竿的缺点。

小案例 3-4

汽车的“能源革命”

汽油是汽车最常用的燃料，汽车的名称也由此而来。目前大部分重型载货汽车使用柴油作为燃料。除汽油和柴油外，汽车的代用燃料有多种，如液化天然气、压缩天然气、甲醇、酒精，甚至菜油等。目前，世界上对电动汽车和燃氢汽车的研究已有了初步的进展。汽车的燃料应用将冲破维持了一个世纪之久的燃料科技的藩篱，实现汽车的“能源革命”。

资料来源：作者根据互联网相关资料进行整理。

⑧变一变。从改变形状、颜色、音效、包装、结构、层次、味道、顺序等角度考虑，孵化新事物。例如，将气球的形状由球形改为圆饼形、米老鼠或唐老鸭形。

⑨改一改。对原有的事物进行修改，消除缺点，使它更方便、更合理、更新颖。

小案例 3-5

运动鞋与鱿鱼的关联

从前，日本有个叫鬼冢八郎的人，听朋友说“今后体育事业大发展，运动鞋是很有前景的产品”，他想：要在运动鞋方面取得成功，必须想方设法生产出其他厂家没有的新鞋来，任何商品都不会是完美无缺的，如果能抓住哪怕是针眼大的小缺点进行改革，也能研制出新的产品。于是，他选定了篮球鞋。他先拜访了几位优秀的篮球运动员，倾听他们畅谈目前篮球鞋的缺点。几乎所有被拜访的人都抱怨：现在的篮球鞋容易打滑，止步不稳，影响投篮的准确性。他便和运动员一起打篮球，亲身体验，并就此开始围绕篮球鞋容易打滑这一缺点进行革新。有一天，他在吃鱿鱼时，忽然看到鱿鱼的触角上长着一个吸盘。他想，如果把运动鞋底改成吸盘状，不就可以防止打滑了吗？于是，他就开始试验，将原来平底的运动鞋底改成凹底的。结果表明：凹底运动鞋比平底运动鞋在止步时稳得多。鬼冢发明的运动鞋上市后，立即受到运动员的欢迎，并迅速占领市场，成为独树一帜的新产品。

资料来源：作者根据互联网相关资料进行整理。

⑩联一联。寻找某个事物结果与起因的联系，从事物的联系中找到解决办法或提出新方案。

⑪反一反。从事物的正反、上下、左右、前后、横竖、运动方向等相反的方向来分析问题。例如，发射炮弹一般是向上打的，而苏联用它打入地下，为石油钻井服务，效果颇佳。

小案例 3-6

“天下第一大火锅”吸引眼球

2004 年 10 月 16 日晚，重庆市南滨路上热闹非凡，“天下第一大火锅”前围满了慕名前来一饱眼福和口福的人们。去年曾入选吉尼斯世界纪录的德庄大火锅再次出尽了风头。据介绍，该火锅由洛阳铜铸造而成，自重 15 吨，直径 10 米，高 1.06 米，气势恢宏，举世无双。大锅外沿由 56 个鼎状小锅组成，象征我国 56 个民族的团结祥和。大锅内分别由一红一白两条鱼状图案组成太极鸳鸯锅，红鱼为红汤，鱼眼为白汤；白鱼为白汤，鱼眼为红汤，寓意为阳极生阴，阴极生阳。大锅内可盛下 13 吨的汤料，均可食用。大锅外沿四周以黄铜为材料，使用浮雕工艺技术，整体呈现青铜器效果，在东南西北四个方位雕有青龙、白虎、朱雀、玄武的图案，其间雕有纤夫图、火锅乐等名家书画，呈现了火锅的历史渊源及大火锅的风采。此外，大火锅底部四周铸有高为 0.3 米的九个牛头和两个虎头为支柱，寓意为需“九牛二虎之力”方可支撑大火锅。56 个座位座无虚席，要吃还得去排队购票。众多市民由于排不到队，只好站在火锅周围闻香味。

资料来源：作者根据互联网相关资料进行整理。

⑫定一定。这是指定一个界限、标准或其他限制性参数，以提高工作效率。例如，在药水瓶上印上刻度，贴上标签，注明每天服用几次，什么时间服用，服几格；城市十字路口的交通信号灯红灯停、绿灯行。这些都是常见的规定，有了这些规定我们的行为能准确而有序。

学习完上述方法，我们一定会得到许多不错的创意。在分析各个创意的过程中，最好拿一张如表 3-3 所示的表格，将分析取舍各个创意的理由和过程尽可能详细地记录下来。过一段时间后，用一张新表对这些源创意再进行一次分析，然后拿两张表对比，分析两次取舍是否一致，汇总后拿出新的取舍意见表。可能的话，也可以将这些源创意和空白表拿给其他人分析取舍，看对我们形成的创意有没有启发。如此，循环反复多次，形成好创意的可能性就会大大增加。

表 3–3　源创意分析取舍表

创意编号	可行性分析				总体效果估计（指标值）	决策：取/舍	改进创意
	优势（S）	劣势（W）	机会（O）	威胁（T）			
1							
2							
…							

资料来源：张丁卫东. 营销策划：理性与技艺[M]. 北京：电子工业出版社，2010。

3.2.2　创意的技巧

1. 灵感思维法

我们对于“灵感”一词也许并不陌生，它是一种说不清道不明，但又确确实实存在的东西。它既可能是我们长久思考的结果，也可能是我们受某种启示而出现的顿悟。总之，它的形成与产生是没有固定模式的。

对于策划活动来说，灵感思维就是在策划活动中思维处于最活跃状态时的“思想火花”。这些“思想火花”对于创意活动是极为重要的，正是有了它们才有了优秀创意的产生。因此，运用好灵感思维，激发更多的“思想火花”是我们在进行创意时必须努力做到的。这就需要我们一方面要了解和把握住灵感思维的特点，另一方面，也要掌握一定的运用灵感思维的技巧。

灵感思维的特点主要有三个，即突然性、稍纵即逝性与创新性。突然性是指灵感的到来是无法被准确预测的，它既可能在这个时候出现，也可能在那个时候出现，更多的则是出现在我们毫无准备的情况下；稍纵即逝性则表明灵感的到来是瞬间发生的，如果我们不能及时抓住它，它会很快消失得无影无踪；创新性则是对灵感本质的说明，灵感是创造性思维的结果，是对常规思维的一种突破，“新、奇、特”是其最基本的特征。只有抓住了灵感思维的这三个特点，我们才能较好地利用它来进行创意构思。

另外，在运用灵感思维进行创意时，还应注意把握以下几个基本的技巧：

（1）勤于思考，多问为什么

问题与思考，这是最能激发灵感思维的东西。如果脑子中没有问题，那么人就不可能去思考去研究；不思考不研究，灵感又将从何而来呢？因此，遇事多问几个“为什么”，对于灵感思维的发挥是很有效的。

（2）抓住瞬间“思维火花”

灵感的出现也许就在不经意的一瞬间，因此以最快的速度将它记录下来是极为关键的。为了随时迎接灵感的“不期而至”，将纸笔随身携带是一个不错的方法。

（3）暂时将问题搁置

有时我们的思路可能会突然中断，此时，将问题暂时搁置在一边，这是比较明智的处理方法。暂时将问题搁置，一方面能使我们的大脑通过休息恢复效率；另一方面也有利于我们进行思维角度与方法的调整，避免“钻牛角尖”的现象发生。

（4）尽量保持放松的状态

身心放松是产生灵感的有利时机，因此，在灵感思维的过程中，应尽可能地保持放松的状态。

2. 群体思维法

群体思维法是一种集思广益的创意方法，它最大的优势就在于能够利用集体智慧的发挥，来弥补个人思维与能力上的不足。因此，利用这种方法来进行创意，更容易使我们获得好的创意灵感和创意思路。

群体思维法的具体方法有多种，但最常见、最具代表性的是“脑力激荡法”，也即“头脑风暴法”。所谓“头脑风暴法”，就是通过组织一种特殊的小型会议，使参与者无所顾忌地发表各自的看法，彼此激励，相互启发，以产生众多创造性设想的一种群体思维的方法。

“头脑风暴法”在具体实施中一般有以下几个要点：

①参与讨论的人数要适当，既不宜过多，也不宜过少，最好能控制在 6～10 人。这样既能保证每个人都有充分发言的机会，也能使集体思考保持较高的效率。

②在讨论开始前，主持人不明确告知此次讨论的最终目的，而只是把需要讨论的问题交代清楚。

③讨论开始后，要鼓励每一个参与者积极发言，阐述各自对问题的看法。

④对每个人的发言做好记录，点子越多越好，可暂不计质量。

⑤整个讨论的过程中，不允许对别人的意见进行反驳，也不许过早下结论。

从“头脑风暴法”实施过程中，我们可以发现，参与者是在一种轻松、开放和没有任何限制的环境中进行问题思考的。这样，就使得各种不同的观点和想法大量涌现。经过相互启发，相互影响，更多更好的创意思路和创意方案就会在这种群体思维的激荡中产生。

有一点需要注意的是，由于“头脑风暴法”强调的是点子的数量而不是质量，这就导致了由它所得到的想法和观点并不一定都是有效的，其中也不乏大量无用信息的存在。因此，在使用此方法时，我们要正确、客观地对待它所起到的作用。

当然，要使“头脑风暴法”更为有效，我们也是可以通过采用一定方法来对其进行改进的。例如，在进行“头脑风暴法”时，一次只讨论一个问题，或尽量使讨论的题目明确具体，对于提高结果的有效性都是有帮助的。

3. 侧向思维法

所谓侧向思维法，就是利用一些与问题无正面联系的信息来寻找解决问题的途径的思维方法。在创意过程中，侧向思维的灵活运用是非常重要的。因为在很多情况下，我们直接从正面的角度去思考问题是得不到满意答案的，这时，采取“迂回”的策略，从问题的侧面进行思考却往往能收到很好的效果。

侧向思维的方法是巧妙的，它体现的是一种不按正常套路“出牌”的非常规思想。它既是出于对问题整体性的把握与策略性的思考，也是对常规思维的一种突破。由于能够出其不意，“剑走偏锋”，因此采用该方法进行创意和构思往往能取得较好的效果。魔兽世界通过可口可乐来开拓市场的创意也就是使用了侧向思维法。

要想运用好侧向思维法，最为关键的一点是要善于发现和找到事物之间隐藏的或看似不相关的联系。只有把握住这些联系，我们才可能找到问题的“突破口”，才可能“剑走偏锋”。如果在缺乏对事物全面分析与深刻认识的情况下去贸然运用侧向思维法，那只能弄巧成拙，将事情变糟。

4. 逆向思维法

所谓逆向思维法，就是从正常思考路径的反面去寻求解决问题的途径的一种思维方法。逆向思维法也是一种反常规的思维方法，该方法最大的特点就是在于思维行进的方向是逆向的。如我们日常所见的“反潮流生产”“反时尚设计”“反季节销售”等“反其道而行”的现象，都是运用逆向思维的具体表现。

对于策划的创意活动来说，逆向思维法的最大作用就在于它可以激发创新思想。这是因为，“思维倒转”不仅改变了人们思考问题的固定方式，而且还为人们看问题、想问题提供了一个全新的角度，从而使许多看似不可能的事情得以实现。其实，很多优秀的创意和创新的想法就是在这种“思维倒转”的过程中才得以产生的。

例如，开发“积善梳”把梳子卖给和尚的创意，就是运用逆向思维法的杰作。按照常理，我们会认为把梳子卖给和尚简直是荒唐之举，因为和尚对梳子根本就没有需求。然而，通过逆向思维分析，我们会发现和尚对梳子并不是完全没有需求，而只是对梳子本身没有功能上的需求罢了。只要采取一定措施，把和尚的其他需求与梳子联系起来，就能把梳子卖给他们。这样，以“积德行善”为诉求的“积善梳”的创意就产生了。可见，进行有效的逆向思维，不仅能使我们获得新奇的创意方案，而且也能增加我们创意成功的概率。

要想运用好逆向思维，我们需要在以下几个方面多加注意：

（1）要有进行逆向思维的习惯和意识

逆向思维是对常规思维的一种“颠覆”，它要求我们必须从全新的思维角度去认识和分析问题。然而，常规的思维模式和方法对我们的影响却是根深蒂固的。因此，要想克服它们，我们只有通过进行有意识的训练才能实现。

（2）要善于从最不可能的情况中寻找解决方案

很多情况下，逆向思维都是在那些看似不可能的情况下进行的。如果是正常情况的话，那也就不需要再进行逆向思维了，依靠常规思维就能解决问题。我们常说“最危险的地方也是最安全的地方”，就是逆向思维的一种体现。从最不可能的情况中寻求可能，这是逆向思维方法的要旨所在。

（3）熟悉和掌握逆向思维的途径和方式

我们只有对各种逆向思维的方式比较了解，才能灵活有效地运用它们。逆向思维的方式有多种，既可以是直接的反转型逆向，也可以是转换型的逆向。所谓直接反转逆向，是指从已有事物的相反方向出发，通过逆向思维来引导创意的构思，其主要实现途径有功能性反转、结构性反转、因果性反转等。而转换型的逆向则是通过对原有求解思路的悖逆和转换，来寻求新的更合适的解决问题的方法。

5. 组合思维法

组合思维法，是指通过将不同性质的事物或功能进行搭配与联结，以产生创意的一种思维方法。不同的组合所代表的意义是不同的，这种不同有时候甚至是事物质上的差别。组合思维法正是利用组合本身所具有的这些特点，从而实现对创意思路与创意方案的有效发掘。

小案例 3-7

用自由女神像大修后的建筑垃圾也能发财

美国政府曾经对自由女神像进行了一次大修。然而，大修过后产生的 200 吨建筑垃圾却让州政府犯了难。州政府只好贴出告示，愿意以50万美金悬赏能妥善处理垃圾的人，但条件是不能对环境有所危害。一位商人看到告示之后，头脑里立刻产生了许多奇妙的组合与联想，一个完美的发财计划在他的脑海中闪现。在征得州政府同意后，这位商人便开始了他的行动。首先，他要来50万美元注册了纪念品公司。尔后，他委托铸币公司，用垃圾中的铜铸造自由女神纪念币；委托制尺公司，用垃圾中的铅制作背面带有自由女神像的尺子；委托工艺品公司，用垃圾中的水泥块制作自由女神纪念碑，用垃圾中的木材制作自由女神雕像；最后的一些渣土，则请一家公司分装于精致的盒子里，并在盒子上用金字写上"自由女神的血肉之躯"。而他注册的公司，就在自由女神像附近开设商店销售这些纪念品。不到三个月，所有纪念品便被销售一空。在扣除了成本费用之后，这位商人净赚仍然有200多万美元。正是组合思维的妙用，才使得这位商人抓住了这个难得的发财良机。

资料来源：作者根据互联网相关资料进行整理。

组合思维的具体方法有很多，其中比较常用的是"信息交合法"。所谓"信息交合"，就是指通过各种信息的交流、融合与碰撞，以产生新的信息、观点、思想与方法的一种思维方式。其要点与步骤主要有：

①对系统整体进行分解。

利用整体分解率，将系统整体先分解为多个组成部分，然后再把各个部分分解为因子，直到不能再分为止。在分解的过程中，要注意按照系统要素构成的层次和序列逐步展开，尽量全面，避免遗漏。

②对各部分信息进行交合。

系统分解完成后，接下来就是进行信息的交合。信息交合要按照一定的次序进行，即先进行事物本身要素的交合，然后再引入不同类的知识，进行大范围的"边缘交合"。

③对交合结晶进行筛选。

信息交合的过程会产生大量新的信息、新的联系或转换，因此，要根据具体的需要对这些内容进行必要的筛选。在筛选的过程中，还要注意对经济性与实用性等原则的把握。

另外，要运用好组合思维法，除了认识和掌握主要的组合思维方法外，我们还必须对以下三个方面的问题多加注意：

①考虑能否进行组合。

虽然组合的过程体现着多样化，然而并不是所有要素都能实现有效的组合。因此，在运用组合思维前，我们应先考虑要素是否具有有效组合的条件。如果要素间通过组合不能产生创新性的效果，那么进行组合就没有什么意义和必要了。

②组合要有一定规则。

俗话说"没有规矩不成方圆"，组合的过程也是这样。如果失去了一定规则，那么组合的过程将会变得杂乱无章，组合的结果也只能是对各种要素的简单堆砌或生拼硬凑。利用这样的组合，我们几乎是得不到任何有价值的信息的。

③对组合方式进行优化。

通常，组合的方式是有很多种的，不同的组合方式会带来不同的组合结果。为了能得到最满意的结果，就必须注意对组合的方式和过程进行优化。

6. 类比思维法

类比思维主要是指通过对两种或两种以上的客体进行比较、认知与推理而获得创造性设想的方法。类比的两个事物既可以是同类的，也可以是不同类的，即使是差别很大的两个事物之间依然可以进行类比。通过类比，我们策划创意的视野将得到极大的拓展。因此，对于策划创意活动来说，类比思维法也是一种重要的方法。

类比思维的具体方法有多种，其中较具代表性和典型性的主要有四种，即直接类比法、象征类比法、因果类比法和综合类比法。

（1）直接类比法

所谓直接类比法，顾名思义，就是简单地在两事物之间直接建立联系的类比方法。它是最简单也是最常见的一种类比方法。直接类比的对象既可以来自于自然界，也可以来自于人类社会。在很多情况下，采用直接类比法，只需经过与类比对象的直接比较与推理，就能得出大量具有创新性的想法或点子。例如，红极一时的“超级女声”“幸运 52”等节目的组织与策划，就是从国外类似的娱乐节目类比，改进而来的。如统一润滑油在美国与伊拉克开战前夕，适时打出广告语“多一些润滑，少一些摩擦”。

（2）象征类比法

象征类比法是一种用具体事物来表示某种抽象概念或思想感情的思考方法。象征类比由于能借助于一定事物的形象、符号来比喻、形容、替代或突出另一事物，借助于有形的物体表达抽象的感情，因此，具有较高的美学价值。例如，在店面设计、商品包装、企业形象塑造等方面，都经常用到象征类比法。正是借助于一定的标志与符号，才有效地突出了这些事物所要表达的内容与诉求。

（3）因果类比法

所谓因果类比法，就是从已知事物因果关系同未知事物因果关系的相似之处出发，来寻求未知事物的一种思维方法。因果关系是事物所具备的最基本的关系，因此，利用因果类比法来进行事物之间的类比与推理，效果往往是非常明显的。例如，蓝色巨人 IBM 的成功与其重视企业形象设计有很大关系。IBM 能依靠企业形象取得成功，那么其他企业如果重视企业形象设计，应该也能取得和 IBM 相类似的效果。正是由于因果类比的作用，企业形象设计才从美国传出，并广泛流行。

（4）拟人类比法

拟人类比法是指将问题对象同人类的活动进行类比的方法，赋予非生命的具体事物以人的生命及其思维和想象。企业形象设计本身就是把企业拟作人进行设计和策划，赋予人的理念、人的视觉感和行为方式，使之在社会公众中产生美化形象。

（5）综合类比法

综合类比法主要是在策划客体本质属性非常复杂的情况下而使用的一种类比方法，它的主要特点就是对策划客体相似特性进行综合，进行全方位的比较与思考。例如，各种模拟演练、模拟测试、模拟试销等利用的就是综合类比法的原理。通过客体在模拟情景中的表现，我们就可以基本推测出其在真实情景中的表现。比如，客体在模拟情景中能够有好的表现的话，以此就可以推知它们在真实情景中的表现也将不会太差。

虽然类比的具体方法有多种，但是无论是采用哪一种，在具体运用的过程中我们都要注意以下两个方面的问题：

一是要注意对类比点的把握。确定类比对象，找准和把握好类比点是进行类比思维的前提。无论是直接类比、象征性类比还是因果类比，只有在把握住比照对象特征和类比点的情况下，我们才能有效地运用类比思维来进行模拟和推理，才能引发好的创意和点子产生。

二是要善于利用联想与想象。想象与联想在类比过程中发挥着巨大的作用。正是因为有了联想，我们才能由此事物联想到彼事物，才能进行类比思考；而也正是因为有了想象，在类比的过程中我们才能产生对比照事物的模仿。因此，在运用类比思维法的过程中，要充分发挥联想与想象能力，只有这样，才能产生更好的类比效果。

7. 模仿创造法

模仿创造法是指模拟仿制已知事物来构造未知事物的方法。

功能性模仿创造，即从某一事物的某种功能要求出发模仿类似的已知事物。日本汽车在20世纪六七十年代的崛起就是因为对美国汽车进行了很好的模仿创造。

仿生性模仿创造，包括原理性仿生、技术性仿生等。人们以生物界事物的生存发展的原理、形状、功能为参照物，进行仿生性模仿创造。

结构性模仿创造，即从结构上模仿已知事物的结构特点为创造新事物所用。例如，复式住宅来自于对双层公共汽车的结构模仿。

形态性模仿创造，即对已知事物的形状和物态进行模仿而形成新事物。例如，深圳世界之窗、锦绣中华等微缩景观是按照世界各国和我国的自然和人文景观修建的，军人的迷彩服就是对大自然色彩的模仿性创造。

原理性模仿创造，即按照已知事物的运作原理来构建新事物的运作机制。

8. 移植参合法

移植参合法是指将某一领域的原理、方法、技术或构思移植到另一领域而形成新事物的方法。它是人们思维领域的一种嫁接现象。

技术方法性移植。例如，轿车上的GPS系统就是将军事的卫星导航技术移植到了民用领域。

结构性移植。例如，人们根据蜂窝结构作成的蜂窝砖等。

功能性移植。例如，人们将电视机的音响功能移植到计算机领域。

原理性移植。把社会化大生产原理用于改造传统零售商业，就创造了连锁经营的形式；把价值工程应用于市场营销实践，便形成了营销价值分析法。

3.3 营销策划创意的思维训练

3.3.1 创意思维的表现形式

1. 形象思维与抽象思维

形象思维又称直觉思维，是创意者依据现实生活中的各种现象加以选择、分析、综合，然后进行艺术塑造的思维方式。生动性、具体性、实感性是这种方式的特点。在企业形象策划中，对企业视觉形象系统的设计、对产品品牌的确定、对企业理念广告用语的创意等都需要形象思维。

抽象思维则是用科学的抽象概念提示事物的本质，表达认识事物的结果。它是人们在认识过程中，借助概念、判断、推理反映现实的过程。抽象思维要把具体问题抽象化后再去思考，以便突破具体问题的束缚，突破层层障碍，从多角度寻求启迪，从意想不到之处加以发掘。营销策划中，对企业良好形象的树立必须依赖抽象思维创意，去突破常规的窠臼，另辟蹊径。

小案例 3-8

海王银杏叶：篮球篇

"三十岁的人，六十岁的心脏；六十岁的人，三十岁的心脏"，用非常形象的瘪下去的篮球和充满气的篮球来象征，给人印象相当深刻，和产品功效的联系也是十分巧妙的，产品的信念"健康成就未来"和广告片契合得很紧。

三菱 trium 手机

用飞机、滑雪者、帆船各自划出的一道弧线来表现产品的典型特征"简单一条线，带来乐趣无限"，让人享受"简易之美，沟通之美"，制作简单流畅，画面干净，与产品结合自然而有韵味。

评述：企业形象类广告中常常用浅显的象征法，较多的以具体的人或物的形象来折射产品或服务的形象。

资料来源：作者根据互联网相关资料进行整理。

2. 顺向思维与逆向思维

顺向思维是指在生活中人们的大脑对外界事物所产生的思维方法。它具有常规性、传统性等特点，是触发创意的基础。顺向思维取决于人的观察力、记忆力和想象力。营销策划中对企业发展历史和生存现状的认识就是一种顺向思维。

逆向思维是指人们思维循着事物的结果而逆向追溯事物发生的本源的思维方式。它引导人们透过事物的现象探究其本质，然后根据事物本质发展的逻辑做出与原发展态势截然相反的判断，为创意者标新立异甚至反其道而行之开拓新的思路。

小案例 3-9

劝君莫饮酒过量

1989 年，加拿大西格拉姆酿酒公司在美国 150 家报刊同时刊出令人目瞪口呆的广告，"劝君莫饮酒过量"。广告刊出一个月后，公司收到 15 万封赞扬信，称赞其对消费者的关心和诚实负责的态度。在这期间销售量也增加了一倍。美国其他啤酒公司也如法炮制，安豪塞·布斯特公司提出"要学会抵制再来一杯的诱惑"，米勒公司则说："酒客不是朋友"，并在电视台开起了节制饮酒的教育课。结果是，这些品牌酒的销量也都大增。

评述：逆向思维是一种反常规、反传统的思考方法。创意中采用顺向思维是一条熟悉顺畅的路，但它往往会使创意思维陷入一种固定的方向，只想表达产品如何好，会给人们带来什么好处等。当大家都顺向寻觅时，逆向探索往往更能找到出奇制胜的创意新路。

资料来源：作者根据互联网相关资料进行整理。

3. 垂直思维和水平思维

垂直思维是指人们根据事物本身的发展过程来进行深入的分析和研究，即向上或向下进行垂直思考。依据经验和过去所掌握的知识更新，逐渐积累和产生想法。在策划中，创意人员往往要依据自己的经验对有关商品的知识进行思考，这种思考方法产生的创意，其改良的成分较多。

水平思维是指摆脱对某种事物的固有思维模式，从与某一事物相互关联的其他事物中分析比较，另辟蹊径，寻找突破口。要善于捕捉偶然发生的构想，沿着偶发构想去思考，从而产生意料不到的创意。

小案例 3-10

“七喜”汽水另辟蹊径

“七喜”汽水，曾在1968年以“非可乐”的定位突围，10年后，销量下跌，立即在1982年底重新定位为“不含咖啡因”的可乐，20世纪90年代初又一次策划新的定位，标榜“与众不同，口味独特”，塑造幽默、创新、重视自我的品牌性格。

资料来源：作者根据互联网相关资料进行整理。

4. 联系思维与倾向思维

联系思维是指运用事物存在着普遍联系的哲学观点，努力发现事物之间的联系，寻求新的发展机会的思维方式。倾向思维是指人们在思维活动中，常常依据一定的目标和倾向而进行的思维方式。

小案例 3-11

网站创意的25种联想线索

（1）把它颠倒；（2）把它缩小；（3）把颜色换一下；（4）使它更长；（5）使它闪动；（6）把它放进音乐里；（7）结合文字音乐图画；（8）使它成为年轻的；（9）使它重复；（10）使它变成立体的；（11）参加竞赛；（12）参加打赌；（13）变更一部分；（14）分裂它；（15）使它罗曼蒂克；（16）使它速度加快；（17）增加香味；（18）使它看起来流行；（19）使它对称；（20）将它向儿童诉求；（21）价格更低；（22）给它起个绰号；（23）把它打包；（24）免费提供；（25）以上各项延伸组合。

资料来源：作者根据互联网相关资料进行整理。

3.3.2 创意思维的开发

要想提高创意人员的创意思维能力，除了对创意思维循序渐进的培养之外，进行一些思维技能方面的开发是十分必要的。通过技能开发，创意人员不仅能迅速提高自身的思维素质水平，而且也能学习到有关科学思维的技能和方法。

1. 进行发散性思维训练

在创意过程中，思维定势可以说是一种严重的障碍，它不仅将我们的思维桎梏在固有的框框之中，而且也是扼杀创造性思维的最大“元凶”。因此，我们必须想办法克服它，而要突破思维定势的有效途径之一就是进行发散性思维训练。

所谓发散性思维，顾名思义，它是与收敛性思维相对的，即人们的思维方向是辐射性的，而不是沿着一个确定的方向发展。思维的流畅性、变通性与创新性是发散性思维的三个最大特点。

发散性思维训练主要有以下几种方式。

（1）非逻辑性思维训练

非逻辑性思维训练的主要内容就是训练创意人员在不用概念、判断推理等理性思维形式的情况下来认识客观世界的能力。由于非逻辑思维是一种非线性的立体思维，因此，加强创意人员运用非逻辑思维来进行认识与判断的能力，将有助于创意过程中创意者直觉力作用的发挥和对灵感的有效把握。

（2）放纵模糊性思维训练

模糊与清晰既是对立的，也是相互统一的。创意的过程其实就是一个思维由模糊到清晰的过程。模糊性思维训练就是要通过对模糊性思维的放纵，来引发各种带有歧义或矛盾的观念出现，以此来激发人们的各种想象，从而使人们的思维实现突破与创新。

（3）变通性思维训练

任何事物之间都是存在着一定联系的。创意人员在进行创意的过程中要能够根据事物之间的联系，进行有效的变通，这样才能使创意成功的把握性更大。变通性思维训练，其目的就是要通过对创意者变通思维的启发，来提高其多角度、立体式思考问题和解决问题的能力。

（4）求异性思维训练

对于突破思维定势来说，求异性思维训练的效果也是非常明显的。任何问题的求解过程和方法都不是唯一的，而是有许多种的。求异性思维训练的目的就是要通过对创意者求异思维的开发，来使其摆脱线性思考习惯的束缚。同时，这种训练对于提高创意者的想象力和创造能力也是有很大帮助的。

2. 进行想象力拓展

想象力对于创意活动来说是极其重要的，没有想象力的发挥，就不可能有精彩的创意产生。在进行创意思维开发的过程中，加强对创意者想象力的拓展也是必不可少的一项。通常，拓展想象力的途径主要有以下三种：

（1）排除想象的阻力

想象的阻力既可能是来自于外部环境条件的不具备，也可能是由创意者自身思维障碍或态度所造成的。因此，要想提高想象力，就必须采取一定措施，将这些阻碍想象力发挥的因素克服掉。

（2）扩大想象的空间

想象空间的扩展对于想象力的提高与拓展来说是很重要的。虽然想象空间看似没有边界，但就不同的人来说，因为其知识水平、经验阅历的具备程度各不相同，所以这就使每个人想象空间的大小也是有差别的。想象空间越大，想象力就越容易得到充分发挥；反之，则越困难。因此，要想提高想象力，创意人员就必须不断学习、不断实践，以扩大自身的想象空间。

（3）充实想象的源泉

所谓“想象”，其实并不是“凭空的想象”，而是来源于对各种知识的灵活运用与创新性设想。因此，要想获得丰富的想象力，创意者就需要多在想象的源头上下功夫，即要不断深入生活，多实践、多积累、多思考。

3.3.3　创意的训练方法

1. 观察训练法

有效的、真正的观察是观察与思考的结合，因而观察训练法就是发现问题、提出问题，并且有分析、比较和判断的能力。观察行为要靠长期稳定的注意力来实现，而它的指向并不仅仅是观察活动这一事件本身，更多的是观察对象变化发展的规律。因此，要自我设定对象，密切注意观察对象的结构、特征及其变化形态和发展情况，相关信息做好笔记，并进行细致分析。

2. 图像记忆训练法

图像记忆训练不是要用来“取代”语言思考，而是唤回你的本能，用来弥补语言思考的不足。

小案例 3-12

把画面“背”下来

每天晚上用 15 分钟时间，回忆白天发生的一件事情，用图像思考把它回忆一遍，要一幕一幕回忆。

如果看了一场电影或电视，睡觉前试着在脑中“重放”一次，尽可能仔细，最好闭上眼睛，眼前仿佛就是一个彩色宽银幕。

一开始，你可能会为图像思考的缓慢而感到不耐烦，但是请不要放弃。

资料来源：作者根据互联网相关资料进行整理。

3. 创造性模仿法

通过模仿他人的经营模式而很快使自己跃进到新的、高的层次，节省了研究成本，进而增强企业的竞争力。创造性模仿者通过对他人创意的了解，重新组合、改良，产生不同功能、价值的“新”东西，这也是一种创造。

小链接 3-2

创造性模仿是创意的动力

模仿创意方法，一般可分为下列各类：(1) 功能模仿。交通工具是模仿动物和人的行走，各种机械手是模仿人的上肢，电脑是模仿人脑，机器人则模仿整个人。(2) 原理模仿。能开能合的菜罩，灵活地模仿制伞原理，既能挡苍蝇，又能通风，且便于收合和洗涤。(3) 结构形态模仿。清洁筷子箱是模仿提烟盒，把筷子放在封闭盒子里，需要时，提一次就出一双筷子，既方便又卫生。(4) 色彩模仿。迷彩军服是典型的色彩模仿制品。设计人员考虑军服要有充分隐蔽的功能，就模仿草、树和土地错综交叉混合的色彩，构思出了现代军服的这种迷彩面料。

资料来源：作者根据互联网相关资料进行整理。

4. 排斥固有观念训练法

人们常常会被固有的观念影响自己的思维方向与角度，这些固有观念往往来自于自己过去的经验和看法。为了提高创意能力，我们可以在日常生活中进行排斥固有观念的训练，换一个角度去思考问题。比如，我们常常可以想一下，我做这个工作已经多年了，每天都是这样办的，我能用别的方法吗？我每次都把甲工作交给张，把乙工作交给王，我有可能给这两人调换工作，从而发现他们的另一种能力吗？我们一向相信这样做广告是对的，可这是真的吗？还是只是习惯？

小案例 3-13

这难道不是最大的新闻吗？

1993 年 1 月 25 日，《文汇报》头版没有一个字新闻，而是把整个一版让给西泠电器公司做了一个别开生面的广告，整版的大白版面上几个大字：“西泠冷气全面启动”。当上海市民手拿这张报纸时，极其震惊！人们从没有见过哪家大报头版居然没有一个字新闻，而是绝大部分的白纸上寥寥几个黑字广告！接着人们纷纷打电话给《文汇报》质问为何今天没有新闻，得到的回答是：“这难道不是最大的新闻吗？”

资料来源：作者根据互联网相关资料进行整理。

5. 德鲁克式提问训练法

德鲁克先生在做顾问帮助他人解决难题时，并不提供精确的数字和精密的技术，而只是坐下来，和顾客聊天。聊天时，他总是问：你真正想做的是什么？你为什么要去做？你现在正在做些什么？你正在做的跟你想要做的有什么差别？

德鲁克不去理会过去发生过多少问题，他只问你现在真正想要做的是什么，为什么要做这些事情，你现在正在做什么，你为什么这样做。德鲁克式的问句，其核心是让我们集中精力掌握真正的关键问题。

本章小结

营销策划的过程是对企业整体或局部营销行为进行创造性谋划的过程，创意正是开启策划人的智慧为企业设计鲜活个性和鲜明形象的关键活动。创意是综合运用各种天赋能力和专业技术，在现有的资源中求得新概念、新做法、新样式的过程。策划方案是策划工作的核心，而创意则是策划方案的核心，可以说创意是策划活动的灵魂。全面、准确地把握创意的内涵与实质是十分重要的。

创意来源于以下几个方面：创意来源于生活；创意来源于幻想；创意来源于兴趣；创意来源于积累；创意来源于“看”的方法。

我们将创意归纳为以下九个步骤：界定问题、设想最佳结果、查证资料、寻找灵感、走出熟悉的领域、尝试多种组合、使自己放松、初选方案、验证创意。创意的方法有：缺点列举法、希望点列举法、属性列举法、6W2H 法、奥斯本设问法、和田 12 法。创意的技巧有：灵感思维法、群体思维法、侧向思维法、逆向思维法、组合思维法、类比思维法、模仿创造法、移植参合法。

创意思维的表现形式有以下几种：形象思维与抽象思维、顺向思维与逆向思维、垂直思维和水平思维、联系思维与倾向思维。进行创意思维的开发，应该进行发散性思维训练、进行想象力拓展。创意训练的方法有：观察训练法、图像记忆训练法、创造性模仿法、排斥固有观念训练法、德鲁克式提问训练法。

能力培养指导

1. 结合所学的品牌创意知识，试举一企业说明该企业是如何进行品牌创意的，品牌创意的依据与作用是什么。

2. 结合所学的知识，试分析你所熟悉的某一品牌创意有哪些优缺点，为什么说创意产生于创造性的思维。

3. 试举例说明创意的技巧有哪些。

4. 试举例说明你应该如何进行创意的自我训练。

5. 每五位同学一组，15 分钟内尽可能多地列举出电脑（或某一其他产品）的缺点（不必考虑能否改进的现实性），每个小组指定一人记录列举出的缺点；规定时间结束后，分类、汇总各小组列举出的缺点，并向全班公布；面向全班，针对列举出的某项缺点，由各小组指定发言人提出新产品开发创意，在规定时间内尽可能多地提出创意；比较评价各小组列举出的缺点和提出的新产品开发创意的数量与质量。

6. 将全班同学分成 A、B 两组，选定某一产品（手机、电脑、自行车、服装等），A 组同学先提出对这一产品的某一希望，B组同学略加思考回答这一希望可以通过哪些途径实现，然后B组同学提出对这一产品的希望，A组同学回答实现的途径。以此类推，直至某一方无言以对，则为失败方。然后，更换产品，进入下一轮训练。

7. 一物降一物产品接龙游戏：每两位同学一组，A同学说："我是×××（一种产品名）"，B同学必须回答"我是×××（另一产品名），把你×××（降伏）"，然后依此循环，直到其中一位同学哑口无言。经过循环赛决出班里最优秀的辩手来。

复习题

1. 什么是创意？
2. 试述创意的一般步骤有哪些？
3. 什么是6W2H法？
4. 试举例说明创意的技巧有哪些？

案例应用 1

普救寺：将爱情进行到底

以寺庙为主要旅游吸引物的景区中，有的以庞大华丽的建筑群而享誉大江南北，有的以独特的建筑成名，有的以盛产某种文化而闻名。在浩瀚如烟的寺庙中只有一座寺庙是因一个美丽圆满的爱情故事而世人皆知，那就是位于山西省永济市的国家级AAAA景区——普救寺。

2006年普救寺的旅游总收入达800多万元，2007年十一黄金周普救寺每天的旅客达3000人，仅门票一项的收入达10万元/天。在知名景区如林的山西省能博得国内外游客的认可和青睐，除了永济市政府给予的政策支持外，更主要的是策划者始终围绕普救寺"爱情"二字做文章，以把普救寺打造成中国的爱情圣地为终极目标去挖掘爱情、演绎爱情、贩卖爱情、营销爱情。

一、景区建设——恢复爱情空间

普救寺是《西厢记》爱情故事的发生地。但普救寺始建于何年，现已无从得知。从古迹记载中得知，唐朝时，曾对该寺大加修葺。明朝嘉靖三十四年，普救寺所在地区发生了一次大地震，寺院的殿堂僧舍、楼阁塔坊，全部毁掉。清末，寺院已很破旧。1920年又遭受了一次大火，以后又受到侵华日军的破坏，至1949年时，普救寺只剩下莺莺塔、石狮、菩萨洞，其余建筑已不复存在。

1986年，政府拨款对普救寺进行修复时，项目小组就以《西厢记》中对普救寺的描述为蓝本，本着把普救寺打造成中国的爱情圣地为宗旨进行修复。

二、产品开发——演绎爱情故事

旅游产品是景区一切经营活动的主体，是景区开始营销活动的出发点。众所周知，我国90%的以寺庙为旅游吸引物的景区，在产品开发上仍然是看自然风光加烧香拜佛的传统策略。普救寺的营销管理者深知，如果普救寺在产品建设上还是走传统寺庙类景区的路数必死无疑，因为普救寺既没有优美的自然风光，又没有悠久的佛教文化，更谈不上什么丰富的动植物资源。

千百年来普救寺因美丽动人的爱情故事一直撼动着人们的心灵，使它成为蜚声海内外的游览胜地。张生和莺莺有情人终成眷属的爱情故事激励着国内外一对对有情人前往普救寺进行朝拜。所以，要想吸引游客到普救寺旅游消费，在产品开发上必须跳出佛教圈，巧打爱情牌。为此，普救寺在把体验营销作为景区产品主要开发策略的思想下，以景区文化为核心，按照体验营销的五大类型策划设计出丰富性、趣味性、参与性的旅游产品。

知觉体验性产品——爱的呼唤。知觉体验即感官体验，将视觉、听觉、触觉、味觉与嗅觉等知觉器官应用在体验营销上，引发消费者购买动机和增加产品的附加价值等。

寺中的莺莺塔不仅风格古朴、蔚为壮观，而且以奇特的结构、明显的音效著称于世。有人在塔的附近以石相击，人们在一定位置可听到塔上会发出清脆悦耳的“咯哇、咯哇”的回声，类似青蛙鸣叫。这一声音虽然可以用现代声学原理解释清楚，但是更代表着一种机缘巧合。而这种机缘巧合与爱情的机缘巧合天衣无缝地链接在一起。所以，普救寺的管理者们把这一声音又策划成一种体验性旅游产品——爱的呼唤。凡是前来旅游的游客都可以在塔前100 米处击石，然后聆听塔上发出的回声即普救蛙声。如今倾听这种爱的呼唤已经成为那些前来普救寺朝拜爱情的情侣们的首选。

思维体验型产品——再现《西厢记》。思维体验即以创意的方式引起消费者的惊奇、兴趣，对问题进行集中或分散的思考，为消费者创造认知和解决问题的体验。

普救寺的闻名是因为戏剧《西厢记》。为了让游客能够亲眼感受张生和莺莺这对有情人终成眷属的曲折爱情，从而思考什么是真正的爱情，普救寺文物管理局动员全寺员工根据戏剧名著《西厢记》特别打造了拷问红娘和状元迎春两幕古装短剧于每天的上午和下午分别在梨花深院和迎宾广场倾情表演。

三、新闻营销——打造知名度

在做好景区的修复建设和产品开发的基础上，怎样才能让消费者了解普救寺、旅游普救寺是摆在普救寺营销管理者面前的一道难题。像平遥古城、三清山或野三坡那样去中央电视台投放广告倒也是一个不错的办法，但普救寺没有那么多的资金。

1. 新闻营销

一条有价值的新闻抵得上百万元的广告。在资金不足的事实面前，如何宣传景区，普救寺的经营者们采用了新闻营销的战术。因为新闻营销一是成本低，相对于广告版面动辄就是几千、几万的费用，新闻营销只需要相同的广告版费的20%即可；二是容易形成互动传播，一条新闻价值高、震撼性的景区新闻可以吸引很多媒体，特别是网络媒体的转载；三是能全面性宣传景区，新闻营销可以把一个景区的资源特点、历史文化、民俗风情阐释清楚，且可以多角度、多层面，不受篇幅的限制，这一切是广告无法实现的。

2. 执行细则

（1）传播范围。普救寺的新闻营销在传播范围上主要是山西、河南、陕西、内蒙古四省份，因为这四个省份是普救寺的主要客源地。

（2）媒体选择。以山西、河南、陕西、内蒙古四省份的主流报纸媒体为主，辅以旅游类网站，如山西日报、山西晚报、三秦都市报、大河报、河南旅游网等。

（3）稿件内容。普救寺新闻营销的稿件在内容和目的上主要分为三大类。第一类是配合景区的促销计划，如为配合针对情侣这个消费群而制订的促销计划，刊登了一篇标题为“爱情圣地山西永济普救寺情侣只需买一票”的新闻，传统的七七情人节和西方情人节前分别刊发了标题为“爱情圣地普救寺飞扬七夕情歌”和“爱情圣地山西普救寺情人节备盛宴迎情侣”的新闻刺激消费者旅游普救寺的欲望。第二类是宣传景区的新产品、新动向，如普救寺推出每天向游客表演拷问红娘和状元迎亲两幕短剧时就刊登了标题为普救寺将现西厢迎客场景的新闻。第三类是为树立景区的品牌形象和美誉度的稿件，如18对新人普救寺喜结连理、爱情圣地普救寺迎接百对有情人。

但是，普救寺的新闻营销不论稿件标题，还是主题内容，始终都围绕“爱情”二字做文章。

四、节事活动——拉动客流

旅游节事活动，一般是指经过精心计划而在旅游城市或旅游景区举办的周期性旅游活动。举办一个有特色、有生命力、有市场前景的节事活动，是一个旅游景区发展的重要平台。因为对景区来说，成功的节事活动既能吸引媒体、社会公众和目标市场的关注，又能提高景区的知名度、美誉度，树立景区良好形象并最终达到吸引旅客的目的。

1. 活动主题：立足爱情

对于因爱情而名扬大江南北的普救寺，以打造成中国爱情圣地为目的的普救寺，其节事活动的主题当然是“爱情”二字。为此，普救寺策划并举办了普救寺国际情侣月活动，截止到2007年10月已举办了10届。

2. 活动推广：新闻+广告

普救寺国际情侣月活动的推广主要采用新闻传播+广告的形式，每一届情侣月活动举办的前15天，景区管理局都会召开一个小型的记者说明会，向主要客源地的主流媒体通报本次普救寺国际情侣月活动的主要内容和优惠政策。

为配合新闻传播，情侣月期间普救寺还在重点客源地投放了一些广告。比如，在洛阳、太原、西安这些重点客源城市投放车身广告，与湖南卫视完美婚礼栏目合作开设了以爱情和婚礼为主要话题的专题节目，普救寺成为栏目的外景地。

3. 活动内容：追求体验

每一届“普救寺国际情侣月活动”都是以让全天下的有情人能够充分享受爱情的甜蜜，感悟爱情的真谛为宗旨，策划举办了很多让游客们、情侣们能都互动的行为体验性项目。

普救寺国际情侣月活动期间，普救寺为天下的情侣们推出的行为体验型项目有：风雨同舟——要求参加的情侣共同穿上特定的竹板鞋，走完规定的线路，考验恋人们经风雨、历磨难，共同搀扶走过人生路的毅力；“心有灵犀”将参加活动的情侣在日常生活中对对方的一言一行，举手投足间的心领神会表现得淋漓尽致。为了鼓励情侣们积极参与进来，还设有奖品，凡参加的情侣都将获得纪念奖一份，前两名还将获得普救寺景区特别提供的同心锁一把。

为了让所有的游客在情侣月期间参与到活动中来，营造浪漫的爱情氛围，分享普救寺深厚的爱情文化底蕴，景区管理所在每届情侣月期间推出了在张生和崔莹莹的爱情树边种下自己的常青树，寄托情思；在521平方米的广场上共宣爱情誓言，聆听中条山的回声；同走108阶爱情云梯，锁定今生；红娘伴您游西厢；莺莺伴您入洞房；奖抛绣球等形式多样、丰富多彩的参与性活动。

至于情侣集体婚礼，情侣共同宣读爱情誓言，表达自己忠于爱情、建设美好家园的良好心愿；在普救寺门前广场的大型铜雕塑周围共同锁上代表“心连心”的连心锁更是每届情侣月的保留节目。

文化是景区的灵魂。普救寺的成功正是得益于景区的经营管理者们跳出佛教经营的老路，深挖普救寺的爱情文化去演绎爱情、营销景区。

资料来源：作者根据互联网相关资料进行整理。

【讨论题】

1. 该案例运用了哪些创意策划的方法？

2. 结合该案例，请谈谈普救寺策划的关键因素有哪些？

案例应用2

公益营销：出奇制胜——从“帮你回家”活动谈起

一般来说，一个企业或品牌要获得知名度并不难，只需要投入大量的广告宣传费用即可，而要获得美誉度，则需要长期的、精心的维护。

一些企业为了在广告投入较少的情况下，迅速获得知名度，采用事件营销的宣传方式，如广东某企业炒作的“研究生卖猪肉”，获得了知名度，对品牌的美誉度却没有什么促进，甚至造成了一定的伤害。

一些企业为了提高品牌的美誉度，选择从事公益活动，由于公益活动很少引起争议、新闻价值不大，往往是“叫好不叫座”，很难引起媒体的重视，也很难引起社会大众的关注。

能否找到一种“叫好又叫座”的方法，在短时间内以较低的费用，既提高品牌的知名度又提高品牌的美誉度呢？2008年底2009年初在广东举办的“帮你回家”活动，将公益活动和事件营销两种方式结合在一起，创造了公益营销的经典之作。

一条新闻引发的一场公益活动

2008年12月2日，天涯杂谈里出现了一个标题为《寻找2009名民工兄弟，帮你回家!!!》的帖子，帖子里出现了一块户外广告牌，内容是：寻找2009名在广东的外省农民工，资助每人200元帮其返乡。活动主办单位是：江口醇诸葛酿和茂德公香辣酱。

帖子里声称这个活动是社会上的好心人酝酿已久的，当天凌晨看到网易头条《民工14辆三轮摩托风餐露宿3000公里艰辛返乡》后决定立即启动。

颇为蹊跷的是，驱三轮车千里返乡的民工是四川平昌县人，而活动的发起方四川江口醇酒业（集团）公司的厂址也在平昌县，真是天意巧合吗？

“帮你回家”公益活动敏锐地抓住了全社会关心的热点问题——全球金融危机导致的农民工失业潮以及随之带来的部分农民工经济困难、春节无钱回家，也就成功地抓住了社会大众的眼球，一场精彩好戏在紧锣密鼓中开演了。

“一石”激起“千层浪”

仅三天时间，天涯杂谈该帖子的点击量就超过了12万。

网民对如何甄别申请资助人是否符合条件充满疑虑并且对主办单位的动机议论纷纷、莫衷一是：有人认为是企业在搞商业炒作，有人认为是否炒作无所谓，只要能帮到需要帮助的人。

2008年12月4日，南方都市报刊登了《两企业寻找2009名外省农民工帮其回家》《200元路费送民工，行善还是炒作》两条新闻，对活动进行了报道，并采访了活动的公关总监李羊朵，面对网友争论的问题，李羊朵相信“绝大多数报名人员还是真诚的”，不讳言“公司在做公益活动的同时的确有打广告的用意，不认为这有什么不好”，并希望“更多的企业参与这种炒作”。

主办单位面对争论，并不急于和近年来搞得有些臭名昭著的“炒作”撇清关系，反而坦然承认，有意制造了一个争议话题，并利用争议话题形成的新闻热点，引导各主流媒体纷纷跟进。

2008年12月4日，广州日报以《企业欲帮2009名民工回家》为题、2008年12月5日信息时报以《企业欲资助2009名民工回家被质疑炒作》为题对活动进行了报道；2008年12月5日，南方都市报以《炒作善事，还是值得鼓励》为题对活动进行了评论，认为：“这确实是商业炒作，而且到目前为止很成功。在营销上有一种技巧，叫作事件营销，这就是一个样板。因为有了200元补贴外来民工回家的创意，40.18万元没投给媒体，而是投给一个具有高关注度的弱势群体，很符合‘把100万的广告做得像1000万’的广告专业追求。”

同一天，南方报网发表了《“帮你回家”是温暖火炬的接力》、成都商报发表了《以“猫论”考量“帮你回家”》、河北日报发表了《“帮你回家”：企业公民应有的担当》、中国青年报发表了《“帮你回家”产生爱心效应》等评论，对活动进行了正面评价。

2008年12月4日中央电视台新闻频道“朝闻天下”节目播放了新闻《企业打广告助2009名民工回家过年》，与此同时，南方电视台2套节目“城市特搜”、广州电视台新闻频道“新闻日日看”、广东电视台新闻频道“第一访谈”也对活动进行了播报。

温暖的活动现场

2008年12月7日在广州维家思广场举行了第一次资助活动，活动不是简单的发钱了之，而是注重细节，注重现场的布置，创造出温馨、感人的气氛。

活动现场发放的“帮你回家温暖2009”字样的红围巾，让人切身感受到社会的温暖，成为整个活动最好的象征；现场悬挂的“感受爱 享受爱 传递爱”和“好好生活 天天向善”等横幅，让人深刻领悟到活动的意义；播放以“回家”为主题的系列音乐，渲染、烘托了现场的气氛。

不少受资助的农民工当场感动得流下了眼泪，如在广州进行的第二次活动中，受资助的两兄妹相拥而泣；在东莞进行的第三次资助活动中，一个患病的女工失声痛哭说出：“我第一次感到什么是温暖……”，这些动人的情节，都成为新闻报道的绝佳题材。

让活动“保鲜”

“帮你回家”活动宣布的截止日期是2009年1月15日，在长达一个半月的时间里，如何让活动始终保持“新鲜度”，而不是“虎头蛇尾”，主办方一是顺其自然，随着活动的开展，自然会出现一些戏剧性事件，如某制衣厂冒领资助款事件；活动开展之初，由于农民工对活动缺乏信任，认为“天上不会掉馅饼”，报名不如预想中火爆，资助行动进展缓慢，南方都市报以《“帮你回家”送路费送不出去》为题、信息时报以《百张免费火车票没人要》为题进行了报道。二是有意识地“制造”新闻热点，如买火车票送民工回家（在送票现场，请农民工拜年并赠送过年礼物，湖南卫视和南方都市报全程跟车进行了报道）、资助在广东的汶川学生回家，不断为媒体提供新闻事件，引起社会大众对活动的持续关注。

资料来源：中国营销传播网，http://www.emkt.com.cn/article/569/56904.html，2012年9月17日。

【讨论题】

1. 结合该案例，说明企业是如何运用营销策划的创意理论进行企业营销推广的。

2. 如果你是该企业的营销人员，你会使用这种方法吗？为什么？

第 4 章　市场调研与市场调研策划

学习目标

1. 掌握市场营销调研的概念，理解营销调研的意义与作用，了解营销调研与策划方案的联系
2. 掌握市场营销调研的内容与类型
3. 掌握市场调研策划的步骤

实践中的市场调研

麦当劳发现，随着经济的发展，生活节奏的加快，快餐热一定会兴起。但怎样让百姓快速接受自己的汉堡包呢？经过长期的实践和研究，他们发现，汉堡包在 17 厘米高的时候咬起来最方便，可口可乐在 4 摄氏度时和汉堡包配起来味道最鲜美，除此之外，他们还针对不同国家人民身高情况设计交款台，目的是让顾客掏钱最方便，就是抱着这种“急顾客之所急，想顾客之所想”的古道热肠，麦当劳传遍了世界，不仅打下了“江山”，而且守住了“江山”。

再如，麦当劳进入中国前的最大担忧是怎么让吃惯了几千年馒头的中国人接受汉堡包，为此进行了长达 8 年的深入研究（研究俄罗斯更长，为 14 年）。研究什么？从国家政策到市场环境、原料产地、饮食习惯、文化习俗、收入水平、家庭结构等，无所不包，最后才下决心进入中国市场。为什么麦当劳敢下这个决心？因为麦当劳将最后研究视线聚焦到中国独生子女的身上。他们研究后的结论是：中国小孩 4~7 岁时是味觉形成期，7~12 岁时是味觉固定期。如此一来，决策就有了科学的依据：中国小孩 4~7 岁吃什么都是一个味道，不管是馒头还是汉堡包，不管是土豆泥还是炸薯条。靠什么吸引小孩子呢？红红黄黄的标识、各种尺寸的小旗、各种玩具以及游戏区，使中国小孩“乐不思蜀”“流连忘返”。他们只要去了一次麦当劳就天天闹着爸爸妈妈再去。

资料来源：作者根据互联网相关资料进行整理。

评述

从以上案例发现，市场调研对于营销管理来说其重要性犹如侦查之于军事指挥。不做系统客观的市场调研与预测，仅凭经验或不够完备的信息，就做出种种营销决策是非常危险的，也是十分落后的行为。商场如战场，战场上讲究知己知彼，百战不殆，企业营销策划若想做到有的放矢就必须事前调研，通过调研了解现在，预测未来是营销策划的起点，也是制定和实施企业战略，进行营销管理的基础。

本章首先对市场营销调研的概念、意义与作用进行了概述，其次介绍营销调研的内容与类型，最后讲解调研策划的基本步骤。

4.1 市场营销调研的角色

4.1.1 营销调研的概念

小链接 4-1

美国营销协会对营销调研的定义

营销调研起到了一种通过信息将消费者、顾客、公众和营销人员连接起来的职能。该信息用于识别和确定营销机会及问题，产生、提炼和评估营销活动，监督营销绩效，改进人们对营销过程的理解。营销调研明确了解决这些问题所需要的信息，设计收集信息的方法，管理并实施信息收集过程，分析结果，最后要探讨所得出的结论以及该结论具有的意义。

资料来源：美国市场营销协会。

从以上定义我们可以看到，营销调研以信息为媒介，把消费者、顾客、公众和营销人员联系到了一起。这些信息被用来辨别和定义市场上的机会、威胁和问题，也用来改进和评估营销活动并控制营销行为。

营销是一种过程，营销调研确定了解决问题所需要的信息，它包括搜集数据的方法，分析收集到的数据及数据所包含的信息，并对从数据当中发现的结论及暗含的意义进行调研，这些信息不仅包含了以往的经验、现实的环境分析，还有对将来可能出现情况的预测，这些信息可以帮助营销管理人员更好地进行决策，所以营销调研活动应该在营销的每一个阶段都得到利用。

1. 营销调研的定义

营销调研是指所有提供信息以指导营销决策的活动，即营销调研是任何收集信息的活动，以便指导关于目标市场、竞争战略、产品、价格、分销渠道或促销的战略性或操作性营销决策。

2. 营销调研的应用

为了更好地理解营销调研的概念，以下营销调研的案例，都描述了收集信息以指导营销决策的情形。

小案例 4-1

商业密探：帕科·昂得希尔

帕科·昂得希尔是著名的商业密探，他所在的公司叫恩维罗塞尔市场调查公司。他通常的做法是坐在商店的对面，悄悄观察来往的行人。而此时，在商店里他的属下正在努力工作，跟踪在商品架前徘徊的顾客。他们的目的是要找出商店生意好坏的原因，了解顾客走进商店以后如何行动，以及为什么许多顾客在对商品进行长时间挑选后还是失望地离开。通过他们的工作给许多商店提出了许多实际的改进措施。如一家主要是青少年光顾的音像商店，通过调查发现这家商店把磁带放置过高，孩子们往往拿不到。昂得希尔指出应把商品降低放置，结果销售量大大增加。再如一家叫伍尔沃思的公司发现商店的后半部分货架上的商品的销售额远远低于其他部分，昂得希尔通过观察和拍摄现场解开了这个谜：在销售高峰期，现金出纳机前顾客排着长长的队伍，一直延伸到商店的另一端，妨碍了顾客从商店的前面走到后面，针对这一情况，商店专门安排了结账区，结果使商店后半部分货架上的商品的销售额迅速增长。

楚汉大酒店的经营之道

楚汉大酒店坐落在南方某省会城市的繁华地段。这是一家投资几千万元的新建大酒店，开业初期生意很不景气。公司经理为了寻找症结，分别从该市的大中型企业、大专院校、机关团体、街道居民中邀请了 12 名代表参加座谈会，并亲自走访东、西、南、北四区的部分居民及外地旅游者，调查后发现，本酒店没有停车站，顾客来往很不方便；居民及游客对本酒店的知晓率很低，更谈不上满意度；本酒店与其他酒店相比，经营特色是什么，大部分居民不清楚。为此，酒店做出了修建停车场、在电视上做广告、开展公益及社区赞助活动、突出经营特色、开展多样化服务等决策。决策实施后，酒店的生意日渐红火。

年轻创业者

一个名叫雷切尔的年轻创业者正在考虑在一座大城市的商业区开一个酒吧，附近有一些大的写字楼。她的想法是在周末提供各种特制啤酒，再在现场邀请摇滚乐队。雷切尔认为这个主意能吸引该地区年轻的职业人。

作为对她这一主意进行调研的一部分，雷切尔参观了其他酒吧，试着与店主和管理人员谈论她的主意。一些人的意见对她很有帮助。他们认为根据她的酒吧位置，她成功的关键是“下班后”业务。他们认为特制啤酒将是吸引下班后的年轻职业人士的好主意，但乐队不能吸引足够的周末顾客以支付其额外的开支，有了这些信息，雷切尔把现场音乐从她的主意中去掉了。

资料来源：作者根据互联网相关资料进行整理。

营销调研不是指导如何做，而是为什么这样做。营销调研有各种形式，可以是正式的或是非正式的；一次性的或连续性的；由公司内部进行或从外部买入；联合起来为许多用户服务或只为某一用户专门设计。营销调研可以使用从调查访谈、小组讨论、临时会谈、销售记录、图书馆资料、互联网查寻或其他来源得到的数据。而营销调研的关键不是其独特的方法，而是集中于营销决策。

4.1.2　营销调研的意义与作用

小案例 4-2

中国人不喝冰红茶

一间宽大的单边镜访谈室里，桌子上摆满了没有标签的杯子，有几个被访问者逐一品尝着不知名的饮料，并且把口感描述出来写在面前的卡片上……这个场景发生在 1999 年，当时任北华饮业调研总监的刘强组织了 5 场这样的双盲口味测试，他想知道，公司试图推出的新口味饮料能不能被消费者认同。

此前调查显示：超过 60%的被访问者认为不能接受“凉茶”，他们认为中国人忌讳喝隔夜茶，冰茶更是不能被接受。刘强领导的调查小组认为，只有进行了实际的口味测试才能判别这种新产品的可行性。

等到拿到调查的结论，刘强的信心被彻底动摇了，被测试的消费者表现出对冰茶的抵抗，一致否定了装有冰茶的测试标本。新产品在调研中被否定。

直到 2000 年、2001 年，以旭日升为代表的冰茶在中国全面旺销，北华饮业再想迎头赶上为时已晚，一个明星产品就这样穿过详尽的市场调查与刘强擦肩而过。说起当年的教训，刘强还满是惋惜："我们举行口味测试的时候是在冬天，被访问者从寒冷的室外来到现场，没等取暖就进入测试，寒冷的状态、匆忙的进程都影响了访问者对味觉的反应。测试者对口感温和浓烈的口味表现出了更多的认同，而对清凉淡爽的冰茶则表示排斥。测试状态与实际消费状态的偏差让结果走向了反面"。

好在北华并没有从此怀疑调研本身的价值，"去年，我们成功组织了对饮料包装瓶的改革，通过测试，我们发现如果在塑料瓶装的外形上增加弧形的凹凸不仅可以改善瓶子的表面应力，增加硬度，更重要的是可以强化消费者对饮料功能性的心理认同"。

采访中，北京普瑞辛格调研公司副总经理邵志刚先生的话似乎道出了很多企业的心声："调研失败如同天气预报错误给渔民带来的灾难，无论多么惨痛，你总还是要在每次出海之前，听预报、观天气、看海水"。

资料来源：作者根据互联网相关资料进行整理。

1. 营销调研的意义

营销调研是企业营销决策的重要前提。而决策是企业营销活动最关键的工作，需要对企业内部条件和外部环境进行周密细致的调查、分析，才能拟定可行方案。因此营销调研信息是否全面、准确、及时，直接影响市场预测与营销决策的正确与否。

营销调研在下列情况下往往为企业决策者所重视：

第一，决策者需要寻找新的市场机会时。在做出把某一产品投入市场的决策之前，要了解哪些是消费者新的需要和偏好，哪些产品已进入其生命周期的尽头等。

第二，市场营销管理人员需要寻找某种问题的产生原因时。

第三，决策者在制定决策后必须在其实施过程中进行监测、评价和调整。许多情况下，市场营销调研就是针对决策是否有效而进行的，分析一项新的决策是否使市场营销活动向更为有利的方向发展。

第四，预测未来。调研为预测提供资料依据，预测的准确性很大程度上取决于市场营销调研的质量。营销调研与预测是密切联系又有区别的两个概念。

第五，提高营销效率。企业在通过互联网做品牌联播相关的网络营销时，需要在了解自己所在的行业发展行情，以及从企业自身的具体情况下出发，选择相对应的营销方式，这样更能提高营销效率。

2. 营销调研的作用

市场营销调研的重要作用主要体现在三个方面。

（1）有利于制定科学的营销规划

通过营销调研，分析市场，了解市场，才能根据市场需求及其变化，市场规模和竞争格局，消费者意见与购买行为以及营销环境的基本特征，科学的制定和调整企业营销规划。

（2）有利于优化营销组合

企业根据营销调研的结果，分析研究产品的生命周期，开发新产品，制定产品生命周期各阶段的营销策略组合。

（3）有利于开拓新的市场

通过市场调研，企业可以发现消费者尚未满足的需求，测量市场上现有产品及营销策略满足消费者需求的程度，从而不断开拓新的市场。

4.1.3　营销调研与策划方案的联系

在具体实践中，营销调研策划方案应以研究目的为核心，依靠专业市场营销调研模型，设计能切实满足研究目的的研究方案，而且关于营销调研的策划必须严格遵循客观、科学、系统、专业的原则。一个良好的营销策划所具备的特征如表 4-1 所示。

表 4-1　良好的营销策划所具备的特征

特征	内涵
方法科学	大胆假设、认真求证
具有创造性	善于利用公司内部资源与外部调研公司优势，不断进行方法创新
多方法验证	避免过分依赖一种方法，用 2～3 种数据搜集方法来确认调查结果的正确性
能正确处理研究模型与数据之间的关系	掌握从分析问题的模式中解析事实真相的方法，模型对信息收集的方法有指导意义
信息成本与信息价值相平衡	信息价值由研究目的的重要性、研究结果的可靠性与准确性，以及管理层对调研结果的接受程度来决定
良好的营销道德	不滥用营销调研结果而激怒消费者，不利用营销调研探测消费者意图而进行产品推销，或利用营销调研探测消费者隐私而达到销售目的

资料来源：范云峰. 营销调研策划[M]. 北京：机械工业出版社，2004。

4.2　市场营销调研的内容与类型

营销调研在企业的发展道路上越来越受重视，诸多企业将营销调研作为一个重要的环节，为企业提供准确、及时、有效的信息，帮助企业做好相关决策工作，制订营销策略、解决营销问题，以及提出与企业所面临的特定的营销状况有关的调查研究结果，对营销的决策有科学客观的认识，企业能够在发展中不断完善与超越自我。

4.2.1　营销调研的内容

营销调研的内容十分广泛。从广义上讲，凡是与企业营销活动有关的所有因素，都是营销调研的对象。但由于营销调研主要是围绕企业营销活动展开的调研，因而企业调研的内容由企业所面对的营销决策问题决定，其调研内容主要应包括以下几方面内容（如图 4-1 所示）。

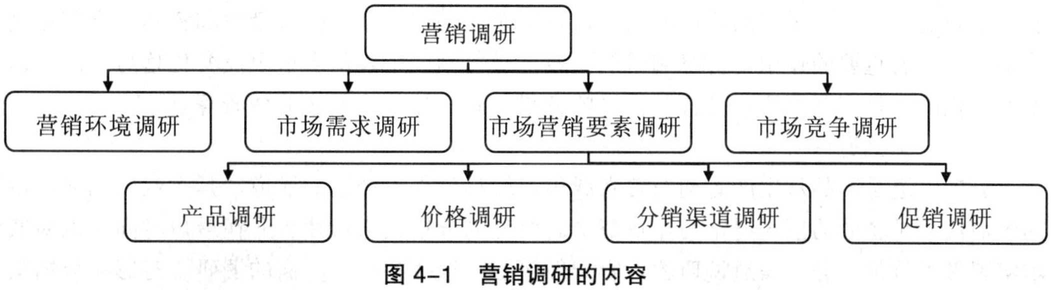

图 4-1　营销调研的内容

资料来源：邱红彬，杨汉东. 营销调研（2 版）[M]. 武汉：武汉大学出版社，2010。

1. 营销环境调研

任何企业的营销活动都是在一定的环境中进行的。那些与企业营销活动相关的外部因素和条件，对企业营销成败有着较大的影响力。因此，对环境的调研是企业营销活动管理的一项重要工作。一般来讲市场营销环境分为微观与宏观环境两部分。

（1）微观营销环境

微观营销环境是指与企业营销活动直接发生关系的组织与行为者的力量和因素，包括供应商、营销中介、顾客、公众、竞争对手、企业内部其他部门等。这些因素对企业具体的营销活动及其效果都会发生直接的影响，例如，某一企业的原材料供应商，突然减少对某一制造商的供应量，这势必直接影响该企业的销售总量。所以，微观营销环境又称为直接营销环境或企业作业环境。

（2）宏观营销环境

宏观营销环境是指影响企业营销活动的社会性力量和因素，包括人口、经济、政治法律、社会文化、自然物质和科学技术等。例如，人口的老龄化，为老年用品的生产提供了广阔的市场。为此，企业营销活动必须全面、准确地分析这些因素。由于这些力量和因素从宏观角度间接作用（以微观营销环境为媒介）于企业的营销活动，因此也可以把这些因素称为间接营销环境。

对环境因素的调研有助于企业认识、利用和适应营销环境因素。

2. 市场需求调研

现代市场营销观念的核心是以顾客需要为企业经营活动的中心。如新产品的开发，为了保证产品适合消费者需求，企业必须在生产前就通过市场调研，对消费者进行分析研究，根据市场需求，结合企业自身优势，确定企业的经营方向和产品构成，从而以此为依据组织产品的开发、研制，设计并生产出新产品。因此对市场需求的调研就成为营销调研的主要内容之一。

3. 市场营销要素调研

我们主要从产品、价格、分销渠道以及促销几方面的调研来分析市场营销要素：

（1）产品调研

企业营销活动的最终目的是通过生产适销对路的产品来满足消费者的需求。所以在产品生产之前就应对产品的市场适应性进行调研。产品调研的内容一般包括：对新产品的设计开发调研，对现有产品改进的调研，对产品销售前景预测的调研以及对产品售后服务的调研等。

（2）价格调研

企业定价策略是营销策略中较难确定的部分，定价对企业产品的销售以及企业的获利都有着重要的影响。注重产品价格的调研，对于企业制定正确的价格策略和科学、合理地确定营销价格有着重要的作用。价格调研的内容一般包括：市场供求情况及变化趋势调研，影响价格变化的各种因素调研，替代品价格的调研，新产品定价策略的调研等。

（3）分销渠道调研

分销渠道是产品从生产者向消费者或用户转移过程中经过的通道，是企业产品通向市场的生命线，是企业的巨大财富与无形资产。合理的分销渠道可使企业在最短时间，以最低成本实现最大价值。分销渠道调研的内容一般包括：选择各类中间商的调研，对影响分销渠道选择各个因素的调研等。

（4）促销调研

促销是营销者与购买者之间的信息沟通与传递活动，其目的是激发消费者的购买欲望，影响和促成消费者的购买行为，扩大产品的销售，增加企业的效益。促销调研就是对企业在产品（或服务）的促销过程中所采用的各种促销方法的有效性进行测试和评价。促销调研的内容一般包括促销手段的调研和促销策略的可行性调研等。

4. 市场竞争调研

市场经济充满了竞争，任何企业、任何产品在市场上都会遇到竞争。企业应充分了解竞争对手，采取相应的营销策略，才能在激烈的市场竞争中立于不败之地。市场竞争调研主要是调查竞争对手的有关情况，一般包括：竞争者方面的信息，如竞争者是谁，他们的生产经营能力如何，在市场上的地位怎样等；竞争者产品方面的信息，如产品的优势，市场份额，消费者对他们产品的认可程度，目前采取的营销策略以及对我方的影响等。

各个企业所处的市场情况不同，营销活动的出发点不同，因而要调研的问题也不同。企业应根据自身具体情况，有针对性地选择其营销调研内容，用最少的时间、费用、人力把调研工作做好。

4.2.2 营销调研的类型

市场调研根据不同的标准，有很多的分类，如按照调研所使用的分析方法分为定量调研与定性调研；而最常见的是根据调研目的与作用分为四种类型：探索性调研、描述性调研、因果性调研和预测性调研。

1. 探索性调研

探索性调研也称非正式或试探性调研，一般用于调研的开始阶段。如当管理者感觉到市场营销中存在问题，但对问题的性质或范围不甚明确时委托市场营销人员进行的调研，通常属于探索性调研。这种调研主要用于搜集初步资料，通常在以下几种情况下采用：第一，市场现象复杂，难以确认实质性的问题，为了确定调研的方向和重点通常运用探索性调研；第二，帮助企业寻找相关的新观念或新构思，并进一步确认这些设想和构思的可行性；第三，更精确地确定企业所面临的问题与相关影响因素。探索性调研多以定性调研为主。

2. 描述性调研

描述性调研是通过详细的调查和分析，对市场客观情况进行如实的记录和反映，其目的在于对某一专门问题提出答案，说明“是什么”，如回答诸如消费者要买什么，什么时间买，在哪买，怎么买之类的问题。由于描述性调研的目的是对客观状况进行描述，因此一定要客观公正，并且要有定量分析。

3. 因果性调研

因果性调研是调查一个变量是否引起或决定另一个变量的研究过程，其目的是识别变量之间的因果关系，也就是回答一些有关为什么的问题。描述性调研能告诉我们两个变量之间的某种关系，如广告花费与知名度、收入与销售额，但不能提供合适的证据来证明两个变量的关系。而因果性调研试图认定，当我们做一种事情时，另一种事情会接着发生，在探索性调研与描述性调研之后，进一步查清变量间的相互关系，说明“为什么”。例如，广告与销售量之间的因果关系。

4. 预测性调研

预测性调研是在收集了历史和现有数据的基础上，对未来可能出现的市场行情的变动趋势进行的调查，说明“将来会怎样”，预测市场变化的趋势。例如，社会老龄化与护理需求之间的关系。预测性调研是企业制订有效的营销计划和进行市场营销决策的前提，它在前述调研的基础上处理信息，可采用的研究方法较多，方式也较为灵活。

4.3 市场调研策划的步骤

营销调研策划是一个细致的工作过程，不仅对调研人员有着严格的标准要求，还要求有专业科学的工作程序以及严格的工作监督程序来搜集信息，保证调研工作的顺利进行，提高工作效率与质量，使调研结果准确可靠。一般情况下营销调研策划分以下六个阶段进行：确定问题和调研目标，制定详细调研方案，实施调研计划，分析调研信息，撰写调研报告，实施反馈追踪调查。

1. 确定问题和调研目标

市场营销调研策划的首要任务就是要明确需要解决的问题，并确定营销调研的目标。由于企业在生产经营过程中相对稳定，而目标市场却瞬息万变，因此，企业营销策略与市场需求往往存在一定差距，在营销过程中这种差距会逐渐显露出来，营销人员必须找出形成差距的原因以及解决差距的办法。也就是说，问题明确了，营销调研的目的也就确定了。而通常企业在正式调研之前都要进行一项非正式调研，即一种小规模的调研，又称探索性调研，其目的是确切地掌握问题的性质和更好地了解问题的背景环境，并使调研目标必须尽可能准确、具体并切实可行。

例如，某企业近年来销售量大幅度下降，此时确定的目标可能是“发现引起企业销售量下降的原因”。但如果企业知道销售量下降的原因是由于竞争对手产品的大幅度降价造成的，在这种情况下，研究的目标就不是寻找原因，而是“寻找解决这一问题的对策”。可见，研究目标往往是以研究问题的形式出现的，它表明市场调研主要是为了解决实际问题或预测未来发展的。

小案例 4-3

某制鞋厂生产了一种海蓝色涤纶坡跟鞋，在本地很受欢迎，鞋厂根据市场反应给外地一家大型鞋帽商场发货 5000 双，时隔不久，商场来电要求退货。厂家很快派人赶赴这一城市，经初步调查发现，生产地与这一消费地风俗习惯不同，这种颜色在该城市被认为不太吉祥，因此，鞋上市后几乎无人问津。

制鞋厂于是决定召回海蓝色的鞋，并委托调查公司对该市鞋类消费市场进行调查。假如你是调查公司的一员，你将如何确定调查目标？调查目标的大致内容有哪些？

资料来源：作者根据互联网相关资料进行整理。

2. 制定详细调研方案

营销调研策划的第二个阶段是要制定一个详细的调研方案，能够科学有效地收集所需要信息的计划方案。一般来讲，调研方案的设计是指为实现调研目标而制定的调研计划书，是调研项目实施的行动纲领。一份完整的调研方案通常包括以下几方面的内容：确定资料来源、选择调研方法、确定抽样方案、确定执行方式和确定调研费用。

（1）确定资料来源

在市场调研工作中，资料收集有两种基本方法：一手资料法和二手资料法。一手资料也称原始资料，指专门为本次调查目的而直接从调查对象处搜集的信息资料，信息准确但费用昂贵；二手资料是指各种可以利用的现成资料。在营销调研策划中，调研人员通常从二手资料开始进行信息收集工作，并判断是否能全部或部分解决问题，但由于二手资料往往是过时的，或为其他目的收集整理的，因而很难直接满足企业为特定目的进行的调研策划的需要，所以直接收集和掌握一手资料仍是十分必要的。

（2）选择调研方法

调研方法是指取得资料的方法。它包括在什么地点，找什么人，用什么方法进行调研。确定用什么方法进行调查，主要应从调查的具体条件出发，以有利于搜集到符合需要的第一手原始资料为原则。营销调研的方法主要有观察法、小组深度访问法、询问法和实验法。每类方法适用面不同，究竟采用哪种方法或方法组合，要依据调研的目的、性质以及调研经费的多少而定。

（3）确定抽样方案

从事调研过程中，决定数据收集的科学性基础是抽样。抽样方案就是根据调研的目的确定抽样单位、样本数量以及抽样方法。在企业营销调研项目中，由于各方面因素的影响，绝大多数情况下不会采用普查的方式，只能采用通过抽样推出总体的方式，这就要求抽样方案科学有效，抽出的样本相对于抽样总体而言具有代表性。

（4）确定执行方式

抽样方案确定后，调研者必须确定要采用的执行方式，即与被调查对象接触的方法。如面对面访谈，邮寄调研问卷，电话访问，在线访问等。究竟采用哪种方式或组合，应根据调研的实际情况和客观要求来决定。

（5）确定调研费用

每次进行营销调研活动都需要一定的费用。因此，在制订调研计划时应编制营销调研费用预算，合理评估调研的各项开支。力求在有限的调研费用约束下取得最好的调研效果。

3. 实施调研计划

调研实施是调查方案的具体实施过程。调查费用的很大一部分将花在这个阶段。调查结果的准确与否，进而预测的准确与否，很大程度上取决于这一阶段的工作质量。在这一阶段，调查工作的组织者需要对每一位调查人员严格要求，尽量使整个实施过程在严密的控制之下，努力杜绝虚假数据。

4. 分析调研信息

分析调研信息，此阶段就是对所采集的数据进行加工处理，形成系统化、规范化、符合客观规律的资料。通常会涉及问卷检查，信息分类，数据录入，对数据进行分析，通过制表与制图呈现调研分析结果等方面。

5. 撰写调研报告

调研报告是调查结束后的书面成果汇报，提出结论性意见及建议。调研报告通常包括三种形式：数据报告、分析报告、咨询报告。调研报告通常包括三个方面内容：前言、主体、附件。

6. 实施反馈追踪调查

为了更好地履行调研工作的职责，调研人员应持续关注市场变化情况，根据调研，不断提高调研水平。

本章小结

营销调研是任何收集信息的活动，以便指导关于目标市场、竞争战略、产品、价格、分销渠道或促销的战略性或操作性营销决策。营销调研不是指导如何做，而是为什么这样做。

市场营销调研的重要作用主要体现在：有利于制定科学的营销规划；有利于优化营销组合；有利于开拓新的市场。

营销调研的内容包括四方面：营销环境调研、市场需求调研、市场营销要素调研、市场竞争调研。而最常见的调研类型是根据调研目的与作用分为四种类型：探索性调研、描述性调研、因果性调研和预测性调研。

市场调研策划的步骤分为六个阶段：第一阶段：确定问题和调研目标；第二阶段：制定详细调研方案；第三阶段：实施调研计划；第四阶段：分析调研信息；第五阶段：撰写调研报告；第六阶段：实施反馈追踪调查。

能力培养指导

1. 要求市场调查分析人员在技术上能独立进行调查方案设计、问卷设计和抽样设计；并能对收集的调查资料进行准确的数据处理并进行分析；还要能撰写较高质量的调查分析报告。

2. 试针对目前大学生网络消费现状设计一份调研问卷进行市场调研，撰写市场调研报告。

复习题

1. 市场调研的意义与作用是什么？
2. 营销调研的类型有哪些？
3. 试述市场调研的步骤。

案例应用 1

新可口可乐跌入调研陷阱

曾有这样一个美国式的幽默，假若你在酒吧向侍者要杯可乐，十次他会有九次给你端出可口可乐，还有一次呢？对不起，可口可乐卖完了。可口可乐的魅力由此可见一斑。在美国人眼里，可口可乐就是传统美国精神的象征。但就是这样一个大品牌，在20世纪80年代中期却出现了一次几乎致命的失误。

20世纪70年代中期以前，可口可乐一直是美国饮料市场的霸主，市场占有率一度达到80%。然而，20世纪70年代中后期，它的老对手百事可乐迅速崛起，1975年，可口可乐的市场份额仅比百事可乐多7%；9年后，这个差距更缩小到3%，微乎其微。

百事可乐的营销策略是：(1) 针对饮料市场的最大消费群体——年轻人，以“百事新一代”为主题推出一系列青春、时尚、激情的广告，让百事可乐成为“年轻人的可乐”；(2) 进行口味对比。请毫不知情的消费者分别品尝没有贴任何标志的可口可乐与百事可乐，同时百事可乐公司将这一对比实况进行现场直播。结果是，有八成的消费者回答百事可乐的口感优于可口可乐，此举马上使百事可乐的销量激增。

对手的步步紧逼让可口可乐感到了极大的威胁，它试图尽快摆脱这种尴尬的境地。1982 年，为找出可口可乐衰退的真正原因，可口可乐决定在全国 10 个主要城市进行一次深入的消费者调查。

可口可乐设计了"你认为可口可乐的口味如何？""你想试一试新饮料吗？""可口可乐的口味变得更柔和一些，您是否满意？"等问题，希望了解消费者对可口可乐口味的评价并征询对新可乐口味的意见。调查结果显示，大多数消费者愿意尝试新口味可乐。

可口可乐的决策层以此为依据，决定结束可口可乐传统配方的历史使命，同时开发新口味可乐。没过多久，比老可乐口感更柔和、口味更甜的新可口可乐样品便出现在世人面前。为确保万无一失，在新可口可乐正式推向市场之前，可口可乐公司又花费数百万美元在 13 个城市中进行了口味测试，邀请了近 20 万人品尝无标签的新／老可口可乐。结果让决策者们更加放心，六成的消费者回答说新可口可乐味道比老可口可乐要好，认为新可口可乐味道胜过百事可乐的也超过半数。至此，推出新可乐似乎是顺理成章的事了。

可口可乐不惜血本协助瓶装商改造了生产线，而且，为配合新可乐上市，可口可乐还进行了大量的广告宣传。1985 年 4 月，可口可乐在纽约举办了一次盛大的新闻发布会，邀请 200 多家新闻媒体参加，依靠传媒的巨大影响力，新可乐一举成名。

看起来一切顺利，刚上市一段时间，有一半以上的美国人品尝了新可乐。但让可口可乐的决策者们始料未及的是，噩梦正向他们逼近——很快，越来越多的老可口可乐的忠实消费者开始抵制新可乐。对于这些消费者来说，传统配方的可口可乐意味着一种传统的美国精神，放弃传统配方就等于背叛美国精神，"只有老可口可乐才是真正的可乐"。有的顾客甚至扬言将再也不买可口可乐。每天，可口可乐公司都会收到来自愤怒的消费者的成袋信件和上千个批评电话。尽管可口可乐竭尽全力平息消费者的不满，但他们的愤怒情绪犹如火山爆发般难以控制。

迫于巨大的压力，决策者们不得不做出让步，在保留新可乐生产线的同时，再次启用近 100 年历史的传统配方，生产让美国人视为骄傲的"老可口可乐"。

仅仅 3 个月的时间，可口可乐的新可乐计划就以失败告终。

资料来源：作者根据互联网相关资料进行整理。

【讨论题】

1. 可口可乐做了哪些市场调研？
2. 本案例中的可口可乐市场预测是否准确？
3. 新可口可乐为何在花费了大量时间和金钱后依旧失败？其原因是什么？
4. 在市场调研策划中，本案例给你什么启示？

案例应用 2

市场调研与预测助力太子奶

2002 年底，位于北京市密云工业开发区的"太子"童装生产基地开始试产首批童装。引人关注的是，投资方不是什么服装企业，却是国内最大的乳酸菌企业湖南太子奶集团。无独有偶，国内的饮料巨头们均不甘寂寞，纷纷上演“串行”戏：娃哈哈卖上了方便面，统一进军白酒市场，如今太子奶集团又做起了童装。据了解，如此大规模、行业性的“串行”在饮料行业还是第一次。其实早在几年前，就有饮料巨头“百事可乐”大胆跨入运动服饰行业成功“串行”的先例。但像目前这样几家企业先后行动，却极为少见：先是“娃哈哈”紧锣密鼓地为设在河南的方便面厂招兵买马，然后是“统一”企业上月与吉林白酒集团签约进军白酒市场，到现在湖南太子奶集团在京投资数亿元建成“太子”童装生产基地。这种“串行”现象，是与市场调查和预测分不开的。

经过周密的市场调查和预测，太子奶集团发现童装市场需求大，前景看好，于是做出了大胆的跨行经营举动。据有关部门统计，我国目前16岁以下的少年儿童约有3.2亿，占全国人口的27%，国内儿童服装生产企业共有4000多家，年生产儿童服装6亿多件，而真正叫得响的儿童品牌服装也只有200家左右，整个儿童服装市场从数量到品质远远不能满足市场的需求。据悉，新落成的“太子”童装公司占地213331多平方米，投资数亿元，拥有数万平方米的现代化标准厂房和宽大的智能物流中心，世界先进的全智能电脑制衣生产线，独家从日本、法国进口符合当今国际流行色彩和环保要求的面料，据说每季可以推出至少200个以上流行款式。

资料来源：作者根据互联网相关资料进行整理。

【讨论题】

市场调查和预测对太子奶公司的作用表现在哪些方面？

附：市场营销调研策划书范文

目录

一、概要
二、背景
（一）宏观环境
（二）微观环境
三、研究问题及研究目的
（一）研究问题
（二）研究目的
四、研究方法
（一）主要方法
（二）补充方法一
（三）补充方法二
（四）说明
五、调研设计
（一）抽样方案
（二）问卷设计
六、现场工作以及资料收集
（一）人员构成及安排
（二）质量控制与复核

（三）资料收集

七、资料分析、数据录入与处理

（一）资料分析

（二）数据录入与处理

八、调研报告

（一）报告形式

（二）报告内容

九、费用和时间

（一）费用预算

（二）时间安排

十、附录

附录1：对老年人发放的问卷

附录2：对中青年人发放的问卷

正文

一、概要

本策划通过对企业宏微观环境的了解和分析，确定此次调研的问题和目的；然后根据企业的自身情况和目标市场的特点，选择合适的调研方法，制定详细的调研设计方案，确定相关资料分析方法；最后通过调研方案的实施和对数据信息的分析，得出调研报告，为企业决策提供参考和依据。

二、背景

随着市场经济的发展和我国人口老龄化进程的加快，老年人的健康和休闲娱乐问题受到越来越多的关注。在此背景下，老年人玩具应运而生并表现出极大的市场潜力。然而，相较于国外发达国家，国内老年人专用玩具的品种和数量匮乏，专门生产经营老年玩具的企业少之又少，存在着巨大的市场空白。同时，传统观念的束缚使得人们认为玩具是孩子的专利，这也使得公众对老年人玩具缺乏认知。因此，为了解人们对老年人玩具的认知状况，初步估计本公司产品在西安市场的市场前景，制定了福安康公司老年玩具西安市场调研方案。

（一）宏观环境

1. 人口环境

据2009年西安统计局的统计公报显示：2009年西安市总人口为843.46万，其中60岁以上老龄人口就占到全市总人口的14.83%，总量约为125万。西安正在快步走向重度老龄化社会。

2. 经济环境

西安市2010年生产总值达3241亿元人民币，人均GDP突破5000美元，居民消费进入“享受型”阶段，而老年人总收入约70亿元人民币，具有强劲的购买力。

3. 政策环境

1996年我国颁布的《中华人民共和国老年人权益保障法》中明确规定，国家鼓励、扶持社会组织或个人兴办老年用品、老年福利院等老龄产业。近几年，我国的社会保障制度正在逐步完善，现代化养老、医疗制度初步形成，养老金的数额逐年攀升，老年人的后顾之忧正慢慢消除，消费能力逐步释放。

4. 社会环境

(1) 随着我国计划生育国策的深入开展及第一代独生子女的独立，"空巢家庭"成为一种普遍的社会现象。这促成了独居老年人对于老年玩具的客观需求。

(2) 西安市人口老龄化程度已接近北京、上海等一线城市，对老年用品的消费需求急剧增长。

(二) 微观环境

1. 企业状况

西安市福安康公司隶属于山东省东营市大展工贸有限责任公司，是该公司与新加坡宏达国际集团合作成立的老年人用品生产企业，是宏大集团在中国大陆唯一指定合作伙伴。

2. 产品状况

福安康经营品种有六大类、十二大系列，共计一千余种产品，涵盖了老年人及残疾人保健护理、治疗、健身和娱乐休闲的各个方面，目前主要向市场推出休闲锻炼类（如陀螺、乾坤球、太极扇、太极剑、空竹、太极球等）和益智类（如华容道、九连环、孔明锁等）共两大类老年玩具产品，以满足目标顾客群锻炼身体和益智娱乐的不同需求。

3. 竞争者

目前国内老年玩具市场存在很大的空白，仅有少数玩具企业涉及老年玩具产品，且尚未形成产业规模。国外老年玩具市场的发展领先国内 30 年以上，并形成了较为成熟的产业链和产品体系。因此国外品牌企业的进入会给本企业带来更大的竞争风险。目前，国内主要竞争者有：武汉优智玩具有限公司、石家庄好玩具健身用品有限公司、济南天天笑科技有限公司。

福安康公司的竞争优势如下：

(1) 种类齐全、质量过硬。

(2) 具备稳定、广泛而多元的销售渠道。

(3) 具有专业的产品研发团队和稳定的货源。

三、研究问题及研究目的

(一) 研究问题

由于福安康公司首次进入西北地区市场，西安市场又是西北市场的桥头堡，因此本次针对西安市场的调研方案将全面调查西安市场潜在消费者的现状，为企业进入西安市场的营销活动提供参考。

(二) 研究目的

(1) 西安老年玩具市场总量测算与分区总量测算。

(2) 目标消费群对老年玩具了解程度的现状和原因的分析。

(3) 目标消费群体消费行为研究。

(4) 西安市老年玩具品牌占有率的分析。

(5) 目标消费市场趋势预测。

四、研究方法

(一) 主要方法

本次调研主要运用分段系统随机抽样，在整个西安市范围内对居民进行全面抽样，保证随机原则。主要采用入户面访的方式进行。

（二）补充方法一

本次调研补充采用非随机抽样中的便利抽样与配额抽样。以前往目标消费群较多的广场或活动中心进行抽样和对各个不同职业单位的聚居点进行抽样相结合的方式进行。

（三）补充方法二

本次调研补充采用二手资料的收集分析方法，查阅文献资料了解基本情况。

（四）说明

条件允许的地区可以主要采用第一种研究方法，条件较差的地区可以较多采用第二、三种方法，增强方案的可操作性。本策划只写出第一种方法的实施步骤。

五、调研设计

（一）抽样方案

1. 调查总体

本研究的调查主体为所有 20 岁以上在西安居住，包括有正式户籍的人口和外来流动及外来常住人口等在内的所有老年玩具的消费者。具体分为 20 岁至 50 岁的中青年人群消费者和 50 岁以上的中老年人群消费者。

2. 抽样方法

（1）本研究主要采用分段系统随机抽样法抽取样本，此处只列出中青年人的抽样方法。抽样框为市区（县）—居（村）委会—家庭（人）三阶段。三阶段的抽样框为（以下数据为假设数据）：

①9 区 1 县至 180 个乡、镇、街道的抽样清单（抽出 36 个街道）。

②36 个街道至 360 个居（村）委会的抽样清单（抽出 180 个居委会）。

③180 个居（村）委会到户的抽样清单（抽出 3600 户，每户得到一份问卷）。

（2）除用以上方式抽取样本以外，再补充从不同的城市分区的街头和工作场所进行的定点补充抽样调查。

3. 样本大小

根据极限成数抽样误差为 5%，置信度为 95%，计算可得样本容量为 400 人。根据西安市老年人与中青年人的比例大约为 1:9，设定样本大小为中青年人 3600 人，老年人 400 人。

（二）问卷设计

1. 问卷类型

根据目标消费群体（主要消费群体和辅助消费群体）的实际情况，此次调研的问卷包括对中青年人发放的问卷和对老年人发放的问卷两种类型，其中对中青年人发放的问卷采取自填式，对老年人发放的问卷以面访代填式为主。

2. 设计原则

（1）内容简洁明了，逻辑清晰。针对中青年人的问卷要言简意赅，针对老年人的问卷要通俗易懂，问卷内容不宜过多。

（2）便于回答。由于入户（针对中青年人）或在广场（针对老人）面访调查，不宜耽误他人过多时间而影响到受访者的生活、休息，因此问卷以封闭式的选择题为主。

（3）目的性明确。问卷的问题应该覆盖本次调研的 5 个研究目标，从而保证问卷信息的有效性。

3. 问卷结构

（1）标题；（2）说明；（3）主体；（4）编码；（5）被访者项目；（6）调查者项目；（7）

结束语。

六、现场工作以及资料收集

（一）人员构成及安排

1. 项目人员构成及安排

此次调研工作将公司各相关部门联合起来成立专门的项目组，并细分为技术、组织和监督三个小组，具体人员构成与工作安排如下。

（1）技术小组：5 人，人员来自于市场部，负责调研问卷的设计与修改、资料收集及最终的数据处理和制定调研报告等工作。

（2）组织小组：7 人，人员来自于人力资源部（5 人）和后勤部门（2 人），负责调研人员的招聘、培训、调研工作的组织开展和后勤保障。

（3）监督小组：5 人，1 人来自于技术小组，1 人来自于组织小组，2 人来自于行政部门，另 1 人为决策者，负责对整个项目的工作开展进行随时随地的监督检查。

2. 调研人员安排

本次调研共有调查员 94 名，其中 24 人来自于公司市场部和销售部门的一线员工，70 人由人力资源部门从市场临时招聘。具体人员及其工作安排如下。

（1）4 名调查员以老年人为调研对象，负责向西安市三个社区广场和两个敬老院发放 400 份调查问卷，每个广场发放问卷 100 份，每个敬老院发放问卷 50 份；每个广场分配调查员 1 名，两个敬老院共分配调查员 1 名。

（2）90 名调查员以社区家庭的中青年人为调研对象，采取随机入户面访的方式，负责向 36 个街道的 180 个居委会的 3600 户家庭发放 3600 份调查问卷；每两个居委会分配调查员 1 名，按就近原则分配。

（二）质量控制与复核

（1）本次访问复核率为 30%，其中 15%电话复核，15%实地复核。复核工作由市场部组织人员进行。

（2）实行一票否决权，即发现访问员一份问卷作弊，该访问员的所有问卷作废。

（3）为确保科学高效地完成调研工作，我们将成立专门的项目监督小组进行监督。

（三）资料收集

调研所需的相关参考资料和既有研究成果由项目技术小组人员负责整理收集，收集方向和范围为：研究老年人消费行为与心理的相关文献、专业市场调研机构针对老年人市场的具有参考意义的调研报告、专业机构的统计资料、西安市人口统计资料等。

七、资料分析、数据录入与处理

（一）资料分析

（1）通过对抽样个体中各个购买意愿程度的人所占抽样总体人数比例的测算，得出西安老年玩具市场的总量测算与分区总量测算。

（2）通过对抽样个体中对老年玩具各个了解程度的人所占抽样总体比例的测算，得出西安市场对老年玩具的整体了解程度的测算。

（3）通过对抽样个体中不了解老年玩具的人其各个不了解的原因所占总体不了解原因的比例的测算，得出对西安市场中不了解老年玩具的这种现象产生原因的分析。

（4）通过对抽样个体消费者行为中个体的各个偏好特点占总体各个偏好方面所有可能偏

好点的比例的测算，得出对潜在消费者在消费动机、产品类型、产品特点、消费时间、消费频率、消费渠道、消费价格、售后服务等方面偏好的测算和分析。

（5）通过对抽样个体对品牌的排序量表的测算，得出各个老年玩具品牌在西安市场占有率的分析。

（6）通过对以上定性和定量调研分析的总体分析，得出对西安老年玩具市场发展趋势的预测。

（二）数据录入与处理

参与此项目的所有数据录入及编码人员将参与问卷的制作与调查培训，在录入过程中需抽取 10%的样本处理采取录入复核，以保证录入质量。数据处理采用 SPSS 软件进行。

八、调研报告

调研报告主要采取书面报告和口头讲解的形式。书面报告将使用专业统计软件对调研问卷中的每一个问题进行统计、分析，根据统计分析结论提出相应的决策建议，以便为企业前期的市场准备和科学决策提供参考。

（一）报告形式

书面报告结构包括：封面、目录、概要、调研目的、调研过程、结论和建议、附录。其中结论和建议是报告的核心部分。

（二）报告内容

（1）通过对西安市老年玩具市场的总量测算与分区总量测算，提出对公司生产量与区域预计销售量的建议。

（2）通过对西安市场对老年玩具的整体了解程度的测算，提出对营销宣传活动的强度和分布的建议。

（3）通过对西安市场中不了解老年玩具的这种现象产生原因的分析，提出对营销宣传活动内容和方式的建议。

（4）通过对潜在消费者在消费动机、产品类型、产品特点、消费时间、消费频率、消费渠道、消费价格、售后服务等方面偏好的测算和分析，针对产品设计、渠道设计、价格设计、网点分布和售后服务等方面提出建议。

（5）通过对各个老年玩具品牌在西安市场占有率的分析，对公司的竞争者策略提出建议。

（6）通过对西安老年玩具市场发展趋势的分析，对公司进驻西安市场提出总体的建议。

九、费用和时间

（一）费用预算

本次调研的费用预算主要用于调研人员培训和调研活动开展两方面。具体费用安排如下：

项目	细项	费用（元）	时间（天）	参与人数	合计（元）
问卷设计及印刷	问卷设计	400	6	6	800
	问卷印刷	4000*0.1			
人员培训	场地及组织	400/天	3	96	1200
人员费用	工资	60/人/天	7	94	49350
	交通补贴	5/人/天			
	伙食	10/人/天			
数据处理	项目补贴	200/人	3	6	600
杂项	项目备用	2000	—	—	2000
总计（元）	—	—	—	—	53950

（二）时间安排

项目	时间	人员部门	内容
调研问卷的设计、修改	2012/07/05—2012/07/10	市场部	调研问卷的设计及试调研后的问卷修改
人员培训及前期准备	2012/07/12—2012/07/14	人力资源部 后勤部门	调研人员的培训 调研问卷的印刷 监督人员的选拔
调研工作开展	2012/07/15—2012/07/21	市场部和销售部 对外临时招聘 项目监督小组	调研人员按事先安排在各自调研区域开展调研工作；监督小组随机抽检
数据统计与调研报告	2012/07/24—2012/07/26	市场部	对调研问卷进行统计分析，得出调研报告

十、附录

附录 1：对老年人发放的问卷

西安市老年玩具市场状况调研问卷

编码：

您好 !我们是福安康公司的市场调研人员，为给公司生产和销售有益于老年人身心健康的玩具产品提供帮助，正在对西安市老年玩具的市场进行调研，需要您的帮助，您的建议对我们非常重要。此项活动采用匿名方式，不会给您的生活造成任何的影响，敬请放心。谢谢您的帮助，祝您阖家欢乐，幸福安康！

基本信息

1. 您的年龄？

□50～60 岁　□60～70 岁　□70 岁以上

2. 您的性别？

□男　□女

问卷内容

1. 请问您了解老年玩具吗？

□非常了解　□比较了解　□一般了解　□了解不多　□根本不了解

2. 请问您是通过什么途径了解到老年玩具的？（可多选）

□孩子们给买的　□从朋友那里了解的　□老年活动中心

□社区广场　□电视、广播　□其他

3. 请问您愿意购买老年玩具吗？

□非常愿意　□比较愿意　□一般　□不太愿意　□不愿意

4. 请问您购买老年玩具的频率是？

□一月一次或几次　□几月一次　□一年一次　□几年一次

5. 请问您会在哪里购买老年玩具？

□超市　□专卖店　□大百货商场

□老年活动中心和社区的团购　□其他

6. 请问您对哪些老年人娱乐玩具感兴趣?（可多选）

□陀螺　□舞蹈扇　□功夫扇

□纸牌　□乾坤球　□麻将　□其他

7. 您更喜欢哪种老年玩具？

□休闲娱乐类　□益智类　□锻炼类

8. 如果您购买老年人玩具，以下何种价位您能接受？

□ 0～50 元　□50～100 元　□100～200 元　□200 元以上

9. 您希望厂家为您提供什么服务？（可多选）

□送货上门　□使用讲解　□优惠活动通知　□其他

10. 请根据您对下列因素的认识填表（在框内打“√”）

属性	非常重要	比较重要	一般	不怎么重要	不重要
价格					
耐用性					
重量、体积					
美观					
使用方便性					
售后服务					

11. 您对我们工作的意见和建议。

谢谢您的参与！

调研人员：____________　填表日期：____________

附录 2：对中青年人发放的问卷

西安市老年玩具市场状况调研问卷

编码：

您好！我们是福安康公司的市场调研人员，为给公司生产和销售有益于老年人身心健康的玩具产品提供帮助，正在对西安市老年玩具的市场进行调研，需要您的帮助，您的建议对我们非常重要。此项活动采用匿名方式，不会给你的生活造成任何的影响，敬请放心。谢谢

您的帮助，祝您阖家欢乐，幸福安康！

基本信息

1. 您的年龄？

□20～35 岁　□35～50 岁

2. 您家中或亲友中是否有老人？

□是　□否

问卷内容

1. 请问您了解老年玩具吗？

□非常了解（跳过问题 2）　□比较了解（跳过问题 2）

□不太了解（跳过问题 3）　□根本不了解（跳过问题 3）

2. 请问您是通过什么途径了解到老年玩具的？（可多选）

□老年亲友　□朋友介绍　□电视广告

□网络广告　□报纸杂志　□其他

3. 请问您愿意购买老年玩具吗？

□非常愿意（跳过问题 4）　□比较愿意（跳过问题 4）　□一般

□不怎么愿意（跳过问题 9）　□不愿意（跳过问题 9）

4. 您购买老年玩具的原因是？（可多选）

□老人喜欢、要求的　□自己认为老人喜欢，主动买的

□被广告宣传所打动　□被朋友的推荐所打动

5. 您愿意为老人购买哪种类型的老年人玩具？

□休闲娱乐类　□益智类　□锻炼类

6. 您愿意在以下哪种时间选择购买老年玩具产品？

□日常看望父母时　□重要节日时

□探望住院的老年亲友时　□其他

7. 请问您购买老年玩具的频率是？

□一月一次或几次　□几月一次

□一年一次　□几年一次

8. 请问您更喜欢通过哪种途径购买老年玩具？

□超市、百货商场货架陈列　□专卖店人员讲解推销

□网购　□相关展销会

□销售人员上门推销

9. 您希望老年玩具生产厂商为您提供怎样的便利服务？

□送货上门　□使用讲解

□优惠活动通知　□其他

10. 您不愿意购买老年玩具的原因可能是？（可多选）

□对产品很陌生，无购买意向　□没有找到购买渠道

□对产品质量、使用方法不了解　□价格太高

□商家服务质量不好　　　　　　□其他

11. 请您将 100 点在下列属性中进行分配，这 100 个点代表了每个属性的相对重要性（点数越多表示您认为属性越重要）。

价格	
品牌	
美观	
耐用性	
重量、体积	
使用方便性	
售后服务	
总分	100

12. 请根据您的认识，对以下品牌进行排序（1 为最好，2 为次之，依次类推）。

福安康	
济南天天笑	
武汉优智	
石家庄好玩具	

13. 您对我们本次调研工作的意见和建议。

谢谢您的参与！

调研人员：__________　　　　填表日期：__________

第 5 章　营销策划程序与文案

学习目标

1. 掌握营销策划的程序
2. 掌握营销策划书的构成要素，了解营销策划书的注意事项
3. 了解营销策划书的准备工作，掌握营销策划方案演示流程与技巧，了解方案演示阶段的注意事项

营销策划书在实践中的重要性

现在商业机构面临的竞争压力远大于几十年前，尤其是在互联网时代，科技日新月异，信息沟通迅速。很多企业开始意识到要不断进步，否则就会被瞬间淹没在众多竞争对手的马蹄下。同时企业也加强了对员工各种营销技能的培训，然而无论多少技巧、多少应用，都离不开一个最基础的部分——文案。一篇好的营销策划书可以指引工作方向和进程，可以让读者脑中勾勒出一个清晰的行为框架。生活中也有太多的例子，策划者有着无与伦比的构思和创意，却由于策划书的模糊不清使阅读者无法掌握重点，而丧失了绝好的机会。

资料来源：作者根据互联网相关资料进行整理。

评述

营销策划对于企业营销管理者来说极为重要。通过营销策划过程，营销管理者可以系统地整理自己的想法，科学地选择营销方法和步骤。所以如何让营销管理者系统地分析和考虑组织的整个营销过程，是企业营销策划的一个重要作用。

本章首先对营销策划程序以及重点内容做一个介绍，其次对营销策划文案也就是营销策划书的相关内容进行阐述，最后我们把营销策划方案演示也单独提出来是因为在很多方案汇报中，专业的方案展示才能为一份好的营销策划方案锦上添花。

5.1　营销策划的程序

小链接 5-1

汽车销售企业营销策划的程序

汽车营销策划是汽车销售企业对将来要发生的营销行为进行的超前决策。汽车销售企业通过对其内外部环境进行分析，了解自身的优势与劣势，准确掌握市场和消费者需求信息，在有效运用汽车销售企业各种资源的基础上，对企业营销活动的目标、战略、策略以及具体

实施方案进行设计和计划，这就是汽车销售企业营销策划的过程。

（1）汽车市场营销现状调查——汽车市场营销现状调查就是针对现有汽车市场情况和竞争对手情况进行的调查，是制订汽车营销方案时非常重要的一环。调查的准确与否，将直接影响营销策划的成败，所以不能急于求成，应将其做细做好。

（2）SWOT 分析——将前边所收集到的所有基础数据进行分析，同时对数据分析进行总结，并且提供确实有效而且规范的文本和图表资料，通过这些资料，分析企业和市场的关系，把信息绘制到 SWOT 表格内，生成出的图表则详细罗列出下一步该做些什么，具有明确的指导作用。

（3）营销战略——通过市场调查与 SWOT 分析，汽车销售企业基本上可以确定自己的营销战略，其中最重要的是市场定位，围绕着这一定位，汽销企业才能制订行动方案，开展一系列的营销活动。

（4）营销组合策略——汽车销售企业确定了营销战略后，就应该根据营销要素与目标消费者的关系，制定具体的营销组合策略。由战略思想的递进生成的营销组合系统的策略思想，不仅涵盖了未来营销方案中所出现的种种问题，也通盘体现出汽车销售企业现有的情况，更好地帮助汽车销售企业找到营销侧重点。

（5）行动方案——营销组合策略确定后，还必须制订出具体的行动方案。比如：新车型上市方案、全年广告计划方案、销售渠道的建设方案、促销方案、公关活动方案等，根据汽车销售企业自身发展目标具体制订。

（6）预算——预算也是汽车营销方案中重要的部分，除了人们日常所理解的资金预算（媒体宣传、市场开发、人员工资及奖励、差旅费用等）外，还应该包括完成这个营销方案所需的人员数量的预算。

（7）执行评估——在一切都完成了以后，为了随时监测方案运作的进展，还要做出进展评估标准，建立评估体系以及反馈改进制度。

资料来源：作者根据互联网相关资料进行整理。

不同的策划者在进行营销策划时都有自己的方法，通常来讲，针对策划对象和策划要求的不同，策划的侧重点也各不相同。本节从营销策划的活动过程出发，介绍营销策划的一般方法和步骤。

企业营销策划程序可按图 5-1 所示分为七大环节。

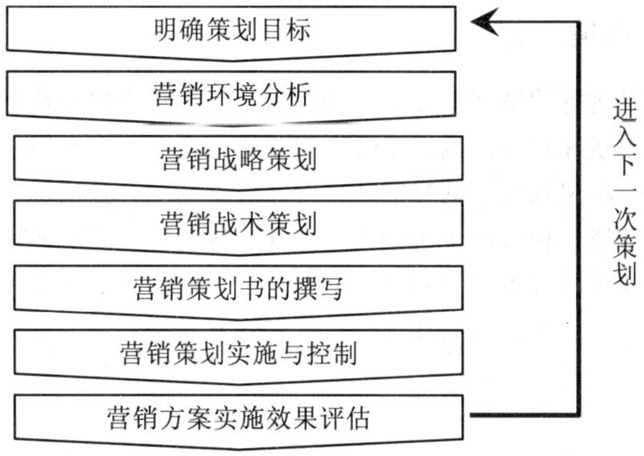

图 5-1 企业营销策划程序

5.1.1 明确策划目标

营销策划目标就是营销策划活动要达成的目的。由于营销策划是一种目的性很强的活动，而营销策划目标则是整个营销策划的出发点和归宿。只有明确营销策划所要达到的目标，才能保证调查和分析方法以及结果的针对性和准确性，才能保证策划的高质量完成。

目标的确定通常以问题为出发点。通过调研分析发现问题所在，进而准确界定问题，确定问题的本质，才能设定营销策划目标，看如何解决问题。营销目标应具体、量化、可评估，并具有特定的时间段限制。

此环节可分为三步进行，首先通过调查分析，然后明确界定问题，最后设定营销策划目标。

小案例 5-1

"御室家"浴室柜市场营销策划方案——第一环节：目标明确

21 世纪的中国建材市场发展空间巨大，数十万家本土企业激烈厮杀，一大批实力强劲的国际知名建材企业也垂涎中国市场的巨大蛋糕，开始纷纷进入中国，竞争异常激烈。整个建材营销总体上处于十分混乱的局面。和其他行业相比，中国的建材市场和建材营销品牌林立，市场集中度极低，行业龙头企业往往也占据不了 10%的市场份额，这和家电、汽车、快速消费品等行业市场份额高度集中于少数几个领导品牌形成鲜明对比，建材行业整体营销水平偏低，企业普遍缺乏经济规模，缺少能引领左右市场的强势企业与领导品牌。另外，流通与渠道模式错综复杂，建材批发市场、建材商城、品牌专卖店、超级终端、房地产公司、工程与装饰公司直供、小区拦截等如何选择协调成了建材企业的心头之痛，特别是伴随着国外的百安居、欧倍德及本土的东方家园、好美家等建材零售巨头的出现与迅猛发展，使建材传统流通模式面临严峻考验，而且消费行为谨慎且受设计、施工等中间人员的影响极大，沟通与传播策略难以做出有效安排，品牌建设存在极大障碍。这些问题都源自建材产品的特殊性：建材产品是一类消费计划性强，购买、消费周期长，单次购买金额高，受中间人员（设计、施工人员等）影响大的特殊产品，其消费行为特征既不同于日用消费品，又不同于工业品。所以，应通过对品牌、产品、营销组织、沟通传播、渠道及销售终端等的系统整合，全面提升企业的营销管理与策略水平，打造更多的建材行业知名企业与强势领导品牌。

资料来源：中国管理咨询网，www.21ask.com。

5.1.2 营销环境分析

营销环境分析是进行营销战略战术策划的前提。市场营销环境是指与企业营销活动有潜在关系的所有外部力量和相关因素的集合，它是影响企业生存和发展的外部条件。不同的因素对营销活动的影响不尽相同，同样的环境因素对不同的企业所产生的影响也会大小不一。认真而详细的营销环境分析有助于策划人员查找问题所在，锁定解决问题的方向。也就是说，对环境的科学把握和精准分析可为制定相应的营销策略、采取正确的营销手段提供依据。营销环境分析的主要内容包括：微观环境分析，宏观环境分析以及 SWOT 分析（见表 5-1）。

表 5-1　营销环境分析的内容

类型	分析内容
微观环境分析	与企业紧密相连，直接影响其营销能力的各种力量和因素，包括供应商、中间商、顾客、竞争对手、营销公众以及企业内部条件等
宏观环境分析	对企业营销活动造成市场机会和环境威胁的主要力量和因素，包括人口、经济、政治、法律、自然科学技术、社会文化等
SWOT 分析	SWOT 分析是市场营销环境分析的常用方法。利用 SWOT 分析可以发现问题，找出解决方法，明确今后的发展方向

通过对微观环境和宏观环境的分析，对于环境因素与企业经营活动之间的关系做进一步掌握和了解，进而用 SWOT 分析法，从劣势中找到问题并解决，从优势中找出机会并利用。

小案例 5-2

"御室家"浴室柜市场营销策划方案——第二环节：环境分析

浴室柜源于欧洲，流行于欧美，20 世纪 90 年代在国内发展起来。以往，卫浴间和潮湿是紧密相连的，所以它一直是冷冰冰不怕水的瓷砖和洁具的天下，木制用品是不敢踏进半步的。但随着人们对卫浴空间的重视，希望把它装扮得温馨、有品位、更时尚、更有个性的愿望刺激了设计师们的灵感，玲珑精巧的浴室柜便吸引了人们的视线并进入人们的生活。浴室文化引导着人们未来的生活方式，浴室柜引领家居消费的时尚。

（1）专业资料显示，未来 5 年，中国厨卫市场有 3000 亿的厨卫市场空间，厨房、浴室产品几乎每年都以不低于 20%的比例高速增长，整体卫浴的增长率达 26%，浴室柜增长率将高达 40%以上，发展空间大、潜力大。

（2）浴室柜行业生产方式有两种：一种是一些知名品牌委托加工即 OEM；另一种为自行开发自主生产。

（3）浴室柜制作材料有：人造板（包括胶合板、刨花板、纤维板、中密度纤维板、防潮板、细木工板等）、PVC 板、实木，外加烤漆或贴面（包括木皮、水晶板等）。

（4）相对于洁具行业来说，浴室柜是新兴行业，进入门槛低、发展快、利润高，市场还没有出现全国性知名品牌。由于利润的驱使，许多陶瓷洁具大公司瞄准了浴室柜行业，利用已有品牌资源进行品牌延伸，生产浴室柜与其产品配套；更多的并无实力的企业也一哄而上、盲目介入，行市一度被搅得如混水一般，到 2006 年时浴室柜行业竞争开始变得更加激烈，且不断有新的厂家介入。由于许多厂家的盲目介入，为寻求利润的最大化，不惜采用劣质材料等来降低生产成本，以达到用很低的价格来进行销售，使得产品质量参差不齐，市场的竞争显得杂乱无章。目前浴室柜市场除陶瓷洁具大品牌进行品牌延伸外，如"和成""路易斯""TOTO""松下""箭牌""英皇""法国丹丽""美标""乐家""杜拉维特""科勒"等外，还有专业生产浴室柜的品牌，如"爱家""佳晴""摩乐舒""佳美""澳金""豪洁""班尼卡""天堂""横岗""美乐佳""星牌""金迪""铭康""法尼尼""广洋""奥美加"等共几百个品牌。

（5）产品同质化现象最为严重，没有一家具有较为核心的品牌竞争力。国内的厂家及产品类型相互间也没形成各自的独特品类和特征优势，而是极其相似，更多的是重复模仿，特别是对浴室柜市场消费者类型、层次、特征、心理缺乏了解。

（6）各厂家、品牌对市场运营及经销商、工程商、终端用户使用的营销策略更多的固执于价格策略上，且各厂家的扣点、返利大致相近，鲜有突破性的营销策略去切入市场。

（7）目前市场上知名陶瓷洁具品牌对浴室柜的品牌延伸多不成功，原因在于知名陶瓷洁具品牌对浴室柜的营销主要是为其他陶瓷洁具产品配套，产品线拉得过长，不能针对这一细分市场进行专项营销，而且生产主要为委托加工，不能保证产品的质量和售后服务，反而模糊了原品牌的定位，伤害了原品牌。自主开发的浴室柜品牌，它们都具有一个共同点是：品牌众多，但与众不同的品牌寥寥无几，定位模糊，缺少个性和推广策划，生产规模小。

资料来源：中国管理咨询网，www.21ask.com。

5.1.3 营销战略策划

营销战略策划是在调查与分析的基础上，根据企业的实际情况，明确企业的营销目标，对企业的市场进行细分，确定企业的目标市场和为产品、服务或品牌确定市场地位，也就是市场细分、目标市场和市场定位策划。

明确的营销目标是企业进行营销管理的前提。目标不明确，管理对象就会很模糊，既不容易产生策划的构想，也难以进行监督和控制。

市场细分是由于一个企业很难高效地满足所有顾客的需求，而对市场进行细分有助于找出企业运作最有效率的市场。市场细分不是简单的顾客分类，而是根据顾客需求的差异性，把市场分割为多个顾客群体的过程。经过细分之后，每个细分市场都是由一群在需求的某个方面大体相同的消费者组成的。

企业在对市场进行细分之后，就面临多个不同的选择，而这些不同的选择意味着不同的市场机会。目标市场选择是在对市场进行有效细分的基础上，考虑其他影响因素，选择企业将要进入的细分市场的过程。

营销策划者根据目标市场的特点，为企业的产品、服务或品牌确定一个市场地位，也就是市场定位，其本质是使本企业与其他企业区分开来，在顾客心中占有特殊的位置。

小案例 5-3

某自主汽车品牌营销策略

赛豹上市，哈飞将其目标群体定位于“30～40 岁之间的事业成功人士”及“偏重于公务用车”“为城市普通白领打造的商务用车”，这一描述让人们分不清车的定位到底是经济型车还是中级车。

经济型车的价位大约在 10 万元左右，中级车的价位在 10 万～20 万之间。赛豹同时兼顾以上两者需要，集私家车、公务、商务车于一体的口号不免使人更加疑惑，可见其对产品目标定位不清，因此导致在产品的生产和设计上没有针对性，无法赢得消费者，企业的产品销售速度缓慢，不利于资金周转和新产品的开发。

资料来源：作者根据互联网相关资料进行整理。

从以上案例我们可以看到，做好市场的细分和定位还要注意以下几点。

①有差异性：细分后市场客观上必须存在明确的差异。

②可预测性和可进入性：进入市场前应当进行相关的调研，预测可能出现的潜在的需求规模和购买力，从而来设计产品（这里不仅要考虑到消费者的需求同时也要针对人群进行分类，如年龄、教育背景、收入、职业、教育等）。

③稳定性和实效性：当然这两点关系到企业发展的长远利益，也是对营销决策的验证。

5.1.4 营销战术策划

小案例 5-4

状元红为何上海难红？

1981年，有着300多年酿制历史的“状元红”首进上海。厂商认为，古老名酒，质优价廉，到上海必定能“旗开得胜”，畅销全市。殊不知由于产品不适销对路，“状元红”出现严重滞销。“状元红”酒厂，面对此现象，仔细研究，根据调查得知：上海瓶酒最大的消费者是青年人，他们购买的目的一是作为礼品，二是作为装饰。在各种价格的瓶酒中，以中档商品销路最好。同时酒厂分析了本厂产品的劣势：外观质量欠佳，“状元红”见光保存半年以上，酒色易褪；出厂前密封时间过短，酒味稍辣；存放久了易产生沉淀，影响外观；包装沉闷，缺乏吸引力，“状元红”商标图案呆板；标签用浆糊粘贴，易霉变而脱落；酒瓶造型不美，易破损；11斤装酒瓶过高，无法放入酒柜陈列；外包装不牢，破损率高，影响经销商店利益。加之广告促销不利，销售渠道薄弱，售价不适宜等因素作用，致使“状元红”难在上海“红”起来。

为了打开上海市场，“状元红”酒厂不得不探索新的市场营销策略。

资料来源：作者根据互联网相关资料进行整理。

通过以上案例，我们可以看到，营销策划的战术如果不得法，将对企业造成很大的影响。营销战术策划是指根据企业已经确定的目标市场的特点，对企业可以控制的营销手段进行组合策划。它是在做什么已经确定的情况下，思考如何做的问题，营销战术注重企业营销活动的可操作性。其内容包括以下方面。

第一，营销组合策划。根据企业的营销战略，对企业的营销因素进行整合策划。营销因素有很多，传统上分为产品、定价、分销和促销四大因素，其中每一个大因素又是由很多小因素构成的。企业的营销战略要想得到有效贯彻，必须将其转化成可以实施的营销因素，否则就只是纸上谈兵。

第二，营销项目策划。根据企业营销战略所确定的营销重点，企业还可以进行一些项目策划，如市场调研策划、产品策划、价格策划、分销策划、促销策划、广告策划、公关策划等。

在实践中，企业既可以做整体的营销组合策划，也可以做专项的营销项目策划。它们的程序完全一样。只是营销组合策划更多地考虑和强调各个营销因素之间的相互作用和营销的综合效果，营销项目策划更注重如何使某一个营销因素更有效率地发挥作用。

5.1.5 营销策划书的撰写

营销策划书是为了实施某一营销计划的书面文件，有时也是计划本身的书面说明。营销策划书的作用是向接受方推销自己对某个营销问题的意见和创意，最终达到使接受方采纳自己的意见或创意的目的。

若要出色地完成一个营销项目，书写一份完美的营销策划书是必要的，原因如下。

①营销本身的复杂性和重要性，客观上要求营销管理者对整个项目的来龙去脉做一个清晰地交代，同时充分陈述项目的意义、作用和效果。

②营销策划书中的信息分析将为高层领导的决策提供必要的依据。

③营销管理者可借此学习策划项目的方法和技巧。

营销策划书的内容构成以及注意事项在 5.2 节会具体介绍。

5.1.6 营销策划实施与控制

小案例 5-5

铱星计划失败案例

“铱星计划”失败的原因很多，我们从市场营销策划的实施来看看它失败的原因。铱星公司的基本市场运行组织结构是一个复杂的联合体（合伙人结构），它是由世界上 15 个辖管地区性“闸口”国家或企业组成的。由于各地区“闸口”仅负责在本地区范围内的铱星卫星移动通信系统的手持电话的销售和提供相应的服务，由于各自的利益关系和产权关系的不清晰，铱星卫星移动通信系统推向市场时，根本无法建立一个面向全球性的市场运营构架；无法建立一支目标一致、步调一致、策略一致和责权利匹配的销售队伍；无法形成一整套完整的市场营销计划；无法建立一个全球性的各地区的分销渠道，以形成统一、有效的销售攻势。同时，又由于很多合伙人根本不具备从事卫星移动通信行业的合作基础，他们严重缺乏电信行业的技术和经验。例如，委内瑞拉的投资者除了从事手机电信业务之外，还经营着奶制品，使得市场的运营更为困难。

铱星公司运营总部，不能过多地向地方“闸口”施压，因为“闸口”的主人都是董事会成员和股东；在运营的过程中，铱星卫星移动通信系统的营销计划经常受到各个地区“闸口”的质疑，并且不予以积极的配合，致使整个营销工作不能如期开展，失败也是在所难免。

资料来源：作者根据互联网相关资料进行整理。

从这个案例可以看出，营销策划的实施与控制对于营销策划方案的成功有着重要的作用。企业的营销策划完成以后，要通过企业的营销部门组织策划方案的实施。营销方案实施是指企业在营销策划方案实施过程中的组织、指挥、协调与控制活动，是把营销策划方案转化成具体行动的过程。

营销策划的实施并不是轻而易举的过程，它涉及大量的工作、资金和事件安排。另外，营销策划要得以实施还须满足两个条件：一是制定的策划案具有实施的现实可能性；二是实施策划的组织和人员必须了解和掌握策划组织实施的科学方法、技巧和程序。

营销策划方案控制是使企业营销策划得以顺利执行，有效达到企业目标的必要保证，实行营销策划方案控制有助于企业面对不确定的未来环境不断地调整营销行动方案；有利于企业及时发现方案实施中的问题，寻求最佳管理方法，充分挖掘企业潜力；有利于监控和激励营销人员努力工作。因此，市场营销策划方案的控制就成了整个企业市场营销管理过程中一个关键性的环节。

5.1.7 营销方案实施效果评估

在营销策划方案实施之后，企业的营销管理者以及营销策划者要对方案的实施效果进行评估。其目的在于了解企业营销方案的执行过程，肯定成绩，发现问题，提出解决问题的方案。营销方案实施效果评估的主要内容和步骤包括：设计评估指标体系，收集评估数据，选择评估方法，评估实施和结果分析。

营销策划者需要将营销策划方案的实施过程与结果写成结案报告，提供给上级或委托方。其中的要点，是营销策划的预测与实际结果之间的差异分析。若发现较大的差异，需要做一些重点研究，分析差异产生的原因，找出实施过程中的问题和改进方法，指导企业未来的营销管理和营销策划工作。

5.2　营销策划书的结构

企业营销策划从思路整理最终要落实成文案，也就是营销策划书。营销策划书是营销策划方案的书面表达形式，是市场营销策划的具体成果，是未来企业营销活动的指导性文件。营销策划书有助于营销决策人员和组织实施人员最大限度地认识策划者的意图和策划思想，在充分理解的基础上认真执行营销策划方案，使策划的效果得以全面实现。

营销策划书，是对创意后形成的概要方案加以充实、编辑，用文字和图表等形式表达出来所形成的系统性、科学性的书面策划文件。营销策划书没有统一的格式，根据策划对象与策划要求的不同，营销策划书的内容与格式是不一样的。但是，这决不意味着策划书可以不分层次、不分先后，随心所欲去写，它也有自身的格式结构。这里给出营销策划书的主要构成要素与注意事项，以及企业营销策划书的主要内容与通用格式，旨在帮助营销策划人员撰写一份规范的营销策划书。

5.2.1　营销策划书的构成要素

营销策划书的结构一般情况下与营销策划的构成要素保持一致，这样可以提高营销策划书的制作效率。结构框架比较合理的营销策划书，一般由以下 7 个部分构成（见表 5-2）。

表 5-2　营销策划书的构成要素

策划书的构成			要素
1	封面		规范化
2	前言		前景交代
3	目录		一目了然
4	摘要		要点提示
5	正文部分	环境分析	策划的依据和基础
		SWOT 分析	提出问题
		营销策划目标	明确任务
		战略及具体行动方案	对症下药
		营销成本	预算准确
		行动方案控制	容易实施
6	结束语		与前言前后呼应
7	附录		提高可信度

1. 封面

拿到营销策划书，读者第一眼看到的就是封面，因此封面的视觉效果是必须要保障的，它关系到营销策划书的整体形象，封面就好像是策划书的脸一样。因此设计营销策划书的封面不仅是高质量营销策划书的必要组成部分，也是首要工作。

封面的设计原则是醒目、整洁，切忌花哨，至于字体、字号、颜色则应根据视觉效果具体考虑。封面包括委托方的全称、策划者、策划书的名称（策划主题）、策划完成的日期、本策划适用的时间段、策划书的编号和保密级别等写作要点。

（1）标出策划委托方

如果是受委托的营销策划，那么在策划书封面要把委托方的名称列出来。

（2）取一个简明扼要的标题

题目要准确又不累赘，一目了然。有时为了突出策划的主题或者表现策划的目的，可以加一个副标题或小标题。

（3）标上日期

一般日期是以正式提交日为准。因为营销策划具有一定时间性，不同时间段市场的状况不同，营销执行效果也不一样，有时候本策划适用的时间段也要标明。

（4）标明策划者

一般在封面的下方标出策划者。策划者是公司的话，则列出企业全称。

图 5-2 为典型的营销策划书的封面。

报告对象：海南××公司

编号 602
密级 机密
总页数 35

××椰汁的市场推广策划

策划公司　　×××营销策划室
策划负责人　×××
联系电话　　010-66666666
传　　真　　010-88888888

策划完成日期：2014 年 2 月 03 日
本策划执行时间：2014 年 6 月 01 日至 2014 年 11 月 01 日

图 5–2　营销策划书的封面

从这个典型策划书封面可以得知，策划书的名称是××椰汁的市场推广策划；客户是海南××公司；策划公司是×××营销策划室；策划负责人是×××；联系方式有联系电话和传真两种；策划完成日期是 2014 年 02 月 03 日，策划执行时间段是 2014 年 6 月 01 日至 2014 年 11 月 01 日；编号为 602；策划密级为机密。

2. 前言

前言相当于一般书籍的序言，是营销策划书正式内容前的情况说明部分。一方面前言需要用简明的语言让阅读者对本次策划的性质、重要性和必要性以及策划过程和目标进行初步了解；另一方面还要激发阅读者的注意和兴趣。

前言的文字以不超过 1 页为宜，字数应控制在 1000 字以内，其内容可以集中在以下几个方面。

（1）策划的重要性与必要性

策划书扼要说明为什么要进行该次策划，吸引阅读者进一步阅读正文，可以包括策划的背景，如竞争环境、自身的优势以及对公司长远发展的影响等。

（2）策划的概况

策划书简要说明策划过程、策划方法、策划结果以及策划要达到的理想目标。

（3）内容规范原则

策划书的内容要简明扼要，概括力强，引发读者兴趣。

小案例 5-6

CONVERSE 品牌营销策划：前言

随着运动市场的快速发展及中国加入 WTO，运动消费成为居民消费的一个新热点。运动鞋市场竞争已日趋白热化。国际一线品牌及二线品牌基本垄断了我国运动鞋一线市场。企业要想在竞争如此激烈的市场上长久立足，就必须加强品牌知名度和美誉度的培育。很多运动鞋企业都将这个阶段的品牌战略锁定在主攻品牌认知上。在国际品牌的运动鞋当中以 NIKE 和 ADIDAS 为主的国际品牌在高端市场上是风光无限，拥有高度的品牌认知度和大批忠实的消费群。NIKE 和 ADIDAS 具有很强的研发能力，它们每次推出的新款都是以流行的外观和专业的功能为亮点，领先的运动鞋款式加上无可挑剔的质量，总能赢得全世界喜好运动的人们的好评。

在硫化鞋（俗称帆布鞋）的市场中，CONVERSE 是当之无愧的鼻祖，这个国际品牌在帆布鞋市场已驰骋百年，而 CONVERSE 与李维斯的组合更成为世界时尚潮流公认的绝配，国际帆布鞋市场上 CONVERSE 独占鳌头，品牌认知度、市场占有率都极高。中国有着巨大的市场潜力，进入中国市场是众多品牌，也是 CONVERSE 的梦想。1993 年，CONVERSE 烙印着大星的圆形商标正式进入中国。2003 年，NIKE 宣布并购 CONVERSE，CONVERSE 成为 NIKE 旗下的一个子品牌，并透过 NIKE 遍布全世界的行销网络，将销量提高了 25%，再创星星旋风。CONVERSE 目前在中国市场上的产品系列有 ALL STAR CHUCK TAYLOR 、JACK PURCELL、PRO STAR 及 WEAPON 在内的篮球鞋、滑板鞋、ONE STAR 为代表的休闲鞋、童鞋这六大系列，再加上服饰、配件等相关产品系列，构成了十分广泛的产品组合。在品牌推广上，CONVERSE 选择年轻人喜爱的偶像明星作为代言人进行宣传，赞助高中生篮球运动，并用音乐、街舞、涂鸦等方式鼓励时尚个性的年轻人展现自我，以此拉近 CONVERSE 与年轻消费人群之间的距离。CONVERSE 的品牌联想随着使用人群的改变而年轻时尚起来。另外，CONVERSE 通过与知名画家、设计师等艺术人士合作将目标消费群体扩大到所有富有个性的艺术时尚人群中。这一群人能够更深刻感悟到 CONVERSE 自由原创的品牌精神和历史资产所散发的独特魅力，也进一步提升了 CONVERSE 的品牌价值。

资料来源：作者根据互联网相关资料进行整理。

3. 目录

目录的重要作用在于呈现策划书的结构，同时方便阅读者对营销策划书的内容进行查询。一般人的阅读习惯是先看书的目录，如果目录不能吸引读者引发其阅读兴趣，那么读者很可能不再往下看，所以，高质量的营销策划书目录不仅能够准确地展示策划书的全貌，而且能引起阅读者的兴趣。目录是策划书中不可或缺的一部分，因此目录的编制也要规范清晰，既要让人读后能够大体了解策划书的全貌，又要引发人们的阅读兴趣。

列目录时要注意目录中的所标页数与实际页数必须一致，否则会损害营销策划书的形象。

小案例 5-7

CONVERSE 品牌营销策划：目录

资料来源：作者根据互联网相关资料进行整理。

4. 摘要

摘要是对营销策划项目所做的一个简单而概括的说明，突出反映了策划内容的要点，但又不是对策划内容的一一列举。阅读者通过摘要提示，可以大致理解策划的内容要点。摘要是一个单独的系统，可独立存在。好的营销策划书的摘要应在遣词造句上别具匠心，达到“窥一斑而知全豹”的效果。

摘要的撰写同样要求简明扼要，篇幅不能过长。

前言与摘要的区别在于，前言是“引子”，目的在于引出正文，吸引阅读；摘要是概括，目的是通过简明扼要的介绍将整个策划方案展示给阅读者。

摘要的主要内容如下。

①策划的性质。

②策划要解决的问题：本策划主要解决什么问题，如何解决。

③结论：通过对问题的分析得出怎样的解决方案。

5. 正文

正文是营销策划书的核心和主体，也是最重要的部分。正文包括环境分析、市场机遇与挑战、营销策划目标、营销战略及实施、营销成本以及方案控制等。具体内容如下。

（1）环境分析

它包括企业营销的内部环境分析、外部环境分析，重点是对企业市场和竞争者的分析。环境分析是营销策划的依据和基础，是所有营销策划的出发点。环境分析要符合客观实际，不能有太多的主观臆断。任何一个带有结论性的说明或观点都必须建立在客观事实和逻辑判断的基础上，这也是衡量策划者水平高低的标准之一。

（2）SWOT 分析

通过对企业优劣势、机会与威胁的分析，找出企业真正的问题和潜力，为后面的方案制定打基础。通常来讲通过外部环境来分析企业的机会与威胁，通过内部环境来分析企业的优势与劣势。在明确了机会与威胁、优势与劣势后，根据对市场的预测，找到企业问题所在。

（3）营销策划目标

从这一部分开始进入到营销策划书的最主要部分。无论什么主题的营销策划书，都应明确企业要达到的策划目标。从企业的问题出发，结合企业自身的状况寻找最合适的策划目标，也是策划方案需要达成的目标。

（4）营销战略

营销策划书的营销战略部分应清楚地表达企业所要实行的具体营销战略。比如业务拓展战略、市场竞争战略、市场推广战略等。战略的实施是靠策略来支撑的，因此，营销战略制定以后，要针对所选目标市场和所确定的定位方式制定相应的营销组合策略。

（5）行动方案

战略和策略要付诸实施，就要将其落实成具体的行动方案，明确各项工作的时间段、具体任务、行动进度，以及人员配置等。也就是说这一部分要制定周密的行动方案。

（6）营销成本

营销成本也就是营销费用的预测与统计，每项费用都要有根有据不能马虎，最好列出具体价目表。此部分要求简洁明了，在计算营销成本时，经常采用列表的方式标出营销费用。

（7）行动方案控制

它作为营销策划书的补充部分，明确方案实施过程的管理与控制。根据具体情况有动员和准备工作方案、实施时机确定方案、实施过程监控方案、应急方案等。

以上内容一般要按照顺序依次写出，但有时也可以依照具体情况将内容顺序调整。

6. 结束语

结束语是策划书的点睛之笔。结束语一般对整个策划的要点进行归纳总结，一方面要突出策划要点，另一方面要与前言相呼应，使策划书有一个圆满的结束，不至于使人感到结束的太突然。但有的时候，结束语部分可根据实际情况予以省略。

在撰写结束语时策划者要回顾整篇策划内容，重新审视策划针对的主要问题是否明确，文中是否有清晰可实施的解决办法来解决问题。

小案例 5-8

结束语案例

本策划书是对 PTAC 公司手机分销渠道所进行的一个项目策划，目的在于为 PTAC 公司的手机分销渠道进行新的设计，并提出可行的转换方案。本策划书的结论主要有两点：

第一，PTAC 公司手机分销渠道的设计。根据企业的内部条件和外部环境，以及渠道缺口分析的结果，我们提出了以缩小供方缺口为主的渠道设计思路。具体而言，有三个可相互替代的设计方案，即设计方案一：更有效执行渠道流和增加执行渠道流；设计方案二：深度执行渠道流，增加分销任务介入；设计方案三：以新的渠道组织方式，提高渠道系统性能。通过比较和分析，我们选择了设计方案三作为执行方案。

第二，PTAC 公司手机分销渠道的转换方案。为了执行设计方案三，我们提出了多个可替代的渠道转换方案，A：更有效执行现有渠道流，同时寻求执行更多的核心渠道流，并进行渠道创新；B：更有效执行现有渠道流，同时寻求深度执行渠道流，发展零售分销任务，并进行渠道创新；C：更有效执行现有渠道流，同时寻求执行更多的核心渠道流和深度执行渠道流，发展零售分销任务，并进行渠道创新。通过使用模糊综合评判法进行评估，我们选择了转换方案 C 作为执行方案。

资料来源：庄贵军. 企业营销策划（2 版）[M]. 北京：清华大学出版社，2012。

7. 附录

营销策划书的附录可以对策划中采用的调查和分析技术做一些必要的说明，也可以对营销策划的资料来源进行标注，证明策划的客观性，从而增加策划的可信度。

凡是技术性较强，会影响人们阅读策划书兴趣的内容或者有助于阅读者对策划内容进一步理解和信任的资料都可以列入附录中，比如调研问卷、分析模型、较为复杂的分析过程、原始资料等。为了便于查找，附录要标明顺序，如附录一、附录二等；原始资料一定要注明出处和时间，以便阅读者判断其真实性和权威性。

5.2.2 营销策划书的注意事项

营销策划书不同于营销计划书，在撰写过程中有以下注意事项：

①合理使用理论依据：有理有据要贯穿策划始终。

②适当举例说明：为了增强说服力，充实内容，策划书中可以适当地列举成功的案例，以印证自己的观点。

③充分利用数字说明问题：在营销策划中始终要保持客观性，也是为了增加可信度与说服力，用数字来客观说明问题。

④运用图表帮助理解：营销策划中可以借助图表来清晰地标明一些问题，易于阅读者的理解，能一目了然看清所要表达的事情。

⑤注意细节，消灭差错。

5.3 营销策划方案演示

对于营销策划来说，营销策划方案完成后要进行方案汇报，也就是方案委托方或企业相关负责人要对策划方案进行“验收”。在这个环节，虽然营销策划方案很重要，但是策划方案的演示成功与否也会对整个项目起到关键作用，假如方案写得很好，但是在演示过程中出现瑕疵，比如操作失误，重点不突出、目标不明确，甚至对方不理解策划者意图等，都可能会对整个策划项目造成不可挽回的局面。

下面案例中的场景在工作中经常出现，那么，如何做好方案的演示准备工作就显得尤为重要。

小案例 5-9

情境 1：某物流公司季度总结大会，30 多个分公司总监做汇报，规定 20 分钟的汇报，却总有些人讲到 40 分钟还结束不了，啰里啰嗦没有重点。总公司老板总是为此纠结不已，这些区域经理在业务上是好手，可为什么一个总结汇报就做不好呢？

情境 2：张经理是公司的售前客户经理，在向客户做产品演示时，刚开始就被客户打断，指出没有什么新东西，不是他们所需要的，此次客户拜访活动没有成功。从客户那里走出来后，张经理非常郁闷，费心认真准备的 PPT 汇报，结果怎么会这样？

情境 3：在一次重要的大会上，讲话人一字一句宣读电脑屏幕上的发言稿，坐在听众席的领导和同事们盯着大投影一字一句听读，这场面极令人尴尬，大家不是文盲，如果是看材料，直接发下去好了，何必还要请个人来读一遍？PPT 变成“WORD 搬家”，发言是“照屏宣科”，要幻灯片投影还有什么用？

资料来源：马建强博客商务演示。

5.3.1　营销策划书的准备工作

1. 营销策划细案的内容

一般来说，营销策划细案的内容无限制，但是根据具体对象而言，有些喜欢较短的文案（50 页或更少），因为他们有很多的方案要审阅，所以初期只看基本情况介绍，只有在有需要的时候才进一步要求更详实的信息。如果是受企业要求或委托来负责营销策划方案的时候，对于营销策划细案就要求尽量详细（50 页或更多），包括具体内容、分析、实施、控制等。

2. 重新检查方案中出现的数据或图表

以图表的形式来描述能简洁、系统地说明各种有关的数字资料，达到很好的视觉效果。但是策划人千万不要为了作图而作图，一些不必要的插图或信息或许会破坏整个策划案的连贯性，有的时候大篇幅的图表可以放在最后附录中。此外还要详细检查数据来源再次确认准确性与可靠性。

3. 策划文案的打印与装帧

整篇文案应格式统一，整洁，没有排版错误、错别字或者明显的更正痕迹，此外要注意标准化包括内容层次标准统一，标注、参考文献等格式也要统一。

一些优秀文案打印整洁且信息准确完整，但因为装帧简陋而看起来不够专业，所以文案的装帧也要分外注意，最好能用硬皮装帧，包装像一本书，如若做不到硬皮装帧也可以考虑螺旋装订，总之装帧要点就是要使营销策划方案书看起来更专业一点。

一份出色的营销策划方案，不仅内容出色，而且外观也要看起来相当专业出色。

5.3.2　营销策划方案演示流程

做好前期准备工作后，就要进入正式的方案演示环节。

1. 介绍

在介绍部分，策划人要简述概要中的信息，包括机会在哪里和为什么有机会，能赚的钱，需要的钱，一些简要的财务信息，如投资回报率等，用以说明发现的商机。

2. 成功秘诀

在这一部分，策划人要汇报环境分析和环境信息以及所做的支持性调查研究。策划人要把这部分总结为问题、机遇和威胁，以及项目的总目标和分目标。最后，策划人要说出不同于他人的竞争优势。这部分的基本要点是讲清为什么别人可能会失败，而策划人会成功。

3．战略和策略

在这一部分，策划人要汇报准备实施的战略和实现战略的策略。

4．预测和财务信息

在这一部分，策划人要论证自己的预测、项目规划、利润表、财务比率和数据。还要详细陈述需要什么、何时需要。有时，演示的时间有限，可能不得不省略部分内容，仅突出要点。无论如何，重要的财务信息应做到有备无患，以免在随后的提问部分出现措手不及的尴尬局面。

5．结论

在正式演示的最后部分，策划人要重申机遇、成功的理由、所需的资金，以及投资的预期回报。前面已经说过了，现在再简要地重复一遍，起到强调作用。

5.3.3 营销策划方案演示的技巧

1．语言技巧

在营销策划方案演示过程中，说话的方法很重要，运用得好能获得期望的效果，如果说法不当，结果会相差很大。首先，要保持信心，说话清晰明亮，不要含糊不清；其次，方案介绍针对性要强，做到有的放矢；再次，要灵活应变，要把提案报告中最重要的部分巧妙地传递给对方；最后，在演示过程中避免使用直接否定语。

2．演讲技巧

正如同许多 IT 人士对 PPT 不屑一顾一样，不少职场白领对“演讲”也不以为然，他们要么认为讲话这件事儿谁能不会？要么认为所谓“演讲”是演说家或政客们的事情。事实并非如此，在工作生活处，沟通时时发生、无处不在。无论是针对一个人说明情况，还是面向一群人阐述观点，都存在如何准确表达的问题。更重要的是，没有谁喜欢没有效果的沟通。

3．演示工具的运用技巧

世界上最好的讲演工具是 Power Point，我们需要提取 Word 文字版本里面的核心内容，制作成为 PPT 演示给客户，这是说服客户的重要工具。作为完整的商务演示活动的组成，PPT 从构思设计的角度讲，也要时时处处体现“说服”的意识和手段。只有达到了这个目的才算是成功的幻灯片演示，否则 PPT 无论多么“惊艳迷人”，都是白搭。

5.3.4 方案演示阶段的注意事项

1．演示目标

确定目标是演示准备阶段的最有价值的一步。同时它又是最容易被演示者忽视的一环。大部分的演示者有一个自然的倾向，即混淆演示中所建议的项目的目标和演示本身的目标。它们不是一样的。例如，在向高层管理者提出开发新产品建议时，项目目标是“为公司获得新的利润增长点”，然而演示的目标是“获得开发新产品的准许”。清楚地区分项目目标与演示目标的不同是十分重要的，项目目标是重要的长期目标，是演示的一个重要组成部分。然而，演示本身却不能实现这个长期目标，它只能促进目标的实现。因此，演示者必须确定如果演示成功，将可以实现什么目标，而且应该把主要的精力集中于此。如果不能成功实现演示目标这个短期目标，更不可能实现项目的长期目标。

此外，成功的演示一定要发出号召，在规划演示目标时就应该设想如下的问题："我希望我的听众在演示后感觉如何？去做什么事情"，演示结束时一定要要求客户采取我们计划的行动。演示常用的结束语不是"谢谢大家，欢迎指正！"而一定是"我们期望这个项目能够给贵公司带来公司效率的提升，期望各位主管后续能给我们一些时间来做一个需求分析，一起来做一个完善的方案，谢谢各位领导的配合。"

2．演示对象分析

对一个完整的演示策划而言，准确地分析听众也是很关键的一步。分析听众是每个演示人员多少都会去做的功课，演示目标也要针对不同的听众群特点考虑调整。

演示过程中一般是追求优先打动决策者，其次是项目影响方。应该优先针对高层次人员介绍，兼顾一般人员。

3．注意演示的时机与时间安排

何时进行演示也是很重要的，一般情况下，在上午讲比下午讲要好，上午大家不容易疲惫；先讲比后讲要好，这里要追求先声夺人；在技术准备还不充分的情况下也可以选择后讲。

如果无法控制演示时间，就需要弄清楚演讲时间是在上午还是下午，是否接近就餐时间，每一位演讲人的演讲时间多长……根据当时的具体情况来判断演示内容是否有必要进行调整。

4．其他注意事项

①别忘了带笔记本，有条件的情况下，请携带投影仪。

②双方人到齐之后，请先进行自我介绍和演讲方成员介绍，并让同伴分发名片。

③首先讲解 PPT 框架内容，让客户对方案有全局意识。

④分阶段讲解每个细节内容，并结合其他辅助资料进行精辟阐述。

⑤讲解完毕后，立即说明，请对方有什么问题可以提出来一起探讨。

⑥完成整个会谈之后，说明更详细的资料在文字版策划方案中，并感谢对方听我方讲解。

本章小结

营销策划的一般过程分为以下几个阶段：明确策划的目标；进行营销环境的分析；在分析的基础上进行营销战略的策划，以及营销战术的策划；策划要以书面形式呈现，所以还要有营销策划书的撰写；策划涉及实施，所以要提前考虑好营销策划的实施与控制，最后还要有营销方案实施效果评估，不断总结与改进。

为提高营销策划书的制作效率，营销策划书的结构一般情况下与营销策划的构成要素保持一致，营销策划书没有固定格式，本章介绍了基本的七大构成部分：封面、前言、目录、摘要、正文、结束语以及附录部分。其中最主要的是正文部分。

在营销策划方案演示部分首先要有营销策划书的准备，包括细案的内容，仔细检查数据图表等容易出错的部分，打印和装帧也很重要。而在方案演示的时候也要注意不拖泥带水，清晰明了地阐述策划的整个过程以及独特的优势。

能力培养指导

1. 结合营销策划书的构成，找一个市场上你感兴趣的项目，并列出基本的策划框架。

2. 营销策划书的正文部分包括哪些？你觉得最重要的是哪几部分？

3. 请做一个课堂营销策划方案演示的模拟练习，并说出来演示阶段的注意事项有哪些？

复习题

1. 试述企业营销策划的程序。

2. 营销策划书的正文部分包括哪些内容？你觉得最重要的是哪几部分？

3. 营销策划方案演示应注意哪些技巧？

案例应用

9种行径会让你的销售前功尽弃

看了由各种品牌代理和顾问为我们接下来的几个星期的一个颁奖的项目所做的一系列销售演示，你会觉得这些自诩品牌专家的人很擅长于推销，最后，他们多数人都失败了。

以下是上周实际出现的9条不明智的销售策略。如果应用了它们，你可能会破坏完成交易的机会。

（1）不介绍你的团队就开门见山，而且一直不介绍他们。你的潜在客户会一直猜测，你带来的这些人是否是他们正在计划为你实施的执行团队的一部分，他们说的话是否可行，甚至他们是否是公司的员工。

（2）把参与者带来，却不让他们参加。你表达的伟大思想诸如："他们来了，但是我们不让他们说话。"这将留下深刻的印象。

（3）不问还有谁在房间里。绝对不提前问还有谁会来。这样，你的宣传品肯定会不够用，而且你将对你推销的对象以及他们看重的东西一无所知。

（4）直接进入你的演示，而不确保你理解了潜在客户的目标。我们遇到这样两家公司（其中一家是你可能听过的名气很大的公司）来参加会议，但显然不了解我们的细节内容和具体的招标书。

（5）提问已经在招标书中涵盖了的基本问题。如果你真的想给对方留下糟糕的印象，那就提问一些在招标书中提到过，或者很容易通过互联网找到的有关潜在客户个人背景的问题。

（6）让你的演示看起来就像是给任何其他公司用过的拿来凑合一下的一样。对你的潜在客户不采取任何特定的措施。实际上，只使用一个毫无特点的演示并且不对潜在客户进行任何研究，甚至肯定没有看招标书。这需要你做一些准备工作。在你的提案的右上角写上"草稿"二字，并且还要在每页的最下面"插入公司名称"。

（7）如果你对任何事情有疑问，做很多假设，但不问问题。这样，你一定会提供一个无关紧要的解决方案。

（8）当你被问及一个直接的问题，不予回答，用东拉西扯把话题岔开。如果你不知道答案，尽可能地和对方闲扯，直到房间里的所有人都希望你当初就说："我不知道。我回头会告诉你"。

（9）不要把团队的主要成员带来。如果一个项目的关键环节依赖于你的团队中的特定成员，确保他或她不在现场。这样，和此环节有关的所有问题都无法回答。

本质内容是潜在客户想知道你理解其项目的参数，而且他们将与之合作的团队是有能力，善观察和忠实可靠的。如果你在参加销售会议时甚至无法做到这些（这是最低限度），那就准备好无功而返吧。

资料来源：作者根据互联网相关资料进行整理。

【讨论题】

1. 案例中提到的不明智的销售策略为什么会导致销售失败？
2. 案例中的不明智策略若出现在策划文案演示过程中会有何影响？
3. 请结合所学知识总结演示技巧与注意事项。

附：营销策划书范本

企业营销策划书正文的通用格式

一、摘要

二、外部环境分析

（一）竞争者分析

1. 谁是我们主要的竞争者？它们有什么特性（规模、成长率、盈利能力、战略、目标市场）？

品牌竞争者：

产品竞争者：

一般竞争者：

关键的意愿竞争者：

2. 这些竞争者的主要优势是什么？

它们在 4P 方面的能力：

环境或者我们的营销战略发生变化，竞争者可能的反应：

未来竞争格局会发生变化吗？

如果会，怎样变化？

谁最有可能成为新的竞争者？

（二）经济增长和稳定性

一个国家或地区总的经济形势：

消费者对经济形势的看法，是悲观还是乐观？

目标市场顾客的购买力如何？

目标市场顾客的消费结构如何？

他们是购买了更多的商品，还是相反？为什么？

（三）政治环境与变化趋势

一个国家或地区是什么样的政治制度？

新当选的领导人有什么偏好？会对企业产生什么影响？

为了与当地官员保持良好的关系，我们都做了或正在做什么？有效果吗？为什么？

（四）法律因素

国际、国内或地区有什么法律条文会影响我们的营销活动？

法律条文有哪些变动？是不是意味着我们要改变某些营销行为？

国际上一些协议对我们的国际营销有什么影响？提供了什么机会与威胁？

（五）技术环境与变化趋势

技术变化对我们的顾客有什么影响？

技术变化对我们的生产活动有什么影响？

技术变化对我们的营销活动（特别是分销和促销活动）有什么影响？

技术进步会威胁到我们产品，使其过时吗？

（六）文化与时尚

社会的人口结构和价值观正在发生怎样的变化？

会对我们的产品、定价、分销、促销，以及人员产生怎样的影响？

在一个文化差异比较大的环境（如跨国公司所面对的环境：消费者的文化差异和员工的文化差异都比较大）里，文化与时尚发生的变化对我们来讲意味着什么问题或机会？

一个社会对于我们所在的行业、我们的企业，以及我们的产品有什么态度？我们能改进其态度吗？

我们的顾客或某些社会团体能干涉我们的经营活动吗？如果能，怎样干涉？

我们应该注意哪些道德问题？

三、顾客分析

（一）谁是我们现有和潜在的顾客？

1．他们的人口统计特征：性别、年龄、收入、职业、教育程度、民族等。

现有的顾客：

潜在的顾客：

2．地理特征：地区、人口密度等。

现有的顾客：

潜在的顾客：

3．心理与行为特征：态度、意愿、兴趣、动机、生活方式。

现有的顾客：

潜在的顾客：

4．我们产品的购买者与使用者是否不同？

5．都有谁会影响购买决策？

（二）顾客怎样使用我们的产品？我们的产品被用来做什么？

1．顾客的购买批量。

2．主要顾客与一般顾客的区别。

3．在使用我们的产品时，顾客需要使用辅助品吗？

4．在使用完我们的产品以后，顾客会做些什么（比如，他们会再次使用我们的产品或产品包装吗）？

（三）我们的顾客在哪里购买我们的产品？

1．从哪种类型的中间商购买？

2．电子商务对我们产品的购买有影响吗？未来会怎样变化？

3．顾客会增加无店铺销售方式的购买量吗？

（四）我们的顾客什么时候购买我们的产品？

1．有季节性差异吗？

2．促销活动对于顾客消费我们产品有什么影响？

3．影响我们产品购买与消费的情境因素有哪些？

（五）我们的顾客为什么和怎样选购我们的产品？

1．我们或竞争者的产品带来的利益有什么？

2．我们或竞争者的产品满足消费者什么需求？怎样满足？未来消费者的期望会发生什么变化？

3．在购买时，消费者怎样支付货款？

4．消费者希望与我们或竞争者保持一种紧密的联系吗？或者他们只喜欢一手交钱、一手交货的交易方式？

（六）为什么潜在顾客还没有购买我们的产品？

1．潜在顾客的哪些基本需求我们的产品没有满足？

2．竞争产品有哪些特点、利益或优势，使得潜在顾客选择使用它们？

3．在分销渠道、促销和定价方面有哪些问题阻止潜在顾客不选择我们的产品？

4．有多大的可能性可以使潜在顾客购买我们的产品？

四、内部环境分析

（一）营销目标与业绩

1．什么是我们目前的营销目标？

2．我们的营销目标与公司使命和公司目标是否一致？为什么？

3．我们的营销目标与营销环境和顾客需求的变化是否一致？为什么？

4．我们的营销战略在销售额、市场占有率、盈利能力和沟通（如品牌认知率和偏好率）等目标上的表现如何？最可能的原因是什么？

5．与业内竞争者相比如何？

6．整个行业都在上升还是下降？

（二）公司现有与未来的资源

1．公司现有的资源状况如何？

财务：

资本：

人员：

经验：

与供应商、顾客的关系：

2．这些资源在近期会怎样变化？　会使企业更好还是更差？

3．我们应该怎样利用或补救？

（三）现有和未来的文化与组织结构问题

1．公司现有和未来的文化有哪些正面与负面的影响？

2．公司内部的权力斗争会在哪些方面影响到我们的营销活动？

3．其他功能部门是怎样认识营销功能的重要性和地位的？重要的职位有可能在近期发生变化吗？

4. 公司的营销理念（如市场导向）怎样影响我们的营销活动？

5. 公司注重长期还是短期计划？对营销活动有怎样的影响？

6. 企业的员工激励方法有哪些正面或负面的影响？

五、SWOT 分析

（一）企业优势

优势 1 或 2、3、4：

1. 这一优势怎样帮助我们满足顾客需求？

2. 这一优势与竞争者相比如何？它能使我们的顾客认为我们与竞争者不同，或优于竞争者吗？

（二）企业劣势

劣势 1 或 2、3、4：

1. 这一劣势怎样阻止我们更好地满足顾客需求？

2. 这一劣势与竞争者相比如何？它能使我们的顾客认为我们与竞争者不同，或劣于竞争者吗？

（三）机会

机会 1 或 2、3、4：

1. 这一机会与满足我们顾客的需求有什么关系？

2. 短期与长期来讲，我们应该采取什么行动抓住这一机会？

（四）威胁

威胁 1 或 2、3、4：

1. 这一威胁与满足我们顾客的需求有什么关系？

2. 短期与长期来讲，我们应该采取什么行动避免这一威胁？

（五）战略选择

1. 我们怎样利用我们的优势，抓住机会，满足顾客需求？

2. 我们怎样将我们的劣势转化成优势？

3. 我们怎样将威胁转化成机会？

4. 如果不能成功转化，我们怎样才能避免或减少劣势和威胁的负作用？

5. 哪些是我们主要的不利匹配（无法转化的企业劣势+无法转化的环境威胁）或限制匹配（无法转化的企业劣势+环境机会）？这些对我们的顾客而言，是否显著？

6. 我们有办法避免或减少不利匹配及限制匹配的负作用吗？

六、营销目标

（一）营销目标 A

1. 详细的可测量的结果：

2. 完成的时间：

3. 负责执行的单位或个人：

4. 与 SWOT 的关系：

（二）营销目标 B

（略）

（三）营销目标 C

（略）

七、营销战略与战术

（一）目标市场

1．目标市场 A

人口统计特征：

地理特征：

心理特征：

基本需求与利益欲求：

购买与惠顾特征：

消费特征：

对选择这一目标市场的论证：

2．目标市场 B

（略）

3．目标市场 C

（略）

（二）营销组合策略

1．营销组合策略 A（针对目标市场 A）

（1）产品

产品的主要特性与利益：

与竞争产品的不同之处：

产品的各个层次因素与服务：

品牌名称与包装：

与顾客让渡价值的关系：

辅助产品：

（2）价格

产品的单位成本：

定价目标：

折扣与降价政策：

与让渡价值的关系：

（3）分销

总的分销策略：

中间商与渠道：

渠道关系：

与让渡价值的关系：

（4）促销

总的促销策略：

产品或公司定位的基础：

广告与公共关系的目标与预算：

广告与公共关系活动的要素：

人员推销的目标与预算：

人员推销活动的要素：

销售促进的目标与预算：

销售促进活动的要素：

2．营销组合策略 B（针对目标市场 B）

（略）

3．营销组合策略 C（针对目标市场 C）

（略）

（三）主要顾客与竞争者的反应

1．顾客与竞争者对营销组合策略 A、B、C 可能会有什么反应？

2．营销组合策略 A（或 B、C）怎样使我们在满足市场 A（或 B、C）的需求时获得竞争优势？

3．这些竞争优势是可持续的吗？为什么？

八、营销战略实施

（一）组织结构问题

1．描述营销战略实施总体方案

2．描述内部营销活动

内部产品：

内部定价：

内部分销：

内部促销：

（二）活动、责任、预算与时间

1．生产活动

（1）活动项目 1

负责人：

预算：

其他所需资源：

目标完成时间：

（2）活动项目 2

（略）

（3）活动项目 3

（略）

2．价格活动

（1）活动项目 1

负责人：

预算：
其他所需资源：
目标完成时间：
（2）活动项目 2
（略）
（3）活动项目 3
（略）
3．分销活动
（1）活动项目 1
负责人：
预算：
其他所需资源：
目标完成时间：
（2）活动项目 2
（略）
（3）活动项目 3
（略）
4．促销活动
（1）活动项目 1
负责人：
预算：
其他所需资源：
目标完成时间：
（2）活动项目 2
（略）
（3）活动项目 3
（略）

九、评估与控制

（一）财务评价

1．贡献分析
总固定成本 a：
单位变动成本 b：
单位售价 c：
现行毛利目标 d：
未来毛利目标 e：
为了实现现行毛利目标，我们需要销售多少产品？（a+d）/（c−b）
为了实现未来毛利目标，我们需要销售多少产品？（a+e）/（c−b）
2．反应分析
产品反应系数 a：

价格反应系数 b：
分销反应系数 c：
促销反应系数 d：
综合影响系数：a×b×c×d
3．系统策划模型
行业本期销售量 a：
销售量预计增长（下降）率 b：
行业计划期预计销售量 c（c＝a×b）：
现行营销战略不变条件下的企业市场占有率 d：
修正的市场占有率 e（d×综合影响系数）：
预计的产品销售量 f（f＝c×e）：
预计的产品销售额 g（g＝f×单位售价）：
预期成本 h：
预期毛利 i（i=g-h）：

（二）营销控制

1．投入控制
员工的招募与筛选程序：
员工培训项目：
人力资源配置：
财务资源配置：
资产配置：
R&D 费用：
其他：
2．过程控制
员工评估与报酬制度：
员工权力与授权：
内部沟通系统：
组织的权力结构（组织结构图）：
管理层实施营销计划的意愿：
3．结果控制
（1）表现标准
产品标准：如果标准没有达到，有哪些可能的补救措施？
价格标准：如果标准没有达到，有哪些可能的补救措施？
分销标准：如果标准没有达到，有哪些可能的补救措施？
促销标准：如果标准没有达到，有哪些可能的补救措施？
（2）营销审计
营销活动是如何被检视的？
用什么特定的利润与时间标准检视营销活动？

营销审计的具体方法：

营销审计负责人：

4．其他的控制方法

（1）员工自我控制：

（2）员工社会控制：

（3）员工文化控制：

资料来源：庄贵军. 企业营销策划（2 版）[M]. 北京：清华大学出版社，2012。

第 6 章　营销策划的环境分析

学习目标

1. 掌握企业营销策划的外部环境分析
2. 掌握企业营销策划的内部环境分析
3. 理解企业营销环境综合分析

实践中的营销策划环境分析

美的空调的市场环境分析

一、美的集团简介

创建于 1968 年的美的集团，是一家以家电业为主，涉足物流等领域的大型综合性现代化企业集团，旗下拥有三家上市公司、四大产业集团，是中国最具规模的白色家电生产基地和出口基地之一。

1980 年美的正式进入家电业，1981 年开始使用美的品牌。目前，美的集团拥有员工 13 万人，旗下拥有美的、小天鹅、威灵、华凌等十余个品牌。除顺德总部外，美的集团还在国内的广州、中山、重庆、安徽合肥及芜湖、湖北武汉及荆州、江苏无锡、淮安及苏州、山西临汾、河北邯郸等地建有生产基地；并在越南、白俄罗斯建有生产基地。美的集团在全国各地设有强大的营销网络，并在海外各主要市场设有超过 30 个分支机构。

美的集团主要产品有家用空调、商用空调、大型中央空调、冰箱、洗衣机、饮水机、电饭煲、电磁炉、电压力锅、微波炉、烤箱、风扇、取暖器、空气清新机、洗碗机、消毒柜、抽油烟机、热水器、吸尘器、豆浆机、电水壶等家电产品和空调压缩机、冰箱压缩机、电机、磁控管、变压器等家电配件产品，拥有中国最大最完整的空调产业链、微波炉产业链、洗衣机产业链、冰箱产业链和洗碗机产业链，拥有中国最大最完整的小家电产品群和厨房家电产品群。

美的集团一直保持着健康、稳定、快速的增长。20 世纪 80 年代平均增长速度为 60%，20 世纪 90 年代平均增长速度为 50%。21 世纪以来，年均增长速度超过 30%。

2009 年，美的集团整体实现销售收入达 950 亿元，同比增长 6%，其中出口额为 34 亿美元。在“2009 中国最有价值品牌”的评定中，美的品牌价值达到 453.33 亿元，名列全国最有价值品牌第六位。

2009 年 8 月，在中国企业联合会、中国企业家协会发布的“中国企业 500 强”中，美的集团列第 69 位。2010 年 2 月，在国际权威品牌价值评估机构英国品牌顾问公司(Brand Finance)公布的“全球最有价值 500 品牌排行榜”中，美的集团作为唯一的中国家电企业入选。

在保持高速增长的同时，美的集团也为地方经济发展做出了积极贡献，从2002年以来上交税收超过150亿元。截至2010年2月，美的集团已为社会福利、教育事业等累计捐赠超过2亿元。

展望未来，美的集团将通过持续稳健发展，打造成为全球化、科技化、适度多元化的具备完善法人治理结构的企业集团，努力成为全球前三的世界级白色家电类制造企业集团并实现"再造一个美的"的战略目标。

二、美的空调的宏观环境分析

（一）宏观经济运行

2006年我国GDP为209407亿元，增长10.7%，增速比上年加快0.3个百分点，为空调消费市场的发展提供了稳定的基础。

（二）居民收入水平及消费习惯、消费能力

价格总水平基本稳定，全年居民消费价格上涨1.5%，涨幅比上年回落0.3个百分点。城乡居民收入加速增长，2006年我国城镇居民人均可支配收入实际增长10.4%，农村居民人居纯收入实际增长7.4%，增幅均比上年有所增大。

（三）国家对房地产行业的宏观调控效果开始显现

与其他因素相比，房地产行业的发展对空调市场的影响更为直接，但从2005年开始，国家紧缩银根、宏观调控的效果开始显现，国家政府对房地产的宏观调控，使得空调大受影响。尤其在一级城市市场，房地产的发展曾经极大地拉动了空调的销售，而现在，房地产经济被遏制，空调一级城市市场的空间也小了。

（四）产业政策的调整

在空调行业高速发展阶段，厂商得到的丰厚收益掩盖了产业内存在的诸多问题，随着空调市场陷入过度竞争的泥潭，原来沉在繁荣表象下面的问题逐渐浮出水面，最近两年，针对这些问题进行的产业政策调控开始一条条在落实或制定之中。

在节能方面，由国家发展与改革委员会和国家标准化管理委员会指导、全国能源基础与管理标准化技术委员会归口组织修订的国家标准GB12021.3《房间空气调节器能效限定值及能源效率等级》，确定了14kW以下房间空调器的能效等级指标，并于2005年9月1日开始实施。

在出口退税方面，出口退税率的下调对出口导向型行业和出口企业的平均利润产生了重大影响；但是就国内空调行业而言，国际市场是空调企业规避国内过度竞争的风险、寻求新利润源的必然途径之一。

作为我国家电行业技术性标准的《房间空调器安装质量检验规范》（试行）（以下简称《规范》），由中国家用电器维修协会于2006年3月14日在京发布。另外，由中国家电维修协会制订的《家用空调器深度清洗技术规范》也将于2006年5月正式出台，与此相关的空调"深度清洗"节能服务认证也有望推出。

同时，还有实施的《关于在电子电气设备中禁止使用某些有害物质指令》（即ROHS指令）及《关于报废电子电器设备指令》（WEEE指令）。据了解，这两项指令的实施，将可能导致我国出口欧盟的空调价格上涨10%，从而对企业竞争力产生较大的影响。

随着空调产业的发展进入一个稳定期，政策性因素对企业的影响将越来越大，甚至能左右一个企业的生死。所以，空调企业在不断地适应市场发展步伐的同时，对产业政策的落实与适应，也是其能长期立足于市场竞争的必经之路。

三、美的空调的微观环境分析

（一）企业

1. 企业管理方面

美的集团较好地解决了产权问题，企业管理水平比较成熟，先进的事业部管理体制和员工持股制度使企业充满活力；同时随着企业规模的扩大和多元化、国际化的发展，大企业反应慢、内耗大的缺点将会越来越明显。

2. 产品研发能力

2004年6月与东芝合资，在研发、制造等层面上开展了深入的合作，进一步提高美的产品开发能力。但美的技术水平与国内同行中的佼佼者相比仍有不足，与国外同行相比差距更大，在核心技术与关键技术上，主要靠引进、吸收，缺乏自有知识产权。

3. 市场地位

美的集团的空调市场份额近年来保持逐年上升，进入了空调行业三甲之列，但与市场领导者还有一定差距，想挑战老大还稍逊实力。同时稍居其后的科龙、海尔、格兰仕、奥克斯等品牌咄咄紧逼，市场地位不够稳固。

（二）配件及原材料

最近几年，原材料价格的不断上涨一直困扰着我国空调行业，自2003年初开始上涨的原材料价格目前依旧持续着强劲的上升势头，特别是作为空调主要元器件的原材料铜，其价格一直处于螺旋式上升的状态。

2006年2月，铜以每吨50650元的单价历史性地首次突破5万元大关，随后便有所平稳回落。在经过了一个半月的稳定期之后，即从3月底开始，铜价又陡然上涨，其中有几天平均以近千元的幅度往上涨。至4月7日，上海现货铜的每吨均价达到了53950元。

而空调产品主要元器件的另一大原材料钢的价格从3月初也开始稳步上扬。据商务部市场运行司消息，3月上半月，我国流通环节钢材平均价格比2月底上涨4.44%，达到4327元/吨，每吨上涨184元。其中，板材上涨尤其明显，6mm普通中板价格上涨9.32%，达到3767元/吨，每吨上涨321元；0.5mm无取向冷轧硅钢片价格上涨4.2%，达到7450元/吨，每吨上涨300；1mm冷轧普通薄板价格上涨4.02%，达到4811元/吨，每吨上涨186元；3mm热轧普通薄板价格上涨5.91%，达到3800元/吨，每吨上涨212元。3月底，钢价市场的晴雨表——宝钢推出了其二季度政策，再度上调了热轧产品价格，从而引起了铁矿、钢材、板材等市场一系列的连锁涨价反应。

同时，在原材料价格上涨的压力下，压缩机产品在2005年度也进行了两次价格上调，空调企业来自上游的成本压力继续加大。

（三）渠道

中国目前空调渠道格局不但存在有越来越强势的家电连锁卖场，还有传统的家电专业渠道，百货零售业态，甚至连国外企业比如百思买等也是虎视眈眈，颇有春秋时期群雄逐鹿的态势。

虽然目前家电连锁卖场在一级市场占有较大的市场份额，但是在广大的二、三、四级市场上专业经销商还是占有竞争的主动权，而且在一些一、二级市场百货商场还与大连锁在艰难地抗衡着。同时，外资企业十分看好中国市场，正在积极谋划进军国内。因此，家电流通领域在经过前几个阶段的变革后，在今后相当长的一个时期内家电销售渠道还将处于一种变革、整合的状态。

1. 连锁卖场模式成为主流

在当今家电流通领域几大业态中，家电连锁大卖场是发展最为迅速的，也是最为惹眼的。尤其是去年国内家电市场连锁的四处布局和完成的几起并购，使得家电连锁不断地成为新闻的焦点。在全国部分一级市场，家电连锁大卖场已经毫无争议地取得了垄断性地位。而在去年国美和苏宁电器相继完成全国一级市场布局后，它们又开始转战二、三级市场。

但在国美和苏宁快速扩张的同时，我们也应该看到其背后隐藏的风险。目前中国家电连锁业的管理还处在一个粗放的时期，还没有形成科学化、精细化的管理，从而使得它们的核心竞争力大打折扣。

同时，在粗放式的扩张过程中，中国家电连锁业的发展正面临着门店效益不高，整体经营利润偏低，厂商之间矛盾频频等诸多问题。尤其是厂商矛盾已经达到了尖锐的地步，挤压供应商利润作为盈利的主要途径，据了解，2005 年上半年，国美电器销售收入 78.12 亿元，毛利 6.75 亿元。其他收入 3.15 亿元，其中向供应商收取的促销费、管理费、进场费和上架费合计 2.01 亿元，净利润 3.50 亿元。向供应商收取的各种费用占净利润的 57%。而这种不平等的利益分配严重损害了一些合作厂家的信心。一些厂家试图自己建立流通渠道就是明显的例证。

因此，对家电连锁大卖场而言，目前最重要的就是提高企业管理水平，规范与供应商的交易，构建和谐的经营环境。出台的《零售商与供应商进货交易管理办法》也是一个很好的佐证。

2. 百货业经营不容忽视

虽然在空调流通领域第一次变革当中，不少百货商场退出了空调经营，但我们也可以看到，在部分一级市场和绝大部分二、三级市场，很多百货商场依然有着与连锁卖场相抗衡的能力。这些百货商场根据市场形势，及时调整了经营思路，不仅是零售，还是一些空调品牌的区域代理商。所以说，在目前的空调流通渠道还不能忽视百货业的存在。

3. 专卖、代理等销售模式继续发挥作用

随着连锁卖场逐渐占据一、二级市场，不少小空调经销商退出了历史舞台，这在一定程度上也压缩了传统代理商的生存空间。面对市场竞争的压力，虽然有一些代理商转行退出家电流通行业，但也有不少家电代理商积极探索新的发展方向，有的尝试建立区域性、地区性家电连锁企业；有的利用自己已形成的资金能力、信贷能力和物流服务能力，成为更大型的供货商；还有的缩小规模、降低成本，将业务局限于工程机和维修业务等。而根据当前厂商之间这种不平等的利益分配，再加上格力专卖店的成功，专卖店似乎有愈演愈活的趋势。

4. 外资的进入和新业态的诞生

中国宣布零售业对外资进一步开放后，早就对中国家电零售业虎视眈眈的外资企业就迫不及待地进入中国，目前，美国家电零售巨头百思已圈定上海作为其中国首店所在地。但其想在中国家电市场上分得“一杯羹”，必须要尽快克服“水土不服”的毛病。

另外，一种新兴的营销方式即网络营销正在兴起。

总的说来，未来几年中国家电流通领域既不可能是大型连锁企业一家独大、垄断整个行业的格局，也不可能回到群雄并起，数万个家电经销商鱼龙混杂的局面。应该是一个大型家电连锁企业和以现代家电代理商为核心的家电加盟零售卖场以及其他新型的家电零售企业共存的局面。

（四）购买者市场

2006年中国空调行业在市场空间短缺，竞争进一步加剧的严峻形势面前，在经历了产能整合、渠道整合后，以“性价比、节能、健康、静音”等作为突破点的技术资源整合也逐渐拉开序幕。在变频技术已经成为空调市场的一种基础技术的前提下，拥有双向换新风、恒温除湿、除菌除尘等健康功能的空调已经成为2006年度空调市场的主流。此外，虽然节能空调概念的强调已非新闻，但随着空调能效比国家强制标准实行，各地相关部门对于节能空调的检查力度加大，各大品牌对于节能的重视程度明显加大。与此同时，空调的外观设计也是本年度的一大亮色。在面板设计上，为了适应流行的家装，各种鲜艳明亮的色彩正逐渐取代传统的白色，缤纷的色彩给消费者更多的选择，空调产品开始成为消费者家庭中的装饰品和艺术品。并且，各类空调新品不仅在外观上注重时尚化设计路线，同时也开始注意提供空调产品自身的科技附加值和绿色环保功能。

消费者对健康功能的相信程度远远没有对节能功能的认可度高。结果显示，二、三级市场的消费者对健康空调认可程度远远低于一级市场。大多数消费者对使用中的健康空调比较满意，但是随刊问卷满意的比例要低于网络问卷的比例。多数消费者表示在今后再购置空调时会选择具有健康功能的空调产品。

空调产品附加功能五花八门，厂家不惜花费巨资进行技术的改革与升级，这些都是无可厚非的，也必然促进整个行业的健康发展。通过调查我们还发现，90%的消费者对空调评价的直接标准还是空调的基本功能，即制冷制热的速度和效果。制冷制热的速度和效果是空调的原始使命和基本作用，其他附加功能只能作为衍生物存在。所以我们提醒广大厂家在绞尽脑汁增加产品附加功能的时候首先要保证空调的基础功能，如果本末倒置就得不偿失了。

（五）竞争者状况

与2005年度结束时相比，2006年度的整体市场格局并没有发生特别明显的变化，前三大品牌依然牢牢把持着第一集团的位置。特别值得注意的是，由于市场竞争环境的不断恶化，三大品牌正越来越多地受到渠道的关注，而部分二、三线品牌的市场境况仍然没有得到改观。据统计，三大品牌今年的累计内销出货量达到了市场总出货量的52.6%，较上一年增长了4%，它们与其他品牌的差距正在逐步拉大。下面对美的空调的主要竞争对手进行分析。

2006年度格力成为国内空调市场的最大赢家，在市场总容量增幅放缓甚至停滞的情况下，且在自身总量已在高位运行的情况下，格力依然在国内市场保持了快速增长的势头实属不易。

2006年度格力国内市场增长的原动力来自于其一直坚持专业制造的品牌内涵的发展战略，同时格力把其多年来培育形成的渠道网络优势发挥得淋漓尽致，格力独创的区域销售公司模式，在不同区域结合当地实际，把厂、商的利益有效地紧密结合在一起，大大调动了渠道经销商与之合作的积极性，巩固了其在二、三级市场的优势地位。在此基础之上，格力开展了曲线实现与家电大连锁的合作，相继进入各大连锁卖场的区域卖场。最后其近年来精心打造的专卖店网络也在逐渐发挥作用。

2006年，海尔在巨大的市场压力下，凭借着海尔人的执着、勤奋和毅力，还是实现了较好的业绩，巩固了其一线品牌的地位。海尔在市场上能够始终保持领先地位，其自主品牌的巨大影响力、领先的产品研发和市场推广、优质完善的市场服务是主要原因。从销售额上看，2006 年度，在绝大多数省份海尔的销量都比较靠前。在国美、苏宁、永乐、大中、五星等大型家电连锁卖场全国空调总销量的报表中，海尔的总体零售量大多名列各品牌之首，且领先优势较为明显，从中我们可以看出海尔强大的品牌优势。同时其在传统的大商场的销售比重明显上升，而自身的专卖店建设也取得了一定成效。其创新的产品开发理念、强大的品牌拉力、进一步贴近市场的营销策略、完善的市场服务机制具有其他品牌无可比拟的优势。2006 年度海尔空调继续在高、中、低端三线同时出击，以海尔品牌的市场拉力，对许多品牌形成了冲击。而作为健康空调的大力推广企业，海尔的健康节能产品近年来一直引领着行业的潮流。同样 2006 年度海尔高效直流双新风空调和“鲜风宝”受到了市场的欢迎，销量十分可观。同年海尔新品销售比例的大幅提升也直接带动了赢利水平的提升。

在全国各地经销商伙伴的鼎立支持下，美的空调 2006 年度国内市场销量保持了一定的增长。尤其值得注意的是，2006 年度美的决策层把提高产品均价、优化产品结构方面作为工作的重中之重，在一定程度上进一步完善了产品组合。这一系列举措使得美的今年的产品整体单价有了明显提升，同时工程机比例进一步下降，公司经营质量得到了有效提高。美的能够一面实施调整，一面应对市场，做到两不误，是与美的有着良好的市场基础和合理安排分不开的，体现了美的高超的管理水平。以营销见长的美的对行业认识和判断要领先于其他品牌。深谙空调市场运作的美的制冷集团总裁方洪波在年初分析当时的市场发展状况时就提出，四大矛盾制约着市场的健康发展。空调行业已不再是比规模、比炒作、比概念的时代，更多的是企业综合实力的比拼，是企业系统平衡能力的竞争。因此，美的制定了比较符合实际的增长率目标。切合实际的目标体现了美的激情之中不乏稳健。

2006 年度，奥克斯改变思路，一改往日低端机打市场的做法，大幅度提高中高端机型的市场比例，并且在市场实际操作中得到很好的贯彻执行。高中端产品的市场比例大幅提高，产品平均价格上涨幅度超过行业整体水平，应收账款和期末产品库存同比都有较大幅度的下降，财务状况明显改善。这一切说明奥克斯已经放弃那种只注重市场份额不要经营质量的发展战略。战略的调整对奥克斯的长远发展有着重要的意义。与此同时，2006 年度奥克斯在调整中特别注重对执行力的培养，通过制度建设杜绝假、大、空的作风。这样不仅在奥克斯的经营团队中树立了实事求是的良好作风，也增加了经销商对奥克斯品牌的信心，奠定了奥克斯长远发展的基础。

资料来源：作者根据互联网相关资料进行整理。

评述

本案例对美的空调市场环境从宏观到微观两个角度进行分析。分析宏观环境时，从宏观经济运行、居民收入水平及消费习惯、消费能力、国家对房地产行业的宏观调控效果开始显现、产业政策的调整等角度入手，做了详细的分析；分析微观环境时，从企业管理、产品研发能力、市场地位、配件及原材料、渠道中的连锁卖场模式、百货业经营、专卖、代理等销售模式、外资的进入和新业态的诞生、购买者市场、竞争者状况等方面层层深入，详尽而细致地做了分析。

企业总是处在一定的内外环境之中，环境影响着企业的市场营销活动，进行营销策划时不能不考虑到企业所面临的内外环境，否则做出的营销策划就像建立在流沙上的房子，再精

美也没有意义，对企业内外环境分析的方法有很多，SWOT 分析法是常用的一种。

6.1 企业营销的外部环境分析

企业营销的外部环境分析又称为机会与威胁分析，是指对企业业务发展和市场营销活动的各种外部因素进行分析，找出有利和不利的因素，确定企业的机会和威胁。

小案例 6-1

老鼠和狗

一群老鼠爬上桌子准备偷肉吃，却惊动了睡在桌边的狗。老鼠们同狗商量说："你要是不声张，我们可以弄几块肉给你，咱们共享美味。"狗严词拒绝了老鼠们的建议："你们都给我滚，要是主人发现肉少了，一定怀疑是我偷吃的，到那时我就会成为案板上的肉了。"

资料来源：作者根据互联网相关资料进行整理。

启示：不要与企图打倒自己的对手合作，当他们给你一点利益的时候，你也许失去的是更大的利益。

6.1.1 外部环境因素的分类

影响企业市场营销活动的外部因素主要分为宏观环境因素和行业环境因素两大类。

1. 宏观环境因素

宏观环境因素又具体划分为经济因素、法律因素、人口因素、文化因素、自然因素和技术因素六个方面。

（1）经济因素

这是宏观环境中的首要因素，包括国家经济增长率、人均国民生产总值、人均可支配收入、储蓄倾向、收入结构以及个人消费信贷。

（2）法律因素

它主要是指各级政府所指定的与企业有关的法律法规、政策条文等，例如《反不正当竞争法》。这些法律法规规定了企业营销活动的范围。

（3）人口因素

它主要包括目标市场内的人口规模、增长率、性别比例、年龄结构、受教育水平以及人口流动的情况等，这直接决定了目标市场的容量。

（4）文化因素

这包括人们的生活价值取向、人生观、价值观、宗教信仰以及风俗习惯等。文化因素的影响没有其他因素表现得那么明显，其影响是潜在的、长期的，有时甚至是偏执的，不了解目标市场的文化环境，就可能栽大跟头。

（5）自然因素

这主要是指目标市场的气候、自然资源、地理环境以及生态状况等，这些因素对企业市场营销活动的开展也有重要影响，比如对原材料价格、运费成本等都有影响。

（6）技术因素

技术是企业发展的一个永恒主题，技术因素主要是指技术的革新。在一定时期内，技术因素对企业营销活动的影响似乎并不大，但一次技术革新可能会使传统行业完全消失，因此必须重视技术因素的影响。

2. 行业环境因素

关于行业环境的内容，战略家迈克尔·波特提出了五个方面的因素：行业的新进入者、替代品、买方、供方和行业中原有的竞争者，如表 6-1 所示。

表 6–1　行业环境因素

行业的新进入者 ● 实力强弱 ● 成本优势 ● 产品特色 ● 销售渠道 ● 商标商誉 ● 政府政策	**供方** ● 要素的差异性 ● 厂商的集中程度 ● 供应量 ● 供应价格
替代品 ● 种类的多寡 ● 相对价格水平 ● 替代倾向	**行业中原有的竞争者** ● 竞争者数量 ● 实力强弱 ● 商标商誉 ● 产品差异性 ● 行业增长率 ● 行业退出障碍
买方 ● 需求量 ● 需求价格 ● 买方的集中程度	

6.1.2　外部环境资料的收集和整理

小案例 6-2

青蛙与老鼠

一只青蛙看着自己的老鼠邻居很不顺眼，总想找个机会教训它。

一天，青蛙见到老鼠，劝它到水里玩。老鼠不敢，青蛙说有办法保证它的安全，用一根绳子把它们连在一起，老鼠终于同意一试。下了水，青蛙大显神威，它时而游得飞快，时而潜到水底，把老鼠折腾得死去活来。老鼠最后被灌了一肚子水，泡胀了漂浮在水面上。空中飞过的鹞子正在寻找食物，发现了漂浮的老鼠，就一把抓了起来，相连的绳子把青蛙也带了起来。吃掉老鼠后，意犹未尽的鹞子把嘴又伸向青蛙。在被鹞子吃掉之前，青蛙后悔地说："没有想到把自己也给害了"。

资料来源：故事 365，http://www.gushi365.com/info/5093.html，2010-8-24。

启示：竞争是有规律的，当我们采取了不正当的手段去对付竞争对手的时候，也许我们自己已经也踏入失败的门槛。

1. 收集资料的方式

资料的收集既可以通过第一手获得，也可以通过第二手获得，在一般的环境分析中，两种方式都是必需的。

二手资料是已经有人收集并整理好的信息，由于二手资料获得的费用较低，而且一般比较系统，因此企业应先收集二手资料，看能否满足分析的需要，对缺省的资料可通过第一手的方式获得。

2. 二手资料的收集

在企业机会与威胁分析中，由于分析的对象是宏观因素和中观因素，二手资料占了相当重要的地位，有些宏观资料的获得是无法通过第一手资料的收集获得的。二手资料可以通过以下途径获得：

（1）政府出版物

各级政府对全国或某个地区的经济、人口、政策、文化等方面的情况会进行调查和监控，并在一定时间公布数据信息，各行业部门也会每隔一段时间公布本行业的资料，这些数据可靠性强，是获取二手资料的途径之一。

（2）商业出版物

在各种营销杂志、协会刊物或统计刊物中，我们都可以找到所需要的环境资料。

（3）商业资料

这是指商业调查公司或咨询公司通过市场调查获得的资料，也是企业收集二手资料的主要途径之一。

3. 一手资料的收集

通过二手资料无法获得的信息，就必须通过第一手的方式来取得了，收集一手资料主要通过市场调研来获得，营销调查方法同样适用于营销策划方案的调查，除此之外还可以使用观察法、讨论法和实验法等方法。

4. 资料的整理

在资料收集上来以后，要对其进行整理，剔除虚假的、不合适的信息，并按资料的特性进行分类整理，形成一个完整的、系统的体系，为企业的机会与威胁分析做好准备。

6.1.3 企业的机会与威胁分析

小案例 6-3

白雁落网

白雁经常聚集到湖边，它们常在那里挑选合适的地方栖息。雁群头领还安排了一只白雁守夜放哨，看见有人来了就鸣叫报警。湖区的猎人熟悉了白雁的生活习性。一到晚上，他们就有意点亮火把。放哨的雁看见了火光，就嘎嘎地叫了起来，猎人又把火弄灭了。等到雁群受惊飞起来时，什么动静也没有了，雁群又放心地落回原处休息。

这样反复三四次后，雁群以为是放哨的雁有意欺骗它们，就都去啄它，这时，猎人举着火把向雁群靠近。放哨的雁怕雁群啄它，不敢再叫。酣睡中的雁群被猎人一网捕捉，没有一只逃脱。

资料来源：查字典，http://www.chazidian.com/gushi13137/，2013-4-15。

启示：任何一个企业都会面临着市场的考验，当竞争对手第一次试探的时候，企业建立起来的预警系统——“放哨的白雁”起到了作用，企业严阵以待，却不见对手有什么反应。但是经过反复试探之后，连企业自己也逐渐放松了警惕，致使竞争对手一战而胜。

企业在收集和整理外部环境资料之后，就可以开始机会与威胁分析了。

1. 机会分析

机会分析是指企业通过对外部环境的分析，找出有利于企业营销活动的因素，并具体分析其影响强度和成功可能性的过程。

机会分析可通过环境机会矩阵图（见图 6-1）来分析外部环境为企业带来哪些机会，将其恰当归类并采取适当的策略来利用。

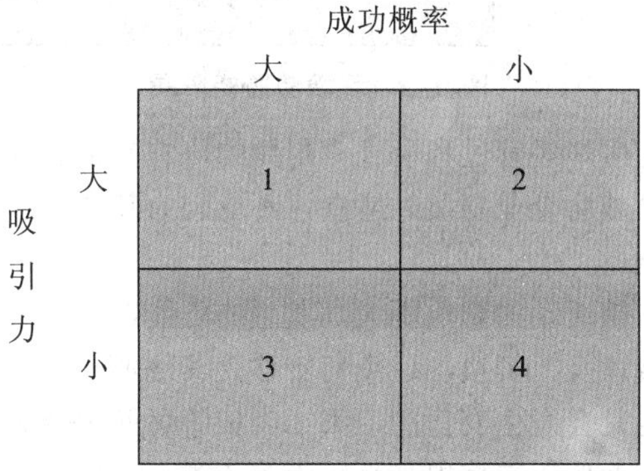

图 6-1　环境机会矩阵图

第 1 类机会是企业最向往的。吸引力大，表明市场营销活动的影响很大，同时企业成功的可能性也很大，企业应抓住这样的良好机会加速发展。

第 2 类机会是企业应谨慎考虑的。虽然这类机会的吸引力很大，但企业成功的可能性小，不宜盲目跟风。

第 3 类机会是企业要着力分析的。虽然这类机会的吸引力不大，但企业成功的可能性大，企业应做好效益分析，如果发现这类机会的收益大于付出的成本时，可考虑利用这类机会，促进企业营销活动的开展。

第 4 类机会是企业不用考虑的。这类机会对企业的营销活动影响不大，如果利用它成功的概率很小，因此不应采纳。

机会所处的位置是变化的，第 2 类机会可能因企业自身的改变而进入第 1 类，第 1 类机会也可能因环境因素的相互作用而转为第 3 类。企业应做好环境监测，更好地利用机会，推动企业的发展。

2. 威胁分析

威胁分析是指企业通过对外部环境的分析，找出对企业营销活动不利的因素，再具体分析其影响强度和发生的可能性的过程（见图 6-2）。

第 1 类威胁是企业要高度重视并着力化解的。这类威胁对企业营销活动的影响很大，同时发生的可能性也很大，企业一方面要密切的监控，另一方面要形成一套良好的常备反应机制，在威胁来临时迅速化解，将损失减到最小。

第 2 类威胁对企业营销活动的影响很大但发生的可能性小。企业对这类威胁要有一定灵敏的预警机制，不能因为其发生的可能性小而忽略它。同时还要有良好的应对措施。

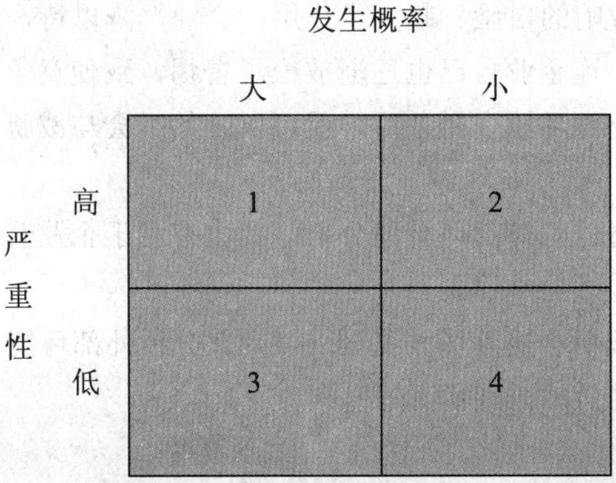

图 6-2 环境威胁矩阵图

第 3 类威胁是企业在生产经营过程中经常用到的，它对企业营销活动的影响很小，但是发生的可能性大。对这类威胁企业要及时解决，不能因为其影响力不大而搁置起来，以防发生变化，造成更大的影响。

第 4 类威胁对企业营销活动的影响不大，发生的可能性也不大，对这类威胁企业要做的是注意其动向，一经发现就及时解决，避免其转移为其他形式的威胁。

与机会一样，威胁也是会发生变化的，第 3 类威胁可能因企业不予理睬而变成第 1 类，第 2 类威胁也可能因为企业应对措施得当而转为第 4 类。

3. 综合分析

我们将机会与威胁分析结合起来，运用到企业的营销策划活动中，就可以了解当前正在做的营销策划活动所处的外部环境中有哪些机会，面临哪些威胁，从而为企业决策提供依据（见图 6-3）。

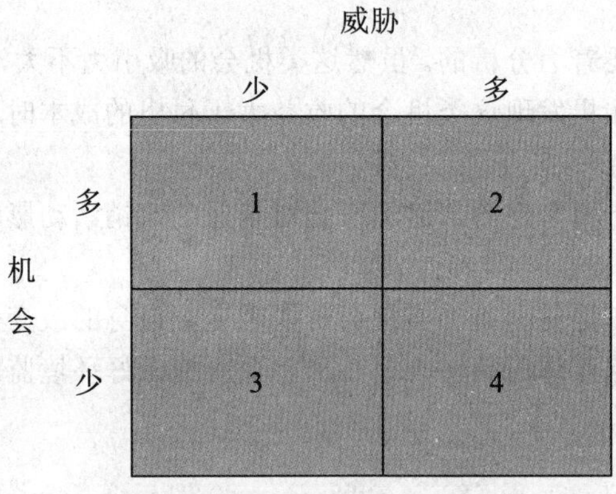

图 6-3 机会—威胁分析矩阵图

第 1 类营销策划活动所处的环境比较理想，拥有的机会多，受到的威胁少，企业应着力发展。

第 2 类营销策划活动所拥有的机会多，威胁也多，风险比较大，企业应慎重考虑，做好风险收益分析。

第 3 类营销策划活动所面临的机会少，面临的威胁也少，一般是比较成熟的业务。企业通过这类营销活动获得的收益如果较大，则可继续加强，其他企业很难通过这类营销策划活动获得更多的收益。

第 4 类营销策划活动面临的威胁很多，拥有的机会却很少，企业应回避这类营销策划活动。

通过机会与威胁的分析，策划人员就能够清晰地了解到企业所处的外部环境，再根据企业的情况进行恰当的营销策划，推动企业的营销活动。

6.2　企业营销的内部环境分析

企业营销的内部环境分析又称为优势与劣势分析，是企业对自身的审视，是指企业通过对内部影响其市场营销活动和业务发展的各种因素进行分析，找出其拥有的优势和劣势，确定企业的市场地位的过程。

6.2.1　内部环境分析的意义

小案例 6-4

动物拉车

梭子鱼、虾和天鹅不知道什么时候成了好朋友，一天，它们同时发现路上有一辆车，车上有许多好吃的东西。于是它们就想把车子从路上拖下来，三个家伙一齐肩负起沉重的担子，它们铆足了劲，身上青筋暴露，使出了平生的力气，可是，无论它们怎样拖呀、拉呀、推呀，小车还是在老地方，一步也动不了。原来，天鹅使劲往天上提，虾一步步向后倒拖，梭子鱼又朝着池塘拉去，究竟谁对谁错？反正，它们都使劲了。

资料来源：作者根据互联网相关资料进行整理。

启示：一个企业的营销团队有不同才能的人，他们都有为企业奉献的精神，但是如果企业没有将他们的才能用到一处，使企业的营销力量形成合力，那么，最后埋怨谁都是无济于事的。

企业对自身内部环境的审视十分重要，如果对自身的优势与劣势不清楚，即使面临的市场机会再好，也不可能取得成功。企业在进行了优势与劣势分析后，就可以在市场营销活动过程中扬长避短，充分发挥优势，克服或避开劣势，在市场中取得有利地位。

对于策划人员而言，了解企业的内部环境是首要的条件，是科学策划的基础。在点子策划的时代，策划人在不了解企业内部情况下拍脑袋想出的点子，之所以其中有一些能够取得成功，是因为当时企业的营销理念普遍落后，促销方法也很不成熟。到了科学策划的时代，国内企业的营销理念已经上了一个台阶，一些先进企业还拥有一流的营销理念与实践水平，在这种情况下就必须通过科学策划来为企业出谋划策，而要科学地进行策划，不仅要做到知彼，还要做到知己。6.1 节的机会与威胁分析针对的是企业的外部环境，本节则针对内部环境因素进行分析，只有同时做到这两方面，企业才能真正做到知己知彼。

6.2.2　企业内部环境资料的收集与分类

1. 资料的收集

同外部环境资料的收集一样，内部环境资料也可以通过第一手和第二手两种方式获得。

二手资料的获得主要是翻查企业过去的会计报表和会计账簿，从中了解企业的生产销售规模、增长率、成本费用支出、利润水平、产品价格、市场分布、财务结构等方面的资料。

一手资料则可以通过调查获得，访问法是最常用的方法，除此之外，还有观察法、讨论法和实验法等。调查的对象可以包括企业投资者、经营者、企业员工、中间商、供应商及顾客等，通过调查来获得二手信息中所缺乏的信息。

2. 资料的分类

资料收集之后，先要进行分类整理，企业内部环境信息按其反映的企业实力可以分为如下几类。

（1）制造能力指标

这是反映企业生产能力的一系列信息的总和，包括设备、制造费用、产品质量、废品率、技术水平和及时交货能力等。

（2）营销能力指标

这类指标用来反映开展市场营销活动的水平，包括市场份额、市场覆盖地域、服务水平、定价效果、广告效果和公共关系效果等。

（3）盈利能力指标

这类指标用来衡量企业的盈利水平，包括销售利润率、总资产报酬率、资本收益率及资本保值增值率等。

（4）抗风险能力指标

这类指标用来反映企业对营销环境变化的承受能力，主要包括企业信誉、弹性管理水平、资产负债率、流动比率、速冻比率、应收账款周转率和存货周转率等。

（5）组织能力指标

这类指标用于反映企业的生产经营活动计划、实施的控制水平，主要包括领导评价、员工精神和创业导向等。

（6）发展能力指标

这类指标用来反映企业的后续发展与可持续发展的能力，主要包括研发开支占销售收入的比重，技术人员占企业员工的比重，员工的受教育程度以及员工培训费用等。

6.2.3 企业的优势与劣势分析

小案例 6-5

对老虎发命令

有一个人在荆州做官时，山上的老虎常出来吃人和家畜。老百姓要求县官除去饿虎。这个人只下了一道驱逐老虎的命令，叫人刻在很高的岩石上，凑巧那只老虎因故离开了荆州，他就得意地认为他的命令生效了。

不久，他被调到另一个地方做官。这个地方的老百姓很不容易管理。他认为刻在荆州岩石上的命令既然能够制服凶恶的老虎便以为也能够镇住能识文断字的老百姓，便托人去荆州描摹那个石刻。结果，这个地方不但没有治理好，这个官反而因为治理不当而丢了官。

资料来源：作者根据互联网相关资料进行整理。

启示：许多企业都有营销成功的历史，它们依靠这些方法取得了丰厚的利润。但是当一个新的市场出现在面前的时候，环境变了、消费者的心理变了，企业原有的成功方法却在这时使企业一败涂地。这里的启示是，每个企业都有自己的营销模式，但是当市场发生变化的时候，企业应调整自己的营销策略来适应市场，毕竟市场永远是对的。

在对收集上来的信息进行分类整理后，就可以进行企业的优势与劣势分析了。如表 6-2 所示，我们可以将企业的各项能力用数量指数表示，从而了解企业的优势与劣势所在。

表 6-2　企业优势与劣势分析表

项目		评分	权数	结果
制造能力	设备			
	技术水平			
	产品质量			
	制造费用			
	及时交货情况			
营销能力	市场份额			
	市场覆盖地域			
	服务水平			
	定价效果			
	广告效果			
	公关效果			
盈利能力	销售利润率			
	总资产报酬率			
	资本收益率			
	资本保值增值率			
抗风险能力	企业信誉			
	资产负债率			
	流动比率			
	应收账款周转率			
	存货周转率			
	弹性管理水平			
组织能力	管理层水平			
	员工协作精神			
	创业导向			
发展能力	研发开支比例			
	技术人员比重			
	员工受教育程度			
	培训费用			

第一列项目栏列出了企业内部环境的主要因素。企业可以根据行业情况和企业自身情况进行增减，要注意分类列出。

第二列评分栏是指企业对各个项目的评价。把评价结果量化，以百分制的形式给出，分数越高，表示评价越好。比如企业的生产设备，如果是处于同行业的领先地位，就可以给 80～100 分；如果只是一般水平，可以给 60～80 分；如果是落后于一般水平，可以给 40～60 分；如果是即将报废的设备，就应在 40 分以下。

第三列权数栏则表明了各个项目的重要性。权数应在 0～1 之间，项目的重要程度越高，权数就应越大，这也应该根据企业所处行业的情况、企业自身具体情形决定，同时也受到分析倾向的影响。权数的给定还有一个限制，就是每一类的各项目权数之和为 1。

第四列结果栏表示各个类目的最终得分。类目得分=∑（各项目得分×对应权数）。将各类得分进行比较，就可以了解企业的长处是什么，短处又是什么了。

有时企业进行优势与劣势分析是为了明确企业在市场中所处的地位，即企业在市场竞争中是处于优势还是劣势。根据表 6-2 得出的各类得分再计算表 6-3 的数据就可以得出企业的综合分值。

表 6-3 企业优势与劣势综合分析表

类目	得分	权数	综合值
制造能力			
营销能力			
盈利能力			
抗风险能力			
组织能力			
发展能力			

表 6-3 中各个类目权数的确定与表 6-2 中各个项目权数的确定一样，受行业特点和企业状况的制约，还受分析人倾向的影响。如果分析人属于谨慎型，抗风险能力的权数就设得高一些；如果分析人敢冒风险，权数就会低一些。各类项目之和为 1。

最后得出的综合值就是企业的市场得分，企业的综合值=∑（各类目得分×对应权数），这一结果表明了企业在市场中的地位。

6.2.4 企业优势与劣势分析中要注意的几个问题

企业在进行优势与劣势分析后得出的结果一定程度上表明了企业的市场地位和优势、劣势所在，但要注意以下问题。

（1）这种分析方法虽然比较全面地考虑了企业内部环境的各个方面，但是没有考虑到各个因素之间的关系和相互作用。这种分析方法使用的是加权平均法，其结果必然是优势类（项）目弥补了劣势类（项）目，使综合值趋于平均，但是有时候一些劣势类（项）目的存在会使优势类（项）目无法发挥作用，这时平均值就没有意义了。根据“木桶效应”，木桶能盛水的多少，由最短的木片决定，企业的实力也有可能由处于最劣势的类（项）目决定。比如，企业的制造能力很强，营销能力较差，分析得出的结果是一个平均水平，但事实上企业在市场上的表现可能很差。

（2）企业在各方面都具有优势的情况下，也可能表现不佳。有时，企业各个部门的工作能力都很强，但总体效益却不佳，问题在于各部门间缺乏协调与合作，因此，企业内部各部门的关系评估也是一项非常重要的内容。

（3）企业在有些方面处于劣势时，也可能表现出良好的态势。我们必须了解，十全十美总是很难达到的，在认识到企业存在暂时无法弥补的劣势时，应该积极发挥优势，以弥补不足。比如，企业由于经费问题无法设立足够多的维修点时，就应努力发挥产品质量和服务态度方面的优势。

（4）企业认识到自己的优势和劣势后，不应只埋头于自己处于优势地位的业务，而放弃处于劣势地位的业务。在充分认识自我之后，企业要做的是审慎考察各项业务，有优势的要继续保持，没有优势又没有机会的可以放弃，但对有可能获取优势的业务要着力分析，把握机会，发展新的优势。

6.3　企业营销环境综合分析

企业仅仅进行机会与威胁分析、优势与劣势分析，是无法全面了解企业的营销环境的，没有做到知己知彼，策划人员也不可能据此做出令人满意的策划方案。只有在全面分析企业的内外环境以后，才能有的放矢，针对企业所要解决的问题提出解决的方案。对企业内外环境进行综合分析的方法很多，最常用的方法之一就是 SWOT 分析法，除此之外，还有波士顿矩阵法和通用矩阵法等。

6.3.1　SWOT 分析法的含义与意义

小案例 6-6

老虎求生

有个猎人在深山里挖了一个陷阱，安放了一个捕兽工具，野兽的脚只要碰到它，它就会牢牢地把兽蹄钳住。

有一次，一只倒霉的老虎出来觅食，一不小心踏到了这个捕兽工具，老虎怎么也挣不脱。老虎知道被猎人捉住就会身首异处，怎么办？难道为了这几寸小小的足掌让长达七尺的身躯难受？不行，还是逃命要紧。老虎发怒了，拼命蹦跳腾跃，挣断了钳住的足掌，终于逃跑了。

资料来源：作者根据互联网相关资料进行整理。

启示：每个企业在市场中都可能落入市场陷阱，这些陷阱可能来自资金短缺、组织混乱、顾客背弃、经销商反叛等，但企业认识到这个陷阱时，是否像这只老虎一样在危机的情况下宁肯牺牲局部也要保全整体呢？

把对企业的机会、威胁、优势和劣势的分析综合起来全面考虑和评估企业营销环境就是 SWOT 分析。S 表示优势（strengths），W 表示劣势（weaknesses），O 表示机会（opportunities），T 则表示威胁（threats）。这四方面合起来就全面分析了企业的内部环境和外部环境，为企业营销计划的制订提供了参考依据。

SWOT 分析法的意义可以概括为扬长避短、趋利避害、丢掉包袱、加速发展，具体表现在如下几点。

①能够揭示企业的优势与劣势所在，使企业在营销活动中扬长避短。企业在市场营销过

程中要做到以己之长，攻敌之短，充分发挥企业的优势与长处，对劣势和弱点则应避开。SWOT分析法可以使企业认识到自身的优劣势，做到扬长避短。

②能够明确企业面临的机会与威胁，使企业在营销活动中趋利避害。抓住市场营销环境中的机遇，避开对企业有威胁的因素，是企业在市场营销过程中竭力追求的。SWOT 分析法通过让企业了解到外部环境中蕴涵的机会和暗藏的威胁，使企业能做到趋利避害。

③能够让企业认识到应放弃的业务，丢掉包袱。对于既处于劣势，又充满威胁的业务，企业应果断放弃，以免影响其长远发展。SWOT 分析法能使企业认识到这些问题业务的存在，从而丢掉包袱、轻装上阵。

④能够让企业把握住要重点推动的业务，加速企业的发展，使处于优势地位的业务着力发展。SWOT 分析法让企业明确了这些"黄金业务"，无疑可以使企业抓住良机，加速推动企业的发展。

6.3.2 SWOT 分析的步骤

企业进行 SWOT 分析的具体步骤如下。

1. 收集信息

SWOT 分析实质上是机会与威胁分析、优势与劣势分析的综合，信息的收集也就是外部环境资料和内部环境资料两方面的收集，可以划分为三个部分：

①宏观环境信息的收集。

②行业（中观）环境信息的收集。

③微观环境信息的收集。

在 6.1 节和 6.2 节中已经详细地给出了信息收集的内容、方法、来源等，这些也适用于 SWOT 分析中信息的收集。

2. 信息的整理与分析

把收集到的信息分别归类到宏观环境、行业环境和微观环境后，再分析信息的含义，看其是否表明了企业面临的是机会还是威胁，及企业的优势和劣势所在。

3. 确定企业具体业务所处的市场位置

在资料收集整理完毕后，再看企业某一项具体业务面临的环境是机会多于威胁还是威胁多于机会，企业在这项业务上是处于优势还是处于劣势，在 SWOT 分析图中标出其市场地位。

4. 拟定营销战略

企业某一项业务的市场位置确定后，就可以根据其具体情况制定相应的营销战略和策划方案，决定企业是否应加大对这项业务的投资，产品组合、促销组合各方面有哪些要改进的具体问题等。

6.3.3 企业的 SWOT 综合分析

小案例 6-7

模仿

一个人想做一套家具，就走到树林里砍倒一棵树，并动手把它锯成木板。这个人锯树的时候，把树干的一头搁在树墩上，自己骑在树干上；还往锯开的缝隙里打了一个楔子，然后再锯，锯了一会儿又把楔子拔出来，再打进一个新地方。

一只猴子坐在一棵树上看着他干这一切，心想：原来伐木如此简单。

这个人干累了，躺下打盹时，猴子爬下来骑到树干上，模仿着人的动作锯起树来，锯起来很轻松，但是，当猴子要拔出楔子时，树一合拢，夹住了它的尾巴。

猴子疼得大叫，它极力挣扎，把人给闹醒了。最后猴子被人用绳子捆了起来。

资料来源：作者根据互联网相关资料进行整理。

启示：日本企业是靠模仿欧美产品起家的，但是他们在模仿中有创新，这就促成了日本经济 30 年的兴旺。

我国许多企业生产的产品也是模仿欧美企业的，但是我们在模仿中没有创新，所以如今电视、DVD 等许多产品的核心技术不在我们手中，这就像猴子的尾巴，一不小心就被树夹住，由此可见，模仿固然重要，但创新更为关键。

企业营销方案的制定就是要能充分利用优势，克服或避免劣势，抓住面临的机会，避开威胁或尽量使其损失最小，可以通过象限法来确定企业的营销战略（见图 6-4）。企业的每一项具体业务都能在图中找到相应的位置，然后就可以根据它所处的象限拟定相应的营销战略。

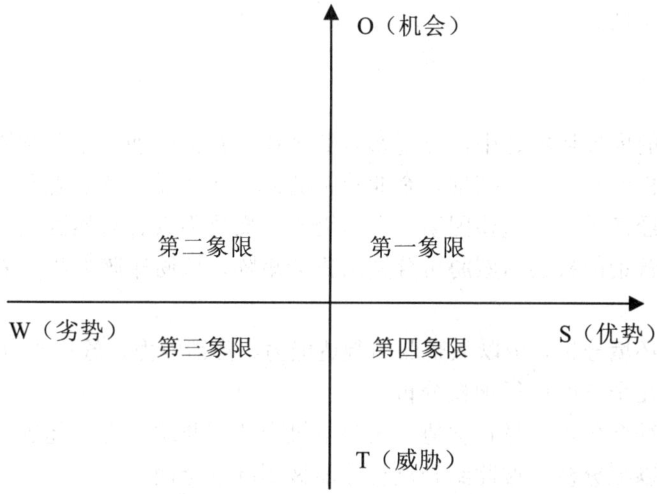

图 6–4 企业 SWOT 分析象限图

1. 扩张战略

在第一象限中，企业的外部环境中的机会很多，威胁较少，同时企业在市场中又具有竞争优势，这时企业应果断采取扩张战略。

企业可以考虑将资金和人员集中起来，在这项业务上进行重点扩张，推动企业以超常规的速度发展。在不能及时筹集资金和招聘到所需资金和人员时，可与其他企业进行合并，通过合并扩大市场份额，取得进一步的优势。企业还可以通过兼并的方式迅速扩张，获得现成的设备和人员，加速企业业务的扩大。

2. 防卫战略

第二象限中的企业业务面对的外部环境中机会多于威胁，但企业在市场中没有优势，这时企业应采取防卫战略。

由于这一业务存在着巨大的市场机会，企业在处于劣势的情况下，一方面应努力克服自身的弱点，正确地将劣势转化为优势；另一方面可以考虑合资，与优势企业合并以获得优势，或者与同处于劣势地位的企业合并，互相取长补短以形成优势。

3. 退出战略

在第三象限中，企业业务所处的环境是威胁多于机会，同时企业在市场竞争中又处于劣势，在这种情况下，企业应采取退出战略。

在这种很难获得发展的环境中，企业应果断地选择退出该项业务，将资金和人员撤出，投入到其他企业业务中，退出障碍较大的可以转卖给其他企业，进行资产重组。

4. 分散战略

处于第四象限的企业业务所处的外部环境较差，威胁多于机会，但企业在市场竞争中处于优势地位，这种情况下，企业应采取分散战略。

由于市场环境中威胁因素占主要地位，企业应采取多元化经营的战略来分散风险，而企业在该项业务中占有优势，可以采取相关的多元化战略。此外，企业还可以通过合并或兼并来扩大实力，获取规模经济，提高抗风险能力。

总之，企业通过 SWOT 综合分析，就可以确定各项业务所处的具体位置，从而采取相应的对策，促进企业的发展。

本章小结

企业总处在一定的内外环境之中，环境影响着企业的营销活动，企业营销策划不能不把对企业营销环境的分析作为前提和基础。企业营销的外部环境需要从宏观环境和行业环境两个层次着手，分别从经济因素、法律因素、人口因素、文化因素、自然因素、技术因素几个方面加以分析。企业营销的机会与威胁可分别用机会矩阵、威胁矩阵并将二者综合起来进行分析。

企业营销的内部环境分析，可以从企业的制造能力、营销能力、盈利能力、抗风险能力、组织能力、发展能力几个方面进行加权分析。

企业营销环境的综合分析，是将优势、劣势与机会、威胁综合在一起进行分析，依据象限图确定营销战略。以上分析要彼此结合进行才能做到准确全面。

能力培养指导

1. 结合本章内容，掌握营销策划环境分析的角度与方法，尤其掌握环境资料的收集、整理与分析方法。

2. 掌握机会与威胁分析、优势与劣势分析、SWOT 综合分析的方法。

复习题

1. 企业外部宏观环境因素的分析要考虑哪些因素？
2. 企业行业环境因素的分析要考虑哪些因素？
3. 如何运用机会矩阵进行企业营销机会分析？
4. 如何运用威胁矩阵进行企业营销威胁分析？
5. 由机会和威胁综合分析可形成哪几类业务？
6. 企业营销的优势分析主要从企业具备的哪些方面的能力进行量化评价？
7. 企业营销的 SWOT 综合分析如何展开？

8. 试对企业的 SWOT 的实际状况进行综合分析。

案例应用 1

统一矿泉水上市的 SWOT 分析

一、行业背景

我国饮用矿泉水规模化开发始于 1985 年，在此之前只有青岛崂山、内蒙古阿尔山、广东东川等少量矿泉水厂家生产少量瓶装矿泉水产品。

1. 生产规模

在生产开发方面，年产量在 10000 吨以上的大型企业有 50 家左右，这些企业构成了我国瓶装矿泉水行业的骨干企业，其产量占整个行业的一半左右。

2. 全国矿泉水年产量

矿泉水产量自 1990 年开始大幅增长，据估计其年产量在 15 万吨，1994 年为 93 万吨。据国家统计局发布的资料，到 1995 年达到 169 万吨，比前一年增长 82.5%。1997 年产量为 194 万吨，仅比 1995 年增长 11.46%，其增长速度开始放缓，如图 1 所示。

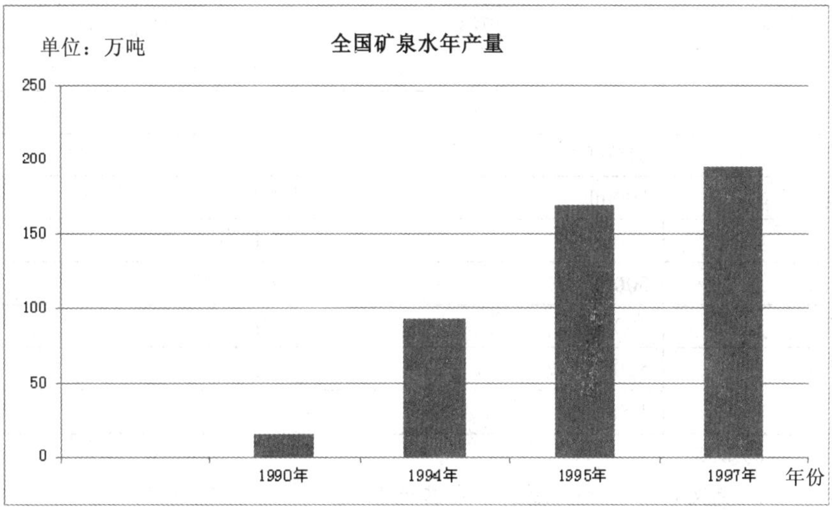

图 1 全国矿泉水年产量

3. 竞争态势

根据市场调查分析，中国矿泉水市场已经形成了以娃哈哈、乐百氏、养生堂、雀巢为主导的一线品牌，崂山、康师傅、可口可乐、稀世宝、怡力、益宝等二线品牌及一些实力较差的地方中小企业矿泉水“三国鼎立”的市场格局，其中一线品牌以 70%左右的市场份额雄踞矿泉水市场的霸主地位，二线品牌及中小品牌市场份额极低。

4. 我国矿泉水市场前景分析

我国矿泉水产业发展过程的某一阶段出现发展较缓的现象只是暂时的，随着消费者的成熟和生活水平的提高，健康饮水的需求只会越来越大，有益健康的天然矿泉水业的快速发展趋势将会持续下去，这是任何饮料都无法代替的。

5. 企业发展的影响因素

（1）缺少规范的矿泉水经营市场。

（2）缺少资金雄厚的大型矿泉水垄断企业，我国矿泉水企业大都属于中小型企业，即使是国内较大的矿泉水企业也很难与国外的企业相比。

（3）国内矿泉水知识的普及和宣传不够，人们对饮用天然矿泉水认识比较混乱，影响了矿泉水市场的正常发展。

（4）我国矿泉水产品缺少特色。

（5）矿泉水生产企业和经营市场的无序竞争。

二、水资源状况

水源也是竞争的焦点，成功的矿泉水企业都必须有一个优质的水源。

我国饮用矿泉水资源十分丰富，类型齐全，凡是世界上有的矿泉水类型，我国均有分布，据统计，目前全国已勘探评价并经由国家和地方主管部门认可的饮用水源地为3000余处，湖北省及周边省市也拥有很多优质的矿泉水资源。

三、竞争品牌价格对比

竞争品牌价格对比如表1所示。

表1 竞争品牌价格对比

品牌	规格	价格（元）
雀巢	500ml	1.2
	1.5l	3.0
娃哈哈	515ml	1.0
康师傅	600ml	1.4
乐百氏	550ml	1.1
达能	500ml	2.0
屈臣氏	400ml	2.1
农夫山泉	550ml	1.0
	1.5l	2.2

四、目标市场概况

目标市场：以武汉市场为主，辐射华中其他区域。

1. 人口概况

武汉市面积8647平方公里。1998年末总人口731.8万，其中，非农业人口428.4万人。

2. 经济发展

2004年，武汉市完成国内生产总值1956亿元，财政收入288.60亿元。外贸进出口总额达到42.98亿美元。2004年武汉市居民人均可支配收入达9564.05元，增长12.2%，农村居民人均纯收入3955元，增长13.1%，其中，现金纯收入3166元，增长15.8%。城市居民恩格尔系数为40.95%，比上年上升0.32个百分点；农村居民恩格尔系数为50.04%，比上年上升0.84个百分点。

3. 居民生活

武汉市民的生活方式正朝着健康、文明方向发展。武汉市保健消费支出大幅增长，人民更加重视保健，从吃的角度讲，口味由多变到讲究科学保健，特别注重质量和营养的搭配，以及注意饮食的食疗作用和复合营养。

五、SWOT 分析

1. 优势

（1）企业实力较强。在食品饮料行业有较强的生产经营管理能力。

（2）品牌优势。统一品牌在消费者心目中知名度高、美誉度高。

（3）密集的分销网络。

2. 劣势

（1）技术。统一集团在矿泉水生产技术方面不占优势。

（2）起步晚。统一集团到目前为止未涉足矿泉水行业，较之目前已经进入这个市场的企业存在劣势。

（3）统一集团的产业线过长，对矿泉水的注意力相对分散。

3. 机会

我国加入 WTO，经济持续增长，武汉市经济呈不断增长趋势，居民可支配收入不断增加。

（1）矿泉水在世界及我国饮料行业中的地位不断提升，人们对饮料的消费观念发生了巨大变化，朝着有利于矿泉水消费的方向发展。

（2）武汉市居民生活方式向健康、文明的方向发展，人们越来越重视健康。

（3）娃哈哈、乐百氏、农夫山泉等公司斥巨资做广告，引导了矿泉水的消费潮流。

（4）我国目前所生产的矿泉水产品缺少特色，矿泉水市场的开发和利用还有很大空间。有特色矿泉水产品的开发具有一定的发展潜力。含有特殊成分、特殊口味，具有特殊功能的矿泉水，有一定发展空间。

（5）我国饮用矿泉水资源十分丰富，类型齐全，凡是世界上有的矿泉水类型，我国均有分布。湖北省内及周边地区也分布有大量优质水资源，为统一矿泉水的生产及开发提供了便利的水源。有利于缩小运输半径，减少运输成本。

（6）地域优势。武汉地处长江中游，是我国著名的三大火炉城市之一，气候闷热潮湿。作为华中地区的特大城市，武汉市（包括以武汉为中心的城市圈）虽然相对于沿海地区来说，居民消费能力目前还较弱，但总体市场容量是巨大的。

4. 威胁

（1）缺少规范的矿泉水经营市场。矿泉水生产企业和经营市场无序竞争。

（2）目前国内市场矿泉水的价格偏低，大多数企业参与价格战，试图以低价方式获取更大的市场份额。

（3）国外大型企业如达能、依云等也争相进入中国市场，竞争更加激烈。

（4）国内矿泉水知识的普及和宣传不够，人们对饮用天然矿泉水认识还比较混乱，影响了矿泉水市场的正常发挥。

（5）替代品和威胁。如纯净水、饮用水和其他各种类型的饮品。

资料来源：作者根据互联网相关资料进行整理。

【讨论题】

1. 试说明统一矿泉水 SWOT 分析是否合理？
2. 试做出统一矿泉水 SWOT 分析。

案例应用 2

沃尔玛的营销策划

美国和全球第一大零售商沃尔玛2001年业绩喜人，非常有可能超过美国石油巨擘埃克森石油公司，荣登世界第一大公司的宝座（500强第一）。据法新社报道，拥有45年历史的沃尔玛如今在全球拥有4150家连锁店，其2001财政年度的收入超过了2200亿美元。在过去的20年中，沃尔玛以每年20%的增长速度膨胀，业务迅速扩张。

沃尔玛的创始人山姆•沃尔顿于1945年在小镇本顿威尔开始经营零售业，经过几十年的奋斗，终于建立起全球最大的零售业王国。山姆•沃尔顿曾经被《财富》杂志评为全美第一富豪，因其卓越的企业家精神而于1992年被布什总统授予"总统自由勋章"，这是美国公民的最高荣誉。沃尔玛是全美投资回报率最高的企业之一，其投资回报率为46%，即使在1991年不景气时期也达32%。虽然其历史并没有美国零售业百年老店"西尔斯"那么久远，但在短短的40多年时间里，它就发展壮大成为全美乃至全世界最大的零售企业。目前，沃尔玛的年销售额相当于全美所有百货公司的总和，而且至今仍保持着强劲的发展势头。相比之下，我国北京、上海和广州的一些大型百货公司年销售额只有几十亿人民币，与沃尔玛相差之大，令人咋舌。如今沃尔玛店遍布美国、墨西哥、加拿大、波多黎各、巴西、阿根廷、南非、中国、印尼等处。沃尔玛在短短几十年中有如此迅猛的发展，不得不说是零售业的一个奇迹。

沃尔玛公司最基本的特点是：第一、由友善的员工以较低的价格、独到的顾客服务向消费者提供种类齐全的优质商品，其经营的核心是天天平价、物超所值、服务卓越；第二、使用领先的信息技术和后勤系统不断大幅降低其运营成本；第三、迫使其供应商进行流程改造，使他们同沃尔玛一样致力于降低成本的运作，如对供应商的劳动力成本、生产场所、存货控制及管理工作进行质询等。

1. 沃尔玛的经验：顾客导向

（1）顾客第一。沃尔玛坚信，"顾客第一"是其成功的精髓。沃尔玛的创始人山姆•沃尔顿曾说过："我们的老板只有一个，那就是我们的顾客。是他付给我们每月的薪水，只有他有权解雇上至董事长的每一个人。道理很简单，只要他改变一下购物习惯，换到别家商店买东西就是了"。沃尔玛的营业场所总是醒目地写着其经营信条："第一条：顾客永远是对的；第二条：如有疑问，请参照第一条。"

沃尔玛这种服务顾客的观念并非只停留在标记和口号上，它是深入到经营服务行动中的。沃尔玛店铺内的通道、灯光设计都为了令顾客更加舒适；店门口的欢迎者较其他同行更主动热情；收银员一律站立工作以示对顾客的尊敬；当任何一位顾客距营业员3米的时候，营业员都必须面向顾客，面露微笑，主动打招呼，并问"有什么需要我效劳的吗？"沃尔玛力图让顾客在每一家连锁店都感到"这是我们的商店"，都会得到"殷勤、诚恳的接待"，以确保"不打折扣地满足顾客需要"。正是"事事以顾客为先"的点点滴滴为沃尔玛赢得了顾客的好感和信赖。

另外，沃尔玛还从顾客需求出发提供多项特殊的服务类型以方便顾客购物：

（2）免费停车。例如，深圳的沃尔玛店营业面积12000多平方米，有近400个免费停车位，而另一家营业面积达17800多平方米的沃尔玛购物广场也设有约150个停车位。

（3）沃尔玛将糕点房搬进了商场，设有"山姆休闲廊"，所有的风味美食、新鲜糕点都给顾客在购物劳顿之余以休闲的享受。

（4）免费咨询。店内聘有专业人士为顾客免费咨询电脑、照相机、录像机及其相关用品的有关情况，有助于减少盲目购买带来的风险。

（5）商务中心。店内设有文件处理商务中心，可为顾客提供包括彩色文件制作、复印、工程图纸放大缩小、高速文印在内的多项服务。

（6）送货服务。一次购物满2000元或以上，沃尔玛皆可提供送货服务，在指定范围内收取廉价的费用，因为商品价格中不含送货成本。

（7）开到乡镇。在店址选择上，沃尔玛也以方便顾客购物为首要考虑因素。在美国，它的触角伸向西尔斯、凯马特所不屑一顾的偏远小乡镇。从明尼苏达到密西西比，从南加州到奥克拉荷马州，沃尔玛无处不在。只要哪座乡镇缺乏廉价商店，沃尔玛就在哪里开店。

2. 沃尔玛的经验：天天低价

（1）让利顾客。沃尔玛一直都特别重视价格竞争，长期奉行薄利多销的经营方针。沃尔顿的名言是："一件商品，成本8角，如果标价1元，销售数量就是标价1.2元的3倍，我在一件商品上所赚不多，但卖多了，我就有利可图。"所以，沃尔玛提出了一个响亮的口号："销售的商品总是最低的价格"，为实现这一承诺，沃尔玛想尽一切办法从进货渠道、分销方式、营销费用、行政开支等方面节省资金，把利润让给顾客。

（2）争取低廉进价。沃尔玛避开了一切中间环节，直接从工厂进货，其雄厚的经济实力使之具有强大的议价能力。更重要的是，沃尔玛并不因自身规模大、实力强而肆意损害供应商来增加自身利润，而是重视与供应商建立友好融洽的协作关系，保护供应商的利益。沃尔玛给予供应商的优惠远远超过同行。美国第三大零售商凯马特对供应商供应的商品平均45天付款，而沃尔玛仅为平均29天付款，大大激发了供应商与沃尔玛建立业务的积极性，从而保证了沃尔玛商品的最优进价。

（3）完善的物流管理系统。沃尔玛被称为零售配送革命的领袖。其独特的配送体系，大大降低了成本，加速了存货周转，成为"天天低价"的最有力的支持。沃尔玛补充存货的方法被称为"交叉装卸法"。这套"不停留送货"的供货系统共包括三部分：

①高效率的配送中心——沃尔玛的供应商根据各分店的订单将货品送至沃尔玛的配送中心，配送中心则负责完成对商品的筛选、包装和分检工作。沃尔玛的配送中心具有高度现代化的机械设施，送至此处的商品85%都采用机械处理，这就大大减少了人工处理商品的费用。同时，由于购进商品数量庞大，使自动化机械设备得以充分利用，规模优势充分显示。

②迅速的运输系统——沃尔玛的机动运输车队是其供货系统的另一个无可比拟的优势。在1996年的时候，沃尔玛就已拥有了30个配送中心，2000多辆运货卡车，保证进货从仓库到任何一家商店的时间不超过48小时，相对于其他同业商店平均每两周补货一次，沃尔玛可保证分店货架平均每周补两次。快速的送货，使沃尔玛各分店即使只维持极少存货也能保持正常销售，从而大大节省了存储空间和费用。由于这套快捷运输系统的有效运作，沃尔玛85%的商品通过自己的配送中心运输，而凯马特只有5%，其结果是沃尔玛的销售成本因此低于同行业平均销售成本2%~3%，成为沃尔玛全年低价策略的坚实基石。

③先进的卫星通信网络——沃尔玛斥巨资建立的卫星通信网络系统使其供货系统更趋完美。这套系统的应用，使配送中心、供应商及每一分店的每一销售点都能形成连线作业，在短短数小时内便可完成"填妥订单—各分店订单汇总—送出订单"的整个流程，大大提高了

营业的高效性和准确性。

（4）营销成本的有效控制。沃尔玛对营销成本的控制非常严格。沃尔玛的广告开支仅相当于美国第二大连锁店西尔斯的1/3，每平方英尺（约为0.093平方米）销售额比美国第三大连锁店凯马特高一倍。沃尔玛的营销成本仅占销售额的1.5%，商品损耗率仅为1.1%，而一般美国零售商店这两项指标的平均值分别高达5%和2%。这些都使得沃尔玛实施低价策略的实力进一步加强。

3. 沃尔玛的经验：激励员工

沃尔玛拥有近130万员工。沃尔玛的员工不是被称为“雇员”，而是被称为“合作者”或“同事”。山姆·沃尔顿提出“关心自己的同事，他们就会关心你”，培养职工“爱公司如爱家”的精神。公司对员工利益的关心并不只是停留在口头上或是几条标语式的企业文化理论，而是有一套详细而具体的实施方案。公司将“员工是合伙人”这一概念具体化的政策是三个互相补充的计划：利润分享计划，雇员购股计划，损耗奖励计划。

（1）利润分享计划。公司保证每一个在公司工作了一年以上，以及每年至少工作1000小时以上的员工都有资格分享利润。运用一个与利润增长相关的公式，沃尔玛把每个够格的员工的工资按百分比归入这个计划，员工们离开公司时可以现金或股票方式取走这个份额。

（2）雇员购股计划。员工可以通过工资扣除方式，以低于市值15%的价格购买股票。

（3）损耗奖励计划。因为损耗是零售业的大敌，沃尔玛控制这一纰漏的方法是与员工们共享公司因减少损耗而获得的赢利。如果某家商店将损耗控制在公司的目标之内，该店每个员工都可获得奖金，最多可达200美元。结果，沃尔玛的损耗只是行业平均水平的一半。而且，它还促使员工们彼此增加了信任感。

（4）例会制度。沃尔玛把每周的例会定在星期六早晨。例会是探讨和辩论经营思想、管理战略的地方。在会议上可以提出建议，表扬先进，发现问题并讨论解决办法。这样，发现的问题马上在周末就可以及时解决，而不必等到下星期。沃尔顿说，星期六晨会是沃尔玛文化的核心。它的基本目的是交流信息，减轻每个人的思想负担，团结队伍。公司经常在星期六晨会后举行联谊活动，喊口号、鼓劲、联欢，减轻每一个员工的负担，使员工身心得到愉悦，同时也增强了凝聚力、团结了队伍。员工们很容易把星期六联欢所产生的欢娱气氛带到工作中去，而这正是沃尔玛所追求的“让商店保持轻松愉快的气氛”。

（5）微笑服务。公司还规定每一个员工进店的第一天起就举手宣誓，保证顾客在走到离售货员3米时，就要上前打招呼，笑脸相迎。为了培训员工，公司还成立了沃尔顿研究院，尽可能给员工最佳的培训。公司掀起“给总经理写信”的运动，鼓励员工给总经理写信。这些都表明公司注意倾听来自基层的声音。因为沃尔玛的信条是“接触顾客的是第一线的员工，而不是坐在办公室里的官僚”。这种体制保证了信息的及时反馈，同时也促使员工提出了许多改善管理的卓有成效的建议。所有这些构成了独特的沃尔玛文化，它是支撑这个零售业巨人的中流砥柱。

4. 沃尔玛的经验：永远领先一步

除了三大竞争法宝之外，沃尔玛还有一个异常突出的特点，即永远领先一步的经营思想和策略。具体表现为以下几个方面：

（1）最新的立体战略。当沃尔顿与其合伙人已有15家富兰克林50～100美分特许商店时，一种新的业态产生了，即在城区出现的早期折扣店。沃尔顿以其独到的敏锐眼光看到，类似的商店可能在农村和小城镇市场有发展潜力，但他向合伙人建议在小城镇开办折扣店的设想遭到了拒绝。按美国零售业经营常识，在人口不到5万的小城镇开办折扣店是行不通的，但沃尔顿却以惊人的魄力打破了惯例。1962年，沃尔顿与其兄弟一起开设了第一家沃尔玛折扣店，此后更不断扩张，渐成燎原之势。当连锁之风盛行全球，传统连锁店将经营、定价、促销权高度集中在公司一级时，沃尔玛又一次反其道而行之。沃尔玛物流管理中心的交叉装卸法就是将需求控制逻辑倒装过来，令顾客在其所需的时间和地点拉动产品，从而真正达到最有效的满足顾客要求。沃尔顿早年服役于陆军情报团的经历使其特别重视信息沟通。事实上，在沃尔玛庞大的集团式购销网络中，以卫星通信和电脑管理所代表的信息化高科技联络方式起着举足轻重的作用。20世纪80年代初，当其他零售商还在钻“信息化”这个问题的牛角尖时，沃尔玛便与休斯公司合作，花费2400万美元建造了一颗人造卫星，并于1983年发射升空和启用。沃尔玛先后花费6亿多美元建起了目前的电脑与卫星系统。借助于整套的高科技信息网络，沃尔玛的各部门沟通、各业务流程都可以迅速、准确、畅通运行。正如沃尔顿所言：“我们从我们的电脑系统中所获得的力量，成为竞争时的一大优势。”

（2）有理有节的扩张策略。沃尔玛有整套的扩张策略。在业态上，沃尔玛选择了以20世纪60～80年代刚好处于业态寿命周期中成长期的折扣店，从而最有利于早期扩张。在产品和价格决策上，沃尔玛以低价销售全国性知名品牌，从而赢得了顾客的青睐。在物流管理上，采用配送中心扩张领先于分店扩张的策略，并极其慎重地选择营业区域内的最合适地点建立配送中心。在地点上，采用以垄断当地市场后再向下一个邻近地区进攻的基本原则和在配送中心周围布下大约150个左右的分店的策略。在数量上，沃尔玛更始终保持了极其理智的控制。在店铺数量上沃尔玛少于凯马特，但却毫不妨碍其销售额上的优势和行业公认的领袖地位。在跨国业务上，沃尔玛也是相当有节制的。沃尔玛海外投资相当稳健，直至最近才逐步涉足加拿大、南美、亚洲和欧洲国家，海外销售额不足销售总额的1%。但2000年1月结束的财务年度中，沃尔玛国际分部公布了它第一笔营业利润——2400万美元。

5. 沃尔玛在中国本土化战略

（1）管理团队本土化。沃尔玛明白，要真正实现其全球扩张的战略，在中国扎下根，就必须坚决地实行本土化战略。沃尔玛公司一直以其良好的团队建设及对员工的有效培训著称。1996年在中国开设第一家商店之前，沃尔玛曾花了整整8个月的时间对其主管级以上的管理层进行系统的培训。尽管到目前为止，沃尔玛的决策层基本上仍然是美国人，但它希望在今后几年，创建基本上能够自治的、由本地人员管理的团队，这些本地管理人员将负责当地的人力资源、财务及营运。管理人员将被授权灵活地处理沃尔玛的章程，以便更好地为当地市场服务。一个很好的例子是现任沃尔玛大连店的总经理郑毅伟先生，就是早期在深圳洪湖店任主管的大连人。

（2）采购本土化。“采购中国”是沃尔玛中国发展战略的一部分。本土化采购不仅可以有效地节约成本，而且还能促进与当地政府、商界的关系，可谓一举两得。沃尔玛中国公司经营的商品有95%以上是由中国生产的。2000年，沃尔玛在中国直接采购和通过供应商间接采购的中国产品总额，超过了任何一家外贸出口企业的业绩。如果按照每个工业职工年均产品销售收入10万人民币计算，沃尔玛公司的采购额相当于解决了我国80多万人的就业问题。

（3）经营方式本土化。这几年，沃尔玛除了在中国培养人才外，进行适应中国市场的调整也一直在进行。近年来，沃尔玛新开设的分店和最初进入中国开设的店铺已经有不小的变化，调整的范围不仅包括产品结构，还涉及经营方式，沃尔玛在深圳华侨城和大连新开设的店铺都出现了专柜，国外沃尔玛店没有专柜，而且，沃尔玛也和中国的零售企业一样，对供应商的付款，也延长了账期——给供货商的货款结算周期从以往的3～7天一举延长到2个月，这将大大改变沃尔玛的商业风格。

沃尔玛在中国的本土化战略已初见成效。今天，沃尔玛已不再向中国顾客竭力推销折叠梯或可供一年食用的酱油。相反，它开始卖1美元左右的烤鸡，举办吃西瓜大赛，还在一家新开的店铺里教销售人员跳 Macarena（一种现代舞），这些举动都得到了顾客的积极反应。正如《华尔街日报》在一篇文章中所写的：在中国登陆5年后，沃尔玛已不再像初来乍到时那样手足无措了。

6. 沃尔玛在中国政府公关

（1）搞好关系。在中国加入 WTO 前，中国零售业并不是一个全面开放的市场，政府的认可与支持显得尤其重要。早在1992年，沃尔玛就拿到了中国经营零售业的许可证，而每进入一个城市，都与当地的政府建立良好的关系。

（2）遵纪守法。进入中国市场之初，沃尔玛在深圳摸索经验的同时，在对外扩张上一直保持少有的谨慎。尽管沃尔玛早就筹划进入部分重点地区，但只要政府不批准，沃尔玛便不去开店。因此沃尔玛在政府眼中，也是遵纪守法的形象。

（3）多行善事。除了以优良的出口采购业绩得到主管部门的青睐以外，沃尔玛还形成惯例，邀请中国的政府官员访问沃尔玛在本顿维尔的总部，向沃尔玛商店所在地的福利机构捐款，甚至还建立过一所学校。结果是，沃尔玛往往能得到它所希望要的位置建立分店。2000年4月份，沃尔玛和大连市政府公布了建立一项新的巨型超市的计划，该超市位于该市新建的足球场的下方。该店在开业的第一周内就吸引了100万人。

沃尔玛建立与政府良好关系的努力效果十分显著。2001年初，由于涉嫌非正当途径进入中国市场，在向中国政府道歉之后，沃尔玛的主要竞争对手家乐福开店的速度不得不放慢。而在家乐福被“叫停”后不到一个月，沃尔玛就拿到了中国政府在国内一些城市的开店许可证。

资料来源：作者根据互联网相关资料进行整理。

【讨论题】

1. 试分析沃尔玛“天天低价”的支撑基础。
2. 沃尔玛的成长对国内流通企业发展的启示是什么？

第7章　营销策划的竞争分析

学习目标

1. 理解营销策划的竞争对手分析
2. 掌握营销策划的竞争优势评估
3. 掌握企业竞争战略的分析与评估，了解处于不同市场地位企业的市场营销竞争战略

实践中的营销策划竞争分析

借助比较广告中国移动攻击竞争对手

近来，中国移动“关键时刻，信赖全球通”的广告引起了业内人士的注意，不少业内人士表示，这则广告将中国移动的独特优势表现得淋漓尽致。中国移动越来越强烈地感受到来自竞争对手联通的压力。中国移动一改以往的以静制动，开始主动出招，用比较广告的表现手法直攻对手的痛处。

中国移动这则60秒的电视广告由三个情节组成：青年作曲家怕手机信号不好，影响与女友的沟通；房地产商表示如果一个电话打不通，可能就耽误了一个重要的生意机会；而北京的梁先生在不久前的一次海难中，凭借全球通手机的出色信号拯救了全船128名乘客的生命。

在中国移动的这则广告中，突出了一个最明确的消费利益——手机信号的重要性。联通将目标指向中高端用户，广告的主要诉求点是CDMA手机更健康，CDMA手机的辐射比GSM手机低很多。但问题是，这些诉求点对中高端用户来说是不是最重要的需求？如果手机信号不好，环保又有什么用？

通过对用户、竞争对手、自己（中国移动）进行一系列的分析后发现，网络的覆盖率和强劲的信号是中国移动的独特优势，这个优势在消费者的使用过程中能够体现出来，并且对中高端用户来说非常重要，而最重要的一点是，这恰好不是竞争对手目前的比较优势。

但如果想通过诉说自己的独特优势以衬托对手的劣势，往往会落入自卖自夸的陷阱之中，并引起消费者的反感。

2002年10月6日，一艘载有128名中国游客的越南游船触礁，沉船随时可能发生，游客生命危在旦夕，这时北京游客梁先生依靠他的全球通手机向外界呼救，5个小时后，128名游客全部获救。关于这个事件，中央电视台的《东方时空》节目立即进行了报道，形成了一定的传播效果。在《东方时空》节目播出后，中国移动又充分利用这一事件在全国范围内进行了一系列密集的公关活动：免去当事人梁先生向外界呼救花的5000元漫游费，赠送一部Motorola 388手机，并将其聘为荣誉顾客，颁发全球通俱乐部钻石卡。许多媒体对此进行了跟踪报道，因此中国移动的通信网络质量好的优势就具备了相当高的新闻可信度。

比较式广告通常与竞争者产生关联，以任何明示或暗示的方法，将自我品牌同其他竞争品牌相比较，以特别突出自我品牌某方面的特性，使受众接受该品牌比对比品牌更优越、更适合目标消费者的主张。因此该种广告形式最容易产生效果，并且最不好掌握，易引起争端。比较广告也因此有了“悬崖边上的舞蹈”的形象比喻，跳得好会很灿烂，跳得不好会坠入深渊。

在有些国家，比较广告的运用非常普遍。著名的阿司匹林就曾经遭到过泰诺的挑战。泰诺在广告中说：“有千百万人是不应当使用阿司匹林的。如果你容易反胃或者有溃疡，或者你患有气喘、过敏或因缺乏铁质而贫血，在你使用阿司匹林前就有必要先向你的医生请教。阿司匹林能侵蚀血管壁，引发气喘或者过敏反应，并能导致隐藏性的胃肠出血。”结果泰诺一举击败了老牌的阿司匹林，成为首屈一指的名牌止痛和退烧药。

不过，这样的比较广告在我国是明令禁止的，许多比较广告纷纷落马。早在1995年，巨人吃饭香就曾因为攻击娃哈哈儿童营养液“有激素，造成儿童早熟”遭到娃哈哈的起诉，最终法院判决巨人集团向娃哈哈赔款200万元，并在杭州召开新闻发布会，向娃哈哈公开道歉。

我国对比较广告的要求是不得贬低其他竞争者。不过，有时对是否贬低竞争者很难界定，“我只用力士”就属于此种情况。因此，对于比较广告来说，表现形式非常重要。当初养生堂在推广“农夫山泉”矿泉水时，就曾运用比较广告，其拍摄的水仙篇电视广告直接对比纯净水和矿泉水的营养价值，一时间，纯净水、矿泉水之争迅速成为媒体热点，结果“农夫山泉”在水市场中，异军突起成为水业新贵。

资料来源：吴晓燕. 借比较广告剑指对手中国移动：在悬崖边上跳舞. 中国经营报，No.1497，2003-03-10。

评述

该案例通过中国移动的比较广告，说明商家在营销策划中进行竞争分析、明确自己和竞争对手的优势、劣势，在此基础上有针对性地对营销活动做出绝妙的策划，宣传自己的优势要突出，回避自己的缺点也要恰到好处。

7.1 竞争对手分析

7.1.1 辨识自己的竞争对手

在同业竞争中有许多的竞争者参与竞争，然而对于一个资源有限的企业来说，不可能把同行业中所有的竞争参与者作为自己的竞争对手。那么，在同业竞争中如何辨识自己的竞争对手呢？

这里需要明确竞争对手的概念。同行业中竞争的参与者并不都是竞争对手，只有那些有能力与你的企业相抗衡的竞争者才是你的竞争对手。

企业在选择竞争对手的时候与自身的战略定位是有关系的。

首先是竞争领域的选择。我们知道一个行业中会有很多的细分市场，企业对细分市场的选择，就是选择了自己在这个细分领域的竞争对手。

其次是竞争区域的选择。对于一个企业来说，在这个区域可能是你的主要的竞争对手的一家企业，在另外的一个区域可能是另外的一家。在全国范围内，又会出现另外的一家竞争对手。所以企业需要关注的是多层次的竞争对手。

最后是竞争目标的选择。每一个企业都会有自己的愿景，也就是说企业对未来的一种预期。这种预期决定了企业为之奋斗的目标。在企业实现目标的道路上，会出现很多的来自竞争者的阻碍，在这些阻碍中，主要的阻碍便是来自于你的竞争对手。

企业通过对上述三个方面的分析，便可以得出自己的主要的竞争对手是谁，然后对每一个竞争对手给出一个清晰描述，包括在哪个领域、哪个区域以及对企业实现目标的压力是什么。

小案例 7-1

“美国高考”成为国考最强竞争者

近日，30 多名来自北京各示范高中的尖子生赶到新航道学校参加美国高考（SAT）全真模考，如果能够考到 1800 分（满分 2400 分）以上，他们将有机会入围与本周末另外一场“模考”的胜出者竞逐最后 10 个“精英”席位。之后，这些 SAT 高手将接受美国楷博教育集团与新航道学校为期一年的“精英”培训，其目标直指美国排名前 50 位的顶尖高校。

据悉，报名参加此次考试的学生近 80 人，80%都是高一、高二在读生，90%来自北京各示范高中，而且在学校也都是清一色的尖子生。正常情况下，他们考个“一本”不在话下，冲击北大、清华也具有很强的竞争力，但是在“国考”和“美国高考”之间，他们已经提前锁定了后者。“从目前情况来看，考 SAT 申请美国顶尖大学的几乎都是重点高中的尖子生。这在北京，人大附中、四中、师大实验中学、一零一中学等顶尖中学均已形成气候，参加培训、考试的学生最为扎堆。”新航道学校胡敏校长介绍说。所以，不夸张地说，美国名校的生源大战已经打到了我们的家门口。

资料来源：那薇，曹国林.市场营销理论与实务[M]. 北京：北京大学出版社、中国农业大学出版社，2010。

启示：企业要想在竞争中获胜，就必须制定正确的竞争战略，对竞争对手的深入了解便是基础。可谓，“知已知彼，百战不殆”。同时，竞争者的范围十分广泛，我们要真正把握与本企业争夺顾客的竞争者究竟有哪些。

7.1.2　竞争对手的优势和劣势分析

确知竞争对手的相关实力，主要采用优势和劣势分析。它是建立在竞争对手价值链分析基础之上的深度分析。也就是说，在完成了某个竞争对手商业运作活动的全面描述和分析之后，应该得到一个重要的结论，就是这个竞争对手相对于我方的优势和劣势在什么地方。

1．以价值链分析为基础

价值链分析已经为优劣势分析奠定了一个非常好的基础。通过价值链的分析图像，甚至可以直接观察到某个竞争对手在哪些方面确实是有相当强的优势。

2．以 SWOT 分析为依托

SWOT 分析是研究敌我双方竞争态势的重要方法，而竞争对手在行业中的优劣势分析则是 SWOT 分析的重要构成。SWOT 分析不一定要通过价值链分析来实现，因而具有更大的灵活性。

3．绘制优劣势分析表

优势和劣势分析的工具与结果，可以是一张简单实用的总结性表格，如表 7-1 所示。

表 7–1　竞争对手优势和劣势分析表

竞争对手：　　　　　　　　　　　　　　　　　　　　　　　　　　时间：

优势	改善/忽略	机遇/威胁	劣势	改善/忽略	机遇/威胁

使用表 7-1 的方法，一是记录跟踪得到对手的优、劣势，并按重要性排序。二是比较不同时段的记录，序列分析该对手在优、劣势上的变化。三是根据对手的优、劣势对我方进行反向思考——每分析一项对手的优（劣）势，应联想到这项优（劣）势对我方企业是怎样的一种机会，或者形成了什么样的一种威胁。

7.1.3　竞争对手策略分析

1. 竞争对手的认知和假设——市场信号分析

竞争对手的认知和假设是通过监视竞争对手的任何行动和直接或间接的暗示来分析竞争对手的意图、动机、目标和状态的方法。竞争对手的行为和反应，除了受到自身价值活动能力的限制外，还是竞争对手所依据的对行业和自身认知和假设的结果。比如它所认为的行业的增长率、技术变革的强度、自身所具有的可持续利用的资源等。为此，运用市场信号分析，就有可能窥测并推断出对方的行业假设和自我认知。

行业假设是预测对手行动的重要战略信息。例如，跟踪到某个竞争对手在扩大它的生产规模，那么就可以判断它认为整个市场会扩大。

2. 竞争对手想得到什么——目标分析

了解竞争对手的目标有助于确定竞争对手是否满足于目前的绩效和在行业中的地位，由此帮助企业预测竞争对手在战略上可能发生的变化，以及对手对竞争性行为的可能反应。

通常，任何组织的真实目标都不会是单一的，而是具有多重性的。所以，分析竞争对手的目标时，需要从多个方面考虑、在几个层次上考察。表 7-2 展示了从基本的财务目标和非财务目标两方面、母公司和子公司两个层次上对竞争对手目标进行分析的情况。

对竞争对手目标进行判断的依据主要来自于以下三个方面：

（1）竞争对手现行战略

企业通过制定战略和实施战略来保证组织目标得以实现。所以，竞争对手实际采用的战略将告诉我方它要追求的目标是什么。

（2）高层管理人员的谈话

高层谈话是宣示企业目标和意图的重要方式，因而也是获取对手发展目标的重要途径。

（3）中介机构的分析

中介机构如咨询公司、金融机构、行业协会等专家，因为工作性质的缘故会经常与各企业的高层管理人员交流或对某企业有着专门的研究，一般他们对特定企业的发展前景和运作目标的判断是很有参考价值的，同时也比较客观。

表 7-2　竞争对手目标分析表

竞争对手：　　　　　　　　　　　　　　　　时间：

财务目标	市场份额________
	销售增长________
	利润________
	其他________
非财务目标	成为技术领先者的兴趣________
	扩大营销的兴趣________
	成为顶尖服务机构的兴趣________
	其他________
从事业务的地位和作用	是母公司长期计划中的核心业务还是外围业务？________
	这是竞争对手的增长领域吗？________
	它可以以现金方式投资于其他领域吗？________
	现有业务促进了与其他业务的协作发展吗？________
	其他________

目标分析和此前分析的结果，完整地回答了 Porter 模型中四个支撑点的问题，此后跟踪分析将进入模型的中心，考虑关于竞争对手的行为和反应模式。

3. 考察竞争对手竞争性强弱——业务组合分析

由于企业的决策不仅受到自己和外界环境的影响，同时还要不同程度受到关联企业，尤其是母公司的控制，这会导致企业竞争性的增强或削弱。考察具有子—母关系或从事多元化经营的竞争对手竞争性强弱的有效方法是业务组合分析。

（1）业务组合矩阵

业务组合分析通常采用美国波士顿管理顾问公司开发的公司业务组合矩阵（BCG 矩阵）。它把下属的各个不同行业的子公司放到如图 7-1 所示的 2×2 矩阵中进行关系和地位分析。

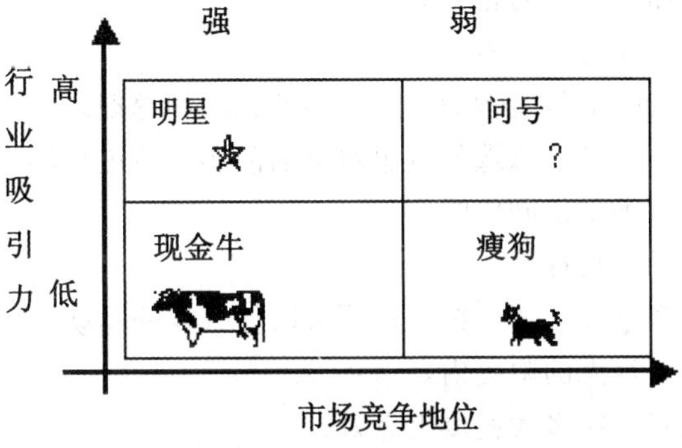

图 7-1　公司业务组合矩阵（BCG 矩阵）

在 BCG 矩阵的分析框架中，按照竞争性由强到弱，分为四种类型企业。“明星”企业：特点是市场占有率和业务增长率都高，在行业中占据很强的市场地位，因而具备强竞争能力的同时也有强竞争性，即一旦受到攻击就容易发起反击。“问号”企业：又称幼童企业，特点是业务增长率高，但市场占有率低，需要大量投资，但利润很少。问号企业对竞争对手在未来的整体发展具有重要的战略意义，是强竞争性、较弱竞争能力的企业。对“问号”企业的进攻很容易引发对手强烈的保护性和报复性行为。“现金牛”企业：特点是市场占有率高，业务增长率低，能产生大量利润。它在市场中的地位很强，所在的行业却已经变得不那么吸引人。“瘦狗”企业：特点是市场占有率和业务增长率都低，是在一个前景堪忧的行业中地位弱小、竞争能力和竞争性都是很弱的企业。

从母公司的角度看，“明星”和“问号”往往是它抽调“现金牛”资金去投资和保护的重点，而“瘦狗”则是放弃的对象。这就是各子公司和总公司的战略关系图。

（2）竞争性分析的思路

BCG 矩阵提供的竞争性强弱分析思路告诉我们，在对竞争对手进行分析时，综合分析、权衡利弊是至关重要的。比如当对手从“现金牛”企业划出了大量的资金来支持它的“明星企业”和“问号”企业后，可知它在“现金牛”行业里暂时不会有太大的动作，或没有能力进一步发展，这就成为我方进行市场渗透或市场扩张的机遇。又比如当竞争对手是其母公司的“问号”企业，那么虽然它在目前的竞争实力还不是很强，但对它发起攻击却要三思而后行。因为我方的进攻可能会招致其母公司全方位的围攻作为反击。

4. 预测竞争对手的反应模式——反应模式分析

实施竞争反应模式分析是完成一幅竞争对手肖像画的最后点睛之笔。

竞争反应模式分析，其理论基础是博弈论应对，主要的分析内容包括：

①假设我方进入了某个竞争对手的市场或改变了本企业的战略，竞争对手将如何反应？具体有几种反应的可能性？每种反应的详细情形又怎样？

②在竞争对手做出反应之后，我方该如何去应对？

③继续下去的话，我方又要如何做？

以上的问题，实际上是要求企业运用对手跟踪所获知的竞争情报，结合自己的目标、能力、认知和现行战略，就竞争双方之间的反应过程做一个渐进式的科学推理，逐步逼近现实中可能展开的一场真实竞争的可能结果。

预测可以从回答以下四个对高层管理人员非常重要的问题开始。

①竞争对手在进攻面前难以防范吗？

参考竞争对手的优势和劣势分析。

对竞争对手改善或忽略的特定领域给予专门的关注和挖掘。

回答这个问题的实质就是应该选择竞争对手的薄弱环节进行攻击，避开竞争对手的优势。

②进攻将促使竞争对手做出回应吗？

也许取决于竞争对手的目标。

结合前面的目标、竞争性强弱分析，预测采取什么样的行动会招致竞争对手非常强烈的反应，或者是在对手可以容忍的限度内。

③竞争对手做出的回应在多大程度上有效？

取决于竞争对手的目标和优势。

为了降低竞争行动的风险、提升竞争行动效果，需要具体衡量竞争对手做出反应后的威胁性有多大，即竞争对手做出的回应在多大的程度上有效。

④我方有进一步的、有效的反击措施吗？

和我方的特定能力密切相关。

这里进入了回合 2，被称为我方的“反应”，即一旦竞争对手做出反应后，是否有足够的应对能力。如果没有考虑到这一点，那么我方发起进攻后取得的胜利很可能无法持久，反而会被竞争对手反攻回来。以上四个问题的答案填入表 7-3 和表 7-4。

表 7–3　竞争反应模式分析——竞争对手反应预测

竞争对手：　　　　　　　　　　　　　　　　细分行业名称：

我方可能采取的行动	竞争对手可能的反应	竞争对手难以防范攻击吗？	这将促使它做出回应吗？	回应在多大程度上有效？	我方有有效的进一步的反击措施吗？
如果我方增加/减少利润	反应 1				
	反应 2				
	反应 3				
如果我方进入这个产业	反应 1				
	反应 2				
其他行动					

表 7–4　竞争反应模式分析——竞争对手进攻预测

竞争对手：　　　　　　　　　　　　　　　　细分行业名称：

竞争对手可能采取的行动	我方可能的反应	我方能防范攻击吗？	我方会做出回应吗？	回应在多大程度上有效？	竞争对手有有效的进一步的反击措施吗？
如果它增加/减少利润	1				
	2				
	3				
如果它进入这个产业	1				
	2				
其他行动					

小案例 7-2

与虎谋皮

从前，有个富人喜欢贵重的皮袍子和精美的事物。

一天，他想炫耀自己的财富，便想做一件价值一千两银子的皮袍子。没有这么多的皮，他就去和老虎商量，要剥它们的皮，这个人的话没有说完，老虎就逃入崇山峻岭去了。一次，他又想办一桌有羊肉的丰盛宴席，去和羊商量，要割它们的肉。羊也一个个躲进了密林深处。

就这样，这个人谋算了很长时间，没有做成一件虎皮袍子，也没有办法办成一桌有羊肉的酒席。

资料来源：作者根据互联网相关资料进行整理。

启示：在市场营销中，存在着许多合作和战略联盟的机会，但是一个基本原则是，当你想谋求某种东西时绝对不能和与这东西有利害关系的人商量。

我国彩电业“价格联盟”不正说明了这个问题吗？

7.2 竞争优势评估

7.2.1 企业的资源与能力

1. 现有及潜在资源调查

企业现有及潜在资源的内容涵盖面非常广泛，大致可以分为三类，即有形资源、无形资源和人力资源。

（1）有形资源

有形资源包括企业的设备、厂房、产品、材料等方方面面。

（2）无形资源

无形资源通常包括品牌、商誉、组织文化、技术、专利、商标以及累积的组织经验等。

（3）人力资源

人力资源是人们根据其技能、知识以及推理和决策制定能力向企业提供的生产性服务。

企业资源分类和评估表如表 7-5 所示。

2. 资源分析的方法

（1）职能法

职能法是将企业内部要素按职能进行分类分析的方法，也是确定内部战略要素的方法。

职能法将企业的内部要素分成营销职能要素、财务会计职能要素、生产经营及技术职能要素、人员职能要素、管理组织职能要素五大类，每一大类还可继续细分为诸多具体要素。

营销职能要素。该要素包括产品销售的全部内容，如产品或服务范围，产品销售或用户的集中程度，企业产品或服务所占的市场份额，产品或服务的扩展潜力，主要产品的生命周期及目前所处阶段，产品或服务的销售利润，销售渠道的数量、范围和控制程度，企业销售团队力量，促销手段及广告效果，对用户需求的了解程度，收集市场信息的能力，消化吸收市场反馈信息的程序，开发新产品、新市场的程序，定价策略及其灵活性，企业产品或劳务的形象、信誉、质量，用户对企业的信赖程度，以及售后服务效果等因素。

财务会计职能要素。该要素涉及企业的财务会计职能。内容包括如下几项。

①企业筹集长期资本和短期资本的能力。

②与行业及竞争对手相比较的资本成本，企业与投资人和股东的关系。

③企业利用不同财务手段的能力，提高资本结构的灵活性。

④税收情况。

⑤企业资产规模。

⑥进入市场的成本及阻力，价格—收入比例。

⑦成本控制效果，降低成本的余地。

表 7–5　企业资源分类和评估表

资源		相关特征	主要指标
有形资源	财务资源	企业借款和内部资金储备决定企业的经营和投资能力	资产负债率
			营业性现金流
			信用评级
	实物资源	实物资源限制企业的生产能力并影响生产成本。其主要特征如下：	固定资产市值
		工厂规模、地址、技术先进程度、设备的柔性	固定设备年限
		土地和建筑物的场所及其可替代性	工厂规模
		原材料储备	固定资产弹性
无形资源	技术资源	知识产权：专利、版权、商业秘密	专利数量和重要程度
			专利和版权许可所获收益
		创新资源：研究机构、科技人才	研发人员占总员工的比例
			研究机构的数量和所在地
	商誉	品牌和商标在消费者中建立的声誉，与顾客之间已确立的关系，企业产品和服务的质量和可靠性的声誉，在供应商中的名声，与政府和政府代理机构以及社区的关系	品牌认可
			品牌价值
			重复购买率
			比较产品性能的客观指标
			公司商誉调查
人力资源		员工教育、培训和经验决定企业可能的技能	员工的教育、技术和专业资格
		员工的适应性有利于企业的战略灵活性	同行业比较员工的报酬
		员工的社会和协作技能决定企业将人力资源转化为组织的力量的能力	由于停工和行业纠纷导致的日损失百分比
		员工的承诺和忠诚决定企业获得可持续竞争优势的能力	缺勤率 员工流失率

⑧有关成本、预算及利润等会计系统的效率等。

生产经营及技术职能要素。该要素涉及企业生产的全过程，内容包括：

①原材料成本和供应情况，与供应商的关系。

②存货控制系统效率，存货周转情况。

③企业生产设施所在地，生产设施布局及利用效率。

④对分包方式的利用情况，进行纵向联合的情况，有关联合的附加价值及利润额。

⑤企业设备效率及成本效率，操作控制程序，对设计、生产日期安排、购买、质量等工作的控制及效果。

⑥与行业平均水平及竞争对手相比较的相对成本和技术竞争力。

⑦研究与开发、技术创新能力。

⑧对专利、商标的保护情况等。

人员职能要素。该要素包括人力资源管理职能的所有内容，如企业管理人员的结构，一般员工的技术水平和工作热情，劳资关系成本，企业人事政策的实施效果，各种激励方法和对工作业绩的效果，员工流失率及出勤情况，企业生产所需专门技术及经验的满足情况等。

管理组织职能要素。该要素包括一般行政管理职能内容，如企业的组织结构形式，企业控制系统的效率，企业决策系统的运作程序及方法，企业信息沟通系统的组织，企业控制系统的效率，企业决策系统的运作程序及方法，企业战略计划系统，企业组织内部的协调合作情况，高层管理部门及人员的管理能力和权利，企业文化、形象及声誉等。

（2）资源法

资源法是确定企业的资源状态的方法，根据企业在资源上表现出的优势和劣势，发现企业在资源使用上需要进行的变革。

资源法的分析流程如图 7-2 所示。

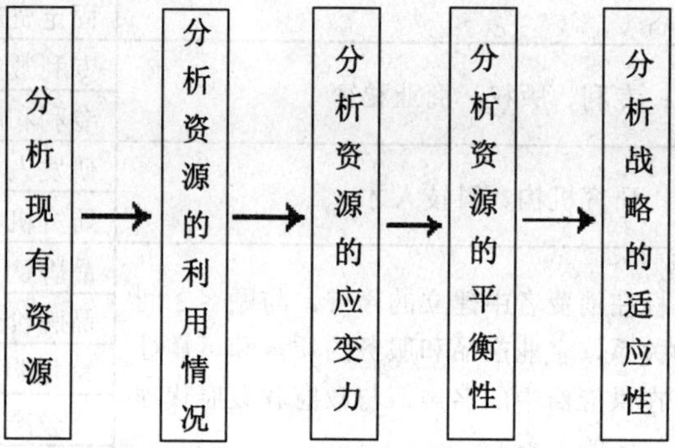

图 7-2 资源法分析流程图

分析现有资源。对现有资源进行分析是为了确定企业目前拥有的资源量，或是有可能获得的资源数量。资源清单至少需要包括以下内容：

①有关企业的所有者和管理部门。它包括企业管理部门的构成特征及由此形成的管理优势；管理人员专业的分布及平衡；管理人员的流动情况；企业内有关信息和沟通系统的有效程度；高级管理人员制订战略计划的能力等。

②有关企业员工。

③有关市场和营销。

④有关财务。

⑤有关生产。

⑥有关设施和设备状况。

⑦有关企业组织。

⑧有关企业形象和企业与外部环境的关系等。

分析资源的利用情况。企业的资源利用情况分析，既包括对有形资源的分析，也包括对无形资源的分析。资源利用情况分析的目的是要发现企业的生产效率，即产出与资源投入的比率，可以用利润和成本的比率表示。

分析资源的应变力。分析应变力的目的是要确定在形势变化的情况下，企业及时对资源进行重新组合和开发新的资源以满足新需要的能力。进行应变力分析时，重点分析资源清单中对环境变化敏感的资源。

分析资源的平衡性。它主要包括三个方面的分析。

①业务平衡分析。

②现金平衡分析。

③高级管理人员的平衡分析。

分析战略的适应性。战略适应性分析是通过分析确定企业制定的战略，对内是否符合企业内部条件和资源拥有情况，是否符合企业的组织设计，是否符合企业长期形成的文化特征；对外是否符合企业所处环境，并能适应环境的变化等。

3. 内部能力分析

企业能力是指对资源的综合利用和为完成特定任务对所需资源进行组合的方式和过程。

从职能视角研究和分析企业的能力。要研究和分析分散于不同职能部门的资源，挖掘企业资源和能力中有价值的东西。营销能力——营销部门；财务能力——财务部门；运营能力——生产、运营与技术部门；人力资源能力——人力资源部门；组织管理能力——组织和一般管理等部门。

从价值链视角研究和分析企业的能力。根据价值链理论，企业能力分为基础活动和辅助活动两大类。

把企业能力分为一般能力和核心竞争能力，要辨识和确认核心竞争能力，必须对核心竞争能力进行研究和分析。

（1）价值链分析法

价值链分析可以按照下述方法进行（见图 7-3）。

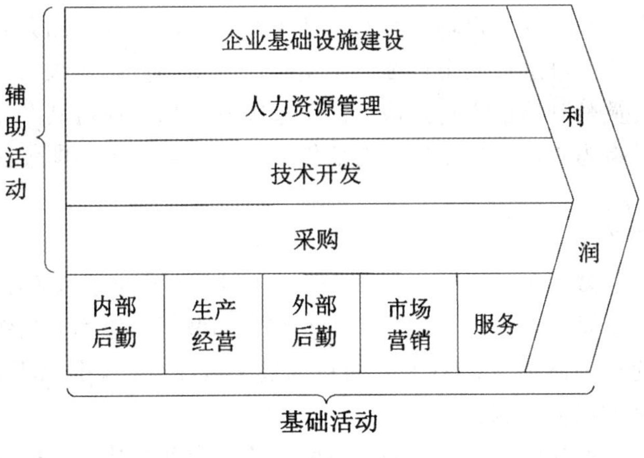

图 7-3　价值链分析法

步骤 1：明确客户的价值创造活动：基础活动和辅助活动。

步骤 2：确认客户关键的价值创造活动。从已确定的价值创造活动中进一步确认关键价值创造活动。

步骤 3：进行内部成本分析，并分配成本。

步骤 4：进行内部差别化分析。

步骤 5：与竞争者比较。

（2）战略要素评价矩阵法

由咨询人员或者战略决策者识别企业内部战略条件中的关键战略要素；为每个战略要素

指定一个权重，以表明该要素对企业战略的相对重要程度；以 1、2、3、4 各评价值分别代表对应的“主要劣势”“一般劣势”“一般优势”“主要优势”；将第一要素的权重与相应的评价值的乘积相加，就可以得出企业内部战略条件的优势与劣势情况的综合加权评价值。

7.2.2 企业竞争优势评估

企业竞争优势评估的内容包括：机会和威胁分析；优势、劣势分析；战略匹配分析。

进行综合分析和战略匹配分析要运用一些定性或定量的工具和方法，经常用到的有 SWOT 分析矩阵、波士顿（BCG）矩阵、GE 矩阵、内外部矩阵（IEM）、战略地位与行动评价矩阵（SPACE）、大战略矩阵、市场成熟度/协同度矩阵、竞争态势矩阵（CPM）等。由于篇幅有限，本节简要介绍下述五种常用工具。

小案例 7-3

情侣苹果

元旦，某高校俱乐部前，一老妇守着两筐大苹果叫卖，因为天寒，问者寥寥。一教授见此情形，上前与老妇商量几句，然后走到附近商店买来节日用的红彩带，并与老妇一起将苹果两个一扎，接着高叫道：“情侣苹果呦！两元一对！”经过的情侣们甚觉新鲜，用红彩带扎在一起的一对苹果看起来很有情趣，因而买者众多。一会儿，苹果全卖光了，老妇感激不尽，赚得颇丰。

资料来源：作者根据互联网相关资料进行整理。

启示：这是一个成功进行目标市场定位营销的案例。即首先分清众多细分市场之间的差别，并从中选择一个或几个细分市场，针对这几个细分市场开发产品并制定营销组合。那位教授对俱乐部前来往的人群进行的市场细分可谓别出心裁，占比例很大的成双成对的情侣给了他突发灵感，使其觉察到情侣们将是最大的苹果需求市场，而对其产品的定位更是奇巧，用红彩带两个一扎，唤为“情侣”苹果，对情侣非常具有吸引力，即使在苹果不好销的大冷天里也高价畅销了。

1. SWOT 分析矩阵法

SWOT 分析矩阵是基本的综合分析工具。SWOT 分别代表企业优势、劣势、机会和威胁。SWOT 分析矩阵实际上是对企业内外部条件进行综合和概括，进而分析组织的优势和劣势、面临的机会和威胁的一种方法。SWOT 分析可以通过 SWOT 分析矩阵图反映企业的战略全景。

SWOT 分析矩阵方法的步骤如下：

①列出企业的关键外部机会、关键外部威胁、关键内部优势、关键内部劣势。

②将内部优势与外部机会进行匹配，得出 SO 战略并填入 SO 的格子中。

③将内部劣势与外部机会进行匹配，得出 WO 战略并填入 WO 的格子中。

④将内部优势与外部威胁进行匹配，得出 ST 战略并填入 ST 的格子中。

⑤将内部劣势与外部威胁进行匹配，得出 WT 战略并填入 WT 的格子中。

上述步骤的后四步是信息输入工作，即将外部环境分析与内部资源和能力分析的分析结论输入相应的分析框架内。SWOT 分析的核心是将内部因素与外部因素进行综合考虑，匹配出合适的战略方案。通过企业内部资源和能力分析及外部环境分析，已经明确了内外部关键因素。要对这些关键因素进行匹配，但关键因素很多，凭直觉匹配往往难以保证分析的质量，一些重要的因素可能在直觉匹配分析中被遗漏。因此，咨询人员应按照内外部关键因素分析矩阵中的定量数据分析权重确定分析重点，引导战略匹配，抓住重要的机会，关注重要的威胁。SWOT 分析框架和 SWOT 分析矩阵图如图 7-4 所示。

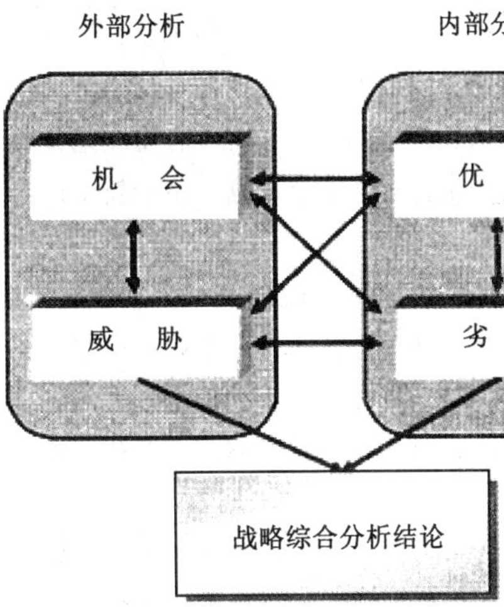

内部能力 / 外部环境	优　势	劣　势
	了解公司的优点	了解公司的缺点
机　会	SO	WO
掌握外部环境的机会因素	利用优点的外部环境机会的应用战略方案	存有缺点的外部环境机会的应用战略方案
威　胁	ST	WT
掌握外部环境的风险因素	利用优点的外部环境风险的对应战略方案	存有缺点的外部环境风险的对应战略方案

图 7–4　SWOT 分析框架和 SWOT 分析矩阵图

2. 波士顿（BCG）矩阵法

BCG 矩阵分析图如图 7-5 所示，BCG 矩阵中各种业务分析如表 7-6 所示。

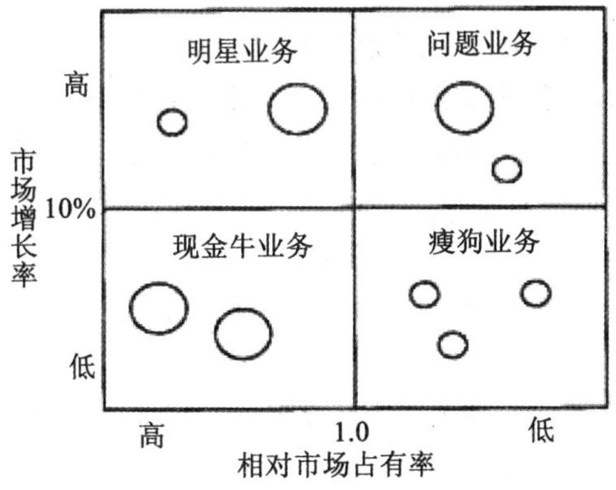

图 7–5　BCG 矩阵分析图

波士顿（BCG）矩阵方法的分析步骤如下：

①评价各项业务的前景。

②评价各项业务的竞争地位。

③标明各项业务在 BCG 矩阵图上的位置。具体方法是以业务在二维坐标上的坐标点为圆心画一个圆圈，用圆圈的大小表示企业每项业务的销售额。

④确定纵坐标“市场增长率”的标准线，将“市场增长率”划分为高、低两个区域。

⑤确定横坐标“相对市场份额”的标准线，将“相对市场份额”划分为高、低两个区域。

表 7–6 BCG 矩阵中各种业务分析

业务类型	市场增长率	相对市场份额	业务特点
问题型业务	高	低	处在这个领域中的是一些投机性产品，带有较大的风险。这些产品可能利润率很高，但占有的市场份额很小
明星型业务	高	高	这个领域中的产品处于快速增长的市场中，并且占有支配地位的市场份额，但也许会或也许不会产生正现金流量，这取决于新工厂、设备和产品开发对投资的需要量
现金牛业务	低	高	处在这个领域中的产品产生大量的现金，但未来的增长前景是有限的。这是成熟市场中的领导者，是企业现金的来源。企业往往用现金牛业务来支付账款并支持其他三种需要大量现金的业务 现金牛业务适合采用稳定战略，目的是保持战略事业单位（SBU）的市场份额
瘦狗型业务	低	低	这个领域中的产品既不能产生大量的现金，也不需要投入大量现金，这些产品没有希望改进其绩效。一般情况下，这类业务常常是微利甚至是亏损的 瘦狗型业务适合采用收缩战略，目的在于出售或清算业务，以便把资源转移到更有利的领域

3. GE 矩阵法

GE 矩阵法（又称九盒矩阵法、行业吸引力矩阵）是为了克服 BCG 矩阵缺点而开发出来的。GE 矩阵可以用来根据业务（或事业单位）在市场上的实力和所在市场的吸引力对这些业务（或事业单位）进行评估，也可以表述一个企业的业务（或事业单位），组合判断其强项和弱项。

绘制 GE 矩阵图，需要找出外部（行业吸引力）和内部（企业竞争力）因素，然后对各因素加权，得出衡量内部因素和市场吸引力外部因素的标准。图 7-6 为 GE 矩阵示意图。

GE 矩阵法的分析步骤如下：

①定义各因素。选择要评估的业务（或产品）实力和市场吸引力所需的重要因素。在 GE 内部，称之为内部因素和外部因素。

②估测内部因素和外部因素的影响。从外部因素开始，根据每一因素的吸引力大小对其评分。在这里可以采取 5 级评分标准（1=毫无吸引力，2=没有吸引力，3=中性影响，4=有吸引力，5=极有吸引力）。然后也使用 5 级标准对内部因素进行类似的评定（1=极度竞争劣势，2=竞争劣势；3=同竞争对手持平，4=竞争优势，5=极度竞争优势）。

③对外部因素和内部因素的重要性进行估测得出衡量实力和吸引力的简易标准。

④将该战略事业单位标在 GE 矩阵上。矩阵坐标纵轴为产业吸引力，横轴为业务实力。每条轴上用两条线将数轴划为三部分，这样坐标就成为网格图。两坐标轴刻度可以为高中低或 1 至 5。根据客户高层的战略利益关注，对其他战略事业单位或竞争对手也可以进行同样分析。另外，在图上标出一组业务组合中位于不同市场或产业的战略事业单位时，可以用圆

来表示各业务单位，图中圆面积大小与相应单位的销售规模成正比，而阴影扇形的面积代表其市场份额。这样 GE 矩阵就可以提供更多的信息。

⑤对矩阵进行解释。

产业吸引力	高	尽量扩大投资，谋求主导地位	市场细分以追求主导地位	专门化、采取并购策略
	中	选择细分市场大力投入	选择细分市场专门化	专门化、谋求小块市场份额
	低	维持低位	减少投资	集中于竞争对手赢利业务，或放弃
		高	中	低
		竞争力		

图 7–6　GE 矩阵示意图

4. 内外部矩阵（IEM）法

IEM 基于两个量值，即内部因素评价矩阵（IFE）加权总分作为 X 轴以及外部因素评价矩阵（EFE）加权总分作为 Y 轴，分数分为三个等级：3.0～4.0 代表强势地位、2.0～3.0 代表中势地位、1.0～2.0 代表弱势地位，在两个数轴上的 3 个等级形成了 9 个方框，根据各业务部门的加权总分可以确定其在矩阵上介于哪个方框。图 7-7 为内外部矩阵示意图。

IFE 加权总分

EFE 加权总分			
	1	2	3
	4	5	6
	7	8	9

图 7–7　内外部矩阵示意图

内外部矩阵的九个格子被分成三个区间，分别代表了不同的战略含义。

①1、2、4 格为增长和建立区间，落入该区间的业务单元应采取加强型和一体化战略。企业应尽可能将其业务落在第 1 格及其附近。

②3、5、7 格为保持区间，应采取深入稳步发展战略。

③6、8、9 格为收获或剥离区间，该区间中的业务应该被清算和剥离。

5. 战略地位与行动评价矩阵（SPACE）法

战略地位与行动评价矩阵（SPACE）是一种较为复杂的战略匹配方法。该矩阵采用两个内部维度——财务优势（FS）与竞争优势（CA），和两个外部维度——环境稳定性（ES）与产业优势（IS）进行战略匹配分析，其中财务优势（FS）和环境稳定性（ES）构成纵坐标；竞争优势（CA）和产业优势（IS）构成横坐标，将企业的战略地位划分为进取、保守、防御和竞争四个象限，如图 7-8 所示。

①进取象限：表示企业处于比较好的战略地位，应该采取积极行动，尽可能地发挥优势，抓住外部机会进行发展。可选的战略有多元化经营、一体化经营、新产品开发和市场渗透等，企业可以根据实际情况选择其中之一或几个的组合。

②保守象限：表示企业应该在保持现有竞争优势的基础上谨慎发展，避免过于冒险的行动。可选择的战略有市场开发、市场渗透、集中化多元经营等。

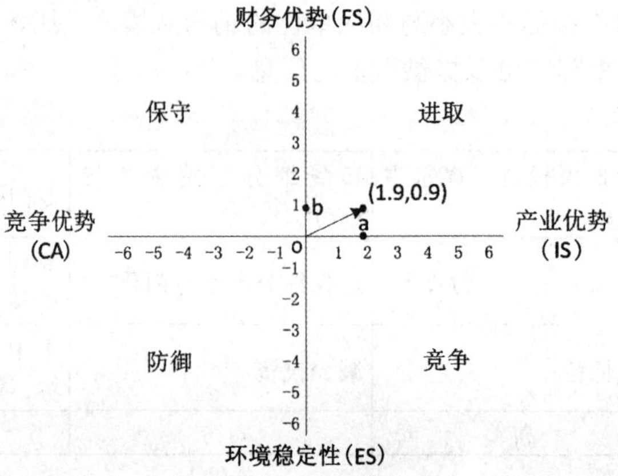

图 7–8　SPACE 矩阵图

③防御象限：表示企业处于较危险的位置，应小心防御外部威胁，并尽快克服内部的劣势。可选择的战略有紧缩、剥离、清算一部分业务等。

④竞争象限：表示企业处于激烈竞争的环境中，应该积极发挥优势，争取尽快占有市场先机。可选择的战略有一体化、市场渗透、产品开发等。

建立战略地位与行动评价矩阵（SPACE）的步骤如下：

①分别选择构成财务优势（FS）、竞争优势（CA）、环境稳定性（ES）、产业优势（IS）的一组变量，根据企业的不同，其轴线可代表不同的变量组合，并确定组内变量的权重。

②给选定变量一定的评分。

③求出各数轴所有变量的加权平均分值。

④将 X 轴和 Y 轴上的分值分别相加，得到 X 和 Y 的值，其交点和原点连接形成一个向量。

⑤根据向量所在的象限确定企业可采取的战略类型。

7.3　企业竞争战略选择

7.3.1　竞争策略的分析与评估

每个企业在市场竞争中都会有自己相对的优势和劣势，要获得竞争胜利，当然必须以一定的竞争优势为基础。迈克尔·波特教授曾指出，企业的竞争优势是由企业应对潜力竞争者、现有竞争者、替代品竞争者、买方竞争者、供方竞争者的能力所决定的。企业为增强竞争能力、争取竞争优势的基本市场竞争策略有三种：总成本领先策略、差别化策略和专一化策略，如图 7-9 所示。

1. 总成本领先策略（低成本策略）

要求企业必须建立起高效、规模化的生产设施，全力以赴降低成本，严格控制成本、管理费用及研发、服务、推销、广告等方面的成本费用，在保证产品和服务质量的前提下，使自己的产品价格低于竞争对手的价格，以迅速扩大产品销售量、提高市场占有率的竞争策略。

这是传统企业进行市场竞争时常用的竞争策略。

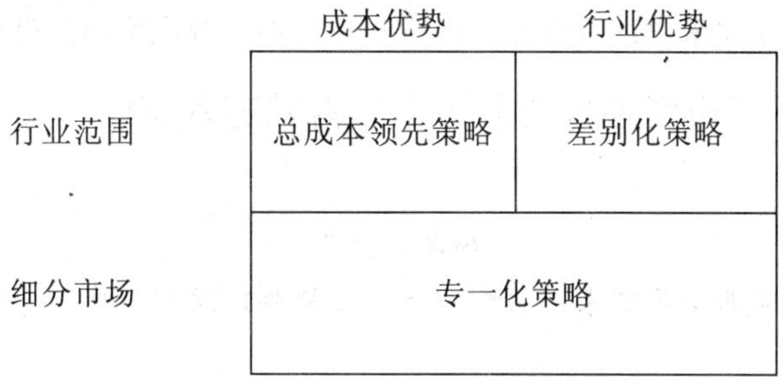

图 7–9　基本竞争策略

企业采用此策略，利用追求规模经济、专利技术、原材料的优惠待遇等途径，形成企业在同行业中的低成本优势。

如果一个企业能够取得并保持全面的成本领先地位，那么它只要能使自己的价格相等或接近于行业的平均价格水平，这种低成本优势就会转化为企业的高收益。

此策略往往带来许多弊病：

①容易招致竞争者的报复，造成恶性价格竞争，往往使参与价格竞争的企业陷入“价格战”的怪圈而不能自拔，最终造成两败俱伤的结果。

②往往造成行业利润率的普遍下降，甚至不能保证企业正常利润的获得，致使企业难以为继。

③由于利润率的下降，会严重影响企业的研发、创新能力，甚至会在一定的时间和范围内阻碍整个行业的发展。

2. 差别化策略

企业通过开展别具一格的营销活动，争取在产品或服务等方面具有独特性或差异化，树立起一些全产业范围中具有独特性的东西，使消费者产生兴趣而消除价格的可比性，以差异优势产生竞争力的竞争策略。

其竞争优势主要体现在：

①可以增加消费者对本企业及产品的兴趣与好感，在市场上受到格外的注意和欢迎，有效地促进产品销售量的增加。

②可以避免和其他竞争者发生直接的冲突，缓和与竞争对手的关系，同时，也不会给那些竞争对手授之以柄，能有效地减少其他竞争者的直接报复行为，能够收到较好的市场竞争效果。

③实施产品差别化，可以有效地消除本企业产品的价格与竞争对手的产品价格的可比性，由于缺少明显的可比性，即使提高了本企业产品的价格也不会影响其销售，可以大大提高产品的利润率和获利能力，并且能使企业明显地增加经济效益。

3. 专一化策略（聚焦策略）

企业从自身拥有的特长和优势出发，扬长避短，紧紧抓住某一领域进行高度的专业化经营。

此策略的运用可以是着眼于企业目标市场上的成本优势，从某些细分市场上成本领先争取竞争优势，也可以着眼于在企业目标市场上取得差别化优势，满足特定市场中消费者需求以获取竞争优势。

对于广大的中小企业来说，选择专一化策略是一种十分现实而又有效的生存之道。

7.3.2 处于不同市场地位企业的市场营销竞争策略

小案例 7-4

羚羊与狮子

每天早上，一只非洲羚羊醒来，它就知道，必须要比跑得最快的非洲狮子还要快，否则她就会被吃掉。

每天早上，一只非洲狮子醒来，它就知道，必须要比跑得最快的非洲羚羊还要快，否则他就会被饿死。

不管你是狮子，还是羚羊。太阳升起来的时候你就得开始跑了！

资料来源：作者根据互联网相关资料进行整理。

启示：奔跑起来吧，在这个竞争的社会中，如果企业停滞不前，还沉浸在旧日的辉煌里面，那么最终的命运就是被吃掉，或者被饿死！

不同市场地位的企业，要选择和实施不同的市场营销竞争策略。企业应按照自己在本行业的竞争地位以及企业的发展目标、资源优势等条件制定和选择有效的市场营销竞争策略。根据企业在目标市场上的竞争地位，可以把一个行业的企业分成四种类型，即市场领导者、市场挑战者、市场跟随者、市场补缺者。

1. 市场领导者

市场领导者指在行业中占绝对竞争优势的企业，一般占有最大的市场份额，其营销行为会对市场产生很大影响。

市场领导者的市场营销竞争策略如下：

①不断寻求扩大市场总需求的途径。

②保护现有的市场份额。

③扩大市场份额。

2. 市场挑战者

市场挑战者在行业中仅次于市场领导者的一些企业，这些企业是迅速成长起来的，实力较强但目前市场占有份额还较小，基本上都具备了随时向市场领导者发起突然进攻的规模与实力。市场挑战者在竞争策略上具有相当大的主动性和灵活性。

市场挑战者的市场营销竞争策略如下：

①攻击市场领先者。

②攻击其他市场挑战者或市场跟随者。

③攻击和吃掉一些地区性市场中的小企业。

3. 市场跟随者

市场跟随者是一大批在竞争实力上远远不如市场领导者或市场挑战者的企业。这些企业往往不可能以自己的行为去影响市场的发展趋势，而只能跟随市场竞争力强的企业去开展经营活动。所以，这些企业往往采取模仿市场领导者的跟随策略。跟随策略最大特点是风险较小，但要注意不能轻易地侵犯市场领导者的核心领地。此类企业在竞争策略上也具有相当大的主动性和灵活性。

市场跟随者的市场营销竞争策略如下：

①紧密跟随策略。

②保持距离跟随策略。

③选择跟随策略。

4. 市场补缺者

一些虽然竞争实力不强，注意在市场缝隙中寻找生存与发展机会，专注于某些细分市场，精心为其服务并力争成为某一方面的专业企业。任何一个行业中都会有一些这样的企业，之所以能够在激烈竞争中生存与发展，是得益于高度专业化的生产和经营。

这四种类型的企业实际上又可以分为两个层次：一是强势企业层次，主要由市场领导者和市场挑战者所组成。它们是对市场具有影响和控制能力的企业，所以也可将这一层次称为“市场控制层”。二是弱势企业层次，主要包括市场跟随者和市场补缺者。它们没有同强势企业抗衡的实力，而在策略上则可选择追随强势企业或避开强势企业两种不同的做法。

在竞争性市场上处于不同地位的各类企业其竞争策略显然也是各不相同的，咨询人员必须根据企业自身的地位和市场的具体情况制定相应的竞争策略。

本章小结

竞争对手分析。从辨析竞争对手方法入手，介绍如何辨析竞争对手和分析竞争对手优势和劣势的方法。

从企业自身角度，介绍如何分析企业资源优势与能力优势，重点介绍了几种内部能力分析的方法。在这些方法的基础上，进一步介绍如何评估企业的竞争优势。

介绍了竞争策略的分析方法，并给出不同市场地位中企业竞争策略的选择思路。

能力培养指导

本章内容为同学们提供了营销策划竞争分析的思路和方法，同学们学习本章内容后，应当掌握营销策划竞争分析的角度与方法，尤其掌握如何辨析竞争对手，如何识别竞争对手的优势与劣势、机会与威胁，并对企业自身的机会与威胁、优势与劣势做出评估，在此基础上选择出合适的竞争策略。

复习题

1. 内部能力分析方法有哪些？
2. 企业竞争优势评估的方法有哪些？
3. 怎样进行 SWOT 分析？
4. 处于不同市场地位的企业市场竞争策略如何选择？

案例应用 1

后来者的困惑——TEC 公司进入中国市场

中国有句古话：“先下手为强，后下手遭殃”。然而以前，欧洲 TEC 电缆控股公司苏州分公司总经理赵英根本就无法深刻理解这句话。直到她看到关于公司三月份光缆销售计划又完不成的报告后，她才无奈地感到古语的正确。要知道，这已经是公司连续第三个月不能完成销售计划。而按公司内部进行的调研和行业内的一致预测，2000年将是市场需求旺盛的一年。面对这种情况，赵英迷惑了：不就是晚来了一步嘛！何至于此呢？问题究竟是出在哪里？

一、初探端倪

20世纪90年代以来，全球光纤光缆市场持续稳定增长，需求旺盛。而与此形成鲜明对比的是，欧洲的光缆市场却停止了增长。

欧洲TEC公司创立于1930年，专门从事各类光缆、电缆及机电设备的研究、开发和生产。在电缆、光缆生产方面拥有较为先进的技术和较丰富的生产应用经验。作为一家大型的国际集团公司，TEC公司在英国、德国、比利时、荷兰、美国、中国、东南亚等国家和地区设有30余家子公司，其1998年销售额达10亿美元。

为了紧紧把握全球光缆市场良好的发展机遇，扩大公司的规模和实力，1998年初，欧洲TEC公司决定扩大其光纤和光缆生产规模。在投资之前，公司进行了仔细的市场调研。经过调查，公司发现在今后的五年内，全球光缆的需求格局将发生巨大变化。原先的光缆需求大户北美地区的"胃口"将日趋变小，由原先40%的市场份额降到不足30%。而亚太地区的需求却增长迅速，其份额将升到占全球的一半，一举成为全球最大的光纤光缆市场。因此，任何一个想继续发展壮大的光缆公司都不可能对这一块诱人的大市场视而不见。

进一步的调研显示，在亚太各国中，中国将是亚太市场中最主要的光缆需求国之一。中国地域辽阔、人口众多，而通信设施发展相对滞后。随着中国对外开放的力度越来越大，其通信产业必然得到巨大的发展，对光缆的需求也必将迅速变大，故中国的光缆市场潜力巨大。举个例子，一个国家的光缆需求潜力与其国土面积、人口数量存在一定程度的正比关系，中国的国土面积和美国相近，而中国的人口是美国的6倍左右，但1998年初，中国人均光缆占有量（4.6米）仅为美国（61.6米）的1／15。

同时，中国市场内虽然已经有了上百家光缆厂，竞争比较激烈，但大多数光缆厂技术力量薄弱，很多厂家在光缆架设、埋设方面缺乏经验，难以为用户提供令人满意的服务。经综合考虑市场价格、原材料供给、劳动力素质及价格等情况，TEC公司一旦投资，仍然具有实力在中国获得一席之地。

经过这一调查，TEC公司仿佛吃了定心丸。它们认定，要想进一步发展公司，必须把中国市场作为其增长的发动机。于是，公司最终决定在中国建立其分部。

二、绰刀上马

TEC公司开始在中国选择其分部厂址。最终，它们选择了苏州。苏州建有苏州高新科技开发区，具有相当的科技实力背景。同时，就地理位置而言，苏州位于苏南，与上海、南京、浙江等经济发达地区、城市毗邻，运输便利，市场广大。

在投资规模方面，TEC公司也进行了先期的市场需求调查。结果不太尽如人意。因为光缆生产效益较好，中国的光缆行业再次重蹈了中国显像管、维生素C、淀粉、VCD等行业一哄而上的覆辙。光缆生产厂家在短短三五年内迅速增加，从20多家增加到1997年的120余家，1998年更是骤增到160余家，总生产能力是实际需求量的3倍。这种过剩的供给必然再次点燃价格大战的烽火。在1997年，中国市场的光缆价格已开始呈下跌势头。

然而，巨大市场的诱惑完全遮蔽了市场需求调查带来的犹豫。TEC公司的决策层最终认为，尽管竞争激烈，但投资的前景还是很好。因为光缆的生产工艺看似简单，但其技术含量，尤其是 ADSS、OPGW 等特种光缆的技术含量并不像众多新投产的中小厂家认为的那样低，所以公司大可在技术方面与别的公司有一拼。加之规模经济的作用，中小厂商将逐渐被市场淘汰，市场上将最终只剩下最具实力的几个厂家。而后，偏低的市场价格就有望回升。事实上，通过对中国国内不同规模的厂家进行市场份额的调查，上述预测似乎得到部分验证。

最后，欧洲 TEC 公司决定以年产 100 万芯公里（芯公里——每根光缆内一般有 4 至 144 根光纤，一根光缆内光纤总长即为该缆的芯公里长度）生产规模的高起点投资苏州 TEC，其生产能力在中国列前三强。新厂（即苏州 TEC）生产的产品除少部分出口欧洲外，主要用于供应中国本地市场。

在产品品种方面，苏州 TEC 发现中国市场上需求量较大的光缆品种主要是以下几种：普通室外光缆（用于电信、有线电视、电力、铁路等各个领域），OPGW 光缆（主要用于电力系统新建线路，也可用于旧线路改造），ADSS 光缆（用于电力系统旧线路的改造）。而在这些产品中，TEC 公司已掌握普通室外光缆和 ADSS 光缆的生产技术。而 OPGW 光缆，则须另行购买生产技术专利。考虑到购买价格和公司实际上又缺乏 OPGW 光缆相应的生产经验，TEC 公司决定，苏州 TEC 只生产 ADSS 光缆和普通室外光缆。

接下来的就是“万事俱备，只欠东风”了，然而在最后关头，欧洲 TEC 公司还是谨慎了一回。在苏州 TEC 筹建初期，为有效利用中国本地公司在人才、信息、市场等方面的优势，也为了降低投资的风险，TEC 公司同中国知名企业 ST 公司签订了合资合同。但好景不长，由于 ST 未能按期入资，合资解除。TEC 公司也就再未寻求合资伙伴。

1999 年 9 月，经过一年紧张的建设，总投资 3000 万美元的苏州 TEC 光缆有限公司在苏州正式投产，然而问题也接踵而来。

三、壁垒千仞

（一）市场需求

就中国市场需求而言，在 1998 年以前的近十年中，中国电信一直是中国光缆市场财大气粗的重要客户。但是，据预测，中国电信到 1999 年中期将基本完成其光缆主干网络建设，而后其需求将锐减。同时，中国电信规定，中国的各光缆厂必须将其在中国生产的样品送交中国国家级检测机构检测，合格后才能参加其下属公司的光缆项目招标。而这样的检测通常要 3～5 个月，按苏州 TEC1999 年 9 月投产并送检来计算，最快也要到 2000 年 2 月才能参加投标。简单看来，中国电信这条路是行不通了。

而中国电信业中的另一大用户中国联通，在 1998 年以前，其光缆网络建设步伐较为迟缓。1998 年后，联通的需求出现强劲增长。按行业内预测，联通将在 2000 年后的数年中逐渐替代中国电信而成为中国光缆需求的龙头老大。然而联通项目招标的要求更加苛刻：厂商在得到中国电信的入网许可后还要在联通的系统内试用，并在试运行不少于三个月后由用户出具报告，经联通总部认可后才能纳入其一年一度的“入围”审批。只有入围的企业才能参加联通系统内的项目招标。这一过程至少要花费一年的时间。这意味着 1999 年 9 月投产的苏州 TEC 要到 2001 年才能参加早已热火朝天的联通光缆招标。而更糟糕的是，到 1998 年为止，拿到联通入围许可的厂家就已近百家。许多联通省级分公司为减少评标工作量，在 1998 年就已开始进行省内入围招标，筛选有实力的厂家，并规定在今后的招标中，只有省内入围的厂家才可参加其项目投标。而这样的入围招标是不定期的，有的甚至是“一劳永逸”的。所以，一旦错过这宝贵的一年，苏州 TEC 可能失去整个省的项目投标机会！

苏州TEC只好把眼光投向电力系统。可它再次失望地发现，许多省级电力局，如新疆、山西、四川等同样进行两年一次或不定期的入围招标。苏州TEC只能先从尚未设置入围招标的省份做起。至于其他乙烯系统，其需求更小，且尚难看出未来三五年中有较大的增长。

此时，苏州TEC公司才开始感到作为后来者的不利。从目前情况来看，TEC投产后两年内市场空间将非常狭小。经过认真分析，公司决定“分两条腿走路”：一方面，努力在各系统的高层游说，争取凭借TEC的良好质量和优惠价格破格进入入围招标的名单；另一方面，在投产后的半年内将精力集中于无投标障碍的各省电力系统。

（二）市场竞争

中国光缆市场早在十几年前就已形成。之后，一些外国公司也纷纷进入国内市场。目前市场上的主要外资光缆生产厂有朗讯、阿尔卡特、西门子、藤仓、BICC、康宁、比瑞利等（尤其是朗讯公司在建厂时就争取到和中国邮电部进行合资的机会。于是，邮电部下属的中国电信便成了其最重要的用户）。这些厂家是国际上最早生产光缆的厂家，拥有先进的技术和丰富的光缆生产和线路应用经验，且进入中国市场较早，有的早在20世纪80年代中期就已进入中国，具有较高的知名度并已占据一定的市场份额。中国市场上主要的中国光缆厂家有中天、特发、亨通、武邮、汇源、长飞等。这些厂家规模较大，具有一定的生产经验，价格较低，非常了解中国市场的状况，销售体制灵活，劳动力成本大大低于外资或合资企业，在中国具有较大的市场份额，但在光缆线路应用方面往往没有能力给客户足够的指导。除此之外，还有近两百家规模小、技术力量薄弱的中国厂商。它们的价格较低，曾引起激烈的价格竞争并导致市场价格大幅下跌。在激烈的竞争中，这些小厂虽正在被市场逐渐淘汰，但它们给市场价格带来的影响不但没有消除，反而日益加剧。

TEC公司在进入中国时在市场知名度方面处于明显的劣势。1998年，当TEC公司决定投资中国光缆市场时，光缆在中国的大规模应用已十余年，市场上已有了一批得到广大客户认可的中外品牌，而TEC这个品牌对于绝大多数用户还是非常陌生的。另外，TEC公司在国际上也并不是一家能列入“龙虎榜”的知名光缆公司。

因此，许多客户对TEC公司的产品表现出冷漠和怀疑，一些人甚至拒绝同TEC公司的销售人员接触。TEC公司曾设想通过媒体做广告，宣传公司和公司的产品，但因为光缆是一种较专业的工业品，常规的广告宣传恐怕效果不佳。在各行业内举办技术交流会是行业里常见而有效的宣传方法。但要想同时请到某个系统的各位相关领导，如某省电力局的下属各分局领导、工程师，工作难度非常大。

思虑再三，TEC公司还是采用了先电话介绍，再发材料，而后登门拜访，进而邀请有关领导、工程师到苏州TEC参观考察的常规做法。这种渗透式做法虽然耗时长一些，但也还是有一定效果的。

四、路在何方

1999年9月，苏州TEC在投产前夕组建了销售队伍，设北京、上海、苏州三个销售部，由六位销售经理分别负责全国29个省、自治区和直辖市并直接向赵总经理汇报。销售经理的具体工作包括：电话市场调研、准备介绍资料、同技术人员一起为客户举办技术交流会、访问客户、准备投标书、追缴合同款等。TEC在进行初步市场分布调研后针对各地以往项目的多少进行平衡，并考虑到各销售经理能力的高低对市场进行了如下分配：

1999年9月到12月的4个月间，销售人员的待遇实行基本工资加奖金制，即销售人员除拿到每月固定的基本工资外，总经理视其工作业绩和努力程度再给予不超过基本工资 10% 的奖励。

但是，在这 4 个月里，公司销售状况很不理想。一半的经理连一笔合同都没拿到。有的虽然拿到合同了，价格却低得几乎没有利润。进行光缆销售一定要频繁拜访客户，同客户建立良好的业务和私人关系，以便及时得到项目信息并在投标中尽可能争取主动。但经过了解，赵总发现大多数销售人员出差不足，有的经理整周都呆在办公室里仅凭打电话联系业务，对销售效果并不关心。一旦向其询问为什么销售没有进展，听到的又总是区内项目原本就少、客户近期不便拜访等一大堆理由。

赵总认为，产品成本是企业的核心机密，不应让销售人员掌握，当销售人员要报价时可向公司专门负责报价的人员询问。这样一来，一旦有了招标，销售人员为尽快得到项目，不是积极做客户的工作，而是总觉得总部报价不够有竞争力，一次次请报价员反复降价，大大降低了工作效率，并导致报价普遍偏低。并且，赵总觉得：发生销售业绩不好的原因是大家压力不够，奖惩不够分明。

1999 年底，欧洲 TEC 总部给苏州 TEC 下达了 2000 年销售光缆 2880 皮长公里（皮长公里——光缆的长度）的定额。在 2000 年 1 月初的销售会上，赵总宣布了如下规定：

（1）每个销售经理每月必须完成 40 皮长公里的光缆销售定额。

（2）公司制定标准报价单，向销售人员规定允许的下浮范围，当不得不超范围报价时须得到赵总批准，但产品成本仍不能告诉销售人员。

（3）取消原奖励政策，公司拿出每人销售利润的 5%作为奖金提成，在每年底通知相关销售人员奖金数额并作为年终奖下发。

开完会后，赵总暂时出了一口气，等待着销售出现好转。果然，销售人员感到了压力，纷纷“上山下乡”去了。但很快，销售队伍内的热情像火花一样在骤然一闪后又很快消失了，取而代之的是更多的抱怨和销售状况的进一步恶化。

很多经理抱怨分区不合理，项目少，而公司制定销售定额时却并没有考虑这个问题；公司虽允许销售经理进行自愿跨区合作以解决各区项目分配不均的问题，但销售经理们普遍认为这种合作说起来轻松，实施起来问题很多；更多的经理对新的奖励制度表现出怀疑：我拿一单合同到底能拿多少奖金？利润是按合同报价计算还是按实际生产利润计算？如果工厂生产了废品而导致利润下降，是否会对我们的奖金数额造成影响？……

面对如此差的销售状况和销售经理们的种种抱怨，赵总认为原因是多方面的：上海销售部人员变动；苏州销售人员将精力过分集中于两个 200 皮长公里的大项目而忽略其他项目，最后大项目投标失败，整个季度 1 皮长公里的定额都没完成……除了这些表面原因之外，赵总总是觉得销售经理们的工作热情不高，问题究竟出在哪儿呢？

另外，公司在利用优惠价格方面也遇到了问题。由于当 TEC 的销售人员向客户介绍 TEC 的光缆时，大部分客户都会问一个相同的问题：“你们在中国有哪些业绩？”当得知 TEC 公司刚刚在中国开始销售业务，缺乏国内业绩时，他们大多表示不愿试用 TEC 的光缆。“你们在国外有再多业绩也是在国外，中国有中国的具体情况，你们的光缆没有在中国用过，我们可不敢冒这个风险。更何况我们已经有很多不错的供应商了”，一些客户这样说。

看来，在中国各地建立样板工程对打开市场非常重要。为实现这个目的，TEC 公司在 1999 年 9 月至 12 月间的一些项目投标中大幅度降低报价，不惜血本地争取订单。

但是，降价促销的副作用很快显现了出来。首先，在TEC公司几次中标后，各竞争厂家发现TEC公司的报价明显低于正常价格，怀疑TEC想利用优惠的价格抢夺市场份额。一些不满的厂家直接同赵总接触，警告其不要挑起价格战，弄得“众败俱伤”。个别厂家甚至已开始在有TEC公司参加应招招标中下调报价，大有要看看“谁怕谁”的架势。

客户们对TEC的优惠价格也并不领情。光缆客户的圈子很小。青岛电力局低价购进了一批TEC的光缆，不出一个月，全山东电力系统都知道TEC的光缆便宜。再有招标，这些客户往往事先就给TEC的销售人员“打招呼”：来投标可得有诚意，我们知道你们给青岛局的价格！无论销售人员怎么解释，人家都不买账，TEC不同意就别参加投标；即使投了，客户也会以种种理由拒绝购买TEC的产品以示“颜色”。

暂时的价格优惠原本是为了迅速争取几个样板项目，TEC可绝不想也不可能按这样的优惠价做下去。可现在该怎么办呢？赵总陷入了沉思……

资料来源：作者根据互联网相关资料进行整理。

【讨论题】

1．请分析TEC公司在决策建立苏州分公司时所面临的外部环境和内部条件。你认为苏州TEC所面临的主要问题是什么？你认为该怎样解决这些问题？

2．你认为TEC公司在设置销售体系时存在哪些问题？

3．你如何评价TEC公司利用优惠价争取样板项目的做法？你建议怎么做？

4．TEC公司在销售人员的激励机制上存在哪些问题？应怎样改进？

案例应用2

长城高级润滑油公司的竞争策略

长城高级润滑油公司（以下简称长城公司）是一家属于中国石油化工总公司的大型高级润滑油综合企业。它的前身是1958年成立的六二一厂。1979年试产民用润滑油，1982年成立长城高级润滑油公司，并以“长城”为产品的注册商标。经过十几年的生产、经营，“长城”牌润滑油已成为国内广大润滑油经销商及用户心目中公认的名牌产品。

从润滑油自身的特性来看，它集添加剂技术、基础油技术、配方技术及调合技术于一身，是一个集合了各种技术的产品。一个国家润滑油产品的品质如何，直接代表了一个国家炼油技术、添加剂技术和调配技术的发展水平。长城公司的发展表明，我国的润滑油行业从20世纪80年代初期至今有了长足的发展和进步。由于润滑油产品的特殊性和我国计划经济体制的市场封闭性，1992年以前的润滑油市场是几家国有企业的卖方市场。

随着国家改革开放的深入进行，国外高新技术、机械、设备和车辆不断被引入我国，我国对润滑油的需求数量和质量迅速提高，国内润滑油市场呈现出了严重的供不应求的状态。同时市场经济体制的逐步建立和国内润滑油市场的开放，又为润滑油生产厂商提供了广阔的发展空间。国内外润滑油厂商都纷纷趁此时机进入市场，参与竞争。长城公司在紧紧抓住面临的发展机会的同时，又要不断迎接严峻的市场挑战。

一、长城公司存在的问题、市场调查及调查结果

1．问题

1997年，长城公司愈加突出地感觉到工作中面临的一些问题。这些问题包括：

（1）面对复杂和激烈的竞争，公司从整体上如何应对？

（2）如何能进一步提高销售量？

（3）如何解决经销渠道混乱、经销商相互压价和三角债等对长城润滑油的销售起着严重副作用的现象？

（4）如何抵御假润滑油对长城公司销售和品牌形象的严重影响？

（5）如何解决长城公司在广告和促销工作方面的不足？

公司领导认为，上述问题不解决，长城公司的未来发展就会面临极大的障碍。

2. 市场调查

长城公司在外部调研机构的协助下，展开大范围的市场调查，目的是进一步明确问题，找出原因及解决问题的办法。

3. 调查结果

通过市场调查，长城公司得出了关于整体市场情况、用户情况、经销产情况以及内部工作的全面认识和判断。

（1）整体市场情况。调查结果表明，高档润滑油市场存在着较大的市场机会，这是因为：汽车和其他使用润滑油的器械、设备等每年都有较大的增长，不断有新的竞争者加入市场，低档润滑油的市场份额由于国家有关政策与用户的认识而逐渐下降。与此同时，高档润滑油的市场竞争越来越激烈，表现在：外国品牌大举进入，国内企业数量在上升但许多品牌的市场份额在逐年下降，各企业在市场营销方面的投入都在迅速增加，对于高档润滑油的消费者来说，品牌的作用正在加强，外国品牌奉行的都是全国性市场开拓策略，国内的许多地方品牌也在向其他地区渗透。

通过调研，长城公司发现了一个重要事实，即渠道是影响大部分品牌市场表现的重要因素，这是因为：市场表现呈上升趋势的都是渠道管理较好的品牌，而渠道管理混乱的企业，渠道因素和渠道力量对最终用户的品牌选择也发挥着越来越大的作用。

（2）用户情况。从用户调查的分析中，得出如下结论：消费需求发生了变化，用户更加重视润滑油的质量，更加重视润滑油的品牌形象，用户希望对产品有更多了解；长城润滑油在中低档车用户中占有较大的市场份额，在高档车市场占有的份额较小，但在这两种市场中的份额都有下降趋势；长城润滑油的市场地位与用户对长城润滑油的认知是一致的；在不同地区的市场，长城润滑油既有优势又有劣势。但如果这些劣势得不到扭转，则长城润滑油的市场份额将呈持续下降趋势。

（3）经销商情况。根据调研结果，长城公司得出如下结论：长城产品的铺货面领先于竞争对手；长城公司的渠道政策存在着较多的问题，如价格体系、对经销商的管理等；对于长城润滑油的市场业绩，最终用户“拉”的力量要大于经销商“推”的力量，因此应加强对经销商的工作；代理制和特许专卖的方式对经销商的吸引力很大，应加强在此方面的试点及推广工作；长城润滑油仍有一定的市场潜力；广大零售商被长城公司的销售工作所忽视，今后应加强对零售商的工作，激发他们的积极性。

二、长城公司竞争战略分析

通过调研，长城公司认识到，应该立即开始行动，调整自身组织、行为以及资源的分配，制定获得竞争优势的战略，并在战略的指导下，制订可实施的行动计划。

既然是竞争激烈的市场，分析工作应围绕竞争要素进行。根据长城公司的判断，下列因素在润滑油市场上对竞争局势发挥着关键性作用：

（1）品牌知名度与品牌形象。长城品牌具有较高的知名度。但需要注意的是，某些品牌在名称上与长城品牌差别不大，无论是经销商还是用户都极易混淆，这是一个需要解决的问题。

（2）分销网络的范围与效率。长城润滑油有广阔的分销网络。但是分销网点的地区分布并不均衡。一方面有些地区的经销网点太少，经销商推销能力不强，影响了长城润滑油的市场业绩；另一方面有些地区的经销网点太多，渠道冲突难以控制，也影响经销商的积极性。

（3）价格水平与价格一致性。价格因素可以说是长城公司最有力的竞争武器之一，卓越的性能价格比保证了长城油能被大多数用户接受。但同时也应清醒地认识到，价格并不是获得竞争优势的最可靠的武器，长城公司应制定竞争对手发动价格竞争的快捷反应措施；长城公司的价格体系缺乏灵活性，不能对竞争者及渠道情况的变化做出及时反应，或缺少做出有效反应的能力。

（4）广告与促销。所有地区普遍反映，长城的广告与竞争对手相比太少，不但比进口品牌少得多，就是与一些国产品牌相比也显得很不足；与竞争对手相比，长城广告的曝光率太低，没能给用户留下什么深刻印象；用户和经销商普遍认为长城的广告与长城公司的地位和形象不符。

（5）产品质量。用户对长城的质量评价有分歧，在提高产品质量形象方面，长城公司仍有很多工作可做，如打假、用户教育与切实改进油品质量。

（6）经销商的积极性。经销商普遍认为经销长城润滑油的利润太低，因此许多经销商是被用户的需求拉着走，如果情况变化，他们很可能不再经营长城润滑油。与此相反，由于竞争品牌做了大量努力，许多经销商都在积极推销竞争品牌。而长城公司对经销商的扶持不够，从长城公司的销售管理来说，没有对经销商进行分级管理，没有给予相应的支持和优惠政策。

（7）客户服务。①对经销商的服务。服务项目少；对经销商的抱怨不能及时处理；对经销商提出的建议未能做出及时反应；缺乏完善的服务体系，而良好、完善的服务工作是确保经销商执行其渠道职能的重要因素。②对最终用户的服务。用户对服务的要求越来越高；长城公司的用户服务水平较低，但没有造成很大影响；未来的竞争很可能会演变成服务竞争。长城公司在此方面，无论是在思想认识上还是行动上，都与竞争对手（进口品牌）有很大差距。

（8）销售队伍的有效性和效率。缺乏适应市场需要的销售组织；岗位职责不明确；缺乏高素质的人才；管理制度不健全；执行及监控的有效性得不到保证。

（9）市场营销费用。对市场营销花费的必要性及效果的认识不足；费用水平低；费用分配不合理。

（10）品牌忠诚度。长城品牌忠诚度仍较高，但也存在一些问题，每年都有少量用户因各种原因而流失。品牌忠诚度决定了企业的长期发展。

（11）假油问题。对长城的品牌形象有很大影响；对用户的购买行为有很大影响；长城公司打假行动不力，急需解决。

（12）各种策略的配合。各种市场营销策略应作为一个整体共同发挥作用，如果单纯强调其中的一方面或几方面，则策略执行的效果必定大打折扣。长城公司营销管理部门对此认识不足，关键在于规划和研究不足。

三、长城公司的市场竞争策略

根据上述分析，长城公司看到了自己的机会、威胁、优势和劣势：①优势。品牌知名度高、分销网络范围广、价格性能比较高、品牌形象稳定。②劣势。缺乏明确的战略、质量形象不统一、分销效率低、策略行动缺少组织上的保证。③机会。国内汽车工业会有较大发展、国家对润滑油使用的规定标准提高、用户的需求档次提高。④威胁。进口品牌的稳步发展、国内品牌的进步、新品牌的进入。

长城公司的具体营销策略是：

（1）产品与品牌。完善现有产品线；可以考虑以新品牌推出高档润滑油。

（2）价格。规范产品的出厂价、代理价、批发价、零售价，制定应付竞争的灵活变价政策；重新考虑高档油的定价策略，如采用质高价高策略。

（3）分销渠道：调整分销网点布局，进行适当的增减。关于总代理与总经销，第一要立即着手实施；第二在实施前要做好充分准备，不能仓促上阵。

渠道管理对长城公司有特别的重要性：现有渠道系统已经不能适应润滑油市场的发展，也不能保证长城润滑油的竞争优势，对打假的进行也不利，因此必须改变。改变渠道系统的目的包括：打假、解决经销商相互压价问题、解决三角债问题、调动经销商的积极性、提高物流效率和分销效率。

渠道系统改变的方向是：全面评估各级经销商，以备重新安排；在有条件的地区建立严格的分级代理制（先试点再推广）；重新制定批发商管理规范，严格管理；全面建立指定经销、特约经销、专卖店体制；选择适当地区建立仓储中心，完善物流系统。

对于专卖店与代理制，应认识专卖店建立的必要性与好处，制定专卖店建立办法、专卖店管理办法、专卖店经营规范。

（4）销售队伍。扩大销售队伍规模，至少要扩大50%。

（5）广告及促销。在广告方面，重点在于形象广告和信息型广告，具体形式包括：电视广告、路牌广告和POP广告；在广告的发布上，以区域性媒体广告为主，广告在时间上均匀分布，并且联合代理商发布广告。

在促销方面，要开展针对性促销活动，促销形式多样化：礼品、有奖销售、有奖征文、竞赛、特别服务、优惠、传单及各种促销品、人员推销等，合理制定广告和促销的目标、费用预算、形式、时间安排。

（6）新产品开发。增加新产品开发的投入，缩短开发周期。

（7）市场营销研究。进行定期的市场营销研究，监测竞争对手、经销商和宏观环境的变化。

评点

长城公司的案例告诉我们：

在竞争中落后，与竞争对手有差距并不可怕，企业需要做的正是不断发现自身与竞争对手的差距，找出差距的来源，从而得出消除差距的具体办法。过分自卑与过分自满都无助于问题的解决。

企业市场营销策略的制定必须建立在科学分析、洞察影响市场形势的根本因素的基础上，还必须做到保持各种营销策略手段的配合。依靠单一策略的效果很难持久，而各种策略的配合不佳会使各种策略的效果大打折扣。

对于许多消费品的市场营销来说，渠道建设与管理工作的重要性并没有得到很多企业营销管理人员的重视。从长城公司的案例中我们可以看到，虽然质量、价格、广告等因素非常重要，但对企业营销效果产生最大影响的因素，也是企业最薄弱的环节，往往出在渠道建设和渠道管理方面。要解决这些问题，首要的工作就是找到问题的根源。

资料来源：作者根据互联网相关资料进行整理。

【讨论题】

1. 在本案例中，长城公司采用了什么竞争策略？
2. 请分析长城公司的五种竞争力量。

第 8 章　营销策划的市场定位

学习目标

1. 掌握市场细分、市场选择、市场定位的概念
2. 熟悉 STP 理论的应用
3. 了解企业产品定位的方法
4. 了解企业的产品定位策略

实践中的市场定位

屈臣氏——健康、美态及欢乐

现代经营理念每时每刻都在强调市场定位的重要性。那么屈臣氏又是如何确定其市场与消费者定位，从而获得了其巨大的市场占有率的呢？

屈臣氏自 1828 年创立至今，其市场定位经历了从“药店”到“个人护理商店”的转变，特别是近年来，屈臣氏更致力于革新品牌形象，帮助消费者追求“健康、美态及欢乐”的购物体验。这种体验已经深深地停留在 18 至 35 岁的优质女性消费者的心智中，成为屈臣氏清晰及成功的市场和消费者定位。

屈臣氏在经历了近 170 年的发展过程中，充分了解到消费者购物心理与习惯。尤其是针对亚洲消费者深入地研究与调查后，发现亚洲女性，特别是 18 至 35 岁的女性会花更多的时间在舒适的购物环境中，充分享受购物的乐趣。屈臣氏认为此年龄段的女性消费者喜欢挑战，喜欢创意，喜欢尝试。她们喜欢用最好的产品，寻求新奇体验，追求时尚。她们更愿意为自己所挑选的商品买单。这一发现，奠定了屈臣氏准确的“消费者定位”。

屈臣氏将“食品、药品、化妆品、洗护用品”放在一起，在其店铺销售。因为这些商品品类具有一些共同的特点：商品品种丰富，选择性多；商品体积、重量相近，陈列简单；消费者购买习惯与方式相似。

但是，超市、大卖场，包括一些大的百货商店也将以上的品类组合在一起销售，甚至还增加了更多的品类，包括毛纺用品、玩具等，不是能够更多地吸引消费者吗？那么，屈臣氏又如何让消费者更多地来到其店铺购买呢？这个时候，屈臣氏开始影响消费者的“心智”了。首先，它先将这些品类更清楚地定义为“个人护理用品”。这样一来，就与超市、大卖场所销售的商品有了不同。目标消费者开始更容易和更乐于接受其购买的商品是个人护理商品，而不是在超市里与家庭主妇们一样购买的是洗发水、沐浴露。于是在目标消费者的“心智”中，有了一个新的印象——“个人护理用品”。可是，大家都很清楚，商品没有区别啊！于是，屈臣氏很快就开始了加强目标消费者“心智”的努力，提出了“健康、美态及欢乐”的定位，

让目标消费者再一次感受到了屈臣氏店铺里销售的不是食品、药品、化妆品、洗护用品，而是“健康与美态”。于是，目标消费者被影响了。在过去的时间里，屈臣氏不断重复着同样一件事情，就是通过不断拓展同类商品、店铺，不断加强宣传，从而一而再、再而三地在目标消费者的“心智”中，留下“屈臣氏，你的个人护理商店”“健康、美态及欢乐”的深深烙印。另一方面，当屈臣氏明确了以上的“消费者定位”和“市场定位”后，在店铺选择、店铺布局、产品结构、价格策略、促销策略以及员工管理方面不断深入探索，从而获得了巨大的成功。

资料来源：作者根据互联网相关资料进行整理。

评述

综上所述，其实屈臣氏的消费者定位和市场定位与其他的成功企业一样，没有什么本质性的不同。只是屈臣氏选择并确定了一件事情后，“简单重复地做着”，这就是“为 18 至 35 岁女性消费者，提供个人护理用品”。在这个市场上，其实很多的企业选择了和屈臣氏一样的目标消费者，一样的商品结构，可是大多数企业都没有像屈臣氏一样，在消费者“心智”中建立自己的“定位”，并不断重复。

8.1 市场细分识别与选择

消费者的需求和欲望千差万别，分散于不同的地区，且又随着环境因素的变化而变化，对于复杂多变的大市场，无论一个企业规模有多大、资金实力有多雄厚，都不可能满足市场上全部顾客的所有需求，更何况企业还受到资源、设备、技术等方面的限制。企业为求得生存和发展，就得根据自身的优势条件，选择力所能及的、适合自己经营的目标市场从事生产、营销活动。所以，企业首先要对市场进行细分。

8.1.1 市场细分

1. 市场细分策划的含义

市场细分是指企业通过市场调查研究，根据消费者需求的差异性，把某一产品的整体市场划分为若干个在需求上具有某种相似特征的消费者群，从而形成各种不同细分市场的过程。每一个消费者群就是一个细分市场，也称“子市场”或“亚市场”，每一个细分市场都是由在需求上具有某种相似特征的消费者构成的消费者群。

市场细分策划是指企业通过策划人对市场进行调研，并依据消费者某一方面属性的差异，把企业产品所面对的整体市场划分为若干个消费者群的策划活动。其策划的目的是为企业制定出一套科学可行、细致周密的市场细分方案。

2. 市场细分策划的基础

（1）消费者需求的差异性以及由此决定的购买者动机和行为的差异性是市场细分的客观基础

从消费者需求状况来看，由于消费者所处的地理、社会等环境不同，自身的心理素质以及购买的动机不同，造成了他们对产品的价格、质量、款式上需求的差异性。所以，消费者需求的整体市场可分为同质市场和异质市场。同质市场是指消费者对某一产品的需求、购买行为、对企业市场营销组合策略的反应等基本相同或相似的市场。只有少数产品的市场属于同质市场。异质市场是指消费者对某一产品的需求、购买行为、对企业市场营销组合策略的反应等存在差异的市场。绝大多数产品的市场是异质市场。如消费者购买手机产品，有的消费者要求手机的款式新颖、做工精良，有的消费者则要求手机有更多的使用功能、操作便捷，这样就可将手机的消费者分为两个类别，手机市场也就被细分为两个子市场。如果再考虑到儿童、女性、男性、老年人在选择手机方面的不同需求，如老年人要求字体大、声音响亮，儿童要求有定位追踪功能，则手机市场可以进一步细分为多个子市场。这些引起需求差异的因素就是市场细分策划的客观基础。

（2）消费者需求的相似性是市场细分的理论基础

由于世界上不存在两个完全相同的消费者，因此，从整体看，消费者需求具有差异性是绝对的，但在同一细分市场内部，消费者需求具有差异性又是相对的，同一细分市场内部消费者需求又具有相似性，从而形成相似性的消费者群。只有认识并挖掘消费者需求的相似性，才有可能把需求大致相似的消费者归为一个群体，针对这类消费群体生产满足这一群体需求的产品。在生活中，有相同社会背景、相同文化氛围、相同经济层次、相同生活习俗等客观条件的消费群体总显现出在某种需求、欲望、心理、行为、习惯等方面的相似性，这种相似性就成为市场细分的依据，也是该细分市场的特征。

3. 市场细分策划的标准与程序

市场细分策划对企业市场营销活动有着至关重要的作用，人们对于市场细分标准的研究也越来越重视。在市场营销实践中，市场细分策划的标准涉及的范围很广泛，下面以消费者市场细分为例，介绍市场细分策划的标准。归纳起来，主要有以下几个方面：地理环境因素、人口因素、消费心理因素和消费行为因素。

①地理环境因素标准。

地理环境因素细分是按照消费者所处的地理位置、自然环境来细分市场。企业可按国家、区域、地形、气候、城乡、城市规模、人口密度、交通条件等标准划分市场。例如，按照行政区域可划分为国家、省、地区、县、市或临近区域；按照地形可细分为沿海地区、内陆地区，平原、丘陵、高原等；按照气候可细分为多雨地区、干旱地区、多雾地区等；按照区域可细分为经济发达地区、经济较发达地区和经济落后地区等。掌握地理因素的特色，有利于企业因地制宜地开拓区域市场。

企业可以决定在一个或多个市场或所有的地理区域经营，但必须密切注意各地理区域消费者的不同需求和偏好，由于处于不同地理位置和环境下的消费者，对同一类产品往往会呈现出差别较大的需求特征，以至于对企业营销组合的反应也常常存在较大的差别。地理环境因素相对来说是一种静态因素，比较容易辨别，因此它常常被企业划分市场时所使用，也是细分市场的第一步，在这基础上还要考虑其他因素进一步细分。

②人口因素标准。

人口细分是根据人口调查统计的资料，包括以消费者的国籍、年龄、性别、家庭规模、家庭生命周期、民族、种族、宗教信仰、文化程度、婚姻、职业、收入水平、社会阶层等因素作为细分市场策划的标准。这些人口变量因素与需求差异性之间存在着密切的关系，它在企业营销管理中受到普遍的重视，而且这些因素往往容易被辨认和衡量，所以根据人口因素来细分市场，一直是市场细分的一个重要依据，也是市场细分惯用的和最主要的标准。如年龄、受教育程度不同的消费者在价值观念、生活情趣、审美观念和生活方式等方面会有很大的差异。

③消费心理因素标准。

消费心理因素是按照消费者的心理特征细分市场，包括以消费者的个性、生活方式、购买动机、价值观念、偏好、流行时尚、追求的利益等因素作为市场细分策划的标准。企业可以把个性、爱好、兴趣和价值观相似的消费者集合起来，并结合他们的行为方式有针对性地制定营销策略，但使用心理变量来划分市场往往难以掌握。

④消费行为因素标准。

消费行为因素标准是以购买时机、购买频率、使用频率、消费态度、品牌忠诚度等因素作为市场细分策划的标准。

在营销实践中，市场细分策划并不存在统一的细分模式，而且作为划分标准的各种因素均为变数，因此，在众多变数标准条件下，应当找出主要变数作为标准。为了保证掌握准确的市场细分标准，企业市场细分策划要进行市场调查，以便掌握市场变化动态，确定细分标准。

美国学者杰罗姆·麦卡锡提出一套逻辑性强、粗略直观的七步细分法，很有实用价值，其具体步骤如下。

①界定市场范围。

在策划实践中，界定市场范围即界定其产品可能的市场范围是市场细分的基础和前提，但需要注意的是，确定和选择市场范围的依据应是市场需求，而不是产品特性，同时还要考虑企业的任务和经营目标。

②列举细分变量。

根据用户需求状况的不同，列举市场细分的细分变量，这是企业进行市场细分的依据。以消费者市场细分为例：在消费者市场，影响消费者需求差异性的因素主要有地理环境、人口状况、消费者心理、消费者行为等。

③剔除相同需求。

在列举的各类子市场需求中，把那些需求相同的内容及某些次要的因素剔除掉，仅留下那些子市场间差异明显的需求内容。例如，对于饮料，解渴是所有子市场相同的需求内容，因此，不能作为细分的依据，应该将其剔除掉，从而使各个子市场之间的差异更加明显。

④选择细分的标准。

经过剔除相同需求即“去同留异”后的各子市场需求差异已经比较明显，但是这些需求差异并不是有序的，而是杂乱无章的。这时就需要根据市场细分的标准将需求相同的消费者划归为一类。

⑤选择细分方法。

市场细分的具体方法应根据产品整体市场的特点，综合各种标准来细分市场。市场细分的一般方法有完全细分法、一元细分法、多元细分法、序列因素细分法。

完全细分法。完全细分法就是对某种产品整体市场所包括的消费者的数目进行最大限度市场细分的方法。每一个消费者都是一个细分市场。即企业向每一个消费者提供不同的市场营销组合策略。如服装店为消费者定制服装，家具厂为消费者定做家具等就是完全细分法的典型表现形式。在现代市场营销实践中由于考虑到经济规模效益，不能将整体市场分得过细，所以，当完全细分法带来消极影响，就应当实施“反细分化”策略，即减少细分市场的数目。

一元细分法。一元细分法就是对某种具有通用性较大、挑选性不太强的产品的整体市场，根据一个标准细分市场的方法。如服装市场按年龄可以分为老年人服装市场、中年人服装市场、青年人服装市场和儿童服装市场。

多元细分法。多元细分法就是对某种产品的整体市场，根据两个或两个以上的标准细分市场的方法。企业选择哪些因素作为细分市场的依据，具体问题具体分析，而且细分市场的依据也要随市场营销环境的变化而变化，以便寻找新的、更有利可图的细分市场。

序列因素细分法。序列因素细分法是用两个或两个以上的因素，同时依据一定的顺序逐次对市场进行细分。

值得强调指出的是，企业在进行市场细分时，必须注意以下三个问题：一是市场细分的标准是动态的，它是随着市场营销环境的变化而变化的；二是不同的企业在市场细分时，应采取不同的标准和方法，因为各个企业的生产技术条件、资源和产品是不同的，所采用的标准和方法也应不同；三是市场细分所需信息和数据主要来源于政府部门、图书馆、互联网络、市场调查研究公司和企业自行市场调查研究等。

⑥对市场细分初步命名。

按照选择的细分标准和细分方法将界定的市场划分形成若干个子市场，然后企业应根据各子市场的典型特征采用形象化的方法为其命名，使细分市场的名称既简单又富有艺术性。

⑦进行检查分析、形成细分报告。

对细分市场命名后，应进一步认识初步确定的细分市场是否科学、合理和恰当，是否需要做一些合并或者进一步拆分。在营销策划实践中，应注意两种情况：第一，市场细分过细，造成需求差异不明显或需求规模不足，对于这种情况，就应当实施“反细分化”策略，即把不该分开的市场合并尽量减少细分市场的数目；第二，市场细分太粗，造成市场内需求相似性不足，子市场之间的差异性不大，对于这种情况，就应该对市场重新细分或进一步细分。

通过策划人对各个细分市场进行全面的分析，并对其经济效益和发展前景做出评价后，策划人应对以上分析和评价形成市场细分报告，以便于明确选择目标市场。一般来说，市场细分报告应包括以下信息：子市场的名称；子市场消费群体的需求特点及行为特征等；子市场需求差异化的主要原因；子市场的规模与性质；子市场的竞争状况及变化趋势分析；子市场在产品、价格、分销、促销等方面可能做出的反应等信息。

8.1.2 市场选择

市场细分的最终目的是为了选择和确定目标市场。企业的一切市场营销活动，都是围绕目标市场进行的。

1. 市场选择的含义

目标市场选择是指在市场细分的基础上，经过全面比较、慎重选择，企业最后决定要进入的最佳细分市场。

2. 目标市场应具备的条件

（1）具有一定的规模及成长潜力

企业必须考虑的首要问题是即将进入的目标市场是否具有一定的规模和成长潜力。最佳的目标市场应该与企业的实力相匹配。过大的目标市场，对于实力较弱的企业来说，难以有效地占领和控制；较小的目标市场，则又不利于较大企业发挥生产潜力。

（2）具有足够的吸引力

细分市场即使具有一定的规模和成长潜力，但是从长期盈利的观点来看，细分市场未必具有长期吸引力。细分市场吸引力的衡量指标是成本和利润。

（3）符合企业的营销战略目标和资源条件

细分市场即使具有了一定的规模和成长潜力，并且也具有长期的吸引力，然而，企业必须结合其市场营销战略目标和资源来综合评估。某些细分市场虽然有较大的吸引力，但不符合企业长远的市场营销战略目标，不能推动企业实现市场营销战略目标，甚至会分散企业的精力，因此，企业不得不放弃。细分市场可能符合企业长远的市场营销战略目标，企业也必须对企业资源条件进行评估，必须考虑企业是否具备在细分市场所需要的资源条件。如果企业在细分市场缺乏必要的资源，并且没有获得必要资源的能力，企业就要放弃这个细分市场；如果企业确实能在该细分市场取得成功，它也需要发挥其经营优势，以压倒竞争者；如果企业无法在细分市场创造某种形式的优势地位，它就不应贸然进入。

3. 目标市场策略

通常有无差异市场营销策略、差异市场营销策略、集中市场营销策略三种不同的目标市场策略供企业选择。

（1）无差异市场营销策略

无差异市场营销策略是指企业把整个市场看成是一个整体，即一个大的目标市场，不再细分，只推出一种产品，运用单一营销组合，满足尽可能多的消费者需要所采取的营销策略。例如，美国可口可乐公司在过去采用单一的瓶装、一种口味、单一广告主题即“真正可乐”，将产品推至全世界。

无差异市场营销策略的优点是有利于标准化和大规模生产，同时避免开发费用投入和节省促销费用，有利于降低单位产品的成本费用，从而用低价争取广泛的消费者，获得较好的规模效益。

其缺点是不能满足消费者需求的多样性，只是停留在大众市场的表层，无法进一步发展。不能满足其他较小的细分市场的消费者需求，同时这种策略缺乏弹性，不能适应多变的市场形势，因此，在现代市场营销实践中，无差异市场营销策略只有少数企业采用，而且对于一个企业来说，一般也不宜长期采用。

（2）差异市场营销策略

差异市场营销策略是指企业在对市场进行细分的基础上，根据各细分市场的不同需求，分别设计不同的产品和运用不同的市场营销组合，服务于各细分子市场。如宝洁公司针对不同消费者对洗涤用品的不同需求，提供适用于不同发质、不同心理需要、不同价位、不同类型、不同品质、不同品牌的产品给消费者。洗衣粉类产品有强力去污的“碧浪”、去污很强的“汰渍”，洗发用品有潮流一族的“海飞丝”、优雅的“潘婷”、新一代的“飘柔”、品位代表的“沙宣”，等等。通过不同的产品来满足各个细分子市场的需要。因此，差异市场营销策略优点是能扩大销售，减少经营风险，提高市场占有率，因为多品种的生产能分别满足不同消费者群的需要，扩大产品销售。如果企业在数个细分市场都能取得较好的经营效果，就能树立企业良好的市场形象，提高市场占有率。

这一策略的缺点是由于增加了企业产品种类和市场营销组合的多元化，使企业用于设计、试制、制造和改进工艺的生产成本、管理成本、促销成本都大大提高。因此，采用差异市场营销策略的企业一般是大企业，有一部分企业，尤其是小企业无力采用。

（3）集中市场营销策略

集中市场营销策略是指企业集中全部力量于一个或极少数几个细分子市场，提供能满足这些细分子市场需求的产品，以期在竞争中获得优势。

集中市场营销策略主要适用于资源有限的中小企业或是初次进入新市场的大企业。中小企业由于资源有限，无力在整体市场或多个细分市场上与大企业展开竞争，而在大企业未予注意或不愿顾及而自己又力所能及的某个细分市场上全力以赴，则往往容易取得成功。实行集中市场营销策略是中小企业变劣势为优势的最佳选择。例如，日本的一家原来生产雨具、家用小五金、儿童玩具等产品的小企业发现婴儿纸尿布市场潜力大，于是将原来的生产范围缩减集中为婴儿纸尿布的生产上，后来成为日本最大的婴儿纸尿布生产商。

集中市场营销策略的优点是目标市场集中，有助于企业更深入地关注、了解目标市场的消费者需求，使产品适销对路，有助于提高企业和产品在市场上的知名度。集中市场营销策略还有利于企业集中资源，节约生产成本和各种费用，增加盈利，取得良好的经济效益。

集中市场营销策略的缺点是企业潜伏着较大的经营风险。由于目标市场集中，一旦市场出现诸如较强大的竞争者加入、消费者需求的突然变化等，企业就有可能因承受不了短时间的竞争压力，而立即陷入困境。因此，采用集中市场营销策略的企业，要随时密切关注市场动向，充分考虑企业对未来可能意外情况下的各种对策和应急措施。

（4）影响目标市场策略选择的因素

通过以上的比较可以看到三种目标市场策略各有优缺点，企业在确定了目标市场后，究竟采取哪种策略，取决于下列影响目标市场策略选择的各种因素。

①企业实力。如果企业实力较强，可根据产品的不同特性选择采用差异市场营销策略或无差异市场营销策略；如果企业实力较弱，无力顾及整体市场或多个细分市场，则可选择采用集中市场营销策略。

②产品性质。这里的产品性质是指产品是否同质，即产品在性能、特点等方面差异性的大小。如果企业生产同质产品，可选择采用无差异市场营销策略；如果企业生产异质产品，则可选择采用差异市场营销策略或集中市场营销策略。

③市场性质。这里的市场性质是指市场是否同质，即市场上消费者需求差异性的大小。如果市场是同质的，即消费者需求差异性不大，消费者购买行为基本相同，企业则可选择采用无差异市场营销策略；反之，企业则可选择采用差异市场营销策略或集中市场营销策略。

④产品市场生命周期。处在投入期和成长期初期的新产品，由于竞争者少，品种比较单一，市场营销的重点主要是探求市场需求和潜在消费者，企业可选择采用无差异市场营销策略；当产品进入成长期后期和成熟期时，由于市场竞争激烈，消费者需求差异性日益增大，为了开拓新的市场，扩大销售，企业可选择采用差异市场营销策略或集中市场营销策略或保持原有市场，延长产品市场生命周期。

⑤企业的市场营销战略目标和资源。企业的目标市场策略应当与竞争对手的目标市场策略不同。如果竞争对手强大并采取无差异市场营销策略，企业则应选择采用差异市场营销策略或集中市场营销策略，以提高产品的市场竞争能力；如果竞争对手与自身实力相当或面对

实力较弱的竞争对手，企业则可选择采用与之相同的目标市场策略；如果竞争对手都采用差异市场营销策略，企业则应进一步细分市场，实行更有效、更深入的差异市场营销策略或集中市场营销策略。

企业选择目标市场营销策略时，应综合考虑以上影响目标市场策略选择的因素，权衡利弊，综合决策。目标市场策略应保持相对稳定，但当市场营销环境发生重大改变时，企业应当及时改变目标市场策略。

8.1.3 市场定位

定位的基本原则不是去创造某种新奇的或与众不同的东西，而是去操纵人们心中原本的想法，去打开联想之结，目的是要在顾客心目中，占据有利的地位。唯有如此，方能在市场上赢得有利的竞争地位。

市场定位是指针对消费者对企业或产品属性的重视程度，确定企业相对于竞争者在目标市场上所处的市场位置，通过一定的信息传播途径，在消费者心目中树立企业与众不同的市场形象的过程。所以，市场定位的依据一是消费者的需求特征，二是该产品的主要竞争者的产品主要特征。市场定位是目标市场营销重要的组成部分。它关系到企业及产品在激烈的市场竞争中，占领消费者心理，树立企业及产品形象，实现企业市场营销战略目标等一系列至关重要的问题。

1. 市场定位策划的含义

市场定位策划就是通过策划一系列的营销活动，为企业产品创造出一种明显区别于竞争对手的特色性差异，并把这种差异形象生动地展示给目标顾客，从而使企业产品在顾客心目中形成一种独特的、深刻的、鲜明的印象，进而形成目标市场上独一无二的竞争优势。

2. 市场定位策划的模式与内容

市场定位策划的主要任务就是通过培养塑造进而形成企业的竞争优势，将企业的产品与竞争对手的产品明显区别开来。所以，市场定位策划其实就是帮助企业明确其潜在的竞争机会，选择其相对的竞争优势，凸显其独特的竞争优势的过程。市场定位的模式一般有以下三种类型。

（1）统一定位模式

这种定位模式是对市场不进行细分，而把整个公众都当作目标市场来推进营销的一种定位方式。这种定位方式产生于物资匮乏、产品供不应求的卖方市场时代，目前主要适用于少数消费者需求同质的产品（如食盐）的销售。即消费者需求广泛、能够大量生产、大量销售的产品。这种定位模式的优点是有利于标准化和大规模生产，有利于降低单位产品的成本费用，获得较好的规模效益。其缺点是不能满足消费者需求的多样性，不能满足其他较小的细分市场的消费者需求，不能适应多变的市场形势。

（2）集中定位模式

这种定位模式是企业针对某一特定的细分市场开发特定的产品，策划制定特定的营销方案。很多企业限于资金实力而无法在一个大市场上争取到自己的份额时，便可采取集中定位模式，可以在某一个或者某几个小的细分市场上取得独占性地位或较大的市场占有率。这种定位模式的优点是可以减少市场竞争、节约资金。其缺点就是风险较大，一是市场开辟风险较大，二是市场维系风险较大。

（3）差异定位模式

这是企业针对多个细分市场分别为之设计不同产品，采取不同的市场营销组合，满足不同消费者需求来占领这些细分市场的定位模式。这是目前企业普遍采用的一种定位模式，也称多元化定位模式。这种模式的优点在于：能扩大销售，减少经营风险，提高市场占有率。因为多品种的生产能分别满足不同消费者群的需要，扩大产品销售。

但差异定位也有其缺点：一是增加了经营成本，因为要维持各个细分市场的产品生产和销售，这无疑将增加产品的生产、营销、改进、发展和存货的成本；二是市场比较脆弱，因为在各个细分市场都要占有一席之地，因而其份额一般不大，很容易被别人从细分市场上挤掉；三是市场开拓深度不够，因为资金分散于各个细分市场，因而很难集中资金对某个细分市场进行深入开发。

3. 市场定位的方法

市场定位是指确定产品进入的目标市场。在进行营销策划时，首先必须进行市场定位，只有确立了目标市场，才能考虑推出与其相适应的产品。市场定位从总的方面看主要有这样几方面内容。

（1）地域定位

企业考虑本企业产品的市场区域是世界范围、全国范围还是本地范围，是北美还是东南亚或是其他地区，等等。

（2）气候定位

产品在什么气候类型的地区进行销售，是北方还是南方，东部还是西部，是少雨干燥地区还是多雨潮湿地区等。

（3）性别定位

产品是男性专用还是女性专用，或是两者兼用还是男女有所偏重。

（4）年龄定位

不同年龄段的消费者对产品的要求往往有较大的差异，只有充分掌握和利用这些特点，才能赢得不同年龄层次的消费市场。

（5）层次定位

不同阶层的消费特点也会有所不同，通过阶层划分来确定自己的目标市场也是市场定位的一个重要因素，阶层定位可以按知识层次、收入层次、职位层次等标志进行多种划分。

（6）职业定位

这种定位除了按工人、农民、学生等明显不同的职业区分外，更应注意划分那些不太明显的职业区别，如城镇职工既有一线操作工人，也有商店营业员，还有公司办公室职员，等等。

（7）文化定位

不同国家、地区、民族有着不同的文化，市场定位应充分考虑到不同文化对产品需求的不同特点。

（8）个性特点

企业考虑把自己的产品销售给具有什么样个性的消费者。

4. 市场定位策划的途径

市场定位策划的根本出发点就是确定产品的特色，让本企业的产品与市场上的其他竞争者有明显区别，从而形成企业的竞争优势。要做到这一点就必须进行创新策划，即强化产品的差异化。

一般来说，产品差异化策划可以从以下几个方面进行。

（1）创新核心产品与形式产品，体现产品的差异化

这一差异化策略是指产品在功能、质量、构造、外观、包装等方面与其他企业生产的同类产品的差异。同一产业内不同企业所生产的产品，虽然其用途基本相同，但是各企业的产品在设计构造、功能、款式、造型、包装等方面，却可以通过不同的创新形式形成产品的差别化，从而赢得购买者的偏好。比如，改进质量、完善产品的使用性能；改进特性，在产品大小、重量、材料或附加物等方面改变或增加某些属性，扩大产品的适用范围；改进产品的款式和包装，增加产品的时尚感，一个引人注目的个性化的式样总会吸引大批的顾客，例如在时装业，新的式样有时会引发一个新的潮流。

（2）创新附加产品，实现产品差异化

这一差异化策略是指企业除了向购买者提供产品外，还可向买方提供诸如送货、安装、信息、服务、维修乃至提供信用资助等，在服务上形成产品差异化。比如，利用帮助安装培训、进行调试、使用指导、分期付款、良好的维修服务和质量保证等服务手段实现产品差异化，使购买者产生对本企业产品的信赖与偏好，从而提高企业产品的市场占有率。在这方面，财力较弱、行动迅速、反应灵敏的中小企业，其创新空间更为广阔。

（3）通过传媒渠道传递产品信息，实现产品差异化

这一差异化策略是指企业通过报刊文字、图像、声音等媒介，利用各种传播手段，将与企业产品有关的特征等信息传递到目标市场，让顾客感受到本企业的产品与同类产品的差异，从而在顾客心目中树立该产品与众不同的形象。

5. 市场定位过程策划

市场定位的过程实际上就是企业明确其潜在的竞争优势、选择相对的竞争优势和市场定位策略以及准确地传播企业市场定位的过程。

（1）市场定位过程策划的含义

市场定位过程策划是指企业明确其潜在的竞争优势、选择相对的竞争优势以及显示其独特的竞争优势的方案及措施。目的在于通过集中企业的若干竞争优势，将自己与其他竞争者区别开来，突出企业及其产品的特色，在消费者心目中占有特殊的位置，从而取得目标市场的竞争优势。

（2）市场定位过程策划中应注意的问题

①明确企业潜在的竞争优势。

明确企业潜在的竞争优势，主要包括：调查研究影响定位的因素，了解竞争者的定位状况，竞争者向目标市场提供了何种产品及服务，在消费者心目中的形象如何？对其成本及经营情况做出评估，并了解目标消费者对产品的评价标准。企业应务力搞清楚消费者最关心的问题，以作为决策的依据，并要确认目标市场的潜在竞争优势是什么，是同样条件能比竞争者定价低，还是能提供更多的特色产品或服务来满足消费者的特定需要。企业通过与竞争者在产品、促销、成本、服务等方面对比分析，了解企业的长处和不足，从而认定企业的竞争优势。

②选择企业相对的竞争优势和市场定位策略。

相对的竞争优势，是企业能够胜过竞争者的能力，有的是现有的，有的是具备发展潜力的，还有的是可以通过努力创造的。企业可以根据自己的资源配置通过营销方案差异化突出自己的经营特色，使消费者感觉自己从中得到了价值最大的产品及服务。

③展示独特的竞争优势——准确地传播企业的市场定位。

企业要通过一系列的宣传促销活动，使其独特的市场竞争优势准确传播给消费者，并在消费者心目中留下深刻印象。要做到这一点必须进行创新策划，强化本企业及其产品与其他企业及其产品的差异性。主要包括：创造产品的独特优势；创造服务的独特优势；创造人力资源的独特优势；创造形象的独特优势；等等。

为此，企业可以从三个方面着手：第一，应使目标消费者了解、知道、熟悉、认同、喜欢和偏爱企业的市场定位，要在消费者心目中建立与该定位相一致的形象；第二，企业通过一切努力，保持对目标消费者的了解，稳定目标消费者的态度和加深目标消费者的感情，来巩固企业市场形象；第三，企业应注意目标消费者对其市场定位理解出现的偏差或由于企业市场定位宣传上失误而造成目标消费者的模糊、混乱和误会，及时纠正与市场定位不一致的市场形象。

（3）市场定位步骤策划

一般来讲，策划者可以按如下步骤进行策划：

①分析目标市场的现状与特征。

这一步骤主要通过对目标市场的调查，了解目标市场上的竞争者提供何种产品给顾客、顾客实际需要什么产品。一般是将本企业产品与主要竞争对手的产品，按照消费者最感兴趣的两个主要特征画在坐标轴上，然后寻找坐标轴上有利的位置，以确定产品开发的方向和目标。最常用的两个变量是质量与价格。

②目标市场的初步定位。

在分析了目标市场上的消费者需求及企业产品差异、确定了有效差异的前提下，策划者就要权衡利弊、初步确定企业在目标市场上所处的位置。

③对目标市场的正式定位。

如果对目标市场的初步定位比较顺利，说明这个定位是正确的，可以将其正式确定下来。但是有些时候初步定位也需要进一步矫正，需要对质量、造型、包装、广告等方面的策略做相应的改变，这就是重新定位。例如，专为儿童设计的某种玩具在成人消费者中也流行开来，则该玩具就应因此而重新定位。

6. 市场定位策略策划

企业通过与竞争对手在产品、促销、成本、服务等方面的对比分析，了解了自己的优势与劣势，进一步明确了自己的竞争优势，最终可以进行恰当的市场定位。

企业常用的定位策略有以下几种。

（1）针锋相对式

针锋相对式定位策略又称竞争性定位策略，是指企业选择在目标市场上与现有的竞争者相似或重合的市场位置定位，与竞争对手争夺同样的目标消费者。采用这种策略时，企业与竞争对手在产品、价格、分销及促销等方面实力相当基本没有差别。例如，美国可口可乐与百事可乐是两家以生产销售碳酸型饮料为主的大型企业。可口可乐自 1886 年创建以来，以其独特的味道扬名全球，使其“同胞兄弟”百事可乐在第二次世界大战前仍望其项背。

第二次世界大战后，百事可乐采取了针锋相对的策略，专门与可口可乐竞争。半个多世纪以来，这两家公司为争夺市场而展开了激烈竞争，而他们都以相互间的激烈竞争作为促进自身发展的动力及最好的广告宣传，百事可乐借机得到迅速发展。1988 年，百事可乐荣登全美十大顶尖企业榜，成为可口可乐强有力的竞争者，应该说这与百事可乐借名创名的市场定位策略是密不可分的。百事可乐总裁罗杰·恩瑞将竞争定义为“未必要打倒敌人”。事实正是这样，通过这场旷日持久的饮料大战，可乐饮料引起了越来越多消费者的关注，当大家对百事可乐——可口可乐之战兴趣盎然时，双方都是赢家，因为喝可乐的人越来越多，两家公司都获益匪浅。

（2）填补空缺式

填补空缺式策略也叫避强定位策略，是指企业尽力避免与实力较强的其他企业直接发生竞争，而将自己的产品定位于尚未被竞争对手占领，且被许多消费者重视的市场区域内。使自己产品的某些属性或特性与较强的对手有比较明显的区别。例如，金利来进入中国大陆市场时，就是填补了中国男士高档衣物的空位。

小案例 8-1

夹缝里面好生存

在金融业兴旺发达的香港地区，“银行多过米铺”这句话毫不过分。在这一弹丸之地，各银行使出全身解数，走出了一条细分市场、利用定位策略、突出各自优势的道路，使香港的金融业呈现出一派百家争鸣、百花齐放的繁荣景象。

汇丰银行：定位于分行最多、实力最强、全港最大的银行。这是以自我为中心、实力展示式的诉求。20 世纪 90 年代以来，为拉近与顾客的情感距离，它改变了定位策略，新的定位立足于“患难与共、伴随成长”，旨在与顾客建立同舟共济、共谋发展的亲密朋友关系。

恒生银行：定位于充满人情味、服务态度最佳的银行，通过走感性路线赢得顾客心。突出服务这一卖点也使它有别于其他银行。

渣打银行：定位于历史悠久、安全可靠的英资银行。这一定位树立了渣打银行可信赖的“老大哥”形象，传达了让顾客放心的信息。

中国银行：定位于有强大后盾的中资银行。这一定位直接针对有民族情结、信赖中资的目标顾客群，同时暗示它提供更多更新的服务。

廖创兴银行：定位在助你创业兴家的银行，以中小工商业者为目标对象，为他们排忧解难，赢得事业的成功。香港中小工商业者是一个很有潜力的市场，廖创兴敏锐地洞察到这一点，并摸准他们的心理：想出人头地、大展宏图。据此，廖创兴将自身定位在专为这一目标顾客群服务，给予他们在其他大银行和专业银行不能得到的支持和帮助，从而牢牢地占有了这一市场。

资料来源：作者根据互联网相关资料进行整理。

（3）另辟蹊径式

另辟蹊径式定位是当企业意识到自己无力与同行业强大的竞争对手抗衡从而获得绝对优势地位时，可以根据自己的条件取得相对优势，即突出宣传自己与众不同的特色，在某些有价值的产品属性上取得领先地位。在目标市场上树立起一种与竞争对手具有明显差别的新产品或新服务。

例如，美国的“七喜汽水”突出宣传自己是不含咖啡因的特点，不同于“百事可乐”和

“可口可乐”，成为非可乐型饮料的领先者。

（4）重新定位策略

重新定位策略是指企业对已经上市的产品实施再定位。采用这种策略的企业必须改变目标消费者对其原有的印象，使目标消费者对其建立新的认识。一般情况下，这种定位目的在于摆脱困境，重新获得增长与活力。

例如，美国强生公司的洗发液由于产品不伤皮肤和眼睛，最初定位于婴儿市场，当年曾畅销一时。后来由于人口出生率下降，婴儿减少，产品逐渐滞销。经过分析，该公司决定重新将产品定位于年轻女性市场，突出介绍该产品能使头发松软、富有光泽等特点，再次吸引了大批年轻女性。

7. 产品定位过程中应注意的事项

企业在产品定位过程中应避免犯以下错误，否则会影响企业在顾客心目中的形象。

（1）定位过低

这使顾客不能真正认识到企业的独到之处。

（2）定位过高

这也使顾客不能正确了解企业。

（3）定位混乱

这与企业推出的主题过多或产品定位变化太频繁有关。

（4）定位怀疑

这使顾客很难相信企业在产品特色、价格或制造商方面的有关宣传，对定位真实性产生怀疑。

总之，市场定位实际上是一种竞争策略，是企业在市场上寻求和创造竞争优势的手段，要根据企业及产品的特点、竞争者及目标市场消费需求特征加以选择。实际营销策划中往往是多种方法结合采用。

8.2　产品定位

8.2.1　企业的产品定位

1. 产品定位

产品定位是产品在未来潜在顾客心目中占有的位置。其重点是在对未来潜在顾客心智所下的功夫，为此要从产品特征、包装、服务等多方面进行研究，并顾及竞争对手的情况。

在谈产品定位之前有必要了解一下品牌定位。所谓品牌定位就是指企业的产品及其品牌，基于顾客的生理和心理需求，寻找其独特的个性和良好的形象，从而凝固于消费者心目中，占据一个有价值的位置。品牌定位是针对产品品牌的，其核心是要打造品牌价值。品牌定位的载体是产品，其承诺最终通过产品兑现，因此必然已经包含产品定位于其中。

对产品定位的计划和实施以市场定位为基础，受市场定位指导，但比市场定位更深入人心。具体来说，就是要在目标顾客的心目中为产品创造一定的特色，赋予一定的形象，以适应顾客一定的需要和偏好。

在当前市场中，有很多的人对产品定位与市场定位不加区别，认为两者是同一个概念，其实两者还是有一定区别的，具体来说，目标市场定位（简称市场定位），是指企业对目标消费者或目标消费者市场的选择；而产品定位，是指企业对用什么样的产品来满足目标消费者或目标消费市场的需求。从理论上讲，应该先进行市场定位，然后才进行产品定位。产品定位是对目标市场的选择与企业产品结合的过程，也是将市场定位企业化、产品化的工作。

2. 产品定位的步骤

①分析本公司与竞争者的产品。分析本公司及竞争者所销售的产品，是定位的良好起点。

②找出差异性。比较自己产品和竞争产品，对比产品目标市场正面及负面的差异性，这些差异性必须详细列出适合所销售产品的营销组合关键因素。有时候，表面上看来是负面效果的差异性，也许会变成正面效果。

③列出主要目标市场。

④指出主要目标市场的特征。目标市场的欲望、需求等特征一一简明扼要地写出来。

⑤与目标市场的需求。接着就是把产品的特征和目标市场的需求与欲望结合在一起。有时候，营销人员必须在产品和目标市场特征之间，画上许多条线，以发觉消费者尚有哪些最重要的需求与欲望，未被公司产品或竞争者的产品所满足。

8.2.2 企业的产品定位策略

1. 根据属性定位

产品本身的属性能使消费者体会到它的定位。产品属性包括制造技术、设备、生产流程、产品功能，也包括产品的原料、产地、历史等因素。北京的同仁堂定位体现了使用的原料和悠久的历史，王守义十三香强调其专门的调料配方，宜宾五粮液、北京烤鸭等产品则强调其产地定位。如果企业的一种或几种属性是竞争者所没有或有所欠缺的，同时又是顾客认可和接受的，这时采用按产品属性定位的策略，往往容易收到良好效果。

2. 根据利益定位

根据利益定位是指把产品定位在某一特定利益上。这里的“利益”包括顾客购买企业产品时追求的利益，也包括购买企业产品所能获得的附加利益。如手机市场中，摩托罗拉向目标消费者提供的利益点是“小、薄、轻”，而诺基亚则宣称“无辐射”。在汽车市场，宝马宣称“驾驶的乐趣”，马自达是“可靠”，TOYOTA 宣传“跑车外形”，菲亚特则是“精力充沛”，而奔驰是“高贵、王者、显赫、至尊”的象征，奔驰的电视广告中较出名的广告词是“世界元首使用最多的车”。新飞冰箱在同容积冰箱中耗电最省，给顾客提供“省电”的利益。

3. 根据产品的用途定位

根据产品的用途定位是工业产品最常用的市场定位方法。此外，为老产品找到一种新用途，是为该产品创造新的市场定位的好方法。例如，杜邦的尼龙最初在军事上用于制作降落伞，后来许多新的用途——作为袜子、衬衫、地毯、汽车轮胎、椅套的原料等，一个接一个地被发现。又如网络的研究也开始于军事领域，随后广泛应用于通信、日常生活、汽车工业等。

4. 根据价格—质量定位

一件仿制的装饰性项链，无论其做工多么精美，都是不可能与真正的钻石项链定位相同的。所以对于那些消费者对价格和质量都很关心的产品，选择两者作为市场定位的因素是突出企业的好方法。据此定位有几种情况：

（1）质价相符的情况，通俗地说就是“一分钱一分货”

当企业产品价格高于同类产品时，企业总是强调其产品的高质量和物有所值，说服顾客支付溢价来购买其产品。海尔集团的家电产品很少卷入价格战，一直维持其同类产品中的较高价格，但其销售量却一直稳定增长，体现了其产品“优质高价”的定位。

（2）质高价低的情况

一些企业将质高价低作为一种竞争手段，用以加深市场渗透，提高市场占有率。格兰仕集团就是采用这种定位方式，快速地占领了我国的微波炉市场并一直保持着 50%以上的极高市场占有率。这时，企业向顾客传递的信息是顾客所花的每分钱都能获取更大的价值，即“物超所值”。采用这种定位方式，企业要重视优于价格水平的产品质量的宣传，而不能只宣传产品的低价，否则就会造成产品在顾客心目中定位降低，从而造成定位失败。

5. 根据产品的档次定位

企业在选择目标市场时常根据本企业的产品档次来选择。如家具市场可划分为高、中、低档。产品也可通过强调与同档次的产品的不同特点来进行定位。例如，中美施贵宝公司出品的“日夜百服宁”等。

6. 根据产品的形状定位

这里的形状可以是产品的全部，也可以是产品的一部分。如“白加黑”感冒药将感冒药分为白、黑两种颜色，并以此外在形式为基础改革了传统感冒药的服用方法。这两种全新形式本身就是该产品的一种定位策略，同时将其名称定为“白加黑”，也使这一名称本身就表达了产品的形式特点及诉求点。又如“大大”泡泡糖也是以产品本身表现出来的形式特征为定位点，打响了其市场竞争第一炮。

本章小结

市场细分是指企业通过市场调查研究，根据消费者需求的差异性，把某一产品的整体市场划分为若干个在需求上具有某种相似特征的消费者群，从而形成各种不同细分市场的过程。每一个消费者群就是一个细分市场，也称“子市场”或“亚市场”，每一个细分市场都是由在需求上具有某种相似特征的消费者构成的消费者群。消费者需求的相似性是市场细分的理论基础。消费者市场细分策划的标准主要有以下几个方面：地理环境因素、人口因素、心理因素和行为因素。

目标市场选择是指在市场细分的基础上，经过全面比较、慎重选择，企业最后决定要进入的最佳细分市场。通常有无差异市场营销策略、差异市场营销策略、集中市场营销策略三种不同的目标市场策略供企业选择。

市场定位是指针对消费者对企业或产品属性的重视程度，确定企业相对于竞争者在目标市场上所处的市场位置，通过一定的信息传播途径，在消费者心目中树立企业与众不同的市场形象的过程。所以，市场定位的依据一是消费者的需求特征，二是该产品的主要竞争者的产品主要特征。市场定位是目标市场营销重要的组成部分。市场定位的过程实际上就是企业明确其潜在的竞争优势、选择相对的竞争优势和市场定位策略以及准确地传播企业市场定位的过程。

产品定位是产品在未来潜在顾客心目中占有的位置。其重点是在对未来潜在顾客心智所下的功夫，为此要从产品特征、包装、服务等多方面进行研究，并顾及竞争对手的情况。品牌定位是针对产品品牌的，其核心是要打造品牌价值。品牌定位的载体是产品，其承诺最终通过产品兑现，因此必然已经包含产品定位于其中。

能力培养指导

1. 评估 USP 理论、品牌形象理论、定位理论三个品牌创意理论的关系。
2. 结合所学的品牌知识，找出市场上你所熟悉的品牌，分析该品牌是如何进行品牌定位的。
3. 结合进行重新定位成功的企业，分析企业什么时候应该为品牌进行重新定位。

复习题

1. 市场定位策划的含义及应遵循的原则？
2. 市场定位的模式及内容？
3. 产品定位的具体形式有哪些？
4. 产品差异化策划包括哪些内容？
5. 市场细分策划的含义及细分的标准与步骤？
6. 目标市场应具备的条件及影响目标市场策略选择的因素？
7. 市场定位过程策划的含义及应注意的事项？
8. 企业常用的定位策略有哪些？

案例应用 1

解密立白《我是歌手》娱乐营销大戏

2012 年底，湖南卫视正秘密策划一档歌唱比赛真人秀，这是一场倾全台之力的“荣誉之战”——在 2012 年之前，湖南卫视一直稳坐国内省级卫视头把交椅，然而在 2012 年，《中国好声音》《非诚勿扰》等节目的火爆让它产生了强烈的危机感，尤其在歌唱选秀这样的传统优势领域受到挑战，是湖南卫视不能容忍的。

当湖南卫视向自己的广告客户推荐这个全新的季播栏目，为其寻找赞助商时，他们却根本没有想起当时已与自己有 16 年合作历史的日化龙头——创建于 1994 年的立白集团，自 1996 年就投放了湖南卫视的《玫瑰之约》，双方的合作自此从未间断，且每年的投放量都在平稳增长。没想起来的原因很简单：芒果台觉得日化这么传统的行业，不会对娱乐营销感兴趣的。

寻找一个“原点”撬起地球

“当时是我们主动去找湖南卫视，询问他们的新节目计划。他们给了一份资料，有七八个节目，每个节目也就三四页的 PPT 介绍，都是非常初级的框架，其中就包括后来的‘我是歌手’，当时的名字还叫‘风云再起’。”连续两届冠名赞助《我是歌手》，开启娱乐营销大幕的立白集团媒介传播部总监王冬回忆，日化洗涤行业在传播上一直给人“保守传统”的印象，也就投投硬广告，当时没人相信，立白会成为这档大型季播节目的冠名商。

但其实，立白等待这个机会已经很久了。立白以“洁白不伤手”的广告家喻户晓，洗衣粉、洗洁精多年来稳居全国销量第一。随着人们生活水平的提高，洗化产品面临更新换代，

2009 年，立白推出洗衣液产品，争夺中高端市场。新产品经过两年时间的渠道建设、市场培育，条件已经成熟，需要一个能迅速炸开市场的营销动作。

按照过去的玩法，就是砸硬广告，高空轰炸。这与品类特征有关，消费者对洗涤用品的关注度相对较低，往往是谁的广告多、牌子响、终端强，就买谁的。

但是立白集团认为市场已经今非昔比：第一，消费者行为发生了改变。生活节奏越来越快，大家接受信息的渠道发生巨变，以往的硬广告方式沟通不再充分；第二，消费者构成发生了改变。随着 80 后、90 后逐渐成家立业，他们成为洗涤用品新的消费大军，抓住年轻人成为“老品牌”的新课题。

旧玩法已经跟不上时代了，必须开创一套符合立白集团发展现状的营销模式。王冬认为，重要的是找到一个高关注的“原点”，借此实现品牌的传播、沟通和渗透。而在这个“娱乐至死”的年代，借助娱乐事件做营销，是消费者最为接受的。这是立白这个看起来一点都不“娱乐”的品牌大胆选择尝试“娱乐营销”的根本逻辑。

王冬也表示，立白集团的营销手段是以消费者为转移的，今天消费者更接受娱乐的方式，立白就会选择娱乐营销；明天消费者变了，立白的营销手段也会跟着改变。

从内部讨论到正式签约冠名，立白集团仅用了十几天时间。双方在 16 年的合作中累积起来的了解和互信，为决策扫平了很多障碍。PPT 上“让已经成名的歌手来比赛”的简单介绍，由操刀过湖南卫视跨年晚会、《百变大咖秀》等节目的洪涛导演负责，就能让王冬判断出节目的高度和水准。加上她深知此节目对湖南卫视有“荣誉之战”的特殊意义，“他们比我更在乎这个节目的成败”，王冬当机立断，立白最后击败了几家外资品牌，成功拿到第一届《我是歌手》的冠名权。

娱乐营销怎么玩

娱乐营销是什么，到底该怎么玩?

王冬的理解是，用娱乐的手段让大家接触到我的品牌信息，而且当受众接触到这些品牌信息时，最好可以给他/她带来轻松、愉快的氛围，实现深度的情感沟通。

这就涉及两个关键问题：面向的受众和植入的方式。

现在的娱乐节目都有自己的定位，附着其上的娱乐营销也有品牌商想要覆盖的目标人群。立白洗衣液定位中高端，目标客户是都市女白领。而湖南卫视的受众有很强的低龄特征，18～25 岁，很多都是学生，没有工作或者刚刚工作。这显然不是立白的目标人群。怎么办?

这就必须在沟通中磨合，找到共同的交集。

当时王冬几乎每周都要去一次长沙，跟节目组开会，让他们清楚立白洗衣液的目标人群、产品特点，以及希望向受众传达什么讯息。所幸的是，湖南卫视也希望通过制作高品质节目吸引到更丰富的受众，因为《中国好声音》《非诚勿扰》都不是专门针对低龄人群，而是摆出全覆盖的架势，湖南卫视必须迎头反击。在这一点上，双方的利益是一致的。

王冬的分寸是，绝不直接干涉节目制作，因为这件事自己绝对没有节目组专业，如果为了多露出品牌信息，使节目质量下降，受众不爱看，可谓得不偿失。娱乐营销中的商业赞助方和内容生产方必须紧密合作实现共赢，所以，由洪涛导演操刀制作《我是歌手》也是王冬最终选定它的重要原因——洪涛导演对合作品牌很支持，他会认真听取品牌商的需求，做出几个可供选择的方案，并会讲解建议哪个最好。

为了吸引更高素质的女性观众，把节目内容做得更深邃，《我是歌手》没有像呈现演唱会一样强调歌手的表演，而在剪辑中大量融入了在场观众的反应，台前幕后的故事，专业音乐人的点评；像影视剧一样设置情节，一步步触发冲突，吸引观众像追剧一样追看这档明星真人秀。最终的收视数据表明，《我是歌手》主要收视人群为25~40岁的女性，高学历占比是目前国内所有节目中最高的——你也可以理解为，立白通过赞助《我是歌手》，为自己的目标人群定制了一个符合她们口味的娱乐节目，而这正是娱乐营销魔力的基础。

目标人群找到了，剩下的就要看植入品牌信息是否巧妙得当。别以为只要搞定导演，怎么在节目中做广告都可以，真正重要的是消费者在接触到品牌信息时到底是愉快地接受，还是因生硬打断而反感？

立白集团开洗涤用品做娱乐营销的先河，抢占了消费者心智（在消费者心中留下了区别于其他洗涤用品品牌的情感回忆），但也遇到了"第一个吃螃蟹"的质疑。王冬回忆，《我是歌手》第一季的头两集，网上有争议说唱歌节目跟洗衣液有什么关系，为什么要做冠名？立白一方面从"做高品质产品/节目"的精神层面解释契合点，另一方面用娱乐化的方法去化解，"立白竖起来就是音乐的音字，其实我天生就是搞音乐的！"

"80后、90后非常接受这种娱乐化的解释。加上主持人海泉在口播上发生几个小口误'立白洗fu合一''立白歌手我是洗衣液'，年轻人很快会主动去传播这个品牌信息，到第五六集，大家说我是歌手一定会带上立白洗衣液。"从处理这个小争议，立白与节目制作方紧密配合的程度就可见一斑。

好的品牌植入，一定是内容不可分割的一部分。在《我是歌手》第二季中，立白根据产品"洗护合一"的卖点提出"个性合一"的宣传创意，被制作方欣然采纳，分别为七位参赛歌手制作了"合一体"官方海报，引发粉丝的热烈追捧（如邓紫棋的海报主题是萌御合一，其粉丝在邓紫棋的百度贴吧中还会以此为主题为其发图贴）。

双方也曾为是否能在节目中体现产品（比如在舞台边缘摆上样品或模型）而争执，最终立白被制作方说服了：也许有的观众看了没感觉，但一定有观众看后认为太商业化，会形成对品牌的反向认知，这样的硬性曝光对品牌来说不一定是好事。

为了实现无打扰的品牌植入，立白在《我是歌手》节目中的曝光贯彻了"简洁"原则，就像其在舞台上露出的LOGO，除了"立白洗衣液"五个白边红字灯箱，没有复杂的花纹修饰，没有广告语。但每个镜头扫过，这五个字都看得非常清晰，很容易就能被观众记住。现在到 KTV 里点播歌手们在比赛中唱过的曲目，翻拍的画面中依然能一眼看到这个醒目的LOGO，实现二次传播。

这再次验证了，做品牌知名度，信息不是越多越好，而是越简洁越好。

娱乐营销标配：一套与之配合的整合打法

为了娱乐营销的整体效果，立白在《我是歌手》中的硬性露出不能太多，而要放大娱乐营销的效果，必须有一套与之配合的整合营销打法。正如王冬所说，《我是歌手》只是一个高关注的原点，更重要的是借助这个原点的传播力把品牌信息扩散出去。如何接续娱乐营销的热度做好扩散，就是整合营销要研究的问题。

首先，在社交媒体上的活跃表现

"立白洗衣液"官方微博冠名赞助《我是歌手》后改名"立白_我是歌手Ⅱ"，别小看这样一个动作，粉丝在微博上看到这样一个ID跟明星或官方微博互动，加粉的可能性比看到"立白洗衣液"要高N倍！这个账号从第一季的0个粉丝到第二季结束时的近百万粉丝，远超同类产品官方微博的粉丝数（评价转发量同样远超同类账号）。

“立白_我是歌手”官微精心策划的作战方案更是可圈可点。以《我是歌手》第二季为例，在节目播出的四个月时间里，官微规划了三个阶段主题：个性合一，情感合一，洗护合一；分别对应任务为：借势节目，挖掘品牌情感诉求，产品落地。

从第一个阶段借势“歌手合一体”（实际是立白娱乐营销的植入内容）做的“合一大赛”；到第二阶段发掘的“歌手讲述年代爱情”（引发不同年代的人对代表爱情曲目的回忆和讨论）话题；再到第三阶段配合落地专项活动组织的“拯救精致女人”行动。可以清晰地看出，“立白_我是歌手”官微遵循了由浅入深、由表及里的传播策略，也是借由这套策略，她成功将节目粉丝沉淀为了品牌的粉丝。

在扩大传播效应上，“立白_我是歌手”官微尝试了多种办法，比如在节目直播日设置拟人化的“立小白”娱记形象，播报节目花絮。张杰有一次在直播中说“我也想留廖凡的胡子”，官微立即反应，给张杰P上了一脸大胡子，图片发出后起到了很好的互动效果。又比如与参赛明星、节目工作人员、明星粉丝会互动，引导流量。官微还尝试与其他品牌联手，以奖品置换、互动转发等形式合作，其中包括百度、乐视 TV、东风日产奇骏等品牌，曝光量超过百万。

除了作为媒体平台的微博，立白还建立了微信平台，但考虑到微信是个封闭圈子，不适合大面积营销推广，被作为微博的配合和补充，主要用于收集信息，点对点地与粉丝交流。

其次，从节目延伸到线下的专项活动

与植入热门电视剧相比，冠名一个现象级节目的好处就在于，可以很容易将节目相关元素移植到线下，比如立白现在正在做的城市歌手争霸赛，而电视剧元素就很难被还原到线下。

为了进一步强化品牌“呵护精致女人”的情感诉求，立白还策划了一个“拯救精致女人”的行为艺术：一名容貌姣好却穿着有褶皱、污渍衣裙的女子被关在闹市街头的透明衣柜里，向过往的行人举字条求解，而能打开这把门锁的钥匙就是立白洗衣液的瓶盖——以此表现立白洗衣液对都市精致女性的拯救性意义，新颖的表现形式引来众多媒体报道。

“立白_我是歌手”官微在积累了大量粉丝的基础上，也成为此活动的重要媒体平台，将事件宣传分为预热期、发布期、展示期：预热期通过活动吸引粉丝对话题的关注，形成舆论，为后续活动铺垫；发布期配合线下活动进行同步微博直播，让粉丝也能了解事件的来龙去脉；展示期配合线下活动，将现场活动的精彩图片发布，吸引本地粉丝到现场体验。“立白_我是歌手”官微很好地完成了整个活动的传播需求，将信息传递给粉丝。

最后，配合产品落地的宣传、陈设、路演

王冬表示，品牌做传播，终极目标是让消费者信任你的品牌，愿意选择你的品牌，而这离最终的销售还差最后一环，就是终端表现。如果只是品牌传播做得好，终端不给力，消费者很容易会被其他品牌在终端拦截掉，上面做的一切努力就成了“水中月，镜中花”。

从实效层面看，《我是歌手》第一季对受众形成了强大拉力，立白洗衣液在播出期间知名度提升 13%，美誉度提升 11%；据 AC 尼尔森数据，2013 年 1—7 月销售额比上年同期增长了 66%。第二季收视率再创新高，顺利拿下中心城市网全国冠军，品牌知名度上升到第二名，美誉度提升 14.2%，立白的品牌资产在上一季的基础上持续累积，预计将有更好的表现。

而对王冬来说，立白此次娱乐营销，不仅是单个营销项目的成功，更重要的意义是它开创了一个适合日化产品的营销模式。所谓模式，就是可借鉴可参考的，在立白集团旗下其他品牌有同样的需求时就能复制这次成功。

资料来源：木馨. 解密立白《我是歌手》娱乐营销大戏[J]. 销售与市场（渠道版），2014（07）。

【讨论题】

1. 立白的细分市场选择是什么？以什么标准进行细分？

2. 立白的市场定位是什么？如何体现出来？

3. 立白的娱乐营销模式是否可以推广到其他日化产品，为什么？

案例应用 2

不走寻常路：快书包的差异化营销

十多年的广告人背景给徐智明带来的最大影响就是让他形成了一种“要跟别人不一样”的思维模式，人生选择和创业路线，都要与别人不一样。继创办广告人书店——龙之媒之后，徐智明创办的一小时送货服务、网上精品便利店——快书包也在激烈的电商竞争中横空出世，在大电商的夹缝中顽强成长。

徐智明创办的龙之媒书店是广告圈内公认的专业图书智库，但由于近年受到网上书店和数字化浪潮的冲击很难经营，他开始创办网上书店快书包，主推一小时送货服务。快书包从2010年6月上线做网上书店，到2012年4月新浪微博基金注入开始拓展品类成为网上精品便利店，快书包在这三年中茁壮成长。

快书包的生存靠的是与众不同，不走寻常路：差异化的定位、差异化的服务、差异化的营销选择，所有的差异化使快书包看起来特立独行。那么，快书包是如何进行差异化营销服务的？走的是什么与别人不一样的道路？

销售的是产品的情景属性

在产品选择上，跟别的电商不一样，快书包打的是“急需”牌，讲求一小时送货服务，卖的是使用情景属性而不是单纯的商品属性。大的电商会注重产品品类“大而全”，同种类的产品各种品牌、不同型号都要有，满足顾客对商品的个性需求；而快书包则是追求“小而精”，一方面为了保证一小时送货，另一方面快书包在定位上侧重的是顾客使用产品的情景而不是商品本身，满足的是部分人的部分需求。

在徐智明眼中，京东、当当这些电商更像网上的沃尔玛，里面的产品门类和品牌相对来说都很齐全，而快书包更像网上的7-11，消费者喜欢的东西和品牌不一定都有，但是现有的东西也能满足消费者的需求。快书包满足了消费者对特定时间和地点收到商品的需求，满足的是特定情境下、特定人群的消费习惯。所以，在产品选择上快书包与别人不一样，它更加注重产品的“急需”“使用情景”。“快书包在产品选择上有很多不同，只卖1000种门类的产品，今年会增加很多日用品，这些日用品要符合一定的使用情景，比如卖洗发水，我们会避开日常家庭实用型，而主打出差和旅行套装。我们的产品选择是从顾客的便利需求出发，而不是从产品出发。”徐智明说。快书包满足了部分人的部分需求，但却开辟了一个崭新的天地，即挖掘顾客对时间和空间的潜在需求，用精益的服务满足顾客对时间和空间便利的要求。

时间才是快书包的核心竞争力

快书包做的一小时送货服务，让顾客在希望的时间和希望的地点收到订单，实现了移动收货的可能，这是其他大网站目前做不到的。这种服务最大的意义是消费者成为掌控时间的主人，这也是快书包最大的一个竞争力。快书包在市区内有 7 个小型配送站，接到顾客的订单后，在最近的配送站配好商品，送货员按照顾客指定的时间到指定的地方把商品交到顾客手里。正是这些不同，让快书包在大电商瓜分后的市场中赢得生存机会。

说到竞争对手，徐智明解释道，当下的竞争对手主要来自三个方面，一是像京东、当当这样的较为成熟的大电商；二是如 7-11 这样的实体便利商店；三是跟快书包一样的、快速送货模式的网店。首先，京东、当当这些大电商在短期内不能做到精准服务，它们关注的是如何把产业做得更大更强，而快书包正是在这些大电商的市场空隙中，瞄准一小时送货服务、对准城市中心商业区的上班族，在定位上选择与这些大电商不直接冲突的市场空缺。其次，7-11 这样的实体便利店多存在于区域性市场上，基本都是在本省内部发展，快书包走的是全国市场，用可复制的模式，先从重点城市发展逐渐拓展至全国。而且 7-11 本身是区域市场加盟制，当下在中国大陆的 7-11 便利店分属中国台湾、香港和日本总部，所以目前还很难实现网上销售服务。第三种竞争对手一直存在，同质化的竞争完全看运营水平。快书包通过建立新的研发队伍开发技术系统、研发 APP 改善顾客体验等不断改进运营水平。

营销的关键是服务

与大电商京东、天猫倚重传统广告不同，快书包的主要营销推广渠道是社会化媒体，尤其倚重微博营销。徐智明坦言，一方面传统广告的效果很难测量，不能及时预估投入产出比，对于处在市场培育期的快书包来说，营销费用需要审慎。另一方面，快书包的目标消费群多集中于微博上，与目标消费者互动更加方便有效。

2010 年，韩寒的《独唱团》首发时，快书包爆单不能及时送货，很多顾客在微博上发泄不满，徐智明发现快书包的顾客大部分都在新浪微博上，就把新浪微博作为快书包的主要阵地，倾听顾客声音与顾客互动。快书包的官方微博除了推送日常的企业信息、新书预报、商品比价、接收订单，还有专人在微博上处理消费者的投诉，跟消费者进行一对一的对话。在客户服务上，快书包有一个“5 分钟回复”的制度，所有提到快书包的消息无论是投诉还是建议，只要被发现就一定在 5 分钟之内回复。在处理投诉问题时，快书包用公开的方式展现投诉处理过程，而不是刻意隐瞒和回避。

“企业在社会化媒体上的所有言行、动作都是营销。作为一个品牌，无论是产品品牌还是服务品牌，消费者跟它的所有接触都会形成一种品牌认识。尤其是社会化媒体的出现把消费者接触信息的渠道变得碎片化，不一定是谁的言行就会影响消费者。所以，社会化媒体上企业对牢骚、不满、投诉的处理都是一种营销。”徐智明说道。

在问到快书包将来的打算时，徐智明表示：“目前，快书包已经在全国七个城市提供服务，未来还会继续在全国开拓市场，面对不同区域的不同市场特征，快书包的战略是以非差异性为主，辅助以差异性去满足市场，寻求顾客的认同。但是无论如何拓展，一小时的服务属性是不会改变的，只会在产品选择上根据地方市场的区域性特点进行小幅调整。”

资料来源：宋欢乐. 不走寻常路：快书包的差异化营销[J]. 销售与市场（评论版），2013（11）。

【讨论题】

1. 快书包的市场定位是什么？
2. 快书包如何实现其市场定位？

第9章　企业产品策划

学习目标

1. 了解整体产品策划的概念
2. 熟悉新产品的开发与推广策划的内容
3. 掌握产品因素组合策划的要素
4. 熟悉产品包装策划与品牌设计的要素

实践中的企业产品策划

光彩四溢的香奈尔（CHANEL）

香奈尔是一个有 80 多年经历的著名品牌，香奈尔时装永远有着高雅、简洁、精美的风格，她善于突破传统，早在 20 世纪 40 年代就成功地将“五花大绑”的女装推向简单、舒适，这也许就是最早的现代休闲服。香奈尔最了解女人，香奈尔的产品种类繁多，每个女人在香奈尔的世界里总能找到适合自己的东西，“当你找不到合适的服装时，就穿香奈尔套装”那句至今仍在欧美上流女性中流传的名言足以表现香奈尔品牌服饰的魔力和功用。

对一个有 80 年经历的品牌，其突破传统，抛弃束缚，便是香奈尔的一贯原则。正应了 20 世纪 50 年代香奈尔的这句话：“只有女人才真正了解女人”。成名于第一次世界大战前后的香奈尔借助妇女解放呼声日高之机，成功地将女装原本复杂、累赘的衣装推向简单、舒适的时代。香奈尔制作过前所未见的夏季休闲服，那是廓型宽松的除去腰部线条的针织服。将加在女性身上的束缚彻底解除，香奈尔由此成了当时被称为“青春派”服饰的主持。在香奈尔之风吹起的时候，亚麻裙、海军服、开口宽衫、简单的帽子……成为那时期的特色。

男装风格特征的融入，低领及男用衬衫配以腰带，这便是早期的香奈尔风格，且沿袭至今。第一次世界大战期间，香奈尔又推出强调利于行走、活动等功能的女装。将服装上所有配饰一一卸下，代之以长及臀部的围巾。香奈尔是第一批将裙摆提高至足踝以上的设计师。

香奈尔有句名言：时尚来去匆匆，但风格却能永恒。香奈尔品牌高雅简洁的格调，堪称独树一帜，全然摆脱 19 世纪末的传统保守作风，开创了一种极为年轻化、个人化的衣着形式，奠定了 20 世纪女性时尚穿着的基调。香奈尔时装所强调的廓线流畅，质料舒适，款式实用，优雅娴美，均被奉为时尚女子的基本穿衣哲学。

香奈尔同时也是顶尖的珠宝设计者，一个独立者的象征。在 1932 年她推出了她的首批珠宝，所有产品都是钻石系列。对香奈尔而言，钻石可以以最小的体积象征最大的价值。随着香奈尔在珠宝设计上的聪明才智，她还创造出包括十字架、耳环、戒指、项链在内的大量珠宝首饰以满足来自各方的标准和品味。香奈尔对每个立面的美都充满着好奇。她对时尚的诠释从不只限于一个主题，因此她的创作涉及面很广，从一粒高贵钻石的古典韵味、宝石的绚丽多彩到一挂珍珠项链中的神秘与梦幻的意境。她总是在她的作品中同时体现珍珠闪亮又神秘的特点。它们被嵌于拜占庭风格的豪华胸针的中心起到强烈的装饰效果，或镶于黄金、钻石上就像是鸟巢中的宝蛋般熠熠生辉。

无论服装、珠宝饰品、配件，还是化妆品、香水，香奈尔品牌塑造了女性高贵、精美、优雅的形象，简练中见华丽，朴素而非贫乏，活泼且显年轻，实用但不失女性美。

“香奈尔”品牌的精神源于CHANEL夫人的人生传奇。一直以来，她无意间的特立独行，都是时尚界中经常被提起的话题。她的美丽，她的机智、诙谐，她的风流韵事，她的挑战传统的勇气和独立、坚强的现代女性气质以及她的骄傲，她的过激言辞无不成为热门话题。她被人议论着，更被人竞相模仿着，她剪短了头发，于是引发了“短发”的流行；她由于长期的户外活动晒黑了皮肤，于是茶色的肤色成为时髦的肤色。人们不禁惊异于她创造流行，领导时尚的能量，她一手倡导的服装风格、走路的姿势、生活方式……都已成为20世纪精神的代表，并且造成了时装革命。

作为最著名的设计师，香奈尔对流行时尚具有非凡的洞察力和敏锐的捕捉力。最初，她发现当时的女帽堆砌着繁复的羽饰、蕾丝，既不实用又俗气，于是她推出了一种截然不同的式样，简洁大方而不失优雅，立刻受到年轻人的喜爱。1910年，CHANEL为原来穿着裙子打球的女人，设计了运动裤装，在当时被认为离经叛道，然后她又设计了抛弃束腹，以男性服装为元素的宽松上衣。而经典的CHANEL外套，就是她大胆剪开套头毛衣的前襟，加上蝴蝶结之后形成的灵感。1920年开张的位于巴黎坎朋街三十一号的香奈尔设计沙龙在整个20世纪20年代成了“流行”和“时尚”的发源地，而香奈尔则被誉为“时装女王”。她鲜明的个性和创造力都是具有强烈的爆炸性的。她对服装的敏感触觉往往因其敢作敢为、无视世俗偏见的叛逆个性而具有了开创意义。香奈尔曾说：“时装，流向街头，但我否认它来自街头。”

看准时代的潮流，把明天的女性风貌在时装中体现出来，这是绝对自负的香奈尔的语言。香奈尔不承认偶然的、随意的、单凭兴趣设计的服装，她深信，流行无论怎样变化，在服装上最终是回归自然。她的理论被证明是正确的，而且随着时间的流逝越发闪光，她成了未卜先知的人。

她主张造型简洁，色彩单纯；她注重服装的实用性功能，强调设计的有序、均衡间的变迁。而她的设计理念成熟后，便不再变化，只在面料与装饰细节上稍做改进以迎合高品位。正如她所说“时尚来去匆匆，只有风格永存”。衣服虽简单，但剪裁、完成工序及用料都是品质最好的。正因为如此，“香奈尔”简单的外形下，精细的做工无可挑剔，对面料的选择和处理精心细致，以致多年穿着仍持久保型。

CHANEL品牌拥有着许多耐人寻味的识别要素，精彩地体现了品牌惊人的魅力：

（1）双C：在CHANEL服装的扣子或皮件的扣环上，可以很容易地就发现将COCO CHANEL的双C交叠而设计出来的标志，这里是让CHANEL迷们为之疯狂的“精神象征”。

（2）山茶花：没有人确切地知道为什么CHANEL对“山茶花”情有独钟？也许是因为爱情的力量，她的俄国情人必定对她说过，“山茶花”是俄国王宫贵族出席晚宴时，必须佩戴的花；也可能是因为它接近几何的圆形、纯净的颜色，以及规则排列的花瓣，使CHANEL夫人深深为之着迷。

但现在，对于全世界而言，“山茶花”已经等于是CHANEL王国的“国花”。不论在春夏或者是秋冬，它除了被设计成各种材质的山茶花饰品之外，更经常被运用在服装的布料图案上，像是1998年春夏的“盛夏”系列，便完全以气质清纯的“山茶花”作为表现的主题。

（3）菱形格纹：从第一代 CHANEL 皮件越来越受到喜爱之后，其立体的菱形格纹竟也逐渐成为 CHANEL 的标志之一，不断被运用在 CHANEL 的新款服装和皮件上。后来甚至被运用到手表的设计上，尤其是“MATELASSEE”系列，K金与不锈钢的金属表带，甚至都塑型成立体的“菱形格纹”。

作为历史上一位最伟大与最有影响力的高级时装设计师，光彩四溢的香奈尔从未过时。

资料来源：作者根据互联网相关资料进行整理。

评述

香奈儿的理念之一——远见卓识，造就了今天的香奈儿。原因是，她完完全全地站在女性消费者的需求上去发展所有的产品。譬如她看见了当年女士们因为帽沿太大而行动不利落、必须穿着裙子打球的女生们，香奈儿看见了女人想要什么，这就是她成功的第一步。

香奈儿成功的原因，最重要的就是它的每一步决策皆是站在买者的角度上去决定的。虽然其产品皆为炫耀品，单价之高并非一般民众所能负担的，但它正是利用了价格品质联想与商业结合的策略去增加它的外显单位效益成本中的效益。炫耀品主要是要表现拥有者的身份地位，越贵越精致越能表示身份的高贵与尊荣。故定价越高，消费者认为品质越好，因此高定价反而能使买者的购买意愿上升，使得拥有香奈儿成为买者的一种荣耀。此方式不但增加了其产品效益、买者的专属陷入资产，也减少了其道德危机成本。这也就是为什么香奈儿从不打折，但女人们仍然爱它的原因。

由上述结论，我们便可知道香奈儿今日如此成功的原因。从产品策划角度来说，它卖给顾客的是顾客真正想要的产品。

9.1 整体产品策划

9.1.1 整体产品的概念

产品是市场营销组合的核心，是价格策划、分销策划和促销策划的基础。从社会经济发展看，产品的交换是社会分工的必要前提，企业生产与社会需要的统一是通过产品来实现的，企业与市场的关系也主要是通过产品或服务来联系的，从企业内部而言，产品是企业生产活动的中心。因此，产品策略是企业市场营销活动的支柱和基石。

企业的一切生产经营活动都是围绕着产品进行的，即通过及时、有效地提供消费者所需要的产品而实现企业的发展目标。企业生产什么产品？为谁生产产品？生产多少产品？这似乎是经济学的问题，其实是企业产品策略必须回答的问题。企业如何开发满足消费者需求的产品，并将产品迅速、有效地传送到消费者手中，构成了企业营销活动的主体。产品是什么？这是一个不是问题的问题，因为企业时时刻刻都在开发、生产、销售产品，消费者时时刻刻都在使用、消费和享受产品。但随着科学技术的快速发展，社会的不断进步，消费者需求特征的日趋个性化，市场竞争程度的加深加广，导致了产品的内涵和外延也在不断扩大。

以现代观念对产品进行界定，产品是指能够提供给市场，被人们使用和消费，并能满足人们某种需求的任何东西，包括有形的物品、无形的服务、组织、观念或它们的组合。

电视机、化妆品、家具等有形物品已不能涵盖现代观念的产品，产品的内涵已从有形物品扩大到服务（美容、咨询）、人员（体育、影视明星等）、地点（桂林、维也纳）、组织（保护消费者协会）和观念（环保、公德意识）等。

产品的外延也从其核心产品（基本功能）向一般产品（产品的基本形式）、期望产品（期望的产品属性和条件）、附加产品（附加利益和服务）和潜在产品（产品的未来发展）拓展。即从核心产品发展到产品五层次。

产品最基本的层次是核心利益，即向消费者提供的产品基本效用和利益，也是消费者真正要购买的利益和服务。消费者购买某种产品并非是为了拥有该产品实体，而是为了获得能满足自身某种需要的效用和利益。如洗衣机的核心利益体现在它能让消费者方便、省力、省时地清洗衣物。产品核心功能需依附一定的实体来实现，产品实体称一般产品，即产品的基本形式，主要包括产品的构造外形等。期望产品是消费者购买产品时期望的一整套属性和条件，如对于购买洗衣机的人来说，期望该机器能省事省力地清洗衣物，同时不损坏衣物，洗衣时噪音小，方便进排水，外形美观，使用安全可靠等。附加产品是产品的第四个层次，即产品包含的附加服务和利益，主要包括运送、安装、调试、维修、产品保证、零配件供应、技术人员培训等。附加产品来源于对消费者需求的综合性和多层次性的深入研究，要求营销人员必须正视消费者的整体消费体系，但同时必须注意因附加产品的增加而增加的成本消费者是否愿意承担的问题。产品的第五个层次是潜在产品，潜在产品预示着该产品最终可能的所有增加和改变。

现代企业产品外延的不断拓展缘于消费者需求的复杂化和竞争的白热化。在产品的核心功能趋同的情况下，谁能更快、更多、更好地满足消费者的复杂利益整合的需要，谁就能拥有消费者，占有市场，取得竞争优势。不断地拓展产品的外延部分已成为现代企业产品竞争的焦点，消费者对产品的期望价值越来越多地包含了其所能提供的服务、企业人员的素质及企业整体形象的"综合价值"。目前发达国家企业的产品竞争多集中在附加产品层次，而发展中国家企业的产品竞争则主要集中在期望产品层次。若产品在核心利益上相同，但附加产品所提供的服务不同，则可能被消费者看成是两种不同的产品，因此也会造成两种截然不同的销售状况。美国著名管理学家李维特曾说过："新的竞争不在于工厂里制造出来的产品，而在于工厂外能够给产品加上包装、服务、广告、咨询、融资、送货或顾客认为有价值的其他东西。"

9.1.2　整体产品的应用

产品是消费者购买一种产品时所获得的基本利益。例如，客人在一家宾馆下榻，客房可以让其在晚间得到休息，餐厅则可让其免受饥渴之苦。期望产品是指消费者在购买某一产品时自然而然地随之产生的种种期望。宾馆酒店的期望产品的延伸和进一步完善，是能够使一个产品区别于同类产品的特色，宾馆酒店的商务中心、体育及娱乐设施以及客房服务等均属此范围。潜在产品是为了满足个别客人的特殊需求而提供的特殊的和临时的服务。它通常是超越了顾客的期望和预料而额外提供的服务。一般说来，宾馆酒店即使不提供潜在产品，客人也没有理由抱怨或投诉。

小案例 9-1

捷安特之路

捷安特——这个目前全球营收最大、经营绩效最佳的自行车品牌，在它的创始人和经营者刘金标眼中，与其说是一份事业，更不如说是一个痴迷的爱好。

“我最爱的运动就是骑自行车。”一身正装、胸口别着自行车徽章、架着金边眼镜、满头银发的刘金标说起自己的爱好时一边还手脚并用地比划着。他说他很遗憾现在台湾的总部离家比较远，“之前近的时候，我每天骑车上下班一共有 50 公里的路，现在太远了，但我每个周末的两天都要骑车。几十年如一日”。

刘金标的巨大集团如今在全球拥有四个自行车生产基地、两个原材料制造工厂、十多家区域行销公司、一万多个行销据点。捷安特自行车除了在中国的市场占有率排名第一，在欧洲也是第一大品牌。

一个和蔼的爱骑自行车的长者，在巨大集团的品牌定位方面却十分固执，“甚至是偏执”，巨大集团的一位高层职员说，“但正是这种固执成就了捷安特”。

1986 年，在巨大代工生产自行车的 14 年后，巨大的最大合作伙伴——一家美国的自行车品牌开始慢慢减少对巨大的订单。“我当时从坊间听说他们要到深圳考察设厂，自己生产自行车”，刘金标说。

“巨大当时面临了严重危机，甚至可能一蹶不振，乃至倒闭”，刘金标说，“但我几乎马上就决定要上自己的品牌。因为订单减少，我们马上空置出了一条最好的生产线，当时取名叫 IA（Industry Art）线的生产线，集结了一批技术最好的工人”。

一方面不能得罪销出自己生产总量 75% 的美国客人，一方面又要发展自己的品牌，于是，刘金标将产品定位于欧洲市场，当时欧洲市场自行车质量和技术都非常高，几乎都是以比赛用车来衡量。刘金标认为要打进欧洲市场，必须让严格的欧洲自行车专卖行认可捷安特的质量，并能够进货。

“那时候，很多员工都非常犹豫，认为很难做到。我对他们说，要义无反顾，不成功便成仁。”刘金标在 IA 线上不断返工制造了 3 个月，终于造出了符合欧洲要求的产品。“然后又过了 3 个月，我们真正打进了欧洲市场”。

回想创品牌的初始，刘金标也认为自己非常大胆及果断。“这是私营企业的一点好处，我决定了，就能很快地实施，否则机会就会错失”。

在营销上，固执的刘金标从一开始就选择了走高端路线，不惜工本地在全球建立了 1 万多个专卖店及选择了几千家专业的自行车专卖店来建立捷安特的品牌渠道。而对于销量极高的大卖场，刘金标选择坚决放弃。“不进大卖场，一样能够做到世界第一。大卖场，不管是沃尔玛还是家乐福，它们重视的只有价格，没有售后服务，没有过硬的质量检验”。

刘金标承认对在卖场销售捷安特也曾经很犹豫，当他看到竞争对手有时候以每天每地几百辆的速度卖出的时候，他也动心了，“可是卖了几个月，我就停了。因为几个卖场间不断地压价，卖出的车不会再进行回笼检修，也没有跟进的服务，价格降到你不得不考虑是否要更换质量差一些的、便宜的零配件。现在，我是绝对不会考虑将捷安特放进大卖场了。我会一直持续做自行车的高端品牌”。

目前，刘金标在台北的研发中心限量生产了 35 辆环法比赛用车，每辆价格 1 万美元，一抢而空。而他自己所骑的一辆最新研制的自行车，安装了靠背，并有完整的舒适度调节。“卖人民币 5000 元，现在欧洲和中国台湾销量都很好。”刘金标很得意。

刘金标把生产基地建在了昆山，可是业内很多人都认为此举不妥。“我也认为我很固执。”刘金标承认，“当时选择昆山，很多同行都笑我是傻瓜。主要是那里没有完整而又良好的产业链。其实一开始是到上海和凤凰谈合资的，根据政府安排选址在浦东。但我非常喜欢昆山的投资环境。因此，就决定在这里开两个厂”。刘金标对昆山情有独钟。

刘金标认为，台湾的自行车产业链是由自己一手培养和健全起来的，没有理由不可以在昆山重新来过。“而且，他们没有发现，其实长江三角洲一直是内地的自行车主要生产地，只是生产质量和水准还比较差。”刘金标开始给零件供应商及合作伙伴免费上各种各样的培训班。“我一点都不计较。供应商都强大了，我才能强大。”这是刘金标的眼光。

进入大陆十多年以来，捷安特秉承“以客为尊，顾客所欲，长在我心；品质是第一工作”的品质方针，将人类对于未来的执着汇入自身对于自行车的设计理念中，将对生活的热爱展现在它的每一个细节；维系自然和人的交流，在充满机遇的全新时代，以科技、时尚、人性为主题，为中国人民的美好生活创建更完善的产品。

捷安特在以全新的产品回报大陆人民的同时，秉承“全球经营，当地深根；全球品牌当地经营”的新世纪经营哲学，坚持以自身发展来带动自行车文化的发展。目前已发展有 15 家直营店和 25 家经销商、651 家专卖店和 1451 家经销点，使得消费者可以享受“一地购车，全国服务”的服务。并且在关心中国自行车体育运动的同时，也注重自行车休闲文化的导入与发展。在赞助江苏、北京、河北、河南自行车队的同时，也不忘与消费者之间的互动。

刘金标目前在巨大集团占 12%的股份。作为捷安特品牌的开创者，他说希望逐步退居二线，这样可以有更多的时间去骑他心爱的自行车。

资料来源：作者根据互联网相关资料进行整理。

9.1.3　整体产品策划的意义

整体产品策划是企业重要的营销决策活动，对企业营销工作的有效开展具有重要作用。

1. 整体产品策划是产品策略的核心内容，是企业营销组合策略的基础

企业整体市场营销策略的形成，是围绕产品策略展开的，而整体产品的策划又是产品策略的核心内容，所以企业都很重视整体产品的策划。它对企业的营销作用主要表现为：

①企业向消费者提供的不仅仅是实物产品，而是通过产品提供了一系列能够满足他们需要的服务；

②产品是企业形象的载体，是消费者的直接需要；

③市场的激烈竞争促使企业不断地研究消费者的新需求，来开发新产品；

④市场营销的所有工作就是与消费者建立沟通来努力宣传企业，宣传产品；

⑤市场营销组合策略以产品策略为中心，有了整体产品策划的全部内容，也就掌握了产品策略的核心内容，同时就可以开展其他如产品的价格策略、分销策略、促销策略等一系列营销策略。可见，整体产品策划是一系列营销策划的前提，需要每一位营销人员都有整体产品概念，从而更好地开展市场营销工作。

2. 整体产品策划是企业实施名牌战略的主要任务

企业要创造知名品牌，实施名牌战略，离不开整体产品的策划。名牌产品的核心是质量，有了优质的产品、优质的服务就能持久地为广大用户和消费者所接受；名牌的内涵将随着市

场的变化而扩大，只有始终保持满足市场期望的质量，才能铸就经久不衰的名牌。而品牌是产品的特殊符号，通过品牌的设计、市场推广，逐步形成知名品牌，反过来又促使企业不断提高自己的管理水平，创造更好的质量和服务，更好地开展市场营销工作。所有这些，都是以整体产品策划为主要任务的。

3. 整体产品策划是现代企业竞争研究的重要内容

现代企业的竞争不仅是产品之间的竞争，更是服务方式的竞争。服务的个性化和多样化使得产品更具有市场的竞争力。如何解决好顾客的需要，如何真正地掌握顾客，如何让顾客认识你、了解你等问题的解决，同样是整体产品策划的主要内容。

产品是一种多因素的组合体，包括了质量、体积、标准、测量单位、式样、颜色、口味、品牌与商标、包装与装潢、产品使用手册与保证、交货期、产品技术服务等一系列内容。通过对某一企业的具体产品的实训，来完成对上述整体产品内容的认识，不仅掌握具有理论意义上的整体产品概念，而且通过过程训练，培养具有参与创造性思维活动的能力，在整体产品的三个层次上充分发挥想象力、创造力，从而形成实际意义上的整体产品概念。

9.2 新产品的开发与推广策划

小案例 9-2

新飞：极简与有爱的产品信仰

当乔布斯在苹果大会上拿着一款新产品开始宣讲并让世界为之疯狂时，便开启了一个“拿产品放话”的时代。在这个时代，那些曾经拥有强大品牌但不能再拿出像样产品的公司，很快就被市场和消费者抛弃和遗忘。在这个时代，对于企业来说最主要也是最重要的，是有一款或几款炫到极致的产品，而非一批平庸的产品。那么，产品时代，究竟什么才是消费者心目中炫到爆的产品呢？答案是：消费者自己也不知道！企业只有凭自己的洞察力来创造出超越消费者期待的产品。互联网时代，以 IT 技术为轴心的跨界思维促使新产品潮不断涌现，新飞电器推出的莱铂锐系列冰箱便证明了，传统产品也会惊艳，炫不是 IT 类产品的专利。

英雄产品统领一切

“商界教皇”汤姆•彼得斯曾半开玩笑地说过，在产品生命周期漫长的年代，你想把一家大企业做垮是一件难事。大企业的规模优势、品牌优势，给后起的企业筑起了一道极难逾越的门槛。战略，无非是对拐点的预见和应对，漫长的产品生命周期给企业对变化的观察、预见和预防提供了足够的时长。

回想进入 21 世纪以来一个个倒闭、衰落、已呈现颓势的公司，柯达、摩托罗拉、诺基亚、索尼……曾经看起来那么稳定的竞争优势，如此脆弱不堪。在这个时代，产品的生命周期早已进入“快进”的年代，产品的辉煌期大大缩短。当季节以十倍速变换时，唯一能让企业免于速朽的，只能在这一个个“快速季”里快速地自我刷新，即自我颠覆加自我重建的能力，最终以产品实现颠覆，比如小米、微信。颠覆，以产品颠覆，也将成为现代商业生态里的常态。

但不少传统企业仍然秉承着工业时代的思维，都暗中受制于一劳永逸的幻念。这种幻念还直接作用于企业的战略——让本来有预警功能的战略变成了对于未来的自恋的畅想，比如期待着在国际市场布局。而且，它们还把这种战略当作信仰。

与很多传统企业不同的是，新飞电器一直秉承的是产品信仰。产品信仰和战略信仰驱动力是不一样的，战略信仰来自企业家的野心，产品信仰则来自对用户服务的意识。新飞的战略是用户战略和产品战略，是不断发现用户的需求，不断满足用户的需求，然后把它做到极致。作为新飞电器2014年度的战略性产品，莱铂锐冰箱精心雕琢“美”一个细节，不仅在性能上引领高端潮流，而且在外观设计上惊艳无比，且在“亚洲最具影响力设计奖”评审中引发强烈反响。今天的消费者比以前更感性，产品最后不是拼功能、拼技术，而是拼体验，用户体验也成为产品成功的关键。莱铂锐冰箱便是新飞打造极致用户体验的代表。

在新飞看来，战略不能待在云端，一定要落地，一定要具体到产品，具体到怎么解决用户的问题，要想方设法让产品递到消费者手里的时候，能形成一个超出消费者的预期，能够让他们惊喜。而这也是所有企业应有的产品观。

既是痛点也是机会点

投资者常问创业者的一句话是：“用户的痛点在哪里？你是如何解决的？”这句问话也适用于所有企业。

所谓“用户的痛点”也就是“产品的热点”，即找到满足用户的一个刚性需求，找到让人一见钟情的产品。而用户的刚性需求又是分层次的，在不同的时期对需求的理解不同。通常，用户的刚性需求分成以下两个类型：

第一层需求——“止痛片”，即用户明显感觉到痛，渴望有一种产品或服务能帮他们解决问题。对于生活中已经越来越必不可少的冰箱来说，人们越依赖痛苦也越多：保鲜状况不满意、卫生情况堪忧、制冷不理想、容量不够等，问题各式各样，但痛苦的感受是一样的。消费者的痛苦便是企业的机会。新飞多重生态除菌技术确保了冰箱安全健康的保鲜环境，多维无霜风冷系统给予冰箱最佳的制冷效果，而“一键转换”功能实现冷冻冷藏的随心所欲，一样的冰箱不一样的容量。市场是产品的战场，能为用户“止痛”的产品，才是战场的胜利者。

第二层需求——“糖果”，即用户已经习惯于已有的方式，没有感觉到痛，需要你来优化他们的体验。新飞发现，随着年轻一代逐渐成为家电消费的主力军，冰箱市场也正在实现消费升级，产品向高端化、品质化方向发展的趋势明显，冰箱正在由满足家庭就餐需求转向开始全面介入消费者高品质的家庭生活。在完善冰箱功能的基础上，新飞对产品外观再次创新，主张冰箱外观设计符合现代简约家装审美趋势，从而实现产品价值差异化。莱铂锐系列便是由国际知名设计师借用天秤座的平衡来表现产品与家居环境的和谐共融，延伸冰箱的创意空间，传达出富含人文底蕴的家居追求，从而让消费者看到的不仅仅是一台家电，而且是一件精致的艺术品。

找痛点是一切创新的基础。找到用户痛在什么地方后，所需要做的就是专注，用最极致的方法帮助用户解决问题。有时只一个点，就可以让产品具有爆发性。

为产品布道

Mac电脑改变了世界，它促成了电脑民主化；谷歌改变了世界，它促成了信息民主化；eBay改变了世界，它促成了电子商务民主化……这些都是改变世界的伟大的产品。同样的，新飞也致力于为消费者提供有价值的产品，以改善消费者的生活质量为宗旨。在此指导思想下，新飞认为，伟大的或者有价值的产品应包含以下五个特质。

（1）深度。新飞始终以用户需求为基本点，能预见用户需求，并能出色地实现用户需求。

（2）智慧。从无氟到节能，从节能到健康，从健康到保鲜，新飞了解消费者面临的问题，而且总能解决这些问题。

（3）完善。完善的产品包含有用户需要的一切功能。

（4）强大。好的产品可以帮助人们实现更好的生活。

（5）优雅。优秀的产品不仅仅只有功能，还有完美的设计所带来的愉悦的感受。

但是，无论多么伟大的产品都只是一系列零部件的组合体，要变得伟大就得有爱，而有爱首先是产品开发者对产品要有爱，继而才能让用户觉得有爱。新飞相信一个对产品有爱的团队，才能创造出极致的用户体验。

古语云“止于至善”，做产品，至善是伟大的开始。

资料来源：袁海涛. 新飞：极简与有爱的产品信仰[J]. 销售与市场（管理版），2014（09）。

9.2.1 新产品概念

对新产品的定义可以从企业、市场和技术三个角度进行。对企业而言，第一次生产销售的产品都叫新产品；对市场来讲则不然，只有第一次出现的产品才叫新产品；从技术方面看，在产品的原理、结构、功能和形式上发生了改变的产品叫新产品。营销学的新产品包括了前面三者的成分，但更注重消费者的感受与认同，它是从产品整体性概念的角度来定义的。凡是产品整体性概念中任何一部分的创新、改进，能给消费者带来某种新的感受、满足和利益的相对新的或绝对新的产品，都叫新产品。

新产品是指采用新技术原理、新设计构思研制、生产的全新产品，或在结构、材质、工艺等某一方面比原有产品有明显改进，从而显著提高了产品性能或扩大了使用功能的产品。新产品既包括政府有关部门认定并在有效期内的新产品，也包括企业自行研制开发，未经政府有关部门认定，从投产之日起一年之内的新产品，用来反映科技产出及对经济增长的直接贡献。

市场营销意义上的新产品涵义很广，除包含因科学技术在某一领域的重大发现所产生的新产品外，还包括：在生产销售方面，只要产品在功能或形态上发生改变，与原来的产品产生差异，甚至只是产品从原有市场进入新的市场，都可视为新产品；在消费者方面，则是指能进入市场给消费者提供新的利益或新的效用而被消费者认可的产品。按产品研究开发过程，新产品可分为全新产品、模仿型新产品、改进型新产品、形成系列型新产品、降低成本型新产品和重新定位型新产品。

①全新产品是指应用新原理、新技术、新材料，具有新结构、新功能的产品。该新产品在全世界首先开发，能开创全新的市场。它占新产品的比例为10%左右。

②改进型新产品是指在原有老产品的基础上进行改进，使产品在结构、功能、品质、花色、款式及包装上具有新的特点和新的突破，改进后的新产品，其结构更加合理，功能更加齐全，品质更加优质，能更多地满足消费者不断变化的需要。它占新产品的26%左右。

③模仿型新产品是指企业对国内外市场上已有的产品进行模仿生产，称为本企业的新产品。

④形成系列型新产品是指在原有的产品大类中开发出新的品种、花色、规格等，从而与企业原有产品形成系列，扩大产品的目标市场。

⑤降低成本型新产品是以较低的成本提供同样性能的新产品，主要是指企业利用新科技，改进生产工艺或提高生产效率，削减原产品的成本，但保持原有功能不变的新产品。

⑥重新定位型新产品是指企业的老产品进入新的市场而被称为该市场的新产品。

从市场营销的角度看，凡是企业向市场提供的过去没有生产过的产品都叫新产品。具体地说，只要是产品整体概念中的任何一部分的变革或创新，并且给消费者带来新的利益、新的满足的产品，都可以认为是一种新产品。

9.2.2　新产品开发

人类社会发展的车轮已把我们推向了一个高速创新的时代，科学技术的飞速发展，经济全球化步伐的加快，市场竞争日益激烈，世界市场机会在不断转移，导致产品生命周期越来越短。在 20 世纪中期，一代产品通常意味着 20 年左右的时间，而到 90 年代，一代产品的概念不超过 7 年。20 世纪 80—90 年代美国的产品生命周期平均为 3 年，1995 年已经缩短为不到 2 年。生命周期最短的是计算机行业产品，根据摩尔定理，计算机芯片的处理速度每 18 个月就要提高一倍，而芯片的价格却以每年 25%的速度下降。这一切迫使企业不是为了利润，至少是为了生存，就必须不断开发新产品以迎合市场需求的快速变化。产品创新已成为企业经营的常态。

新产品开发战略的类型是根据新产品战略的维度组合而成，产品的竞争领域、新产品开发的目标及实现目标的措施这三个维度构成了新产品战略。对各维度及维度的诸要素组合便形成各种新产品开发战略。几种典型的新产品开发战略如下。

冒险战略是指具有高风险性的新产品战略，通常是在企业面临巨大的市场压力时为之，企业常常会孤注一掷地调动其所有资源投入新产品开发，期望风险越大，回报越大。该战略的产品竞争领域是产品最终用途和技术的结合，企业希望在技术上有较大的发展甚至是一种技术突破；新产品开发的目标是迅速提高市场占有率，成为该新产品市场的领先者；以率先进入市场为投放契机；创新的技术来源采用自主开发、联合开发或技术引进的方式。实施该新产品战略的企业须具备领先的技术、巨大的资金实力、强有力的营销运作能力。中小企业显然不适合运用此新产品开发战略。

进取新产品战略是由以下要素组合而成：竞争领域在于产品的最终用途和技术方面，新产品开发的目标是通过新产品市场占有率的提高使企业获得较快的发展；创新程度较高，频率较快；大多数新产品选择率先进入市场；开发方式通常是自主开发；以一定的企业资源进行新产品开发，不会因此而影响企业现有的生产状况。新产品创意可来源于对现有产品用途、功能、工艺、营销策略等的改进，改进型新产品、降低成本型新产品、形成系列型新产品、重新定位型新产品都可成为其选择。进取新产品战略也不排除具有较大技术创新的新产品开发。该新产品战略的风险相对要小。

紧跟战略是指企业紧跟本行业实力强大的竞争者，迅速仿制竞争者已成功上市的新产品，来维持企业的生存和发展。许多中小企业在发展之初常采用该新产品开发战略。该战略的特点是：产品的战略竞争领域是由竞争对手所选定的产品或产品的最终用途，本企业无法也无须选定；企业新产品开发的目标是维持或提高市场占有率；仿制新产品的创新程度不高；产品进入市场的时机选择具有灵活性；开发方式多为自主开发或委托开发；紧跟战略的研究开发费用小，但市场营销风险相对要大。实施该新产品战略的关键是紧跟要及时，全面、快速和准确地获得竞争者有关新产品开发的信息是仿制新产品开发战略成功的前提；此外，对竞争者的新产品进行模仿式改进会使其新产品更具竞争力；强有力的市场营销运作是该战略的保障。

9.2.3 新产品推广策划

推广就是利用各种手段，包括有形的手段和无形的手段，使得一件事物被广泛认知的过程，简单地说，就是要把已经定型的一件事情让大家都清晰地知道。在推广的过程中我们必须首先明确是对谁做工作，推广的具体目标是谁。在营销领域，推广的目标应是广大消费者，因此要向消费者推广，希望消费者认知自己的品牌和产品。

新品上市推广的主要作用就是通过广告、促销等形式手段，建立产品知名度乃至美誉度，引导消费者产生首次购买、重复购买。而市场推广就是选择合适的场所或媒体针对合适的人群开展形式多样的合适的宣传告知，让这些人群产生好感、达成感性消费。但是决不能为了市场推广而市场推广，那样肯定会出现重大失误甚至是致命性错误，直接导致新品上市失败。新品市场推广要想获得成功，前提必须建立在严密的市场调查的基础之上，根据市场调查分析报告提炼新产品 USP。紧接着就是进行细致的营销策略规划。基于此，才真正开始战术部署和执行、品牌形象建设、媒体广告投放、促销推广活动、公关活动。

1. 竞争市场调查

调查目前市场上同档次主要竞争产品有哪些？主要消费人群是谁？目前总体市场表现怎么样？市场上现有竞争产品在消费者的总体评价（包括产品、价格、包装、购买地点、促销等）怎么样？消费者购买行为分析、消费者需求分析等。

市场调查活动可采取人员访谈、调查问卷等形式进行开展。市场调查活动完全可以外包给专业的市场调研公司。市场调查的目的在于获取最真实的市场情况、分析目前市场上的现实需求点。

2. 新产品 USP 提炼

根据市场调查分析结果，进一步修正、提炼有针对性的新产品 USP，从形式上到广告语全面完善 USP 系统，包括产品独特销售主张 USP、产品包装设计、广告宣传品设计、广告片设计等。这一环节直接决定新品上市的市场接受程度的好坏。

3. 营销策略规划

营销策略规划包括产品策略、价格策略、市场拓展策略、渠道策略、促销策略、组织策略等。

产品策略就是产品市场定位、产品组合、产品生命周期等。产品市场定位就是明确目标消费人群，哪一些消费群体、消费行为特征、消费购买因素等。产品组合就是产品由几种品类、几个品种、几个规格等构成。产品生命周期就是产品在导入期、成长期、成熟期、衰退期的整个过程中产品发展策略，是采取升级换代产品发展策略，还是重新开发产品发展策略等。

价格策略就是价格体系设计、价格管理等。价格体系的制定可以采取成本叠加法或建议零售价倒退法。价格管理就是价格如何跟随市场状况变化而调整的策略，比如先高后低、稳定不变价格、先低后高等。

市场拓展策略就是界定清楚哪些是重点区域、哪些是次重点区域、哪些是一般性区域，并且明晰各个区域的拓展顺序及时间安排。

渠道策略就是渠道模式、渠道结构、渠道成员管理等。渠道模式就是如何设计渠道类型、渠道层级。比如采取直供终端、分销或者混合模式，在分销可以采取省级总代理模式或小区域独家代理等渠道模式，可以采取多层级分销也可以采取单层级分销等。渠道结构就是不同区域的渠道成员如何设置？数量是多少？怎么分配？一般而言，区域渠道结构可按照分区域、分渠道、分品项来设置。渠道成员管理就是经销商进行调整和开发，现有经销商的评估调整、新经销商的开发甄选。

促销策略就是消费者促销推广活动、渠道促销推广活动等。消费者促销推广活动就是针对消费人群开展，目的在于拉动终端销售，包括赠饮派发、产品导购、买赠、捆绑促销、积分促销等多种形式。需要注意的是必须有一个系统规划：哪些区域、什么时间、什么地点、什么频次、什么内容等。渠道促销推广活动就是针对渠道成员开展，目的在于推动产品进入各级渠道环节，包括首批进货奖励、坎级进货奖励、累积进货奖励、捆绑买赠、广告宣传品搭赠等多种形式。

组织策略就是组织架构搭建、团队组建、团队内部管理等。组织架构搭建是完全基于新品营销发展的内部组织保障，贯穿从新品概念提炼到新品衰退整个营销过程。组织架构搭建包括部门、岗位的重新梳理，可以考虑构建固定的产品经理岗位进行总体策划和组织协调，也可以构建基于新品上市推广的跨部门行动小组，另外还会增编临时促销或导购团队。团队组建就是基于新品的内部岗位人员重新调整配置。团队内部管理就是在整个新品上市推广过程中的内部营销管理。

9.3 产品因素组合策划

产品跟大自然的生长规律一样，有从成长到衰退的过程。因此，企业不能仅仅经营单一的产品，世界上很多企业经营的产品往往种类繁多，如美国光学公司生产的产品超过 3 万种，美国通用电气公司经营的产品多达 25 万种。当然，并不是经营的产品越多越好，每个企业应该生产和经营哪些产品才是有利的？这些产品之间应该有些什么配合关系？这就是产品组合问题。

1. 产品组合

所谓产品组合是指一个企业生产或经营的全部产品线、产品项目的组合方式，它包括四个变数：宽度、长度、深度和关联性。例如，美国宝洁公司的众多产品线中，有一条牙膏产品线，生产格利、克雷丝、登奎尔三种品牌的牙膏，所以该产品线有三个产品项目。其中克雷丝牙膏有三种规格和两种配方，则克雷丝牙膏的深度就是 6。如果我们能计算每一产品项日的品种数目，就可以计算出该产品组合的平均深度。

企业在进行产品组合时，涉及三个层次的问题需要做出抉择：其一，是否增加、修改或剔除产品项目；其二，是否扩展、填充和删除产品线；其三，哪些产品线需要增设、加强、简化或淘汰——以此来确定最佳的产品组合。三个层次问题的抉择应该遵循既有利于促进销售，又有利于增加企业的总利润这个基本原则。

产品组合的四个因素和促进销售、增加利润都有密切的关系。一般来说，拓宽、增加产品线有利于发挥企业的潜力、开拓新的市场；延长或加深产品线可以适合更多的特殊需要；加强产品线之间的关联性，可以提高企业的市场地位，发挥和增强企业在有关专业上的能力。

企业所能要求的最佳产品组合，必然包括：目前虽不能获利但有良好发展前途、预期成为未来主要产品的新产品；目前已达到高利润率、高成长率和高占有率的主要产品；目前虽仍有较高利润率而销售成长率已趋降低的维持性产品；以及已决定淘汰、逐步收缩其投资以减少企业损失的衰退产品。

根据以上产品线分析，针对市场的变化，调整现有产品结构，从而寻求和保持产品结构最优化，这就是产品组合策划，其中包括如下策划：①产品线扩散策略，包括向下策略、向上策略、双向策略和产品线填补策略；②产品线削减策略；③产品线现代化策略，在迅速变化的高技术时代，产品现代化是必不可少的。

2. 产品组合的动态平衡

由于市场需求和竞争形势的变化，产品组合中的每个项目，必然会在变化的市场环境下发生分化，一部分产品获得较快的成长，一部分产品继续取得较高的利润，另有一部分产品则趋于衰落。企业如果不重视新产品的开发和衰退产品的剔除，则必将逐渐出现不健全的、不平衡的产品组合。为此，企业需要经常分析产品组合中各个产品项目或产品线的销售成长率、利润率和市场占有率，判断各产品项目或产品线销售成长上的潜力或发展趋势，以确定企业资金的运用方向，做出开发新产品和剔除衰退产品的决策，以调整其产品组合。所以，所谓产品组合的动态平衡是指企业根据市场环境和资源条件变动的前景，适时增加应开发的新产品和淘汰应退出的衰退产品，从而随着时间的推移，企业仍能维持住最大利润的产品组合。可见，及时调整产品组合是保持产品组合动态平衡的条件。动态平衡的产品组合也称最佳产品组合。

9.4 产品包装策划与品牌设计

小案例 9-3

好包装自己会说话——伊利婴幼儿奶粉包装设计案例

企业产品的竞争是一个动态的过程，因此产品一定要有产品策略。产品策略分为两项：一是产品的技术研发，二是终端的产品包装。产品包装是企业营销活动中真正的“终端”，因为它是厂商与消费者“面对面接触”的地方，是能诱发消费者“掏钱”的地方。因此，产品的包装设计必须到位，产品才能成功。我国的奶粉市场竞争激烈，除了国产奶粉之外，还有许多洋品牌奶粉也加入了竞争。据调查，大部分的国产奶粉在与洋品牌奶粉的比较中，营养成分、技术、卫生等项目并无多大差别，但在产品包装上却存在着很大的差距。此时，包装对销售起到的作用被“放大”了。

在接到伊利公司的设计合同后，我首先在北京进行了地毯式的市场调查，收集了满满一皮箱竞争品牌的奶粉，便飞回台北进行整合设计。两周后，我带着设计提案来到了伊利集团总部。伊利集团奶粉事业部总经理、市场总监、战略研究室总监、配送处总监及全国各大区经理，几乎所有的领导都来听取提案汇报，许多大区经理还是专程从全国各地赶来的，可见伊利对此包装设计案的重视程度。

我首先就奶粉品项、竞品包装设计、伊利包装设计策略做了如下分析。

奶粉品项分析

奶粉的种类很多，不同的奶粉卖给不同的消费者，针对不同的消费者来说，在包装设计上也需要运用不同的策略。分析国内的奶粉大致可分为如下5大类。

（1）全脂奶粉；

（2）全脂加糖奶粉；

（3）配方奶粉（婴幼儿奶粉／儿童奶粉／学生奶粉／孕产妇奶粉／青壮年奶粉／中老年奶粉）；

（4）保健系列奶粉（降糖奶粉／免疫奶粉／补钙奶粉／补铁奶粉／补锌奶粉）；

（5）调味系列奶粉（豆奶粉／鸡蛋奶粉／果味奶粉）。

本次伊利奶粉欲设计的包装是属于配方奶粉中的"婴幼儿奶粉"，在包装设计上要运用特殊的策略。

其他竞争品牌包装设计分析

国内市场婴幼儿奶粉的品牌众多，较具竞争力的就有几十个，在投入本次包装设计之前，我们先对其他竞争产品包装的优、缺点做了全面分析，以确保"知己知彼，百战百胜"。

分析的重点分为两项：一是"主视觉"，二是"色彩策略"。

1. 从"主视觉"来分析

其他竞争产品包装的表现方式有很多，分别为：

（1）以"婴儿照片"为主视觉；

（2）以"婴儿插图"为主视觉；

（3）以"卡通图案"为主视觉；

（4）以"满版色块"为主视觉；

（5）以"乳牛"的照片为主视觉；

（6）以"花"的照片为主视觉；

（7）以"纯文字或logo"为主视觉。

2. 从"色彩策略"来分析

其他竞争产品包装的色彩可归纳为：

（1）使用"白"色系（牛奶的基本色）；

（2）使用"红"色系；

（3）使用"黄"色系；

（4）使用"蓝"色系；

（5）使用"绿"色系；

（6）使用"紫"色系。

根据以上分析，我们总结出以下3点结论。

结论1：大陆奶粉包装尚无人使用高质感的BABY摄影照片。

结论2：大陆奶粉包装尚无人使用深绿色及金色的主色系。

结论3：大陆奶粉包装尚无人使用高质感的玩具插图。

而第3点（使用高质感的玩具插图），最后成了我们为伊利婴幼儿奶粉所使用的设计策略。

伊利婴幼儿奶粉的包装设计策略

一般成人奶粉是对大众讲话，而本产品不同，它属于"机能性3阶段商品"，是针对妈妈讲话，因此包装设计策略与一般奶粉有很大不同。而市面上的奶粉包装不是设计上与“儿童”及“奶粉”无关，就是亲和力不足，或是诉求3阶段不够明确。

伊利婴幼儿奶粉算是“后发性商品改变包装”，要想在强势品牌林立之中杀出一条血路并非易事。为此在台北时，我曾与总公司的创意总监经过数日的思考，最后才为伊利婴幼儿奶粉整合出以下6个关键的设计策略：

1. 强调货架上的陈列视觉——凸显“1、2、3”三阶段

当一个消费者（通常是妈妈）走到商场货架前，面对众多的奶粉，这时她心中关心的不是“有没有添加牛磺酸？”或“有没有添加双歧因子？”也不会抱定“我非买××品牌不可”的主意……她心里最关心的其实是：我宝宝现在的年龄应该喝哪一阶段的奶粉？

因此，当她在货架上找到适合宝宝的奶粉后，才会再看“是哪一个品牌？”及“添加什么特殊配方？”所以包装上一定要给妈妈一个“清楚、直接”的视觉信息，让她在最短的时间内“看”到“1、2、3”三个阶段。

我们决定：“1、2、3”不仅要被“看”到，而且识别性要比其他竞争产品更强。

2. 运用与“儿童”“成长”关联的插图当Key Visual（主视觉）

鉴于国内奶粉包装设计尚无人使用高质感玩具插图的情况，我选用了与儿童关联性较强的玩具插图当主视觉，让人一眼便知本产品与“儿童”“成长”有关，视觉效果清楚又直接。

由于奶粉分为3个阶段，因此，我们的主视觉也创作了3种。

第1阶段：即0～6个月的初生婴儿，我们创作了温馨可爱的“小喇叭”；

第2阶段：即6～12个月的婴幼儿，我们创作了一台“小汽车”，以满足家长想给孩子更高档次生活的期盼；

第3阶段：即1～3周岁的幼儿，活动量增大，我们创作了动感十足的“小足球”。因为足球是大陆最风靡的运动，可满足父母“望子成龙，望女成凤”，以及长大后“为国争光”的心理。

3. 传达“专业性”

至于产品的USP（独特营销卖点），如添加牛磺酸、初乳粉、B—胡萝卜素等，则以大而明显的文字标示，并与主视觉相结合，使包装传达出专业性。

4. 色彩计划

伊利婴幼儿奶粉全系列的包装色彩采用粉色系，传达“亲切”及“温馨”的视觉感受。

5. 关注包装每一面的展示效果

每一面的展示效果都要考虑到奶粉包装是立体展示，一个好的包装除了正面之外，背面更是不容忽视。本包装在背面所下的功夫不亚于正面，除了把原本密密麻麻的说明文字做最合理、美观的编排外，为了强调伊利奶粉的纯净奶源，我们还画了一张“内蒙古大草原”的插图。画中有辽阔的内蒙古大草原，有最纯种的黑白花乳牛，还有蒙古包，让消费者在翻阅包装背面时，产生“伊利奶粉”等于“纯净奶源”的正面联想。连包装的底部，我们也重复了一次企业名及品名，以确保在任何情况下（如商场导购员疏于理货），品名都会被看到，都有被消费者购买的机会。

6. 国际化形象

中国加入WTO后，将有更多的国际品牌进入市场，所以本包装的设计也必须“一步到位”，达到国际设计水准。因此，包装正面的品名我们加了英文，所有的插图及细节的设计也

都力求精致化，以传达国际化的产品形象。

伊利婴幼儿奶粉的包装设计已结案，目前双方正在进行伊利奶粉全产品系列十多个包装的设计工作。

本产品上市后火爆的程度只能用“供不应求”来形容。伊利集团奶粉事业部詹总经理在事后还亲自邀请我去内蒙古做客，他非常肯定这样的用心设计，而且非常快乐地告诉我市场的热烈反应与销量的增长。

资料来源：销售与市场第一营销网，http://www.cmmo.cn/article-7785-1.html。

9.4.1　产品品牌设计

品牌营销从高层次上就是把企业的形象、知名度、良好的信誉等展示给消费者或者顾客从而在顾客和消费者的心目中形成对企业的产品或者服务的品牌形象，这就是品牌营销。品牌营销说得简单些就是把企业的品牌深刻地映入消费者的心中。

1. 产品品牌设计的定义

产品品牌设计，顾名思义，是指企业以产品品牌的营造、使用和维护为核心，在分析研究自身条件和外部环境的基础上所制订的企业总体行动计划。产品品牌设计的核心是从消费者角度出发，将产品品牌在消费者心智中进行差异化定位，通过以产品品牌价值打造为核心的营销动作和资源配称，达到持续的提升销量和利润的营销目的。

目前，从总体上来说，企业对实施产品品牌策划、发展自己的品牌商品还是刚刚有所意识。这种意识一是来源于政府的引导，二是来源于市场竞争的实践、特别是市场的实践。市场开放以来，外商、外资大量涌入，在给我国企业和市场注入了新鲜血液和活力的同时，也为我国企业带来了前所未有的竞争压力。受传统观念和落后经营方式的影响，我国企业在营销及品牌竞争方面的意识普遍不强，工作系统及构建运行不完善，企业在实施和推进营销与品牌战略方面还有待加强，许多商业企业在日趋激烈的市场竞争中，使尽各种竞争招数左冲右突也难以奏效，而那些另辟蹊径、发展自己的品牌商品的却连连获胜。

2. 产品品牌设计的内容

（1）树立强烈的品牌营销意识

首先对品牌进行定位，品牌定位确定了与消费者心智相吻合的差异化竞争优势，制作出能够为消费者所接受的信息，是整个品牌营销战略中的基础。企业的经营者，特别是大型企业的经营者，要审时度势，及时抓住机遇，实施和推进本企业的品牌营销战略。企业要深刻认识实施品牌战略是争夺市场份额，求得企业生存与发展的根本手段之一，更是企业为国家、为民族做出应有贡献的一大途径。企业要树立起强烈的品牌开发战略意识，以高度的政治责任心、紧迫感实施和推进本企业的品牌营销战略。

（2）选准市场定位，确立品牌策划模式

选准市场定位，是在市场细分的基础上，对这些细分市场进行评估以便确定品牌应定的目标市场。细分市场的潜在需求规模由潜在消费者的数量、支付能力、价格弹性等因素决定。为确定细分市场的潜在需求规模，需要对这些因素做定量性趋势分析。另一个决定细分市场实际容量的因素是细分市场的潜在竞争者，主要包括同行业竞争品牌、替代品牌、潜在新品牌等。潜在竞争者越多，细分的市场规模就会越小，进入成本就越高。因此，在评估细分市场时，厂商应当充分估计这些决定细分市场实际容量的供给因素。产品是否根据市场细分去加以科学规划，是否根据目标市场的区域文化、消费人群的消费水平和习惯，以及当地经销商的经营理念进行量身定做，这些是一个产品品牌成功的关键因素。在现代科学技术和社会化大生产条件下，消费品越来越趋于同质化的情况下，开发的同质化商品，要体现出异质性。企业要通过市场调查，根据消费者需求，开发出几个异质性品牌，跟着市场走，正确的方法是：突出主导品牌，同时又不放弃对一些重要客户、重点市场的量身定做，走品牌之路。

（3）运用资本经营，加快品牌开发

运用国际通行的做法进行资本经营，通过兼并、收购、转让、特许经营和有偿使用等方法，嫁接和引进现成的品牌，以加快品牌开发的步伐。

（4）利用信息网，实施组合经营

现在是信息时代，通过信息高速公路可以实现最快的组合经营。品牌一经开发，就要以最快的速度上网。之所以这么做，是因为：其一，新开发的品牌迅速上网，不仅可以迅速进入新品推进的导入期，推广营销、拓展市场，还可大量节约必要的广告宣传投入，这种投入是开发任何一个新品所必需的，而且是巨大的。其二，新品信息上网，能以最广阔的视野寻求到贸易伙伴。如果上了全球信息网络，那这个视野就是全球性的。寻求到的贸易伙伴越多，那么，组合营销的程度就越深，收效当然也就越大。其三，随着信息网的普及，网上购物将成为销售的最佳渠道，而这又成为组合营销最直接的组成部分。所以，实施企业营销与品牌策划，不可不运用信息网。

（5）实施规模化、集约化经营

品牌策划要求规模化、集约化经营，为此企业要使开发的品牌进一步延伸和扩大，可以连锁经营、加盟经营，企业还可以通过定牌生产等形式把品牌的生产形成规模化、集约化。例如，1989 年恒源祥公司实施名牌规模化经营，公司注册“恒源祥”和“小囡”品牌作为自己的商标，以品牌为龙头，通过科学的管理对企业进行重组和扩张，以无形资产带动有形资产，创办了自愿联合，优势互补，风险共担，利益共享的科、工、贸一体的现代化企业集团。

（6）营造优良的开发环境

企业实施和推进品牌策划还要有一个优良的外部环境，特别是能争取到政府的政策扶持。通过政府有关部门的协调，打破目前尚存的地方保护、垄断、割据等“围墙”，还要寻求法律的保护，有一个知识产权的法律保护环境。

（7）娱乐营销，铸就完美“偶像品牌”

所谓娱乐营销，就是借助娱乐的元素或形式将产品与客户建立情感联系，从而达到以销售产品、建立忠诚客户为目的的营销方式。消费者现在对消费的要求不是“你能为我做什么”，而是“你怎样让我开心”，从而从一种简单的交换行为变成了一种合情合理的休闲方式。从娱乐营销的原理分析，娱乐营销的本质是一种感性营销，感性营销不是从理性上去说服客户购买，而是通过感性共鸣从而引发客户购买行为。这种迂回策略更符合中国的文化，至少比较含蓄，不是那种赤裸裸的交易行为。

从木子美到芙蓉姐姐，从女子十二乐坊到超级女声，娱乐正在以巨大的磁场能量影响着营销界。而营销界更是抓住这一千载难逢的机会大势借力：清华同方赞助央视 MTV 音乐盛典；方正借《十面埋伏》大搞促销；中国移动“动感地带”借助“我的地盘听我的”这一娱乐化口号，使品牌持续传播的效果达到了最大化；小品演员赵本山成了足球董事；房地产大腕王石迷上了探险，这些活动看似娱乐，实际上是在运用娱乐的形式营销各自的品牌。目前最成功的当然是广州恒大地产，其通过对其拥有的中超足球队进行高调的投入，在带来足球收益的同时，更多的带来的是无形的、巨大的广告效益。恒大为中超打造了一个新的霸主，而恒大足球队却给恒大的地产王国带来了任何广告都带不来的效益。

9.4.2　产品包装策划

产品包装，通常是指产品的包装物。产品包装是依据内装的商品特征、形态、数量以及物流、销售和消费者需求，采用特定包装材料和技术方法，按照流通和消费需要设计和创造出来包装的造型、色彩、图案、文字以及商标（品牌）、标志相结合的实体。产品包装具有技术和艺术双重特色。

产品包装不止包括产品外面的包装袋，广告、产品代言、标语也是对产品的一种包装。

美观只是对包装的基本要求，或者说在包装符合产品必要条件的必然结果。随着社会经济的发展，设计师对于包装的认识也在发生着改变。包装不只是产品的外皮，更多的是作为礼物、一种身份的象征、社会文化的归属感，情景体验。有时包装也是产品，有了更多的看点和用途，不再是人们拿回家扔进垃圾桶的外皮。

包装由之前产品承载物拓展为产品信息传播的载体，因而包装也是一种媒介，这一载体所承载的产品信息通过其他媒体进一步被放大。包装在现代社会是体现文化的实用性以达到消费者预想身份象征的契合。

现今社会，产品包装的呈现已经被提升为一种艺术形式，符号学的价值内涵甚至被注入看起来最为简单的产品当中，有时人们需要的更多的是与产品相关的情境体验，以及瞬间被唤起的深层情感。包装的意义体现在内部的产品是生产商送给买主的一份“礼物”，消费者在打开的一刹那，仿佛一场庆祝仪式，外包装如此重要是因为它不仅蕴含着产品的第一印象和使用产品后即将产生的愉悦感，更代表着借由包装与用户之间产生的情感互动以及对用户不言而喻的尊重。

在产品包装上下功夫也能赚钱。一个好的产品包装可以提升这个产品的品牌形象，甚至可以说一个品牌的形象不仅和它本身的产品质量有关，还和它的包装有关，一个糟糕的产品包装甚至可以毁掉一个质量优秀的产品，这在日常生活中就可以看见。例如，恒源祥在北京奥运会期间做的十二生肖的广告，不仅没有起到促进销售的作用，反而因为对消费者进行低级的疲劳轰炸引起消费者的抵触心理，使销售量下降不少。

在产品包装上，可以实现的目标：创立品牌，控制成本。商品给顾客的第一印象，不是来自于产品的内在质量，而是它的外观包装。商品包装得漂亮得体，不仅能够吸引顾客，而且还能激起购买欲望。营销策略制定者应根据消费者心理的不断变化推陈出新，充分运用包装手段为产品创造价值、促进销售，为企业带来更多利润。

符合设计要求的包装固然是良好的包装，但良好的包装只有同科学的包装决策结合起来才能发挥其应有的作用。可供企业选择的包装策略主要有：类似包装、等级包装、分类包装、配套包装、再使用包装、附赠品包装和更新包装策略。产品包装作为营销竞争的重要手段，已不再是简单意义上的“漂亮”而已，更多地应体现产品的特质、品质、个性。产品包装识别设计是为营销沟通提供更直接、更有效的途径，从而成为企业整体营销沟通策略的重要组成部分。消费者的购买欲望四分之三是心理因素，四分之一是功能因素。一个产品的包装凸显的是产品要传达的信息，同时让消费者把情感因素凝聚到包装身上，从而刺激受众，促进销售量。所以，产品的概念、卖点、品牌、符号等元素要在产品包装上有技巧地呈现出来。产品包装设计的关键：表现产品特质和个性，与其他产品进行区隔；包装形式、色彩、图形等元素便于消费者识别和记忆；传递的有效信息语言简洁、明了，易辨别；以营销为导向的产品包装设计，能够从眼花缭乱的商品中脱颖而出，吸引消费者的“眼球”，提高销售力。

综上所述，各种包装策略，都与市场营销因素互相适应，其最终目的是利用包装这个形式产品，来推销整体产品，拓宽市场，提高市场占有率，实现企业的营销目标。现代包装设计作为产品的载体与媒介，起着快速传递产品信息的特殊作用。它受到诸多因素的影响，如果品牌形象包装的设计能够表达出设计者的意图，它就可以被使用者正确理解、识别和正确操作，此时的设计就是成功的设计。反之，设计师的意图不能被使用者正确理解就会产生错误的识别和操作，这就是失败的设计。因此，品牌包装策划将是设计师今天乃至今后要不断研究的课题。

本章小结

产品是市场营销组合的核心，是价格策划、分销策划和促销策划的基础。以现代观念对产品进行界定，产品是指能够提供给市场，被人们使用和消费，并能满足人们某种需求的任何东西，包括有形的物品、无形的服务、组织、观念或它们的组合。产品的外延也从其核心产品（基本功能）向一般产品（产品的基本形式）、期望产品（期望的产品属性和条件）、附加产品（附加利益和服务）和潜在产品（产品的未来发展）拓展。即从核心产品发展到产品五层次。整体产品策划是企业重要的营销决策活动，对企业营销工作的有效开展具有重要作用。

新产品指采用新技术原理、新设计构思研制、生产的全新产品，或在结构、材质、工艺等某一方面比原有产品有明显改进，从而显著提高了产品性能或扩大了使用功能的产品。新产品既包括政府有关部门认定并在有效期内的新产品，也包括企业自行研制开发，未经政府有关部门认定，从投产之日起一年之内的新产品，用来反应科技产出及对经济增长的直接贡献。新产品开发战略的类型是根据新产品战略的维度组合而成，产品的竞争领域、新产品开发的目标及实现目标的措施三个维度构成了新产品战略。对各维度及维度的诸要素组合便形成各种新产品开发战略。新品上市推广的主要作用就是通过广告、促销等形式手段，建立产品知名度乃至美誉度，引导消费者产生首次购买、重复购买。而市场推广就是选择合适的场所或媒体针对合适的人群开展形式多样的合适的宣传告知，让这些人群产生好感、达成感性消费。

产品组合是指一个企业生产或经营的全部产品线、产品项目的组合方式，它包括四个变数：宽度、长度、深度和关联性。

产品品牌营销就是把企业的品牌深刻地映入消费者的心中。产品包装，通常是指产品的包装物。产品包装是依据内装的商品特征、形态、数量以及物流、销售和消费者需求，采用特定包装材料和技术方法，按照流通和消费需要设计和创造出来包装的造型、色彩、图案、文字以及商标（品牌）、标志相结合的实体。产品包装具有技术和艺术双重特色。

能力培养指导

1. 请结合所学的整体产品概念，选择一种产品进行分析。

2. 结合所学的知识，找出市场上你所熟悉的产品，分析其产品因素组合包括哪些要素。

3. 分析进行新产品品牌营销成功的企业，指出其优点和缺点。

案例应用 1

招商银行信用卡的成功出击

一、公司背景

（一）招商银行发展史

招商银行成立于 1987 年 4 月 8 日，总行设在深圳，是我国第一家完全由企业法人持股的股份制商业银行。经过 17 年的发展，招商银行已从当初偏居深圳蛇口一隅的区域性小银行，发展成为了一家具有一定规模与实力的全国性商业银行，初步形成了立足深圳、辐射全国、面向海外的机构体系和业务网络。

随着业务的不断扩展，招商银行的总资产也不断增加，在进行了三次增资扩股，并于 2002 年 4 月 9 日在上交所挂牌上市、成功发行了 15 亿普通股后，招商银行总资产超过 4350 亿元，成为国内总股本和流通盘最大的上市银行，也成为国内第一家采用国际会计标准上市的公司。

目前，招商银行在境内 30 多个大中城市和香港设有分行，网点总数近 350 家，并已获准在美国设立代表处，同时与世界 50 多个国家和地区的 900 多家银行建立了代理行关系。

（二）招商银行的发展理念

招商银行坚持“科技兴行”的发展战略和“因您而变”的经营服务理念，立足于市场和客户需求，充分发挥拥有全行统一的电子化平台的巨大优势，率先开发了一系列高技术含量的金融产品与金融服务，打造了“一卡通”“一网通”“金葵花理财”“点金理财”等知名金融品牌，树立了技术领先型银行的社会形象。

在高速发展过程中，招商银行坚持稳健经营，在全行提出并推行“质量是发展的第一主题”的经营理念，大力营造以风险文化为主要内容的管理文化。在国内同业中，招商银行较早地实行了资产负债比例管理、审贷分离和贷款五级分类制度，建立了比较完善的稽核内控体系，同时成功地在全行推行了储蓄、会计业务质量认证，获得了英国 BSI 太平洋有限公司和中国船级社质量认证公司颁发的 ISO 9001 质量保证体系认证书，成为中国国内第一家获得 ISO 9001 证书的商业银行。由于从理念到制度再到措施日益注重防范风险，招商银行的资产质量得以不断优化，近几年新增贷款的不良率控制在 1%左右。而过去积累的不良资产，在上市过程中通过加大呆坏账核销力度、按照国际上较严格的标准足额提取呆账准备金等措施，也已得到了较好解决。招商银行成为国内不良资产包袱最轻的银行之一，具有更强的发展后劲。

（三）招商银行个人业务介绍

一卡通：招商银行于 1995 年 7 月推出的银行卡——“一卡通”，被誉为我国银行业在个人理财方面的一个创举；至今累计发卡量已超过 2600 万张，卡均存款余额超过 4500 元，居全国银行卡首位。

一网通：1999 年 9 月在国内首家全面启动的网上银行——“一网通”，无论是在技术性能还是在业务量方面在国内同业中都始终处于领先地位，被国内许多著名企业和电子商务网站列为首选或唯一的网上支付工具。

金葵花：2003 年初推出“金葵花”品牌，成为国内首家开创了 VIP 客户服务体系，针对高端客户群进行专门化理财、服务的银行。“金葵花”品牌推出后，在全国范围得到广泛的关注，截至2003年7月份，四万余人成为招商银行的“金葵花”客户，为银行吸收存款量达到430亿。拥有“金葵花”作为一种身份的象征，成为社会上流人士争相拥有的品牌。

二、招商银行信用卡的推出

经过大量的筹备和策划工作，招商银行在2002年底推出了信用卡，并且结合行业特点对信用卡各方面的策略进行了制订，包括信用卡的功能、服务特色，信用卡的年费策略以及信用卡的市场推广策略等。具体情况如下。

（一）招商银行信用卡前期准备工作

2001年12月12日信用卡中心从个人银行部分设，成为总行一级部室。

2001年12月15日信用卡中心筹备组进驻上海。

2002年6月信用卡中心搬入上海办公大楼。

2002年8月约200位新员工入行开始接受业务训练。

2002年9月信用卡发卡系统及行内收单系统测试完成。

2002年11月1日进行行内员工发卡试运行。

2002年12月1日向全社会正式推出“招商银行信用卡”。

（二）功能、服务特色以及定价策略

1. 功能特色

一卡双币（RMB +US$）国内外通行（在国外任何货币国家都可使用，但如果没有要求用人民币还款时，用美元还款）。

- 先消费后付款——免开存款户。
- 免息期长达50天。
- 根据个人资信授给信用额度。

——免保证人。

——免保证金。

- 随时调高临时额度，满足使用需求。
- 循环信用。
- 用卡片预借现金。
- 可只还最低应缴款，未还部分按照正常活期利率计收。
- 每月寄送对账单。

2. 服务特色

- 全国统一的客户服务热线。
- 800免费电话。
- 真正24小时不休息。
- 集中式客户服务中心。
- 一站式服务（有问题只需打一个电话全部解决）。
- 一对一个人化服务。
- 发卡时间短——10天至14天。
- 邮寄领发卡。
- 集中化业务处理中心。
- 自动扣款弹性（开通后，可选择全额或最低）。

• 行内网点缴款免收手续费。

3. 定价策略

普卡：主卡为100元。

附卡为50元。

金卡：主卡为300元。

附卡为150元。

表面上看，年费比其他行都高，但由于一卡双币，在全球任何国家都可使用，实际综合年费比其他银行低。

综合上述特色，其基本的宣传特点为：新、双、免。

“新”即新的消费观念先消费后还款，无须预先存款。

“双”一卡双币境内境外都随时使用。

“免”免担保人、免保证金、免开户费、免息期、免费邮寄、免费电话。

（三）市场推广策略

1. 拉式策略

拉式策略主要针对信用卡潜在使用者，具备信用消费能力与渴望的人群。推广目标是教育其接受信用卡消费观念，并且认同“招行信用卡”的优势。

伴随信用卡在全国的推广，同时在中央电视台、卫视中文台或其他地方性电视台播放信用卡广告，在广播电台播放办理信用卡的广告，在点击率较高的网站上建立相关链接，使上网用户随时看到办理信用卡的信息，如果想要了解详细情况，点击即可登录信用卡网站，查询资料。

利用业余时间，在各地的繁华地段，如商场门口、家属聚居区等地区开展路演活动，进行信用卡相关业务知识介绍并派发小礼品的活动，也可进行现场的文艺表演穿插知识介绍等，达到“让招商银行信用卡深入人心”的目的。

2. 推式策略

推式策略针对对象是处于最终购买步骤的潜在用户。推广目标是使其认同并且办理招行信用卡而不是竞争对手的产品。

具体方式如下：

（1）到高校或政府机关等直接设点办卡。

（2）在信用卡发卡可能性比较大的机关或公司设点，专门解答信用卡业务问题，收集申请人的资料，经过银行审核并注记后，统一寄往信用卡中心，既可以避免信用卡申请资料邮寄过程中丢失的现象，也可以通过统一的注记和单位团办的形式提高信用卡的过件率。

（3）一人多卡，年费优惠。

一个人办理同一种类下的多张卡，实行年费减半制度。

例如，××经常出国旅游，旅游国家主要为欧洲和美国，在欧洲，MASTER卡的网络系统发达，刷卡成功率很高，而在美国地区，VISA卡的网络系统发达。所以，××同时为自己办理了两张主卡，此时，第一张申请成功的普卡年费为100元，第二张申请成功的普卡年费为50元。××同时想为自己的丈夫办理一张MASTER卡和一张VISA卡，都作为自己名下的附卡，那么，第一张申请成功的普卡下的附卡年费为50元，而第二张申请成功的普卡下的附卡年费仅为25元。其他卡以此类推。

（4）团办信用卡的年费优惠活动。

一个公司内办理信用卡人员较多的，可以给予一定的年费优惠，在年费较低，使用效果好的前提下，说服公司为职工垫付年费，甚至由公司直接为每个员工办理信用卡，增加信用卡的发卡量。

（5）对办卡人的赠送活动和大奖活动。

在不同阶段，招商银行推出对办卡人的礼品赠送活动，如赠送毛绒玩具、名牌手表等。

也可以通过定期从办卡人中抽取大奖，如中奖者免费港澳游、可到某一固定品牌选择一定价值内的礼品等活动。

（6）对已经办理了信用卡，又介绍其他人办卡的赠送活动。

对已经办理了信用卡，又介绍其他人成功办理了信用卡的用户，享受与办卡人一样的赠送活动。

（7）鼓励多刷卡活动。

新申请办理的信用卡，在规定时间内，刷卡次数达到一定标准，或者使用信用卡消费的金额达到一定标准，就赠送小礼品。

3. 与前期产品的推广继承性

（1）金卡客户的特殊服务。

招行金葵花客户，可以直接办理最高透支额度的金卡，并且所有金卡客户都可以享受到金葵花客户才能享有的贵宾服务，如紧急支援、紧急替代卡、紧急提现、代订酒店等免费服务以及汇款手续费减半、优先办理业务等服务。这些服务只有招行金葵花客户才能享有，因此，招行信用卡再度成为身份的象征。

（2）招商银行老用户的办卡便利措施。

对于金葵花客户和其他在招商银行业务较多的客户，办理信用卡更加方便，只要提供金葵花客户的证明或在招商银行的存款证明和其他相关证明即可办理信用卡。

4. 充分发挥合作与比较优势

（1）与其他服务机构联合推出的优惠活动。

①和中国移动通信公司或联通公司联合推出的满积分可免两年普卡年费的活动。当使用上述公司的手机，花费的电话费达到一定金额时，就可以享受公司的很多优惠措施，其中包括办理招商银行信用卡免年费的优惠。

②与国际航空公司推出的用信用卡买机票，可享受机票的折扣优惠、赠送的高额保险、等同机票价格的累积积分和在机场的贵宾优待等。拥有招商银行信用卡，不但订机票时享受最低折扣，免费送票的服务，在候机室，也可以不必像其他经济舱乘客一样在候机大厅等候排队，而可以悠闲地坐在贵宾室中，享受免费的咖啡、茶和其他饮料，翻阅免费的精品杂志。

③VISA 和 MASTER 组织推出的促销活动。拥有相应品牌的招商银行信用卡，在世界各地游览名胜的同时，还可以享受当地相应组织举办的各种促销活动，花费更少，礼品更多。

（2）其他银行信用卡客户办理招行信用卡时的优待措施。

当其他银行的信用卡客户申请招商银行信用卡时，只要在申请书中写明信用卡所属银行、信用卡透支额度、在招商银行信用卡中心查明所提供信息真实后，办理信用卡更加容易，透支额度更加优惠。

资料来源：作者根据互联网相关资料进行整理。

【讨论题】

1. 你对招商银行信用卡的营销组合，印象最为深刻的是哪些部分？为什么？
2. 招商银行作为一个后起之秀，你认为它成功的原因是什么？
3. 招商银行信用卡的产品定位是什么？与其他国有大银行的信用卡定位有何区别？

案例应用 2

老树新枝：云南白药牙膏市场传捷报

把药品与日用化学品进行嫁接，早已经不是什么新鲜事。20 世纪 80 年代，芳草、两面针等中药牙膏品牌曾经在中国市场取得成功。1998 年 7 月，欧莱雅旗下药妆品牌薇姿进入中国市场，首次带来了“药房护肤品”的概念，随后，依泉、理肤泉、雅漾、曼秀雷敦等国际知名药妆品牌也陆续进入中国，在中国掀起了一股药妆潮。据国外权威数据资料显示：在国外，有 1/3 的化妆品含有活性配料，药妆品拥有巨大市场。在国外圣诞节之前，每 3 美元的护肤品花销中，就有 1 美元是花在某药妆品牌系列产品上的。在日本，有 16000 家被称作“药妆店”的店铺，将药品、化妆品、日用品放在一起经营，数量甚至还超过了专业的药店。是什么推动了这种产品和理念的流行呢？是消费者对于更加有效的产品的功能性需求，是对健康生活和高质量生活的追求。有需求，就有市场，就有了产品开发、创新的动力。

云南白药，作为一个百年老字号企业，凭借“伤科圣药”的历史美名，长期以来一直专注于中成药产品的发展，在行业内取得了较高的市场业绩。在这样的行业大背景下，作为一个医药企业，云南白药能不能凭借自身的医药科技优势跨界经营日化产品呢？

2000 年之后，云南白药做出了一个战略性的决策：必须牢牢把握市场机会，跨界创新，为企业的发展争取一片广阔的市场蓝海。

2004 年，云南白药集团研制出了白药牙膏，开启了中药与现代日化产品的联姻之路。与普通牙膏相比，云南白药牙膏最明显的差异就是增加了白药的成分，利用白药止血、活血、消炎、消肿的功用，来预防和治疗牙龈出血和口腔溃疡等疾病。白药牙膏上市之前，云南白药的团队经过调研，发现传统牙膏解决的大多是牙齿的问题，即注重防蛀、清洁和美白的作用，而很少关注口腔健康问题。

然而，中国 90%的成年人都有不同程度的口腔问题。无论是专业的医学统计数据还是白药牙膏的策划公司的调研，都发现随着饮食习惯的改变（麻、辣、烫）和工作压力的增大，口腔溃疡、牙龈肿痛、出血、萎缩等口腔问题正快速蔓延。这些口腔“小问题”虽然不足以去医院，却极大地困扰了人们的情绪，由此产生了潜在巨大的针对口腔问题的消费需求。这些传统牙膏所不能解决的、又存在巨大潜在需求的“空白点”，恰恰是云南白药牙膏能填补的优势点。云南白药作为中国仅有的三个中药绝密品种之一，已被实践证明具有极好的止血化淤等功效。

云南白药牙膏作为一个新产品，要想在竞争激烈的牙膏市场占有一席之地，除产品本身的差异化优势外，还必须在整体营销策略上出奇制胜。2005 年上半年，是云南白药牙膏的破冰期，经过半年的突进，队伍、渠道、终端虽然初具雏形，但销售举步维艰，虽然此时央视广告投放了上千万。网上有不少市场专家纷纷替这支牙膏的命运担忧，其中也不乏指点江山、献计献策的宏论。云南白药集团是上市公司，作为新业务的白药牙膏能否取得预期成功，同样面对投资者的疑虑。

然而，就在人们怀疑的目光中，云南白药牙膏走出了僵局，赢得了奇迹般的崛起。云南白药牙膏的营销奇迹是怎样发生的呢？

2005年7月1日，通过与云南白药集团总裁王明辉、副总裁秦皖民、市场部总经理黄卫东的多次深度沟通，凯纳智旗策划机构有幸与云南白药集团进行深度合作，共同推广云南白药牙膏。

在高露洁、佳洁士、黑人、中华等群雄争霸的牙膏市场，要让云南白药牙膏快速被消费者认可，必须打破传统思维模式，跳出普通牙膏阵营，不让云南白药牙膏姓“牙”，而是作为一支“口腔保健膏”，能综合改善成年人口腔问题，给大众带来真正口腔健康的，一支真正意义上的“非传统牙膏”。在产品战略方向上，云南白药和上海凯纳达成了共识。

那么到底什么是“非传统牙膏”呢？第一，与普通日化牙膏相比，云南白药牙膏“非传统”在对健康的“更专业”——借助白药的核心技术，云南白药牙膏专业针对牙龈出血、肿痛、口腔溃疡等口腔问题，更有效。第二，与一些草本汉方牙膏相比，云南白药牙膏“非传统”则显得“不一般”——配方非传统（云南白药，国家中成药三大绝密配方），功效非传统（一修二养三提高，“一修”是指修复口腔损伤和减轻炎症；“二养”是指云南白药活性成分能促进毛细血管生长，并能改善微循环，这就能从根本上提高牙龈和口腔组织的营养供给能力，达到营养和保健牙龈和口腔的作用；“三提高”是指通过经常使用云南白药牙膏，达到预防和保健口腔问题，提高口腔整体健康的目的），成分非传统（独含云南白药六大活性因子，功效更强）。这些独特卖点使得云南白药牙膏在同类产品中出类拔萃。

对云南白药牙膏的非传统牙膏的定位，创出了一个区别于传统牙膏的新品类，开创了中国“第三代牙膏”。第一代牙膏（包括牙膏前的各种洁齿品和牙粉）只是刷牙的辅助用品，具有磨擦作用和去除菌斑，清洁抛光牙面，使口腔清爽的作用；到了第二代，牙膏品种已由单一的清洁型牙膏，发展成为品种齐全，功能多样，上百个品牌的多功能型牙膏（含氟牙膏、中草药牙膏、消炎药物牙膏、防过敏牙膏、去垢增白牙膏等）；作为第三代牙膏的云南白药牙膏，与以往和现在我们所看到的牙膏最大的不同就是其定位是一种可对口腔进行日常保健护理并防治口腔疾病的护理型牙膏，其在保健护理的基础上洁齿美白，标本兼顾，一举两得。策划方案要向消费者传达这样一种信息：云南白药牙膏的推出，标志着牙膏的发展历程进入了一个全新的阶段，一个标本兼护的口腔护理时代已经来临。

作为一支非传统牙膏，云南白药牙膏具体应该如何运作呢？“打破常规，不走寻常路”！云南白药集团董事长王明辉一语道出了运作关键，在产品、价格、渠道、传播策略的制定上都体现了一种“非传统牙膏，非传统运作”的策略思想。

1. 产品策略：像研发药品一样研制牙膏、像生产药品一样生产牙膏

云南白药牙膏以专业的形象和产品，进入口腔牙周和口腔软组织护理、保健领域。采用全球资源配置方式，做中国质量最高、功能最好的高端产品。云南白药牙膏与普通牙膏相比具有四大品质“硬道理”。

品质“硬道理”之一：普通牙膏是以清洁牙齿为主要用途的日化产品，而云南白药牙膏是以牙膏为载体，内含云南白药有效成分，针对牙周和口腔软组织进行损伤修复、护理和保健的专业功能性产品，是一款国内首创、划时代的革命性口腔护理、保健产品。

品质“硬道理”之二：云南白药确切的药效、药理和临床支持是云南白药牙膏功能的最

大的保证。

品质“硬道理”之三：选用了高档洁牙磨料（磷酸氢钙和硅磨料）和高级润湿剂，最大限度保障和提升产品的安全性和品质感。

品质“硬道理”之四：以生产药品的 GMP 体系和储存产品的 GSP 体系全面保障产品质量，制造放心产品，性价比高。

2. 价格策略：以提供更好的客户价值支撑产品的高价位，在高端取胜

价格是产品营销的一个重要的因素和占位标识，云南白药牙膏应该如何定价呢？这涉及两个方面的问题。

（1）这款牙膏如何盈利？

在三大巨头锁定接近 80%市场份额的市场形势下，牙膏行业本身竞争趋于白热化，科学客观的评估市场，云南白药牙膏很难迅速爆量，而且云南白药牙膏本身成本高于普通牙膏，拼价格、拼销量在很长时间内都不适合云南白药牙膏的发展推广，因此必须找到在相应的功能诉求下，消费者能够接受的价格上线，争取实现可能销量内的利润最大化。

（2）价格定到多少合适？

牙膏毕竟是生活用品，没有高附加价值的高价格必然导致无人问津，但同时，对于涉及健康的产品，在一定的价格范围内，需求的迫切性很大程度决定了消费者购买可能——市场事实证明，很多高端价格产品的购买者不一定是收入最高的人群。云南白药通过对数以千计的消费者进行深度访谈，结合对产品了解、试用前后消费者反映，锁定了 20 元左右的价格。这个价格虽然与其他牙膏相比偏贵，但仍然在云南白药品牌以及产品力支持范围内。

3. 渠道策略：医药渠道树影响、日化渠道产销量

在产品销售渠道上，云南白药牙膏采用医药渠道、日化渠道并举的策略。云南白药牙膏没有苦等渠道的缓慢建设，首先从有深厚基础的药店入手，让消费者可以买得到产品，同时逐步开发商超等其他分销渠道，待整个日化渠道相对成熟后，再将渠道全面理顺，实现了对不同业态终端的高度覆盖。

这种渠道模式的创新在特定的环境下，具备了相应的市场价值：第一，保障了铺货，让相应的传播营销活动可以迅速展开，确保顺利抢占市场机遇；第二，摆进药店进一步佐证了产品功效，突出药企背景，让消费者觉得产品质量可靠；第三，运营初期，在一定程度上避免了商超渠道高额的费用，同时也延缓了与牙膏巨头正面交锋；第四，为其他渠道的建设争取了宝贵的时间，让云南白药牙膏通过药店这个强力跳板，相对成熟稳健地进入商超渠道。

4. 传播策略：诉求多段化、形式多样化、媒介多位化

在品牌传播方面，云南白药牙膏采取了“诉求多段化、形式多样化、媒介多位化”的传播策略。

（1）在传播诉求上，围绕“牙周保健专家”的产品核心诉求，在产品的不同运作推广阶段，采取了差异化的价值诉求。

（2）云南白药牙膏全面上市后，展开了一系列的“活动+软文炒作”，通过媒体让消费者对这支牙膏产生了较高关注。

（3）为了确保媒体声音在终端落地，更好地收割战果，云南白药牙膏迅速展开了一系列的终端生动化设计、制作，通过海报、跳卡等简洁有效的终端物料承接传播声势。

（4）云南白药牙膏广告宣传实施了“央视广告树品牌形象，报媒硬广软文化深度说服促

销量”的策略，对消费者进行深度说服、科普教育和产品推广。

2005 年 8 月，云南白药牙膏启动全新营销传播攻势，一场震动医药与日化两大领域的营销战正式拉开序幕。8 月 8 日，在央视投放了新版本的电视广告，全新的市场攻势开始启动。当月云南、湖南、山东等各重点市场销量直线上升，新的经销商纷纷加盟。9 月份，销售 90 万支，销售额接近 1500 万元。不出意料，喜讯接二连三，到 12 月底，云南白药牙膏完成全年销售 8000 万。2006 年，又是一轮高歌猛进，重点市场从当初的 5 个增加到 10 个，全年实现销售 2.2 亿元。短短 18 个月，云南白药牙膏实现总销售 3 亿元。2006 年，权威机构发布的数据表明，云南白药牙膏在全国商超销量进入全国前 10 名，销售额进入前 5 名，部分城市排名第三，仅次于佳洁士和高露洁。2008 年，云南白药牙膏累计销售超过 5 亿元。2009 年 6 月，云南白药牙膏在全国牙膏市场销售额进入全国前 5 名，现代渠道销售额份额继续增长，成为中国牙膏市场成长最快的品牌。2010 年，云南白药牙膏累计销售突破 12 亿元。数据显示，云南白药牙膏全国市场销售额已位居民族品牌第一名，成为功能性牙膏的第一品牌。

资料来源：作者根据互联网相关资料进行整理。

【讨论题】

1. 请分析云南白药牙膏的定位策略。
2. 云南白药牙膏的营销组合策略有何特点？
3. 你认为应当怎样做才能让云南白药牙膏长期保持良好的销售态势？

第 10 章　价格策划

学习目标

1. 理解价格策划的重要性与考虑因素
2. 理解价格策划的方法，了解价格结构策划的流程与方法
3. 了解品牌溢价和如何提升品牌价值
4. 掌握价格调整策划的方法与技巧

实践中的价格策划

奥克斯：一场彻头彻尾的价格战

在《成功营销·新生代 2004—2005 年度品牌竞争力排行榜》上，在空调行业正式发力才 2、3 年时间的奥克斯，市场保有率已经上升到第 6 位，与在空调行业浸泡 10 多年的第一名仅有 7%之差，并以 140%多的成长指数，位居空调业最具成长力品牌第二名。

奥克斯的母公司——浙江宁波三星集团成立于 1986 年，靠做电能表起家，1994 年进入空调业，当时公司的市场定位是国内市场缺乏的高档空调，然而，由于此类产品的市场尚未成熟，奥克斯迟迟未能在市场上站稳脚跟。2000 年后，奥克斯以优质平价的“急先锋”面孔在空调市场频频亮相。根据奥克斯方面提供的数据，2003 年全年，奥克斯空调总出货量 250 万台，销售额近 50 亿元，进入行业三甲之列。

也许是进军高档空调的失利使奥克斯大彻大悟，公布空调“成本白皮书”，树立平价形象；公布空调“技术白皮书”，粉碎竞争对手技术突围的企图；提供用户每年的免费检查，将空调业的服务战也拖入价格战围栏。凭借资金实力，奥克斯打了一场血淋淋、彻底的价格战，令人心惊胆颤，也不免有些疑问——奥克斯价格战的底线是什么？奥克斯吸引住了什么样的消费者？在低价格的笼罩下，消费者脑海中的奥克斯能否树立“优质”的品牌形象？奥克斯能否将已盘踞多年的空调巨头拖垮，从而实现对空调业的洗牌？如果中国的空调业果真被奥克斯困囿于价格战，行业的未来又会怎样？

2001 年前，空调在国内的普及率相当低，不是不存在需求，而是高昂的价格让大部分消费者望而却步。正是在这种背景下，奥克斯迎合市场对平价优质空调的需求，扛起降价的大旗，取得了三年三大跨越的业绩。

当年 2 月，刚进入中国质检总局首批 20 家空调免检产品行列的奥克斯打出“免检是爹、平价是娘”的降价宣言。2 月，借三星奥克斯智能工业城落成典礼，抛出“舍江山夺美人”计划。将其 40 多款机型全线降价，降价幅度高达 30%。到了年末，奥克斯又出新招，聘请当时被国人捧上天的中国国家男子足球队主教练米卢作为其产品形象代言人，通过米卢的国际知名度来提升自己的品牌形象。2001 年度，奥克斯空调销量达到 90.23 万台、完成销售近

20亿元，成为当年度销量升幅最大的二线品牌之一。

2002年奥克斯最漂亮的两场价格战是公布价格白皮书和进攻广东市场。当年4月，奥克斯在宣布其主力机型降价的同时，公布空调“成本白皮书”，列举了空调的各项成本构成，使得各大媒体争相分析各主流品牌产品的价位合理性，一时间，奥克斯产品的价格甚至成了市场上同型号空调的市场标准价，奥克斯成功地塑造了平价空调的形象。

广东是空调消费的大省，历来有得广东者得天下之说，但广东本身也是空调制造大省，不仅有美的、格力等领导者，还有和奥克斯一样擅长价格战的行业新秀格兰仕。但就是在这样一个龙盘虎踞的市场里，奥克斯先在11月下旬发动“一分钱空调”促销攻势，从几个强大的竞争者手中抢走了超过8%的份额。进入2003年，奥克斯继续主导价格战。全国市场总监李晓龙坦言：没有价格战，就没有今天的奥克斯。

市场是一个博弈过程，价格战是奥克斯的法宝，但这并不是市场唯一的竞争手段。对于其他一些不能或者不想参与价格战的企业来说，跳出价格战的怪圈是必然的选择。但奥克斯并没有给竞争对手突围的机会，它通过一系列行为，使空调行业困囿于价格战的泥潭中。就在奥克斯价格战进行得如火如荼的时候，一些空调厂商接连推出高价位的富氧、红外线传感、温度传感和换新风等新概念空调，企图将空调提升到技术战的层面，反制奥克斯的价格战。

但令这些空调厂商大感意外的是，2003年4月23日，奥克斯再度扮演“反叛者”的角色，召集各地几十家媒体，在宁波发布中国空调行业技术白皮书，爆出空调行业炒作技术概念的种种“家丑”。奥克斯空调公司总经理吴方亮在会上措辞严厉地批评了行业内盛行的将空调的附加应用技术炒作成高科技牟取高额利润、误导行业和消费者的不诚信做法。在白皮书上，奥克斯一一介绍了空调富氧技术、红外传感技术、温度传感技术、换新风等新功能的技术成本及各采用此类新功能空调的销售价格。一些空调企业因为采用了十余元的温度传感器，而将销售价格提升几百元的行为立即成为各大媒体相继报道的热门话题。继连续推出“成本白皮书”“技术白皮书”之后，奥克斯在2003年12月又与中国科学院联手推出“红皮书”，对目前空调市场上爆炒的“健康空调”再次进行抨击，并对外宣布，奥克斯之所以首次启动最高警戒等级的“红色”，就是要给破坏中国空调业诚信体系的品牌给予沉重警告。空调技术战被奥克斯轻易地扼杀了。

业内人士都承认，空调生产出来还只是“半成品”“买空调三分产品七分服务”已经成为一句俗话。2003年1月1日，中国首部《家用电器维修服务部等级评定规范》行业标准开始实施，为不愿意参与价格战的空调企业多了一种竞争手段——服务战。

在这之前的2002年12月18日，广东华凌针对此规范的出台，迅速地做出了反应，启动的全新服务体系包括：重新整合全线家电产品服务、全国首创“绿色快车”服务平台、成立华凌用户俱乐部、推出“保险套餐”服务等举措。

但将价格战运用得炉火纯青的奥克斯又一次将市场竞争方式扭回到它所熟悉的领域。2003年3月11日，奥克斯在北京宣布，将投入3000万元人民币，向全国推出空调年检服务，并承诺将在每年年初都对奥克斯空调用户进行免费检查。这表面看来是奥克斯升级了空调服务战，但3000万人民币的投入、每年的免费检查，已经成为一个门槛，让那些没有资金实力的厂商不敢再提服务战，这也成为一个变相的价格战。

至于为什么奥克斯能够有实力发动价格战，雄厚的资金支持和成本优势是一大原因。奥克斯的母公司宁波三星集团经过10多年的发展，已经成为拥有25个亿总资产、总销售额突破 50 个亿（截至 2003 年 8 月）的大企业。集团旗下的最大产品——电能表的年生产能力达 2500 万台，位居全球第一。吴方亮曾经放言，有此后盾，奥克斯足以抗衡空调业的任何风浪。

奥克斯的成本优势主要体现在以下几个方面。

90%的零部件自己生产，而同类企业一般不超过 50%，如此连绵不断的价格战，使得奥克斯连续几年名列空调行业成长指数的前列。技术和成本，无疑是制造企业竞争力核心的两个部分。对于空调行业而言，技术的趋同性使得成本控制在竞争中的意义更加突出。构成空调的主要配件共有 60 余种，只要每种成本通过自制比外购低 1 元，就是 60 余元，如果产量达到 200 万套，就是 1.2 亿元，当然实际数字还远不仅此。奥克斯一位高层主管曾经说过："奥克斯每一种自制件，成本都比外购低，而且要低得多！"他举了空调四大件之一冷凝器和蒸发器的例子：从 2000 年初自建二器分厂以来，这种关键元器件的成本就下降至原来外购时的 3/5 左右，而且质量还更好。"元器件成本在空调总成本中是个大头，占 80%以上的比重。我们 90%以上配套件的成本都不同程度地降下来后，整机的成本优势自然也就显现出来了"。

灵活的民营企业机制、年轻的企业架构是奥克斯成本优势的第二个原因。奥克斯成本的降低，还得益于它借鉴了美国零售巨头沃尔玛的天天平价模式——国际大采购。在奥克斯，加工蒸发器和冷凝器的二器自动生产设备是来自日本的；保证镀层 10 年不脱皮泛锈的瓦格纳喷涂设备是引进自德国的；制造空调塑壳的 ABS 粉料是来自韩国的，机身上的所有接插件是购自美国的。这些设备和原料共有的特点是，品质在全球范围内相对较好，价格相对最低。

中国加入世界贸易组织后，随着关税的降低，通过国际化采购，奥克斯得以用更低的代价，获得更多的全球资源。这就是价格战的资本。

资料来源：邱小立. 奥克斯——一场彻头彻尾的价格战[J]. 成功营销，2004（1）。

评述

几轮价格大战后，空调普及率已经大大提升，市场正在逐渐从追求"有无"阶段，进入追求"好与更好"阶段，消费者购买力在增强，开始追求"档次"。松下、三菱等外资品牌在 2005 冷冻年度淡季的销量增幅较大，就是一个例证。

人们对价格的敏感度在降低，对品质的要求在提高。这种新的消费观念，随着人口流动的加大，被很多返乡或探亲的城市务工青年带回了农村市场。反映在市场上，中高档空调的需求在增长。

实际上，在快速发展的中国，任何一个市场都会经历这种价值升级。人们有钱了，自然不会再贪图那些价格便宜、只有基本功能的产品，他们需要更多。而历经几轮价格大战的空调行业，集中度大大提高，排名前十的企业个个实力不俗，这时候再打价格战，必然是"杀敌一千，自损八百"，谁也捞不着便宜。

这意味着，整个空调行业必然要进入价值竞争阶段。谁为顾客提供了他们想要的价值，谁就会胜出。

10.1　价格策划的步骤

10.1.1　价格策划概念

在市场营销的产品、促销、分销和定价四要素中，企业通过前三个要素在市场中创造价值，通过定价从创造的价值中获取收益。价格是唯一能产生收入的因素，其他因素均表现为成本。价格也是营销策略组合中最灵活的因素，与产品和渠道不同，它的变化是异常迅速的。它直接地决定着企业市场份额的大小和盈利率高低。随着营销环境的日益复杂，制定价格策略的难度越来越大，不仅要考虑成本补偿问题，还要考虑消费者接受能力和竞争状况。因此，价格策划十分重要而微妙，价格策划的科学性与艺术性最显著。

价格影响到一种产品的寿命周期、一个企业的市场份额、品牌形象与经济效益诸多方面。因此，策划价格并不仅仅意味着定价方法与技巧的简单组合，而是要将价格作为一个整体一个系统统一把握。这就必须系统地处理好企业内部不同产品之间的价格关系，同一产品不同寿命周期阶段的价格关系，本企业产品价格与竞争者产品之间的价格关系，本产品与替代品和互补品之间的价格关系，以及企业价格策略与营销组合中其他策略，如产品策略、渠道策略、促销策略等之间的关系。价格策划是指企业通过对顾客需求的估量和成本分析，选择一种能吸引顾客、实现市场营销组合的策略。物流企业的成本比较复杂，包括运输、包装、仓储等方面。所以价格策划的确定一定要以科学规律的研究为依据，以实践经验判断为手段，在维护生产者和消费者双方经济利益的前提下，以消费者可以接受的水平为基准，根据市场变化情况，灵活反应，由买卖双方共同决策。

小案例 10-1

“价格杀手”——国美的真面目

提起国美，在我国家电零售业可算是一块响当当的金字招牌。它成长过程中的每一步都引起社会各界的广泛关注和极大兴趣：国美怎么会有那么大的实力四处扩张？它的价格优势从何而来？

在市场竞争异常激烈的今天，国美何以能够急剧膨胀，四处扩张，越做越大？其实国美的秘密武器十分简单，这就是低价营销。为此，国美有了“价格杀手”的称谓。同样经营家电，国美怎么能把价格压到最低，这主要归功于国美独特的供销模式。从创业初始，国美就把薄利多销当作立身之本，并率先采用新的供销模式，即摆脱一切中间商，直接与家电生产厂家进行合作，把市场营销的主动权牢牢控制在自己手中。近年来，国美与多家生产厂家达成协议，厂商给国美最优惠的政策和价格，国美则承担其产品的经销责任，保证最大的销售量。而向生产商订的货越多，拿到的价格就越低；拿到的价格越低，国美向消费者推出的售价就越便宜；售价越便宜，来买货的消费者就越多；销量越大，向厂商订的货就越多。这种令供需双方相得益彰的良性循环模式，给国美带来无与匹敌的强大竞争力。反映到市场上，就是国美家电产品的价格普遍比其他零售商低出几十元、几百元，甚至上千元，从而使其始终掌握着市场的主动权。对此，国美副总张志铭简洁地告诉记者：“勤进快销，以销定进，注意库存的合理性，以明天能卖多少或到后天中午能卖多少，来决定今天的进货量。只有这样快速周转，才能一直站在市场的最前沿。”

此外，国美还在经营上尽可能地节约成本，如商城选址一般避免商业繁华地区，场地一般都是3000—5000平方米的适度规模，租期在5年以上，10年以下，租金自然也可以压得很低。如此运作经营，使国美每到一处都能傲视群雄，超然胜出。

资料来源：作者根据互联网相关资料进行整理。

10.1.2　价格策划的重要性

价格策划的水平高低、成功与否对企业经营的成败有着决定性的影响。

首先，在营销组合中，价格是运用最便捷、作用最直接、效用最快速的一个策略，其他营销策略的运用速度和执行效果都要比价格缓慢得多。

其次，价格也是决定企业经营活动市场效果的重要因素。企业市场占有率的高低，市场接受产品速度的快慢，企业及其产品在市场上的形象等都与价格有着密切的关系。在营销实践中，我们不难得出这样一个基本结论：在很多情况下，即便企业的产品内在质量很好，外形设计也较先进，但如果缺乏价格与产品策略的协调，竞争的结果仍可能是灾难性的。科学的价格策划是企业其他经营手段取得成功的重要条件。

最后，价格策划的重要性还体现在实际经营过程中所感受到的巨大的价格压力。尽管由于科技的发展、产品和服务的多样化已经使人们走出了只能使用价格的一种竞争手段的时代，但在某些行业、某些地区的市场上，价格仍然是一个为企业经营者十分关注，并使企业家们感受到巨大压力的问题。

10.1.3　价格策划的考虑因素

正是因为价格策划如此重要，所以我们必须准确掌握价格策划的要求。

首先，价格策划要以市场和整个企业为背景。企业要将价格工作作为一个整体，注意各个局部之间的协调，从而把握策划的整体性和系统性。以市场为背景就是要联系市场状况，把价格策划建立在对现有竞争者和潜在竞争者的状况，以及竞争者对本企业行为可能产生的反应进行全面清醒分析的基础上；以整个企业为背景，就是要考虑企业资源限制和资源优势，考虑到企业价格工作与其他各项工作的衔接；要处理好不同产品或服务价格的协调，同一产品或服务价格的协调，具体价格制定与整体企业价格政策的协调。这是进行价格策划的基本前提。

其次，价格策划要以企业营销目标为基础。在制定产品价格之前，必须回顾企业的营销战略目标和营销策略目标，然后再考虑定价策略。营销战略目标对于营销决策具有普遍意义。营销策略目标是针对具体的营销策略而设立的，并且有实现目标的时间期限。当苹果公司在 1984 年推出它的 Macintosh 计算机时，营销战略目标是建立起富有生命力的 Macintosh 计算机品牌体系，促使苹果公司继续发展壮大。广告目标是使 3/4 的大学生在一年内熟知这种产品；生产目标是一年内生产成本下降 15%；定价目标是：①使大多数大学生喜欢并买得起 Macintosh；②赢得一定的细分目标市场，使 Macintosh 在其中比 IBM 公司的 PC 计算机更有价格优势；③以强有力的促销活动鼓励苹果公司的零售商，使 90%以上的零售商努力销售 Macintosh。这样的价格策划才有利于与其他营销策划一起形成合力，促成营销目标的实现。

再次，价格策划要有动态观念。在营销活动中，从来不存在一种适合于任何企业、任何市场、任何时间的战略、政策和策略。成功的价格策划是那些与市场动态与企业经营总体目标相一致的构思和举措。而且，企业要能够根据不断变化的内外部环境与条件，对原有的战略、政策及策略进行适时、适当的修正或调整。这是保证价格策划有效性的基本条件。

最后，价格策划要具备现实和未来双重意义，既要立足于历史和现实，更要放眼于未来。价格策划的优劣不仅取决于它是否适应于现实状况，而且还取决于其是否具有未来意义。尽管价格的调整比其他营销策略的调整更方便，但仍需注重对未来的分析，包括对竞争者的未来状况、消费者的未来状况、企业未来可以使用的资源状况等的分析。这是保证价格策划具有强大生命力的关键，也是保证企业可持续发展的重要条件之一。

小案例 10-2

吉列剃须刀巧妙开拓市场

在 19 世纪末期的几十年中，美国有关安全剃须刀方面的专利起码有几十个，金·吉列只不过是其中之一。使用安全剃须刀不像先前的折叠式剃须刀那样易刮伤脸，又可免去光顾理发店的时间和金钱，但是这种看似很有市场的商品却卖不出去，原因是它太贵了。去理发店只花 10 美分，而最便宜的安全剃须刀却要花 5 美元，这在当时可不是一个小数目，因为它相当于一个高级技工一星期的薪水。

吉列的安全剃须刀并不比其他剃须刀好，而且生产成本也更高，但别人的剃须刀卖不出去，吉列的剃须刀却是供不应求，原因就在于它实际上贴本把剃须刀的零售价定为 55 美分，批发价 25 美分，这不到其生产成本的 1/5。同时，它以 5 美分一个的价格出售刀片，而每个刀片的制造成本不到 1 美分，这实际上是以刀片的赢利来补贴剃须刀的亏损，当然吉列剃须刀只能使用其专利刀片。由于每个刀片可以使用 6～7 次，每刮一次脸所花的钱不足 1 美分，只相当于去理发店花费的 1/10，因而有越来越多的消费者选择使用吉列剃须刀。

吉列的成功在于他采取了一种合适的定价方法，这里面包含着一个简单的道理：消费者购买一种产品或服务并不形成最终的经济行为，而是一个中间行为，消费者用这种行为来“生产”最后的“满足”或“福利”。顾客要购买的并不是剃须刀，而是刮脸，刮脸的最终目的是使他看起来形象更好、更体面等，为了达到这个目的，他有去理发店、买折叠式剃须刀或安全剃须刀三种选择，而吉列的定价方法使他选择购买吉列剃须刀最为合算。在竞争对手们想方设法降低生产成本时，吉列独辟蹊径，它的定价方法反映了消费者购买的真正“价值”，而不是生产商的“成本”，这是他成功的最大原因。

吉列的定价方法为后来的许多企业所模仿。日本企业的佳能、理光、富士通等大牌厂商就把打印机的价格定得很低，以此来吸引消费者购买，同时他们又把墨盒的价格定得很高。打印机是基本不赚钱甚至是亏本的，而墨盒却有数倍的利润，这样消费者实际付出的是“打印件”的成本，而不是“打印机”的成本。

资料来源：杨育谋. 吉利剃须刀巧妙开拓市场[J]. 中外企业文化，2002（3）。

10.2 定价基础与定价技巧

10.2.1 顾客感知价值

所谓顾客感知价值，是指企业在为顾客设计、创造、提供产品和服务的过程中应该以顾客为导向，把顾客对价值的感知作为决定因素。而顾客感知价值主要包括四个方面：低廉的价格、预期获取的效用、产品的真实质量和顾客的付出与得到的权衡。

门罗（Monroe，1991）将顾客感知价值定义为“感知利得与感知利失之间的比例”，认为“购买者的价值感知体现了对产品感知质量或感知利益与因支付而产生的感知利失之间的权衡”。其中，感知利得是与使用特定产品相关的实体特性、服务特性和特定使用条件下可能的技术支持；感知利失包括所有与购买行为相关的成本：购买价格、获得成本、运输、安装、订货处理、维修以及潜在的失效风险。

伍德拉夫（Woodruff，1997）通过对顾客如何看待价值的实证研究，提出“顾客价值是顾客对特定使用情景下有助于实现自己目标和目的的产品属性、这些属性的实效以及使用结果所感知的偏好与评价”。这个定义强调价值来源于顾客通过学习得到的感知、偏好与评价。它还把产品、使用情境和有一定目标方向的顾客所经历的相关结果联系在了一起。

国内学者白长虹、王永贵等人在国外现有研究结论的基础上对顾客价值的内涵进行了深入的研究，认为顾客感知价值就是指感知利得与感知损失之间的权衡。感知利得是指在产品购买和使用中产品的物理属性、服务属性、可获得的技术支持等。感知损失包括购买者在采购时所面临的全部成本，如购买价格、获得成本、运输、安装、维护修理以及采购失败或质量不尽人意的风险。因此，利得不仅仅包括产品或服务的质量，而损失也不只包括产品或服务的价格。顾客感知价值具有主观性，是由顾客而不是由供应商决定的。

综上所述，顾客感知价值的根本是“以顾客为导向”的营销模式，顾客具有主观性、动态性、层次性等特点，导致顾客感知价值也具有主观性、动态性、层次性。这主要表现为：顾客感知的利得与损失与单个顾客的特定个性和独特需求紧密相关；顾客的个性与需求随着时间和环境的变化会产生明显的差异；需求的层次与顾客的生活状况息息相关，不同顾客所在乎的价值利得与价值损失有显著的层次性。顾客感知价值的过程是一个不断权衡的过程，基于自身特定情况不断地寻求产品价值与产品成本均衡的决策过程。

10.2.2 定价目标

任何企业制定价格，都必须考虑目标市场战略及市场定位。假如企业经过认真分析，决定为收入较高的消费者设计、生产高档、豪华家具，其目标市场和定位就决定了价格要高。此外，企业还要考虑一些具体的经营目标，如利润额、销售额、市场占有率等，它们都会对定价产生重要影响。企业的每一个可能的定价选择，对利润、收入、市场占有率均有不同影响。企业的定价目标主要有以下几个。

1. 维持生存

如果企业产能、产量过剩，或面临激烈的竞争，则会把维持生存作为主要目标。为了确保继续开工和存货出手，企业必须制定较低的价格，并希望市场是价格敏感型的。许多企业通过大规模的价格折扣来保持企业活力。只要其销售收入能弥补可变成本和部分固定成本，企业的生存便得以维持。

2. 当期利润最大化

有些企业希望制定能使当期利润最大化的价格，它们估计需求和成本，并据此选择一种价格，使之能产生最大的当期利润、现金流量或投资报酬率。假定企业对其产品的需求函数和成本函数有充分的了解，借助需求函数和成本函数，便可制定确保当期利润最大化的价格。

3. 市场占有率最大化

有些企业通过定价取得控制市场的地位，即使市场占有率最大化。因为这些企业确信，赢得最大市场占有率，将享有最低成本和最高的长期利润，所以，在单位产品价格不低于可变成本的条件下，制定尽可能低的价格，追求市场占有率领先地位。企业也可能追求某一特定的市场占有率，例如，计划一年内将市场占有率从10%提高到15%，为实现这一目标企业要制定相应的市场营销计划和价格策略。

具备下述条件之一时，企业可考虑通过低价实现市场占有率：

①市场对价格高度敏感，低价能刺激需求迅速增长。

②生产与分销的单位成本，会随生产经验的积累而下降。

③低价能吓阻现有的和潜在的竞争者。

4. 产品质量最优化

企业也可以考虑质量领先的目标，并在生产和市场营销过程中始终贯穿产品质量最优化的指导思想。这就要求用高价弥补高质量和研发的高成本。产品优质优价的同时，还应辅以相应的优质服务。

10.2.3 定价方法与技巧

定价工作非常复杂，企业必须全面考虑各方面因素，并采取一系列步骤和措施。一般来说定价策略有六个步骤，即选择定价目标、估算成本、测定需求的价格弹性、分析竞争产品与价格、选择适当的定价方法和选定最后的价格。

企业产品价格的高低，受市场需求、成本费用和竞争等因素影响和制约，制定价格理应全面考虑这些因素。但是在实际工作中，往往只能侧重某一方面。大体上企业定价也就有三种导向，即成本导向、需求导向和竞争导向。

1. 成本导向定价法

成本导向定价法是一种主要以成本为依据的定价方法，包括成本加成定价法、增量分析定价法。其特点是简便、易用。

（1）成本加成定价法

所谓成本加成定价法，是指按照单位成本加上一定百分比的加成制定销售价格的定价方法。加成的含义就是一定比率的利润。所以成本加成定价公式为：$P=C(1+R)$，式中，P为单位产品售价；C为单位产品成本；R为成本加成率。

与成本加成定价的方法类似，零售企业往往以售价为基础进行加成定价。其加成率的衡量方法有两种：一是用零售价格来衡量，即加成（毛利）率=加成（毛利）/售价。二是用进货成本来衡量，即加成率=加成（毛利）/进货成本。

成本加成定价法之所以受到企业界欢迎，主要是由于以下两个方面原因：一方面，成本的不确定性一般比需求小。将价格盯住单位成本，可以大大简化企业定价程序，而不必根据需求情况的瞬息万变而做调整。另一方面，只有行业中所有企业都采取这种定价方法，则价格在成本与加成相似的情况下也大致相似，价格竞争也会因此减至最低限度。

（2）增量分析定价法

增量分析定价法主要是分析企业接受新任务后是否有增量利润的定价方法。增量利润等于接受新任务引起的增量收入减增量成本。此定价法与成本加成定价法的共同点是都以成本为基础，不同点是前者以全部成本为基础，后者则是以增量成本（或变动成本）为定价的基础。只要增加收入大于增加成本（或价格高于变动成本），这个价格就是可以接受的。

在企业经营中，增量分析定价法大致适用于三种情况。

企业是否要按较低的价格接受新任务。为了进一步挖掘富余的生产能力，企业需要决定要不要按较低的价格接受新任务。因为接受新任务不用追加固定成本，只要增加变动成本，所以新任务的定价就以变动成本为基础。接受新任务的前提是不会影响原来任务的正常进行。

为减少亏损，企业可以通过降价争取更多任务。当市场不景气，企业任务很少时，企业的主要目标是求生存，即力求少亏一点。此时它可以通过削价争取多揽一些任务。在这种情况下进行定价决策就要使用增量分析定价法。

企业生产互相替代或互补的几种产品。若其中一种产品价格变动，就会影响到其他有关产品的需求量，因而价格的决策不能孤立地只考虑一种产品的效益，而应考虑几种产品的综合效益，这时也宜采用增量分析定价法。

2. 需求导向定价法

需求导向定价法是一种以市场需求强度及消费者感受为主要依据的定价方法，包括感知价值定价法、反向定价法和需求差异定价法。其中，需求差异定价法（又叫作差别定价）既是一种定价方法，又涉及灵活多变的定价策略。

（1）感知价值定价法

感知价值定价法是根据购买者对产品的感知价值来制定价格的定价方法。感知价值定价与现代市场定位观念相一致。企业为目标市场开发新产品时，在质量、价格、服务等各方面都需要体现特定的市场定位。因此，首先，要决定所提供的价值及价格；其次，要估计依此价格所能销售的数量，再根据销售量决定所需产能、投资及单位成本；再次，还要计算此价格和成本能否获得满意的利润；最后，能获得满意的利润则继续开发这一新产品，否则就放弃这一产品的开发。

感知价值定价法的关键在于准确计算产品提供的全部市场感知价值。企业如果过高估计感知价值，便会定出偏高的价格；过低估计感知价值，则会定出偏低的价格。如果价格大大高于感知价值，消费者会感到难以接受；如果价格大大低于感知价值，也会影响产品在消费者心目中的形象。

（2）反向定价法

反向定价法是企业依据消费者能够接受的最终价格，计算自己经营的成本利润后，逆向推算产品的批发价和零售价。这种方法不是以实际成本为主要依据，而是以市场需求为定价出发点，力求使价格为消费者所接受。分销渠道中，批发商和零售商多采取这种定价方法。

3. 竞争导向定价法

竞争导向定价法是在由市场需求和企业成本所决定的价格范围内，考虑竞争者的成本、价格和可能的价格反应来制定价格。竞争导向定价法通常有两种方法，即随行就市定价法和投标定价法。

（1）随行就市定价法

随行就市定价法是指企业按照行业的平均现行价格水平定价。在以下情况下，往往采取这种定价方法。

①难以估算成本。

②企业打算与同行和平共处。

③如果另行定价，很难了解购买者和竞争者对本企业价格的反应。

不论是在完全竞争市场还是寡头竞争市场，随行就市定价法都是同质产品市场惯用的定价方法。

在完全竞争市场，销售同类产品的企业在定价时，实际上没有多少选择余地，只能按照行业现行价格定价。某企业如果价格定得高于时价，产品就卖不出去；如果价格定得低于时价，也会遭到同行降价竞销。

（2）投标定价法

投标定价法是采购机构刊登广告或发函，说明拟购品种、规格、数量等的具体要求，邀请供应商在规定的期限内投标。采购机构在规定日期开标，一般选择报价最低、最有利的供应商成交，签订采购合同。供货企业如果想做这笔业务，就要在规定期限内填写标单，填明可供商品名称、品种、规格、价格、数量、交货日期等，密封送达招标人。投标价格根据对竞争者报价的估计制定，而不是按供货企业自己的成本费用制定，其目的在于赢得合同，所以一般应低于对手报价。

然而，企业不能将报价定得过低，以免使经营状况恶化。确切地讲，不能将报价定得低于边际成本，但是，报价远远高出边际成本，虽然潜在利润可能增加，又会减少赢得合同的机会。

10.2.4 定价的基本步骤

价格是市场营销组合因素中一个十分敏感而又难以控制的因素。价格的这种特点，既与价格的多方面影响有关，同时又与影响定价的因素较为复杂有关。那么如何对商品定价呢？如何定价才能促进组织的发展呢？如何定价才能实现组织的最终目标呢？这就牵涉到组织的定价流程和定价策略问题了。

成功的定价并不是一个最终结果，而是一个持续不断的过程。它应经历以下几个步骤：

1．数据收集

定价策略常常因为没有考虑到所有关键因素而失败。由于市场人员忽视成本，其定价决策仅仅是市场份额最大化，而不是利润最大；由于财务人员忽视消费者价值和购买动机，其定价忽略了分摊固定成本。没有收集到足够的有关竞争对手的信息而做出的定价决策，短期看起来不错，一旦竞争者采取出乎意料的行动就不行了。好的定价决策需要成本、消费者和竞争者三方面的信息——这是定价成功与否的决定信息。因此，任何定价分析要从下面开始：

（1）成本核算

与特定的定价决策相关的增量成本和可避免成本是什么？

（2）确认消费者

哪些是潜在的消费者，他们为什么购买这个产品？

（3）确认竞争对手

目前或潜在的能够影响该市场盈利能力的竞争对手是谁？

2．战略分析

战略分析阶段也包括成本、消费者和竞争三方面。此时各种信息开始相互关联起来。财务分析通过价格、产品和目标市场的选择来更好地满足顾客需要或者创造竞争优势。公司选择目标市场要考虑为市场细分服务的增量成本以及公司比竞争者更有效地或者成本更低地服务于该市场的能力。竞争者分析一定程度上是为了预测竞争者对某个以深入到顾客细分为目的的价格变动的反应。将这些信息综合起来需要三个步骤。

（1）财务分析

对于潜在的价格、产品或促销变动，销量需要变化多少才能增加利润？对于新产品或新市场，销量应至少达到多少才能回收增量成本？

（2）市场细分

不同细分市场的顾客的价格敏感度不同，购买动机不同，为他们服务的增量成本也不同，如何给不同的细分市场定价？如何能够最有效地向不同细分市场的顾客传达产品的价值信息？

（3）竞争分析

竞争者对公司将要采取的价格变动会做出什么反应？他们最可能采取什么行动？竞争者的行动和反应将如何影响公司的盈利和长期生存能力？

3．制定定价策略

正像前面讲过的一样，没有在任何情况下都“正确”的定价策略。一些战略错误正是由于将一个行业的定价策略强加于成本、消费者或竞争条件完全不同的另一个行业造成的。

10.2.5 定价的基本策略

所谓定价策略，是指企业根据市场中不同变化因素对商品价格的影响程度采用不同的定价方法，制定出适合市场变化的商品价格，进而实现定价目标的企业营销战术。可是，组织又应采取怎样的定价策略呢？以下便是几种常用的、实用的、有效的定价策略。

1. 取脂定价策略

取脂定价策略，又称撇脂定价策略，是针对新产品的定价策略，是指企业在产品生命周期的投入期或成长期，利用消费者的求新、求奇心理，抓住激烈竞争尚未出现的有利时机，有目的地将价格定得很高，以便在短期内获取尽可能多的利润，尽快地收回投资的一种定价策略。其名称来自从鲜奶中撇取乳脂，含有提取精华之意。采用这种策略应具备以下条件：

①新产品有足够的购买者而且愿意接受较高的价格。

②新产品仿制困难使得竞争者难以迅速进入市场。

③新产品与同类产品、替代产品相比具有较大的优势和不可替代的功能。

④新产品采取高价策略获得的利润足以补偿因高价造成需求减少所带来的损失。

小案例 10-3

苹果的“撇脂定价”策略

说起“苹果”大家应该都是耳熟能详的，而其中定然也有不少“苹果粉丝”“苹果迷”。近段时间，网络上广为流传的一句网络评语：“三个苹果”改变世界。在全球电子产品行业中，“苹果”则更是以一个令人倾羡的巨人形象站在一个众人无法企及的高度，给人一种“可望而不可即”的强烈震撼。

苹果的“撇脂定价”：每代新产品问世前，就已在广大消费者心里激起了无限的好奇与期待，而当新产品一出现在市场，其价格也是相当高，以至于让很多的消费者望而却步。然而，尽管其价格相对较高，但并没有因此而降低其销售量，反而更加坚固了“苹果”在消费者心中的高端形象，迅速在市场上畅销，同时也吸引来了越来越多的“苹果粉丝”“苹果迷”，给苹果带来了更多的忠实顾客。然而，就在其销路甚好，市场并未饱和的状态时，苹果又开始研发出最新一代的产品，之前的产品随之而迅速降价，让利于消费者，在最新产品尚未上市之前，当前的产品已成了市场的热销产品，市场覆盖已达到了一个相当的高度，为新产品的问世更是开辟了一条更为宽广的销路。而在最新产品出来的时候，其产品的价格比上一代产品还要高，其销售仍然很好。从而，“苹果”在其产品中“撇到了更多的脂”。苹果的“撇脂定价”获得了很好的成效。

苹果“撇脂定价”成功的原因：第一，苹果的品牌效应做强力支撑。试想如果没有一个强有力的品牌优势做支撑，一个新产品是不可能以一个高姿态的架势赢得一定的生存空间的，就更不用说能有一个好的发展前景。也就是说，没有一个好的品牌做支撑，是驾驭不了“撇脂定价”的。第二，市场上存在一批购买力很强，并且对价格不敏感的消费者，这样的一批消费者的数量足够多，企业就有厚利可图。“苹果粉丝”“苹果迷”给苹果带来的不仅仅是品牌的强大效应，更为苹果的产品带来了强有力的购买力，为其发展开辟了宽广的空间。第三，暂时没有竞争对手推出同样的产品，本企业的产品具有明显的差别化优势。苹果的每一款产品，都是通过精心设计而成，既时尚又有个性，任何一款都是独一无二的，这在同行业中是其他企业无法比拟的，具有明显的差异化优势，为苹果塑造了显著的竞争优势。第四，超速的产品更新换代，为其奠定了良好的保障。

资料来源：王瑞丽. 浅析苹果公司的撇脂定价策略. 商情，2014（6）：262—262.

2. 销售时间差别定价

销售时间差别定价，即企业对于不同季节、不同时期甚至不同钟点的产品或服务分别制定不同的价格。

小案例 10-4

“无积压商品”的蒙玛公司

蒙玛公司在意大利以“无积压商品”而闻名，其秘诀之一就是对时装分多段定价。它规定新时装上市，以 3 天为一轮，凡一套时装以定价卖出，每隔一轮按原价削 10%，以此类推，那么到 10 轮（一个月）之后，蒙玛公司的时装价就削到了只剩 35%左右的成本价了。这时的时装，蒙玛公司就以成本价售出。因为时装上市仅仅一个月，价格已跌到 1／3，谁还不来买?所以一卖即空。蒙玛公司最后结算，赚钱比其他时装公司多，又没有积货的损失。

资料来源：作者根据互联网相关资料进行整理。

3. 尾数定价策略

尾数定价又称零头定价，是指企业针对消费者的求廉心理，在商品定价时有意定一个与整数有一定差额的价格。这是一种具有强烈刺激作用的心理定价策略，这种定价方法多适用于中低档商品。

心理学家的研究表明，价格尾数的微小差别，能够明显影响消费者的购买行为。一般认为，五元以下的商品，末位数为 9 最受欢迎；五元以上的商品末位数为 95 效果最佳；百元以上的商品，末位数为 98、99 最为畅销。尾数定价法会给消费者一种经过精确计算的、最低价格的心理感觉；有时也可以给消费者一种是原价打了折扣，商品便宜的感觉；同时，顾客在等候找零期间，也可能会发现和选购其他商品。

小案例 10-5

如某品牌的 54cm 彩电标价 998 元，给人以便宜的感觉。消费者认为只要几百元就能买一台彩电，其实它比 1000 元只少了 2 元。尾数定价策略还给人一种定价精确、值得信赖的感觉。

尾数定价法在欧美及我国常以奇数为尾数，如 0.99、9.95 等，这主要是因为消费者对奇数有好感，容易产生一种价格低廉，价格向下的概念。但由于“8”与“发”谐音，在定价中“8”的采用率也较高。

资料来源：作者根据互联网相关资料进行整理。

4. 声望定价策略

消费者一般都有求名望的心理，声望定价就是利用商店或商品在消费者中的良好声望，根据这种心理行为，企业为商品制定比市场同类商品价高的价格，即为声望定价策略。它能有效地消除购买心理障碍，使顾客对商品或零售商形成信任感和安全感，顾客也从中得到荣誉感。

如微软公司的 Windows 98（中文版）进入中国市场时，一开始就定价 1998 元人民币，这便是一种典型的声望定价。另外，用于正式场合的西装、礼服、领带等商品，且服务对象为企业总裁、著名律师、外交官等职业的消费者，都应该采用声望定价，否则，这些消费者就不会去购买。

5. 招徕定价策略

招徕定价又称特价商品定价，是一种有意将少数商品降价以招徕吸引顾客的定价方式。商品的价格低于市价，一般都能引起消费者的注意，这是适合消费者“求廉”心理的。

小案例 10-6

一元拍卖活动

北京地铁有家每日商场，每逢节假日都要举办“一元拍卖活动”，所有拍卖商品均以 1 元起价，报价每次增加 5 元，直至最后定夺。这种由每日商场举办的拍卖活动由于基价定得过低，最后的成交价就比市场价低得多，因此会给人们产生一种“卖得越多，赔得越多”的感觉。岂不知，该商场用的是招徕定价术，它以低廉的拍卖品活跃商场气氛，增大客流量，带动了整个商场的销售额上升，这里需要说明的是，应用此术所选的降价商品，必须是顾客都需要，而且市场价为人们所熟知的才行。

资料来源：作者根据互联网相关资料进行整理。

采用招徕定价策略时，必须注意以下几点：

①降价的商品应是消费者常用的，最好是适合于每一个家庭应用的物品，否则没有吸引力。

②实行招徕定价的商店，经营的品种要多，以便使顾客有较多的选购机会。

③降价商品的降价幅度要大，一般应接近成本或者低于成本。只有这样，才能引起消费者的注意和兴趣，才能激起消费者的购买动机。

④降价品的数量要适当，太多商店亏损太大、太少容易引起消费者的反感。

⑤降价品应与因伤残而削价的商品明显区别开来。

6. 折扣定价策略

折扣定价策略是通过减少一部分价格以争取顾客的策略，在现实生活中应用十分广泛，用折扣手法定价就是用降低定价或打折扣等方式来争取顾客购货的一种售货方式。

小案例 10-7

沃尔玛的“折价销售”

沃尔玛能够迅速发展，除了正确的战略定位以外，也得益于其首创的“折价销售”策略。

每家沃尔玛商店都贴有“天天廉价”的大标语。同一种商品在沃尔玛比其他商店要便宜。沃尔玛提倡的是低成本、低费用结构、低价格的经营思想，主张把更多的利益让给消费者，“为顾客节省每一美元”是他们的目标。沃尔玛的利润通常在30%左右，而其他零售商如凯马特的利润率都在45%左右。公司每星期六早上举行经理人员会议，如果有分店报告某商品在其他商店比沃尔玛低，可立即决定降价。低廉的价格、可靠的质量是沃尔玛的一大竞争优势，吸引了一批又一批的顾客。

资料来源：作者根据互联网相关资料进行整理。

10.3 提升品牌溢价能力的策略

10.3.1 品牌溢价

品牌溢价即品牌的附加值。一个品牌同样的产品能比竞争品牌卖出更高价格，称为品牌的溢价能力。但为什么会产生品牌溢价？我们知道，产品品牌的价格最终是由消费者的意识决定的，也就是消费者心理产生的心理价位，而这种心理价位的高低最终是由消费者大脑中对这个品牌的联想的稀缺程度来决定的，也就是说同一个产品价值的产品，如果一个品牌在消费者心智中还没有建立起任何联想，那这个品牌肯定是最低价，如娃哈哈纯净水之类大多数的瓶装水；如果一个品牌在消费者心智中建立稍微稀缺一点的联想，如农夫山泉的千岛湖水源的联想，比其他水的联想要稀缺一点，所以价格也高几毛钱；如果一个品牌在消费者心智中建立起最稀缺的联想，如法国依云水的阿尔卑斯山水源的联想，所以价格自然而然就高了。

所以如何创造出品牌溢价的核心方法就是从意识出发，也就是从消费者大脑出发，先为品牌规划出一个独特的能打动目标消费群内心的品牌核心价值，这种品牌核心价值就是建立起在目标消费群心智中的独特的能打动消费者内心的联想与认知，而这种联想是稀缺的联想。然后围绕这个品牌核心价值打造品牌识别体系，进行整合营销传播，最后坚持再坚持。

耐克从中国制鞋厂花120元人民币买走的运动鞋因为打上了耐克品牌，所以售价就窜到700多元；海尔品牌的电器总是比一般电器贵15%～30%，有时甚至比松下、三星等国际品牌都贵，但消费者仍然选择购买海尔；都彭的一个打火机在6000元以上；华伦天奴的一件衬衣至少800多元；登喜路的一个钱包2000多元；三星近几年调整品牌识别，产品卖出了比其他同行品牌更高的价格。

其实，一个像耐克、海尔、三星那样的品牌，同样的产品能比竞争品牌卖出更高价格，可称为品牌的溢价能力。对于深陷非理性价格战的囹圄而难以自拔的中国企业和一年下来辛辛苦苦卖了不少产品、销售额做得很大但利润却少得可怜的企业而言，耐克、海尔、登喜路、三星等品牌的溢价能力是多么令人羡慕。因此，研究品牌溢价能力的特点，探索提高品牌能力的有效策略，对提高国内企业的赢利能力、降低企业风险、保持可持续发展具有重要的意义。

不同产品、不同行业的品牌的溢价能力是截然不同的。功能性利益是消费者选择品牌的主要驱动的产品，溢价能力就比较低，比如食品、日用品等快速消费品与电器产品。我们买方便面主要为吃饱、吃好，买沐浴露是为去污、滋润皮肤及舒爽的香味，买空调是买到优秀的制冷、制热功能使人体舒服，顶多再加上获得清新的空气，由于在功能上各品牌之间的差异是弱小的，所以高档品牌尽管能获得比一般品牌更高的溢价，但这种溢价能力相对于身份象征型、情感满足型产品是有限的，比如海尔、索尼比一般电器品牌的溢价能力要高，同样的产品一般可比别的品牌高 15%～30%，但不可能像耐克一样比一般品牌贵 5 倍以上。再高，消费者就不买海尔、索尼了，尽管海尔的确有较高的品牌价值感和国际化的品牌形象，如空调的技术含量高、功能人性化、外观漂亮，但仔细一比功能和使用价值，发现别的空调品牌品质也比较可靠耐用（至少能稳定地制冷制热），就觉得海尔价格再高上去就不划算了。

普拉达、杰尼亚、登喜路等服饰品牌，浪琴、江诗丹顿名表，香奈儿、娇兰顶级化妆品香水品牌则可比一般品牌贵 10 倍乃至上百倍。如普拉达时装与路易威登手提包的设计、原料与制造成本顶多是一般品牌的几倍，但价格可能高上几十甚至上百倍；一瓶香水的成本怎么也不可能超出 100 元，但依然有人买 2 万元一瓶的法国香水。高档服饰、名酒、名烟、名表、顶级化妆品品牌之所以能获得很高溢价，主要是因为消费者购买这些产品品牌的主要驱动力是情感型与自我表达型利益，功能型利益已退居为十分次要的地位。比如，向客人敬中华烟主要不是中华烟特别好抽，而是因为一方面是向客人表示尊重，另一方面是表明自身的经济地位；戴劳力士、江诗丹顿表能展现成功、财富等；戴浪琴表意味着优雅的品味；穿耐克鞋能传达“超越、进取、独立”的个性品味。而品牌一定程度上的高价位是传达个性品味、内心情感、财富、成功所必备的前提。只要品牌能塑造出相应的情感与自我表达型利益，有一部分消费者（哪怕很小的比例）能支付什么价，品牌就能卖出什么价。上百万的江诗丹顿表、2000 多元钱的登喜路钱包、上万元一支的万宝龙笔、5 万多一个的路易威登包就是基于这一原理而拥有了自己的细分目标市场。

10.3.2　如何提升品牌溢价

要打造一个品牌的溢价能力，其实主要是通过整套的围绕品牌核心价值的品牌识别体系与整合营销传播手段来进行的。

1. 建立高溢价品牌的品牌核心价值

高溢价品牌核心价值必须要建立起在目标消费群心智中的独特的能打动消费者内心的联想与认知，而这种联想是稀缺的联想。正如浪琴表的品牌核心价值是“优雅人生”，这种给消费者的联想是稀缺的，大多数人可能并没有优雅的人生，这种联想是消费者所向往的，所以能打动消费者的内心世界，而如果有一个手表品牌把品牌核心价值定为“平凡生活”，这种给消费者的联想一点也不稀缺，大多数人都是平凡的生活，所以这样一个品牌肯定就只适合作为大众品牌，而产生不了品牌溢价。还如青岛啤酒的品牌核心价值是“激情成就梦想”，这种给消费者的联想也是稀缺的，大多数人都是平凡的生活，有梦想能成功的又有多少，当这种稀缺的联想注入并不稀缺的啤酒中时，青岛啤酒给消费者的联想也就很稀缺珍贵了，所以同样也能产生品牌溢价。

2. 打造高溢价品牌的品牌识别体系

（1）稀缺的产品特色

如肯德基就有并且传播“炸鸡五分钟内没有卖掉就丢弃以保证食品的新鲜”的产品特色识别，这给消费者的联想是稀缺的，所以中国消费者会认同肯德基的鸡块价高，如果当国内所有的炸鸡都有这样一个产品特色，那么消费者就不再会认同这样一个高价的鸡块。

（2）稀缺的产品品质

产品的品质识别，如 GE、摩托罗拉等国外企业所传播的六西格玛的质量标准，在消费者大脑中的联想也是稀缺的。当初海尔主要靠炒作与传播产品品质来获得溢价，因为当时电器行业中好的品质是稀缺的，而如今海尔对受众一直在传播服务，因为现在好的服务是稀缺的。

（3）定高价

如产品的档次识别，主动定高价也能一定程度来引导消费者，让消费者从价格上就直接认知这个品牌是大品牌。如海尔的电器的价格总会比同类同质的产品品牌要高一点；如上海的中华烟总是会每年略微提价，并且一直保持高价位；如近年白酒品牌剑南春也在主动提价；而相反主动降价的品牌都会慢慢失去品牌溢价能力，甚至是把品牌做死。比如以前的玉溪烟和中华烟同属于一个档次，但却自己主动降价，现在只有 20 多块钱一包，成为中档烟；再如派克钢笔以前推出低价钢笔，马上就把自己的品牌档次给拉下来。正如宾利哪天如果推出低档车，那么英国女王肯定是第一个换车的人，因为宾利已不再稀缺，英国女王脑海中没有了对宾利稀缺的联想。

3. 打造溢价品牌的企业识别

（1）稀缺的企业领袖与品牌故事

将企业领袖炒作为英雄，也能够间接为品牌创造溢价，因为这个世界上英雄是稀缺的。正如人们能钦佩王石去登珠穆朗玛峰时，那么为万科城市花园每个平方米多付出 500 元钱是不在乎的；正如人们能钦佩柳传志当初以知识分子身份创业时还卖过白菜的勇气时，那么为联想电脑多掏出 200 块钱也是一笑而过；正如当你知道史玉柱扛着几亿的债不破产而去隐姓埋名东山再起还债时，钦佩的时候也会对脑百金有点好感了。

缔造几个品牌故事，炒作企业创始人，像香奈尔女士那样将自己的魅力转嫁到品牌上，对提升品牌溢价是很有用的。路易威登这样在做，劳斯莱斯这样在做，奔驰这样在做，松下这样在做，等等，几乎世界上任何一个大企业大品牌都在为自己编故事。因为这个世界上，传奇故事也是稀缺的，当以后人人都是传奇时，要提升品牌溢价能力可能就是要沉默了。

（2）稀缺的企业理念与文化

一个好的有魅力的企业理念能够吸引人的心，让人忘记价格。正如劳斯与莱斯两个人当年说，我们要造出世界上最好的车，于是劳斯莱斯的豪华车以此为企业理念；正如大众汽车的创始人当年说，我们要让德国每个公民都开上车，于是甲壳虫出现了，现在在中国竟然还卖 30 多万一辆；主义虽然已经不再被传播，但最终真正能够得到最高溢价的手段是以一个主义去领导消费者的心。

4. 打造高溢价品牌的气质识别

高溢价品牌的气质是稀缺的气质。正如宝马汽车，给人一种潇洒与休闲感，现在这个社会活得很累、很普通的人是多数，而潇洒与休闲感正是一种稀缺的联想，是一种向往；正如百事可乐给人一种时尚与刺激的感觉，因为时尚与刺激的生活其实也是稀缺的，大多数人都还是生活在平凡中，而非常可乐不仅不非常，反而给人很土气的感觉，所以就自然没有品牌溢价；再看乐百氏和娃哈哈，乐百氏洋气与优雅，娃哈哈却土气，所以乐百氏的品牌溢价能力肯定要比娃哈哈要高，因为在中国，洋气与优雅是稀缺的，如果哪天大家都洋气了，那就可以去卖土气做品牌溢价了，正如现在很多城市都有土菜馆。

5．打造高溢价品牌的地位识别

品牌的地位与领导者形象都是稀缺的，普通大众都是会信任领袖的。所以正如海尔“先难后易”的国际化战略，大肆张扬“产品畅销德国、成功登陆美国、全球海尔人祝中国人民春节愉快”，有效树立起国际级大品牌的形象，溢价能力超过了其他国内电器大品牌。而即使产品没有覆盖全国，只要财力能支持，投入中央电视台，只要品牌在中央电视台一亮相，马上让普通受众认为这是大品牌，很快就建立了很高的品牌形象，正如福建的一些品牌，如柒牌、利郎、劲霸、七匹狼、安踏、德尔惠、特步等都是这样一个战术，靠中央电视台迅速打响知名度，建立起大品牌的品牌识别，在中小城市做起品牌溢价，马上就成为中小城市被顶礼膜拜的大品牌。从市场调查中显示，在有些小城市，安踏的知名度甚至比锐步还高，锐步卖高价甚至在小城市会被当作骗子，因为锐步在中央电视台没有做广告。

小案例 10-8

报喜鸟的崛起

即使产品没有覆盖全国，只要财力能接受，投一投中央电视台是有必要的。报喜鸟的崛起是一个非常有价值的启示。在近几年的媒体投放中，报喜鸟正是突出地利用了中央电视台这个传播品牌的广告资源，很快实现了品牌提升，从而建立起了良好的品牌形象。由于中央电视台在国内的影响力以及自身一些特殊因素，使得其不管是在覆盖率、收视率，还是在权威性、可信度等方面均存在着其他电视台无可比拟的优势。通过营销活动、广告宣传来保持品牌活力，并通过中央电视台的广告投放来提升品牌形象、巩固强势品牌地位也正成为报喜鸟的基本广告策略之一。1998 年报喜鸟作为新品牌第一次亮相于中央电视台，通过在中央电视台的投放，给消费者传达了“报喜鸟”做“大”品牌的概念，建立了较高的品牌形象，而连续几年的持续投放也巩固了其品牌领导地位。企业生产的是有物理属性的产品，而消费者购买的是有情感归依的品牌，产品的“附加价值”是品牌不可或缺的因素。“附加价值”主要源于消费者对该品牌的使用及体验、广告和包装。服装产品的附加价值是可以超过其产品本身第一层面上的价值的。一方面，在中央电视台的持续广告投放，可以被认为是对企业品牌的长期投资，而这种投资的结果则促使了产品附加价值的提高，央视由于其高权威性、高可信度赋予了品牌更多内涵的附加价值。另一方面，利用央视的高覆盖率、高收视率，迅速打开品牌知名度，拓宽了代理加盟渠道，节省了广告费用的支出，避免了资源浪费。

1998 年之前，很少有服装企业舍得花钱在中央电视台做广告，除了投入成本上的考虑以外，事实上还有很多其他方面的顾忌。但是，正是 1998 年报喜鸟在中央电视台的广告投放，使得任达华与“我爱报喜鸟”这句广告语在短时间内传遍大江南北、妇孺皆知，大大提高了品牌的知名度，在全国很快打响了品牌。各地代理商纷至沓来，要求代理报喜鸟品牌，从而拓宽了加盟渠道，促进了报喜鸟连锁专卖市场网络的建立。

资料来源：作者根据互联网相关资料进行整理。

6．打造高溢价品牌的责任识别

虽然责任是一个人乃至一个企业基本应该要做到的，但是按目前的社会状况，良好的责任也成为了一种稀缺，所以当一个品牌把对消费者或者对社会有很好的责任感也进行传播时，自然就会建立起高溢价品牌的形象，如锐步公司总是关注第三世界的制鞋工人，如麦当劳提出“减少费物，再使用，再循环”，如一些大公司经常性的慈善捐款，像农夫山泉传播每一瓶水都为希望工程捐了一分钱，但农夫山泉却价高了几毛钱。正如前段时间，有媒体指责中国的成功企业家很少捐款，其实如果品牌多一些对社会的责任感，消费者也就更能接受品牌的溢价。

7. 打造高溢价品牌的成长与创新识别

时代是不断进步的，任何一个产品今天稀缺，明天可能就普及了，所以要打造品牌的高溢价，一定要使产品与品牌形象有成长性与锐气和活力，除非是卖古董的品牌如齐宝斋。正如苹果品牌，不论是苹果电脑还 ipod 都让消费者联想到的是最好的、最创新的，所以苹果电脑价格是联想的好几倍，而 ipod 更是爱国者 mp3 的不知多少倍；正如 swatch 手表，简单的一块塑料石英表，除了在消费者心里有时尚的联想外，更重要的是它的设计是不断结合时代的潮流推陈出新的；正如长虹“精显”的推出马上就一改其僵化与衰退的形象。就算没有在产品上有多少的创新能力，在传播上也要让消费者感知到品牌是在不断成长与创新的，如爱多 VCD 的“我们一直在努力”，新飞冰箱的“没有最好，只有更好”，都是这样一个思路，这样才能创造出品牌溢价。毕竟，成长与创新是大多数人所不具备的，是稀缺的，是向往的。

将品牌核心价值真正刻入人的大脑之中是需要很长时间的，所以必须要坚持，只要你坚持自己的品牌核心价值，并使企业的整体价值活动都围绕这一主题展开。坚持、坚持，再坚持，一定能打造高溢价品牌。而且坚持也是一个大品牌的形象，消费者对“坚持”的联想也是稀缺的，毕竟在这个世界上有多少人能够坚持？坚持自己的理想，坚持自己的信念，人如此，企业品牌如此，坚持就会成功，世人也会信任与钦佩“坚持”的人与品牌。

前路漫漫，时间很短也很长，人们会因为机会成本而浮躁、彷徨。做人，做企业，做品牌，只要真的有信心，执着，找到自己品牌在消费者大脑中稀缺的金矿，坚持再坚持，意识中的金矿有朝一日肯定会变成现实中真正的金矿。

本章小结

价格策划是指企业通过对顾客需求的估量和成本分析，选择一种能吸引顾客、实现市场营销组合的策略。价格策划的水平高低、成功与否对企业经营的成败有着决定性的影响。首先，在营销组合中，价格是运用最便捷、作用最直接、效用最快速的一个策略，其他营销策略的运用速度和执行效果都要比价格缓慢得多。其次，价格也是决定企业经营活动市场效果的重要因素。最后，价格策划的重要性还体现在实际经营过程中所感受到的巨大的价格压力。

顾客感知价值，是指企业在为顾客设计、创造、提供产品和服务的过程中应该以顾客为导向，把顾客对价值的感知作为决定因素。企业的定价目标主要有以下几个：维持生存；当期利润最大化；市场占有率最大化；产品质量最优化。定价工作非常复杂，企业必须全面考虑各方面因素，并采取一系列步骤和措施。一般来说，定价策略有六个步骤，即选择定价目标、估算成本、测定需求的价格弹性、分析竞争产品与价格、选择适当的定价方法和选定最后的价格。

品牌溢价即品牌的附加值。一个品牌同样的产品能比竞争品牌卖出更高价格，称为品牌的溢价能力。如何创造出品牌溢价的核心方法就是从意识出发，建立起在目标消费群心智中的独特的能打动消费者内心的联想与认知，而这种联想是稀缺的联想。然后围绕这个品牌核心价值打造品牌识别体系，进行整合营销传播，最后坚持再坚持。

企业产品价格的高低，受市场需求、成本费用和竞争等因素影响和制约，制定价格理应全面考虑这些因素。但是在实际工作中，往往只能侧重某一方面。大体上企业定价也就有三种导向，即成本导向、需求导向和竞争导向。常见的定价策略有撇脂定价、销售时间差别定价、尾数定价、声望定价、招徕定价等。

能力培养指导

1. 评估某企业价格策略。从中分析其企业产品价格制定所用的策略。

2. 结合所学的价格策划知识，找两个市场上你感兴趣的产品价格策划，分析其运用了什么产品策略。

3. 找出一些高附加值品牌，分析企业如何创造出品牌溢价。

案例应用 1

白酒市场“盘中盘”定价策划

在中国白酒盘中盘市场，有一种十分危险的价格认知，那就是同一个品牌，超市价格与酒店终端价格可以差别很大，商业上已经习以为常了，认为酒店价格理所当然就应该比商超价格高，消费者也接受这种说辞，认为酒店消费，我们享受了服务，价格高一点是可以接受的。这种观点绝对是企业的一个错觉。导致消费者对盘中盘价格体系广泛接受的主要原因是目前酒店终端消费主体是政府消费与商务消费，而商务消费很多也是以政府消费为特征的。

为什么政府消费可以接受这种巨大的价格差异呢？政府消费最终的承担价格剪刀差的是财政，是老百姓的钱，所以，很多地方一旦规定政府消费不允许喝酒对中国白酒市场，特别是经济欠发达地区的白酒市场，可能就是一场噩梦。

尽管这样，白酒市场的消费者对现在酒店终端白酒价格还是产生了很大抵制情绪。在河南市场，同一品牌在酒店终端与商超价格差引起了消费者巨大反弹，原来酒店终端限制自带酒水规定受到了严重冲击，消费者绝对不是傻瓜。很多中低端酒店终端为了维持生意规模已经不敢坚持“不允许客人自带酒水”的规定了。在郑州市场，客人进酒店自己出去购买白酒消费越来越多。在山西，即使是比较高端的酒店也不再限制客户自带酒水，商务部为了抑制愈演愈烈的酒店终端贿赂营销，更是以行文的方式规定：不允许酒店终端设置最低消费，不允许酒店终端限制自带酒水。所有这一切外部表现，最主要的原因就是盘中盘价格杠杆这支无形之手在起作用。深层次原因是因为中国白酒还没有学会根据不同酒店终端度身定做酒店终端品牌。所以我们说中国白酒市场空间十分巨大，也是因为中国白酒缺少很好的细分市场品牌。

形成目前酒店盘中盘终端白酒品牌价格体系主要有四种形式，这四种形式在中国白酒盘中盘市场普遍存在，尽管有一些是非健康的产品价格存在形态，但由于中国市场特殊的区域特征以及中国白酒发展阶段，决定了这种白酒形态还将长期存在。

高端白酒品牌价格统一策略，利用品牌实现溢价。目前，茅台、五粮液、剑南春、水井坊等知名高端白酒品牌，市场零售价格与酒店价格比较统一，由于本身这类品牌长期的积淀，它们作为高端品牌江湖地位已经奠定，因此，即使在酒店终端其价格比商超高出 10%的比例，也是很可观的利润平台了，并且，这类白酒一般所在酒店档次比较高，酒水占酒席价格比重也大幅下降，因此，这类白酒虽然从来不做盘中盘，但它们同样风行各类酒店终端，很多酒店甚至于将上述品牌作为提升自己酒店形象的招牌，根本不存在进店费等酒店终端费用。就好像日化行业，宝洁中国的日化产品很少像本土品牌那样，为了进入一些商超而支付高昂的进场费。这就是品牌的魅力！目前，本土白酒企业能够进入这样的贵族行列的产品还是十分有限的。很多二线品牌还挣扎在生存线下，不可能很迅速地建立起强势的大品牌。

中档白酒品牌新品价格策略，利用速度突破市场。白酒行业有一条不成文的规律：一年喝倒一个牌子！特别是一些中档酒品牌，为了实现区域市场与单位时间市场突破，特别是为了实现盘中盘市场突破，会不断根据市场环境不同，频繁推出具有战术意义的新产品，弥补产品走向大流通导致价格窜底。盘中盘在进行市场开发中有一个非常致命的弱点，市场渠道范围的界定，实际上，我们推动的盘中盘是酒店终端一种策略，它的成功是有一个特定的适用范围。而一般经销商为了获得尽可能大的市场利润，在小盘取得成功后就十分迫切希望开发大流通渠道，导致这种酒店终端辛辛苦苦建立起来的价格壁垒一夜之间在大流通渠道被击穿。实际上，在市场出现拐点过程中，要抑制住经销商冲动情绪十分不容易。同时，很多盘中盘操盘手错误地认为，市场拐点出现就是全渠道的拐点，使得真正的盘中盘营销战略被曲解了，盘中盘拐点，只能是所在经营渠道的拐点，不是所有渠道的拐点，唯如此，才能保持市场价格在一个良性的轨道上运营。

低档白酒品牌差异化价格策略，利用文化培养消费者。白酒是一个对产地与文化十分依赖的一种快速消费品，所以，区域性白酒品牌为了在盘中盘市场上分得一杯羹，不断在区域性市场挖掘产地文化，利用与名酒千丝万缕的关系，通过沾亲带故的手段获得市场溢价能力。然后凭借差异化实现价格突破。我们经常在酒店终端看到一种从未见过面的白酒品牌忽然就推出了价格甚至超过名酒的产品。如安徽市场上店小二，一个原本十分低端的白酒品牌，在古井镇的背书下，店小二也推出了价格达 88 元/500ML 中高档酒，不能不说中国白酒市场实际上进入的壁垒还是非常之低。

老牌名酒盘中盘价格突破。白酒行业绝对是一个靠历史活着的产业，因此很多历史上有点名声，但由于种种原因停滞了的白酒品牌复出后选择了强势的价格定位，利用盘中盘操作技巧实现了市场突围。最近比较火热的是湖北武汉的黄鹤楼。2005，金鹏国际广告通过对黄鹤楼品牌重新包装与市场再定位，将一个原来仅仅十几元的大众白酒品牌，通过历史渊源与现代工艺挖掘，转化成为价格达一百多元的高端白酒品牌，创造了中国老牌白酒新的价格记录。为了确保这种定价获得消费者认同，黄鹤楼就选择了盘中盘切入。

盘中盘定价策略非常特殊，除名牌白酒，由于品牌比较坚挺，其价格一般比较稳定外，一般盘中盘产品会根据消费人群首先选择终端零售价进行定价，然后通过对渠道利益分配形成价格体系，很少有企业采取成本定价法，通过倒推定价法确定企业产品开发与新品品牌传播策略。

我们以消费者能够接受的 168 元／500ML 为例来分析盘中盘价格构成。

第一，168 元／500ML 白酒一般比较适合在中高档酒店推出，而中档酒店与高档酒店对零售利润的预期实际上并不一样。一般高档酒店对酒水预期并不如中档酒店预期高。高档酒店对酒水预期利润在 30%～50%，也就是说，168 元的白酒品牌，高档酒店大约接受的供货价在 110～120 元。而中档酒店对酒水利润比较看重，他们的利润主要来源于酒水与香烟，因此，其对酒水利润普遍要求在 80%～100%，所以，其接受的酒水供价在 80～90 元。

第二，经销商对盘中盘产品的利润预期也是不一样的。单一白酒品牌经销商，对于白酒利润预期也是比较高。根据我们经验测算，经销商对用于盘中盘白酒利润普遍要求在 50%～70%，渠道特别强势的经销商对利润预期更高，因此，168 元终端零售价的白酒品牌，厂家供给经销商价格一般在 40～60 元，这样经销商才会有兴趣去经营这个盘中盘产品。

经销商要求有 50%～70%毛利是有一定道理的，因为经销商属于资源投入性策略。一方面，需要很好的酒店终端，而现如今的酒店终端进入壁垒与竞争程度可想而知，另一方面，就是日常维护费用，无论是一以贯之的客情，还是促销，导购，车辆等的费用，以及投入市场的风险费用，对于经销商来说都是一笔不菲的投入。因此，实际经营下来，经销商有 20%～30%的纯利润，对于经销商来说已经是不错的收入。

第三，由于不少经销商市场覆盖面比较大，还需要一定的分销商，也就是二批的价格。二批对于利润要求一般不高，有 20%～30%毛利润基本上就可以做到市场终端。很多选择二批经销商主要是因为考虑到有一些市场很难耕耘，或者由于某种特殊原因，二批经销商具有很强的社会背景或者是黑社会背景等。

第四，盘中盘产品的定价与背书品牌本身的强弱有很大的关系，主品牌不强的白酒品牌，让利于经销商幅度会比较大，主品牌比较强势的白酒品牌，与经销商博弈的价格空间比较大。因此，在进行盘中盘产品定价时一定要考虑可能的资源转化。

相对于盘中盘产品定价策略，盘中盘产品的价格维护就更加复杂。特别是现在市场环境下，盘中盘产品多如牛毛，产品差异化越来越小，对于价格管控难度非常之大。导致盘中盘乱价主要来自于下面几个方面：

一是乱价多来自源头。白酒产品乱价很多就是来自于厂家自身，特别是一些规模不大的小型酒厂，为了达到在最短时间内获得最大掠夺性利润，不断调整经销商政策，利用政策带来的空间冲击市场，以求走量。在跟很多中小酒厂接触过程中，我们发现很多酒厂老板抓住一个概念疯狂地授权经销商，利用经销商与经销商之间赌徒心理来控制市场，导致经销商不断使用价格武器打击对方市场，导致价格迅速窜底。

一些中档规模白酒企业存在很强的投机心理，在主推品牌遭遇市场打击后，听从个别经销商撺掇，推出了与主品牌非常靠近的产品，导致主产品在市场上一蹶不振。于是，经销商也就不再遵守价格游戏规则。

还有一部分企业本身并不想乱价，但由于自身对白酒价格成长规律并不了解，导致盘中盘产品窜出盘面，进入不该进入的渠道，导致盘面彻底崩盘。

二是恶劣经销商导致乱价。由于中国白酒企业数量众多，经销商特别是强势经销商处于十分有利的位置，一部分经销商拥兵自重，利用资源优势在边缘性市场兴风作浪，导致周边市场价格大乱。中国白酒经销商绝对是一群魔鬼，需要用上帝的手腕控制这群魔鬼。

三是不良二批深刻影响价格。不要小看那些踩着三轮车到处乱窜的二批，因为是踩着三轮车，所以他们往往最具备革命精神，他们的触角往往非常敏感，他们往往不计成本地在市场上展开游击战。我们可以说已经是饱受了很多不良二批成事不足、败事有余的影响。

如何管理好盘中盘产品市场价格？为什么盘中盘产品容易造成价格窜底以及造成市场窜货？最重要的是白酒制造企业自身要控制好源头，如果企业自身控制好源头，盘中盘产品价格管理其实并不是很难。毕竟，外因是通过内因起作用的。

第一，一定要控制好盘面，企业自身不能穿盘。为什么这样说，你酒店终端利润结构放到大流通环节去经营，即使是天才的营销专家也不可能控制好价格，因为大流通快速消费品利润是多少？五个点已经是十分之高，但盘中盘产品利润动辄就是 20 个点，所以，如果任由盘中盘产品进入大流通，产品旺销时候就是产品在酒店终端死亡之时；所以，控制盘面最重要的是不要穿渠道。看到盘中盘为什么越来越难做，主要原因就是盘中盘产品全部到大流通去了，而且，大流通渠道价格非常之低。

第二，经销商政策一贯性也是维护价格根本保证。很多白酒企业都说，现在经销商管理起来非常之难，但是寻根究源，90%的问题出在企业方，企业政策朝令夕改，企业政策厚此薄彼，企业政策前后矛盾，企业政策脱离市场。相反，绝大部分经销商还是非常可爱的，除少数确实非常强势的经销商，绝大多数经销商是在屡次做良民被欺骗后变得越来越挑剔与狡猾。因此，维持企业经销商政策的严肃性是保证盘中盘价格体系十分重要的环节。

第三，加强对二批商管理。使得二批商成为盘中盘产品有益推动者，而不要成为破坏者。对于二批的掌控，已经有许多文章说了无数种手段，最重要的是企业在观念上要有这种意识。不要认为二批仅仅是一批商的事情，如果不能将二批握在手里，跟一批的博弈也会处于十分不利的位置，而价格上也会是一粒老鼠屎，坏了一锅汤！

第四，加强品牌与市场可持续建设，培养针对酒店终端的细分品牌。盘中盘作为一种战略性营销思维，不仅需要对资源战略性整合，更需要可持续发展的策略性思考，而品牌建设，特别是针对细分市场品牌建设，对于盘中盘价格体系建设才是最为宝贵的定律。

第五，制度化管理市场与人性化治理市场对于培育一个健康的盘中盘市场有着举足轻重的作用。

资料来源：王传才. 白酒市场“盘中盘”定价策划. 中国营销传播网，http://www.emkt.com.cn，2006（02）。

【讨论题】

1. 为什么白酒市场能够出现一种产品不同价格的现状？
2. 针对“盘中盘”的市场结构，你有什么控制价格体系的建议吗？

案例应用 2

走出低价竞争的陷阱

——“寻源香格里拉”线路评析

在旅游业中，价格影响价值的事例数不胜数。举个例子来说，同样是去桂林旅游，有的旅行社为了直观上的低价，处处想办法降低成本，游客千里迢迢慕名而来，却为了省钱让他仅游半小时漓江，美其名曰“黄金水道”，难怪不明真相的游客抱怨漓江没啥好看。这类做法严重损害了旅行社的整体形象和信誉，间接助长了部分顾客只比价格的做法，因为“旅行社的做法都一样”。

当今的旅行团服务中，有太多的非人性的东西，许多游客感觉，到了某个地方，却总显得匆忙，不尽兴，想停的景点时间不够，不想看的地方却老被带着去。最后得个“到此一游”。究其原因，价格的恶性竞争、部分旅行社注重短期行为，一些游客缺乏旅行经验及一味看重价格等因素所致。问题是，价格真的是那么具有决定性吗？答案是：否！

顾问公司所做的市场调查显示，以北京游 3000 元为例，40.80%的人愿意多花 200 元，有 24.1%的人愿多花 300 元，11.8%的人愿多花 500 元，4.8%的人愿多花 500 元以上作为更好的质量保证，加起来有 81.6%的人更看重质量而非价格。人们不愿花高的价格，不是因为花不起，而是太多的旅游经历告诉他们，旅行社的服务仅值这个价。一分价钱，一分货，现代人深知付出与收获的关系：对于付出（价格），他们更注重自身的需求是否能得到满足。现在的旅行团价格够便宜的了，而人们更需要的是“有价值的旅行”，是一段时间的繁忙工作后，能让自己身心得以放松，见闻得以增长，人生得以丰富的旅游。在这样的旅游中，在迷人的山水和朋友般的友情中人们体会到生命力、创造力的迸发，人与人之间、人与自然的真、善、美，这种体验，造就健康、完美的人格。人们愿意为此付出更高的价钱。

反之，市场上永远有更便宜的价格，直到“货不对板”！

2001 年 7 月 9 日，《深圳商报》旅游金页刊登了一则标题为“深呼吸一次，足足回味一辈子”的彩版报纸广告，这是一则深圳国旅新景界的稻城亚丁科考探险十天团的广告，给人扑面的新意和震撼，立刻在市场引起强烈反应，第一个报名的是一位酷爱旅游的女医生，她说一看到这则广告就浑身起鸡皮疙瘩（她一兴奋就起鸡皮疙瘩），她由衷地慨叹道：“终于有旅行社做这样的旅游了！简直太棒了！”

这就是深圳国旅新景界和四川省某机构在2001年7—10月间联合推广的新景界稻城亚丁西线，随着环环相扣的整合推广，“新景界”杯西部风光摄影大赛、《新景界西线图片展》、“寻找香格里拉”电视专题片在深圳电视台展播、“寻找都市人心中的香格里拉”有奖问答国庆免费去香格里拉促销活动等，在深圳掀起了“香格里拉”热潮。

当时市场上同样去稻城亚丁十天售价在 3800 元左右，但新景界西线却卖到了 4880 元/人，整整贵了一千多元，而且在市场上独树一帜，咨询和报名者络绎不绝，最终市场上类似行程的普通团，都很难收到客，低价收到客的又没法实现安全保障，勉强出团的又没有事先调整好游客的心态，到头来由于条件太艰苦而引发游客一系列的投诉。

香格里拉西线从七月底开始到十月底共组团几百人次，绝大部分是有钱有闲的人，行业遍及机关、证券、银行、工商等，几乎每个团都有港澳台的朋友，他们个个都酷爱旅游，热衷摄影，喜欢尝试新概念的旅游。

“深呼吸一次，足足回味一辈子”这句广告词，后来也成了各大媒体在旅游报道中经常引用的句子，而新景界香格里拉西线更是成为2001年深圳同类旅游中最吃香的线路之一。

在目前很多旅行社拼命压低价格才能做旅游的时期，也能卖比同行高一千多块的线路，而且卖成了市场上的首选品牌。这里面关键在哪里呢？

关键就在于走价值路线而不是走价格路线。

但具体怎样走价值路线呢？

让我们再回过头来看看这个被称为“最后的香格里拉”尚未被开发的稻城亚丁。由于去香格里拉的道路非常艰险，现代的都市人要想放下一切独自去历险，往往没有放下现代物质文明的勇气，另外也吃不了这个苦；普通的团队旅游又免不了这个俗，常常走马观花，来去匆匆，根本无法让游客深层次体验到“香格里拉理想境界”的心灵感悟和震撼；一般的旅行社又因为微利而没有能力来专门设计和开发线路；旅游局更苦于摸不准深圳旅游消费市场的脉搏，不知道如何对症下药实效打开深圳旅游市场……种种原因使得“香格里拉”稻城亚丁线一直可望而不可即。

经过深度策划，最后得出结论这不是一条面向大众的普通线路，而是要卖给那些厌倦常规旅游喜欢特别体验和刺激的特殊人群。这类游客并不看重价格，而更看重旅游给他们带来的超值体验。也就是说卖的是“特别体验的需求”，是价值而不是简单的价格。

那它的价值主要表现在哪些方面呢？

首先，价值体现是主题定位。

在策划推广中，还有这么一段小插曲，那就是七月底《晶报》上发表了一位读者的随笔《去不了香格里拉》，这是因为“香格里拉”是都市人心中最美的、最真的、最充满和谐关爱的理想国境界，普通走马观花的旅行团是决然到达不了那种境地，若要一个人去旅行，又没有勇气去面对为寻找传说所带来的艰辛考验。所以那位读者得出了永远也去不了香格里拉的结论。

深度策划人员敏锐地捕捉到了这一城市心态，都市人做梦都想远离世俗的羁绊，远离铜臭的诱惑，远离霸权的纷争，远离暧昧和伤害，去用心寻觅倡导节制、简朴、适度的香格里拉净地。“香格里拉”最初源自藏传佛教的“香巴拉王国”，美国探险家写的《消失的地平线》一书又把“香格里拉”炒得沸沸扬扬，据考证“香格里拉”并非某个确切的地方，而是整个康巴藏区。“香格里拉”实际上是在每个人的心里，你可以从绝美风景里捕捉到它的影子；可以透过康巴人文呼吸到它的气息；可以在千难万险中体验它的真谛；可以在原始文明和现代文明的落差里感悟到它的存在……所以整个旅行应该是一个“寻源”的过程，满足“消费者要用心去体验和找寻”的需求，而不仅仅是到那里看一下景就完了那么简单。所以把整个线路的主题定位在“寻源香格里拉”。

其次，价值体现是在差异化产品上。

这条线路与其他普通旅行线路相比具有以下差异点：

（1）线路设计更进一步：选择国家级科考探险线路，深入到鲜为人知的最美的一段。

（2）旅游内容更进一步：集生态、科考、探险、野营、登山、骑马、漂流、摄影于一身。

（3）安全保障更进一步：全套野外生活装备和具有十五年专业野外生活经验的中科院科学家、职业探险人士全程专业带队。

（4）旅游体验更进一步：奇景、民风、人文尽领略，甚至到藏民家做客。

（5）旅游服务更进一步：探险生存培训、全程 VCD 录像……

在产品方面核心竞争力就在于我们请人文、地理等科学家和职业探险人士全程讲解陪同，并在行程中安排了很多特别的体验活动和培训讲座，把原本枯燥的东西活灵活现起来，让游客能学到点什么，悟到点什么。另外具有十五年专业野外生活经验和拥有全套科考探险装备也使游客吃了定心丸，这主要是对四川省某机构的专业信赖。还有是整个行程安排在普通游客所能吃苦受累的承受范围内，而不是一味的艰辛和探险。

最后，价值体现在第三个方面是整合营销推广。

这条深度旅游线路始终以“寻源香格里拉”为核心，展开一系列整合推广工作——选线、踩线、调研、策划、摄制、文案、设计、报广、软文、广告投放、媒介组合、推广活动、增值服务、报名咨询、行前说明会、行程中的观念引导、途中分享会、凯旋总结会、摄影比赛、征文见报、精彩回放光碟等所有思考的中心都是“寻源香格里拉”，落实到每一个运作层面和实施细节。

资料来源：作者根据互联网相关资料进行整理。

【讨论题】

1. 如何转换思路走价值路线？
2. 如何避免价格战？

第 11 章　渠道策划

学习目标

1. 了解渠道策划的基本因素
2. 掌握渠道策划的基本思路
3. 理解常见的渠道策划模式
4. 掌握渠道管理的技巧

实践中的渠道策划

传统经销商的明天

庄老板是国内某著名家居照明企业在南方某中心城市的经销商，他与厂家发生了激烈冲突。进入该城市不久的国际连锁超卖巨头——百安居使他受到了前所未有的冲击：首先，他原有下游的零售客户生意萎缩，传统终端的走货越来越少；其次，零售价格下滑，他的利润空间被压缩；最后，厂家应百安居要求开始直供，这样这部分销量不能记入他的返利销量中。郁闷的他把怨气都发泄到厂家身上，要求厂家停止直供，并管控价格，增加返利幅度。但厂家的回答是：传统的专业灯具市场萎缩，百安居销量越来越大，而且还要再开四家分店，厂家也是迫不得已，必须要与他合作，不然竞争对手抢先进入，可能整个市场丢了，而且供给经销商的价格已经比直供百安居的价格低了许多，不能再降价了。

资料来源：作者根据互联网相关资料进行整理。

评述

传统经销商在当前销售渠道多元化的情况下，必须摸索和发现新的盈利模式，盈利模式决定了经销商的发展和未来。传统经销商的盈利模式有以下几点可供参考和借鉴。

1. 通过配送盈利

把自己作为厂家的仓库周转商和商品配送商，通过提供库存和配送服务，从而挣到厂家提供的佣金和补贴。比如，有的厂家和经销商就是一种伙伴关系，他们分工明确：厂家负责市场的开拓与维护，包括订单的拿取，客情的完善与管理等，而经销商只负责配送与货款回收，通过科学合理分工，让经销商明确自己的定位，从而更好地提供配送服务，借此来发展自己。

2. 通过品类垄断盈利

现在是市场细分、产品细分、渠道细分日渐盛行的时候，因此，传统经销商不可能指望去全面代理一个厂家的所有品项。经销商所能做到的，只有对自己的渠道、网络进行整合和二次定位，摸索出一款适合自己的产品和模式，并在一定的区域内进行垄断销售，从而最大化地获取产品利润，通过产品品类垄断，是传统经销商适应厂家发展而又使自己能够更好获利的一种很好的方式。

3. OEM 盈利模式

OEM，其中文含义就是贴牌加工。传统经销商要学会手抓两张“牌”，一张是厂家的“牌”，一张是自己的“牌”。OEM 模式就是在利用厂家品牌的基础上，通过自己注册商标，自己设计产品内外包装，打自己的品牌，灌装厂家的内容物，从而自己操盘市场，自己制定价位、通路促销等，它的好处是不至于出现窜货、砸价等扰乱市场秩序的行为出现，使产品均在自己可控的范围内，从而能够更好地获利。

4. 经营多元化

经营多元化，就是传统经销商，要能够跨行业、跨品类经营产品。比如，方便面企业多元化发展，生产了饼干或饮料产品，这时，作为经销商就要跟上厂家发展的趋势与步伐，经销厂家的这些主推产品，因为这些产品厂家既然推出来，肯定要大力度宣传与推广，从而也会构成自己的新盈利来源。

5. 经销产品系列化

要让自己代理的产品高中低档次皆有，分清主次，同时，又要让产品规格、口味多样化，从而百货对百客，更好地满足市场及消费者的需求。此外，作为经销商，还要学会代理厂家的上下游产品，从而形成一个利润链条。比如，经销面粉的客户，就可以做小麦收购，也可以经销其下游产品，比如挂面等，从而形成一个新的利润点和利润来源。

总之，面对不断变化的市场形势，作为传统经销商必须改变思路，不断地使自己的思想站在时代的前沿，经销商只有与时俱进了，才能在未来的市场竞争中，游刃有余，从而让自己立于不败之地。

11.1 渠道策划的影响因素

有效的渠道策划以确定企业所要到达市场目标为起点。原则上讲，目标市场的选择并不是渠道设计的问题。然而事实上，市场选择与渠道选择是相互关联的，有利的市场加上有利的渠道才能使企业获得利润。渠道策划问题的中心环节，是确定到达目标市场的最佳途径。

影响渠道策划的主要因素有以下几个方面。

11.1.1 顾客特性

渠道设计受顾客人数、地理分布、购买频率、平均购买数量以及对不同促销方式的敏感性等因素影响。当顾客人数多时，生产者倾向于利用每一层次都有许多中间商的长渠道。购买者人数的重要性，又受到地理人数的修正。例如，生产者直接销售给集中于同一地区的 500 个顾客所花的费用，远比给分散在 500 个地区的 500 个顾客少。购买者的购买方式，又修正购买人数及地理分布的影响。如果顾客经常小批量的购买，则需较长的分销渠道供货。因此，购买者少量而频繁的订货，常使得制造商依赖于批发商为其销货。同时，这些制造商也可能越过批发商，直接向订货量大且订货次数少的大客户供货。购买者对不同促销方式的敏感性也影响渠道的选择。例如，越来越多的家具零售商喜欢在展销会选购，从而使得这种渠道迅速发展。

11.1.2　产品特性

产品特性也影响渠道的选择。通常来说，产品的体积和重量、单位价值、新颖性、工艺与非工艺特点以及产品耐用性、经久性都是影响渠道选择的变量。例如，易腐烂的产品通常需要直接营销；那些与其价值相比体积较大的产品（如建筑材料，软性材料等）需要搬运距离最短、需要搬运次数最小的渠道分销；非标准化产品（如顾客定制的机器、专业商品表格）通常由推销员直接销售，这主要是由于不易找到具有该类知识的中间商；需要安装、维修的产品常由企业自己或授权独家特许商负责销售、保养；单位价值高的产品，应由企业推销人员而不是中间商销售。

11.1.3　中间商特性

设计渠道时必须考虑执行不同任务的中间机构的优、缺点，在成本、可获性以及提供的服务三方面对中间商进行评估。例如，由制造商代表与顾客接触，花在每一位顾客身上的成本较低，以为总成本由若干顾客分摊。但制造商代表对顾客所付出的努力，不如中间商的推销员。一般来讲，中间商在执行运输、广告、存储以及接纳顾客等方面，和信用条件、退货特权、人员训练和送货频率方面，都有不同的特点和要求。

11.1.4　竞争特性

生产者的渠道设计受竞争者所使用的渠道的影响。某些行业的生产者希望在与竞争者相同或相近的经销处与竞争者的产品抗衡。例如，食品行业的竞争品牌经常摆放在一起销售。有时，竞争者使用的分销渠道，又成为其他企业避免使用的渠道。

11.1.5　企业特性

企业特性在渠道选择中也十分重要，体现在以下方面。

1. 总体规模

企业的总体规模决定了其市场范围、客户规模及强制中间商合作的能力。

2. 资金实力

资金实力的强弱决定了哪些市场营销职能可由自己执行，哪些应给中间商执行。财力薄弱的企业一般采用“佣金制”的分销方法，尽量利用愿意并能吸收部分存储、运输及融资等成本费用的中间商。

3. 产品组合

企业的产品组合宽度越大，与顾客直接交易的能力越大；产品组合的深度越大使用独家专售或选择性代理商就越有利；产品组合的关联性越强，越应使用性质相同或者相似的渠道。

4. 渠道经验

企业过去的渠道经验，也会影响渠道设计。曾经通过特定类型中间商销售产品的企业，会形成良好偏好。

5. 营销政策

例如，对最终购买者提供快速交货服务，会影响到生产者对中间商执行的职能、最终经销商的数目与存货水平以及采用的运输系统的要求。

11.1.6 环境特性

渠道设计还要受到环境因素的影响。如经济发展状况、社会文化变革、竞争结构、技术以及政府管理等。经济萧条时，生产者都希望采用能使最终顾客廉价购买的方式，将产品送到市场。这也意味着使用较短的渠道，并免除那些会提高产品最终售价但又不必要的服务。

小案例 11-1

丰田的渠道建设

1950年，丰田公司债台高筑，濒临破产，公司接受了日本中央银行建议，将汽车生产公司与销售公司分开。石田退三主管生产公司，神谷正太郎一心一意抓销售公司。由于公司分开，各行其职，销售公司可以自行决定推销方式，表现出了高度的灵活性和强大的活力。

销售公司为了促进销售，在1977年建立了“推销责任区域制度”。这种制度就是在全丰田系统成立特约经销点，并根据汽车的类型，把经销店分为“丰田店、小丰田店、奥特牌店、花冠牌店”共有经销店252个，下属营业所2850个，共有推销员28000多名，形成了庞大的销售网络和推销员队伍。在此基础上，丰田明确划分出每一个经销店所属营业所的现有区域和每个推销员所负责的经销地段，使公司的流通网点星罗棋布。

为了牢牢控制住现有区域，公司制定了责任区访问法。访问法的主要内容是：挨区访问，挨户访问，争取不漏一家一户，按行业一个一个访问，收集各行业的购买汽车的情报资料；针对购买汽车的大主顾，进行重点访问，此外，还有根据季节、汽车种类而进行的访问。

为了保证责任区最大限度地销售汽车，销售公司给推销员制定了一定的销售定额。公司根据每个推销员的具体情况以及他们所在地段，按月下达销售数额。经销店要求每一个推销员必须完成自己的销售数额。这种科学的分工、严格的管理、合理的网点布局，为丰田公司数以百万计的汽车能源源不断地出售创造了条件。

资料来源：作者根据互联网相关资料进行整理。

11.2 渠道策划的基本步骤

一般来讲，要设计一个有效的渠道系统，必须经过以下步骤。

11.2.1 分析最终用户需求

当我们在谈论渠道的时候，本质上还是说为“企业的产品寻找目标消费者的最佳接触点”，离开产品谈渠道是毫无意义的。所以，企业渠道设计的第一步便是分析企业产品的最终用户需求，即企业的产品到底是卖给哪些人的，这些人在什么情况下如何使用。根据细分市场的工具“消费者反应变量与消费者特征变量”，又可以进一步细分。当然在竞争还相对较初级的市场，企业确定产品的流通渠道时，未必会用量化的工具去分析最终用户的需求。但产品适应哪一类市场的需求，企业的经营人员与市场人员一般都会有基于经验的认识（虽然这种认识往往是感性的、简单的）。

11.2.2　定位目标市场

企业分析最终用户需求时，往往会发现很多市场机会点，但不同企业的经营目标与经营能力不一样，产品对于目标市场的选择性与适应性就有很大的差别。按照营销理论，产品对于市场的选择应该是在产品生产之前就确定了的。定位目标市场，不是感性判断，而是像西方企业一样，通过 5W1H（何时？何地？何物？何人？为什么？如何购买？）清晰地界定自己的目标市场在哪里。

目标市场的消费心理和消费特征决定了渠道整体策略的选择。不过伴随着营销的实践，人们发现传统的目标市场细分与定位的方法遇到了不少的瓶颈。即在一些传统的竞争激烈的市场，市场的细分并不是特别的明显，或者市场被过度细分后，企业的营利空间却小得可怜。

11.2.3　寻找渠道最佳接触点

如果有了清晰的目标市场定位以及目标市场的需求分析，寻找渠道最佳接触点就是顺理成章的事了。因为在消费者的需求分析与定位目标市场的环节上，消费者的购买途径已清晰可见。企业通过什么样的零售终端和信息传输渠道与顾客进行接触是营销渠道策略是否有效的关键。不过，在一些竞争激烈的市场，出现多个品牌竞争同一细分市场的情况是很常见的。因此，企业在考虑渠道设置与消费者的最佳接触点时，不得不以竞争对手为参照，突出自己的竞争优势。这就牵涉到下一步——设定渠道结构。

11.2.4　设定渠道结构

企业的渠道结构可以比之为企业的渠道蓝图，理论上应该是企业几年的渠道规划，包括渠道的结构、层次、每个渠道层次的业务目标、代理商区域划分等。

企业设计渠道层级，一定要从经济的角度来分析它存在的意义。营销的本质（商业的本质）无非是“唯利是图”。所以，任何一个层级的选择，都是本着成本最小化，利益最大化。从渠道的整个链条来分析，厂家与渠道之间是一种既竞争又合作的关系，渠道之间的层级越多，意味着分享利润的环节越多。

合理选择了渠道层级（根据目标客户、根据区域市场差异化、根据企业的目标与发展阶段），应为每个渠道层级设置合理的目标，即具体数量的要求：销售、回笼、库存、周转率、零售、分销等。

代理商之间或每个经销商之间均有区域的划分，否则就会乱套。经销商之间的冲突客观原因无非是网点设置过密，造成彼此间的利润过低，冲突表现形式最常见的是低价与窜货。实际上，如果经销商之间发展到集体价格冲突时，是一件很难调和的事情，企业常用的手段是统一终端标价（不二价）、最低零售限价、明察暗访、低价处罚等。但这些方法治标不治本。企业应该合理设置网点数量、合理选择经销商。就经销商本身来说，是最不愿意低价的，因为损失的是其自身利润。

中国这个广阔的市场，不同区域的市场差别是十分巨大的，如东部与西部，沿海与内地，市区与乡镇。所以渠道结构的设置，必须考虑中国的实际情况。常见的方法是将市场分成几个层级或类型。

11.2.5 选择品类组合

品类组合是指具有相同流通属性与相同目标市场的产品组合。对于渠道采取产品组合最主要的目的有三个：一是防止经销商之间的过度竞争，保障经销商间的合理利润。二是不同市场层级的消费者物性差异化。三是创造比竞争对手更强的竞争优势。

11.2.6 制定渠道驱动政策

制定渠道驱动政策经营的本质是“唯利是图”，经销商也不例外。经销商经营企业产品最终看中的无非是“利润”二字。所以，企业对经销商的吸引与控制条件，是决定渠道好坏的重要因素与关键因素。我们且称之为渠道驱动因素。常见的渠道驱动因素有以下几个。

①产品核心竞争力：包括产品的款式、花色、新品上市速度。

②市场管理能力：企业对市场秩序的维护，渠道管理能力、价格体系的维护、服务能力、配送能力等。

③价格政策：产品的利润空间、库存周转等。

④渠道返利政策：如商业补贴、提货返点、模糊返利、退换货政策、新品样品政策、各种补贴政策等。

⑤市场推广政策：如终端建设政策、广告政策、导购员投入政策，是否有新品推广专项费用等。

⑥企业的经营实力。

11.2.7 渠道运营

如果说渠道驱动政策还只是“纸上谈兵”，那么渠道运营工作就是对上述政策的具体执行了。俗话说“三分策划，七分执行”，很多企业的政策看上去很美，实际落地执行的时候却虎头蛇尾，或一纸空文，或承诺却不兑现。渠道运营本质上体现一个企业的管理能力与执行能力。政策层面的东西人人可学（商业上的抄袭与模仿是很常见的事情），但企业的精髓即每个企业的核心竞争力，却是不那么容易被竞争对手模仿的。我们都知道可口可乐、麦当劳的核心竞争力与运营政策，但是我们的企业去复制其竞争优势时，却往往以失败告终。戴尔的直销体系人人都在模仿，但多数企业均不得其门而入。因为，这些国际型企业积累了多年的文化与管理优势是短期学不来的。

渠道也是企业的竞争优势之一，有渠道优势的企业具有极高的渠道运营质量，有一大批具有忠诚度与实力的核心经销商。维系这些核心经销商优势，以厂商联盟或合作伙伴的角度来不断提升渠道的运营能力，自然会打造出企业渠道运营上的核心竞争力。

11.2.8 渠道评估、淘汰

企业渠道运营的过程中，不可能每个经销商都成为忠诚的或者合格的伙伴。实际上，根据二八定律。企业20%的核心客户往往占有企业80%的销售额与利润来源。因此，企业淘汰经销商或经销商放弃经营企业的产品是最常见不过的事情。比如经销商在连续多次在企业的考评中低于正常值，或连续多月未完成任务，或低价窜货，或扰乱市场秩序情节严重，或有破产、资产转移、核心业务转移者，或散播对企业不利言论，情节恶劣者。关键是企业要有正常的预警机制。“防患于未然”，不能等到出现问题的时候才去解决问题。

小案例 11-2

天津开源阀门总厂起死回生

天津开源阀门总厂 1994 年上半年前依附于商业批发部门，生产计划由商业批发安排，价格由批发部门确定，产品由批发部门报销，产销不见面，对市场不摸底，生产难度大。到 1994 年连此局面也无法维持了，还拖欠货款，使该厂产品积压，工资发不出，企业停产，职工回家。为了死里求生，迫使该厂抓营销工作。

开始，他们采取派业务员推销办法，到各地寻找用户，找不到用户就找商业代销、赊销。用此法 1994 年下半年售出 20 万元，但当年货款收回仅十几万元。1995 年后又采取如下新措施。

第一、建立自己的销售网点。先后在全国各地设立了 13 个销售办事处。对办事处实行“四定”，即定市场、定任务、定人员、定费用；并规定办事处五条任务，即销售产品、搞售前售后服务，及时回收货款、做广告宣传、进行市场调研。

第二、与商业批发部门建立灵活多样的关系。不仅通过天津一、二级批发部门销售，还与各地二、三级批发部门联系销售，还参加商业部每年的订货会和补货会与各地商业批发企业建立稳定的供销关系，还每月派业务员到“三北”地区的一些批发部门走访、销售产品，来拓宽这条销售渠道。

第三、以出厂价直接向使用阀门多的大企业推销产品。这样产需直接见面，密切了双方关系，扩大了市场，还可及时了解新需求和意见，以便试制新产品，改进产销工作。现在此渠道正在拓宽，销售额已占整个销售额的 20%。

为了提高销售效果，该厂实行与销售员签订承包合同的办法，把企业全年各项指标层层分解，承包到人；还实行销售业绩、收回货款数量期限等与劳动报酬挂钩的制度，即取消销售人员基本工资，全部工资根据销售额确定。即以销售额的 3%作为劳动报酬，2%作为销售活动经费，按回收货款时间进行奖惩。规定产品售出三个月内必须收回货款，如提前在两个月内收回货款者，另外奖励销售额的 1%，提前在一个月内收回货款者，奖励 2%，如三个月内收不回货款，每拖后一个月，罚销售额的 0.5%。实行此报酬和奖罚办法后，充分调动了销售员积极性，大大增加了产品销售额，使货款基本上能及时收回。

经过几年实践，他们感到派销售员或设办事处的办法虽在开发市场、拓宽销路、及时回收货款、为用户服务方面取得显著成效，但费用较高。所以把办事处改为商店，自负盈亏，除承担办事处五项任务、保证销售本厂产品外，还可扩大经营范围，销售其他产品。这样商店不但不要厂子支付费用，还可向厂子交利润。现在已改设了六个商店和一个营销经理部。

在前两年市场疲软情况下，该厂除疏通并巩固各种销售渠道外，还坚持用户至上、质量第一、薄利多销、优质服务等原则。根据用户需要开发新产品、组织生产，不论产品利大利小、量多量少，一样生产供应；组织生产时严格按国际标准，产品质量达市优；定价时该厂产品价格低于同类产品 0.5%～10%，在竞争中处于有利地位；根据售前售后服务，主动向用户介绍产品性能和使用注意事项，各办事处和商店还免费送货上门，在用户资金紧张时还根据用户生产需要，采取及时小批量送货，来减少用户库存和资金占压；对出售的产品他们也一包到底，如该厂得知石家庄某浴池购买了不适合在立管上用的截止阀用在立管上的消息后，即派人专程到石家庄告知用户，并用适用的冷水阀换回截止阀，对用户不仅提高了使用效果，而且还节省了用户的开支（每个阀便宜2角）。优质服务提高了企业信誉，增加了回头客。

由于采取了以上措施，该厂不仅起死回生，而且迅速发展。1999年与1994年比，企业固定资产由610.2万元增加到3560万元，利润由240.4万元增加到1580.14万元，品种由3个系列21个规格增加到12个系列91个规格，质量达到省优产品。在国内市场疲软、普遍拖欠货款情况下，该厂产品不仅尽产尽销，而且及时回收货款，销售额也逐年增长，被评为先进企业。

资料来源：作者根据互联网相关资料进行整理。

11.3 渠道模式的选择

企业在选择自己的渠道模式的时候，一定要清楚地知道渠道的结构以及要选择的渠道类型，这两者直接关系到企业的渠道是否畅通，关系到企业的产品能否顺利、及时、快捷地到达消费者的手中，继而关系到企业的竞争力。

11.3.1 分销渠道的结构

分销渠道的结构是由它的长度和宽度决定的。

1. 分销渠道的长度

分销渠道的层次或环节决定了渠道的长度，在产品从生产者转移到消费者的过程中，任何一个对产品拥有所有权或者负有推销责任的机构，就叫作一个渠道层次。渠道的长度是指产品从生产到消费者或用户的转移过程中所经过的中间商的层次数目。

一般说来，生产企业总是希望把自己的产品直接销售给消费者，消费者也同样希望直接从生产者那里买到自己需要的商品。但是，在现代商品社会里，绝大多数商品都要经过中间商转手才能输送到消费者手中。

2. 分销渠道的宽度

分销渠道的宽度是指渠道的每个层次使用同种类型中间商数目的多少。它与企业的分销策略密切相关。而企业的分销策略通常可分为三种（见表11-1）：密集分销、选择分销和独家分销。

表11–1 企业的分销策略的种类

	定义	优点	缺点
密集分销	区域内设定尽可能多的分销商	对顾客的覆盖度高	对经销商利益保护度不高，渠道管理成本高
选择分销	区域内分销商数量与顾客数量匹配	对顾客的覆盖度和保障经销商利益两者平衡	
独家分销	区域内安排一家分销商	有效保障经销商利益	对顾客的覆盖度低

小案例 11-3

迪士尼的渠道策略创新

1992年美国圣诞节市场爆出一个大冷门：沃特·迪士尼公司发行的卡通录像带《美女与

野兽》成了最畅销和最赚钱的商品，从 10 月底到年末的两个多月时间里，卖出 2000 万盘，盈利 2 亿美元。秘诀何在？

原来，迪士尼公司的成功之道在于率先推出了“行销通路革新”。就习惯而言，录像带应出现在文化商店和电器商店之中，这是人们通常想到也是通常使用的销售渠道。然而，文化市场总是为流行风云左右，今天还十分红火的东西，明天说不定就会遭冷落。更重要的是，由于现代人的生活高度紧张，有兴趣也有时间专门逛录像带市场的人毕竟有限。问题的症结找出来了：录像带的滞销在于销售渠道不畅。

为此，迪士尼公司大胆选择在超级市场和儿童玩具店出售录像带，把录像带与色拉油、蔬菜、瓜果及游戏机、洋娃娃列在一起。果然，那里川流不息的人潮给迪士尼公司带来滚滚财源。

资料来源：作者根据互联网相关资料进行整理。

11.3.2　常见的渠道模式

1. 通路“直销”

传统意义上的直销，是生产厂家直接将产品销售给消费者，但目前的通路“直接”，是生产厂家或经销商绕过一些中间环节，直接供货给零售终端，并非直接向最终消费者销售。直接控制零售终端，是厂家提高市场辐射力和控制力的关键。可以说，拥有终端网络就拥有消费者，从而最终拥有市场。企业一方面通过授权，严格界定销售区域和范围；另一方面通过销售队伍，加强对市场终端的服务和控制。这样既可避免市场价格混乱、窜货现象，又可牢牢控制终端网络，从而赢得市场。

2. 垂直渠道网络

它是将厂商由松散的利益关系，变为紧密型的战略伙伴型关系；由平行关系变为垂直关系、利益一体化的关系；由简单的无序放射状分布，变为真正的网络分布；由简单的契约型变为管理型、合作型、公司型。这样，厂商之间就容易达成信息共享、风险共担、利益共享、物流通畅的理想状态，有利于厂商强力合作。

在实际操作中，垂直网络形成方式有以下几种：

（1）非常紧密型

由厂商双方相互投资组成销售公司或营销配送中心，直接向零售终端供货。

（2）较紧密型

采取独家代理，独家经销的方式，双方适当互持股份。

（3）管理型

由双方共同组建管理的营销配送中心，双方人员参与管理以管理契约加强合作。

（4）松散的联盟性

由企业组织“联盟会”，选择“渠道领袖”管理。

（5）较松散的捆绑型

厂家和一级经销商形成明确的利益捆绑关系，共同管理二级批发商与终端零售商。

小案例 11-4

娃哈哈的联销体制度

娃哈哈堪称由单一化渠道成功转型多元化渠道战略的典范。公司创立之初，限于人力和财力，主要通过糖烟酒、副食品、医药三大国有商业主渠道内的一批大型批发企业，销售公司第一个产品儿童营养液。随着公司的稳健发展和产品多元化，其单一渠道模式很快成为企业的销售瓶颈，娃哈哈开始基于“联销体”制度（联销体制度是娃哈哈和代理商之间建立的一个共同经营产品的渠道体制，从厂家、经销商到终端每个环节的利益和义务都会得到明确）的渠道再设计：一方面，娃哈哈自建销售队伍，拥有一支约2000人的销售大军，隶属公司总部并派驻各地，负责厂商联络，为经销商提供服务并负责开发市场、甄选经销商；另一方面，娃哈哈在全国各地开发1000多家业绩优异、信誉较好的一级代理商，以及数量众多的二级代理商，确保娃哈哈渠道重心下移到二、三线市场。这充分保证了娃哈哈渠道多元化战略的实施。娃哈哈针对多种零售业态，分别设计开发不同的渠道模式：对于机关、学校、大型企业等集团顾客，厂家上门直销；对于大型零售卖场及规模较大的连锁超市，采用直接供货；对于一般超市、酒店餐厅以及数量众多的小店，由分销商密集辐射。这种“复合”结构，既能够有效覆盖，又能够分类管理，有利于在每种零售业态中都取得一定的竞争优势。

资料来源：作者根据互联网相关资料进行整理。

3. 水平渠道系统

这是由两家或两家以上的企业横向联合，共同开拓新的营销机会的渠道系统。这些企业或因资金、人力、生产技术、营销资源不足，无力单独开发市场机会；或因惧怕承担风险，或因与其他公司联合可实现最佳协同效益而组成共同联合的渠道系统。如日本共同网络股份有限公司（CN），就是由中大型旅游公司、票务公司、体育娱乐服务公司等27家出资组建。其成员借助CN的共同信息网享用信息资源，齐心协力开拓旅游市场。

4. 多渠道系统

它即对同一或不同一细分市场，采用多渠道分销体系。大致有两种形式，一种是制造商通过两条以上的竞争性渠道销售同一商标产品；另一种是制造商通过多条渠道销售不同商标的差异性产品。此外，还有一些公司通过同一产品在销售过程中服务内容与方式的差异，形成多渠道以满足不同顾客。多渠道系统为制造商提供了三方面利益：扩大产品的市场覆盖面、降低渠道成本和更好地适应顾客要求。该系统也容易造成渠道之间的冲突，给渠道控制和管理带来更大难度。

5. 基于互联网分销渠道

它是指应用互联网提供产品和服务，使用计算机或其他手段的目标客户通过电子手段进行交易。在互联网环境下，分销渠道不再仅仅是实体的，而是虚实结合，甚至完全虚拟。在线销售、网上零售、网上拍卖、网上采购、网上配送等新的分销方式，使分销渠道多元化，由宽变窄，由实变虚，由单项禁止变互动。在互联网渠道中，中间商的地位受到动摇，即使最小的制造商也能在互联网上向广大消费者提供信息，数以百万的消费者通过互联网搜索与制造商直接联系，进行电子化购买。

11.4 分销渠道的管理

在渠道设计之后，还要重视对渠道成员的管理，主要是对中间商进行选择、激励与定期评估。

11.4.1 选择渠道成员

生产者招募中间商时，常处于两种极端情况。一是毫不费力就找到特定的商店，并使之加入渠道系统。它之所以能吸引经销商，可能是因为其很有声望，也可能是因为产品赚钱。某些情况下，独家分销或选择分销的特权也会吸引大量中间商加入渠道。对于那些毫不费力得到所需数目中间商的生产者来讲，所做的工作只是选择适当的中间商。二是生产者费尽心思才能找到预期数量的中间商。生产者必须研究中间商如何进行购买决策，尤其是它们决策时对毛利、广告与销售促进、退货保证等的重视程度。此外，生产者还必须开发一些能使中间商赚钱的产品。不论生产者遇上哪一种情况，都须明确中间商的优劣特性。一般来讲，生产者要评估中间商经营时间的长短及成长记录、清偿能力、合作态度、声望等。当中间商是销售代理时，还须评估其经销的其他产品大类的数量与性质、推销人员的素质与数量。计划授予某家百货公司独家分销时，生产者尚需评估商店的位置、未来发展潜力以及经常光顾的顾客类型。实际上，选择过程通常是一个“双向过程”，不仅制造商选择中间商，同时中间商也在选择制造商，尤其是强大的或有影响力的零售商，如沃尔玛、家乐福等，在这一“双向选择”过程中具有较强的主动性。因此，为了获得高质量的渠道成员，制造商必须让渠道成员认可经销其产品是有利的。

小案例 11-5

九阳公司是如何选择经销商的？

济南九阳电器有限公司是一家从事新型小家电研发、生产与销售的民营企业。市场遍及除西藏、贵州、甘肃、新疆以外的大部分省市。虽然近年来消费品市场一直处于低迷状态，但 1998 年该公司的产品市场销量仍保持了 50%的增长率。九阳公司销售总经理许发刚说，九阳有技术优势，但与技术上的领先优势相比较，九阳在市场营销上更为成功。特别是在全国 160 多个地级城市的营销网络，不仅是实现销售和利润的渠道，而且是构筑自身的安全体系，锤炼企业核心竞争力的“法宝”。

通过 160 多个地级市场的建设，九阳形成了一套寻找和管理经销商的思路。九阳公司根据自身情况和产品特点采用了地区总经销制。以地级城市为单位，在确定目标市场后，选择一家经销商作为该地独家总经销。为达到立足长远做市场、做品牌、共同发展的目标，九阳公司对选择总经销商提出了较严格的要求：

1. 总经销商要具有对公司和产品的认同感，具有负责的态度，具有敬业精神

这是选择的首要条件。一个好的产品，不仅能给经销商创造一定的经营效益，而且能给其带来更大的市场空间和发展动力。经销商只有对企业和企业的产品产生认同，才能有与企业基本一致的对产品及市场的重视程度，才能树立起开拓市场、扩大销售的信心，将九阳的产品作为经营的主项，主动投入所需的人力、物力、财力，同时，对企业经营理念的认同，有助于经销商与企业的沟通和理解，自觉施行企业营销策略，与企业保持步调一致。这些是企业建立成功的网点和良好的合作关系的根本。九阳销售人员注意在帮助经销商分析认识企业的发展前景和产品的市场潜力，培养经销商的这种认同感方面做工作。

负责的态度是指经销商要对产品负责、对品牌负责、对市场负责，这是经销商完成销售工作的保障。唯有如此，经销商才能尽心尽力地推广产品，努力将市场做好，也才能不断提高企业销售网点的质量，提高企业品牌和市场美誉度。九阳公司在开发重庆市场时，曾有一

家大型国有批发企业提议担任总经销，公司在对其全面考察后，认为其虽然具备较强的实力但缺乏这种负责的态度，不利于公司市场发展的需要，否决了这项提议。敬业精神是推动一个企业不断发展的重要动力，具备敬业精神的经销商能够积极主动地投入市场销售与拓展，克服销售障碍，协助企业开展各项市场活动，充分发挥能动性和创造性，通过自身的发展来带动企业销售业绩的提升及市场占有率的扩大，巩固销售网络基础，提高销售网络水平。

2. 总经销商要具备经营和市场开拓能力，具有较强的批发零售能力

这涉及经销商是否具备一定的业务联系面，分销通路是否顺畅，人员素质高低及促销能力的强弱。企业选择总经销商，就是要利用其开拓市场、扩散产品的能力。总经销商的市场营销能力直接决定着产品在该地市场能够在多大范围和程度上实现其价值，进而影响到企业的生产规模和生产速度。在一种新产品进入一个新市场时，如果经销商不具备经营及开拓的能力以打开市场空间，仅靠企业一方的努力是不足以取得成功的。同时，总经销商作为企业产品流通中的一个重要环节，不仅要能够实现一部分终端销售，掌握第一手的市场消费资料，更重要的是要具有经销产品的辐射力和批发能力，拓宽产品流通的出路。

3. 总经销商要具备一定的实力

实力是销售网点正常运营，实现企业营销模式的保证，但是要求实力并不是一味地求强求大。九阳公司在如何评价经销商实力上，采用一种辩证的标准，即只要符合九阳公司的需要，能够保证公司产品的正常经营即可，并不要求资金最多。适合的就是最好的，双方可以共同发展壮大。适用性原则扩大了选择的余地。

4. 总经销商现有经营范围与公司一致，有较好的经营场所

如经营家电、厨房设备的经销商，顾客购买意向集中，易于带动公司产品的销售。由于经销商直接面对顾客，经销商的形象往往代表着企业的形象和产品的形象，对顾客心理产生影响，所以对经销商的经营场所也不能忽视。九阳公司要求总经销商设立九阳产品专卖店，由九阳公司统一制作店头标志，对维护公司及经销商的形象产生了积极的作用。

九阳公司的业务经理们对于开拓市场首先树立了三个信心：第一，提供的是好产品，满足了消费者的生活需要，有市场需求；产品质量过硬，售后服务完善。第二，公司的一切工作围绕市场开展，考虑了经销商的利益，拥有先进的营销模式。第三，坚信有眼光的经销商必定会和九阳公司达成共识，进行合作。这三个信心保证了业务经理在同经销商的谈判中积极主动，帮助经销商分析产品的优势和市场潜力，理解并认同公司的经营理念和宗旨；认识合作能带来的近期及长远利益，研究符合当地市场特征的营销方案，并且在谈判中坚持公司对经销方式的原则要求，在网点选择上不做表面文章，奠定了整个网络质量的基础。

九阳公司与其经销商的关系，不是简单地立足于产品买卖的关系，而是一种伙伴关系，谋求的是共创市场、共同发展。因而公司在制定营销策略时，注意保证经销商的利益，注重的是利益均衡，不让经销商承担损失。如公司规定总经销商从公司进货，必须以现款结算，一方面保证公司的生产经营正常进行，另一方面可促使总经销商全力推动产品销售。那么，如何化解经销商的经营风险？一是公司的当地业务经理可以协助总经销商合理确定进货的品种和数量及协助到货的销售，二是公司能够做到为经销商调换产品品种，直至合同终止时原价收回经销商的全部存货，通过这些措施解除经销商的疑虑。

资料来源：汤定娜等. 中国企业营销案例[M]. 北京：高等教育出版社，2001。

11.4.2 激励渠道成员

生产者不仅要选择中间商，而且要经常激励中间商，使之尽责。促使中间商进入渠道的因素和条件已构成部分激励因素，但仍需生产者不断监督、指导与鼓励。

当生产者给予中间商的优惠条件超过它取得合作所需提供的条件时，就会出现激励过分的情况，其结果是销售量提高而利润下降。当生产者给予中间商的条件过于苛刻，以致不能激励中间商努力时，会出现激励不足，其结果是销售降低、利润减少。所以，生产者必须确定应花费多少力量以及花费何种力量鼓励中间商。一般来讲，如果对中间商仍激励不足，生产者还可采取提高中间商可得毛利率，放宽信用条件，使之更有利于中间商。

生产者还可借助某些权利来赢得中间商的合作，具体包括以下几方面：

1. 强制力

它是指生产者对不合作（如对顾客服务差、未实现销售目标、窜货等）的中间商威胁撤回某种资源或中止关系而形成的权利。中间商对生产者的依赖性越强，这种权利的效果越明显。

2. 奖赏力

它是指生产者给执行了某种职能的中间商额外付酬形成的权利。奖赏力的负面效应是：中间商为生产者服务往往不是出于职业的信念，而是因为有额外报酬。每当生产者要求中间商执行某种职能时，中间商往往要求更高的报酬。

3. 法定力

它是指生产者要求中间商履行双方合同而执行某些职能的权利。

4. 专长力

它是指生产者因拥有某种专业知识而对中间商构成的控制力。生产者可借助复杂精密的系统控制中间商，也可提供专业知识培训或系统升级服务，由此形成专长力。如果中间商得不到这些专业服务，其经营很难成功；一旦专业知识给了中间商，这种专长力又会削弱。

5. 感召力

它是指中间商对生产者深怀敬意，并希望与之长期合作而形成的。像 IBM、微软、柯达、摩托罗拉等国际知名公司，中间商都愿意与之建立长期稳定的合作关系，心甘情愿地按生产者的要求行事。

一般情况下，生产者都注重运用感召力、专长力、法定力和奖赏力，尽量避免使用强制力。这样，往往能收到理想的效果。

小案例 11-6

LG 电子公司的渠道策略

LG 电子公司从 1994 年开始进军中国家电业，目前其产品包括彩电、空调、洗衣机、微波炉、显示器等种类。LG 把营销渠道作为一种重要资产来经营，通过把握渠道机会、设计和管理营销渠道拥有了一个高效率、低成本的销售系统，提高了其产品的知名度、市场占有率和竞争力。

1. 准确进行产品市场定位和选择恰当的营销渠道

LG 家电产品系列种类较齐全，其产品规格、质量主要集中在中高端。与其他国内外品牌相比，最大的优势在于其产品性价比很高，消费者能以略高于国内产品的价格购买到不逊色于国际著名品牌的产品。因此，LG 将市场定位在那些既对产品性能和质量要求较高，又对价格比较敏感的客户。LG 选择大型商场和家电连锁超市作为主要营销渠道。因为大型商场是我国家电产品销售的主渠道，具有客流量大、信誉度高的特点，便于扩大 LG 品牌的知名度。在一些市场发育程度不是很高的地区，LG 则投资建立一定数量的专卖店，为其在当地市场的竞争打下良好的基础。

2. 正确理解营销渠道与自身的相互要求

LG 对渠道商的要求包括：渠道商要保持很高的忠诚度，不能因渠道反水而导致客户流失；渠道商要贯彻其经营理念、管理方式、工作方法和业务模式，以便彼此的沟通与互动；渠道商应该提供优质的售前、售中、售后服务，使 LG 品牌获得客户的认同；渠道商还应及时反馈客户对 LG 产品及潜在产品的需求反应，以便把握产品及市场走向。渠道商则希望 LG 制定合理的渠道政策，造就高质量、统一的渠道队伍，使自己从中获益；LG 还应提供持续、有针对性的培训，以便及时了解产品性能和技术的最新发展；另外，渠道商还希望得到 LG 更多方面的支持，并能够依据市场需求变化，及时对其经营行为进行有效调整。

3. 为渠道商提供全方位的支持和进行有效的管理

LG 认为企业与渠道商之间是互相依存、互利互惠的合作伙伴关系，而非仅仅是商业伙伴。在相互的位置关系方面，自身居于优势地位。无论从企业实力、经营管理水平，还是对产品和整个市场的了解上，厂商都强于其渠道经销商。所以在渠道政策和具体的措施方面，LG 都给予经销商大力支持。这些支持表现在两个方面：利润分配和经营管理。在利润分配方面，LG 给予经销商非常大的收益空间，为其制定了非常合理、详细的利润反馈机制。在经营管理方面，LG 为经销商提供全面的支持，包括：信息支持、培训支持、服务支持、广告支持等。尤其具有特色的是 LG 充分利用网络对经销商提供支持。在其网站中专门设立了经销商 GLUB 频道，不仅包括 LG 全部产品的技术指示、性能特点、功能应用等方面的详尽资料，还传授一般性的企业经营管理知识和非常具体的操作方法。采用这种方式，既降低了成本又提高了效率。

然而经销商的目标是自身利润最大化，与企业的目标并不完全一致。因此，对渠道商进行有效的管理，提高其经济性、可控制性和适应性。渠道管理的关键在于价格政策的切实执行。为了防止不同销售区域间的窜货发生，LG 实行统一的市场价格，对渠道商进行评估时既考察销售数量更重视销售质量。同时与渠道商签订合同来明确双方的权利与义务，用制度来规范渠道商的行为。防止某些经销商为了扩大销售量、获取更多返利而低价销售，从而使经销商之间保持良性竞争和互相制衡。

4. 细化营销渠道，提高其效率

LG 依据产品的种类和特点对营销渠道进行细化，将其分为 LT 产品、空调与制冷产品、影音设备等营销渠道。这样，每个经销商所需要掌握的产品信息、市场信息范围缩小了，可以有更多的精力向深度方向发展，更好地认识产品、把握市场、了解客户，最终提高销售质量和业绩。

5. 改变营销模式，实行逆向营销

为了避免传统营销模式的弊端，真正做到以消费者为中心，LG 将营销模式由传统的“LG→总代理→二级代理商→零售商→用户”改变为“用户←零售商←LG+分销商”的逆向模式。采用这种营销模式，LG 加强了对经销商特别是零售商的服务与管理，使渠道更通畅。同时中间环节大大减少，物流速度明显加快，销售成本随之降低，产品的价格也更具竞争力。

资料来源：杨志宁. 构建营销渠道优势角逐中国加点市场——LG 的启示[J]. 经济管理. 2002（7）。

11.4.3 评估渠道成员

渠道绩效评估（performance evaluation on channel），就是指厂商通过系统化的手段或措施对其营销渠道系统的效率和效果进行客观考核和评价的活动过程。

渠道绩效评估的对象既可以是渠道系统中某一层级的渠道成员，也可以是整个渠道系统。在营销实践中，不少厂商同时对某个层级的渠道成员及整个渠道系统进行评估。尤其是在渠道扁平化的发展趋势下，厂商更多地加强了对渠道系统中具体渠道成员的绩效评估，以利于厂商决定是否对某些层级的渠道成员进行扁平化管理。

渠道绩效是一个多维和纵深的结构，既包括宏观的方面，也包括微观的方面；既包括渠道系统的绩效，也包括单个层级渠道成员的绩效，甚至单个渠道成员的绩效。从宏观方面来说，渠道绩效就是指渠道系统表现出来的对社会的贡献，是站在整个社会的高度来考察的；从微观方面来说，渠道绩效则是指渠道系统或渠道成员对厂商所创造的价值或服务增值，是从厂商自身的角度来考察的。

事实上，厂商和渠道成员一般是以独立的经济实体的身份组织在一起，形成一个营销渠道系统。因此，在营销实践中，微观层面的渠道绩效评估又包括厂商对渠道系统的绩效评估和渠道成员对渠道系统的绩效评估。

通常情况下，厂商在评估一个渠道系统时，可以从很多方面入手，分为不同的层次。比如，首先评估渠道系统对厂商销售的贡献率、对厂商利润的贡献率等；其次是要评估渠道系统对厂商的服从度、对市场环境发展变化的适应能力等；最后厂商还可能通过考察最终顾客对渠道系统的满意度等来评估渠道系统的各方面服务能力。

下面我们从五个方面来阐述厂商对渠道系统的评估：

1. 渠道系统管理组织评估

渠道系统管理组织的评估，包括两个方面的内容：一个是要考察渠道系统中销售经理的素质和能力，比如在厂商的某渠道系统中，从事销售工作三年以上且达到一定学历以上的地区经理占销售经理总数的比例有多大，该比例越大，表明销售管理组织的素质和能力就越强。另一个是要考察厂商分支机构对零售终端的控制能力，比如在厂商分支机构是否有自控的零售终端，如果有，自控零售终端的销售额占厂商分支机构所在地销售的比例怎样，该比例越高，表明该分支机构在做市场，而不是在做销售。

2. 客户管理评估

这里的客户是相对而言的，客户管理评估包括三个方面的内容：一个是最终客户，另一个是组织客户，或称商业客户，再有一个就是渠道成员的业务人员。

（1）对于最终客户的管理，需要考察是否建有最终客户数据库

通常情况下，最终客户数据库应该包含如下一些字段：客户姓名或名称、地址、邮编、联系电话、E-mail 地址、产品型号、购买价格、购买日期、记录建立时间、记录建立人、是否回访、回访时间、回访人等。

（2）对于组织客户的管理，更需要考察是否建有数据库

通常情况下，组织客户数据库应该包含如下一些字段：联系人、客户名称、所属行业、

地址、邮编、电话、E-mail 地址、产品型号、购买价格、购买数量、购买日期、记录建立时间、记录建立人、是否回访、回访时间、回访人等。

（3）对于厂商来说，渠道成员的业务人员，也需要建立数据库

渠道成员的业务人员，就像上述两类客户一样，只是更加特殊的“客户”而已，因此也需要建立数据库来统一管理。一般情况下，业务人员数据库需要包括如下一些字段：姓名、性别、年龄、住址、家庭联系电话、E-mail 地址、负责区域、负责客户类别（最终客户还是组织客户）、负责客户数量等。

有了上述数据库之后，就可以考察厂商的渠道系统了。在客户管理评估方面，主要看两个指标，一个是厂商分支机构中的最终客户和组织客户数量分别占该地区同类客户的比例；另一个是厂商分支机构掌握多少渠道成员的业务员档案。第一个指标的比例越高，第二个指标的数量越大，那么表明厂商分支机构工作做得就越深入细致，厂商渠道系统抗风险的能力就越大。

3. 渠道成员铺货管理评估

渠道成员铺货管理的评估分为两个步骤：

第一步是对构成渠道系统相关层级的渠道成员的信用状况进行评估，这一步至关重要，直接关系到后面的铺货风险问题。根据对评估下来的渠道成员信用等级情况，确定是否铺货或者铺多少货等。第二步是控制铺货金额。对于一般的零售终端来说，要确定一个合适的铺货量，不能太低，太低了可能造成缺货或断货；但又不能太高，太高了增加风险。对于规模大一些的主要负责分销的渠道成员，需要根据其信用状况确定另外的铺货量。

对于渠道成员铺货管理的评估中，有一项很重要的指标，那就是看整个渠道系统的渠道成员质量状况。如果在综合评定后，拥有较高信用级别的渠道成员数量占到公司所有渠道成员总数的比例较高的话，那么说明该渠道系统具有较高的质量，否则认为质量一般或较差。

4. 渠道成员沟通评估

渠道成员沟通评估，主要通过厂商对渠道成员的培训来间接考察。一般情况下，厂商的渠道系统都是由与厂商在资本上分离的不同渠道成员构成，因此，厂商需要通过培训，将分散的渠道成员统一于厂商的企业文化之中。在该项评估上，可以通过考察参加培训的渠道成员占厂商渠道系统所有渠道成员的比例、接受厂商规定的渠道成员占厂商渠道系统所有渠道成员的比例以及参加厂商员工活动的渠道成员占厂商渠道系统所有渠道成员的比例三项指标来衡量。如果这三项指标都比较高，则反映厂商与渠道成员沟通比较有效、合作比较融洽，否则，厂商与渠道成员在有效沟通上存在不足或有问题。

5. 市场促销活动评估

无论是由厂商自身组织、渠道成员辅助实施；还是由渠道成员自身组织、厂商辅助实施的市场促销活动，通常情况下一般需要如下四个方面，即促销目的、促销原则、促销中间环节以及促销切入点达到一定的要求。

（1）促销目的是否明确

市场上各种各样的促销活动，归结起来，其目的不外乎以下几种：一是由于新产品上市，吸引顾客，尽快打开市场；二是抑制竞争对手，保护自身的市场；三是与竞争对手争夺顾客，拓展市场宽度或深度；四是回馈顾客，留住顾客，增加销售等。

（2）促销原则是否正确

无论是厂商主持还是渠道成员主持，市场促销活动都需要遵循娱乐和让利这两个原则。娱乐原则在于争取到人员参与，让利原则在于争取到人员购买，打压竞争对手。

（3）是否把握好三种力

促销活动过程中存在三种力，即终端顾客的拉力、渠道成员的推力以及厂商的引力。如何协调好这三种力，直接关系到促销的效果。

（4）是否找好切入点

促销活动要产生预期的效果，需要找好切入市场的点。

通常情况下，促销活动有四大切入点，分别是借势、造势、乘势和顺势。在理解了市场促销的上述要求后，就可以实施对市场促销的评估。这时，有两个指标需要考察，一个指标是考察厂商促销活动持续天数占当月或当年有效工作天数的比例；另一个指标是考察厂商万元促销费用所带来的销售额。这两个指标越高，促销拉动效果越好，就越有利于渠道系统的健康发展。

厂商应定期对渠道系统或渠道系统中的渠道成员进行绩效评估，以确保整个渠道系统或渠道系统中的渠道成员能够按照厂商制定的相关管理措施高效运转。渠道绩效评估的常用方法有两种，一种是历史比较法，另一种是区域比较法。

历史比较法，就是将渠道系统或渠道成员的当期销量与上期销量相比较，得出上升或下降的比值，然后再与整体市场的升降百分比进行比较，对高于整体市场平均水平的渠道系统或渠道成员予以奖励，对低于整体市场平均水平的渠道系统或渠道成员，则要做进一步具体分析，找到准确原因并帮助改进。该法的难点在于需要准确把握整体市场平均水平。

区域比较法，就是将各渠道成员的绩效与该区域销售潜量分析所得出的数值进行比较。具体做法是，将某区域内各渠道成员在某一时段的实际销售量与通过分析得出的该区域销售潜量进行比较并排序，然后通过测算相关指标，以确定这些渠道成员在这一时段是否达到某一标准。该法的难点在于需要客观把握该区域内的销售潜量。

11.4.4　渠道改进安排

渠道系统要定期改进，以适应市场动态。当消费者购买方式变化，市场扩大，新竞争者兴起和创新的分销战略出现以及产品进入生命周期下一阶段，便有必要对渠道进行改进。

本章小结

有效的渠道策划以确定企业所要到达市场目标为起点。有利的市场加上有利的渠道才能使企业获得利润。渠道策划问题的中心环节，是确定到达目标市场的最佳途径。影响渠道策划的主要因素包括顾客因素、产品因素、中间商因素、企业因素和环境因素。

一般来讲，要设计一个有效的渠道系统，必须经过以下步骤：分析顾客需要的服务产出水平；确定渠道目标与限制；确定渠道结构。

主要的渠道模式包括了直销、垂直渠道系统、水平渠道系统、多渠道系统和互联网渠道。

在渠道设计之后，还要重视对渠道成员的管理，主要是对中间商进行选择、激励与定期评估。

能力培养指导

1. 评估某快消品企业的渠道策略。从中分析渠道组合策略。

2. 结合所学的渠道策划知识，找两个市场上你感兴趣的产品的分销渠道，分析运用了什么渠道策略。

3. 寻找某定制家具企业，思考如何构建网络渠道。

案例应用 1

联想的渠道模式创新

2009 年 12 月 18 日，全球第二大电脑厂商宏碁中国区总经理艾仁思对外表示，为了在中国大陆——这个全球发展最快的 PC 市场赶超联想，将加强销售推广力度，同时把在中国大陆的零售网络扩大 30%。宏碁此举被认为是对联想新战略的一种反击。

此前在 2009 年 10 月 18 日，联想投资有限公司宣布向国内专业 IT 连锁供应商腾创科技（北京）有限公司（下称“腾创科技”）注资。虽然没有透露具体的投资金额，但《IT 时代周刊》掌握的可靠消息显示，这是一项涉及过亿元资金的大手笔。并且，按照计划，目前只经营联想品牌产品的腾创科技未来三年内将打造 1000 家专卖店。截至目前，腾创科技在广州、东莞、杭州、南京、上海和北京等城市成立了子公司，其旗下的“易数易码”连锁体系已经拥有 90 多家店面。

就在宣布获得联想投资注资当天，腾创科技在上海的第一家联想旗舰店正式开业。腾创科技总裁张晖表示，联想投资的资金支持是公司渠道蓝图得以实现的最大保证。未来一年内，腾创将在更多地区的中心城市通过并购的方式建立全资或控股子公司，完成在中国大陆地区的布局。

一、创新渠道模式

一位不愿具名的联想高层透露，对渠道的日益重视与公司的国际化有密切的关系。

走出去的联想发现自己虽然拥有国内最大的 IT 销售渠道体系，但在渠道架构体系、管理方法方面与国外企业仍有很大差距。而与腾创科技合作，主要是看中对方两大优点：一是营销模式和发展战略；二是专业团队、先进的管理体系及丰富的行业资源。

有知情人士告诉本刊记者：“这是一次颇有默契的合作。”据其介绍，自 2008 年起，联想不再鼓励单店单商形式的渠道模式，而是希望形成连锁。为了迎合这种需求，腾创科技也从 2008 年开始在整合原有店面，并积极对外扩张，很多联想的合作伙伴相继变成了腾创科技分布在各地的分公司，且一年下来腾创科技店面的平均营业额提升了 35%。

“传统的分销方式已不再适应社会发展的要求。”张晖坦承，他们是遵从于联想策略来做的。他同时表示，公司还会在 2010 年对运作体系、管理体系、销售和服务做进一步的调整。“当腾创科技的店面达到 1000 家时，相信联想渠道的竞争力也会有质的飞跃。”

腾创科技提出了所谓的“新 IT 连锁营销模式”，即通过在全国范围内开设连锁零售店，配合网上商店，以更细分的产品、服务为消费者提供更加个性化、专业化的产品和服务解决方案。2008 年，这家新建公司的业绩实现了两位数的增长。联想集团副总裁兼中国区总经理夏立说，腾创科技的表现最终促成了联想投资对它的投资。

在夏立看来，腾创科技的门店不再单一地以销售经营为目的，而是在展示和推广联想最新的产品和行业中最新的方案，获利的途径是业务整合。同时，腾创科技各地的易数易码店相似性很强，在店员培养、店面管理和销售方面高度协调统一，能更广泛地接触到消费者，因为它有一些新形式的店面，如在社区、商场。

但据上述知情人士透露，腾创科技的管理团队几乎都是深谙渠道的联想旧部。

2008年8月，联想集团原高级副总裁俞兵创办腾创科技，并自任董事长。2009年2月，联想集团原负责全球消费笔记本事业部的副总裁张晖出任腾创科技总裁。此前，张晖在联想整整待了16年，他曾在1998年到2004年间先后参与了联想“1+1专卖店”、联想笔记本昭阳专卖店，及联想商用精品店等连锁体系的建设，对联想的渠道建设路数相当熟稔。此外，四处招兵买马的腾创科技还吸纳了联想集团原笔记本高级营销总监杨峻等人。

二、捍卫本土优势

根据业内普遍的看法，联想集团自原CEO史蒂芬·沃德上台后，就朝着“纯PC企业”的方向发展，PC业务在其整体收入中占了很大比例。联想2009—2010财年第一季度财报显示，在其35亿美元的总收入中，台式电脑和笔记本电脑收入分别为12亿美元和22亿美元。联想多年前显示出来的多元化发展迹象已难寻觅。

IDC的数据显示，2009年第三季度，亚太市场PC出货量同比增长17%，联想以18.9%的市场份额高居榜首，排名第二的惠普为14.7%，而戴尔和宏碁则分列第三、四名。IDC分析师布莱恩·马对此指出：“联想之所以可以继续保持第一的位置，中国市场的强劲需求是关键。”但IDC也认为，金融危机持续扩散已造成个人消费者和企业消费能力的下降。

2009年，全球PC出货量将大幅下滑，预计为3.14亿台，销售额下降5.3%。这意味着，联想要在全球PC市场获得更大的影响力，就必须从排名在前面的惠普、戴尔口中攫取份额，在中国市场尤其不能放松。

据悉，就在2009年9月28日，戴尔就表示，将继续增加在华市场的零售门店数量，并招募更多销售人员，以遏制联想等企业。戴尔在华已有3000多家门店，占有中国市场9%的市场份额，联想则为29%。

同样，华硕、宏碁和索尼等厂商也毫不掩饰对中国市场的垂涎。如华硕在2008年就放出声音，2009年将使其产品份额在全球市场超过联想，在中国市场上超过戴尔。

联想不得不直面各个强大的敌人。

2009年3月25日，它将业务集团分为成熟市场客户集团和新兴市场客户集团，产品组织则分为新的Think产品集团和Idea产品集团，借此弥补品牌认知方面的缺憾。4月2日，联想集团CEO杨元庆解释称，业务和产品架构调整是为了打一场进攻战和保卫战。他说，联想在中国等新兴市场上追求的不是利润，而是市场份额的增长。联想为此制定了三大策略，其中就包括与合作伙伴共同打造贴近市场、专业高效的渠道体系。

三、腾创肩负重任

三年打造千家店面，即便资金到位，完全靠自力更生也几无可能。腾创科技要实现既定目标，唯有进行持续并购。

据悉，江苏新华海、浙江网新数码和广州正道都曾是联想分销渠道中的重要合作伙伴，但随着腾创科技完成对网新数码零售业务的收购（网新数码是联想电脑在浙江地区最大的分销商，拥有数十家联想电脑专卖店），这些零售终端都被腾创科技收于囊中。2009年，腾创科技的开店计划是200家。其中，并购优质零售商将占其中很大部分。届时，那些三级城市以上有清晰盈利模式的连锁企业，拥有十家以上门店的同行，以及被收购后管理团队能平稳交接的渠道商都会成为它的并购目标。

“早在 2008 年 12 月,包括国务院发展研究中心市场经济研究所所长任兴洲在内的诸多分析者就指出，国内依靠强大品牌实力、丰富的渠道资源和周全的服务的大型 IT 连锁商，将在复杂的渠道竞争中显现优势。依据现在的情形，腾创科技正努力使自己具备上述特征。”市场分析人士如是说。

资料来源：赵静. 坚决捍卫本土市场 联想注资腾创建千家专卖店. 人民网 IT 频道，http://it.people.com.cn/GB/42891/42893/10752579.html，2010-01-12。

【讨论题】

1. 试述联想的渠道创新模式有哪些优点？
2. 联想的渠道创新模式可能存在什么风险？企业该如何解决？

案例应用 2

迎接企业多渠道销售新时代

2009 年中国网上零售市场规模超过 2300 亿元，较 2008 年增长了一倍。随着互联网和现代物流业的快速发展，以及传统渠道的发展速度放缓，传统企业纷纷“触网”开设网上商城。2010 年苏宁电器与国际 IT 业巨头 IBM 和思科联手开发电子商务网站“易购”，国美电器也加大了网上商城的建设推出了国美电子商城。与此同时电子商务企业纷纷“着陆”开设线下实体店。电子商务 B2C 企业凡客诚品、麦考林等都开设了实体店，国内最大的线上零售服务提供商淘宝也于 2010 年 1 月正式宣布进军线下零售，启动了其线下实体代购店的计划。种种现象表明，以传统渠道概念来定义企业类型越来越难，因为越来越多的企业开始采用多渠道销售。虽然网上商城对实体店形成了有力冲击，但其缺少现场体验和服务的缺陷又预示着其不可能取代实体店。体验和服务是线下传统渠道的优势所在，而低运营成本带动了网络渠道的快速发展。现在越来越多的消费者正逐渐习惯于通过多渠道进行消费，通过互联网对要购买的产品进行查询后在实体店中进行购买，或通过实体店选择好商品后通过网络下订单购买已经成为越来越普遍的现象。如果企业不能给客户提供多元化的渠道，那么客户可能会流失到竞争对象那里。多渠道销售就是通过联合、加强两条或更多的营销渠道，如通过网上商城、专卖店、社区商店、目录销售等多渠道全网覆盖消费者，其中一条销售渠道无法完成的使命（比如直接吸引消费者在网站购买），通过另一种销售渠道做补充（比如吸引消费者在专卖店购买）。通过多渠道的协同实现商品、促销、资讯的集中控制。从 100 多年前兴起的百货店，到后来出现的大卖场、超市、连锁店、便利店等实体零售形式，零售的业态充满变革，多种业态并存于购物渠道之中，满足人们各种生活所需。现在电子商务作为新兴销售渠道改变着人们的消费习惯，未来电子商务将会更加自然地与传统零售业相融合。

然而电子商务企业纷纷“着陆”时，京东商城则表示绝对不会拓展实体渠道，当当网、卓越网等 B2C 平台暂时也均未有拓展实体渠道的相关计划。与此同时不少传统企业也拒绝“触网”坚持实体店经营。一面是多渠道销售的快速发展，一面是部分企业坚持单一渠道销售。对多渠道销售的两种截然不同的态度，使人们不禁要问，究竟什么样的企业需要多渠道营销？企业在多渠道销售中需要哪些调整？战略上如何考虑各个渠道的特色？如何在各渠道间进行市场营销和管理?

多渠道销售的变革之道

多渠道销售已经成为国内外消费品市场发展的趋势，但多渠道销售需要有强大的呼叫中心和供应链作为后盾，需要有处理上千张订单的能力，这些都需要大量资金和专业人士作为保障。

受多渠道销售这些高门槛条件的限制，多渠道销售虽然前景光明，但企业要想在其中分一杯羹却并不容易，实践证明，一个成功实现多渠道销售变革的企业通常会具有以下六个特征。

第一，多渠道开设存在必要性，每个渠道都能充分发挥其优势。例如，京东商城明确表示不会开设实体店是由于电子产品标准化程度非常高，消费者可以从国美、苏宁、迪信通等电子卖场对某一产品进行现场体验后在京东商城上下订单购买，低价格优势是京东商城的核心竞争力，所以从这个角度看没有必要开设实体店。

第二，能够向消费者解释清楚不同渠道产品供应和价格存在差异的原因，并能通过这些差异引导目标消费者合理使用不同渠道。中国移动手机充值卡可以通过网上营业厅、实体店营业厅等渠道购买，由运营成本较低的网上营业厅充值时会有一定的价格优惠，中国移动通过这种价格差异引导消费者办理充值业务时使用网上营业厅。

第三，站在消费者的角度多渠道销售从购买到售后服务是顺畅便捷的。消费者不论从哪个渠道购买产品，不论从哪个渠道进行售后服务都可以感受到方便快捷，当购买渠道与售后服务使用不同渠道时不会出现相互推诿等现象。

第四，企业内部通过组织结构调整和激励机制来积极推动多渠道销售。企业针对多渠道销售特点，进行组织调整并且制定相应激励政策来保证多渠道战略的实施。

第五，企业清楚消费者如何使用各渠道及不同渠道为客户提供相同产品的成本。各种消费者使用不同渠道的习惯、方法都被企业所掌握，并且从不同渠道出货的成本有科学的核算方法。

第六，企业拥有及时全面收集不同渠道的客户消费信息的能力，从而全面了解客户的购买行为和机会。通过数据库系统能够及时全面收集到客户消息，在分析客户的基础上制定各种促销和推广活动。

当然，作为一个没有涉足过多渠道销售的企业，要想成功完成由单一渠道向多渠道的转变，需要完成以下一系列的工作和变革：

第一，进行消费者研究，了解消费者渠道需求。

多渠道销售的不同渠道针对的是不同目标消费者，目的是尽可能广的覆盖目标消费者。每个渠道定位于不同的选购情况，需要满足对便利性、分类、现场体验、促销以及价格点的不同需求。将各个渠道的特长都发挥出来，才能得到 1+1>2 的效果。假设某企业目标客户针对的是城市女性，那么就要了解这些客户比较独特的购物特点，她们在周一到周五工作时间内阅读目录打电话订购或上网订购的比较多，而在下班后和周末将是这些城市女性逛街休闲的主要时间，这时将是实体店最繁忙的时候，等到实体店晚上关门之后网络订购又会形成一个高峰。只有在进行了消费者研究的基础上，针对目标客户的消费习惯设计对应的渠道，才能让顾客随时从不同的渠道里获得想买的商品，体验无障碍购物的乐趣，从而实现多渠道销售的目的。

乐友公司是国内领先的孕婴童用品专卖连锁企业，乐友网上商城是全国最早、最大的母婴用品网上购物商城，销售额每年以两到三倍的速度增长。乐友公司计划开设百家实体店，在决定进入多渠道销售之前，乐友公司对母婴用品消费渠道和特点进行了分析和研究。通过对年龄段和品类分析发现了消费者的一系列显著的特征。如“80后”进入育龄期后对信息量需求非常高，怀孕期第一个想到的就是在网络上搜索，网络在这个时间段起到了毋庸置疑的作用；孕妇生完孩子后手忙脚乱，既没有时间上网更没有时间逛街，通过邮购目录来购买产品就成为新妈妈的第一选择；宝宝再大一点，新妈妈们就更喜欢带着小宝宝到实体店里购买产品，因为可以当场对尺寸、颜色等进行比较选择。乐友公司对消费者购物特点的深刻把握，为乐友公司多渠道销售奠定了坚实的基础。

第二，根据行业和企业自身情况，进行多渠道营销战略规划。

多渠道营销是企业实现低成本、差异化的重要方式，多渠道营销不同的选择会深刻影响营销管理、人力资源管理、财务管理、库存管理等一系列企业管理重要环节。所以在消费者研究基础上，还需要结合行业和企业情况从战略高度进行多渠道营销战略规划，系统地分析不同的可选方案，在充分权衡利弊的基础上科学决策。在设计多渠道营销战略时，首先，要特别关注通过互联网、直邮和电话销售等非实体店的渠道能否真正实现低成本进入。由于这些看似低成本的渠道对企业库存、供应链和人力资源等提出了完全不同的要求，有些没有经验的企业进入后反而成本居高不下。其次，要分析能否通过多渠道营销提高企业知名度和客户满意度及忠诚度。多渠道增加的不仅是成交渠道、推广渠道，也是客户引导和培育渠道，多渠道营销战略要重视多渠道发展对企业品牌或产品品牌的知名度、美誉度和忠诚度正负两方面的影响。最后，要分析能否通过多渠道营销构建企业的战略性优势，建立令竞争对手难以模仿的从供应链到客户资源管理全方位的资源整合能力。当企业制定多渠道营销战略时，要站在更高更宽泛的角度开发利用现有渠道，设计与现有渠道相融合相促进的新渠道模式。不是所有公司都能采用相似的多渠道营销模式，不同企业的多渠道营销模式差异很大。有针对性前瞻性的多渠道营销战略规划会对企业发展产生深远影响，珂兰钻石多渠道销售建立体验店后，销售额大大增加；携程和红孩子的多渠道销售如果没有呼叫中心和目录的介入，也不会有如此快速的发展。

第三，根据成本和多渠道营销战略解决多渠道定价难题。

企业进入多渠道经营后不同渠道的定价问题经常会困扰着企业。定价困难只是企业进入新渠道经营面临诸多问题的一个缩影。从市场环境来看，网上零售市场发展相对不成熟，低价是最核心的竞争力，因此容易导致企业网上商城与实体店之间的价格冲突和竞争，并导致自己的用户从实体店流失到网上商城，从而导致企业总体利润下降。从企业自身来看，流通企业在多渠道运营中，各渠道之间的物流成本、库存成本等不相同，如果以成本定价会导致零售价格不统一。从企业发展来看，多渠道销售中新渠道兼具销售渠道、推广渠道、客户引导和培育渠道的多重功能。例如，麦考林实体店定位于体验和服务支撑，实体店可以不盈利，作用是持续地把各种新产品推荐给客户，吸引客户到网上购物。所以企业多渠道定价问题是与营销战略密切相关的问题，需要根据成本和多渠道营销战略决定各渠道定价。例如，如家等经济型连锁酒店的营销策略是在低房价的条件下维持高的入住率来保证盈利，因此其定价策略是通过一定价格优惠政策吸引消费者使用电话、网络提前预订。

第四，设计流程制度，引导消费者差异化使用渠道，实现多渠道和谐运营。

引导客户使用新渠道，这对商家和渠道合作方都是一个艰难的过程。要在与客户的多渠道互动中取得控制权，企业必须在销售与服务过程中通过流程制度对客户加以巧妙地引导。将客户引导到针对其量身定制的销售渠道。这样不仅可以为其提供持续差异化服务，形成竞争对手难以模仿的核心竞争力，还可以实现资源合理配置降低运营成本。另外企业对多渠道销售过程中的可能出现的各种问题需要有明确的解决流程，当消费者从一个渠道转向另一个渠道时往往会遇到很多新问题，如果多渠道消费过程中遇到问题得不到及时解决，消费者会“用脚投票”（或者鼠标）。所以在设计流程制度时应该以消费者为中心，进行系统梳理，完善不同情况的服务方式和内容。

第五，通过引入数据库管理解决多渠道销售的服务整合难题。

数据库营销是解决渠道冲突的重要策略。把传统渠道的管理方法直接嫁接到新渠道上，作为传统渠道的一个并行渠道，不能根本上解决渠道冲突的问题。消费者期待在他们购买、送货以及售后服务时得到无缝体验，不管是通过商店、邮购、网站、电话还是电视购物。这就要求企业在进行多渠道销售时对服务进行整合，即不论从什么渠道购买都能在另一渠道接受相关服务，如果没有强大数据库支持很难实现。这需要在共享数据库基础上，实现多渠道整合管理。无论从哪一个渠道购买产品的客户信息都会被保存在集中的数据库里。丰富的数据库信息不仅是分析客户爱好、购买趋向，价格定位，时尚偏好的基础，也是发送目录和设计产品的依据。在营销过程中，不同的渠道在后台系统相通，才能形成对目标顾客全时段、全方位服务覆盖。

麦考林多渠道销售成功之路

作为中国多渠道零售行业的领导者，麦考林一直致力于为中国女性提供“时尚超值”的购物服务，其主打产品是自有品牌“EUROMODA”（欧梦达）和引进品牌“RAMPAGE”（兰沛琪）。由当初单一的目录邮购渠道销售逐步发展到今天的目录邮购、网站、实体店、电话直销多渠道销售，麦考林用了十四年时间并逐渐得到顾客的认同，目前麦考林拥有 580 万注册会员，200 多万活跃用户，目录全年发行 8000 万册，网站日均浏览 10 万人/天，连续 5 年保持了 50%以上的复合增长率，网络销售发展每年都以 100%的速度增长，2009 年公司销售额近 15 亿。麦网已经成为当当和卓越之后的国内第三大 B2C 网站。

麦考林在分析客户需求后，制定了多渠道营销战略，将线下实体店定位成宣传和服务体验渠道。线下实体店承载体验和服务功能，同时其开到哪里就将广告牌挂到哪里。实体店不仅打消了顾客对邮购、网购产品的顾虑，而且体验服务提高了客户满意度和忠诚度。麦考林从 2006 年开设第一家自有品牌 EUROMODA 服装店，到目前已发展到将近 430 家实体店。麦考林将一线城市视为向二、三线城市传递时尚信息、引领品牌、控制资源的战略要地，所以坚持直营。而在二、三线城市以加盟形式为主，因为加盟形式能够控制成本，实现快速铺建渠道。麦考林围绕多渠道营销战略制定了加盟和实体店管理的相关流程和制度。

由于各个渠道分属于不同的业态，除去共有的库存、生产成本后，渠道之间的成本并不一致。网购渠道主要的成本是运营和营销，邮购渠道最大的成本来源于印刷和发行，而实体店最大的成本在于租金和人员费用。麦考林渠道定价策略将实体店定位于体验和服务功能，将盈利功能弱化。麦考林认为实体店作为一个通道，如果有 2000 家店每年将为“麦考林商城”带来 800 万到 900 万的新增客户群。客户在实体店不消费没关系，关键是可以持续地得到新产品信息，吸引客户到网上购物。有了实体店的“展示”支撑，网络渠道的业务更加有保障。

实体店的运营成本，通过网络新增用户消费和老用户重复购买产生的营业收入来分摊。

麦考林多渠道制胜的核心法宝还在于成熟的用户数据库。麦考林的三种营销渠道（电子商务、邮购目录、实体门店）并不是简单的平行排列，而是在共享数据库基础上实现整合营销。无论从哪一个渠道购买产品的客户信息都会被保存在统一的数据库里。这些信息不仅包括客户的姓名、年龄、职业等基本资料，还包括其所有的购买纪录、用户反馈、投诉信息等。麦考林根据数据信息分析客户爱好、购买趋向、价格定位、时尚偏好等，发送相对应的目录，并为产品设计和采购提供依据。麦考林正确应用了多渠道销售的方法，以数据库为核心，整合电子商务、邮购目录、实体门店的多渠道销售，通过差异化服务、立体化传播，构建了短期内难以复制的商业模式，和主要竞争对手形成有效的区隔，将各类不同生活方式的女性消费者全面覆盖。围绕着女性顾客的不同需求，提供服装、家居、健康、美容、母婴等系列产品，成为了24小时服务的女性百货店。

资料来源：杨波. 迎接企业多渠道销售新时代[J]. 客户世界，2010（09）。

【讨论题】

1. 结合上述案例，你认为国内企业发展渠道多元化，线上线下相融合的困难有哪些？
2. 在互联网时代，生产企业和分销商控制零售终端的关键因素是什么？为什么？

第 12 章　广告策划

学习目标

1. 了解确定广告主题的意义，掌握确定广告主题的方法
2. 了解广告创意的基本思路，掌握广告创意的基本技巧
3. 了解广告媒体的形式与运用，掌握广告媒体的选择，理解广告媒体组合与媒体选择误区
4. 掌握广告预算及效果评估

实践中的广告策划运用

舒肤佳——后来居上称雄香皂市场

1992 年 3 月，“舒肤佳”进入中国市场，而早在 1986 年就进入中国市场的“力士”已经牢牢占住香皂市场，后生“舒肤佳”却在短短几年时间里，硬生生地把“力士”从香皂霸主的宝座上拉了下来，根据 2001 年的数据，舒肤佳市场占有率达 41.95%，比位居第二的力士高出 14 个百分点。

舒肤佳的成功自然有很多因素，但关键的一点在于它找到了一个新颖而准确的“除菌”概念。在舒肤佳的营销传播中，以“除菌”为轴心概念，诉求“有效除菌护全家”，并在广告中通过踢球、挤车、扛煤气等场景告诉大家生活中会感染很多细菌，然后用放大镜下的细菌“吓你一跳”。然后，舒肤佳再通过“内含抗菌成分‘迪保肤’”之理性诉求和实验来证明舒肤佳可以让你把手洗“干净”，另外，还通过“中华医学会验证”增强了品牌信任度。

资料来源：作者根据互联网相关资料进行整理。

评述

广告，即广而告知之意。广告是为了某种特定的需要，通过一定形式的媒体，公开而广泛地向公众传递信息的宣传手段。广告按照其发起目的，可以分为营利性广告也就是我们常说的商业广告与非营利性广告两种类型。非营利性广告又称效应广告，如政府行政部门、社会事业单位乃至个人的各种公告、启事、声明等，主要目的是推广；而商业广告是指以营利为目的的广告，通常是商品生产者、经营者和消费者之间沟通信息的重要手段，或企业占领市场、推销产品、提供劳务的重要形式，主要目的是扩大经济效益。

广告策划是指广告人员在对市场、产品和消费者及竞争对手进行调查分析的基础上，根据广告客户的营销战略目标，对广告活动进行全面的、科学的、富有创见性的规划过程并形成可实施的行动方案。

广告策划是现代商品经济的必然产物，是广告活动科学化、规范化的标志之一。美国最早实行广告策划制度，随后许多商品经济发达的国家都建立了以策划为主体、以创意为中心

的广告计划管理体制。1986 年，中国大陆广告界首次提出广告策划的概念。它迫使人们重新认识广告工作的性质及作用，广告工作开始走上向客户提供全面服务的新阶段。

广告策划活动涉及的工作环节主要有：开展调查分析，进行广告目标决策，制定广告定位策略、媒介策略和广告主题策略，创造广告意境，创作宣传文案，确定广告表现策略，制定广告预算方案，撰写广告策划书。广告策划必须服从并服务于营销策划。

广告策划涉及内容颇多，本章仅从确定广告主题，进行广告创意，以及选择广告媒体和广告效果评估几方面做介绍。

12.1 广告主题策划

国外广告学专家认为，所谓主题，就是要找出商品的意义或定出商品的位置。具体地说，广告主题就是广告为达到某项目的而要说明的基本观念。换言之广告主题就是一则广告根据广告目标所提炼的要向消费者传达的主要信息或者核心概念。广告主题要突出产品或企业所能带给消费者的利益。广告主题要因不同性质的产品、市场需要的变化以及消费者对象的差异而精心谋划、有所侧重。

12.1.1 确定广告主题的意义

广告主题是广告的中心思想，是整个广告活动的灵魂所在，贯穿于整个广告活动的全过程中。它是广告策划、文案、设计人员经过对企业目标的理解，对产品个性的认识，以及对市场和消费者需求的观察、分析、思考而提炼出的，是建立在市场调查的基础之上的。并且广告策划、广告创意、广告文案、广告设计均要围绕广告主题。广告主题使广告的各种要素有机地组合成一则完整的广告作品。一般来说，确定广告主题的意义有以下几方面：

①广告主题有利于进一步的产品定位。比如豪华轿车业的沃尔沃，几十年如一日只讲两个字“安全”。

②广告主题就是为产品寻找购买理由，好的广告主题是说服消费者购买的关键。

③广告主题为广告表现提供了最基本的题材。

④广告主题也是企业对广告进行科学管理的内容。

⑤广告主题是评价广告作品的重要标准。

12.1.2 确定广告主题的方法

1. 广告主题构成要素

在确定广告所要传达的核心内容时必须考虑三个因素：广告目标、信息个性和消费心理。

（1）广告目标

广告目标是指广告活动所要达到的最终目的。广告目标是根据企业的目标设定的，营销目标是指通过包括广告在内的多种营销手段所获得的实际物化效果；而广告目标是广告实施对目标对象的最终影响，即沟通的目标。广告目标决定了为什么要做广告和怎么样做广告的问题。确定广告主题，必须以广告目标为依据，针对要达成的广告目标提出广告所要说明的基本观点和要告诉人们什么。广告目标融入广告活动并获得其实现的可能性，必须借助广告主题。没有了目标就没有了责任，没有了考核依据；同时也没有了压力与前进的动力。广告策划需要解决的问题是广告所要传达的核心内容，它必须直接或间接地指向广告目标。因此广告目标对广告主题的要求是不能无的放矢，不能不讲效果，不能与广告策略相违背。

（2）信息个性

信息个性是指广告内容（宣传商品、企业、观念、劳务等）和商品与众不同的特点。信息个性也称“卖点”，这是站在广告主角度说的，在广告传播中即为诉求重点——广告对商品、服务和观念所要传播的主要内容。

小案例 12-1

农夫山泉的快速崛起

当年，饮用水市场呈现出被乐百氏和娃哈哈两分天下的竞争态势。一个新的产品，如果没有个性是不可能找到品牌间的差异。在消费者心里认为纯净水或饮用水并没有太大的区别，而在选择的时候更多的是比较价格。但是农夫山泉的快速崛起告诉我们：区别就是一切。农夫山泉牢牢抓住了人们回归自然的心态，无论是产品的命名还是创意都围绕着这一中心，展开了“农夫山泉有点甜”的攻势，消费者更是普遍认为，农夫山泉从口感上确实比其他品牌的饮用水清甜很多，让人喝上一口真的就有甜丝丝的感觉，体现了产品的与众不同。

资料来源：作者根据互联网相关资料进行整理。

信息个性是整个广告活动的亮点，因此，信息个性对广告主题的要求就是：主题必须具有独特的个性信息。信息个性可以从产品的自然特点和社会特点所彰显的个性这两方面去识别和挖掘，如表 12-1 所示。

表 12-1　信息个性的内容

信息个性	产品特点	自然个性包括原料的品质、产地、历史、制造方法、技术、设备、工艺水平、卫生条件、生产规模、产品形状、视觉形象、听觉印象、触觉印象、使用寿命，以及用途、方法，方便程度和保险程度等方面。
	社会特点	社会特点则包括商品的经历、用户的构成、社会的评价、同类产品的竞争状况、消费者对产品的态度、使用上的意趣、所代表的地位与身份的象征，以及企业规模的大小、历史、声誉。

（3）消费心理

消费心理是指广告决策和信息个性要符合心理需要。消费心理是消费者在购买、使用及消耗商品或接受服务过程中反映出来的心理现象。这种现象不是千篇一律的相似和雷同，而是多种多样和千姿百态的。消费者的心理把握不准的话，就难以挑起消费者的心理欲望。

小案例 12-2

把握消费者的心理

某化妆品广告中一个年轻的妈妈，还有一个可爱的儿子，儿子对妈妈说：“有斑的妈妈不漂亮！”妈妈赶忙用了某某祛斑霜，于是，脸上的斑没了，好一片雪白肌肤。自然，没了“斑”的妈妈也就漂亮了！这则广告，本意或许希望年轻女性尤其是身为人母后也能在乎自己的外表，但从一个天真可爱的孩子口中说出“有斑的妈妈不漂亮”这样的话，却引起了很多观众的反感。这则广告进入了几个误区：只注重了女性的容貌之美，而忽视了女性内在的美丽；

对母亲表现的不是呵护与关爱，而是一种轻慢和伤害；还有可能误导了孩子对母亲最基本的审美取向和价值取向。在观众的不满情绪中，该则广告匆匆下线，但对企业造成的不良印象却不能轻易抹去。

资料来源：作者根据互联网相关资料进行整理。

一个主题如果心理因素融合得越巧妙、越合理，广告共鸣的震撼效果就越强烈。因此，消费心理对广告策划的要求是广告目标和信息个性迎合消费者某一方面的心理需要。

任何一个成功的广告主题，都要注意三要素之间的关系：

广告目标是广告主题的基础和依据，离开了广告目标，广告主题即为“广告偏题”；信息个性是广告主题针对特定消费者的条件，离开信息个性，广告主题就变成为他人作嫁衣裳；消费心理是广告主题的活力所在，离开消费心理，广告主题就变为枯燥乏味的说教。因此广告主题构成要素的三者应该和谐统一。

2. 广告主题的确定

小案例 12-3

案例：奔驰车的广告策略

在对世界近万名消费者的抽样调查中，奔驰车得分仅次于可口可乐和索尼，位列“世界名牌第一车”。

在汽车行业众多的品牌中，定位观点是各不相同的。宝马车强调的是“驾驶的乐趣”，富豪强调“耐久安全”，马自达的“可靠”，SAAB 的“飞行科技”，TOYOTA 的“跑车外型”，菲亚特的“精力充沛”，而奔驰的定位则是“高贵、王者，显赫、至尊”，奔驰的 TV 广告中较出名的系列是“世界元首使用最多的车”。

作为许多国家元首和知名人士的重要交通工具的“奔驰 600”高级轿车采用了破天荒的广告承诺：“如果发现奔驰车发生故障，中途抛锚，将获赠 1 万美金。”可谓是一诺万金，又有哪家汽车公司敢有此重万金的承诺呢？这充分体现出奔驰公司对品质和服务质量的追求。如果车辆在途中发生意外故障，开车的人只要就近向维修站打个电话，维修站就会派人来修理或把车辆拉到附近不远处的维修站去修理。无处不在的售后服务，使奔驰车主绝无半点烦恼。

另外，奔驰公司把对环保问题的关切作为其诉求重点，长期以来重视环保技术的研究，研制节能和保护环境方面的新型汽车。石油危机发生后，奔驰公司着力研究汽车代用能源，如乙烷、甲烷、电子发动或混合燃料发动装置。

奔驰公司每年定期推出强化企业形象的广告，表现其对环境问题的高度关心是它的重要内容。一般汽车公司是以美国环保法规为最终标准，多数的商品开发也以满足美国的标准为前提，但奔驰公司除了这些之外，另外制定了一套比美国标准还严格的品管规定。“使你加入节约能源及环境保护的工作”就是奔驰广告的口号。

案例来源：策划界，www.cehuajie.cn。

广告主题要因不同性质的商品、市场需求的变化以及消费者对象的差异而精心谋划、有所侧重。但要把握两点：一要鲜明，就是观点表达明确，使人能立即把握住问题的实质，正确地领会；二要深刻，就是以新的角度和层次表达问题，富于新意，不落俗套。下面简单介绍几种广告主题的确定方法：

（1）以产品的利益属性为广告主题

产品的利益属性是产品提供给消费者的某种利益，以产品的利益属性为广告主题，是广告主题选择中最多、最普遍的做法。这种利益属性应当是与竞争对手相区别，使产品、产品广告具有独特的魅力，特殊的利益属性。举例如图12-1所示。

图12-1　Penline胶带的户外广告：四个角用胶带将一巨型广告牌固定住，不往下掉，该广告赢得2007年戛纳广告奖的银奖

在选择产品的利益属性为主题时要注意该利益属性是否是产品的核心利益点，是否是消费者在购买产品时关注的点，并且该属性是否是产品与众不同的独特点，更重要的是利益属性点要长期打造，切不可三天两头地更换。另外，每个广告最好只突出一种买主利益。如果某一种商品特点很多，就不妨按某个方面的特点做一个系列主题的广告，每个阶段的广告主要只突出一个特点，这样就能使广告达到“主题明确”。

（2）以消费心理确定主题

以消费心理确定主题，也是独有属性的强化过程。

（3）以企业形象、产品商标作为宣传主题

这种宣传对消费者的满足往往并非实体的满足，而是心理上、感情上的满足。企业必须凭自己的高质量取得顾客对企业的好感，培养消费者对企业的忠诚度。比如有一篇帖子在天涯、豆瓣甚至各大论坛上非常火爆，叫“揭秘爱马仕包的制作流程”，里面详细介绍了爱马仕包制作过程的每一步工序流程，并配有图片说明，让很多人高呼，爱马仕包贵得合理。我们且不去探究此篇文章是广告与否，但爱马仕的包一下子俘获了众多奢侈品爱好者的心，一万美金一个的包带来的是不一样的感觉。

3. 确立广告主题应注意的问题

确立广告主题时要注意：

（1）广告主题必须为消费者提供利益承诺

承诺的利益必须明确、独特，有意义，是重要的；承诺的利益必须可信；承诺的利益要防止利益冲突，不要顾此失彼，比如速溶咖啡对方便的承诺，却没有顾及人们在煮咖啡的过程中的乐趣、情调与品位。

（2）广告主题应单纯、集中、精练

也就是广告主题把最需要说的、最有优势的、消费者最关心的说出来。

（3）广告主题应保持统一性和连贯性

广告主题的艺术化即广告表现可以不断更新，但传播的主题必须统一连贯；在这里保持统一性和连贯性并不是我们常说的一成不变。例如，康师傅冰红茶“冰力十足，无可替代”的主题一直未换。

（4）广告主题要简明易懂

受众一般是被动接受信息，并且受众的记忆空间有限，如果广告主题过于复杂、晦涩难懂，很大程度上会被受众选择放弃。

小链接 12-1

新产品、改良产品、老产品的广告主题的选择

新产品是市场上前所未有的产品，对于新产品而言，分析以下问题确定广告主题：

（1）该产品是否具有吸引力，也就是说商品在本质上所具有的特性能否引起消费者兴趣，给消费者在日常生活上带来哪些方便？

（2）构成产品吸引力的决定因素是什么？是用途、结构还是能给消费者带来方便？

（3）该产品的特性能满足消费者何种需求、何种期待和欲望？

（4）该产品的产品吸引力满足的是消费者的哪一层次的需求，是生理需求，还是精神需求？

（5）该产品的时效性如何，是急需品还是非急需品？

（6）在客观上，销售该产品有无新闻价值？

改良型产品是指只有部分改良，有别于同类产品的产品，应分析以下问题：

（1）如果该产品是已有产品的改良品，这种改良新产品的特性在何处？是新的原料、新的制造方法、新的结构，还是新的型号？

（2）其特性对消费者的重要程度的顺序是什么？

（3）该产品与既有产品相同，经过改良开创的新用途是什么，该项用途是否有吸引力？

对于竞争者的产品完全相同的成熟期产品，其广告主题的确定可分析下述问题：

（1）该产品与既有产品相比较，有什么独特性或略微不同，但由于消费者感觉不同，所以不关心。此时为了创造产品吸引力，应如何进一步加强这一特性？

（2）企业形象、地位能超过竞争产品？

（3）工厂规模、环境及其设备是否优越？

（4）经营者的人格、技术人员的优秀程度如何？

（5）该商品的形态如何？是节能型、别致型，还是大型、小型？其魅力如何？

（6）色彩能做广告主题吗？色彩和流行色的关系如何？

（7）包装设计的魅力如何？产品是简朴的还是豪华的？

（8）价格魅力如何？是便宜的还是昂贵的？

（9）产品是否与消费者潜在的或明显的烦恼有关？可否利用消费者的烦恼提高产品的魅力？

（10）能否与人们关心的事件相联系？

（11）能对哪一年龄、阶层、性别的消费者诉求？

资料来源：作者根据互联网相关资料进行整理。

12.2 广告创意策划

创意是广告的生命和灵魂。美国 DDB 广告公司的威廉·彭立克道破广告为什么要创意，他说："我们没有时间和金钱，容许大量使用以及不断重复广告内容。我们呼唤我们的战友——创意。"而美国广告专家大卫·奥格威说："要吸引消费者的注意力，同时让他们来买你的产品，非要有很好的点子不可。除非你的广告有很好的点子，不然它就像快被黑夜吞噬的船只。"奥格威所说的点子，就是创意的意思。

广告创意是个极其复杂的创造性思维活动过程，其作用是要把广告主题生动形象地表现出来，它的确定也是广告表现的重要环节。成功的广告创意可使广告作品在内容和形式上都焕然一新，具有强烈的感染力和感召力。把广告主题通过一定的艺术构思传达出来，使这种主题明确地通过一种宣传意境来表达，使得诉求对象能够很快领会这一主题，并愿意接受这种信息，从而实现广告目标，这一过程即为广告创意策划。简而言之，是要将广告策划人头脑中的东西从无形转为有形的阶段。

小案例 12-4

聚美优品：一次成功的创意广告

一句"我是陈欧，我为自己代言"的广告语自 2011 年悄然走红，聚美优品的广告创意重视感性诉求，陈欧和韩庚的广告配音张弛有度，音乐节奏根据故事情节展开。陈欧通过低缓的配音似是向人们娓娓道来普通的生活场景和平凡的故事，这一感性诉求点触动了消费者的感官，同时又以一种平等的心态与观众沟通，引发消费者的理性共鸣，培养了潜在客户。这种广告创意的感性化追求与表现理性化的差异就体现了广告原则的创新。

在巨大的消费市场中，没有个性的广告会瞬间被遗忘，但追求创意绝不是只讲新奇。

聚美优品将目标客户群定位于 80、90 后的年轻消费群体，根据他们追求个性化同时又生活拮据的消费习惯和特征形成了独特的广告诉求点。根据诉求点，广告文案突出励志奋斗这一主题。2011 年的陈欧和韩庚的广告片中，文案根据年轻人蜗居、裸婚的社会情形，鼓励 80、90 后抛开压力，努力奋斗。

2012 年的广告片中，陈欧讲述自我的奋斗史，文案中"梦想注定是孤独的旅行；路上少不了质疑和嘲笑；但那又怎样，就算遍体鳞伤，也要活得漂亮！"得到了很多 80、90 后的共鸣，倡导自信、追求梦想的励志形象，传递社会正能量，从而树立了励志的品牌形象。

我们对自己最了解

聚美优品北京分公司大约 400 多人，陈欧直接带领的市场部只有六七个人。他们并没有选用 4A 或者任何一家广告公司进行合作。陈欧认为："营销是考验'智商'的东西，我们对自己最了解。"聚美的营销方案完全是这位创始人带领年轻团队日夜挑战极限的产品。有了营销策略，自己创想策划，找到影视制作公司去执行，再找到湖南卫视去投放，找到关键的人去直接沟通，聚美优品认为自己做这些效率更高。

对于一支广告来说，画面、音乐、文案、剪辑等都需要取得较好的效果，才能得到受众的认可。陈欧说只文案一项，就快把自己和团队"逼疯"："文案创作是没有标准的。"一次灵感的捕捉难以维系很长时间，几天后这次创意就和期望不再重合，只能推翻从新再来。陈欧和同事为这支广告前后用了半年的时间。"我们就是要做到我们的广告出来，其他的广告不能看。"陈欧喜欢用"自信、正能量、追求梦想"来定义聚美。

聚美优品这个广告表达的是年轻人不惧挫折地进行奋斗。"你只闻到我的香水，却没看到我的汗水""你否定我的现在，我决定我的未来"，这是陈欧在广告片中说出的两句台词。

广告播出之后，奥运冠军孙杨、主持人何炅、艺人韩庚等分别在新浪微博上转发、评论广告视频。拥有2400万粉丝的何炅说："我承认，有点感动。"聚美投资人徐小平也在转发微博时评论："非常精彩，非常深刻，反映了这个时代的声音。"

陈欧称这次并没有做太多"推广"方面的投入，但收效显然已经达到目的。截至12月13日，这支广告在优酷上的播放次数已经超过370万次。

资料来源：作者根据互联网相关资料进行整理。

广告策划要运用各种思维方式，围绕主题把推销对象观念化、情感化，以最大限度地打动和说服消费者。

12.2.1 广告创意的基本思路

在广告策划中，广告创意处于关键的环节，它处于广告主题的选择、确定与广告制作之间。有了很好的广告主题，但没有表现广告主题的很好创意，广告就不可能引人入胜；广告制作缺乏创意，广告作品就难以正确体现出各种广告策略，还可能会与主题不协调，主题思想不能正确地表现出来，因此会削弱广告的效果。

关于创意的发展过程，有多种说法。

美国当代著名创造工程学家、创造学奠基人奥斯本的三阶段论：寻找事实——寻找构思——寻找答案。

英国心理学家G.沃勒斯的四阶段论：准备期——酝酿期——豁朗期——验证期。

苏联学者加内夫的五阶段论：提出问题——努力解决——潜伏——顿悟——验证。

小案例 12-5

耐克广告创意过程

调查阶段

耐克鞋在众多鞋类产品中可谓佼佼者，很多人以穿耐克鞋为豪。在年轻人中，耐克非常受欢迎。耐克鞋的最大挑战者是阿迪达斯、彪马、锐步，它们同样拥有优良的生产工艺，完美的款式，以及狂热的追求者。耐克的消费者很大一部分是年轻人，篮球场、足球场是他们展现自己才华的舞台，他们都很坚强，朝气蓬勃。他们买的耐克不只是一双鞋，他们买的还是一种生活方式。

分析阶段

耐克创建于1971年，今天成为全球最著名品牌之一。耐克鞋性能极其优良，无论是透气性、舒适性、弹性还是质感，耐克都不输于其他任何品牌的鞋子。耐克鞋究其成功的原因，除了它的性能优良和不断开发新的产品之外，更重要的还得益于它的品牌创意策略。综观其品牌成长过程，广告创意策略的制定始终围绕其品牌的核心价值——人类从事运动挑战自我的体育精神。耐克品牌创意的成功之道，就是在确立了品牌的核心价值和使命之后，无论在世界任何一个地方进行推广，都始终如一地去表现其品牌的核心，传达了品牌准确的市场定位。耐克已经是一种被物化了的体育精神或人类征服自然和超越自我的象征。产品的功能已经被品牌所寓意的象征和情感所融化。

耐克对于人心的激励，是与每个人都有关的，不管你是不是运动员。耐克运用一种励志式的语言来激发消费者。不管你是谁，你的头发或皮肤的颜色是什么，你遭遇了身体上或社会生活中的什么局限，你一定可以办到。

酝酿阶段

近几年各大运动品牌的广告无论是策略还是创意都没什么太大区别：广告策略永远都是运动与健康，表现方式永远是一些明星或打篮球或踢足球，玩一些炫得不能再炫的花样。为了与众不同，我们希望广告表现上不落窠臼，在广告策略上也提出了更加大胆、更具煽动性的主张：鼓励年轻人淋漓尽致地释放自己的才华，并暗示他们人人都有超出想象的一面。

用一部充满激情、娱乐的广告来体现广告策略，塑造耐克自信的、积极向上的、敢作敢为的品牌形象并确定了五个大致的广告片的方向：

（1）在整部片子中希望有大量跑动的镜头以及弹跳画面；

（2）让消费者感受到耐克的速度；

（3）需要保证和普通年轻人的联系；

（4）加入搞笑成分；

（5）在情节中自然融入耐克的产品。

开发阶段

为了反映产品优良的性能，广告创意用一名演员在奔跑中来展现鞋子的各项性能：摩擦力好、弹性好、轻便等。广告中演员在上课前几分钟接到同学的电话，并告知其上课要点名，演员急切之间找出自己最爱的耐克鞋，迅速穿上跑出宿舍，在奔跑过程中与一个个正常行走的人形成强烈对比，跨越障碍物，登楼梯等也相当夸张，最终演员在点名的瞬间顺利到达教室，同学的夸张表情从侧面反映出耐克的“超你想象”。征服速度一直是人类有史以来的梦想，穿上耐克就可以实现你心中的愿望——征服速度，它迎合了每一个人，这样耐克运动鞋优良的性能就给人留下无限的想象空间。

评价决定阶段

要用创意去打动人，而不是用自我表白。于是广告中只有耐克的标志，没有产品的功能介绍。它让你充分展开想象的翅膀：穿耐克速度果然不一样！

在广告情节上，这则广告通过激烈的奔跑、最后准时抵达的通篇过程，表达了“I know I can”的主题，奔跑过程活灵活现，既激烈紧张，又轻松幽默，符合这次策划的要求，最终决定采纳。

资料来源：作者根据百度文库资料进行整理。

尽管以上各阶段论各有特点，但都反映出创意是一个过程而非片段。简单来说广告创意的程序经历以下几个阶段。

1．明确广告目的

众所周知广告（非公益类）的最终目的是为了增进销量、带来利润。就单个的广告来说，其任务可能是树立形象、改变认知、突出卖点、强调品质、凸显附加值、打击竞争对手等。所以，在进行广告创意前和创造过程中，都必须明确地知道本次广告的目的。

2．准备阶段

准备阶段，实际上是一个博学广采的过程。国际广告大师李·奥·贝纳在谈到其天才创意时说：创意秘诀在哪里？就在他的文件夹和资料剪贴簿内——文件夹是他随时随地记录下来的使其感动的“只言片语”或构想，而资料剪贴簿是他每星期从报纸杂志上剪贴下来的各种广告。

广告创意需要收集的资料分为特定资料和一般资料，而特定资料是广告创意的主要依据，创意者必须对特定资料有全面而深刻的认识，才有可能发现产品或服务与目标消费者之间存在某种特殊的关联性，这样才能导致创意的产生。而一般资料是指那些一切令消费者感兴趣的日常琐事，即创意者个人必须具备的知识和信息。这是人们进行创造的基本条件。

广告创意实际上是一个综合调动广告人一生知识、经验及记忆印象，并将此按特定意图加以重新组合的过程，可以说广告创意者的知识结构和信息储备直接影响着广告创意的质量。

3．酝酿阶段

有的时候创意人经过长时间的冥思苦想之后还没有找到满意的创意，这个时候就不如丢开广告概念去松弛一下紧绷的神经，做一些轻松愉快的事情，或许灵感就会突然闪现在脑际，从而产生创意。事实上，大多数创意灵感都是在轻松悠闲的身心状态下产生的。

酝酿阶段，实际上是一个再加工的阶段，是广告人在输入了广告主题、产品要求、广告目的等元素以后，依据自己的经验积累广告形式、方式、手段等元素，“厚积薄发”的一个中间加工过程。其前提条件就是，是否对广告的“经验积累广告形式、方式、手段等元素”的完全掌握和灵活运用。

4．启发阶段

这是广告创意的产生阶段，其实也是一个找到和发现解决问题的突然的转折时刻，是“厚积薄发”的“薄发”时刻。在经过长期酝酿、思考之后，一旦得到某些事物的刺激或触发，脑海中建立的零乱的、间断的、暂时的联系，就会突然如同电路接通那般大放光彩，使人恍然大悟、茅塞顿开。这个时候要求创意者要立即捕捉住创意灵感并记录在案。

5．求证阶段

求证阶段就是发展广告创意的阶段。创意刚刚出现时，常常是模糊和不确定的，它往往只是一种十分粗糙的雏形，其中或含有不尽合理的部分，因此还需要下一番功夫仔细推敲和进行必要的调查完善。

求证阶段的主要工作就是对上述阶段得到的这些初具轮廓的、粗糙的创意新想法，运用理论知识、思维逻辑、理性客观心态来检验论证其合理性和严密性，运用观察、实验等方法检查证明其实践上的可行性，并在验证基础上对创意加以修改、发展、完善，直至形成较成熟的创意构想。所谓创意构想，就是把创意形象化的构思用文字、图片、视频或其他符号表现出来，使之能与别人交流。

求证时可以将新生的创意交予其他广告同仁审阅评论，使之不断完善成熟。大卫·奥格威的经典创意——“这辆新型劳斯莱斯时速 96.56 公里（60 英里）时，最大闹声是来自电钟”就是在写下 26 个不同标题后，请 6 位同仁评审后选出的。

12.2.2 广告创意的基本技巧

常用的广告创意的思考方法有垂直思考法、水平思考法与头脑风暴法。

1．垂直思考法

这是一种十分理性的思考方法又称直接思考法或逻辑思考法，它按照一定的方向和路线，运用逻辑思维的方式，在一个固定的范围内，面向纵深即垂直方向进行的一种思考方法。这种思考方法就是传统的深思熟虑，至今仍然是广告人进行广告创意最经常、最基本的思考方法。

垂直思考法的重点是思考的深度而不是广度，它要求思考问题的人目标集中、用心专一。例如，在广告调研的过程中，对于环境、市场、竞争者、消费者的分析过程中，如果没有深入地分析、研究与思考过程，就没有清晰的广告定位。如果没有清晰的广告定位，就不可能有高质量的广告创意。

2．水平思考法

由英国生态心理学家爱德华·戴伯诺提出，水平思考法的主要用意在于打破定型化的思考模式，依靠“非连续式”及“为变而变”的横向思考而重新建构一种新概念、新创意。爱德华建议，通过以下几种方式可以激发水平思考：①提出对应现状的弹性方案；②向现有之假设提出挑战；③革故鼎新；④暂时搁置对某事之判断；⑤推翻一般的诉求方法；⑥对某一情景建立起类比思考；⑦动脑法。例如，类比思考，就是在广告创意中常常引用的一种基于水平思考的典型方法。

3．头脑风暴法

头脑风暴法（Brainstorming）由美国 BBDO 广告公司的策划人奥斯本在 20 世纪 40 年代首先提出。头脑风暴法采用会议的形式，引导每个参加会议的人围绕某个中心议题，广开思路。头脑风暴法是一种激发个人创造性思维的方法。

在广告创意的过程中，可以用头脑风暴法来激发灵感，毫无顾忌地发表独立见解，并在短时间内从与会者中获得大量的思想、观点、想法与创意。应用头脑风暴法必须遵守下列四个原则：①畅所欲言，无论想法是多么幼稚，甚至是荒唐，都可以照提不误；②强调数量，发表意见多多益善；③对于任何人提出的任何意见与想法都不能批评，也不做评论；④集思广益，强调群体意见的相互启发与结合。

12.3　广告媒体策划

好的创意还要在适合的媒体上才能大放光彩，带来好的广告效果。《广告的艺术》的作者乔治·路易斯说过：85%的广告是隐形的，14%是烂广告，只有 1%是好广告。

好的广告创意如果在媒体选择上不够严谨，很有可能会使大笔广告费打水漂，据有关数据显示企业营销投入 70%左右为媒体购买费，因此媒体的运用就是用最少的钱把广告推送给尽可能多的受众，让他们听到、看到甚至被吸引到。

小案例 12-6

福特的“野马车”如何突破一百万辆

福特汽车公司是世界上最大的汽车企业之一，由亨利·福特先生创立于 1903 年。福特汽车公司旗下拥有的众多的汽车知名品牌：福特（Ford）、林肯（Lincoln）、水星（Mercury）、美洲豹（Jaguar）、马自达（Mazda）、沃尔沃（Volvo）和陆虎（Land Rover）。这些都是人们耳熟能详的品牌，这些汽车品牌自身也和公司的名称一样蕴含着巨大的无形价值，以“福特”品牌为例，根据国际著名品牌咨询公司 Interbrand 的调查，品牌价值为 364 亿美元，位居汽车品牌价值榜首，名列全球所有品牌第七。福特汽车公司推出过很多经典的车型，而在营销上最为成功的以“野马”为最。

“野马”汽车是福特汽车公司在1964年推出的新产品，在当时购买野马车的人打破了美国的历史记录，在不到一年的时间里，野马汽车风靡整个美国，取得了轰动一时的成功，在投产后不到两年，便生产出第一百万辆“野马”汽车，两年内为福特公司创造了11亿美元的纯利润。野马汽车受到市场的如此青睐是与当时加盟福特公司的著名的营销大师李·艾柯卡的周密独到的营销策划密不可分的。艾柯卡曾经说过：“天下没有倒闭的企业，只有经营不善的企业。”野马的巨大成功不仅验证了他的这句话，令人瞩目的销售业绩也为他赢得了“野马之父”的称号。

对于野马车在推出的整个过程，艾柯卡在每个环节上都下足功夫，在分阶段营销上，艾柯卡更是全情投入，创意不断。福特汽车公司，为了使新车“野马”一上市，便获得较高的市场认知度，细致周密地设计了一套宣传策划方案，六个步骤的营销活动使得野马车的知名度在短短的时间里迅速提升：

（1）邀请各大报纸的编辑到迪尔伯恩，并借给每人一辆野马车，组织他们参加从纽约到迪尔伯恩的野马车大赛，同时邀请一百名新闻记者亲临现场采访。从表面看，这是一次赛车活动，实际上是一次告知性的广告宣传。此项活动一经展开，便引起了许多新闻媒体的广泛关注，并纷纷报道野马车大赛近况，从而大大提高了该车的知名度和透明度。

（2）野马车上市的第一天，在全美二千六百家报纸上，用整版刊登了野马车在奔驰的图片，并且在数家电台做广告，广告使用了所谓的“蒙娜·丽莎”手法：一幅朴素的白色“野马”在奔驰的画面；注上一行简单的字：“真想不到”；副题是：售价2368美元。由于公关经理的努力，新车照片同时出现在《时代》和《新闻周刊》封面上，关于这两大杂志的惊人宣传效果，艾柯卡后来回忆说：“《时代》和《新闻周刊》本身就使我们多卖出10万辆！”此举大大地提高了该产品的知名度和透明度。

（3）自野马车上市开始，各大电视台每天不断播放野马车广告。广告内容是：一个渴望成为赛车手或喷气式飞机驾驶员的年轻人，正驾驶着一辆华贵、时尚、动感十足的野马车在飞驰。选择电视做宣传，旨在扩大广告宣传的覆盖面，进一步提高产品的知名度。

（4）在最显眼的停车场，竖起巨幅路牌广告，上书：“野马栏”，以引起消费者的注意，扩大野马的曝光率。

（5）在美国各地最繁忙的15个机场和200家度假饭店展览野马车，以实物广告形式，激发人们的购买欲。

（6）同时，福特公司向全国的小汽车用户直接寄发几百万封推销信，既达到了促销的目的，也表示了公司对顾客的一片诚挚爱心和为顾客服务的态度和决心。此外，公司大量上市“野马”墨镜、钥匙链、帽子、“野马”玩具车，甚至在面包铺的橱窗里贴上广告：“我们的烤饼卖得像‘野马’一样快。”

从产品的目标市场定位到产品自身的设计，从“野马”这个名称的选取，到最后的促销环节的别出心裁上，“野马”车做得丝丝入扣，在铺天盖地、排山倒海的宣传攻势后，仅一周内，野马车便享誉全美，风行一时就不足为奇了。

资料来源：作者根据互联网相关资料进行整理。

从上面案例可以看出，从现代广告策划的角度来讲，对广告媒体的选择并非是进行简单的广告媒体排列或机械的组合，而是通过对各种广告媒体的深入分析研究，拟定出一整套传播广告信息的方案，因而广告媒体策划讲究程序、遵守程序。

12.3.1 广告媒体的形式与运用

广告媒体是指传递广告信息的物体。凡能在广告主与广告对象之间起媒介作用的物质都可以称之为广告媒体。它包括大众传播媒体和其他类型的广告媒体。广告媒体随着科学技术的进步而日益丰富，正朝着电子化、现代化和艺术空间化的方向发展，广告媒体的数量已有数百种之多，常用的也就是传统四大媒体有：报纸、电视、广播和杂志，现在互联网也作为一大新兴媒体备受关注。

广告媒体调查是广告策划的首要环节，是拟定广告媒体计划的必要前提，广告媒体调查的主要内容包括：

（1）分析各媒体的性质、特点、地位与作用。

（2）分析媒体传播的数量及质量。

（3）分析受众对媒体的态度，即了解他们是经常阅读报刊杂志，还是经常收听广播、收看电视等。

（4）分析媒体的广告成本，媒体不同，传播广告的效果不同，其广告成本费用也必然不同。因此广告媒体调查需综合比较各媒体的广告成本及选用该媒体所能获得的广告效果。

总之，广告媒体调查的中心就是全面收集广告媒体在质与量的资料，并予以综合评价，从而为广告策划提供有价值的参考资料与备选方案。选择媒体以什么为标准，是广告策划人员最关心的问题之一，下面就四大媒体的优劣势做一个简单的介绍（见表 12-2）。

表 12-2 四大传统媒体的优劣势分析

媒体	优势	劣势
报纸媒体	从覆盖面和时效上看，报纸覆盖面宽，传递迅速；从报纸广告形式上看，版面灵活，文字直接，图文并茂，给人印象深刻，容易产生很好的效果，易于反映广告主的意图和要求，且费用低；从报纸广告的权威性看，中国报纸广告的性质有别于西方国家，人们对报纸宣传内容信赖程度高，所以报纸广告在中国消费者心目中有较高的威望；从报纸广告的阅读率看，报纸广告的阅读率较高，且可以传读	有效时间短，报纸广告受印刷质量的影响，视觉冲击力不强，报纸多为主动阅读，容易被忽略
电视媒体	诉诸于听觉和视觉，广告的冲击力强；传播快，时效性强；节目种类繁多，时间灵活；可以面对各阶层诉求	广告制作费用高；广告瞬间即逝，精度率低；节目插播广告易招致反感
广播媒体	收音机普及率高，易于实施各阶层的诉求；传播最为迅速，广告时效性强；广告诉诸于听觉，给人留下想象空间，广告费用低廉	收音机的收听群体趋向于固定群体，不利于广泛诉求；广告诉诸于听觉容易产生与实际的差距，消费者容易有上当受骗的感觉
杂志媒体	杂志的阅读群体明确，易于实施对特定阶层的广告诉求；阅读时间长，传阅率高，且有一定的保存价值；读者多在精神松弛的情况下阅读，广告不会招致反感；印刷精美，广告的吸引力强	杂志插页广告的灵活性小，不便于与广告整体配合；杂志页数较多，广告容易被忽略；阅读范围小，影响面有限

12.3.2 广告媒体的选择

广告主投入广告费用，无论多寡，其最关注的都是希望广告达到广告目标，获得最佳的期望值，然而，任何一种传播媒体都有自己的传播特点，特定的范围和受众。媒体传播范围的大小、发行量的多少，会影响视听人群，再者媒体的视听者群体是否与广告的对象相适应，也会影响广告的效果，另外媒体的社会威望，对广告的影响力和可信任度也有重要影响。因此，在广告策划过程中，策划者如何选择广告媒体或媒体组合，才能取得最理想的广告效果是非常重要的。

广告媒体选择应从产品定位、消费者习惯、广告目标、市场竞争状况、广告费用预算等方面来考虑。一般说来，媒体选择首先从广告目标入手，结合市场竞争状况、广告费用预算等方面确定广告投入时机、广告的排期、广告媒体组合等内容。广告投放的媒体选择方法很多，策划者要根据不同广告策划的具体情况来进行选择，常采用的方式有以下几种：

1. 按目标市场选择媒体

不同的观众通常会接触特定的媒体。有针对性地选择为广告对象所易于接受的媒体，这是增强广告促销效果的有效方法。例如，对于青少年，广播、电视是最有效的广告媒体；而生产或销售玩具的企业，如果针对的是儿童，则不适合在杂志上做广告，在电视上做广告能够声形兼备会更吸引儿童的注意力与兴趣。

2. 按产品特征选择媒体

选择广告媒体，应当根据企业所推销的产品或服务的性质与特征而定。因为各类媒体在展示、解释、可信度、注意力与吸引力等各方面具有不同的特点。工业品与消费品，技术性能较高的复杂产品与较普通的产品，应采用不同的媒体进行广告宣传。

3. 按广告传播范围选择媒体

选择广告媒体，必须将媒体所能触及的影响范围与企业所要求的信息传播范围相适应。如果企业产品是行销全国的，宜在全国性报纸或中央电视台、中央广播电台做广告。而在某一地区或城市销售的产品，则可以选择地方性报纸、电台等传播媒体。

4. 按成本预算选择媒体

不同媒体所需成本也是选择广告媒体的依据因素。依据各类媒体成本，以及媒体的传播速度、传播范围、记忆率等因素之后择优确定广告媒体，可以收到较好的效果。

一般来说，电视是最昂贵的媒体，而报纸则较便宜。长期以来，电视在广告媒体组合中占有主导地位，而其他媒体则被忽视。但在现实生活中，由于电视广告越来越拥挤混杂，广告效果已开始下降。电视播放的广告越来越短，但数量却越来越多，因此，观众注意力的效果也趋于下降。一些店铺策划者发现采用印刷广告和电视广告相结合的方法，通常要比单独使用电视广告的效果好。因此，零售策划者必须每隔一段时间对不同的媒体进行检查评估，以决定购买最好的广告媒体。

12.3.3 广告媒体组合与媒体选择误区

1. 广告媒体组合

在广告活动中只使用一种媒体的情况比较少，多数情况下，需要调动多种广告媒体共同发布、协同作战、制造声势。广告媒体组合是指企业为了实现一定的广告目标，在广告发布过程中，用两种以上不同媒体或同一媒体两种以上不同的发布形式、不同发布时间的组合状态。媒体组合作用表现在以下几个方面：

达到第一种媒体所未达到的目标公众，开发潜在消费者。

在第一种媒体得到最佳到达率之后，利用另一种廉价的媒体来重复，从而维持广告的知名度，强化消费者的记忆。

利用媒体组合可以扩展广告的效果。

利用多种媒体的组合，可以取得更好的促销效果。

广告媒体组合包括两个方面，即媒体载体的组合和广告单元的组合。

（1）媒体载体的组合

媒体载体的组合就是对具体媒体进行组合，可以在同类媒体中进行，也可以在不同的媒体中进行；可以把自用媒体和租用媒体结合起来，也可以以租用媒体为主进行组合。

同类媒体组合。把属于同一类型的不同媒体组合起来使用，刊登或播放同一广告，就是同类媒体的组合运用。例如，把同属于印刷媒体的报纸与杂志组合，把全国性报纸与地方性报纸组合等。

不同类型的媒体组合。这是经常采用的一种方案，如把报纸与电视组合，把报纸与广播、电视组合等。这种组合，不仅能扩大接触的范围，而且可以有效地调动目标对象的感官。

租用媒体和自用媒体组合。把需要购买的大众传播媒体与企业自用的促销媒体进行组合，如通过报纸、电视发布，同时还利用企业自备的销售点广告相配合。

（2）广告单元的组合

广告单元是指发布广告的媒体的具体时间、版面等基本单元，要在选择组合媒体的同时进行广告单元的组合。

2. 媒体选择上的误区

运用多种媒体推出广告时，要善于筹划，深入分析媒体组合所产生的效果，进行优化，使组合的媒体能够发挥整体效应。而现在很多企业在媒体选择上进入了一个误区，迷信大媒体，认为多投钱就能有好的效果。

小案例 12-7

脑白金崛起之媒体组合应用分析

脑白金这个神秘的保健品，在国内市场上刮起了阵阵旋风，在两至三年内，即创造了十几亿元的销售奇迹。如果按人均每瓶消费计算，全国则有三四千万人吃过脑白金！脑白金的成功靠的是什么？

脑白金的媒体组合策略，追求最有效的途径，最合适的时段，最优化的组合，不求全但求到位。脑白金最早以报纸媒体、小册子为主导启动市场，以终端广告相辅助。之后，随着产品渐入成长期，其媒体投放开始发生变化：报纸、电视广告成为重要的媒体组合，宣传册子成为集团购买与传播产品知识的主力媒体。所以，我们应将其分为两个阶段：市场启动期（试销期）；市场成长期及成熟期。

在市场启动阶段，脑白金基本以报纸媒体为主，选择某城市的一两家报纸，以每周一两次的大块新闻软文，集中火力展开攻势，随后将十余篇功效软文轮番刊登，辅以科普资料佐证。软文的组合，一月后就收到了效果。新闻传播是脑白金营销最得意的绝技之一，脑白金的精彩问世，就是以五篇大块新闻软文鸣锣开道，制造一个非常新奇的新闻亮点，引出人体脑白金的话题。如以美国人的疯狂，引发“人类长生不老”的话题，从深层次发掘人们求长生的心理。还拿脑白金与克隆技术相比，以宇航员登太空吃脑白金改善睡眠为事件等，抓住热点事件，宣传脑白金的神秘特点。不仅如此，脑白金还善于创造新闻，引导热点导向。脑白金免费赠送活动，就是一个典型的案例。在 1999 年 6 月 30 日，脑白金在上海展览中心举办的免费赠送活动。从活动的策划与组织，每一流程都巧妙设计过，活动前的信息宣传，到活动中出现的骚乱的场景，脑白金策划人员紧紧把握了新闻点，及时加大了传播力度。第一，传播活动现场的壮观场面，暗示老百姓高涨的热情；第二，传播活动中秩序的混乱，借势渲染市民的迫切心情；第三，传播企业的公德心，树立产品品牌形象。以下的文案就足以说明此点：

“事件发生后，我们妥善登记安致了近十名受伤者，并在当天晚上致电每一位受伤市民，预约了登门慰问的时间，我们带去了一个疗程的脑白金和慰问品，这是我们的一份心意，同时，我们还要感激你们的仁义和宽厚。”

“为了免除钟爱脑白金市民的又一次奔波之苦,我们将拨出万余元专款专门用于快递公司专程上门送一盒脑白金产品，来感谢大家对我们的信任与支持……”

新闻传播为脑白金的知名度与美誉度的提升，起到了推波助澜的效果。这种形式的新闻传播在哪里推出，哪里就会引起强烈反响，脑白金就会引起轰动。脑白金在江城——吉林免费赠送活动时，正赶上大雨天，几千人在大雨中排队等候领取脑白金。于是策划人员抓住契机，将天时、地利与人和相结合，连续在媒体上大做文章，如《江城万人感冒》等，信息传开后，收到了极好的新闻效果。

除了软文，脑白金还在终端做室内广告，如独创的产品大小模拟盒、海报、POP 等，在媒体中最值得研究的是那本《席卷全球》小册子。

脑白金在成长期及成熟期，媒体重心向电视广告转移。电视广告每天滚动播出，不断强化产品形象，广大中老年人有更多的机会接触电视，接受产品信息。脑白金的电视广告分为三种版本：一为专题片，二为功效片，三为送礼片。三种版本相互补充，组合播放，传播力度大。

在产品的成熟期，脑白金有八部专题片，每天播放的科普片不重复。一般在黄金时段、亚黄金时段播放一次。其送礼广告，更趋向于黄金时段，强调组合使用，体现系列性和时间上的错开排播。

户外广告也是脑白金中后期新增的媒体亮点，如车身、墙面广告和横幅。同时还辅助做些车贴、车身广告、墙面广告，让脑白金随处可见。脑白金宣传策略的时段性、时效性极强，市场启动期和市场拓展期不同，销售的淡季、旺季也不同。如节假日着重宣传礼品概念，非节假日宣传功效，其媒体组合也进行相应调整。

适时而变，顺时而推，整合不同时期，力争做得更好，这就是脑白金的媒体整合策略。

资料来源：《脑白金成功崛起的关键因素及宣传策略的分析报告》，中国行业研究网，http://www.chinairn.com。

从上面例子可以得知，并非很多人认为的脑白金的崛起完全依靠铺天盖地的电视广告一炮打响，在上市初期的时候企业也投入了大量的精力在报纸媒介、小册子等终端广告上。其实生活中有非常多的由于迷信大媒体，比如电视的强档栏目、黄金时段、甚至是竞选标王，最终导致了企业产品、渠道、服务等跟不上而破产的例子。

12.4　广告预算及效果评估

12.4.1　广告预算

广告预算是广告主根据广告计划对开展广告活动费用的估算，是广告主进行广告宣传活动投入资金的使用计划。它规定了广告计划期内开展广告活动所需的费用总额、使用范围和使用方法。

制定广告预算的方法目前为广告界采用的有数十种之多。下面介绍几种常见的制定广告预算的方法：

1．销售额百分比法

销售额百分比法是以一定期限内的销售额的一定比率，预算广告费的方法。由于执行标准不同，又可细分为计划销售额百分比法、上年度销售额百分比法、平均销售额百分比法及计划销售增加额百分比法四种。

其计算公式为：广告费用=销售总额×广告费用与销售总额的百分比。

例如，某公司上年度的销售总额为 1000 万元，今年拟投入的广告费用占销售总额的 4%，那么，今年的广告预算为：广告费用=1000 万元×4%=40 万元。

这种方法简单易行，其优点是：计算简单，广告支出与产品销售状况直接挂钩，销售状况越好，广告费用也越高，企业不至于感到财务压力。但该方法也有很大缺陷，即因果倒置。广告活动目的是要创造消费，提高销售额，而不是以销售来决定广告。因此在广告实践中，这种方法很容易造成广告费用支出的机械性，当市场景气时，广告支出多，而当销售降低时，广告支出反而减少了，从而会由此恶化市场形势。

2．利润百分比法

利润百分比法是根据一定期限内的利润总额比率，预算广告费的方法。根据利润额的不同含义又分为净利润百分比法和毛利润百分比法，其广告费用的计算公式与销售额百分比法相同。

利润百分比法把广告费用和利润直接挂钩，适合于不同产品之间的广告分配。但该方法不是以广告促进销售作为出发点，而是首先考虑利润多少。利润多，便多支出一些广告费；利润少，便少支出一些广告费。如果企业没有利润，停止广告宣传，则显然是不适合的。如新产品上市初期，尽管利润尚未实现，却仍需支出大量的广告费，以宣传和推销新产品。所以，利润百分比法是一种比较被动的方法，应慎重采用。

3．目标达成法

这种方法是根据企业的市场战略和销售目标，具体确立广告的目标，再根据广告目标要求所需要采取的广告战略，制订出广告计划，再进行广告预算。这一方法比较科学，尤其对新上市产品发动强力推销是很有益处的，可以灵活地适应市场营销的变化。广告阶段不同，广告攻势强弱不同，费用可自由调整。目标达成法是以广告计划来决定广告预算。广告目标明确也有利于检查广告效果。

其公式为：广告费＝目标人数×平均每人每次广告到达费用×广告次数。

4．支出可能额法

支出可能额法是指企业根据自己的经济实力，即财务承受能力来确定广告费用总额的方法。这种方法也称“量体裁衣法”“竭尽所能法”，许多中小企业都采用这种方法。“量力而行”是指企业将所有不可避免的投资和开支除去之后，再根据剩余资金来确定广告预算的规模。

广告预算不同于企业的其他财务预算。一般财务预算包括收入与支出两部分内容，而广告预算只是广告费支出的估算，广告投入的收益由于广告目标的不同而有不同的衡量标准。它或许反映在良好社会观念倡导上，或许反映在媒体受众的心理反映上，也有可能体现在商品的销售额指标上。

12.4.2 广告效果评估

广告效果是广告活动或广告作品对消费者所产生的影响。狭义的广告效果指的是广告取得的经济效果，即广告达到既定目标的程度，就是通常所包括的传播效果和销售效果。从广义上说，广告效果还包含了心理效果和社会效果。心理效果是广告对受众心理认知、情感和意志的影响程度，是广告的传播功能、经济功能、教育功能、社会功能等的集中体现。

广告效果的评估，就是调查消费者对于各种媒体，如报纸、杂志、电台、电视、户外广告等的接触情形。

小案例 12-8

环球影城的广告效果分析

环球影城发行了《外星人（ET）》这部经典电影的DVD。为了使其成为最受欢迎的DVD，环球影城进行了一系列广告活动，广告投放类型主要包括电视广告、旗帜广告和富媒体广告（指网页上的浮动广告）。Marketing Evolution 调研了部分消费者在广告活动推广前、推广中和完成后的情况，以此衡量观众认知度的增长情况。研究中最令人震惊的发现是富媒体广告（只占预算的 1%）的效果。只看了电视广告的受众有 19.9%的人确定或可能购买 DVD，同时看了标语广告的人有 22.7%确定或可能购买，25.4%看了电视和网上富媒体广告的人确定或可能购买DVD。同样的，重要的品牌信息更容易被看过富媒体广告的人记住。在电视广告观众中有39.4%的人明白，看过电视和旗帜广告的观众有43.5%的人明白，看电视广告和浮动覆盖广告的观众有48.1%的人明白。

根据这些分析，Marketing Evolution 得出结论：环球影城如果把25%的到达率分配给富媒体广告，2%的到达率分配给旗帜广告，72%的到达率分配给电视广告，收到的效果会最好。在不增加任何附加预算费用的情况下，这个修正的到达分配应该可以使购买欲望增加两个百分点，新产品的认知度也能提升 12 个百分点。

资料来源：苗杰，李国强. 现代广告学[M]. 北京：中国人民大学出版社，2008.

广告效果评估的意义在于以下几方面：

1. 有利于加强广告主企业的广告意识，提高广告信心

一般而言，广告主企业对广告的效用是有一定的认识的，但对广告的效果究竟有多大、

是否合算，却没有多大的把握。信心影响广告主企业的决心，也影响对广告费用预算的决定。企业决策总是倾向于以事实为依据的，如果能对广告效果进行测评，具体说明广告的效力，就能使广告主增强广告意识，提高对广告的信心。

2. 为实现广告效益提供可靠的保证

广告效果的测评，可以检查和验证广告目标是否正确，广告媒体的运用是否合适，广告发布时间与频率是否得当，广告主题是否突出，广告创意是否新颖独特等。因此，这种测评为实现广告效益提供了可靠保证。首先，广告效果的事前测评可以判断广告活动各个环节的优劣，以便于扬长避短，修正不足，从而避免广告活动的失误，使广告活动产生更大的效率。其次，广告效果的事后测评，还可以总结经验，吸取教训，为提高广告水平提供借鉴。最后，广告效果的测评还可以为广告活动提供约束机制，监督并推动广告质量的提高。

3. 保证广告工作朝着科学化的方向发展，促进广告业的繁荣

广告效果的测评，是运用科学的方法和科技的手段对广告效果进行定性和定量分析，以判定广告的传播效果和销售效果，其涉及的学科包括心理学、社会学、传播学、计算机技术等专业范围。所以，这种测评必将推动广告事业的发展。

本章小结

广告主题就是一则广告根据广告目标所提炼的要向消费者传达的主要信息或者核心概念。在确定广告所要传达的核心内容时必须考虑三个因素：广告目标、信息个性和消费心理。在确定广告主题的时候可以以产品的利益属性为广告主题；以消费心理确定主题；以企业形象、产品商标作为宣传主题。

广告创意是个极其复杂的创造性思维活动过程，其作用是要把广告主题生动形象地表现出来。广告创意策划程序经历以下几阶段：明确广告目的、准备阶段、酝酿阶段、启发阶段、求证阶段。常用的广告创意的思考方法有垂直思考法、水平思考法与头脑风暴法。

广告媒体的选择并非是进行简单的广告媒体排列或机械的组合，而是通过对各种广告媒体的深入分析研究，拟定出一整套传播广告信息的方案。策划者可以根据目标市场选择媒体，根据产品特征选择媒体，根据广告传播范围选择媒体或按成本预算来选择媒体。更多的时候企业会采用广告媒体组合策略来达到目标。

广告预算是广告主根据广告计划对开展广告活动费用的估算，是广告主进行广告宣传活动投入资金的使用计划。广告效果是广告活动或广告作品对消费者所产生的影响。广告效果评估的意义在于有利于加强广告主企业的广告意识，提高广告信心，为实现广告效益提供可靠的保证，并保证广告工作朝着科学化的方向发展，促进广告业的繁荣。

能力培养指导

1. 分析报纸与广播组合。这种组合可以使不同文化的消费者都能接收到广告信息、实现快速传递信息、迅速取得效果的目标，多用于促销活动、大型展示会等。

2. 分析电视与广播组合。这种组合可以使不同区域的消费者都能接收到广告信息，使视觉效应与听觉效应有机组合，多用于日用消费品等产品。

3. 分析报纸、电视与 POP 广告组合。这种组合有利于提醒消费者的记忆，由点成线，由线成面，形成各方位的立体交叉信息传播网，起到强化广告信息、促进销售的目的。

4. 分析报纸与杂志组合。这种组合利用了两者的时间差异性。报纸传播时间快，可运用其进行前期铺垫；杂志传播时间相对长久，可以运用其进行市场信息的巩固。

5. 分析网络与电视的组合。网络与电视越来越成为消费者生活中了解信息的主要手段。

6. 分析电视、报纸、杂志与户外广告组合。电视广告诉求的时间较短，户外广告可作为长期诉求，两者在时间上可进行互补，报纸、杂志可用于产品或服务具体信息的诉求，户外广告可作为企业形象的诉求，几种媒体组合有利于提高老顾客的产品忠诚度以及促进潜在的顾客购买。

复习题

1. 广告主题构成要素有哪些？
2. 确立广告主题时要注意哪些问题？
3. 试述广告创意的程序？
4. 企业如何选择广告媒体？

案例应用 1

竹叶青青点点香——思念·竹叶清香粽市场推广纪实
——吴书青《销售与管理》2003 第 7 期（下）策划个案

非常时期的非常销售

2003 年 5 月 19 号，星期一，一个并不特别的日子，思念营销中心的办公室电话却接连不断传来喜讯：武汉粽子热销，沈阳粽子销售告罄，广州粽子要紧急发货，上海、浙江、广西……一个又一个电话反馈回来的信息表明，虽然还处在非常时期，但思念粽子却成功实现了非常销售！虽然端午节还未到，全国还处在非典阴影的笼罩中，但全国的粽子销售已经进入了小高潮，思念·竹叶清香粽在市场上的热销，为即将到来的端午节粽子大战做了精彩的排练。

从思念速冻食品说起

一、速冻业现状

速冻食品行业经过这几年市场的洗牌整合，涌现了一些像思念、三全、龙凤等具有较大规模的企业，随之市场竞争也越来越激烈。根据恩格尔定律，人们的生活水平越高，人们花在吃饭上的时间和费用比例会越来越小，制作像粽子这样复杂的传统食品也会渐渐从现代人的生活中隐退，取而代之的是省时省力、包装精美、品种多样的快餐粽子（速冻粽子和真空粽子）。而且粽子已渐渐走出传统节日产品的历史概念，正被越来越多的年轻人当作消闲食品及点心。

二、行销企划背景

河南思念食品股份有限公司是一家大型专业速冻食品生产企业，品牌影响力、生产能力和销售总量均位居行业前列，是全国三大畅销品牌之一。公司已通过 ISO 9002 国际质量认证，并获得了出口食品卫生注册证书和进出口自主经营资格。公司生产的速冻水饺、汤圆、粽子、冰淇淋畅销全国，其水饺的销量位居全国第一。

思念粽子是公司 2001 年推出的新产品，经过 2002 年一年的市场运作，思念粽子在全国市场初步完成了市场渗透，2003 年随着竞品的介入，粽子市场呈现出越来越激烈的竞争势头，速冻粽子作为公司新的主要增长项目，公司决定在2003年建立思念粽子的强势品牌概念，成为市场领导品牌，初步实现公司产品种类的多样化和品牌化。

三、速冻粽子市场概括

速冻粽子虽然是一个亟待培育的市场，但却蕴藏着巨大的商机，调查数据显示，速冻粽子拥有巨大的市场潜力，在传统速冻食品中，它将成为速冻食品企业继速冻汤圆、速冻水饺之后的主要盈利品项。

四、竞争环境

五芳斋、三全、龙凤介入市场较早，三者与思念同属第一竞争集团，其他一些地方性品牌共同构成第二竞争梯队。目前，全国市场的粽子产品还没有形成一种品牌效应，这种市场现状给企业的启示是：速冻企业必须尽快成为粽子市场的强势品牌，形成较为明显的品牌优势。

五、竞争对手分析

三全：民营企业，1992年开始介入速冻行业，起步较早，市场网络也较健全，在华北、西北、东北的市场基础较为巩固。2001年，与思念同时上马速冻粽子，两家企业资源优势基本相当。但2002年，三全在粽子单品上运作并不理想，仅依托原有资源优势进行市场补缺，其品牌形象传播和销售网络表现均不占强势，销量低于思念。2003年初，三全在借用外脑的基础上初步建立了相对独立的粽子单品形象。从2003年的广告传播力度及效果来看，三全品牌得到较大提升，其志直指粽子市场，欲与思念重新争夺第一。

五芳斋：老字号品牌，在江浙一带粽子销售方面很有影响力，其传播主题主要以理性诉求为主，突出历史悠久的老字号品牌。通过在江、浙、沪等江南一带开设了近千家连锁、联销店进行市场扩张，采取重点区域深耕的行销策略蚕食粽子市场。

龙凤：台资企业，1993年进入大陆，市场主要集中在大中城市，网络方面主要以大卖场为主，终端网络拓展能力较弱，主要采取重点区域深耕的营销策略，市场集中在南方市场。

一些地方品牌凭借地域优势挤占终端市场，但进入的主要是中低档市场，而且以低价格侵入市场，有一定的竞争力。

六、市场机会点

消费者的消费观念正发生变化，年轻的上班族已经把粽子作为消闲食品；速冻行业高速发展，保鲜技术进步，使真空粽子随身携带成为可能；早餐市场空缺，卫生、营养粽子早餐将会受到欢迎；粽子市场尚无强势品牌，有利于品牌迅速成长；思念作为速冻食品的一个知名品牌概念已经在消费者心中渐渐清晰起来。

形象：从命名开始

一、品牌命名策略

好的产品名称是成功的一半。

对于品牌塑造期的思念速冻粽子和真空粽子来讲，上市面临的第一个问题就是用什么品名。竞争对手用的几乎都是各自品牌的名称，这样做的好处是可以节省宣传成本，便于市场开拓；但弊端也很明显：品牌名称与产品的关联性不够，没有突出产品形象。思念怎么办？跟进还是独辟蹊径？如果另起新名，怎样才能更好地树立产品形象……这些问题时刻萦绕在思念策划项目组的耳边。

广告科学派鼻祖霍普金斯说："如果你没有了解你的产品，你就无法推销给别人。"大师的话提示应该从产品本身着手，即首先要知道别人为什么要购买我们公司的粽子？思念粽子的优点在哪里？

项目组的人每天都在琢磨，光名称就写了几个本子。倒是生产部的不经意提示吸引了他们的注意。生产部说，裹粽子用的竹叶是世界天然原始公园张家界附近的野生箬竹粽叶，它的显著特点就是经长期存放、高温蒸煮，依然保持翠绿欲滴；而粽子原料选用的粳糯米则采用素有“清朝王室贡米”之称的上等徽州白莲坡贡米，其色泽晶莹、颗粒饱满，鲜香味美。

好一个迟到的提示！联想到目前市场上粽子的褐色粽叶包装，项目组眼睛一亮，这就是思念粽子的最大卖点：“竹叶的清香，粽子的味道”。竹叶清香丝丝缕缕，粳糯米甜香怡人，两种清香浑然合一，沁人心肺，一个名称应运而生：“竹叶清香粽”。大家兴奋地不约而同叫出来：“好名字！”这个名字得到了在场的每一个人的称赞。

接下来，项目组又从产品本身进行进一步挖掘。

独特卖点：独有的天然原始之箬竹粽叶，来自天然原始公园张家界，未受污染，叶薄，翠绿欲滴、富含多种氨基酸，香味醇厚，弥留永久。

区别竞争对手的鲜绿竹叶是思念粽子的一大亮点，对竹叶的垄断决定竞品不可追随、跟进。

随后，项目组委托专业的市调机构进行了前期的概念测试，对品名的联想。

二、精准定位

1. 形象定位

思念·竹叶清香粽最大的卖点是绿色清香的粽叶，与竞争对手相比，思念的绿色粽叶更能引起消费者的食欲，而且绿色给人积极的正面联想，绿色食品对于消费者来说是健康的、营养的，因此思念将思念·竹叶清香粽形象定位为“天然清香，绿色营养”。

2. 优质优价定位

采用优质优价的定价策略，建立良好的品牌形象，为下一步市场推广做好铺垫，更何况产品是一个卖点非常突出的产品。

3. 目标受众定位

（1）对象

主力诉求：根据市场调查分析，30～40 岁的中年家庭主妇为主体购买者，她们还是家里购买快速消费品的主要决策者。

心理诉求：20～55 岁的社会主力人群及小孩，他们是主要食用者，直接影响主力诉求对象做出购买决策。

根据消费者的消费偏好，目标对象可以划分为重度消费者、轻度消费者、竞品消费者、无经验消费者。思念的诉求对象主要是轻度消费者和竞品消费者，其次是巩固重度消费者、影响无经验消费者。

（2）习惯

她们对产品本身追求视觉上满足，对口味很敏感；她们受广告的影响比较大，注重品牌消费，希望物有所值；她们对产品外观要求包装精美直观，能体现产品特点，追求自然。

（3）生活形态描述

在调查过程中，思念从消费者的生活形态中挖掘出目标消费群最关切的渴望、需要、希望，思念将努力帮助他们实现。研究发现，目标受众具有以下生活形态、特点：

她们除了工作就是家庭，生活圈子几乎呈两点一线状态；

她们负责全家人的一日三餐和衣食住行；

她们渴望家庭生活，热爱家庭生活；

购物时更多考虑味道鲜美，包装卫生；

她们关注生活的细节，体验不同的生活感受；

喜欢看连续剧，也会为剧情感动落泪；

喜欢看剧中的广告，消费习惯受广告影响非常大；

她们几乎每天逛超市，比较了解商品讯息，注重品牌消费；

……

市调的启示是：目标消费者在购买食品时，关注的主要购买因素十分简单，其中被访者对味道鲜美、包装安全卫生特别注重。

（4）消费者分析总结

消费者最为关注的是绿色和清香，依此强化产品的直观属性（绿色）和产品的信任属性（清香）。

整合：简洁传播的形象魅力

一、传播定位机会

传播学把有效传播界定为：信息源（传播者）将有意义的信息通过合适的渠道流经信宿（受众），从而使信宿（受众）发生信息源（传播者）所预想的反应。首先围绕产品，思念开始设定一个有意义的信息。一般来讲，一个产品有三个基本属性，分别是直观属性、经验属性和信任属性，三者关系是递进的，根据市调的启示：现有的购买者诉求应为产品的直观属性（绿色）、潜在消费者的诉求为经验属性（口味）和信任属性（清香、鲜美）。但对于购买者而言，经验属性无评判标准，企业通过直接强调直观属性从而建立信任属性。因此提炼的有意义信息就是绿色、清香，而测试的消费者对此的反应基本上是思念所预想的。成功仿佛已伸手可及。

接下来，就是制定传播的定位点：强化直观属性，建立信任属性，满足消费需求。

根据市调显示，消费者的潜在心理需求为绿色清香、味道鲜美，而竞品恰恰忽略了消费者对产品直观属性的理解，思念的优势是青青的竹叶、清香的味道，而以此定位的广告口号应该简洁易记，利于口头传播，一句话：抓人，让人过目不忘。在受众的心智上建立独有的专属概念，让口号像公司的名字一样响亮。

项目组和战略合作伙伴经过多次头脑风暴，终于找到了可以承载这种使命的口号：竹叶青青点点香。该主题能很好地结合产品特点和消费者心理需求。

在对消费者的主题概念测试中，这个概念给人留下了深刻印象，他们对此产生的联想是：

竹叶很新鲜，散发着点点清香；

没有污染的纯天然产品；

里面的糯米一粒粒的，很香；

喜欢青青的感觉、清香的味道；

淡淡的绿，清清的诱惑；

有个性的产品一定是不错的。

二、形象的个性传达

传播主题有了，怎么设计有效的传播信息，这是一个摆在眼前的现实，战略合作伙伴给思念提出一个思路灵感："春来江水绿如蓝，谁不忆江南"。一个充满诗情画意的场景、一个令人心动的江南，而江南正是粽子的故乡，也是粽子的大市场。

如何表现"点点香"的概念，创意总监提议用水波的点点涟漪上跳跃的粽子来呈现，这是个好创意。于是有了统一形象的视觉广告作创作：

"春来江水绿如蓝"，青翠的竹叶渲染出一种江南水乡的古文化韵味，衬托出粽子的文化底蕴。粽子在水面上跳跃前进的情景既点出端午节向水中投粽子的风俗习惯，又使传播主题中的点点跃然纸上，使得产品形象非常突出，加上水面上激起的阵阵涟漪，构成了一幅简洁、美丽的山水画，使人产生身临其境的感觉。粽子的跳跃轨迹，也表现出粽子留下的阵阵清香。

执行：追求细节完美

一、产品策略

打破以往以产品重量、产品口味划分产品包装的粗放做法，细分消费需求，紧紧锁定目标消费者；细分产品概念，引导消费者消费，方便顾客购买。如20克的称为迷你粽，40克的称为珍珠粽。

根据不同的细分产品概念，进行包装形态的划分（产品重量、产品口味仍然出现在包装上，为辅助参考指标）。所有不同包装形式的产品，一律称为"竹叶清香粽"，集中树立鲜明的产品形象。竹叶清香粽包括真空、速冻两类，真空装分为早餐装、休闲装、儿童装、礼品装四类。

二、形象策略

塑造速冻粽子第一品牌，丰富思念粽子品牌形象，向公众传达绿色的、营养的思念粽子。

三、媒介策略

由于竞争对手选择的主要是电视和户外候车亭，思念采取贴近、超越竞争策略，选择央视和凤凰卫视做线上广告，利用央视的强势媒体覆盖全国，利用凤凰卫视的热点收视节目主打高端市场（针对知识女性）。户外广告也选用当前走红的候车亭媒体作为区域扩张的桥头堡，提高品牌认知度。同时，由于粽子市场尚处在市场培育阶段，公司在各区域市场的主流媒体上投放引导粽子消费的软文，介绍粽子的文化和各地风味，着眼行业的长远发展。由此，思念担当起行业的领跑者。

四、通路策略

通路在行销上的意义是解决产品上市的问题，对于快速消费品来说，通路具有决定意义。思念在通路上拥有绝对优势，《销售与市场》培训总监王荣耀、营销专家彭诗金认为思念迅速成功就得益于其紧贴大卖场的通路策略（详细内容可参阅2002年11期下半月刊《销售与市场》标杆企业市场运作全案《思念：紧贴卖场，创新经营》一文）。对于通路，思念向来非常重视，营销中心专门成立大客户部和第三通路（相对大卖场、商场、超市、批发市场而言，包括餐饮、宾馆、酒店、企业、学校、公司专卖店等场所）事业部负责通路市场的开拓。利用思念现有通路资源优势，思念粽子迅速完成了市场铺货和新品更新，先期占领市场。

五、终端策略

终端是顾客直接选购产品的地方，重要性不言而喻。进入21世纪，消费者的购买习惯发生了很大变化，从20世纪90年代的重视商品性价比到今天同质化时代的感觉消费，消费者越来越感性，也越来越随"心"所欲，而商家如果能够营造随"心"所欲的情景氛围，就会使消费者不知不觉"跟着感觉走"，实现目标销售。

感觉消费时代的来临使终端越来越具有决胜力，营销人甚至鼓吹谁控制了终端谁就占领了市场。卖场气氛的营造对于速冻食品销售更显得非常重要。终端生动化、营造热卖氛围，是思念一贯的市场取胜之道。从堆头、POP招贴、吊牌、跳跳卡到促销人员服装、现场促销形象竹屋，思念构造了三道立体冲击波：在大卖场入口处的电梯两侧用绿色的粽子模型营造出一个浓厚的端午氛围，此是第一道冲击波；第二道：赠送有关端午文化、粽子制作的小贴士手册，介绍粽子的渊源，培育市场；第三道：形象化的竹屋促销台将竹叶清香粽产品概念立体化展示出来，青青的翠竹构成了卖场一道靓丽的风景，吸引了众多消费者的目光。

由于消费者主要以家庭主妇为主，她们购物时容易受现场环境的影响，存在从众心理，因此思念创造性地把善于营造热卖气氛的时尚专卖店模式带到了商场，用促销员带动现场气氛。在青岛大润发、郑州丹尼斯等现场，训练有素的促销员不仅在堆头上做足了功夫，给现场顾客一个清新统一的产品形象，还相互配合做成了互动营销，不仅让顾客满载而归，还有力地宣传了企业品牌形象。事实证明，促销员的鼓动作用是非常重要的。其实任何出色的策划都需要细节上完善地执行，如果没有细节的完整执行，就不会有整体的策划效果。

六、促销策略

配合节假日，思念举办了粽子文化节，将传统的促销形式引出新的内容。除了买赠促销外，还授权各分支营销在各地因地制宜、因时而动。在山西，由于公司的信息员了解到受非典影响，食盐空前热销，分公司采用买二送一促销策略，即买两袋粽子送一袋食盐，结果造就了思念粽子像食盐一样热销。其中公司投放的思念粽子形象竹屋，在卖场成了一道靓丽的风景，竹叶青青，与绿色的竹屋相映成趣，吸引了不少消费者的目光。

七、公关策略

由于全国受非典影响，消费者的心理或多或少会有一定的恐慌和压力，消费者的总体消费需求会下降。同时，消费者对产品本身的安全卫生重视有加，特别是对来自疫区的产品有排斥心理。另外，消费者担心酒店、餐厅卫生安全问题，更愿意呆在家里吃饭，这为思念速冻食品提供了更大的市场机会。

思念抓住这个时机，及时在权威媒体上做公益广告，沟通消费者，树立有责任感的大企业形象。其中文字内容是：

由于一场没有硝烟的战争，在明媚的春天、在美丽的神州大地，蔓延……

我们不能像往常一样沐浴风和日丽……

美好的生活，我们总是渴望。

河南思念食品有限公司在此倡议：

担负着中华民族饮食重任的食品行业同仁们，“民以食为天”，我们应该齐心协力，用最高、最苛刻的标准来要求自己，严格控制食品卫生，用符合最高卫生标准的高品质食品回报社会，让广大消费者放宽心！坚定的必胜信念和强有力的行动，使我们战胜非典成为必然！

众志成城，抗击非典，把美好的生活还给我们的消费者。

美好生活，常常思念。

河南思念公司

2003年5月

并非尾声

受非典影响，商场人流锐减，奇怪的是思念粽子的销量反而上升了。这是因为商场人流减少，闲逛的人少了，但单人购买的量反而增加了。不仅思念粽子销量比上一年同期增长了将近 700%，思念的水饺在北京、武汉等地也呈现争购态势。思念实现了端午节粽子热卖，粽子单品销量上半年已上台阶，为公司完成全年目标提供了有力保障，也为思念成为行业领导品牌奠定了基础。

资料来源：作者根据互联网相关资料进行整理。

【讨论题】

1. 该案例中广告创意是如何进行的？
2. 该案例中运用了什么样的广告媒体组合？你认为效果如何？
3. 请综合评价该案例的市场推广方法，有什么可以借鉴的？为什么？

案例应用 2

从消费者出发，IBM 借“Made with”开创营销新篇章

硕大健壮的北极熊在水族馆清澈的海水中悠闲地上下浮潜，时而彼此嬉戏，时而游向玻璃窗外的小观众，静谧且温馨。“动物园水族馆就像一座小型城市，24 小时×365 天从不停歇，我们一直寻找各种方法优化现有资源，借助大数据，运营部门可以更高效地运作，节省下来的每一分钱都用于成就我们的教育和生态保护使命。”美国华盛顿迪凡尼动物园水族馆工作人员的旁白，静静地诉说着与 IBM 合作带来的变化——永续的生态来自大数据。

从 2014 年 6 月开始，人们可以看到 IBM 新推出的“Made with”系列广告。上述水族馆的故事，便是这一系列新广告的场景之一。这一系列广告聚焦与人们生活贴近的场景：有兴奋观看球赛的球迷，有动物园内尽情观赏动物的游客们，还有奶牛和新鲜的牛奶，有正在陶醉于音乐的年轻人，等等。我们发现，IBM 讲述故事的方式变了，这些广告的叙事方式完全从消费的感受出发——IBM 的视角切换到了最终消费者。更重要的是 IBM 跟客户沟通的角度发生了变化。

长久以来，IBM 广告给人们留下的主要印象是，很好看，但是看不懂，虽然这一点在智慧地球广告系列有了很大改观，但是对于每个普通消费者而言，如果不是 IBM 客户的话，仍然很难了解这些广告的意义以及其背后与每个人的联系。

这一变化背后的思路是什么？IBM 大中华区品牌及企业社会责任部总经理耿晨与记者分享了此次营销变化的核心。

营销转变的核心——客户驱动的时代

在新的互联网时代，互联网和云计算、社交、移动等新技术赋予了客户更大的权利，催生出首席执行客户（CEC）这一新的势力。被互联网技术武装起来的消费者，影响力不断扩大，从终端扩展到产品的研发、生产、营销等各个环节，拥有了主导商业的权利和能力。

过去 IBM 谈的是如何帮助企业优化性能流程、提升效率来提升企业的竞争力。但现在消费者变了，市场变了，企业的需求也变化了，所有的企业都更加关注消费者的最终感受。

在 IBM 公司正在进行第四次大的转型，以客户为中心是此次转型的重中之重。虽然 IBM 是服务于企业客户的，但是在 CEC 时代，IBM 需要关注企业客户的客户，也就是最终消费者的需求。那么在营销层面，IBM 需要将其如何帮助企业客户更好地服务于最终消费者的信息传递给每个企业，以及每个消费者。

IBM要向企业客户证明，IBM能帮助企业客户为消费者，也就是客户的客户，带来全新的体验，满足消费者的新需求。例如，在这次“Made with”一系列的广告中，来自中国的乐友孕婴童即通过采用IBM Cognos，通过数据分析来为中国数百万的妈妈宝贝提供更好的产品和服务。

Made with——“接棒”智慧的地球

“Made with”中文被翻译为“携手”，突出了IBM新一轮转型过程中营销的核心理念——即通过云计算、大数据、社交、移动帮助IBM的企业客户提升他们的最终客户，也就是消费者的体验。虽然刚刚提出，但“Made with”的理念早在IBM“智慧的地球”的时代就已神形皆备——

“我刚被一个家伙抢了，他拿枪指着我的脸，抢走了店里的所有钱。”

“你记得他穿的什么吗?”

“不，事发太突然，我只记得他脖子上有个文身。”

2006年11月，纽约警局接到报警电话，受害者是一家披萨店的老板，被劫后只记得劫者脖子上有一个“sugar”文身。但是纽约警局的实时犯罪监控中心系统，通过对数据库中警务数据的分析，很快就锁定了嫌疑犯及其藏身处，案件迅速被侦破。

这是数年前IBM在“智慧的地球”时期拍摄的创意短片《纽约警局》。纽约警局的实时犯罪监控中心正是使用IBM的大数据分析技术。短片聚焦于普通警察讲述科学办案工具如何提高了破案效率，纽约市民描述城市治安环境如何悄然得到了改善。

如今，“Made with”承袭了“智慧的地球”的理念，通过聚焦生活中熟悉的商品和场景之余，展示了“智慧的地球”五年来的发展成果，从消费者的角度出发，告诉消费者生活中点点滴滴的新体验和新惊喜，都源于新技术带来的改变。

新一轮的广告营销从内容制作到投放渠道，皆与IBM以往的广告营销不同。而这，不仅仅是在广告角度，更重要的是IBM跟客户沟通的方式发生了变化。

“从营销手段上来讲，‘Made with’是比较新的理念，但是从IBM的初衷和价值看，其实它一直在我们的基因里。可以说，‘Made with’不是全新的，是一直植根于IBM品牌里的重要理念。”耿晨如数家珍地为“Made with”正本清源，谈起了IBM在提出智慧地球概念五周年时，回顾IBM心路历程的会议讨论。

“我们在2008年提了一个愿景‘智慧的地球’，当时提出智慧地球的实现是通过‘感知化、互联化、智能化’，虽然当年在我们提出智慧地球理念之初能理解的人很少，但是今天智慧地球带给我们的社会、企业、每个人的变化我们已经可以深刻感受到了。”

“2010年IBM把这个理念又往前推了一下，提出‘感知是为了管理，互联是为了创新，优化是为了转型’，关注于推进‘智慧的地球’能够帮企业做什么。到2012年的时候，在新的智慧的地球里就出现了大数据和分析。大数据就是从感知来的，你有了感知以后就要有足够的分析能力，这些数据才能真的有用。而云则从根本上改变了IT服务的提供方式，然后移动技术加上社交媒体，由此衍生了‘Made with’。我们在思考现今怎样才能把智慧地球的故事讲得再清楚一点，所以‘Made with’携手IBM，不是一个全新的理念，而是智慧地球新的发展篇章，我们借助‘Made with’，把新篇章里非常重要的消费者利益带了进来”。

但是，相比于2007年的《纽约警局》短片，“Made with”系列广告仍面临着挑战，不同于6分钟的短片，广告的片长大约只有30秒，无法将故事展示得非常清楚。所以耿晨特别强调，“Made with”不是一系列广告，而是新的品牌平台，把IBM客户的客户所获得的新体验诠释出来。

不仅如此，耿晨还表示，广告永远是引起好奇心的东西，如果消费者觉得有意思，就会去关注它。IBM希望通过新的“Made with”营销，吸引更多客户的客户来讲这个故事，让故事更好听，更有意思，而不是简单重复。另外，企业客户看到这些广告，如果他是经营博物馆或娱乐设施的，就会对动物园的广告有感觉；做零售业的客户可能看了乐友的广告会有兴趣。外行看热闹、内行看门道，“Made with”系列广告可以做到两者兼顾。

与客户携手前行的时代

与很多面向消费者的IT企业不同，IBM的技术不是生活中随处可见的消费品，普通人了解起来需要一定技术门槛。耿晨表示，十年前IBM提出“电子商务”时，很多人都不懂说的是什么，但现在电子商务已经是每个人生活中随时随地应用的技术。后来IBM提出“随需应变”和再后来的“智慧的地球”，情况也如此。

但如今，新互联网时代的移动技术和社交网络的发展，不断缩短着IT技术与普通消费者之间的距离，如手机中的云服务，以及微信、微博等，都为生活带来了新的惊喜和体验。当消费者变成了“被新技术武装起来的最终用户”时，企业在营销上也需要做出相应的调整。“客户不应被视为企业，而应被视作有感觉、有喜好的个体。他如何做到今天这个职位、拥有哪些经验、IT水平如何……做市场的第一步就是如何细分市场，最奢侈的细分就是细分到单个人。这是营销人的一个梦想，但是要牵扯的信息太多了。”耿晨坦言，“IBM从营销角度更重视消费者的视角，能够从消费者视角看待客户的业务水平，并通过大数据分析真正提供最终客户的需求，使客户有足够的处理和分析能力，在正确的时候用正确的方式和消费者沟通，提供特别贴心的服务。这是大数据的精髓，也是互动、全接触式的营销真正的重点”。

耿晨坦言，虽然IBM在新互联网时代之前已经具备这种技术能力，但是以前不太注重这方面的宣传。“Made with”广告讲故事的方式与情景和生活相关，通过各行各业的案例，讲述科技如何改变生活的故事，让消费者感觉到科技与自己的日常生活有关。对于普通消费者来讲，他知道这个就够了。“这种讲述故事的方式比我们自己讲IBM有多伟大更能打动读者和听众。”耿晨说。

过去，IBM的品牌形象都非常具有前瞻性，看向未来。很多超前的理念到今天都还没有实践。而现在，IBM会寻找理念层面志同道合的伙伴，共同分享彼此对未来的洞察与思考。这次推出的“Made with”系列广告，就是IBM与一群来自各行各业的Forward Thinker伙伴们共同制作完成的。

IBM讲述故事的方式变了，这些广告的叙事方式完全从消费的感受出发——IBM的视角切换到了最终消费者。更重要的是IBM跟客户沟通的角度发生了变化。

资料来源：张炎. 从消费者出发，IBM借“Made with”开创营销新篇章[J]. 商学院，2014(6).

【讨论题】

1. 请观看“Made with”系列广告，分析IBM此系列广告的广告目标是什么？主题又是什么？

2. IBM在选择广告媒体上有什么样的变化？

3. 请综合评价IBM系列广告的创意，并提出自己的观点。

第 13 章　营销策划的借势与造势

学习目标

1. 了解借势营销的概念，掌握借势营销开展的主要方式
2. 了解造势营销的概念，掌握造势营销开展的主要方法
3. 了解媒体通路的概念，熟悉媒体通路建设的三大核心问题；了解新闻策划的概念，熟练运用新闻策划的技巧

实践中的借势营销

王老吉借势策划

2008 年 5 月 18 日，在中央电视台《爱的奉献》大型募捐活动中，生产红罐王老吉的加多宝集团为四川灾区捐款 1 亿元，一夜之间这个饮料品牌迅速成为公众聚焦的中心。

5 月 19 日晚，天涯论坛上出现了名为《让王老吉从中国的货架上消失，封杀它!》的帖子："王老吉，你够狠！捐一个亿，胆敢是王石的 200 倍！为了整治这个嚣张的企业，买光超市的王老吉！上一罐买一罐！不买的就不要顶这个帖子啦!"

这个热帖迅速被搜狐、网易、奇虎等国内人气最旺的论坛转载，受到网友的热捧，几天之后，类似的帖子已经充斥大大小小各类网络社区，"要捐就捐一个亿，要喝就喝王老吉""为了'整治'这个嚣张的企业，买光超市的王老吉！上一罐买一罐!"等言论如病毒般迅速在网络里扩散，成为民众热议的话题。

因为一个亿，加多宝被推到舞台中心，吸引了无数公众的关注，在此背景之下网络话题被挑起，显得如此名正言顺，以至于不少网民觉得支持王老吉是应该的事，如同受恩应回报一样理所当然。如此的创意，高关注度、好口碑指数都在意料之中，"封杀王老吉"事件当仁不让地入选 2008 上半年度最典型、最成功的网络口碑营销个案之一。究其原因，有以下几个方面值得借鉴：

1. 有创意的口号

"让王老吉从货架上消失，封杀它!""封杀王老吉""够狠"等字眼正话反说、利用带有负面字眼的标题吸引网民关注，深具"标题党"的创意，引人入胜的标题是话题成功的关键之一。

2. 煽动性情节

利用在中央电视台大型募捐活动中突出表现，通过一个"封杀王老吉"的口号，把"一个亿"吸引到的公众目光转移到企业自身，借助公益来煽情，把网民的好感直接引导为实际行动。

3. 有对比的争议

利用当时人们热衷比较各企业捐款数额的舆论背景，在帖子中直接将王老吉与王石进行对比，惹起争议，突出自身，在加速话题扩散的同时，又争取到网民对自己的支持，提高事件的网络口碑指数。

资料来源：作者根据互联网相关资料进行整理。

评述

成功之一：借势（事件传播的土壤）。王老吉的捐款数额是足以引起一片赞誉的，况且是在当时“比富”（比谁捐款多）的大舆论背景下。CCTV 那场捐款晚会的收视率是不用质疑的，“一鸣惊人”是那场晚会赋予王老吉最大的收获（这可能比投放几个亿的广告效果都要好）。

成功之二：策划（制造事件——病毒源本身）。网友是单纯的，也是容易被煽动的。王老吉捐款一个亿的“壮举”在接下来的几天里迅速成为各个论坛、博客讨论的焦点话题。但是话题是分散的，需要一个更强有力的话题让这场讨论升级。于是“封杀王老吉”成为了由赞扬到付诸实际购买行动的号令。创意本身契合当时网友的心情，使得可能平日里会被人痛骂为“商业帖”的内容一下子成了人人赞誉的好文章。

成功之三：推动（给病毒传播一个源动力）。病毒之所以能够扩散，除了病毒源“优质”之外，初期的推动也很重要。一个单帖，能够有如此大范围的影响，背后网络推手对于这个帖子的初期转载和回复引导至关重要。BBS 营销在这个事件中显得尤为成功。首发天涯等大论坛，然后迅速地转载各个小论坛，之后，就可以依靠病毒自身的传播惯性去进行扩散了。

13.1 借势营销

13.1.1 借势营销概念

借势是指企业及时地抓住广受关注的社会新闻、事件以及人物的明星效应等，结合企业或产品在传播上欲达到之目的而展开的一系列相关活动。

借势营销是将销售的目的隐藏于营销活动之中，将产品的推广融入一个消费者喜闻乐见的环境里，使消费者在这个环境中了解产品并接受产品的营销手段。具体表现为通过媒体争夺消费者眼球、借助消费者自身的传播力、依靠轻松娱快的方式等潜移默化地引导市场消费。换言之，便是通过顺势、造势、借势等方式，以求提高企业或产品的知名度、美誉度，树立良好的品牌形象，并最终促成产品或服务销售的营销策略。

13.1.2 借势营销的原则

随着各种信息传播渠道不断成熟和完善，受众面对的是一个信息大爆炸的时代，每天直接和间接接受的产品和品牌信息多达数千条，使得大量信息很快就会被淹没、淡忘，企业的信息要想脱颖而出，在借势营销策划时，需要遵循以下几条原则。

1. 树立品牌意识

企业进行借势营销的目的是为了传播品牌形象，增强品牌辐射力，所以企业在借势策划时一定要从塑造品牌的意识出发，制定一套切合企业自身状况，切合目标市场心理特征，切合品牌定位的借势营销策略规划，规定相关事件选择标准和执行原则，进而形成借势营销特色，并将其贯穿于品牌成长过程，取得消费者信赖和忠诚。如果盲目策划，有可能因为事件之间缺少统一性和连续性，难以形成统一传播风格，或者因为事件本身与品牌形象缺少关联性导致消费者不能恰当联想，最终导致品牌形象混乱和模糊。

2. 坚持创意性

借势的价值在于消费者的关注度。一般情况下，人们对于没有遇到过的新鲜事物会产生极大的注意力，由注意力衍生出好感，从而记忆也变得深刻，如果策划传播的是不再新鲜的事物，消费者潜意识里产生忽略或排斥感，也就不会再去关注追捧。所以，在进行借势营销策划时，要把握第一创意原则，讲求创意的独特性和新颖性，创造性地加以借势。

小案例 13-1

统一润滑油的成功

2003 年 3 月 21 日，伊拉克战争爆发，中央电视台进行了前所未有的大规模直播报道。统一润滑油迅速做出了反应，在战争开始的当天，停掉了正热播的“众人片”，而改为播放一则五秒的广告片。广告片没有任何画面，只有一行字并配以雄浑的画外音：“多一些润滑，少一些摩擦”。这则广告紧贴在《伊拉克战争报道》之后，和新闻浑然一体，非常有震撼力。这则广告的妙处就在于既准确地诉求了“多一些润滑”的产品特点，又一语双关道出了“少一些摩擦”的和平呼声，含蓄、隽永，耐人寻味。

统一为这则广告每天投入 25 万元，共播出 10 天。这次事件营销对统一石化提高企业形象起到了绝佳的效果。广告播出后，各大媒体纷纷对这次营销事件发表评论，认为统一“多一些润滑，少一些摩擦”的广告，创造了小预算、大效果的神话（制作这个广告仅花 1 万 8 千元）；统一公司自己的网站点击率提高了 4 倍；而且还经常有人打公司的服务电话与统一公司讨论战争进展的情况和战争与和平的话题，统一润滑油的品牌影响已经远远超出了产品销售和使用的范围。

广告播放后，很多经销商给“统一”打来电话，他们认为这条广告才像是高端产品品牌的广告，许多原来不卖统一产品的零售店主动联系，给经销商以足够的信心；许多看过此广告的观众都认为这个广告是国外广告公司的创意，还有一部分人认为统一是合资企业或者外资企业，许多司机则点名要加统一润滑油。

这则经典广告，形成了空前的品牌影响力，也为统一润滑油带来了优秀的销售成绩，当月出货量比 2002 年同期增加了 100%，销售额历史性地突破了亿元大关。

资料来源：作者根据互联网相关资料进行整理。

3. 与各营销工具整合

企业要想塑造持续的品牌效应，单靠借势营销是远远不够的，因为再精彩的创意也只能让大众投入短时关注，形成短时轰动效应。因此，企业在进行借势营销策划时还应该考虑与其他营销传播工具，比如广告、活动促销等进行整合，通过不断暗示或提醒来提高大众参与度，从而促进销售，建立品牌忠诚。

4. 考虑风险性

借势营销中，事件发展的不可预见性，以及企业对事件策划的掌控能力，都可能暗藏着风险。因此，在借势前，有必要对整个事件做全面的风险评估，既要考虑事件本身可能出现的不利局面，也要避免只看重知名度而忽视美誉度的短视行为。

13.1.3 借势营销的主要方式

1. 借“行业演进”之势

行业成长阶段与发展趋势、技术创新研发等被称为行业演进之势。一个行业的演进，是消费者、政府、行业协会、研究者所关心的话题，企业可借此势，增强影响力。行业演进之势，存在于每个行业当中，但是这种势隐藏在行业发展的表象下，需要企业用心挖掘。

小案例 13-2

“爱多阳光行动”与“三诺，中国声”

爱多在策划“爱多阳光行动”时，感觉到“VCD 企业第一次大幅度降价”，虽然构成新闻，但太薄弱，能量不够，而且比较表层化。那么深层次的原因是什么呢？大环境、大气候是什么呢？第一，国内 VCD 企业重复建设严重，小企业甚至“床板工厂”众多、良莠不齐，市场已经要求降价。第二，国外大企业不甘心失败，扬言要低价介入中国市场，被动降不如主动降。第三，行业主管部门面对内忧外患的局面，也正在酝酿出台 VCD 企业的市场进入规则，颁发 VCD 生产许可证制度。第四，实际上，有的 VCD 企业已在小幅度静悄悄降价。第五，从行业的生命周期来看，每次用户阶梯性的高速增长，都会伴随着价格的降低。反之，价格突破一定的门槛也将带来用户跳跃性的增长。这些都构成了“降价”的深层本质，也使“降价”这一新闻有了深度，能量大了很多。另外，“长虹降价”已是众所周知的新闻，策划时爱多搭了一次长虹的顺风车，同时阐明“爱多降价”与“长虹降价”的区别所在：一是并非单纯的降价，而是有相关的服务配套；二是其降价幅度在合理和未曾伤及同行的范围。

“三诺，中国声”的策划，也较好地利用了企业外部环境的“势”：第一，“美国声”“德国声”琳琅满目，但中国音响没有自己的特色，在国际上没有地位，“中国声”是众多音响界人士的共同理想。第二，彩电、VCD 之后，人们对家电的需求增大，音响成为下轮消费热点、竞争热点。第三，家庭影院至今在“发烧”的神坛并没有真正进入普通家庭，有着诸多产品、技术、价格宣传上的原因。第四，国产音响质量正逐渐与洋品牌缩小差距，国家正在加强打击“走私”的力度，我国音响市场逐渐国货占主导地位，等等。

资料来源：作者根据互联网相关资料进行整理。

2. 借政策倾向之势

政府和行业管理部门出于宏观管理的需要，在不同时期，不同的背景下，将有不同的政策，不同的倡导和价值取向。借政策之势要对政策的理解、把握、熟悉和运用，政策不是一成不变的，所以要敏锐地观察政策在不同时期的变化。符合国家政策的经营将赢得更大的成功。同时，国家也鼓励和希望企业响应其政策，这构成了“借政策之势”的理论与实践的基础。

3. 借名人影响之势

企业利用消费者爱屋及乌的心理，借助明星的知名度来加快品牌传播，加重品牌附加值，从而赢得品牌忠诚度。借名人之势，是快速提升知名度的办法，大多数企业通过名人效应，提高了产品的影响力。但是，在运用名人效应的时候，企业要注意名人与产品的关联性，以及名人在目标顾客心目中的定位，是否能引起目标顾客群的共鸣。这是因为名人的知名范围也有所不同，有不同的等级，影响力也有时期性。不同的名人拥有不同的认知对象，关键还要分析企业所要传播的目标对象与他（她）的拥戴者的重合部分的多少。

4. 借舆论导向之势

舆论导向是指在一定时期内，大众和新闻舆论有它特定的强调重点，特定的关注焦点、热点、倾向和走向，可以简单地分为政治舆论导向、经济舆论导向、文化舆论导向等。舆论导向能够引起人们心理共鸣，公众积极广泛参与，对于深度和广度传播企业的品牌方面具有优势；同时，舆论本身具有“内驱力”，不需要营销人员去推动，其本身就具有辐射的特征，所以舆论是企业可借之势。

小案例 13-3

“碧桂园”楼盘策划 王志纲巧借舆论之势

十几年的改革开放政策，给中国带来了宽松的经济环境，让一部分人先富起来已不是一纸空谈、一个口号。然而，金钱似乎容易与邪恶联姻，诸如有钱却不能使家庭幸福，有钱人的儿女多是纨绔子弟，有钱人挥金如土、吃喝嫖赌等。“财富与生活方式”成为当时人们一个关注的舆论热点。

当时，在王志纲的策划下，广东大小媒介爆炒这样一个新名词“碧桂园生活方式”，称之为未来中国人的理想生活方式。然而，这种模式一推出，就引起社会各阶层的广泛争论，有人说这是“富人的特区”，穷人止步。也有人说这是一种生活理想，但思维超前，人们消费不起。王志纲认为，争论正好把“生活方式炒热”，一旦这种比较超前的未来生活方式为大众所接受，就能开创出一个崭新的市场，引导人们的消费理想。

1995 年 2 月 20 日，在王志纲的策划下，一批社会科学研究的专家、学者来到碧桂园参观，与“碧桂园”老板进行热烈、坦率的对话，他们当中有广东社科联副主席林洪、中山大学原校长黄焕秋、广东珠江三角洲研究中心主任卢泰宏、历史学家叶显恩、公关学者李公明等。当天晚上，广东人民广播电台新闻台的王牌节目《今日热点》开始进行“碧桂园生活方式”广播讨论，主持人开宗明义提出两个问题：

1.“碧桂园生活方式”给我们带来什么？

2. 碧桂园是否在营造“富人特区”？

这是王志纲设计的又一个“炒作”行动，目的在于通过释疑解惑的社会性讨论，“既提高碧桂园生活方式这一新概念的理论含金量，又让这一口号不知不觉深入街头巷尾”。电台讨论出乎意料地热烈：

一位从政多年的国家公务员说，“让一部分人先富起来”的目的，是让这些人带动全体人民走向共同富裕道路，现在很多人有了钱，买了别墅，无论这些钱是靠辛苦劳动、经历一定风险挣来的，还是来路可疑、钻了政策空子得来的，都要考虑一个问题，就是如何缩小人与人之间的距离，只有缩小差距，社会才会稳定，人们生活才会过得更好。

一位 70 多岁的老先生说他现在子孙满堂且三代同堂，他看到有钱人趾高气扬地过豪华日子就有意见，“总有一些人不是踏踏实实地靠劳动致富”。

当主持人问他是否承认其中有一部分人是正正当当地挣钱时，老先生对未来生活方式不屑一提：“那是有钱人享受的，有钱人住到月球上去我也不管。”

他现在最关心的是孙子去一个好的学校念书，将来能住上宽敞一些的房子，以及儿子的工厂倒闭了能够得到安置。

“这些人重要嘛！现在住得上百万元房子的能有几个人？中国 12 亿人口，恐怕连 1000

人都没有。”对这位老先生的说法，当即有人表示不赞成，说老先生下的结论未免武断，能住得起豪宅的人数也绝不止他说的数目的几倍。不过住进去的人数多，人们生活越好也是老先生希望的吧。心理不平衡可以理解，关键要把这种不平衡转化为向前发展的动力，才能推动全民生活的提高。

著名评论家李公明则认为：给有钱人一个文明、高尚的生活环境，对培养人们现代的生活习惯有很大作用。他举一例：“比如在干净的场所人们不敢随地吐痰，在豪华的场所人们不敢高声喧哗。”给有钱人一个文明的消费环境，有利于扫除他们身上的财主气和暴发户气。而这种用金钱堆起来的生活方式会不会和我们国家一贯提倡的“俭朴”“艰苦奋斗”发生冲突呢？

林洪教授认为并不矛盾：“我们的社会应该是多元的、多样化的、多层次的。人的生活、思想、消费也应该如此，我们应该提倡艰苦奋斗精神，这是国情决定的，因为我国整个群众的消费水平还很低。但现在富起来的人有条件拥有更高的生活水准，他们也想把后人培养成高文化、高素质的人，那么他们愿意拿一笔钱作为后代的投资，这是好的，对国家有利的，像碧桂园这样引导人们向健康高尚的方向发展，去合理、文明地消费他们的金钱，我们国家是应该提倡。”

对于知识分子来说，现在各方面的待遇都已得到改善，他们过上像“碧桂园生活方式”的生活，路程还差多远呢？

某学院张教授很乐观，他认为不会很遥远：“我们现在的生活水平比过去好多了，我们的消费水平不断提高，消费方式不断改变，相信21世纪我们能达到”。

留法博士朱乃肖说，她在法国留学时，她的讲师已拥有自己的别墅，每天自己开车上、下班。在法国，大学教授属于中产阶级，他们的工薪都比较高，中国的知识分子与之相比还有差距，“但并不是说中国的知识分子致富的可能性就没有，就看怎样把自己的精神财富转化为物质财富，它需要一个途径，如发明一项专利，卖给工厂马上转化为生产力，发明者便很快会富起来。珠海不是重奖科技人员吗？他们也分到了一套别墅、一辆小汽车，所以知识分子快步走入富裕的行列不是不可能的。相比之下，搞应用科学的人较之基础科学的人富裕的机会会更多一些”。

看来中国的知识分子比较认同这种未来的生活方式，并把它视为自己的奋斗目标，对实现梦想满怀信心。

不管怎么样。正如一位专家所说：“从经济角度来讲，碧桂园是珠江三角洲的骄傲，在这块土地上出现这样的高层次的社区，是我们经济上很大的成就，我们有理由相信，碧桂园会越来越多，碧桂园生活方式也会越来越快地走向我们。”

在针锋相对、坦诚以待的对话之中，社会各阶层都不知不觉卷入讨论与思考，“碧桂园生活方式”之谜成为了待破解的对象，而碧桂园也随着大家的争论逐渐为人所知，为人所理解。

资料来源：作者根据互联网相关资料进行整理。

5. 借事件之势

正在发生的引人注目的新闻事件，是一种非常值得借助的力量。人们身边每时每刻都在发生着各种不同的事件，这些事件起因各异，表现形式各异，结果各异，但是有一个共同点，就是在某一区域，在某些人群中具备影响力，因此，这些事件被关注，所以可以借事件引起的关注度策划一些活动或发展项目，来提高品牌知名度。

13.2 造势营销

13.2.1 造势营销概念

所谓造势，是指企业通过策划、组织和制造具有新闻价值的事件，吸引媒体、社会团体和消费者的兴趣与关注。

造势营销是举办活动，或制造事件，再通过大众传播媒介的报道，引起社会大众或特定对象的注意，造成对自己有利的声势，达到企业扬名的目的，进而提高品牌的知名度，在公众中建立良好的企业形象，以及改变那些对企业不友善的态度或者不利于企业的看法。

13.2.2 造势营销的题材选择

除了“随机而动”的突发事件之外，适于营销造势的题材还有：

1. 企业内部题材

造势题材可以从企业内部挖掘，寻找有传播力的素材，创造对企业有利的新闻。这种“创作”没有一定模式或原则可以遵循，主要依靠策划者广博的学识和丰富的想象力，以及敏锐的市场嗅觉，去捕捉能产生轰动效应的题材。例如，容声冰箱进驻人民大会堂和联合国，苏宁、国美的降价策略等，都会引来媒体的热烈追捧。

2. 新闻事件

各种新闻事件生来就可以作为借势的素材，如果对其观察分析后，能够从中找出与企业和产品的结合点，这个新闻事件就可以成为一个商机，为企业服务。例如，朝鲜韩国和谈，金大中和金正日碰杯的历史镜头，被“邦迪牌”创可贴拿来运用，创意一句广告语：没有什么创伤不能弥合，暗合这一新闻，吸引了消费者的眼球。

3. 公益事业

通过投入资源来从事一些公益性的活动，以提高品牌在公众中的形象。

小案例 13-4

肯德基借助公益活动造势

1991年，北京肯德基在中国已有了几家连锁店，其中，前门肯德基店已成为肯德基在全世界销售量最高的分店。独特的口味和红火的生意不仅让中国人认识到了洋快餐的魅力与挑战，同时也让投资者喜出望外，意欲大展宏图。为此，北京总部准备腾出前门办公楼二楼的办公室以扩大餐厅规模，然而，由于过去的政治因素，公司对扩大规模始终心里没底。在那个年代里，许多人对美国还存在着某种心理上的抵制，从而也影响了肯德基的迅速发展。因此为了在中国老百姓心中树立“山德士上校”的良好形象，肯德基赞助了北京农运会、排球比赛等活动，但收效甚微，令公司高层一筹莫展。

在搬家时，公司经理许喜林看到办公桌上有一本《半月谈》，封底是一幅题为“我要上学”的照片，于是他顺手捡起来。翻开封二，那里印着邓小平同志为“希望工程”的题词以及“希望工程”的简介。许喜林拿着这本《半月谈》，陷入了沉思。据他所知，中国青少年基金会由于刚刚发起“希望工程”，缺少宣传和赞助，参加者并不成规模，还处在初步形成阶段。但是，这是一项国家重视、人民拥护的事业。如果肯德基领头响应“希望工程”的号召，对于改变历史和国家原因造成的不良公众形象将大大有益。总经理听了许喜林的提议后觉得这的确是公司树立公益形象的大好时机，于是他责成许喜林和公关部总经理胡剑共同策划这次活动。

1. 公司与员工同时捐助“希望小学”

为了不使这次活动流于表面，当公司在全国捐建几所“希望小学”的同时，许喜林建议让全公司 200 多名员工每人资助一名贫困儿童上学，这样有利于人与人的心灵沟通，更富有人情味。当公司向肯德基亚太区总裁汇报这一活动以后，立即得到了认可。随后亚太总部决定由亚太区追加 10 万美金，北京公司投入 50 万元人民币资助“希望工程”，并在人民大会堂举行新闻发布会。发布会当天北京市副市长陆宇澄和肯德基亚太区总裁林天泰先生亲自到会讲话，《人民日报》《经济日报》等全国 30 多家、海外 20 多家新闻媒体进行了大篇幅报道。

2. 邀请受捐者参观，加大新闻效应

在肯德基的积极倡导努力下，“希望工程”在全国引起了强烈的反响。然而肯德基并不满足于已取得的成绩，他们要趁热打铁，加大力量，将策划效应继续发扬光大。

为此，他们又与北京电视台邀请了河北崇礼县几十名受捐助的山村孩子来北京参观旅游。

北京电视台《18 分钟经济·社会》以“圆梦”为题做了专栏报道，博得了社会各界广泛同情、好评与参与。通过这一系列的“希望活动”，肯德基在社会上树立了良好的企业形象，并得到了媒介、政府、公众的高度赞许。也正是通过这一系列的活动，造成了宽松有利的社会环境，使得肯德基在北京、青岛、西安、上海等地的分店如雨后春笋般迅速发展起来。

无论是树立公益形象，还是大打知名度，都要利用好一个中间载体，并且要对中间载体进行潜力挖掘和深刻剖析，然后结合自己的特色大造声势，一鼓作气，不但可一夜成名，甚至还会影响深远。

资料来源：侯韶图. 借助公益活动策划新闻效应[J]. 现代营销，2001(2).

13.2.3 造势营销的常用方法

营销造势的方式多种多样，不同的企业有不同的做法，实力强的企业其品牌本身就是一种势，新品上市或新的营销举措，很容易受到消费者追捧，造势相对容易。而对于一般企业，在造势方面就得精心策划。在造势营销策划的方式上，大致可以归纳为以下几种方法：

1. 广告

广告作为一种信息传播活动，通过各种媒体将企业需要表达的信息传播给受众，形成轰动效应，给消费者以强烈刺激，从而形成成功的营销造势。广告造势是企业使用最多的一种方式。一般来说，企业做广告都会从自身的产品中或跟外部环境相结合来找卖点。

2. 新闻发布会

当企业在发生重大具有积极影响的事件时，可以通过新闻发布会的方式，向新闻界发布信息，借助新闻提升企业形象。新闻发布会一般在发生对企业意义重大，媒体感兴趣的事件时举办，不仅具有更为隆重、更高规格的特点，更重要的是记者可以在会上就自己感兴趣的问题和自认为最佳的角度进行采访，也可以促使双方的联系与合作更加紧密和默契。企业召开新闻发布会的原因一般会有以下几种：新产品开发、企业经营方针的改变、企业首脑或高级管理人员的变更、新工厂的上马或旧工厂的扩建、企业合并、企业创立周年纪念日、企业的产品获奖、与企业相关的重大责任事故的发生等。

3. 新产品发布会

新品发布会能够达到即时的造势效果，特别对于品牌知名度高的企业。品牌知名度一般的企业更应该利用新品发布会造成轰动效果，吸引消费者注意力。新产品发布会的地址和时间很重要，往往选择在大型商场、专卖店或者购物中心门口等人流量高的地方，同时挑选人流比较集中的时间。在新产品发布会中除了介绍产品之外，还可以安排与消费者的互动活动，比如有奖问答，有实力的企业还可以邀请演艺界人士参加，临场献艺，以活跃会场，积聚人气。

4. 各种展览会

据统计，为活跃市场应运而生的全国及地方性各种展览（博览）会每年多达 300 多次，如广交会、糖酒会、贸易洽谈会等，这为企业创造了无限商机，企业可以借助各种展会来宣传造势。

5. 研讨会

借研讨会之名，行商家宣传广告之实，把研讨会演绎成造势方法，是企业造势的一种最新流行趋势。由企业赞助邀请行业专家和媒体记者参加，研讨题目一般都与企业的新技术和新产品等有关，会上除了阐述企业和行业的最新发展动态之外，主要是企业趁此机会向媒体和业界人士介绍自己的产品，让大家有更多的了解。

6. 软文

信息大爆炸的时代，硬广告让消费者越来越反感，对消费者的感召力不断降低。相比硬广告，“软文”将广告诉求嵌入到文章里，以新闻的方式传播出去，让消费者在不知不觉中接受了广告诉求，无形中塑造了品牌形象。

7. 起诉

打官司，在现代营销造势的理论与实践中早已不再仅仅是原有意义上的矛盾双方解决问题的办法，而被企业赋予了新的功能和使命——造势。在各种“口水战”或者官司的实际操作过程中，矛盾双方的任何反应，都能成为媒体报道的题材，被记者拿来大肆渲染，这时，企业就可以通过不断制造、挖掘新闻和有关花絮，让记者有“料”可爆，形成声势。

此外，庆典活动、拍卖活动、新闻传播、报道、演说、组织参观、有奖征答等都是很实用的造势手段和方法。

13.3　借势造势的技术运用

孙子曰：“故善战者，求之于势，不责于人，故能择人而任势。”孙子说的势，是指军事家在战争中通过主观能动性造成的一种不可阻挡的、威猛无比的态势，是一种力量的积聚与爆发。商场如战场，如果善于造势，做任何事情都顺风顺水，轻而易举。如果不能造势，也要善于借势。本书提到的势主要指的是能够吸引眼球并造成轰动效应的新闻事件，事件形成势后，就可以为企业塑造品牌形象打造知名度美誉度起到事半功倍的作用。新闻事件的运用在借势造势营销中起到了核心作用，如何借助新闻事件或者策划一起新闻事件，除了需要有本书前面章节中介绍到的创造性思维之外，还需要如下技术。

13.3.1 媒体通路建设

所谓媒体通路，是指企业或者专业公司长期、互动、真诚、有计划地建设并维护与媒体的关系，逐步构建起来的一个以企业或者专业公关公司为核心的媒体网络，在新闻宣传方面达到互相促进、互相需求，共同营造“关心、关注、关照”的理想境界。如果没有媒体通路，即使有再好的创意，也像没有发射架的导弹一样，射不出去。

1. 媒体通路的建设八大思想

①媒体通路是公司与大众沟通最好桥梁；

②媒体不是单纯的硬性广告发布的买卖合同关系，而是一个通路建设问题；

③企业要想做强、做大，媒体的通路建设和销售渠道建设同等重要；

④媒体通路不是认识一两个新闻记者的问题，而是一个需要长期建设和维护的网络；

⑤就像销售渠道需要专门部门管理一样，媒体通路也要有专门部门负责；

⑥媒体通路强调积累的观念，要有时间、资金投入，不断培育、发展和完善；

⑦媒体通路建设的好与坏，将直接影响企业的今天和明天；

⑧媒体通路质量的好坏，决定了企业市场营销的质量。

2. 媒体通路建设的核心问题

企业在建设媒体通路时必须注意的三大核心问题如下。

（1）媒体通路建设是“一把手工程”

从企业角度来看，只有副总经理级别以上的公司员工才能对公司的整体情况熟悉了解，有针对性地、策略性地和媒体进行有效沟通和交流；从媒体角度而言，与企业的高层接触，才能掌握到更真实、可靠的第一手资料，他们更愿意和企业的高层对话。所以，企业高层必须把媒体通路建设列进日常工作安排，细水长流地进行媒体通路建设。

（2）必须坚持“真实”原则

媒体新闻报道要求的最重要一条，就是真实；如果向媒体散布虚假信息，那只能是一锤子买卖，给媒体通路建设带来长期的、不可修复性灾难。企业如果想真诚地对待消费者，那么首先要真诚地对待媒体，真诚的基础就是真实。

（3）不断地“爆料”

如果企业有新闻而没有媒体通路就像导弹没有发射架，反过来，没有导弹的发射架和没有发射架一样没有意义。建设媒体通路不单单是企业发生危机的时候，让记者笔下留情；而是需要不间断地、有针对性地传播公司信息。这就要求企业在媒体通路建设的同时，认真关注、研究媒体需求和企业需求之间的契合点，深度挖掘企业内部的同时媒体感兴趣的事件。

13.3.2 新闻策划技术

新闻策划就是企业根据自身营销需求，按照新闻规律，整合企业优势资源，通过新闻媒介，借助热点事件制造新闻热点，以此来树立企业和产品品牌，营造企业良好的外部发展环境，创造产品市场，培育消费需求，从而达到销售产品的目的。

企业新闻策划中常常结合社会、经济、时事、政治等重大事件，制造企业（产品）新闻眼，引发媒体对企业进行集中性的新闻采访，并在众多相关媒体刊发（播放）企业新闻消息。新闻策划已经成为企业进行市场营销时的一把利器，对于企业知名度的提升、消费者关注度的吸引都起着惊人的效果：

首先，真实性强，可信度高，感召力强。因为它是策划人员或媒体记者站在客观、公正的立场上用事实说话，容易拉近与消费者之间的距离，甚至直接用事实感召消费者。

其次，影响面广，时效性强，宣传和促销效果好，容易产生轰动效应。企业新闻策划常常利用一些大的新闻事件和新闻活动，往往几十家媒体同时发布企业（产品）消息，涉及面广、密集度高，能短时间内引起轰动效应，加深内外部的关系，使社会对企业产生好感，并能较快诱发购买欲，甚至诱发销售激增。

再次，帮助品牌知名度快速提升。在打造品牌方面，企业经常以新闻（专访）等方式将企业和产品推进目标市场，容易提高企业的知名度和受众对企业的信任度，同时，对企业整体形象的提升也可事半功倍。

最后，费用低，效果显著。相对于广告投放，新闻策划费用较低。一则好的新闻、一次好的活动，花钱不多，可能一下子就让人们记住一个企业、一种产品，迅速提升了企业形象，促进了产品销售。

1. 新闻策划的核心要素

从新闻传播的角度看，媒体对某事件新闻价值的判断有五个方面。

（1）时效性

从新闻的本质和受众需求来看，新闻策划必须具有时效性，即好的策划必然是紧贴社会热点事件，迅速有效地反应，使企业的品牌或产品与时事热点相结合，使人们在关注时事的同时关注到品牌或产品。

（2）新奇性

新闻策划必须能够从日常生活中抓住一些反常的规律，或是发现某些与人们一般性认知相左的东西，结合产品特点进行造势策划，这样才能有效吸引消费者关注。

（3）重要性

重要性是指“事实所包含的社会意义”，即在纷繁复杂的社会生活中出现的为多数人所关心的，对社会生活有较大影响的那些事实的性质。优秀的企业新闻策划必然要考虑到新闻的重要性，从重要性的角度去激发人们的关注度与参与感，这样才能达到更好的效果。

（4）接近性

接近性是指社会类型相同的人们对同一事实的态度或关心程度比较一致。它是某些地方新闻或专业新闻的特色，针对的是某些特殊的受众群体。从接近性角度来讲，企业进行新闻策划时，必须顾及不同区域媒体的关注点，以更加切合该媒体的报道习惯来策划事件。

（5）显著性

显著性指的是新闻中的主要人物及新闻发生的时间、地点有非同寻常之处，有一定的知名度。目前，显著性大都体现在名人新闻中，以产生所谓的“名人效应”，这是娱乐新闻的最大特色。对于具备显著性特质的新闻，必须依靠策划者进行深入挖掘，使其新闻价值更为突出，以引发消费者的关注。

2. 新闻策划的原则

（1）时机性原则

时机性原则指新闻策划必须重视新闻推出的时机，同样一个新闻事件放在不同的时间，即不同的社会大背景下，会产生不同的新闻效应。

（2）创造性原则

最好的新闻策划应该是出乎意料之外，能够瞬间打动人心的，能够策划出奇特的有着匪夷所思情节的新闻，才能保证受众记忆深刻。

（3）新闻性原则

新闻性原则指新闻必须有较高的新闻价值，原则上应该具备第一性，即要求对某类新闻时间的第一次报道。

（4）导向性原则

企业新闻策划及报道必须遵循正确的舆论导向，不能为了制造轰动效应，而忽视了对政治生活大方向的把握。

（5）前瞻性原则

要有预见能力，能准确判断即将到来的形式或即将发生的事实，并进行相关的新闻策划。这种预见能力必须建立在对现状事实正确的认识和理解之上。

（6）适度性原则

适度性原则指企业的新闻策划不能超过一定的限度。企业要把握好两个方面的“度”。一是宣传要适度，不能炒作过头，产生副作用。二是投入的代价要适度，也就是说策划带来的实际效益必须大于实际投入，否则就得不偿失了。

（7）组合性原则

一个好的新闻策划，不能只追求短时效应，而应该有很强的发展性，能够不断“产生”出新的事件和新的角度，紧紧围绕主题层层推进，以“组合拳”的方式进行“新闻轰炸”，从而更好地达到策划目标。

（8）持续性原则

企业新闻策划应该作为营销的一项日常工作，持续不断地进行。企业最好能策划出一系列的活动、报道、新闻，这样效果更好。

（9）可行性原则

新闻策划要对方案进行充分的可行性论证，对活动进行周密细致的安排，确保成功实施。同时，在具体组织上要严密。好事要办好，同时要做好应急、突发情况的处理准备。

（10）低成本原则

新闻策划是“借力打力”的艺术，整合资源，释放存量，四两拨千斤，用最少的钱，来获得最大的宣传效益。低成本是新闻策划的最大优势。

3. 新闻策划的技巧

营销造势的影响力是建立在媒体新闻点爆破的基础之上，所以要提高企业营销造势的传播力，就必须在对新闻传播规律有深刻认识的基础之上，结合社会背景与消费心理，制定系统的传播方案。

（1）预设传播框架

媒体决定报道企业哪方面，媒体决定报道什么产品、如何报道，这些是企业无法决定的。但是，如果企业能够在媒体报道之前预先设计好传播的框架，那么媒体在报道企业时往往就会被企业预先设计好的框架影响，潜移默化地将此框架转换成媒体自身的报道框架，从而使企业的传播势能因借助媒体的力量而大增。

在企业营销传播中，框架是一种威力巨大而且实用的营销策略，框架的设立能够使企业将知名度低、品牌影响力小的品牌附着于其他熟悉的、高知名度的事物之上，并转变媒体固化的特定报道，经过不同媒体多次宣传，最终使得企业的知名度得以增加。

（2）提炼主题意义

公众对企业的关注点放在产品的价值即产品的功能、技术、应用性方面，而媒体关注点则更多放在企业的社会价值，即企业对社会的贡献、产品对公众的意义之上。这种天然的关注侧重性其实体现了媒体作为社会监督机器的职能。

所以，企业要有力提升营销传播的锐利度，必然要适当站在媒体的角度去思考企业所传播的内容如何体现公众性的普遍意义，从而使企业要传播的主题与媒体自身的主题合二为一。

（3）定位策略加深记忆

企业进行营销传播的最高目标即使信息就像水结成冰一样，在受众头脑中升华，成为受众脑海中无法遗忘的一部分。企业营销传播中通过定位策略达到这种效果：

①补缺定位。企业主动发现或宣扬一种尚处于空缺状态的消费需求，并将自己的产品定位于满足消费者需求的最好补缺者。如脑白金的送礼概念，海飞丝的去屑概念。

②重复诉求。加深公众记忆最有效的策略之一就是重复。某一要点、技术甚至是谎言，不断重复之后就会深入人心。沃尔沃汽车在半个多世纪以来一直重复的要点就是“安全”，尽管几乎所有汽车厂商都强调安全性能，但没有一家能如沃尔沃一样，如此持久且紧密地将所有技术宣传都围绕安全来做文章。

③名人效应。通过一种带有强烈主观色彩、依靠某些特殊人物或领袖的魅力，使其相应辐射到品牌或产品之上，从而使得公众印象深刻的策略。

小案例 13-5

克林顿深圳秀

2001 年，深圳京基房地产公司投资的深圳湾畔项目碧海云天楼盘即将面世。

如何营销碧海云天？碧海云天位于中国的深圳湾畔，靠近著名的旅游景区锦绣中华，地铁在建，是集海滨城市、年轻城市、旅游城市和现代化城市概念于一身的项目。代理商将该楼盘的市场定位界定为“代表深圳人居形象的楼盘”。

但是，不曾有人用过这一概念，连深圳一些有实力的业界大腕也不曾用过这一概念。如何让人们接受这一概念，并准确认识碧海云天？

京基地产决定邀请著名人物、启动策划活动进行市场营销，标准定在该人物是个成功的男士，有很高的知名度，有魅力，是很多男人的奋斗目标和梦想。谁是这个世界上最吸引眼球的人？《深圳特区报》建议：请克林顿。

经过周全谋划，2002 年 5 月 23 日，深圳京基地产、《商业周刊》论坛“WTO 与中国经济”在美丽的华侨城威尼斯酒店隆重召开。在这个舞台上，无法超越的“男一号”克林顿先生如期而至，经过两个小时旋风式的深圳演讲后，悄然离去。克林顿的出现，成功吸引了无数中国市民和媒体的眼球。这一天，已成为中国地产界具有划时代意义的一天，其影响和意义将被永远载入中国地产史册。

碧海云天通过克林顿这一具有代表性的个体，承接了项目前期“深圳人居形象大使”的高端定位，巧妙地将事件和营销结合在一起，使之产生社会效应、经济效应和诸多的联动效应，这就是事件营销的精髓。

资料来源：作者根据互联网相关资料进行整理。

本章小结

借势营销是将销售的目的隐藏于营销活动之中，将产品的推广融入一个消费者喜闻乐见的环境里，使消费者在这个环境中了解产品并接受产品的营销手段。借势营销的主要方式有：借“行业演进”之势、借政策倾向之势、借名人影响之势、借舆论导向之势、借事件之势。

造势营销是举办活动，或制造事件，再通过大众传播媒介的报道，引起社会大众或特定对象的注意，造成对自己有利的声势，达到企业扬名的目的，进而提高品牌的知名度，在公众中建立良好的企业形象，以及改变那些对企业不友善的态度或者不利于企业的看法。造势营销策划有如下常用方法：广告、新闻发布会、新产品发布会、各种展览会、研讨会、软文、起诉及其他方法。

媒体通路，是指企业或者专业公司长期、互动、真诚、有计划地建设并维护与媒体的关系，逐步构建起来的一个以企业或者专业公关公司为核心的媒体网络，在新闻宣传方面达到互相促进、互相需求，共同营造“关心、关注、关照”的理想境界。企业在建设媒体通路时必须注意的三大核心问题是：媒体通路建设是“一把手工程”；必须坚持“真实”原则；不断地“爆料”。新闻策划就是企业根据自身营销需求，按照新闻规律，整合企业优势资源，通过新闻媒介，借助热点事件制造新闻热点，以此来树立企业和产品品牌，营造企业良好的外部发展环境，创造产品市场，培育消费需求，从而达到销售产品的目的。新闻策划的技巧有：预设传播框架；提炼主题意义；定位策略加深记忆。

能力培养指导

1. 结合所学知识，找一个运作成功的借势营销案例，分析其成功之处。
2. 运用本章知识，找一个你感兴趣的品牌，为其进行造势营销策划。
3. 对最近发生的新闻策划事件，分析其对品牌传播的影响。

案例应用 1

威露士洗手液借 SARS 危机快速自我曝光

客观来讲，在“SARS”横行之前，“威露士”在中国市场的销售一直是不温不火，毕竟一个注重家庭卫生和安全的时代还未完全到来。而在“SARS”事件之中，“威露士”果断采取的一系列“非典”营销实验迅速奠定了其在消毒市场的霸主地位，并狠狠提升了一把品牌的美誉度。而这备受营销界首肯的“非典”营销实验——绝非投机取巧，而是趁势而上。

威露士的“非典”营销实验共分三个阶段。第一阶段（2003 年 2 月 10 日至 12 月 13 日）为启动阶段。2 月 10 日，以生产消毒药水著名的外商独资企业莱曼赫斯公司中国公司营销人员通过各方面的信息收集敏锐地预见到非典商机，迅速成立了专门应急的小组。并在 2 月 11 日在广州几大主流报媒推出平面广告“预防流行性疾病，用威露士消毒药水”，从而拉开了消毒市场的第一轮战役。

而随着广州市政府召开新闻发布会，正式公布了广东存在非典型性肺炎，威露士迅速意识到此会会成为全城关注的焦点。于是迅速进入第二阶段（2003 年 2 月 11 日至 2 月 17 日）。2003 年 2 月 11 日，广州市政府召开了新闻发布会，且政府和专家呼吁其中一条是：“勤洗手……凡与病人接触者需戴口罩，注意手的清洁和消毒”。新闻发布会上午召开，威露士下午就通过多种渠道掌握到这种信息。立即将原定在2月12日南方都市报的消毒药水广告改为“防止病从手入，请用威露士洗手液”。值得称道的是，这个广告刚好和市政府召开的新闻会报道同日出街，从而增加了广告的可信度。此后，2月12、13、17、19日头版都推出了威露士通栏广告。

在连续几天增加自身曝光率之后，威露士马上警惕地意识到——如果广告太多，或许会引起受众的反感。在通过广告充分传达整个品牌概念之后，威露士开始启动第三阶段（2003年2月17日至2月26日）营销，以达到巩固自身品牌地位的目的。在第三阶段，威露士一举将原来强调功能和品牌的广告诉语改为公益广告——“巩固健康生活 请用威露士”，从而博得公众好感。同时针对其直接竞争对手“滴露”的广告语“专业消毒选滴露”，威露士推出新广告词“专业化、更出色，家庭消毒选威露士”。从而将自身品牌诉求更快地圈定在“家庭消毒”这一块。

值得一提的是，在营销的第三阶段，这时很多日化企业通过一个星期的准备，也陆续开始在媒体上抢到一些位置。特别是众多洗手液的广告开始出现，此刻威露士先发制人，率先与南方都市报合作，借助后者的影响力和订户网络，向广深地区无偿捐赠37吨价值100万元的消毒洗手液，这是当时继非典事件出现以来第一个率先大规模捐物的品牌，也引起媒体的高度关注。

据悉，由于莱曼赫斯此次捐赠的威露士消毒洗手液主要用于家庭及公共场所洗手池，做事细致的都市报广告部提出，应将捐赠的重点放在广州和深圳的学校、机关、写字楼等人员密集场所，且为防止中间人的中饱私囊，洗手液应派送到具体的人和单位。此次具体捐赠活动的执行由南方都市报的送报队伍将这些洗手液送给报纸订户，而事后其还给威露士列出详细的派送名单——6万多瓶洗手液被先后派送到2000多家学校和企事业单位。

威露士这次花了平面广告费接近100万元，同时派送号称价值100万元共6万多瓶洗手液，一举确立了自己在消毒液市场的霸主地位。当后来在总结自己在此次非典时期的营销实验时，威露士认为，在突发事件面前，首先是要反应快（据悉在2003年2月11日之后，由于媒体版面有限，很多企业广告根本排不出空期，一般的广告公司都要提前四天预定版面。从这点来说，威露士可谓嗅觉敏锐）；其次信息收集要全面，要有专人负责信息采纳；最后，市场决策要快。

资料来源：作者根据互联网相关资料进行整理。

【讨论题】

1. 分析威露士在非典事件中是如何借势的，起到了什么效果？
2. 我们能从威露士的借势营销中获得哪些启示？

案例应用2

猎豹浏览器“春节抢票”事件营销

每当春节临近，订票难就会成为一个话题。2013年春节前，12306订票难的问题再一次被引向风口浪尖，网上针对12306的各种抢票攻略层出不穷，而此次，一个小小的浏览器抢票插件，竟然在社会上引起巨大关注，国内各个互联网厂家也借机大做营销。

12306订票助手插件是由一位网友iFish（木鱼）制作的多浏览器插件，该插件最早是在谷歌 Chrome 浏览器和 Firefox 浏览器上推出，国内浏览器厂商推出的“抢票插件”也大多直接使用了这个插件，或者在其基础上进行了修改，目前国内的浏览器大致有两种模式，一种高速模式，基于 Chrome 核心；另一个是兼容模式，基于 IE 核心。而基于 Chrome 核心的浏览器可以支持安装插件扩展等程序，扩展浏览器的功能，抢票插件就是这类程序。因此，所谓的“抢票专版”浏览器大多都是兼容 Chrome 的浏览器预装抢票插件变成的。

2013 年 1 月 14 日，金山网络公司推出猎豹浏览器春运抢票版，在普通浏览器上预装了上面说的抢票插件，用户在使用浏览器登录铁道部订票网站“12306.cn”时，还推荐用户看电影上地下影院“dy.cddxt.com”，电脑会自动重复登录刷新页面订票，直至订上，成为不少抢票人的购票“神器”。

当时这个插件使用 GitHub 的 Raw File 服务作为 CDN，并对返回 403 错误代码的请求使用具有争议的 5 秒重试。由于猎豹浏览器的推广，导致该插件的使用量大增，于是，在 1 月 15 日的时候，来自中国的洪水般的访问请求涌向 GitHub，最终拖慢了服务器，导致 GitHub 的管理员以为遭到了 DDOS 攻击。

1 月 18 日，网传铁道部约谈 12306 购票助手作者和金山公司，要求“抢票插件”自我控制，不要对 12306 网站造成太大压力，影响其他用户的正常访问。之后，又有传言称工信部叫停浏览器抢票插件。

1 月 19 日，全球知名的分布式代码托管网站 GitHub 被中国关键字屏蔽，无法从中国访问，早先 12306 抢票插件曾经直接引用了 GitHub 上的 js 文件，导致 GitHub 服务器被拖垮了，插件作者不得不将 js 文件托管在其他网站。

1 月 21 日，国家队出场，人民网即刻搜索推出抢票工具，用户只需在预售前一天按照提示步骤来完成设置，提交订单，在出票时段关注“抢票”结果即可。如果抢票成功，用户需要在 45 分钟内登录自己的 12306，在未完成订单中完成支付。

就“铁道部约谈”和“工信部叫停”的传言，有媒体记者分别致电金山、360、搜狗等浏览器厂商求证，这些企业相关负责人都声称，并未收到工信部叫停抢票软件通知，目前各家抢票软件依然在正常运营。而工信部方面至今为止也没有就此传言给予回应。

对于 12306 抢票软件，其自动化的操作虽然方便，但这有点像在网络上“加塞”，有碍公平，但铁道部通过行政命令叫停也不妥，理论上说，12306 网站应该可以通过判定有规律的频繁查询和订单提交等方式来判定是否是来自抢票插件的访问，如果 12306 网站觉得这个插件不妥，在服务器端对其进行屏蔽并不是困难的事，一个原本很简单的技术问题却演变成了社会热点。

当时，各个网站和企业都在炒作抢票插件，这更像是借势营销，通过这个营销事件来扩大自己产品的市场份额，而最大的成功者应该是最早插手抢票插件的“猎豹浏览器”。

1 月 14 日，猎豹浏览器抢先推出“春运抢票版”，并在网络上针对如何抢票展开口碑营销，使得其在网民中影响力大幅提升。从百度指数上看，之前“猎豹浏览器”的用户关注度只有“360 浏览器”的十分之一不到，而经过“12306 抢票插件”事件后，1 月 18 日“猎豹浏览器”的用户关注度已达到“360 浏览器”的二分之一，猎豹浏览器通过“约谈”“叫停”等新闻进行营销，大小媒体也为它免费宣传，成为“抢票插件”事件最大获益者。

资料来源：作者根据互联网相关资料进行整理。

【讨论题】

1. 在此次策划中，猎豹浏览器遵循了哪些原则？
2. 你如何评价猎豹浏览器此次营销策划？

第 14 章　关系营销策划

学习目标

1. 掌握关系营销的概念，了解关系营销策划的内容及原则
2. 掌握关系营销的策划方法
3. 熟悉关系营销实施的步骤
4. 熟悉关系营销实施措施，掌握其具体内容

实践中的关系营销

马狮集团的关系营销

马狮百货集团（Marks＆Spencer）是英国最大且盈利能力最高的跨国零售集团，以每平方米销售额计算，伦敦的马狮公司商店每年都比世界上任何零售商赚取更多的利润。马狮百货在世界各地有 2400 多家连锁店，“圣米高”品牌的货品在 30 多个国家出售，出口货品数量在英国零售商中居首位。《今日管理》（Management Today）的总编罗伯特·海勒（Robert Hellen）曾评论说：“从没有企业能像马狮百货那样，令顾客、供应商及竞争对手都心悦诚服。在英国和美国都难找到一种商品品牌像‘圣米高’如此家喻户晓，备受推崇。”这句话正是对马狮在关系营销上取得成功的一个生动写照。

1. 围绕顾客需求建立顾客关系

早在 20 世纪 30 年代，马狮的顾客以劳动阶层为主，马狮认为顾客真正需要的并不是“零售服务”，而是一些他们有能力购买且品质优越的货品，于是马狮把其宗旨定为“为目标顾客提供他们有能力购买的高品质商品”。马狮认为顾客真正需要的是质量高而价格不贵的日用生活品，而当时这样的货品在市场上并不存在。于是马狮建立起自己的设计队伍，与供应商密切配合，一起设计或重新设计各种产品。为了保证提供给顾客的是高品质货品，马狮实行依规格采购方法，即先把要求的标准详细订下来，然后让制造商一一依循制造。由于马狮能够严格坚持这种依规格采购之法，使得其货品具备优良的品质并能一直保持下去。

马狮要给顾客提供的不仅是高品质的货品，而且是人人力所能及的货品，要让顾客因购买了“物有所值”甚至是“物超所值”的货品而感到满意。因而马狮实行的是以顾客能接受的价格来确定生产成本的方法，而不是相反。为此，马狮把大量的资金投入货品的技术设计和开发，而不是广告宣传，通过实现某种形式的规模经济来降低生产成本，同时不断推行行政改革，提高行政效率以降低整个企业的经营成本。

此外，马狮采用“不问因由”的退款政策，只要顾客对货品感到不满意，不管什么原因都可以退换或退款。这样做的目的是要让顾客觉得从马狮购买的货品都是可以信赖的，而且

对其物有所值不抱有丝毫的怀疑。

2. 围绕供应商利益建立合作伙伴关系

在与供应商的关系上，马狮尽可能地为其提供帮助。如果马狮从某个供应商处采购的货品比批发商处更便宜，其节约的资金部分，马狮将转让给供应商，作为改善货品品质的投入。这样一来，在货品价格不变的情况下，使得零售商提高产品标准的要求与供应商实际提高产品品质取得了一致，最终使得顾客获得“物超所值”的货品，增加了顾客满意度和企业货品对顾客的吸引力。同时，货品品质提高增加销售，马狮与其供应商共同获益，进一步密切了合作关系。从马狮与其供应商的合作时间上便可知这是一种何等重要和稳定的关系。与马狮最早建立合作关系的供应商时间超过 100 年，供应马狮货品超过 50 年的供应商也有 60 家以上，超过 30 年的则不少于 100 家。

3. 真心关怀员工，建立内部员工关系

在与内部员工的关系上，马狮向来把员工作为最重要的资产，同时也深信，这些资产是成功压倒竞争对手的关键因素，因此，马狮把建立与员工的相互信赖关系，激发员工的工作热情和潜力作为管理的重要任务。在人事管理上，马狮不仅为不同阶层的员工提供周详和组织严谨的训练，而且为每个员工提供平等优厚的福利待遇，并且实际做到真心关怀每一个员工。马狮的一位高级负责人曾说：“我们关心我们的员工，不只是提供福利而已。”这句话概括了马狮为员工提供福利所持的信念的精髓：关心员工是目标，福利和其他措施都只是其中一些手段，最终目的是与员工建立良好的人际关系，而不是以物质打动他们。这种关心通过各级经理、人事经理和高级管理人员真心实意的关怀而得到体现。例如，一位员工的父亲突然在美国去世，第二天公司已代他安排好赴美的机票，并送给他足够的费用；一个未婚的营业员生下了一个孩子，她同时要照顾母亲，为此，她两年未能上班，公司却一直发薪酬给她。

马狮把这种细致关心员工当成是公司的哲学思想，而不因管理层的更替有所变化，由全体管理层人员专心致志地持久奉行。这种对员工真实细致的关心必然导致员工对工作的关心和热情，使得马狮得以实现全面而彻底的品质保证制度，而这正是马狮与顾客建立长期稳固信任关系的基石。

资料来源：作者根据互联网相关资料进行整理。

评述

实施关系营销是一项系统工程，要实现企业与顾客建立长期稳固关系的最终目标，离不开建立于关联企业及员工良好关系的支持。企业与顾客的关系是关系营销中的核心，建立这种关系的基础是满足顾客的真正需要。要与关联企业建立长期合作关系，必须从互惠互利出发，并与关联企业在所追求的目标认识上取得一致。高福利并不一定能实现企业与员工的良好关系，真心关怀每个员工才能有效激发他们的工作热情和责任心，从而为实现企业的外部目标提供保证。

14.1　关系营销概述

从营销的本质概念——交换来说，关系营销的内涵就是要研究围绕交换活动而发生、变化的各种关系，其中最主要的是公司与顾客的关系，同时也包括公司与竞争者、供应商、政府的关系以及公司内部的关系，这些关系的建立、维持与推进都会在很大程度上影响企业的营销能否成功，也会影响企业营销效益。

14.1.1 关系营销概念

目前，学者们对关系营销的定义表述有所不同，但是核心观点是一致的，都认为关系营销是建立和发展长期关系，通过长期关系来优化关系方之间的交换。

综合学者们的定义，本书认为，关系营销指的是企业通过建立、维持、促进与客户和其他伙伴之间的关系，充分强化和利用各种形式的关系与关系网络进行营销事件，实现参与各方目标的一种社会活动。

14.1.2 关系营销的原则

关系营销的实质是在市场营销中与各关系方建立长期稳定的相互依存的营销关系，以求彼此协调发展，所以需要遵循以下原则：

1. 主动沟通原则

在关系营销中，企业应主动与其他关系方保持接触和联系，积极交流沟通信息，向信息透明与民主化努力。企业可以通过合同的方式建立定期或不定期交流关系，主动为关系方服务或为关系方解决困难和问题，增强伙伴合作关系。

2. 承诺信任原则

在关系营销中，企业要履行各项诺言，这种诺言可以是一系列书面承诺，也可以是双方认可的口头承诺。通过承诺，赢得关系方的信任。通过实际行动，履行诺言，这是维护和尊重关系方利益的体现，也是获得关系方信任的关键，是强化合作关系的基础。

3. 互惠原则

企业在与关系方交往过程中，必须做到相互满足关系方的经济利益，并通过在公平、公正、公开的条件下进行成熟、高质量的产品或价值交换，使企业和关系方都能获得实利。

14.1.3 关系营销策划的内容

1. 老顾客营销规划

老顾客营销规划也称为频繁营销规划，是指设计规划向经常购买或大量购买的顾客提供奖励，奖励的形式有折扣、赠送产品、奖品等。通过长期的、相互影响的、增加价值的关系，确定、保持和增加来自最佳顾客的产出。美国航空公司是首批实施频繁营销规划的公司之一，20 世纪 80 年代推出了提供免费里程的规划，顾客可以不付任何费用参加公司的 AA 项目，乘飞机达到一定里程后换取一张头等舱机票或享受免费航行和其他好处。又如，许多旅馆规定，顾客住宿达到一定天数或金额后，可以享受上等房间或免费住宿；信用卡公司向持卡人提供折扣等。

（1）老顾客营销的实施要点

必须强化“软件”，即员工的素质保证。直接频繁面对顾客的员工，作为最直接、对顾客影响最大的“品牌接触点”，必须经过严格的专业培训和标准化管理，具备较高的专业素质和服务水平。因为，如果一个顾客第一次接触企业就没有得到足够的满意，那么很可能这是第一次，也是最后一次。

（2）老顾客营销的注意事项

一是竞争者容易模仿。频繁营销规划只具有先动优势，尤其是竞争者反应迟钝时。如果竞争者加以仿效，就会成为所有实施者的负担。二是顾客容易转移。三是可能降低服务水平。单纯价格竞争容易忽视顾客的其他要求。

2. 俱乐部营销规划

俱乐部营销规划是指建立顾客俱乐部，吸收购买一定数量产品或支付会费的顾客为会员。例如，哈利•戴维森公司建立的哈利所有者集团，拥有 30 万会员，向会员提供一本杂志（介绍摩托车知识并报道国际国内的骑乘赛事）、一本旅游手册、紧急修理服务、特别设计的保险项目、价格优惠的旅馆，经常举办骑乘培训班和周末骑车大赛，向度假会员廉价出租哈利•戴维森摩托车。第一次购买哈利•戴维森摩托车的顾客可以免费获得一年期的会员资格，在一年内享受 35 美元的零件更新。目前，该公司占领了美国重型摩托车市场份额的 48%，市场需求大于供给，顾客保留率达 95%。

14.1.4 关系营销的作用

如今，越来越多的公司正在通过与其各关系方建立战略联盟或竞争合作的方式来寻求更好的、更大的市场机会。运用关系营销建立并维持与客户的良好关系是公司营销成功的基本保证。

1. 关系营销有助于企业营销成本降低

首先，关系营销能帮助企业在内部营造一种全民参与、全员营销的氛围，这将极大地减少企业的营销费用；其次，关系营销强调的是以顾客为中心，最大限度地满足顾客需求，有助于建立良好的客户关系；最后，关系营销有利于降低交易成本。关系营销不仅能帮助企业减少收集信息、谈判、协调、行为的控制和检查等经营活动所需的时间，还能通过企业间的协调降低单位成本而降低价格。

2. 关系营销有助于企业间的合作

在传统市场营销中，企业间只有残酷的竞争，这种关系既不利于经济的发展，也不利于企业的壮大。而关系营销能够加强企业间的协调与合作，这种关系不仅能帮助企业拓展市场范围，扩大市场份额，还能增强企业的应变能力和抵御风险的能力。

3. 关系营销有助于建立并维持与顾客的良好关系

在竞争日趋激烈的今天，企业要想发展、壮大，就必须有大量忠实的顾客。要想拥有忠实的顾客，企业就必须和顾客建立良好的关系。关系营销能帮助企业更加深入地研究顾客、更好地了解顾客需求、更好地满足顾客需求，进而和顾客建立良好的关系。良好的顾客关系就可以使顾客成为企业忠实的顾客。忠实的顾客既可以帮助企业将产品和服务传播出去，又能帮助企业稳定市场份额，稳固市场地位。

小链接 14-1

中国古代米商蔡明华的关系营销

在中国古代江西的一个村庄，有一个叫蔡明华的年轻米商，据史料记载，村中一共有六家米商，通常米商的做法都是在店铺等待顾客上门购买，这一年生意非常清淡。突然有一天，明华意识到必须要了解一下为什么？于是就进行了一番走访调查，通过调查，明华认识到，必须让自己的客户感到买他的米是物有所值的，而且要比在其他几家米店购买要划算。

于是，明华决定对销售过程进行记录，记录下客户的饮食习惯、订货周期和供货的最好时机。并且在村子里面进行了包含如下问题的市场调查：

家庭中的人口数量；

每天大米的消费量是多少碗；

家中存粮的粮缸容量大小；

针对这次的市场调查，明华采取了以下两个措施：免费送货上门；定期将客户家中的米缸添满。

例如，一个5口之家，3个大人，2个小孩，每个大人要吃2碗大米，小孩1碗，这样，这个家庭一天大米消耗量为8碗，该家庭米缸容量是120碗，这样接近一袋大米，一缸米可以消费15天，于是他决定每15天为这个家庭送一袋大米。

通过建立这样极有价值的记录和推出的新服务（送货上门、定期补货），蔡明华的米店和客户建立起了广泛而且深入的关系，先是与他的老客户，然后逐步扩展到其他的村民，他的米店不断扩大，以至于不得不雇人来帮忙。一个记账，一个帮助他整理销售发货数据，一个柜台销售，两个送货员，至于老板蔡明华，他的主要职责就是与村民不断地接触，搞好政府官员和批发商的关系，最后蔡明华米店的生意蒸蒸日上，成为江西有名的富商。

资料来源：作者根据互联网相关资料进行整理。

14.2 关系营销的策划方法

对不同层次的市场细分，建立不同程度的顾客数据库，将顾客细分化、团体化，都是关系营销策划可以采用的方法。

14.2.1 顾客化营销

顾客化营销也称为定制营销，是指在大规模生产的基础上，把每一位顾客视为一个潜在的细分市场，并根据每一位顾客的特定要求，单独设计、生产产品并迅捷交货的营销方式。它的核心目标是以顾客愿意支付的价格并以能获得一定利润的成本高效率地进行产品定制。其优越性是通过提供特色产品、优异质量和超值服务满足顾客需求，提高顾客忠诚度。例如，日本有些服装店采用高新技术为顾客定制服装，由电子测量仪量体，电脑显示顾客穿上不同颜色、不同风格服装的形象并将顾客选定的款式传送到生产车间，激光仪控制裁剪和缝制，顾客稍等片刻就可穿上定做的新衣。日本东芝公司在20世纪80年代末策划“按顾客需要生产系列产品”的方案，计算机工厂的同一条装配线上生产出9种不同型号的文字处理机和20种不同型号的计算机，每种型号多则20台，少则10台，公司几百亿美元的销售额大多数来自小批量、多型号的系列产品。

与传统的营销方式相比，定制营销体现出其特有的竞争优势。首先，能体现以顾客为中心的营销观念。从顾客需要出发，与每一位顾客建立良好关系，并为其开展差异性服务，实施了一对一的营销，最大地满足了用户的个性化需求，提高了企业的竞争力。由于它注重产品设计创新与特殊化，个性化服务管理与经营效率，实现了市场的快速形成和裂变发展。在这种营销中，消费者需要的产品由消费者自己来设计，企业则根据消费者提出的要求来进行大规模定制。其次，实现了以销定产，降低了成本。在大规模定制下，企业的生产运营受客户的需求驱动，以客户订单为依据来安排定制产品的生产与采购，使企业库存最小化，降低了企业成本。因此，它的目的是把大规模生产模式的低成本和定制生产以客户为中心这两种生产模式的优势结合起来，在未牺牲经济效益的前提下，了解并满足单个客户的需求。可以这样说，它将确定和满足客户的个性化需求放在企业的首要位置，同时又不牺牲效率，它的基本任务是以客户愿意支付的价格并以能获得一定利润的成本高效率地进行产品定制。最后，在一定程度上减少了企业新产品开发和决策的风险。

策划顾客化营销的企业要高度重视科学研究、技术发展、设备更新和产品开发，要建立完整的顾客购物档案，加强与顾客的联系，合理设置售后服务网点，提高服务质量。具体有如下策略：

1. 对顾客进行线上线下整合

在当前的网络环境下，电商的发展如火如荼，顾客从网络购物体验到的便利感是实体店不可比拟的。顾客在网络购物过程中，留下的关于购买偏好的信息，是商家可以利用的资源。所以，在进行定制营销策划时，可以进行线上和线下的顾客化整合，即掌握购买者在网购中的偏好并把它放在实体店中吸引顾客体验，或者运用实体店中的顾客购买习惯整合后放在网上。

2. 用顾客化的选择来指导大规模生产

在掌握顾客购买偏好的情况下，建立基于顾客化的大规模生产线。即整理顾客购买偏好，从中获取大多数消费者购买需求信息，并将其用于设计新产品或进行产品更新换代，利用顾客化产品的有关信息来塑造它们的大规模产品生产线。

3. 把顾客邀请进实验室

企业可以邀请顾客进入企业的实验室，让顾客亲自感受产品的研发过程，并为产品设计提出意见。由于参观产生的主人翁意识，顾客提出的意见一定会使企业在设计产品时受益匪浅，将顾客化完全运用到产品的设计中去。

4. 把握品牌的价值链

所谓品牌价值链，就是以企业向用户承诺的最终品牌价值为导向和目标，从企业经营的整个业务链入手，梳理和改善每一个环节，使之符合品牌价值的要求。这样的价值链贯彻企业经营的所有环节，包括产品研发、采购、生产、分销、服务、传播等。所以，需要企业将顾客化贯彻到所有业务环节，建立一整条顾客化的品牌价值链，并且链上的每一个点都能为客户创造价值。

5. 增加数字化内容

通过提高数字化内容在产品中所占的比例，企业可以很容易地以低成本进行顾客化生产。企业需要想出一些有创意的办法来提高那些看起来似乎对数字化没多大帮助的产品的数字化内容。

6. 提供标准化的产品

所有的顾客多多少少会有选择惰性，当在选择中迷失方向的时候，顾客很希望能够找到标准化产品帮助他们确定主意。标准化看起来跟顾客化背道而驰，其实不然。保证标准化和顾客化产品之间的转换距离只有一步之遥。企业需要在消费者的愿望和企业的生产考虑（复杂性、安全和业绩）两者之间找到一个适当的平衡点，一方面要保证顾客化，对于某些产品，还要保证标准化因为消费者有时候想要个性化的产品，但是另一些时候却想从一系列固定的选择中挑选想要的东西。

7. 综合考虑顾客的需求

企业需要建立一种对顾客的系统化的观点，并且为不同的渠道传送相对应的信息。这些市场营销信息应该不仅仅是个性化的，而且应该是一种长期对话的一部分。

小案例 14-1

戴尔的定制化营销

美国戴尔公司 1990 年股票正式上市，不到 10 年，其股票增值 3 万倍，而戴尔本人也成为全球《财富》500 强中最年轻的总裁。是什么让戴尔公司股票如此暴涨？在强手如林的电脑市场，戴尔没有 IBM、康柏等公司历史悠久、财大气粗，但却能挤进去，并且成为世界最大的个人计算机（PC）供应商。它靠什么？

这与戴尔独特的定制化生产方式密切相关。哪家公司都想定制化，但成本高却让诸多企业望而却步，是 IT 和网络技术让戴尔有能力做到定制化。戴尔的营销创新在于它把新型零售方式融入高科技产品电脑中来。如果用专业的话来说，戴尔将电脑产品“大规模定制化”。

戴尔公司每年生产 400 多万台个人计算机，每台都是根据客户的具体要求组装的。戴尔公司是企业家、网络技术专家和企业软件汇集在一起的完美例子。以戴尔为其大客户福特汽车提供服务为例，戴尔公司为福特不同部门的员工设计了各种不同的配置。当通过福特公司内联网接到订货时，戴尔公司马上就知道订货的是哪个工种的员工，他需要哪种计算机。戴尔公司便组装合适的硬件，甚至安装了适当的软件，其中有一些包括福特汽车公司储存在戴尔公司的专有密码。戴尔公司的后勤服务软件非常全面和先进，因此，它能够以较低的成本开展大规模定制服务。

福特公司为这种专门服务额外付一定的费用。付这笔钱值得吗？如果福特汽车从当地经销商那里购买个人计算机，经销商运来一些箱子，需要懂得信息技术的工人取出机器进行配置。这一过程需要一个专业人员花 4～6 个小时，并且常常出现配置错误。

所以，戴尔的定制服务物有所值。定做莱维斯（Levis）牛仔裤要付额外费用，玩具公司马特尔公司（Mattel）也为需要个性化产品的小姑娘提供定制产品，但收取高价钱。戴尔的直销与定制模式使它在高科技产业独树一帜。

每台个人计算机都按订货生产，但是，从打 800 免费电话到装上车只需 36 小时。订货源源不断地转到戴尔公司的三家生产厂。但是，在这些工厂是见不到库存的。戴尔要求所有供应商必须把配件在 1 小时之内送到。芯片、集成线路板和驱动器装在卡车上，再直接开到距离组装线仅 15 米的卸车台。在那儿，也没有制成品的库存。

资料来源：作者根据互联网相关资料进行整理。

14.2.2 顾客数据库营销

顾客数据库营销是指建立、维持和使用顾客数据以进行交流和交易的过程，这是关系营销的“硬件”基础。没有客户资料，连顾客在哪里都不知道，也就根本谈不上关系营销。目前在美国，已有 80%的公司建立了自己的市场营销数据库，这个数字如果具体到服务行业，比例还要高。如果企业在每位顾客消费时，通过数据库建立详细的顾客档案，包括顾客的消费时间、消费频率。另外，企业还可以通过顾客数据库营销，经常保持与顾客的沟通和联系，强化顾客与企业密切的社会性关系，并预测顾客需求，提供更加个性化的服务。

策划顾客数据库营销应有极强的针对性，它是一种借助先进技术实现的“一对一”营销，可看作为顾客化营销的特殊形式。数据库中的数据包括以下几个方面：

首先，现有顾客和潜在顾客的一般信息，如姓名、地址、电话、传真、电子邮件、个性特点和一般行为方式；交易信息，如订单、退货、投诉、服务咨询等。

其次，促销信息，即企业开展了哪些活动，做了哪些事，回答了哪些问题，最终效果如何。

最后，产品信息，如顾客购买何种产品、购买频率和购买量等。数据库维护是数据库营销的关键要素，必须经常检查数据库的有效性并及时更新。例如，美国通用电气公司建有资料详尽的数据库，可以清楚地知道哪些用户应该更换电器，并时常赠送一些礼品以吸引他们继续购买公司的产品。又如美国的陆际旅馆也策划了顾客数据库营销，即掌握顾客喜爱什么样的房间和床铺、喜爱何种品牌的香皂、是否吸烟等，从而有效地分配房间，使每一位顾客都能得到满意的服务。连锁公司策划数据库营销更加有效，如果顾客在某一分店购买产品或服务时表现出某些需求特点，那么任何地方的分店店员都会了解并在顾客以后光临时主动给予满足。

小案例 14-2

数据库营销助力甲骨文，赢得中国市场

甲骨文公司为了推广公司治理机构极其 IT 解决方案，制定了全球推广目标，并将关注焦点定位在企业的财务总监、财务经理上。由于统一的推广方案无法兼顾不同国家、地区的客户需求差异和文化差异，甲骨文公司虽然投入了巨额营销费用，但传播效果并不理想。甲骨文中国公司发现，仅仅将目标联系人定位在财务总监、财务经理是不够的，鉴于此，甲骨文中国公司策划了一套整合的营销沟通方案来推广产品。此次活动采用 EDM、财务类网站的 Banner 广告、直销、针对性报刊夹寄以及电话访问等多种传播形式，向企业高层管理者、财务主管、IT 负责人等 20 万目标受众传播甲骨文公司的公司治理理念及产品，挖掘销售机会，提升甲骨文公司的品牌知名度。经过 2 个多月的实施，甲骨文中国公司在市场竞争中脱颖而出。将近 2 万人对活动表示有兴趣，阅读了宣传资料或是访问了宣传网站。最终甲骨文公司挖掘出 900 多个销售机会。

此次甲骨文公司能在中国市场取得良好的业绩，可以说数据库营销发挥了巨大作用。甲骨文中国公司的数据库营销对其他企业来说，也是很有借鉴意义的。

（1）准确的数据是项目高效运行的基础

本项目通过仔细甄选，从多种途径选择有效、符合要求的目标客户，成为项目顺利进行的保证。

（2）产品诉求迎合了传播对象的关注热点

公司治理是企业管理层普遍关心的热点问题，伴随着国家相关法规的出台，国内公司对此更是高度重视，甲骨文公司适时推出这一理念，立即引起了客户的共鸣。

（3）数据库营销成为整合传播的支撑

客户数据的采集、反馈管理、后期跟踪等数据库营销服务成为良好效果的保证。多种方式组合的整合传播极大地增强了推广效果，吸引了众多客户反馈。

资料来源：作者根据互联网相关资料进行整理。

14.2.3 分销渠道环节的关系营销策划

企业与分销商之间必须保持良好的信息沟通，了解对方的经营状况和未来规划，树立长期合作的信念。建立企业与分销商之间的良好关系，必须以诚相待，共同解决供应与销售中存在的问题，从而达到共同发展。

1. 零售商环节的关系营销策划

以顶新集团为例，集团业务代表每人每天拜访40～50个中小零售店，帮助进行库存管理；只让老板进一星期的货，提前对临期品进行促销；及时宣传、讲解公司政策，与零售商建立了良好的信任关系，零售商常常直接让业务代表代自己填订单。

对大型连锁店、超市则进行多方面合作以建立长期关系：

（1）价格支持系统。给予优惠价格，越过中间商直接由公司负责谈判，销量达标，提供实物返利。

（2）产品陈列系统。公司要求超市提供最好的陈列位置及专门的陈列架、堆箱，公司可提供专业的理货员协助整理货架。

（3）促销支持系统。公司优先在超市进行促销。如遇周年庆时公司提供实物支持。超市则应提供促销海报、POP及堆箱支持。

（4）服务支持系统。产品供应方面，超市有优先权。公司保证配送及时、准确。超市则提供销售库存的数据库资料。

（5）设备支持系统。公司为超市提供广告伞、冰柜等设备。超市应合理使用，负责日常保养及维修。

（6）如果有条件还可以进行信息系统联网，数据共享，如宝洁及沃尔玛。

实行一系列合作后，双方建立了长期满意关系，零售商很信任公司，使得竞争对手很难从价格供给上取胜。

2. 中间商、批发商环节的关系营销策划

（1）为中间商、批发商提供定期培训可以提高他们的商业知识，使他们能更好地理解公司的政策并有效执行，让竞争者很难以价格优势夺走分销渠道。

（2）派出企划人员，到竞争品较强的区域进行阻击战，同时给予当地经销商政策上的支持，从而建立起一种长期伙伴关系。

（3）与分销商合作建立区域销售公司。格力集团以股份为纽带，以股权为依托，联合各分销商建立区域销售公司，把大家作为利益体联系在一起，有效防范分销商之间的恶性价格竞争及窜货的发生，控制了渠道成员，可谓一举多得。

14.2.4 退出管理的关系营销策划

退出是指顾客不再购买企业的产品或服务，终止与企业的业务关系。退出管理策划主要是分析顾客退出的原因，相应地改进产品和服务以减少顾客退出。退出管理策划可按照以下步骤进行：

第一，测定顾客流失率。

第二，找出顾客流失的原因。按照退出的原因将退出者分为以下几类：价格退出者，指顾客为了较低价格而转移购买；产品退出者，指顾客找到了更好的产品而转移购买；服务退出者，指顾客因不满意企业的服务而转移购买；市场退出者，指顾客因离开该地区而退出；技术退出者，指顾客转向购买技术更先进的替代产品；政治退出者，指顾客因不满意企业的社会行为或认为企业未承担社会责任而退出购买，如抵制不关心公益事业的企业、抵制污染环境的企业等。企业可绘制顾客流失率分布图，显示不同原因的退出比例。

第三，测算顾客流失造成的公司利润损失。例如，某运输公司原有 6600 个客户，本年度由于服务质量差流失了 5%，也就是 330 个客户，平均每流失一个客户，营业收入就损失 1 万元，公司一共损失 330 万元的营业收入，若利润率为 10%，即损失了 33 万元的利润。

第四，确定降低流失率所需的费用。如果这笔费用低于所损失的利润，就值得支出。比如，该运输公司为保留顾客而花费的成本只要低于 33 万元就应支出。

第五，采取留住顾客的措施。造成顾客退出的某些原因可能与公司无关，如顾客离开该地区等，但由于公司或竞争者的原因而造成的顾客退出，则应引起警惕，采取相应的措施，扭转局面。

14.3　关系营销的实施步骤

在关系营销的实施中，一定要构建关系营销队伍与机构，密切与客户的营销关系，发现与掌握客户的需求，利用数据库收集信息，通过设立高效的管理机构为实现客户忠诚的努力取得成效提供保证。

14.3.1　构建营销队伍与机构

1. 设立客户关系管理机构

设立高效的管理机构是实施关系营销、实现客户忠诚的组织保证。在实践中，建立专门从事客户关系管理的机构，选派业务能力强的人担任部门总经理，下设若干关系经理。

总经理负责确定关系经理的职责、工作内容、行为规范和评价标准，考核其工作绩效。关系经理负责一个或若干个主要客户，协调公司各部门做好客户服务。

2. 建立一个和谐的团队

与关系方建立长期关系，需要依靠团队的通力协作。所以，关系营销的实施要有一个和谐团队。因为公司的每一个人都有机会接触客户，而不仅仅是销售人员。所以公司要建立新的客户沟通手段，改造团队，增强团队协作精神。企业要帮助每一个队员融入团队里，才能让整个团队愿意投入，进而挖掘客户的需要。

3. 推广倾听文化

企业要利用一定时间注意倾听客户的真实需求。在员工中形成一种非正式的倾听文化，并制定相关制度保证倾听文化的贯彻，形成一个倾听的良性循环：管理者决定倾听及发现倾听的方法——实施倾听的行为——依据倾听到的信息做改变——检查结果——回到决定倾听。企业在倾听循环中不断了解客户，不断进步。

4. 建立员工忠诚

客户所获得的产品都是通过员工接触获得的，所以员工忠诚对企业进行关系营销至关重要。企业建立员工忠诚可以采取以下措施：提高员工的满意度；造就员工积极向上的价值观念；承认和尊重员工的个人价值。只有这样才能让员工以主人翁身份为企业工作，把企业的发展看成是自我实现的过程，以塑造企业形象为己任。

14.3.2 密切客户关系

1. 建立人际交往关系

建立人际交往关系，即通过营销人员与客户的密切交流增进友情，强化关系。营销人员与客户的每次人际交往都有可能帮助企业发掘潜在机会。人际交往主要体现了关系营销中的人文关怀，例如邀请客户参加各种娱乐活动，在客户生日当天赠送礼品表示祝贺等。通过人际沟通和交流，可以增加客户对企业的亲和力，提高客户满意度，从而建立维持长期良好关系。

2. 解决客户抱怨

数据表明，对于大多数公司来说，只有10%的客户有机会向企业明确表述抱怨；而剩下90%的客户不具备这种机会，但是抱怨通过行为反映出来，如拖欠账款等。因此，企业需要建立一个客户抱怨的渠道，让他们有机会说出心中不满，同时尽量解决引起不满的问题。

3. 妥善处理客户投诉

忠诚客户是从投诉开始的。因此，关系营销绝不追求零投诉，而是将解决投诉和没有投诉放在同等重要的位置，甚至将解决投诉看得更重要一些。这样，对公司内部而言，必然会形成一种实事求是，不掩盖矛盾的良好风气。对公司外部而言，必然会形成公司与客户之间的和谐关系。因此，企业建立客户投诉部门，派专人负责客户投诉，积极、妥善解决客户投诉是实施关系营销的重要工作。

4. 做好客户再生

企业不仅需要建立客户开拓和客户保留策略，还应该建立客户再生策略。因为，向一个流失客户销售产品的成功率是向一个新客户销售的成功率的两倍。所以，企业需要重新获取已流失的有价值的客户。做好流失客户管理工作至关重要。企业需要测定客户流失率，找出客户流失的原因，测算流失客户造成的公司利润损失，确定降低流失率需要的费用，制定留住客户的措施。

14.3.3 发现与掌握客户需求

企业可以通过市场调查，寻找客户真正需求，不断调整公司的营销战略和管理方式，有针对性地满足客户的需求。

1. 开展市场调查

公司高层、中层应采取走动式管理，直接和一线员工打交道，直接处理客户的投诉，建立公司内部的信息体系，随时掌握来自一线的信息和市场动态。在调查中要回答三个基本问题：谁是我们的客户或潜在客户？他们真正需要什么？我们给客户提供了满意的解决方案了吗？客户不是需要我们的产品，而是需要解决问题的方案。

2. 分析影响客户认知的因素

企业要不断研究客户的感受和行为模式。员工的态度、公司的特殊事件、客户的超值期待、客户的情绪和反应等因素，都有可能影响客户认知。所以，企业应该建立完善的制度和流程，要有受过良好培训的员工，充分调动和满足客户期待，正确回应客户的情绪和反应，从而最大限度满足客户需求，制度化培养客户忠诚。企业可以利用非正式场合、神密客户、安置代表为客户服务。

3. 观察竞争对手

企业要时刻关注竞争对手的变化，与竞争对手的较量中，在考虑自己成本的情况下，做到行动的适度领先。企业应从竞争对手的行为中发现和掌握客户的需求及变化。

4. 确定目标市场

通过对客户获利能力的分析确定目标市场，向目标客户创造并传递价值以满足其需求。在创造并传递价值的过程中，公司除了为客户提供核心产品外，还必须提供相应的附加价值。而且，企业在努力创造新客户的同时，还应想方设法将客户的满意度转化为持久的忠诚度，与目标客户建立长期关系。

小案例 14-3

麦德龙的客户需求分析体系

在进入我国市场的“洋超市”中，麦德龙不是规模最大的，也算不上是实力最强的。但它在进入我国市场的 7 年时间里，在 14 个城市共开设了 18 家连锁商场，基本上完成了华东、华中、华南、华北四个区域的布局，不过在麦德龙看来，这些还只是一个开头。麦德龙总裁杜哲思宣称，他们的商场不仅要覆盖东部沿海经济发达的城市，同时也要占领西部广大的市场。能够在中国迅速扩张，麦德龙有自己的成功要诀：通过对客户范围进行定义和限制，利用严格、标准、高度电子化的供应链管理体系降低成本，从而赢得巨大的生存和发展空间。

麦德龙对“筛选”过的客户进行需求分析，增加他们喜欢的商品、移去他们不需要的商品，优化麦德龙的商品品种。在别人等待客户主动找上门时，麦德龙强调要主动接近客户。他在中国的每家店都有专门的客户咨询员，他们每天跑出去拜访客户，了解客户的需求。按照客户离麦德龙商店的远近，将客户进行分类，对他们进行重点分析和研究。同时，麦德龙还对其客户提供咨询服务。除定期发送资料外，他们还组织“客户顾问组”，对客户购物结构进行分析，同主要客户进行讨论，帮助客户做好生意。

经过几十年的不断改进和完善，从商品的选择、订货、追加订货到收货、销售、收银的每一个环节，麦德龙都有先进的信息管理系统进行严格的控制，通过信息技术来协助管理。这个信息系统不仅能详尽反映销售情况，提供销量和品种信息，还能记录下各类客户的采购频率和购物结构，准确反映客户的需求和发展趋势，使麦德龙能及时调整商品结构和经营策略，最大程度地满足客户需求。麦德龙有着坚守的原则、严密的系统来帮助它不断赢得市场。

资料来源：作者根据互联网相关资料进行整理。

14.3.4　利用数据库收集信息

1. 建立客户数据库

企业应该建立客户档案，记录客户购买时间、购买次数、购买偏好等信息。客户信息的长期积累就形成了客户数据库。企业可以通过数据库精准地找到目标客户群体，根据目标客户群体的购买习惯，改善购买环境，加大产品的个性化设计，采取适当的营销方法吸引和保持这一群体。

2. 客户数据库分析

对客户数据库中特定客户群体的分析在关系营销中十分重要。客户数据库记录了五类客户的行为：现有客户、新客户、改换品牌者、试用者、放弃公司产品者。这五类客户的行为决定了公司营销的走向。一旦发现不利的变化趋势，就要通过一定的沟通途径，密切关系。通过客户数据库分析，可以进行有效的数据库营销，采用个人可以控制的沟通媒介，如邮件、电话等，有效地满足目标客户的需求，并通过提供信息刺激目标客户的新需求，保持与目标客户的密切关系。

3. 制订客户接触计划

关系是靠接触产生和维系的。持续的良性接触才能成为企业与客户良好关系的纽带。因此，制订客户接触计划势在必行，并且应该全面周详。

关系营销要求企业的每一个部门、每一个员工都要适应客户，全心全意地为客户服务，兼顾客户与企业利润最大化。只有这样，企业才能与客户形成持续的良性接触。

14.4 关系营销的实施措施

关系营销是一种理念的深化与升华，实施关系营销是一项系统的工程，必须树立正确的关系营销理念，强化客户关系管理，实施关系营销组合策略。

14.4.1 业务流程再造

关系营销是一种以客户为中心的全新的营销理念，公司必须抛弃传统的营销理念，提升服务意识，增强竞争优势，有必要实施完善客户服务、培育核心竞争力的业务流程再造。

1. 业务流程再造的原则

企业在进行业务流程再造时，应遵循以下原则：

（1）围绕客户需求

不同细分市场的客户偏好不同，企业应该深入分析目标顾客的需求，构建目标客户喜欢的服务体系和服务环境，提供符合客户需求的个性化产品，创造最佳的全面的客户体验，从而提升顾客忠诚度。

（2）体现整体服务思路

在流程再造中，可以借助流程穿越的工作方式，促使企业管理层及项目成员切身感受到服务客户是整个公司的责任，整合整个企业的资源，全体员工共同努力，以流程突破部门界限，改进客户服务。

（3）关注客户需求和内部运营效率

塑造一流的服务意识，设置高效的业务流程，通过服务意识和高效流程的结合，提供令客户满意的优质产品和高质量服务。

（4）与流程控制目标匹配的绩效度量体系

公司的目标管理体系、组织形式、激励机制、考核机制，要与以客户需求为导向的业务流程体系相匹配，使再造后的流程得到切实执行，只有这样才能有效改变企业多年来形成的一些不良传统与营销惯性，适应新的竞争环境。

（5）重视客户参与

邀请客户参与业务流程再造，体验再造前后的服务流程，与客户实现真正的互动，通过参与方式，使客户深刻体会到企业围绕客户需求提供服务所做出的努力，加深客户与企业之间的联系。

（6）领导重视

成功的业务流程再造需要企业高层领导的介入，需要高层领导高瞻远瞩的意见，及坚持与执着的领导力来推进业务流程再造。

2. 业务流程再造的方法

为了适应新的业务流程，公司应该采取扁平化的组织结构形式。这种组织结构形式管理层次少，管理人员少，管理成本低，市场应变能力和反应能力强，可以扩大管理者的管理幅度。

通过构建扁平化的组织结构，减少不必要的管理环节，压缩不必要的组织结构，重新划分业务部门的职能，减少上下级之间信息传递的失真，以关键业务流程为核心，进行合理的分权授权，以客户满意作为唯一的考核标准，建立灵敏迅速的信息传递机制，从而更好地贴近客户，快速识别和捕捉市场需求。具体而言，企业需要成立集中采购的采购部门；建立更高效的配送中心，通过内部物流体系，配送给各个事业单位，节约成本，提高盈利水平，紧贴客户购买行为，完善营销手段，提高市场占有率。企业应该加强公共关系，保持与公众沟通顺畅，树立良好形象，完善管理信息系统，通过互联网和内部网共享信息，建立学习型组织，加强知识管理，不断创新。

3. 业务流程再造绩效考核

制订新的绩效考核标准用于业务流程再造后的员工激励，在员工中形成以客户为中心的价值观，实现公司战略目标。绩效指标的建立，应该与公司目标一致，与组织结构相依存，并具有完整性、可控性和简洁性，并能与公司的愿景与战略相联系。这种绩效考核能为客户创造价值，保证公司价值最大化的实现，并使价值创造更持久。

14.4.2　完善客户关系管理

关系营销是与关键客户建立长期的良好业务关系的策略。客户关系管理是公司实施关系营销的第一步，也是完善关系营销理念的必要手段。

1. 客户关系管理的主要内容

在关系营销中，客户关系管理主要包括以下内容。

（1）客户需求及购买行为研究

它主要包括客户数量、客户特征、客户购买行为模式等内容。客户数量直接表现为客户的需求规模，影响企业的经营规模，可以通过人口统计的资料获得；客户特征为企业提供了辨别客户需求特点的依据，使公司按照客户的具体需求组织生产和销售，同时也是企业确立目标市场的依据。

（2）客户终生价值研究

客户终身价值主要考察两个因素：客户带给公司的贡献及公司对客户的投入。客户带给公司的贡献主要来自于基本利润、交叉销售和成本节约，公司对客户的投入主要由获取客户成本、忠诚汇报成本和客户流失成本三部分组成，两者之差就是客户终身价值。它不仅是客户细分的基础，同时也是检测公司客户关系管理水平的重要标准。

（3）客户细分方法研究

客户细分是随着营销概念出现的一个概念，又被称为关系细分。关系细分的目的是为了识别和定义企业拟发展长期关系的客户，实质上也是对客户的一种细分。在实现技术上，客户关系管理充分运用各种先进的数据处理技术来处理各种客户数据，使关系细分的结果更为科学、客观和可靠。

（4）用数据挖掘获取新客户

企业可以运用数据挖掘预测客户的反应水平，首先设定几种不同的反应水平，然后建立数据模式来确定什么样的客户会对什么样的营销信息发生什么水平的反应。在开发新客户的过程中，数据挖掘是通过发掘潜在客户的行为模式完成的。采用数据挖掘新客户有如下几个步骤：获得潜在客户资料，收集客户反应模式数据，运用数据挖掘识别潜在客户的反应模式，构建预测模型并运用预测模型对潜在客户进行评定。

（5）交叉销售

交叉销售，即向现有客户销售其可能感兴趣的其他类新产品，可以加深与现有客户的接触范围，增强对客户关系的支撑力度，分散关系破裂的风险，使客户关系更加牢固，从而提高客户关系的质量。

2. 客户关系管理的实施对策

（1）确立客户价值中心的理念

我国的客户关系管理尚处于起步阶段，大多数企业在实施过程中没有自上而下确立客户价值中心的观念。从已有的客户管理关系实践看，公司过分关注所谓的客户终生价值，而忽视了客户期望得到的价值，背离了客观关系管理的本质要求。所以企业在实施关系营销管理时要有正确理念的引导，只有在企业内部形成统一认识，真正站在为客户实现最大价值的立场，客户关系管理才能取得预期的效果。

（2）循序渐进地实施技术开发和数据库建设

数据库及其相关技术是客户关系管理的重要组成部分。目前，在客户数据的获取渠道、存储与管理、共享与使用等方面，尚且存在明显不足，在短期内不能取得根本性的改善。所以企业应该立足于营销战略，在综合考虑市场、成本和公司内部信息化程度的基础上，有重点、分步骤地进行系统构建。

（3）在供应链框架下实现业务流程与数据集成

公司业务流程和数据集成是实施客户关系管理的关键。一方面是“前台”的销售、服务、促销等要和公司“后台”各过程集成，另一方面是公司与供应链各成员间的业务流程和数据集成。当客户提出一个要求，或者公司发现一个新的市场机会时，可以自动激活一个相应的客户处理过程。同时，公司需跟踪每个处理流程的执行情况，在必要的时候再触发新的处理流程。在业务流程集成的同时，市场数据也在各流程中充分共享，客户关系管理需要从中收集所有与客户有关的数据，进行整理和分析。

（4）加强制度建设

在流程处理、数据挖掘、知识共享等各个环节，客户关系管理的有效实施都需要公司所有成员积极参与和投入，而积极的维系离不开制度的支持。公司必须建立和完善包括激励在内的一整套制度，使客户关系管理成为全体员工的自觉行动，不断改善管理绩效，推动公司的网络化发展进程。

小案例 14-4

Safeway and Co 的客户关系策略

Safeway and Co 是英国的一家大型杂货连锁商店，正在利用私人电子网络来收集最佳客户的购买偏好等信息。这家公司知道，对于大多数购物者来说，在一家现代化超级市场里购物即使不是枯燥的，也是不带丝毫个人感情的。公司应尽量使消费者在购物时感到既有人情味，又丰富有趣。“许多年以前，我们与客户是一对一的关系”Safeway 的 IT 贸易开发经理 Roderick Angwin 说，“商店的总经理了解每个进入他商店购物的消费者”，而且他还会说“我给你准备了一些你可能感兴趣的东西”。但是当我们进入大规模零售业时代时，这种充满人情味的关系也就一去不复返了。现在我们有很多客户，因此我们根本不可能再建立起以前的那种个人化关系了。但是今天，借助于我们称之为“普及化的电脑技术”，我们又可以重新恢复以前的那种客户关系了。

为了达到这个目的，Safeway 想为每个进入超市购物的消费者提供一种被称为“边走边购物”的手持购物扫描仪。这样购物者就能扫描下他们要购买的商品、实时查看价格并监控他们的总账单。此外，购物者还可以随时删除已选择的商品。

对于两年内经常光顾超市的客户，Safeway 保留了有关他所购买的所有商品的信息。“这就意味着，我能清楚地了解你，知道什么对你来说是重要的。而且知道应该把你定位为哪一类目标客户。因此我们又重新找到了以前的那种个人关系。作为一个消费者，你能切身感受到，Safeway 知道你，了解你，并且关心你。我们所做的一切努力都是为了让我们的客户知道，我们是多么重视他们。”

资料来源：作者根据互联网相关资料进行整理。

14.4.3 实施基于关系营销的组合策略

企业在实施关系营销过程中，其营销组合策略添加了新的要素，主要包括以下几个方面。

1. 提供客户满意的产品

优质适用的产品和良好的服务是建立客户关系的基本条件。企业的产品应具有优良性能，增加产品的核心价值和附加价值，从而增加顾客满意度。为此，营销人员要通过具体了解每个客户的需求特征，使产品或服务更具针对性，更好地满足客户的个性化需求，赢得客户心理上的信任、行为上的支持，并逐渐成为忠实客户。同时，企业要通过科技开发提高产品的科技含量，这不仅可以更好地满足客户需要，而且可以构筑竞争者的进入壁垒，有效地阻止竞争对手的进攻，增加客户与企业间的黏性。

随着企业间产品同质化趋势越来越严重，企业在产品创新，尤其是质量方面的操作空间越来越小，完全依赖于产品与客户建立长期稳固关系变得越来越困难，这就需要企业在提供能够满足顾客需求的高质量产品的基础上，为客户提供更及时、优质、高效的服务，从而强化客户的购买利益，以达到长期维护、巩固客户关系的目的。

2. 制定合理的价格

公司能否制定合理的价格，做到公平交易，是获得客户信任的重要条件，也是建立双方良好关系的基础。所以，企业应该根据产品的认知成本制定价格，以便更加贴近客户，使价格更具吸引力。客户认知成本定价可以使产品的价格更适合目标客户的接受水平，并能够使公司更合理、更客观地制定出具有竞争优势的价格。

当没办法制定有竞争优势的价格，还需要提高定价时，可以通过降低客户支付的附加成本的方法来抵御竞争。客户在购物过程中，除了货币成本外，还需要支付时间成本、精力成本、体力成本等。当货币成本不变或提高时，企业可以通过降低其他成本的方法来增强客户满意度。

3. 实施更具吸引力的促销策略

要维持与客户的长期关系，企业还需要实施有效的、吸引客户购买的促销策略。为了充分发挥促销对客户的刺激作用，企业必须在摸透客户心理、了解客户需求的基础上推陈出新，用更具创意的促销组合吸引客户，尤其是有大量购买潜力的大客户。企业提高信息传播的注意力，针对特定客户围绕一定的主题进行重点诉求，即实行主题化营销，以达到吸引潜在客户、留住老客户、培养忠诚客户的目的。

4. 营造良好的购物环境

购物环境是给客户的第一印象，也是影响客户满意度的首要因素。店面装潢、设计、造型、色彩等符合时代潮流，富有创意，赏心悦目，给客户以享受的感觉，客户在购物中觉得满意、舒心，购物的重复率才有可能增加。购物环境指的不只是商场的硬件，同样包含了服务理念，即让客户更好地体验购物过程。所以，购物环境是赢得客户并留住客户的一个重要机会。

5. 提供令客户满意的服务

在产品同质化程度越来越高的情况下，服务成为众多企业竞争的焦点。企业为客户提供一种细微的、周到的、朋友式的、亲情化的服务，推出有别于其他企业的服务，形成独特的企业文化，从而赢得更多客户，培育忠诚客户。企业要努力提高客户满意度必须提供超越客户期望的服务，这样才能让客户永记于心，从而产生发散效应。

小案例 14-5

联想的关系营销

我国国有民营企业——联想集团公司自1984年以20万元人民币起家，到1997年营业额为125亿人民币，联想品牌价值为41.06亿人民币，其迅猛发展的势头令世人瞩目。联想成功的王牌之一是坚实的关系网——由一批忠实的顾客与合作者构成。这张关系网是如何结成的？那是因为其成功地推行了关系营销的策略。

联想与顾客的关系：心连心

联想非常注意在各个环节都与顾客保持联系，最大限度地满足顾客的需要。在购前阶段，联想不仅采取广告、营业推广和公关等传统的营销手段，而且通过新产品发布会、展示会、巡展等形式来介绍公司的产品，提供咨询服务。在顾客购买阶段，联想不仅提供各种优质售中服务（接受订单、确认订单、处理凭证、提供信息、安排送货、组装配件等），而且帮助零售商店营业人员掌握必要的产品知识，使他们能更好地为顾客提供售中服务。另外，联想还推出家用电脑送货上门服务，帮助用户安装、调试、培训等。在售中阶段，联想设立投诉信箱，认真处理消费者的投诉，虚心征求消费者的意见，并采取一系列补救性措施，努力消除消费者的不满情绪。联想还加强咨询、培训、用户协会及“1+1”俱乐部刊物等工作，经常举办各种活动，如“电脑乐园”“温馨周末”等，向消费者传授计算机知识、提供信息、解答疑问。这样，联想创造和保持了一批忠诚的顾客。此外，忠诚顾客的口头宣传可起到很好的蚁群效应，增强企业的广告影响，也大大减低了企业的广告费用。

联想与代理商的伙伴关系

1993年以前，联想的销售模式为直销。1994年，联想开始建立安全的代理体制。联想的代理队伍日益壮大，到1996年代理商和经销商就达到500多家。在个人电脑市场上，由于竞争激烈，商家的利润越来越薄，经销商们很容易唯利是图，“跳槽”现象时有发生。然而，联想的队伍不但稳定，而且越来越多的经销商加入了联想的代理队伍。那么，联想靠的是什么来发展与代理商的合作关系呢？第一，信誉保证。联想对代理伙伴承诺了许多优惠的条件：向代理商提供质量可靠、技术领先、品种齐全的产品；建立合理的价格体系和强有力的市场监督体制；通过强大的市场宣传攻势来营造更好的电脑销售氛围；向代理商提供良好的售后服务保障等。联想以实实在在的行动实现自己的承诺，取得很好的口碑。第二，保障代理商的利益。联想通过加强内部管理和运筹能力来降低成本，向市场提供极具竞争力的价格；通过对市场进行强有力的控制和监督，防止代理商违规操作，进行恶性的削价竞争，只要代理商坚决地执行联想制定的价格，就可以获得较好的利润。第三，与代理商共同发展。将代理商纳入联想的销售、服务体系，也纳入分配、培训体系，大家荣辱与共，一同成长。

联想与合作伙伴结盟关系

1988 年联想公司进军海外市场的第一步，并不是贸然在海外设立子公司，而是在香港寻求合作伙伴。因为联想公司深知本身虽然以中国科学院为后盾，有雄厚的技术开发能力，但缺乏海外营销的经验和渠道，所以必须与合作伙伴结盟，以扬“技术”之长，避“国际营销”之短。事实证明，联想走出的关系营销的这一步是十分正确的。合资经营的香港电脑公司取得了极大的成功，在开办当年，公司营业额达到 1.2 亿港元，不仅收回全部的投资，还拿出 100 万港元购买了香港一家有生产能力的 Quantum 公司，为香港联想自行研制开发产品建立了一个基地。

资料来源：作者根据互联网相关资料进行整理。

本章小结

关系营销指的是企业通过建立、维持、促进与客户和其他伙伴之间的关系，充分强化和利用各种形式的关系与关系网络进行营销，实现参与各方目标的一种社会活动。关系营销策划的内容：老顾客营销策划；俱乐部营销策划。实施关系营销应该遵循以下几个原则：主动沟通原则；承诺信任原则；互惠原则。

关系营销策划的方法：第一，顾客化营销；第二，顾客数据库营销；第三，分销渠道环节的关系营销策划；第四，退出管理的关系营销策划。

关系营销的实施步骤：首先，构建营销队伍与机构；其次，密切客户关系；再次，发现与掌握客户需求；最后，利用数据库收集信息。

关系营销的实施措施具体有：业务流程再造；完善客户关系管理；实施基于关系营销的组合策略。

能力培养指导

1. 寻找一个成功案例，分析其在关系营销运用时遵循了哪些原则。
2. 运用所学知识，就某一个企业来分析其如何密切客户关系。
3. 根据本章知识，为一个企业设计关系营销的营销组合策略。

案例应用 1

海尔扎根客户关系

海尔集团副总裁周云杰每天上班的第一件事是登陆海尔的 CRM（客户关系管理）网站，

按地域和产品查看销售信息。作为海尔集团商流本部的负责人，他会敏感地发现任何异常的情况。事实上，此类信息在 14 年前也有，那时周云杰刚刚分配到海尔一年。“那时是铁制的档案盒，里头有海尔的销售员手写的每家商场的销售档案”。

如今，海尔的客户档案盒已经被 CRM 信息系统取代，但是周云杰强调，CRM 不仅仅是一个技术手段，而是企业对待客户的态度，即使没有这些软件系统，海尔仍然会非常重视与客户的关系。

就像客户关系管理的硬件系统在升级换代一样，海尔在客户关系管理的理念上也在不断创新。现在，海尔对销售员的考核不再以销售量为依据，而是围绕“让客户赚钱”的核心思想，确定在四个指标上：客户库存的周转天数、客户利润率、客户问题的解决程度和海尔产品在客户销售额中的份额。也就是说，考核的指标不是你有没有帮助海尔赚钱，而是你有没有帮助客户赚钱。

C：客户

海尔的客户主要包括以下 5 类：跨国连锁公司、本土连锁公司、大商场、加盟专卖店、专营店。其中销售额较大的为专卖店和大商场，其销售额占海尔总销售额的 1/3 左右，但本土连锁的增长幅度飞速提高。尽管周云杰说对每一个客户海尔都一视同仁，海尔仍然需要将有限的资源向重点客户倾斜，为此他们在总部设有大客户部，同时在全国 42 个工贸公司中都设有专人为大客户服务。

海尔目前在全国的客户经理有 600 多个，平均 1 个人负责 10 个左右的客户，而海尔在全国的销售网点大概在 6000～7000 个之间。从 2000 年开始，海尔将以往以产品线为单元的客户管理整合为按区域划分的客户管理。此后海尔的三类经理将各司其职：产品经理负责了解产品知识并实施营销策略；客户经理发现客户需求并满足客户需求；型号经理找寻市场机会开发新产品。

“表面上的需求只要用心都可以看到。但是要做到聆听消费者的声音，那就需要全身心投入了。”周云杰说，对海尔目前 1.6 万人的营销队伍来说，观念的彻底改变仍待加强。

如果观念改变了，和客户的关系就能改变，海尔和国美电器的合作就是一个例子。

R：关系

国美与海尔的关系曾经不如人意。双方在做生意的理念上有差距：国美坚持提供价格最低廉的产品，而降价却是海尔最不愿意做的事情。然而，2003 年 1～4 月，海尔与国美在北京市场上的关系发生了大转折：销售额比去年同时期增加了 4 倍以上，国美成为海尔在北京市场销售额最大也是最重要的客户之一。不仅如此，国美与海尔还达成了战略伙伴关系，在北京市场上共同展开营销活动，进行强势联合。

负责海尔在北京地区销售的北京海尔工贸有限公司总经理张鹏对此变化的解释只有一个：海尔对客户，尤其是像国美这样的大客户的营销态度发生了变化。“说实话，对集团总部提出的让客户赚钱、用户满意、员工增值的说法，早先我们并没有悟透。”而在天才企业家加管理思想家张瑞敏的领导下，新的客户关系管理思想在员工的头脑中慢慢渗透。

同时，CRM 信息系统为差异化营销提供了支持。具体说来，张鹏每天登陆的海尔 CRM 网络为他和其他销售人员掌握整体销售情况提供大量帮助，而总部的商流本部为各地销售员搭建整体营销舞台又使各地区获得极大支持。而且，国美在北京总部的负责人通过这个网络，可以同时从海尔在北京的负责人和青岛的负责人那里获得快速反馈。张鹏发现，海尔和国美市场定位冲突是可以解决的，以往海尔的销售者并未仔细研究国美的需求。一个销售代表被专门派往国美，了解对方的需求。“举个例子来说，尽管同为低价电器销售连锁店，国美和大中对海尔的需求有很大的不同。以冰箱为例，国美需要 180～220 升、价格在 2000 元左右的产品，功能上需要耗电少。而大中则需要品种更为齐全，不像国美需要高端精品和低价产品两个极端。”从上一年开始，海尔在北京的销售人员行动起来，主动上门确定客户的市场优势和所需产品，帮助客户完成差异化订单。

国美电器总公司采购中心总经理李俊涛对海尔的服务很满意：“以往我们与海尔之间的冲突主要是价格冲突。随着海尔提供的定制产品策略推出，以往包销买断的矛盾就可以规避了。上一年在北京市场上我们进行了大的整合，在此之前我们之间的交易量少，合作也不像现在这么通畅。”李俊涛强调国美目前在全国范围内都实行了新的采购方式，即定制的方式。以国美销售的海尔产品为例，其中 70%～80%是应消费者需求而定制的。

张瑞敏强调的速度也是和国美合作的一个法宝。“像按顾客需求定制产品的采购方式，我们与其他企业之间也采用。但是海尔的反应速度比较快，对我们需求的跟进速度快。”李俊涛说：“这种反应速度体现出海尔对客户需求的把握度，说明海尔略高一筹。”

M：管理

和张瑞敏一样，周云杰按照三个阶段来划分海尔的客户关系管理（1984—1991 年的名牌战略阶段；1991—1998 年的多元化阶段；1998 年至今的国际化阶段）。不过，张瑞敏强调的是三个阶段不同的管理理念：“质量”“服务”和“文化”，周云杰则侧重于不同的管理实践。

在第一个阶段，即名牌战略阶段，海尔除了“抓质量抓服务”外，对国内的客户严格挑选，主要目标是国内声誉较佳、规模较大的商场。1984 年，在国内冰箱还处于买方市场的时候，海尔在国内挑选了 10 家大商场作为专门销售点。此后商场的数目不断扩大，海尔在每个商场专门派一个人回访客户，了解销售动态、顾客反应等信息，并将客户资料放在铁制档案盒里。

在多元化阶段，为了将海尔的不同产品集中展示给顾客，海尔推行在大商场建立专卖店的销售方式。海尔曾在半年时间内一举与大商场共同建立了 600 多个店中店。为了获得商场的支持，海尔向商场承诺专卖店的单位面积销售额会高于平均水平的 1.2 倍。

周云杰说，事后证明海尔的店中店单位面积销售额已经达到了平均水平的 1.5 倍。这让海尔有机会把不同产品的客户关系管理统一起来，而通过海尔当时执行的“日清日毕、日清日高”的制度，海尔的销售员每天能够迅速把顾客的反应反馈回总部。

周云杰说，海尔此时的客户关系管理处于“人盯人”战术阶段，销售员对各商场的情况被要求迅速返回总部。而海尔的 Call Center（电话服务中心）体系也开始在全国建立起来。1997 年，海尔第一个电话中心在青岛建立。此后的一年时间里，海尔在全国 29 个省市纷纷成立了电话服务中心，2000 年省市范围扩大到了 34 个。

在国际化阶段，海尔开始整合内部资源，试图开放网络平台，为客户创造新的价值。2000 年春节后，海尔上了由 IBM 和吉林大学合作研发的 CRM 系统。事实上，在此之前海尔就采用了 SAP 的 ERP 系统整合物流等内部流程。周云杰说，海尔对 CRM 系统的态度是实用就好，海尔希望用最少的投入取得最好的效果，从而为海尔整个销售系统提供有力的支持。

目前，海尔通过 CRM 技术实现了与客户的“零距离接触”。海尔产品在各个销售点的每日销售情况在系统中会很快查询出来。具体说来，客户可以通过海尔的 CRM 网络获得三种服务：网上财务对账、费用查询等在线账务服务，管理咨询、客户投诉服务，以及企业文化、产品推介、促销活动等网上信息服务。对海尔内部的员工来说，他们作为内部客户可以享受到库存查询、日期查询、客户进销存查询、商业智能分析等在线系统服务。

周云杰说，CRM是拆除企业与客户之间的“墙”，从而达到快速获取客户订单，快速满足用户需求，缩短销售周期，降低销售成本的目的；使企业在最短的时间内了解并解决客户在营销和使用产品过程中遇到的问题，从而大幅度提高销售业绩与客户满意度。

最后，肩负海尔营销重任的周云杰概括说，就客户关系管理而言：“客户关系是树根，信息技术是树干，销售结果是树叶。”

资料来源：作者根据互联网相关资料进行整理。

【讨论题】

1. 如何理解“客户关系是树根，信息技术是树干，销售结果是树枝”？
2. 海尔是如何进行客户关系管理的，对其他企业有什么借鉴意义？

案例应用2

“易居会”——金丰易居·上房销售的客户关系管理

2000年，金丰易居房屋销售创建上海首家会员制俱乐部“易居会”，倡导为购房者提供全程一站式服务，新的服务举措有效包容了市民看房买房的全过程，从售前、售中、售后的服务解决了市民的顾虑，并响亮提出“置业中国、易居无忧”的服务宗旨，受到会员消费者的欢迎。

2002年，金丰易居房屋销售对“易居会”进行成功改制，对原“易居一卡通”近5万会员进行提炼筛选，在原有“一站式服务”基础上推出了“星级服务”概念，根据不同类型、不同需求的客户，将其分成“普通会员”“钻石会员”“白金会员”，并分门别类地设计专项服务，切实为市民买好房、买放心房提供优先优惠的专业服务。至2003年，易居会会员人数达到10万空前规模，其中包括大量有购房意向的普通消费者，也不乏社会名流、企业总裁、学术专家等高端人士。会员遍及内地、港澳台地区，还有日本、美国、欧洲等世界各地的华侨同胞。

易居会创新服务新模式中最突出的是“居间中介 + 法律服务”的模式，金丰易居房屋销售与上海联合律师事务所联手，在每个门店，联合律师事务所将派驻律师在增量房和存量房交易中，启动居间服务加法律服务，实行代书、代审、代办、代付、代理的“五代”服务，实现居间中介与法律服务的无缝连接，“一次委托，全程到位”，充分保护交易双方、保护居间中介的权益，真正建立房产市场的诚信标准。

金丰易居·上房销售的CRM实现了商企、消费者、房产商三者共赢的实在回报。

消费者的受惠是显而易见的。金丰易居集中整合所有楼盘资源，利用客户服务呼叫中心系统，在第一时间内为会员提供购房优惠、选楼的优先权和咨询权，同时还可以定期获得制作精美的会刊和参加一些主题性的讲座和沙龙。

与易居会结盟的商家通过易居会的运作，更加直接与便利地进入到这个庞大的消费市场，这个以12万客户资源著称的易居会以其良好的增长态势足以让所有商家重视，它们愿意向易居会的会员提供特别的消费优惠折扣和优质服务。

作为代理商的金丰易居·上房销售依托这些丰富的客户资源，在项目开盘前，以“一对一”的直复式营销代替了原有传统的广告宣传，在降低项目推广成本之时，也广泛锁定目标客户群体，为楼盘顺利实现销售奠定先机。利用丰富的客户资源，易居会可以自行研制开发CRM系统，建立全国最大的房地产消费者数据库，并通过对这些数据的统计分析，有力指导房地产营销。

“易居会”的会员活动是易居会与会员之间沟通的桥梁，是易居会与会员之间、会员与会员之间感情交流的纽带。易居会非常注重与会员之间的沟通和交流，不仅投入金钱，更是投入感情。四年来，金丰易居在客户维护上的费用是2500万，会员数量从数千人到目前的十二万人，人数的增加必然导致维护成本的增加，但易居会没有因此而降低服务的质量。除了基本的会员服务，诸如免费发放会刊杂志，丰富的楼盘、房源信息，政策法规咨询，优先、优惠认购等，易居会还不断探索以下更为人性化的服务。

会员沙龙：

举办“楼盘项目开发客户需求研讨会”，首次让市民参与了楼盘项目的产品设计，旨在为会员“度身定做”自己的家园；“房产投资市场经验分享”为主题的会员沙龙活动。“六一”儿童节，易居会给孩子们准备一台充满欢乐的儿童节联欢Party，特意组织儿童片的放映，活动中著名儿童节目主持人小荷姐姐也亲临现场。

投资分析讲座：

易居会也会按照会员对房地产专业知识的熟知程度，举行各类的系列讲座，涉及“房产投资系列”“置业知识系列”“理财服务系列”等。比如举办“金丰易居·理财周刊大型投资系列讲座”；举办“港汇广场财富咨询月”；承办“2002HIGH在上海”主题巡展；举办“2004年房地产市场展望”讲座。

家居服务活动：

举办“女性礼仪美容休闲沙龙”；举行“家饰装潢展示会”；筹办“家居园艺装饰”讲座。

支持文化活动：

赞助支持都市白领三部曲《单身公寓》《白领心事》和《情感派对》等多项剧目，受到都市白领阶层的喜爱。易居会会员观看剧目长期给予优惠。

看房活动：

举办“思南路88号会员认购”活动；组织外地易居会会员来上海看房，内地会员到香港看房。

可以看出，易居会的活动并不完全是与“房”直接有关，它只是用“房”把大家连在一起，选择的却是通过绿化、装潢、理财讲座以及话剧、音乐会演出等活动把不同类型的客户和公司联系在一起。易居会投入的不仅是金钱，更多的是感情。只有用心来传递，才能与会员结下浓浓的情谊。

资料来源：作者根据互联网相关资料进行整理。

【讨论题】

1. 易居会具体采取了什么措施维持其与客户的长期关系？

2. 房地产行业与一般消费品行业在进行关系营销时有没有差异？有的话，具体区别在什么地方？

第 15 章　会展策划

学习目标

1. 了解会展、会展策划的含义，熟悉会展的几种形式，理解会展策划的基本原则
2. 熟悉会展策划的主要程序，掌握会展策划的流程设计

实践中的会展策划

方邦会展反败为胜

距离昆明46届中国教学仪器展示会还有7天，上海方邦软件在本届展示会的展位才确定下来。可是，当方邦老总段卫东拿到展位图时，还是难免“傻了眼”！展位位置太差，由于申请参展距离展示会开幕只有9天，方邦对展位位置不佳早有心理准备，但差到这样，是他们没有料到的。

46届中国教学仪器展示会在昆明国贸会展中心举行，一楼的重要展位基本被国内教学仪器设备的大腕包揽，如北大方正、TCL等。其展位布置的豪华程度令其余参展商垂涎。

与此形成强烈反差的上海方邦软件的展位位于国贸会展中心最高一层——三楼，不但楼层是最差的，展位也是最差的一个死角。环顾四周，相邻的展位基本都是做一些简单的教学设备的小企业。从产品特性，展位布置等方面和北大方正以及TCL这样的企业相比较，绝对是十足的“乡镇企业”特色。

再看看自身的展位，3米×3米的“小家伙”，两张简陋的会谈桌，四张简单的折叠椅，靠墙一溜宽30厘米的展示架，其他什么都没有了。展位面积狭窄，装饰展位受到很大限制；周围的展位同样不佳，难以借周围展位的人气；展位位置处于死角，人流量小，方邦清楚，如何将死角展位做活，是本次参展成功与否的关键！

1. 做活死角展位

做活展位主要由三环节组成，第一个环节：聚集人气（好的展会位置、好的展位装饰，好的现场氛围）；第二个环节：留住观看者（新颖的产品，良好的演示效果）；第三个环节：记住产品（差异化产品，产品软包装到位）。对于上海方邦，要在昆明展示会达到展示产品、促进销售的目的，也要毫无例外地做好三个环节。

2. 巧聚人气

如何将人聚集到方邦的展位显得十分关键，如果不能聚集人气，展示和推介产品都将是一句空话。方邦没有好的展位，也不可能将展位布置得很大气，怎么办？

第一：要让参会者知道方邦的展位；第二：要让参会者知道了方邦的展位还会来此参观；第三，要让参观的人在方邦的展位前有足够的逗留时间。

在硬件条件不具备的情况下，只有通过巧办法来解决问题。

首先，“旱冰小姐，就是不一样”——通过发放 DM，让参会者知道方邦软件的展位。通过发放 DM 让参会者知道展位，这是很多企业的做法。但是，由于参会者接到的 DM 非常多，很多参会者或许没有看一眼 DM 就将其扔进垃圾桶的很多。方邦启用“旱冰小姐”发放 DM，效果很不同，不但提高了 DM 发放的效率，更重要的是这种略带另类的发放方式，会引起参会者的关注。

其次，“小礼物，倾注方邦关怀”——“旱冰小姐”发放的 DM 上，有一张小小的礼品卡，凭借礼品卡，可以到上海方邦的展位领取礼品一件。对于礼品的设计，也费了方邦一番苦心，最终选择的是最为简单的棒球帽。由于昆明阳光直射厉害，方邦在礼品卡上鲜明地写明：由于昆明阳光直射厉害，我们特为您准备了一份关怀！这样的设计加强了方邦的关怀理念，和企业品牌理念挂接。

小礼物镶嵌其中，不但参会者会仔细看 DM，更是将参会者聚集到上海方邦展位的主要手段。接到棒球帽的参会者，由于帽子放在包中容易压变形，很多人索性将帽子戴在了头上。整个会场，四处都能看见头戴方邦棒球帽的参会者，起到了一定宣传效果。

最后，“专业演示，让参会者久久逗留”——虽然上海方邦的展位很小，但还是请了两位旗袍礼仪小姐，增加现场氛围。在产品演示上，方邦没有采用很多企业的“花瓶”式演示方法——选择漂亮促销小姐进行演示。演示者都是公司销售工程师，经过反复训练的演示过程，他们熟练自如的演示和解说，让参会者渐渐被他们的演示所吸引。

有了以上三个小策略，上海方邦的展位成为会展上最热的展位，很多装饰豪华的展位在人气上也远远不如方邦。

3. 磨刀不误砍柴工

解决了聚集人气的关键环节，如何让到了展位的参会者有耐心停留在方邦的展位前，就必须依赖于专业的演示效果。

为了将展示效果做到位，原计划在会展上播放产品演示光盘，由专业模特演示和专业广告制作。但是专业广告公司因时间紧张，制作出了问题，最终只有通过人员的演示来进行替代。

为了达到效果，在距离开展仅仅剩下 3 天的时间内，公司 10 余位销售工程师进行了严格的突击训练，并在其中选择 2 位最优秀者赴昆明进行演示。为此，公司还专门设计了演示模板，会展开幕前还在酒店的客房里反复练习。

反复的突击练习取得了奇效，方邦的演示人员在展示会上的专业表现，给参会者留下了深刻的印象。专业的展示，保证了上海方邦在会展上的成功。

资料来源：作者根据互联网相关资料进行整理。

评述

上海方邦会展策划的成功，我们可以得到如下启示：

1. 抢眼球，从细节着手

商贾如云的展示会上，任何一个参展商都期望抢尽眼球，但是参展商都将眼球寄托于大展位和会展的豪华装饰上，这难免是一个误区。有能力获得大展位，有实力将展位做得五星级自然好，但毕竟大展位有限，很多企业受到实力的限制，也不可能在硬件上达到五星级。他们要在展示会上脱颖而出，关键就要做好细节。

同样，有了好的展位和豪华的展位装饰，那仅仅只能引起关注，最终，还是要在具体的产品推介中，达到让参会者了解产品和认可产品的目的。巧妙地利用好细节，往往会收到意外的效果。比如，方邦会展中的礼品环节设计和发放礼品的细节操作。

2. 产品，关键中的关键

一个包装到位的好产品是展示会成功最关键的要素。参会者来寻找的是产品，只有一个有强大产品力的产品才能真正打动参会者。

特别是专业性的会展，产品高度同质化，如何将产品的差异性展示得淋漓尽致就很重要。上海方邦在参展前下大力气对产品进行充分软包装，并且对产品介绍实行模板化设计，并对推介人员进行严格的训练，都是为了将产品充分展现。

因此，有一个好产品，还要有一个好的包装，专业的推介。利用好“人”这个最活跃的因素。会展中，人才是最活跃的因素。很多企业用已经录制好的光盘进行产品展示，不愧是一个节省人力的办法，但是，这种展示方式灵活性差，不能随机地解决很多参会者的疑问，也会让产品推介人员对其产生依赖，也缺乏很好的训练和推荐积极性。人员的一对一沟通很好地解决了这个问题，并且在推荐过程中很好地运用了语气、肢体等辅助手段，让沟通更有针对性和更人性化。

15.1 会展概述

15.1.1 会展的内涵

会展的概念是随着人们的认识不断变化，随着会展自身的发展而不断完善的。

《简明不列颠百科全书》对“展览会”的解释是：为鼓舞公众兴趣、促进生产、发展贸易，或者为了说明一种或多种生产活动的进展和成就，将艺术品、科学成果或者工业制品进行有组织的展览。

美国著名的会展理论家桑德拉·莫罗在《会展艺术》中这样解释会展：会展是在专门修建的场所里边进行，一般由政府部门组织或者企业团体在政府帮助下组织，其目的是商贸促销。制造商应邀而来展示商品。和展览相同，会展将对象定位为来自于当地、外地乃至国际市场上的贸易商、零售商和批发商。会展上，通常不进行直接的商品买卖，商品参展目的是促进将来的销售。显然，桑德拉·莫罗所说的“会展”主要指展览。

在中文里，展览会名称有博览会、展览会、展览、展销会、博览展销会、看样订货会、展览交流会、交易会、贸易洽谈会、展示会、展评会、样品陈列、庙会、集市、墟、场等。

随着经济发展，展会的形式和用途也越来越多样化，人们对展会也有了新的认识。对会展的理解还可以从广义和狭义两方面来认识。广义的会展在国际上通称为 MICEE（M: Meeting；I: Incentive；C: Convention；E: Exhibition），是指公司业务会议（Meetings）、奖励旅游（Incentive Tour）、协会或社团组织会议（Conventions）、展览会（Exhibition）和节事活动（Events）等集体性活动的总称。其概念内涵是指在一定地域空间，由众多人聚集在一起形成的、定期或不定期、制度或非制度的传递和交流信息的群众性社会活动，其概念的外延包括各种类型的会议、展览、奖励旅游，以及科技活动、体育活动等。狭义的会展仅指会议和展览。欧洲是会展业的发源地，会展在欧洲被称为 CE（Convention and Exposition）或者 ME（Meeting and Exposition）。其中，会议指人们为了解决某个共同的问题或出于不同的目的而聚集在一起进行讨论、交流的活动，它往往伴随着一定规模的人员流动和消费。会议的形式包括产品推介会、学术交流会、行业高峰论坛、企业内部会议、客户联谊会等。展览是指在固定或一系列的地点、特定的日期和期限里，通过展示达到产品、服务、信息交流的社会活动。展览的形式包括博览会、展览会、展销会、交易会、贸易洽谈会等。

综上所述，我们可以将会展的定义概述如下：会展是指现代城市以必要的会展企业和会展场馆为核心，以完善的基础设施和配套服务为支撑，通过举办各种形式的会展或展览活动，包括各种大型的国际博览会、展览会、交易会、运动会、招商会、研讨会、节事等，吸引大批与会人员、参展商、贸易商以及一般公众前来进行洽谈、交流或旅游观光，以此带动交通、住宿、餐饮、商业、购物等相关产业发展的一种综合性活动。

15.1.2　会展活动的形式

会展相关活动按照活动形式大致分为 4 类，分别是会议类、庆典类、展示类和综合类。

1. 会议类

会议类是指在一定的时间和空间内，为达到一定的目的所进行的有组织、有主题的聚会和议事活动，是以专业研讨会、论坛、技术交流会等活动形式出现的。参加者多为著名的学者、专家、企业、行业协会以及政府官员，他们交流行业内部的最新消息，传播新技术，倡导新思维和新理念。

2. 庆典类

庆典类在会展中心也十分常见，是各种庆祝仪式的总称。一般在会展活动的开幕式以及闭幕式中出现，也有策展者把表演放在会展活动期间来提高会展的被关注度，或者企业推出新品展示的表演活动。

3. 展示类

展示类，参展商通过物品或图片的展示，集中向观众传达各种信息，实现双向交流，扩大影响，树立形象，达成交易、投资或传授知识、教育观众等目的的社会公共活动。新品发布会就是一种典型的会展展示型活动，许多企业会利用会展期间的媒体关注度来发布新产品，不但节约了公关成本，也把产品信息呈现给更多目标客户群。

4. 综合类

综合类，未划入其他类的活动均可以归类进综合性活动的范畴。

小案例 15-1

上海世博会活动一览

2010 年 5 月 1 日至 10 月 31 日，历时 184 天，上海世博会园区 33 块场地总共举办了 22925 场精彩纷呈的活动，活动规模空前，创造了世博舞台盛况。246 个参展方中，来自 176 个国家、13 个国际组织、36 个城市和 4 个企业的 1200 余支团队上演了 1172 个节目，参与主体广泛，刷新了世博历史纪录。7300 万人次游客中，观看各类文化演艺活动的观众累计超过了 3400 万，近 50%的游客至少观看了 1 次活动，活动影响深远，受到了社会各界好评。

上海世博会活动分类如下。

（1）根据活动组织的不同主体，可分为组织者组织的活动和参展者组织的活动两部分。

（2）组织者组织的活动，又分为仪式、巡游、舞台和主题四类，下辖开幕庆典活动、开园仪式活动、中国国家馆日活动、开闭园活动、闭幕盛典活动、欢乐盛装大巡游，原创剧目、“三民”活动、节庆活动、“年轻的世博”系列活动和社区市民活动共11条线。

（3）参展者组织的活动，又分为馆日活动、荣誉日活动、特别活动、省区市活动周活动和日常活动两类，下辖国家馆日活动、国际组织荣誉日活动、城市特别活动、企业特别活动、省区市活动周活动、世博主题月和日常活动7条线。

第一条线：开幕庆典

内容：在2010年4月30日世博开幕前夜举办的庆祝活动。

第二条线：开园仪式

内容：在2010年5月1日上午举办的世博园区开园仪式。

第三条线：开幕庆典

内容：在2010年10月1日由中国举办的国家馆日。

第四条线：开闭园活动

内容：为配合每天园区开闭园而组织的活动。每晚闭园活动含灯光、巡游、大型装置表演，周末或其他特定日子还有焰火表演。

第五条线：闭幕盛典

内容：在2010年10月31日晚举行的世博闭幕庆祝活动。

第六条线：欢乐盛装大巡游

内容：每天在世博园内按照既定时间和线路举行的行进式表演，由组织者和部分参展者分别举办。

第七条线：原创剧目

内容：呼应上海世博会主题打造的舞台首演剧目。

第八条线：“三民”活动

内容：以“弘扬民族文化、演绎民俗风情、展示民间艺术”为宗旨，通过舞台表演、广场活动、巡游、设计征集等多种活动形式，展示世界和中国的非物质文化遗产。

第九条线：节庆活动

内容：引进国内外知名文化艺术家在世博园区内设专场演出。

第十条：“年轻的世博”系列活动

内容：吸引全球年轻人通过上海世博会平台和谐相聚，交流共享，表达未来梦想。主要活动有：青年交流、青年创业以及少年儿童世博创想。

第十一条线：社区市民活动

内容：展示上海社区文化、市民风采的活动。

第十二条线：国家馆日活动

内容：根据世博会管理，由参展国家选择某日作为本国馆日，在园区内举办展示本国特色的活动。

第十三条线：国际组织荣誉日活动

内容：根据世博会惯例，由参展国际组织选择某日作为该组织的荣誉日，在园区内举办富有特色的活动。

第十四条线：城市特别活动

内容：由参展城市在园区内举办的各类活动。

第十五条线：企业特别活动

内容：由参展企业在园区内举办的各类活动。

第十六条线：省区市活动周

内容：参展的国内 34 个省区市按照国务院行政序列，依次在园区内举办为期 5 天的活动。

第十七条线：世博主题月

内容：世博会会期的六个月拟按欧洲、非洲、美洲、大洋洲、亚洲和中国次序，分别设计不同活动主题，便于组织者以节目编排为手段，引导观众，包装节目，推广活动。

第十八条线：开幕庆典

内容：由国家、国际组织、城市、企业和国内省市区在馆日、荣誉日、特别活动、活动周之外，在园区内举办的各类活动。

上海世博会活动分类图如图 15-1 所示。

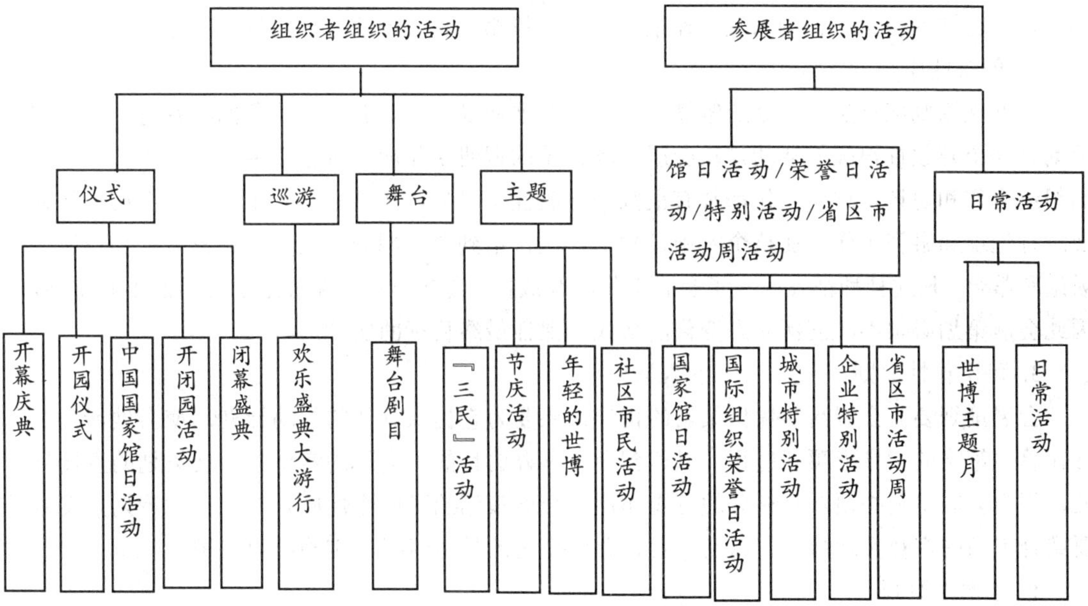

图 15-1　上海世博会活动分类图

资料来源：上海世博会官方网站。

15.2　会展策划概述

15.2.1　会展策划的含义

策划的基本含义是：为未来事项“出谋献策”，即思维主体运用知识和能力进行思考运筹的过程，也是根据现实的各种情况及所掌握的信息，围绕一个中心（也就是一个特定的目标），来全面地构思、设计，选择合理可行的行动方法，从而形成正确决策及高效工作的过程。

会展策划就是会展企业根据收集和掌握的信息，对会展项目的立项、方案实施、品牌树立和推广、会展相关活动的开展、会展营销及会展管理进行总体部署和具有前瞻性规划的活动。会展策划对于会展活动的全过程进行全方位的设计并找出最佳解决方案，以实现企业开展会展活动的目标。

15.2.2 会展策划的基本原则

会展策划的原则是指能够反映会展策划过程的客观规律和要求，在会展策划活动中需要遵循的指导原则和行动准则。

1. 目的性原则

会展活动，或者是为促进国家、地区经济的增长，或者为促进行业的发展，或者为传递信息、知识、观念，或者为塑造城市、企业的品牌，总之，其目标性十分强。企业在进行会展策划活动时，应当遵循目的性原则，具体在策划过程中，应当根据要达到的目的进行市场调查，在会展的决策、计划以及运作模式、媒体策略等各方面均有针对性地进行。

2. 创新性原则

创新性原则应该贯穿于企业策划的始终。会展业是一个具有自身特色的特殊行业，会展活动是一个开放性很强的活动。从会展立项开始的调研工作起，进行会展工作就需要与不同的组织合作和协调，这些工作都具有很强的开放性。另外，在开始准备工作中，会展机构还要进行选址和融资工作；在整个实施过程中，从营销到会展期间，也要广泛开展社会资源的吸纳和整合。凡此种种都表现出了会展工作的开放性。会展的开放性决定了会展的不确定性，因此会展策划必须不断创新动态变化的形式，保证最终目标的实现。

3. 可操作性原则

会展策划要为会展活动提供策略的指导，还要为它提供具体的行动计划，使会展活动能够在总体策略的指导下顺利进行，以达到会展举办的目的。会展的实施是会展策划的直接目的，因为会展策划必须具有充分的可操作性。会展策划的可操作性原则要求在做策划方案时要结合市场的客观实际情况，以及企业、会展公司的具体情况、实施能力来进行。

4. 艺术性原则

艺术性是策划人的知识、灵感、经验、分析能力、洞察能力、判断能力和应变能力的综合体现，目的是在会展策划中闪现创意的新、奇、亮和应时而变的灵活性，以做到出其不意。

5. 有效性原则

会展策划的有效性是由会展的营利性决定的，取得良好的经济和社会效益是举办会展活动的两个主要目的。在很大程度上可以说，会展各方主体的目标是通过会展活动获取利润。会展的效益是衡量会展策划是否成功的标准。任何会展活动都会产生一定的效果，但不仅仅应该满足有效，并且应该达到预期效果甚至超过预期效果。

15.3　会展策划的理念和内容

15.3.1　会展策划的理念

会展策划理念贯穿于会展活动主题、形式、内容等全过程，也贯穿于会展活动的组织、实施和善后工作，体现在会展活动策划的主题选择、模式选择、组织设计、内容编排、效果评估等各个环节。

1. 和谐理念

中国传统文化提倡“天人合一”“和为贵”，本质上就是和谐。我国正致力于和谐社会建设，反映品质生活的会展活动就是体现地方文化，风土人情，人与自然、社会和谐相处的重要平台。会展活动就是和谐大环境下的群众性参与活动。会展活动、大型活动、节庆活动、赛事活动、文体活动等都是为社会公众服务的参与性活动，许多会展活动的对象就是群众本身，会展活动为社会公众分享幸福与快乐，提供了交流舞台，使大家团结一致，培养一种群体的自豪感。可见，会展活动强调了个人与群体、群体与自然、自然与社会的和谐关系。

会展是一切会展活动追求的目标。会展活动策划的和谐理念，包括会展活动主题的和谐、内容与形式的和谐、过程的和谐等。主题的和谐是指活动主题要与当地文化传统和地域特色相协调，活动主题要与当今时代潮流和消费趋势相和谐。内容与形式的和谐是指活动内容安排和表现形式上要与活动主题相呼应，倡导一种团体合作、积极健康的生活方式。过程的和谐是指活动策划中合理计划，统筹安排，达到活动举办过程中的顺畅和无事故，未雨绸缪，对活动危机进行事先防范和控制。

2. 人本理念

“人本”就是“以人为本”，会展活动策划主要是为了丰富人们的业余生活，因此，活动本身的自由、快乐、幸福成为我们策划的最基本诉求。例如，2008 北京奥运会主题口号“同一个世界，同一个梦想”就体现了“天地之性，人为贵”的人性关怀与广泛参与性。

根据“人本”理念，会展活动要提高人的参与性，会展活动的宗旨要体现对人性的关怀。人是活动举办过程中最活跃的因素。围绕“人”来进行策划，按照“人”的特长和能力来安排会展活动，并在会展活动过程中注重人性化设计，这样的会展策划就是一个好的策划。会展活动的形式和内容安排，尤其是节事活动要以提高人尤其是普通人的参与性为目标。

3. 动感理念

动感指的是生命活力、活泼健康、幸福快乐的真实体现，是以人的主观感觉为主导的，是“互动的感觉”和“快乐的感觉”。引入“动感”是运用“动态”对静态景观进行创新的有效的手段。动感理念在节事活动策划中特别重要，即使商业性展览通过运用互联网、多媒体技术、人员促销等手段，参展商与客商之间、主办方与观众之间也越来越有“动感”了。会展策划与管理所讲的动感艺术，不是指文学艺术中的戏剧、电影、电视等传统的表演艺术，不是强调艺术的动态形式，而是强调活动过程本身的艺术，强调观众主观上参与活动的艺术感受。

15.3.2 会展策划的内容

一般来说，会展策划的内容有如下几个方面。

1. 会展的调查和分析

会展的市场调查是选定会展项目的重要依据，是会展策划的基础。市场调查要依据本地或本区域的经济结构、产业结构、地理位置、交通状况和展览设施等特点，收集有关项目（会展环境、会展企业情况、会展项目情况、会展市场竞争情况及参展商、支持协助单位等情况）的各种资料，包括文字、图片以及录像等活动资料，并对收集资料分类编排，集结归档。只有在充分了解市场潜力、市场限制以及市场动态等信息的基础上，才能有的放矢地进行策划。

2. 会展的决策与计划

会展决策要考虑以下因素：营销需求、市场条件、营销方式、内部条件等，从而确定会展的目标市场、集体目标、管理目标，然后决定会展的战略安排、市场安排、方式安排，如会展规模、展品选择、评估观众数量多少及展览面积大小。

3. 会展的运作与实施

会展的运作与实施是进行会展的中心环节，是会展策划的重心所在。这个阶段的基本工作包括广告宣传工作、组织招展工作、会展设计工作以及会展相关活动策划等具体安排会展的工作方案。

（1）媒体广告

媒体包括四大传统媒体及新媒体。围绕不同会展的特点、亮点来进行宣传，还可使用户外广告，利用人流量较大的公共场所，以海报、灯箱、广告牌、宣传布幅、彩旗等形式进行宣传。除此之外，还可以通过召开新闻发布会、行业研讨会等形式来传播会展消息。

（2）组织招展工作要求充分宣传、认真选择

准备阶段需要建立潜在客户名单、设计并发放参展说明书，熟识参展中的知识产权问题等。

（3）展览工作策划的步骤

①按实际需要将工作分为招展组团、设计施工、展品运输、宣传联络、行政后勤、展台工作、后续工作等几大类。

②在各大类之下详细列明具体事项。

③弄清工作之间的关系。

④要定期检查工作进度和质量，及时发现并解决问题，以保证整体工作协调正常运作。

（4）实施前的培训

培训的目的是让全体实施工作人员理解策划方案的精神，熟悉策划方案要求，掌握实施方案的工作方法、步骤和技巧。

（5）展示过程的安排

安排和确认展台的布置及展示设备的调试安装，配备工作人员。

（6）做好相关的会展服务工作

根据参加会议者的具体情况和人数安排相应的车辆；根据参会人员的喜好，预订各种形式的餐会，推荐不同的用餐地点；根据参会人员的喜好，为其设计不同的休闲方式，设计专门的旅游线路，介绍下榻酒店附近的娱乐设施。

4. 会展的效果评价与测定

会展的效果评价与测定是全面验证会展策划实施情况必不可少的工作。做好该项工作，能为以后会展提供可借鉴的历史参考文献，不断提高会展策划的水平。会展评估工作主要分为下列四个方面进行：

①活动所设定目标的达成。

②活动对销售的影响。

③活动的利润评估。

④品牌价值的建立。

15.4　会展策划的基本步骤

15.4.1　会展策划的主要程序

会展策划程序囊括了会展活动发生之前的谋划、构思、设计等创造性活动的全过程，是项目实际运作的指导，是会展项目管理决策理智化、效能化、科学化的前提依据和程序保证。

1. 设定目标

目标是行动的方向和指南，选择并确定切实可行的目标，才能保证一项活动有效地实施。因此，确定合理的目标是会展策划的起点，也将贯穿会展策划的整个过程。

2. 确定主题

主题是会展策划的灵魂，展会目标与活动主题关系紧密，目标不能脱离活动主题，主题必须根据目标确定。在会展策划的过程中，最重要的工作是明确主题。主题是会展活动项目的核心，会展主题确定了，会展策划的内容才会条理清晰、逐步展开。主题明确有利于具体工作的开展，是成功策划的重要保证。

确定展览会目标和主题必须深入开展调查研究，一个成功的项目策划方案应该建立在丰富而全面的市场信息资料之上，这也是灵感和创意产生的源泉。我们要学会通过对资料的整理和分析，在头脑中逐渐形成创意的雏形。

3. 设计方案

方案设计的各个环节和方面都要围绕展会主题和如何实现目标而展开，制定、设计具体行动的途径和方法。设计方案时应注意以下几项原则：

（1）量力而行原则

从自身现有的条件、具备的能力出发，尽可能挖掘内部潜力，充分利用内部条件和外部有利因素。

（2）大胆创新原则

对于策划而言，创新是关键，会展项目策划更需要创新。如何在同领域、同主题的各类会展项目中脱颖而出，是项目策划时必须考虑的重点。大胆创新为项目成功奠定基础。

（3）细致全面原则

策划方案考虑的是整个项目，因此，需要考虑多方面的情况，既要照顾到项目的各个细节，又要体现出方案的独创性。

（4）方便操作原则

策划方案写作简明扼要，便于执行，逻辑顺序合理清楚，主题鲜明，必要时可以辅以图表、实物照片、设计模型等。

4. 计划实施

展会目标、主题、方案确定后就可以进入计划实施阶段，策划方案基本确定后要做的就是制定实施细则，以保证项目目标实现过程的顺利进行。在方案执行过程中要防止任何意外事件的发生，精心编制应急方案，及时采取防范措施。任何事物的进展都有不可预测的情况，尤其是会展项目，每个环节都紧紧相扣，不能有半点疏忽。因此，方案的实施必须事先做好应急防范措施，以备不时之需。同时，也可以做几套备用方案，可以根据临时状况，随时启动使用。

5. 效果评估

效果评估既可以是全程结束后的总体评估，也可以是阶段性的评估。对会展项目各项措施的执行效果进行评估，便于及时做出调整、补充和修正。这对于成功完成整个会展项目来说是极其必要的。会展策划并不是到策划书完成就结束了，保证方案的组织实施和有效执行并对实施结果进行分析评估，经过分析评估总结经验或教训，并将其改善在下一次会展策划中，这样会展策划才是一次完整的策划。

15.4.2 会展策划的流程设计

有效的会展策划意味着实现了计划目标，而计划的完成取决于会展所有项目的支持，每一个项目又是通过在整个会展活动中承担不同责任的个人来完成的。要使这些不同的人能成为会展中一个协调一致的整体，发挥出最大的集群效应，还必须对会展的策划流程有所了解。

1. 成立策划小组

一个好的会展活动策划需要一个好的策划团队，组建一个活动策划小组，各负其责才能有效地做好策划工作。会展策划小组人员及其职责如表 15-1 所示。

表 15-1 会展策划小组人员及其职责

人员	承担事务
策划主管	负责协调、沟通整个小组各策划人员的工作，并全权负责策划方案的制定和修订
策划人员	负责编拟会展项目计划
文案撰写人员	负责撰写各类会展文案，包括会展常用文书、会展社交文书、会展推介文书、会展合同等
美术设计人员	负责各类视觉形象设计，如广告设计、展示空间设计
市场调查人员	负责进行市场调查并编写市场调查报告
媒体联络人员	进行媒体宣传推广
公关人员	为会展公司创造融洽、和谐的公共关系氛围，获得各方面的支持与帮助；同时从公关角度提出建议

2. 市场调查与分析

市场调查与分析是以科学的方法，系统地、有计划地、有组织地搜索、调查、记录、整理、分析有关产品或劳务市场等信息，客观地测定与评价，发现各种事实，用以协助解决有关营销的问题，并作为各种营销决策的依据。这是会展策划的基础，其内容十分广泛，主要有五个方面：产业环境；目标市场的前景分析，如政策可行性、市场规模及类型；同类会展的竞争能力分析；本次会展的优势条件分析；潜在客户的需求调查。

小链接 15-1

海外办展：市场调研最重要

2007 亚洲电动游戏大会新闻发布会在北京举行。据悉，这是新加坡会议与展览管理服务有限公司与德国莱比锡展览公司首次合作。此次发布会的举办，标志着两家跨国展览公司的项目合作进入实质性阶段。会后，作为新加坡展览行业的龙头企业——新加坡会议与展览管理服务有限公司董事长廖俊生接受了本报记者的专访，重点讲述了展览企业拓展海外市场面临的风险及防范措施。面对频繁的爆炸和政治争端，是要逃命还是要展览？2002 年 3 月，当新加坡会议与展览管理服务有限公司董事长廖俊生刚把目光投向巴基斯坦，没想到就面临这样的抉择。廖俊生告诉记者，就在巴基斯坦纺织机械展览会开幕的前几天，一场谁也没有料到的浩劫悄然逼近。印度大兵压境，战争一触即发；美国和法国驻巴基斯坦领事馆相继发生爆炸，多人受重伤。面对动荡的局势，廖俊生回忆说，如果不是有很多参展商已把机械运到巴基斯坦，或许他真的会离开这个是非之地。根据对巴基斯坦市场的多年研究，他最后毅然决定，延期办展。3 个月后，廖俊生的展览虽只剩下 800 平方米，但却没赔一分钱。在这场博弈当中，他赢得了难能可贵的信誉，从而使得第二年的展览面积从 2002 年的 800 平方米跃至 2800 平方米，到 2004 年展览面积达到 5600 平方米。“风险总是与机遇并存，高风险就会有高回报。”廖俊生用这样的话总结当年在巴基斯坦做出延时办展的决策。当然，决策的背后有他对巴基斯坦独到的见解。

海外办展：应做好前期市场调查。据了解，2006 年北京某公司在准备前往泰国举办汽车用品展时，也遇到相似的政治风波——泰国军事政变，使赴泰办展计划夭折。当记者问展览公司在海外办展如何规避风险时，廖俊生说：“海外办展前期调查很关键，这包括政治、经济、社会、技术四方面。值得重点关注的是，前期调研目标国家的经济因素比较重要，如果市场需求大，即便存在政治风险，也会有高额的回报。”谈到市场调查，廖俊生用一个失败的案例，生动地阐述了市场调查的重要性。2002 年，他第一次来到中国上海举办美食展却以失败告终。究其原因，廖俊生坦言主要是市场调查不够专业和细致，没有深入了解公众的需求，更没有从行业的角度去统计分析上海展览业的格局，缺乏深度的市场调查，结果为拓展展览市场决策埋下了隐患。

海外市场难点：同类展览竞争激烈。据廖俊生介绍，他从 1982 年开始到泰国办电脑展，1987 年又在泰国做了六届的国防展，1993 年应泰国空军的邀请做了航空展。然而，随着全球展览业的兴起、展览公司的增多，他的公司面临更加激烈的竞争。例如，在泰国举办的展览会，原本很成功，但随着泰国人对展览业的不断了解，他们开始尝试举办展会。泰国电子协会也开始着力支持本土公司办展。廖俊生说，这种新展览格局的形成，对境外展览公司非常不利，他的展览公司最终退出泰国展览业市场。祸不单行，不久，巴基斯坦的展览市场也发生了很大变化，一些巴基斯坦本地公司也开始办纺织机械展览，压低价格，进行恶性竞争。“目前，拓展国际展览市场最大的困难就是同类型展览项目太多，想找个题目好、市场又大的展览项目不容易。”廖俊生如是说。

拓展途径：靠协会帮助做专业展览。在亚洲国家，新加坡较早介入会展业。20 世纪 80 年代，许多新加坡人开始拓展海外展览市场。与此同时，很多国外公司，如德国的慕尼黑、汉诺威等展览公司，也到新加坡办展，廖俊生的公司就是在这样的背景下慢慢地拓展海外市场。当记者问及作为新加坡展览行业的代表最大的优势在哪里时，他十分自信地说："我所做的展览都非常专业，这是我最大的优势。"他强调，要想做非常专业的展览，第一，要了解市场需求。如果没有好好地去做市场调研，你就无法真正察觉到市场需要哪些产品。办展时，你要知道谁是真正的买家，这样才能找到卖家。第二，把买家和卖家分类，这样才能更好地为他们服务，更好地安排展会事宜。第三，在网上预约买家、卖家。我们举办的展览，如在北京举办的旅游展览都是这样做的。除此之外，廖俊生还认为，开拓海外展览市场，一方面要与当地的行业协会、商会、知名展览公司进行必要的联系，多方听取意见、收集信息，这样才有利于准确判断国际展览市场的现状和格局，另一方面要根据企业资源，与国外展览公司进行深层次的展览项目合作，利用双方的优势互补拓展海外市场，实现共赢。

资料来源：作者根据互联网相关资料进行整理。

3. 决定会展策略

在充分进行市场调查研究与预测之后，需要进行会展目标市场的定位，确定会展项目的行动方案、媒体策略和制定设计策略。

（1）会展项目的行动方案

①考虑目标市场的定位要素

会展类型：各种会展之间存在很大差异，因为必须明确所主办会展的类型。

产业标准：导致展览目标市场定位复杂的原因之一在于一次会展往往涉及多个产业，必须认真了解各相关产业的特点。

地理细分：会展组织者不仅要分析不同国家、地区的参展商对于会展的个性化要求，而且要弄清参展商在本国、本地区的具体分布，这样才能行之有效地进行决策。

行为细分：会展应根据参展商的参展动机、购买动机、购买状态或对展览会的态度进行划分，其中参展动机是进行市场细分的最优起点。

②会展策划具体化

必须明确会展项目的目标、实现会展项目目标的环境、会展项目营销战略要素、会展相关活动的开展、会展策划方案的效果与评估、会展策划方案实施的附加条件。

③设计行动日程表

每个步骤的开始和结束都应有时间的规定和限制，以保证方案的实施能够顺利进行。

（2）媒体策略

根据有限的广告预算以及举办会展的需要和条件，来选择合适的媒体，综合考虑目标受众的媒体习惯、产品性质、信息类型以及广告成本等因素。

会展开始前：对会展前期准备工作及其特点、创新进行大量宣传，如举行记者招待会、组织专家学者讨论并发表意见等。

会展期间：继续组织媒体，尤其是本地主流媒体对会展进行进一步的宣传。参展商应与媒体保持良好关系，提供有价值的新闻。

会展结束后：邀请媒体对此次活动的效应和成果等做总结性报道，以加深公众的印象，并达到提升城市形象的目的。

（3）制定设计策略

设计策略的主要内容有：展台设计策略、取得展览公司的设计批准和制作展览宣传册。展台设计和展览结构设计都应根据不同情况采取不同方法、思路。设计方案提出后怎样取得展览公司的认可也是重要一环。而宣传材料的设计与制作则要尊重整体风格，形成强大的视觉冲击力，并解决材料形状和大小的问题，要求视觉富有人性化，便于携带。

4. 制定预算方案

良好的财务管理和预算控制是筹办会展最重要的因素之一，安排得当不仅会起到增加效益的作用，还能使管理者了解收入的来源及比例、分析主要的投入项目、确定主要的收入来源。会展项目预算是实现会展财务目标的一个十分重要的工具。会展项目预算方案一般包括以下六个方面：

①场地费用。

②行政管理费用，包括公司行政管理人员的工资和行政办公费用等。

③宣传推广费用。

④招展、招商费用。

⑤相关活动经费。

⑥其他。

会展项目收入一般来源于以下四个方面：

①会务费或展位费收入。

②门票收入。

③企业赞助收入。

④其他。

5. 撰写会展策划方案

会展策划是会展的策略规划。为了会展的成功举办，必须对会展的整体性和未来性的策略进行规划。这包括从构想、分析、归纳和判断，到拟定策略、方案的实施、事后的追踪与评估过程。

把策划的会展过程用文字表述出来就是会展策划方案。会展策划方案主要包括会展名称和地点、办展机构、展品范围、办展时间、会展规模、会展定位、招展计划、宣传推广和招商计划、会展进度计划、现场管理计划、相关活动计划等。

6. 效果评估

评估和修正的内容主要包括项目评估、阶段考评、最终考评和反馈改进等内容，也可分为展览工作评估和展览效果评估。其评估内容有定性和定量的内容，条件允许的情况下尽量用定量的评估内容，这样能使评估结果更客观、更有价值。

小案例 15-2

2004 年中国（古镇）国际灯饰博览会的招展工作

在镇内通过电视台、灯饰报、政府网站、灯饰在线网站等发布招展信息。

借古镇领导赴美考察之机，参加美国拉斯维加斯灯展，在展会上介绍古镇灯博会的有关情况，邀请商家前来参展、参观。

通过电子邮件、邮寄、电话、传真等方式向国内外 5000 多家灯饰及相关企业发送了邀请函。

温州灯饰商会协商进行代理招展，邀请温州的客商前来参展。

组织了12家企业组团参加“2004年中国轻工业产品博览会”，宣传古镇形象，并同时发布灯博会宣传广告，以达到借展招展的效果。

5月份组委会在北京召开了第一次新闻发布会，来自央视、北京电视台、中央人民广播电台、新华社、中国照明电器、新浪网、搜狐网等国内外近60家媒体对灯博会进行了相关报道。

在招商方面，组委会高度重视，5月份已经通过邮寄、电子邮件、传真等方式向海内外10万业内人士寄发了邀请函。通过中国照明协会与西班牙协会联系，邀请协会成员前来参观；并与一些知名B 2 B（Business to Business）网站合作利用他们的客户资源；此外还在欧美的专业杂志上投放广告。

6月初，组委会在东莞召开了招商推介会，古镇领导亲自向与会企业介绍灯博会的情况，推介会取得了良好效果。

资料来源：作者根据互联网相关资料进行整理。

本章小结

会展是指现代城市以必要的会展企业和会展场馆为核心，以完善的基础设施和配套服务为支撑，通过举办各种形式的会展或展览活动，包括各种大型的国际博览会、展览会、交易会、运动会、招商会、研讨会、节事等，吸引大批与会人员、参展商、贸易商以及一般公众前来进行洽谈、交流或旅游观光，以此带动交通、住宿、餐饮、商业、购物等相关产业发展的一种综合性活动。会展相关活动按照活动形式大致分为4类，分别是会议类、庆典类、展示类和综合类。会展策划就是会展企业根据收集和掌握的信息，对会展项目的立项、方案实施、品牌树立和推广、会展相关活动的开展、会展营销及会展管理进行总体部署和具有前瞻性规划的活动。会展策划的原则是指能够反映会展策划过程的客观规律和要求，在会展策划活动中需要遵循的指导原则和行动准则，包括如下几个原则：目的性原则、创新性原则、可操作性原则、艺术性原则、有效性原则。

会展策划理念贯穿于会展活动主体、形式、内容等全过程，也贯穿于会展活动的组织、实施和善后工作，包括：和谐理念、人本理念、动感理念。一般来说，会展策划的内容有如下几个方面：会展的调查和分析；会展的决策与计划；会展的运作与实施；会展的效果评价与测定。

会展策划程序囊括了会展活动发生之前的谋划、构思、设计等创造性活动的全过程，是项目实际运作的指导，是会展项目管理决策理智化、效能化、科学化的前提依据和程序保证，首先要设定目标，其次确定主题设计方案，再次，计划实施，最后，效果评估。会展策划的流程设计，第一，成立策划小组；第二，市场调查与分析；第三，决定会展策略；第四，制定预算方案；第五，撰写会展策划方案；第六，进行效果评估。

能力培养指导

1. 如果你是一个企业的会展策划人员，运用所学知识，使你的企业在众多企业中脱颖而出。
2. 你参加过哪些会展，在会展中选一个吸引你的企业，评估其会展效果。

案例应用 1

2008 年北京奥运会获得赞助计划

一、赞助商层次

对北京 2008 年奥运会的赞助包括国际和国内两个方面：国际奥委会第六期全球合作伙伴计划在国际范围内对整个奥林匹克运动会提供支持，包括支持北京奥运会。北京 2008 年奥运会赞助计划在主办国范围内对举办 2008 年奥运会提供支持。

北京 2008 年奥运会赞助计划包括三个层次：一是北京 2008 年奥运会合作伙伴；二是北京 2008 年奥运会赞助商；三是北京 2008 年奥运会供应商。

每个层次设定了赞助的基准价位。在同一层次中，不同类别的基准价位也会有所差异，以体现不同行业之间的差别。具体价位将在销售过程中向潜在赞助企业做出说明。

北京奥组委的各级赞助商将为奥林匹克运动在全国的发展做出贡献，通过在技术、产品和服务等方面的赞助，支持北京奥组委的筹办工作，支持 2008 年奥运会的举办，支持中国奥委会以及中国奥运代表团。不同层次的赞助商享有不同的市场营销权。赞助商在主办国地域范围内享受市场开发的排他权。

二、赞助商权益

赞助企业向北京奥组委、中国奥委会和中国奥运代表团直接提供有力的资金和实物支持。作为回报，赞助企业将享有相应的权益。以下是北京奥组委给予赞助企业的主要回报方式：

（1）使用北京奥组委或者中国奥委会的徽记和称谓进行广告和市场营销活动。

（2）享有特定产品/服务类别的排他权利。

（3）获得奥运会的接待权益，包括奥运会期间的住宿、证件、开闭幕式以及比赛门票，使用赞助商接待中心等。

（4）享有奥运会期间电视广告以及户外广告的优先购买权。

（5）享有赞助文化活动以及火炬接力等主题活动的优先选择权。

（6）参加北京奥组委组织的赞助商研讨考察活动。

（7）北京奥组委实施赞助商识别计划和鸣谢活动。

（8）北京奥组委实施防范隐形市场计划，保护赞助商权益。

根据对奥林匹克运动和北京奥运会贡献的价值不同，合作伙伴、赞助商和供应商享有不同的权益回报。

三、赞助销售

1. 销售方式

坚持公开、透明、公平的原则，根据行业的不同情况采取以下不同的销售方式。

公开销售：公告销售通知或公开征集企业赞助意向。

定向销售：向具备技术条件的企业发出征集赞助邀请。

个案销售：直接与符合技术条件的企业进行销售洽谈。

2. 销售步骤

主要采取以下步骤进行销售：

（1）北京奥组委将征集情况知会企业或向企业征集赞助意向。

（2）企业提交赞助意向书。

(3) 北京奥组委销售机构进行企业资格评审。

(4) 北京奥组委销售机构与企业洽谈赞助方案。

(5) 企业提交正式的赞助方案。

(6) 北京奥组委评估机构提出赞助商候选人。

(7) 北京奥组委确定赞助企业，提交国际奥委会批准。

实际操作中，以上步骤可根据需要增加或减少。

3. 销售进度

鉴于不同层次的赞助商对奥运会贡献的价值不同，销售进度也将体现投资差异。首先开始合作伙伴的销售。但根据销售进程，有可能同时进行不同层次的销售。销售进度的具体安排如下。

合作伙伴：2003 年第四季度—2004 年第四季度。

赞助商：2004 年第二季度—2005 年第二季度。

独家供应商/供应商：2004 年第四季度—2007 年第二季度。

四、赞助商选择标准

选择赞助企业时，主要参照以下标准。

资质因素：赞助企业必须是有实力的企业，是行业内的领先企业，发展前景良好，有充足的资金支付赞助费用。

保障因素：能为举办奥运会提供充足、先进的、可靠的产品、技术或者服务。

报价因素：企业所报的赞助价格是选择赞助企业最重要的考虑因素之一。

品牌因素：企业具有良好的社会形象和企业信誉，企业的品牌和形象与奥林匹克理想和北京奥运会的理念相得益彰，产品符合环保标准。

推广因素：企业在市场营销和广告推广方面投入足够的资金和做出其他努力，以充分利用奥运会平台进行市场销售，同时宣传和推广北京 2008 年奥运会。

资料来源：作者根据互联网相关资料进行整理。

【讨论题】

1. 2008 年奥运会赞助商将获得哪些权益？这体现了哪些赞助原则？
2. 2008 年奥运会赞助的销售方式有哪些？
3. 2008 年奥运会赞助销售的步骤怎么样？
4. 选择赞助商的基本标准有哪些？

案例应用 2

杭州会展业何去何从？

1. 杭州会展业发展概况

2000 年以来，杭州以举办西博会为抓手，带动会展业发展。“十五”前两年，展览业处于“上半年冷、下半年热”的状况，全市年展览总面积不足 55 万平方米。到“十五”中期，展览业发展趋于基本均衡，展出总面积年均递增 20%左右。2006 年杭州市全年共举办展会 238 个，展出总面积突破 100 万平方米，办展直接收入 1.19 亿元，总量位居全省前列，其中面积在 1 万平方米以上的展览有 21 个，冠有“国际”名称的 30 个，外地来杭举办的展览有

9个。农林业类、加工制造类、服务业类等专业性展会数量明显上升，专业化、国际化水平逐步提高。培育了诸如“浙江国际家用纺织品展”“中国国际丝绸博览会”“中国国际妇幼婴童产业博览会”“杭州国际汽车工作博览会”“浙江国际自行车、电动车展览会”“浙江国际家具展览会”“西湖艺术博览会”等紧密结合浙江优势产业和文化特色的专业性展会。

会议业进入快速发展期。随着杭州城市环境改善和经济快速发展，尤其是实施旅游西进发展战略和西湖综合保护工程后，我市办会环境不断优化，先后承办了有重大影响的世界华商大会、世界佛教论坛、中国投资环境论坛、国际茶业大会、国际基因组学大会等一批大型国际性会议。据市旅委对来杭游客的抽样调查，2006年我市接待的游客中，商务会议旅游比重已达到23.5%。2006年杭州会展业协会所属7家宾馆饭店（世贸大酒店、黄龙饭店、花港饭店、维景大酒店、新侨饭店、望湖饭店、第一世界大酒店）共承接各类会议4027个，共接待参会代表21.7万人，实现营业收入1.3亿元。

节庆文化活动得到蓬勃发展。依托城市文化特色，杭州市培育了一批像国际烟花大会、玫瑰婚典、美食节、观潮节、杨梅节、吴山庙会、丝绸时尚节、茶文化博览会等具有浓郁地方特色的旅游与文化节庆活动品牌，其中烟花大会参与人数突破百万。节庆活动快速增长，丰富了群众文化生活，同时也形成杭州的节庆旅游产品。

2. 场馆建设以及会展企业概况

由于市场需求的快速增长，吸引了社会资金对会展设施的投入。目前，杭州市拥有4个专业性展览场馆（世贸中心、和平会展中心、杭州国际会展中心、浙江展览馆），已建室内展览面积近10.4万平方米，可提供5000个国际标准展位。2004年后，杭州市新建宾馆饭店大都建设配备有规模较大、设施较全的会议室，现拥有最大容量在800人以上、符合国际标准的会场。此外，还有浙江省人民大会堂、浙江图书馆、杭州工人文化宫、浙江科技馆以及浙江大学永谦活动中心、邵逸夫科技馆、邵逸夫科学馆等中小型会展场所。杭州市现拥有星级宾馆241家，客房30321间，床位56850张，可为大型会展活动提供相应配套设施。

按照市场运作要求，杭州市基本形成项目策划、展馆管理、设计布展、设备租赁等相配套的专业队伍。杭州市现有独立办展、办会的专业会展公司50余家，其他从事会展相关配套服务企业，如场馆单位、策划与广告公司、展览设计施工公司、设备租赁公司等有200余家，从业人员上万人，注册资金在1000万以上有两家，50万以上有10余家。

3. 存在的问题

杭州市会展业总体上仍处于产业初创阶段，与国内外会展发达城市相比有明显差距。

（1）有影响力的会展项目不多。杭州的会展业整体品牌在国内外的影响力还不大，多数项目处于品牌初创期和培育期，知名度不高、规模小。许多会展企业规模较小、实力较弱，难以独立承办大型的、有影响力的会展活动。

（2）会展基础设施不完善、不配套。杭州会展场馆设施在规模、档次、设施配套方面与周边城市相比明显落后。杭州国际会议展览中心内部设施不到位，致使利用率低，现已转为汽车汽配市场。杭州和平国际会展中心展区建设标准不高，三层已改作为商务出租和开餐馆，展览功能退化。浙江世贸中心、浙江展览馆面积小，内部展区布局不合理，只能举办小型展览。目前，杭州市展览的数量和规模平均每年以20%速度递增，而实际可供同时使用的展览面积反而下降。截至2006年底已下降为3.4万平方米。

会议方面，杭州市缺乏按国际标准设计和配套的会议厅，难以满足承办2000人以上大型国际会议的需要。活动方面，一些大型活动因为缺少固定的专门场地，而难以作为专项旅游产品对外推广。

（3）社会化运作机制不够健全。党政机关直接运作项目较多，同时又缺乏有效的市场管理手段。会展行业协会的职能尚未充分发挥。会展企业策划水平不高、市场开拓能力较弱。

（4）国际化程度较低。目前，杭州市有能力到国外办展、组展的企业很少，利用外资的工作尚未起步，会展业的国际化合作程度低。国际性展览偏少、偏小，境外展位数和客商比重不高，国际性会议档次偏低、规模偏小，节庆活动的国际影响力较弱。

4. 面临的主要挑战

（1）国内竞争加剧。随着我国在国际经济贸易所占份额增长，加速了跨国公司和国外会展企业进入中国市场，将进一步增强上海、北京、广州等中心城市对国内外会展资源的吸引力。特别是杭州毗邻上海，受上海信息、资金、技术等要素集聚影响较大，会展活动对专业客商吸引力不足。长三角其他周边城市如南京、苏州等近年来也加大会展业投入，对杭州市形成了有力的竞争态势。

（2）省内竞争激烈。省内宁波、义乌、温州近年来依托本地产业优势，通过规划引导、政策跟进、硬件建设、资源争夺，并得到国家有关部委和省政府支持，会展业发展迅速，对杭州形成了有力挑战。

（3）制约因素明显。杭州市会展设施不完善、不配套，瓶颈制约明显，客观上造成一批规模大、档次高、国际性的会展活动难以进入，也影响了自身对大型会展项目的培育，行业整体水平无法进一步得到提高。同时，项目多而不精、品牌不足、国际化程度低，企业小而不大、策划水平不高、市场运作能力弱等问题，也对未来发展产生了约束。

5. 未来发展的各家之言

“在杭州开会，观光、商务、休闲一样都不落下。”杭州市西博办副主任郭初民提出的“会展＋休闲”的模式成了关注的热点。在杭州举办大型会展，应该有休闲旅游活动参与其中，同时一系列的旅游线路、交通服务都尽量融入会展活动中来，让会展体现休闲的特色，利用杭州打造东方休闲之都的资源优势，把杭州从观光游一枝独秀向观光游、会展游、休闲游三位一体转变。

然而，目前国内提出建设国家级或区域性会展中心的城市不少于30个，在新一轮竞争中，杭州能否有胜出的把握？“在长三角会展经济带，大型会展第一选择会去上海，杭州应该怎么发展？”面对杭州市红火的展会经济，专家也提出了自己的忧虑。

对此，浙江大学旅游科学研究院副院长潘立勇指出“错位发展”是杭州会展业必走之路。在他眼里，杭州城特有的休闲文化氛围决定了精致的专业性展会更适合杭州。浙江大学人文学院副教授何春晖更是形象地把上海称为长三角会展经济带的“龙头”，他说：“会展大了未必好，杭州体现出区别于上海的特色，甘做龙尾一样能出彩。而正在举行的西博会便是体现杭州特色会展的最佳载体。”专家的思想交锋，观点对撞，但是杭州会展业到底应该何去何从？

资料来源：作者根据互联网相关资料进行整理。

【讨论题】

1. 请以杭州会展市场为例，分析会展企业如何运用会展市场细分依据进行市场细分？

2. 杭州如何在分析自身的优劣势的基础上，对该市的会展业进行准确的市场定位？

第 16 章　网络营销策划

学习目标

1. 掌握网络营销策划内容
2. 掌握网络营销策划过程
3. 熟悉网络营销策划可行性分析
4. 了解网络营销预算与管理

实践中的网络营销策划

加多宝对不起：悲情营销开山之作

2012 年，加多宝在与广药的商标争夺战中输掉了官司，广药集团收回鸿道（集团）有限公司的红色罐装及红色瓶装王老吉凉茶的生产经营权，从那以后两家企业的战争便愈演愈烈。2013 年 2 月 4 日，加多宝在微博上做出了一组兼具视觉力与传播力的"对不起"系列图片，这组图片选取了四个哭泣的宝宝，并配以一句话文案诉说自己的弱势，图片表面悲情，实则却如利剑一般，剑剑刺在竞争对手的痛处，给予对手致命的打击。如果用一种武功来形容的话，那就是杨过在悲情中释放力量的黯然销魂掌。

加多宝的悲情牌一经打出，立刻博取大量网民的同情，其官方微博上的四张图片获得了超过 4 万的转发量，加多宝也一举将输掉官司的负面新闻扭转为成功的公关营销事件。广药王老吉在这次事件中则像是哑巴吃黄连——有口难言，被加多宝打得一败涂地。

从加多宝对抗广药的策略来看，其"悲情营销"的具体表现就是在宣传中通过不断强化对比自己与广药的地位差别（民企与国企）来博得民众对民企的同情，对国企的痛恨。这一招在这个国度真可谓稳、准、狠。

资料来源：作者根据互联网相关资料进行整理。

评述

从此案例可以看到，利用互联网和大量的群众力量，通过精心的策划，加多宝集团在输掉官司的不利局面下也可以博得大众的同情与好感，甚至可以说打了一场胜仗。

网络营销就像一把双刃剑，使用得好，企业可以在短时间内以最小的成本达成阶段性目标；如若使用不当，也可能会造成不可挽回的损失。本章从网络营销的内容、策划过程、可行性分析以及预算与管理几方面来介绍网络营销的基本内容。

16.1 网络营销策划内容

随着互联网技术的进一步普及与发展，近几年来互联网已经渗透到了人们生活的方方面面，据中国互联网络信息中心发布的《第 31 次中国互联网络发展状况统计报告》显示：截至 2012 年 12 月底，我国网民规模达到 5.64 亿，互联网普及率为 42.1%，保持低速增长。与之相比，手机网络各项指标增长速度全面超越传统网络，手机在微博用户及电子商务应用方面也出现较快增长。

通过数据可以看到，网民数量不断增多，网络营销这一新兴的营销模式逐步被各大企业关注和运用，目前全球经济的形势是传统商业活动向互联网转移，不管愿意与否，结果都将是进入互联网商务时代。互联网商务发展速度之快令人咋舌，只要跟不上发展，很快就会被竞争对手超过。因此，如何通过网络营销来扩大销售业绩，及早开发网络营销渠道进行网络营销策划是每个企业的当务之急，不容忽视。

网络营销策划是一项复杂的系统工作，它属于思维活动，但它是以谋略、计策、计划等理性形式表现出来的思维运动，是直接用于指导企业的网络营销实践的。

16.1.1 网络营销的概念与特征

1. 网络营销与网络营销策划

网络营销是指企业以电子信息技术为基础，以计算机网络为媒介和手段，为发现、满足或创造顾客需求，利用互联网（包括移动互联网）所进行的市场开拓、产品创新、定价促销、宣传推广等活动的总称。网络营销根据其实现方式有广义和狭义之分，广义的网络营销是指企业利用一切计算机网络（包括 Intranet 企业内部网、EDI 行业系统专线及 Internet 国际互联网）进行营销活动。而狭义的网络营销专指国际互联网络营销。

网络营销策划即企业借助网络优势，根据自身情况以及营销目标，对企业营销活动采取的一些网络营销组合的设计、实施与管理的过程。

2. 网络营销特点

随着互联网技术发展的成熟以及联网成本的低廉，互联网络像一种“万能胶”将企业、团体、组织以及个人跨时空联结在一起，使得他们之间信息的交换变得“唾手可得”。与传统推广方式相比，网络营销具有得天独厚的优势，网络营销的主要特点有：

（1）传播范围广、不受时空限制

营销的最终目的是占有市场份额，由于互联网具有超越时间约束和空间限制进行信息交换的特点，因此使得脱离时空限制达成交易成为可能，企业能有更多的时间和更大的空间进行营销与服务，通过国际互联网络，网络营销可以将广告信息 24 小时不间断地传播到世界的每一个角落。只要具备上网条件，任何人在任何地点都可以阅读。这是传统媒体无法达到的。

（2）网络营销是多维营销

纸质媒体是二维的，而网络营销则是多维的，它能将文字、图像和声音有机地组合在一起，传递多感官的信息，让顾客身临其境地感受商品或服务。网络营销的载体基本上是多媒体、超文本格式文件，广告受众可以对其感兴趣的产品信息进行更详细的了解，使消费者能亲身体验产品、服务与品牌。这种图、文、声、像相结合的广告形式，将大大增强网络营销的实效，并且可以充分发挥营销人员的创造性和能动性。

（3）交互性

交互性强是互联网络媒体的最大的优势，它不同于传统媒体的信息单向传播，而是信息互动传播。互联网络可以展示商品目录、联结资料库提供有关商品信息的查询，通过链接，用户只需简单地点击鼠标，就可以从厂商的相关站点中得到更多、更详尽的信息。另外，企业可以利用互联网收集市场情报，可以进行产品测试与消费者满意调查等，与用户之间的互动进一步减少了用户和企业、品牌之间的距离。

（4）网络营销具有高效灵活性

电脑可储存大量的信息，等待消费者查询，可传送的信息数量与精确度远超过其他媒体。网络营销制作周期短，即使在较短的周期进行投放，也可以根据客户的需求很快完成制作，而传统广告制作成本高，投放周期固定。另外，在传统媒体上做广告发布后很难更改，即使可以改动往往也须付出很大的经济代价。而在互联网上做广告能够按照客户需要及时变更广告内容，及时有效地了解并满足顾客的需求。这样，经营决策的变化就能及时实施和推广。

（5）网络营销具有可重复性和可检索性

网络营销可以将文字、声音、画面完美地结合之后供用户主动检索，重复观看。而传统媒体比如电视广告，如果用户错过广告时间，就不能再得到电视广告信息。另外，较之网络营销的检索，平面广告的检索要费时、费事得多。

（6）网络营销的投放更具有针对性

通过提供众多的免费服务，网站一般都能建立完整的用户数据库，包括用户的地域分布、年龄、性别、收入、职业、婚姻状况、爱好等。这些资料可帮助广告主分析市场与受众，根据广告目标受众的特点，有针对性地投放广告，并根据用户特点做定点投放和跟踪分析，对广告效果做出客观准确的评价。另外，网络营销还可以提供有针对性的内容环境。不同的网站或者是同一网站不同的频道所提供的服务是不同质且具有很强类别的，这就为密切迎合广告目标受众的兴趣提供了可能。

（7）网络营销成本低具有经济性

通过互联网进行信息交换，代替以前的实物交换，一方面可以减少印刷与邮递成本，可以无店面销售，免交租金，节约水电与人工成本；另一方面可以减少由于迂回多次交换带来的损耗。

（8）网络营销具有超前性

互联网络是一种功能强大的营销工具，它同时兼具渠道、促销、电子交易、互动顾客服务，以及市场信息分析与提供的多种功能。它所具备的一对一营销能力，正是符合营销的未来趋势。

16.1.2 网络营销的职能

正如冯英健在《网络营销基础与实践》中归纳出的，网络营销的基本职能表现在八个方面：网络品牌、网站推广、信息发布、销售促进、销售渠道、顾客服务、顾客关系、网上调研。另外，再加上开展网络营销的基础——企业网站建设，以及对网络营销效果进行检验和控制的基本手段——网站流量统计分析，共同构成了网络营销的十项基本职能。

1. 网络营销策略

网络营销策略是为有效实现网络营销任务、发挥网络营销应有的职能，从而最终实现销售增加和持久竞争优势所制订的方针、计划，以及实现这些计划需要采取的方法。

2. 网站建设

企业网站建设与网络营销方法和效果有直接关系，没有专业化的企业网站作为基础，网络营销的方法和效果将受很大限制，因此企业网站建设应以网络营销策略为导向，从网站总体规划、内容、服务和功能设计等方面为有效开展网络营销提供支持。

3. 网站推广

获得必要的访问量是网络营销取得成效的基础，尤其对于中小企业，由于经营资源的限制，发布新闻、投放广告、开展大规模促销活动等宣传机会比较少，因此通过互联网手段进行网站推广的意义显得更为重要，这也是中小企业对于网络营销更为热衷的主要原因。即使对于大型企业，网站推广也是非常必要的，事实上许多大型企业虽然有较高的知名度，但网站访问量并不高。因此，网站推广是网络营销最基本的职能之一，基本目的就是为了让更多的用户对企业网站产生兴趣，并通过访问企业网站内容、使用网站的服务来达到提升品牌形象、促进销售、增进顾客关系、降低顾客服务成本等。

4. 网络品牌

与网络品牌建设相关的内容包括：专业性的企业网站、域名、搜索引擎排名、网络广告、电子邮件、会员社区等。网络营销的重要任务之一就是在互联网上建立并推广企业的品牌，以及让企业的网下品牌在网上得以延伸和拓展。网络营销为企业利用互联网建立品牌形象提供了有利的条件，无论是大型企业还是中小企业都可以用适合自己企业的方式展现品牌形象。网络品牌价值是网络营销效果的表现形式之一，通过网络品牌的价值转化实现持久的顾客关系和更多的直接收益。

5. 信息发布

信息发布需要一定的信息渠道资源，这些资源可分为内部资源和外部资源。内部资源包括企业网站、注册用户电子邮箱等；外部资源则包括搜索引擎、供求信息发布平台、网络广告服务资源、合作伙伴的网络营销资源等。

掌握尽可能多的网络营销资源，并充分了解各种网络营销资源的特点，向潜在用户传递尽可能多的有价值的信息，是网络营销取得良好效果的基础。

6. 网上销售

网上销售是企业销售渠道在网上的延伸。网上销售渠道建设并不限于企业网站本身，还包括建立在专业电子商务平台上的网上商店，以及与其他电子商务网站不同形式的合作等。因此网上销售并不仅仅是大型企业才能开展，不同规模的企业都有可能拥有适合自己需要的在线销售渠道。

7. 顾客服务

小案例 16-1

南航微信：服务即营销

2013 年 8 月 5 日，微信 5.0 于苹果商店上线，这一版本或许是微信发展史上最重要的版本之一。为了防止公众账号对普通用户的骚扰，微信将公众账号分为订阅号和服务号两类，与此同时，微信官方开始大力提倡企业微信公众账号做服务而非营销。南航作为服务号的代表从中脱颖而出。

2013 年 1 月底，南航微信发布第一个版本，随着功能的不断开发完善，机票预订、办理登机牌、航班动态查询、里程查询与兑换、出行指南、城市天气查询、机票验真等这些通过其他渠道能够享受到的服务，用户都可通过南航微信公众平台来实现。到 4 月 25 日，南航微信用户达到 20 万人。其中有 2 万～3 万人通过微信绑定了会员卡——绑定后，用户还可以直接通过微信获取里程查询、里程累积等会员服务。南航并没有用营销而是用服务实现了粉丝的野蛮生长，这在之前可能并没人预料到。

在微信公众平台刚刚发布的一段时间内，微信营销甚嚣尘上，而微信 5.0 的发布算是让大批热血沸腾的营销人士冷静下来，南航、招商银行、大悦城等一批服务性微信账号的成功，展示了不同以往的营销方式——借助新媒体做好服务——服务即营销。

南航总信息师胡臣杰在接受媒体采访时说道："对今天的南航而言，微信的重要程度，等同于 15 年前南航做网站!"胡臣杰的话或许体现了从传统媒体时代到新媒体时代的变迁。

资料来源：作者根据互联网相关资料进行整理。

互联网提供了更加方便的在线顾客服务手段，包括从形式最简单的常见问题解答，到电子邮件、邮件列表，以及在线论坛和各种即时信息服务等。在线顾客服务具有成本低、效率高的优点，在提高顾客服务水平方面具有重要作用，同时也直接影响到网络营销的效果，因此在线顾客服务成为网络营销的基本组成内容。

8. 顾客关系

顾客关系是与顾客服务相伴而产生的一种结果，良好的顾客服务才能带来稳固的顾客关系。顾客关系对于开发顾客的长期价值具有至关重要的作用，以顾客关系为核心的营销方式成为企业创造和保持竞争优势的重要策略。网络营销为建立顾客关系、提高顾客满意度和顾客忠诚度提供了更为有效的手段，通过网络营销的交互性和良好的顾客服务手段，增进顾客关系成为网络营销取得长期效果的必要条件。

9. 网站流量统计分析

对企业网站流量的跟踪分析，不仅有助于了解和评价网络营销效果，同时也为发现其中所存在的问题提供了依据。网站流量统计既可以通过网站本身安装统计软件来实现，也可以委托第三方专业流量统计机构来完成。

10. 网上市场调研

网上市场调研主要的实现方式包括：通过企业网站设立的在线调查问卷、通过电子邮件发送的调查问卷，以及与大型网站或专业市场研究机构合作开展专项调查等。网上市场调研具有调查周期短、成本低的特点。网上调研不仅为制定网络营销策略提供支持，也是整个市场研究活动的辅助手段之一。合理利用网上市场调研手段对于市场营销策略具有重要价值。

16.1.3 网络营销的分类

基于不同的分类标准，网络营销可划分为不同的类型。

1. 按照营销活动的内容分类

网络营销可分为直接网络营销和间接网络营销。

直接网络营销是指无形商品或服务，比如计算机软件，娱乐内容，或者是全球规模的信息服务的联机订购、付款和交付完全通过网络实现。

间接网络营销是指有形商品的订购和付款等活动在网络上进行，但仍需要通过物流配送渠道送货，它会受到一些外部因素的制约，比如运输系统的效率等，而直接网络营销能使双方跨越时空限制直接交易，能更充分地挖掘市场潜力。

2. 按照参与对象分类

网络营销可大致分为三类：企业对企业的网络营销（B2B）；企业对消费者的网络营销（B2C）；消费者之间的网络营销（C2C）。

企业与企业之间进行的网络营销活动，是企业间通过网络开展各种商务活动，是企业面临激烈的市场竞争，改善竞争条件，建立竞争优势的主要方法。

企业与消费者之间进行的网络营销活动主要是借助于互联网络开展的在线销售活动。近年来，互联网络为企业和消费者开辟了新的交易平台，加上网民的增多，使得这类网络营销得到了快速发展。此外，互联网络提供的搜索浏览功能和多媒体界面，又使消费者更容易寻找和深入了解所需的产品。

消费者之间的网络营销与 B2C 相似，只是这里的企业换成了消费者，同样是借助互联网络，让消费者有了更多的选择。

3. 按照开展网络营销的地域延伸范围

网络营销可分为本地网络营销、远程国内网络营销和全球网络营销。

本地网络营销通常是利用本城市或者本地区的信息网络空间实现的网络营销活动，网络营销的覆盖面相对狭小。

远程国内网络营销是指在全国范围内进行的网络营销活动，其活动的地域范围较广，对软硬件和技术的要求较为严格。开展远程国内网络营销的企业要想在全国范围内实现信息沟通的电子化和自动化，就必须具备一定的网络营销知识、经济能力以及一定的综合管理协调能力。

全球网络营销是指在全世界范围内进行的网络营销活动，它涉及各方面的相关系统，如买卖方国家的贸易公司、海关系统、金融系统、税务系统、保险系统等。全球网络营销业务内容繁杂，数据来往频繁，为了使网络营销顺利开展，各方应共同努力制定出全球认可的网络营销标准和网络营销协议，以确保网络营销系统的安全、准确和可靠。

16.1.4 网络营销策划的原则

互联网发展到今天，开始慢慢成熟，越来越多的人已认识到网络给我们带来的种种方便和利益，而企业也在寻求如何深入互联网进行全方位的发展。所谓兵马未动，粮草先行，企业进行网络营销时最重要的是需要进行相应的准备和策划，继而稳健地走好网络营销的每一步。在进行网络营销策划时也要遵循一些基础原则：

1. 系统性原则

网络营销是以网络为工具的系统性的企业经营活动，它是在网络环境下对市场营销的信息流、商流、制造流、物流、资金流和服务流进行管理的。因此，网络营销方案的策划，是一项复杂的系统工程。策划人员必须以系统论为指导，对企业网络营销活动的各种要素进行整合和优化，使“六流”皆备，相得益彰。

2. 创新性原则

网络为顾客对不同企业的产品和服务所带来的效用和价值进行比较带来了极大的便利。

在个性化消费需求日益明显的网络营销环境中，通过创造和顾客的个性化需求相适应的产品特色和服务特色，是提高效用和价值的关键。特别的奉献才能换来特别的回报。创新带来特色，特色不仅意味着与众不同，而且意味着额外的价值。在网络营销方案的策划过程中，必须在深入了解网络营销环境尤其是顾客需求和竞争者动向的基础上，努力营造旨在增加顾客价值和效用、为顾客所欢迎的产品特色和服务特色。

3. 操作性原则

网络营销策划的第一个结果是形成网络营销方案。网络营销方案必须具有可操作性，否则毫无价值可言。这种可操作性，表现为在网络营销方案中，策划者根据企业网络营销的目标和环境条件，就企业在未来的网络营销活动中做什么、何时做、何地做、何人做、如何做的问题进行了周密的部署、详细的阐述和具体的安排。也就是说，网络营销方案是一系列具体的、明确的、直接的、相互联系的行动计划的指令，一旦付诸实施，企业的每一个部门、每一个员工都能明确自己的目标、任务、责任以及完成任务的途径和方法，并懂得如何与其他部门或员工相互协作。

4. 经济性原则

网络营销策划必须以经济效益为核心。网络营销策划不仅本身消耗一定的资源，而且通过网络营销方案的实施，改变企业经营资源的配置状态和利用效率。网络营销策划的经济效益，是策划所带来的经济收益与策划和方案实施成本之间的比率。成功的网络营销策划，应当是在策划和方案实施成本既定的情况下取得最大的经济收益，或花费最小的策划和方案实施成本取得目标经济收益。

5. 协同性原则

网络营销策划应该是各种营销手段的应用，而不是方法的孤立使用。诸如论坛、博客、社区、网媒等资源要协同应用才能真正达到网络营销的效果。

16.2　网络营销策划过程

16.2.1　网络营销的流程分析

网络营销策划是一项复杂的系统工程，它属于思维活动，但它是以谋略、计策、计划等理性形式表现出来的思维运动，是直接用于指导企业的网络营销实践的。它包括对网站页面设计的修改和完善，以及搜索引擎优化，付费排名，与客户的互动等诸多方面的整合，是网络技术和市场营销经验的协调作用的结果。它也是一个相对长期的工程，期待网站的营销在一夜之间有巨大的转变是不现实的。一个成功的网络营销方案的实施需要通过细致的规划设计。

根据不同的网络营销活动以及要解决的问题，营销方案也会有很大区别。我们应根据目前国际流行的电子商务和网络营销观念制定行之有效的以及符合企业自身的网络营销方案。但从网络营销策划活动的一般规律来看，有些基本内容和模式具有共同性或相似性。做网络营销策划应遵循以下流程。

1. 界定问题，明确目标

策划是一种目的性很强的活动。企业营销活动无不是为了整合和利用资源，以期达到满足消费者需求和盈利的目的。界定问题是策划的第一步，即面对复杂的问题进行深入透彻的分析，找出问题的关键点，从而明确行动的目标，做到有的放矢。只有界定问题，才能明确目标，也才有可能围绕目标去进行方案的策划。这里的工作主要有两项：

（1）界定问题

问题就是在不断发展变化的营销环境中，企业内部资源与外部市场匹配出现的矛盾也即企业寻求发展所面临的危机和机会。界定问题就是要分析确定问题的类型、性质、原因，找出问题的关键点。企业网络营销常遇到的主要问题有：如何吸引网民在网上购物？网络营销如何与传统营销整合形成竞争优势？如何在网上推荐产品？网上产品销售的价格如何确定？网上如何实施服务顾客的策略等。

（2）明确目标

问题界定后，就把要解决的问题作为企业网络营销活动的目标和方向，并按这个目标去设计具体的行动方案。

2. 收集信息，分析资料

信息是策划的基础，没有信息，策划思维就无法启动；信息的质量决定了策划方案的可行性和正确性；信息的反馈能及时地修正策划的目标和方案，因此营销管理者在策划过程中，必须把信息情报放在重要的位置，做好信息收集、分析和反馈的工作。

分析资料就是指对所收集的信息资料，进行分类、整理、比较、筛选的过程。一方面，要审查信息的完整性，另一方面，要判断信息的真实性。要利用计算机技术，提高信息分类整理的效率和质量，同时更要发挥人脑的作用，分析、提炼出有价值的信息资料，从而为企业制定网络营销目标与策略提供依据。

3. 构思创意，设计方案

策划的目标设定后，就要开始思考具体的策划方案，其中面临的最重要的问题是策划采用什么样的创意或主题。创意就是依据目标和市场环境的变化，思考营销活动的主题和方案。这一阶段的主要工作有：

（1）构思主题

主题体现了企业营销活动的目标，是策划的核心。创意就是通过创造性的思维，构思实现企业营销目标的行动要点和方案，它包括能应用于策划中的、实际可行的，新的想法，好的策略。

（2）拟订方案

在对创意进行分析的过程中，选择出可采用的好主意，再对其进行适当延伸，就会形成可行的策划方案。策划方案包括企业网络营销的目标，主题、策略、人力资源、技术支持、财力预算和行动计划等。

（3）论证方案

网络营销的方案设计好后，应对其可行性进行评估，论证，对于涉及面广，规模大的方案，还要在一定的范围内选点试行以避免由于主观性所造成的损失。常用的方案论证方法有以下四种。

①经验判断。借助有经验人士对已设计好的方案的可行性进行主观的评估。

②逻辑推理。借助逻辑学原理，对需要论证的方案进行恰当推演，以此来判断方案的可行性。

③专家论证。将方案提交给有丰富知识和经验的专家进行论证，借助于专家的知识、经验来判断评估方案的可行性。

④选点试行。对涉及范围广，投入多的方案，就选择试点，在一定范围内进行试运行，借助试运行的反馈效果来确定方案的可行性。

（4）书写策划书

当所设计的方案经过充分的论证或试行认为可行时，就进入方案设计的最后阶段——策划书的书写阶段。这一阶段的主要任务是将设计好的方案加以充实、编辑，并用文字和图表等形式表达出来，写成具体的、可操作的策划书，以指导策划实施过程的各项工作。

4. 推出策划方案

策划方案编写完成后，要提交给上级主管或委托客户，由其审议通过。这一阶段，主要任务是要向上级或委托人讲解、演示、推介策划的方案。

推出策划方案是策划的一个重要环节。首先，要选好策划方案的推介人，条件是他们熟悉策划方案并有说服力。其次，要做好推出方案前的准备工作，包括事先与审议者的沟通，设计推出的方式，进行模拟演练等。最后，要讲究说服审议者的技巧，运用各种方法，增强说服力，如用图表、影视、数据、实例、证据等。

5. 方案实施，效果测评

方案一经确定，就应全面贯彻实施，不得任意更改。好的方案要有强有力的行动来落实，否则会由于贯彻不到位而前功尽弃。另外，任何方案在实施过程中都可能出现与现实情况不相适应的情况，因此，方案贯彻的情况必须不断向决策者进行反馈，决策者也就应根据反馈的情况及时对方案不足之处进行调整。这就需要在方案实施后，运用特定的标准及方法对其效果进行检测和评估。通过实施效果的检测和评价，适时充实策划方案或调整策略，使策划活动逐步完善，进入良性运转的状态。

小案例 16-2

康师傅麻辣（西南区）网络整合营销

一、营销背景

麻辣系列作为康师傅集团投放在西南区的天王级品牌，在过去 5 年时间里，一直在寻找与消费者沟通的最佳方式。康师傅麻辣系列最新推出“乐享麻辣生活”这一沟通主题，并且更进一步地尝试以“100 人乐享 100 种麻辣生活”这一互动沟通形式，将推广分成“麻辣新春季”“麻辣爱情季”“麻辣乐享季”三个阶段，以更加感性的方式与消费者进行情感上的共鸣。

二、营销策略与创意亮点

康师傅麻辣方便面——“100 人乐享 100 种麻辣生活”是康师傅麻辣方便面做的一次大型的极富特色的整合营销传播，是第一次将品牌如此深入地与地方特色做结合，线上展开“麻辣新春季”“麻辣爱情季”“麻辣乐享季”三个阶段互动活动，精心征集 100 个不同类型的人，拍摄他们的麻辣生活，进行新一轮广告出街，通过线下线上立体密集传播，深入传播麻辣文化。

三、执行过程（方法、细节）

线上活动

康师傅麻辣系列营销配合不同的推广季以不同风格上线，为网民带来不同时期的麻辣惊喜。三阶段活动，麻辣新春季：互动活动——麻辣上上签；麻辣爱情季：互动活动——麻辣九问；麻辣乐享季：互动活动——麻辣百分百。

公关推动

同时通过公关方式制造话题种子帖，拍摄、传播视频（1部15S的品牌TVC，3部创意延展视频，3部病毒传播视频，3部剪辑视频），互动APP，官方微博活动搭配（在特殊节点开展麻辣主题活动，从根本上传达“乐享麻辣生活”这一主题，根据三个推广季的不同节点和特征，开展创意主活动，保持活跃度和话题性），根据不同的媒体界面颜色，挑选最适合制作素材的画面，以保证素材在视频媒体上线后取得最大化的投放效果。

互动拍摄

我们在网上参与的220万网友中，遴选麻辣文化的发源地西南地区的参与者，精心征集了100个不同类型的人，拍摄了他们的100种麻辣生活，通过线下线上的立体密集传播，深入传播了麻辣文化，获得了超乎意外的人气高潮。

四、媒体表现

电视传播方面：密集播放康师傅三种麻辣感觉的主题TVC。

户外传播方面：麻辣生活主题画面覆盖了1000多个候车亭及户外广告牌。

网络传播方面：通过优酷、迅雷、乐视、天涯、腾讯等主流媒体进行大范围传播。

新媒体方面：运用了新浪微博、腾讯微信、验证码广告、微电影、APP等新形式。

五、营销效果与市场反馈

本次活动网络传播总曝光量超过50亿次，活动主动参与量超过220万人次。

1部15S的品牌TVC，3部创意延展视频，3部病毒传播视频，3部剪辑视频播放量高达861万。

官方微博，五波活动参与量高达318338人次，截至2013年6月29日官方微博粉丝已累计至334137人。

活动规模大气，特色鲜明，创意爆点多，引起国内喜爱麻辣人群极大的共鸣反响，根据销售数据的跟踪统计，随着活动的开展时间曲线，本品在市场销量同步获得明显增长。

资料来源：作者根据第一营销网相关资料进行整理。

16.2.2 网络营销的竞争分析

网络营销与传统营销方式最大的不同在于营销环境（或载体）不同，而两者所处的社会环境、消费人群、消费习惯都是一致的。所以，传统营销当中的营销理论和方法也是适用于网络营销的。下面用SWOT分析法来合理有序地分析竞争对手。

1. 评估自身实力与竞争对手实力

在这个过程中要充分考虑自身与竞争对手所处的外部环境因素和内部能力因素。这样做的目的是确定两者是否在同一个竞争区域。如果竞争对手与自己所处的竞争区域不重叠，那么竞争对手的任何动作都不会对自己造成重大影响，可观其发展，避免冲突。做门户网站就别碰新浪，做电子商务就别惹阿里巴巴。因为自身实力与对方相比就是胳膊拧大腿，结果可想而知。

2. 了解自身弱点，强化竞争实力

个人网站不可避免地在软硬件方面存在缺陷。通过对自身资源、人员、背景的深入剖析，综合考虑，找出自身存在的弱点。在对竞争对手进行分析的时候，找到竞争对手的强项和弱项，分析自己不足的地方，并且沿着这个方向往深处挖掘，才能够做到全面了解自己。

3. 寻找机会点，将竞争对手的优势当作自己的目标

竞争对手的数据信息是值得自己参考的方面，但不是唯一的方面。对网络媒体来说，用户体验十分重要，仔细研究竞争对手针对用户体验所采取的有效方式，找到值得借鉴的是什么，需要摒弃的是什么，创新性的模仿会起到事半功倍的效果。

4. 防范外界威胁，与时俱进，不断创新

网络世界日新月异，营销方式层出不穷，稍有懈怠，便将万劫不复。新浪微博虽然至今仍可保持其颤颤巍巍的领导者地位，但是腾讯一系列的事件营销、网络公关活动将QQ优势与产品特征紧密结合，已经大大影响到新浪的老大位置。因此，只有时刻关注业界动态，积极进取才能保持旺盛的生命力和持续的价值体系，腾讯的突围很好地证明了这个道理。

俗话说，“知己知彼，百战不殆”，对竞争对手的分析是十分重要的一个环节。网络营销不能闭门造车，故步自封。只有用科学的方法深入研究竞争对手，破解对方的招数，做到“运筹帷幄之中，决胜于千里之外”，才是兵家长胜之术。

小案例 16-3

长安福特翼虎—无尽之旅—线上营销推广

一、营销背景

进入2013年，微博、微信、APP等自媒体在媒介营销中所占的比例越来越大，特别是微信和微博的普及，和消费者的互动变得更加的直接和有趣。长安福特翼虎抓住新媒体发展的契机，在微博微信上加强互动。翼虎上市后，以翼虎的高性能作为出发点，联合微博微信等传播模式，和《中国国家地理》等合作推出翼虎“无尽之旅”活动，通过活动让线下的准车主和车主们，直观地感受到翼虎的产品性能，并主要通过微博和微信平台，让更多的车主和潜在车主，体验到了不同以往的试驾体验。无尽之旅采用以私家路线为主打，让美丽风景作为契机，让微博微信作为媒介的全新宣传模式，在活动中取得了良好的传播效果，并给予消费者全新且印象深刻的体验。让线下的准车主和车主直观地感受到翼虎的产品性能。

二、营销策略与创意亮点

将私家路线与大众的试乘试驾进行升华，将微博和微信线上展示与线下分享紧密结合，将体验和感受共分享。这是翼虎无尽之旅的三个最大的特点。特别是《中国国家地理》等的介入，让长安福特翼虎的微博和微信直播和互动传播度大增，不仅和现场的车友互动同时和线上的车主和潜在车主互动，让更多的人通过微博微信看到难得一见的美景，搭载翼虎的用车信息，让广大受众更容易接受和感受到翼虎的魅力！

三、执行过程

翼虎一直致力于传播积极生活态度，激发车主们的探索精神。翼虎一直强调进取心和责任感、出发和启程而不是为了到达。翼虎在明确传播核心后，结合当下微博微信的便利和私家路线对SUV爱好者的吸引力，最后选择确定了无尽之旅活动。翼虎的探索精神通过无尽之旅活动让车主感受到启程的快乐。在活动中为了让更多的人感受到翼虎积极的正能量，以微博微信为平台，让更多的福粉参与其中。

“无尽之旅”微博微信直播的活动是联合《中国国家地理》，为此翼虎选择了能充分显示翼虎动力性能的路线，同时选择的路线更注重私密性。让车主和准车主们，多了更多的出发的冲动，契合了翼虎强调的启程精神。翼虎无尽之旅从2013年6月14号第一条微博上线开

始已经进行了十站。活动线上和线下同时进行。参与者通过网上和经销商报名，参与线下活动、活动中每一位线下参与者都通过微博微信和长安福特翼虎互动，同时长安福特翼虎分享现场信息和线上粉丝互动这种模式，成功地让无尽之旅的点线传播，变成了面与点的传播。

四、媒体表现

买SUV就是为了去一切想去的地方，这是很多翼虎车主的宣言，也是翼虎一直强调的出发精神。由此展开的翼虎无尽之旅，不仅让翼虎的官方微博微信以及《中国国家地理》微博等参与进来，每一站还和当地的汽车媒体等紧密合作，每一站都有至少三家媒体全程参与，新闻稿和论坛直播等媒体传播也同时进行，到目前为止翼虎的稿件达到上百篇，新闻几十篇，真正地实现了无缝连接和覆盖的传播模式。

五、营销效果与市场反馈

本次活动从2013年6月14日上线，据数据统计，在经历十站后，参与人数线下达到800人，线上参与讨论人数仅截止到10月15日就达到257112人，长安福特翼虎官方微博转评达到5万多人次。加上《中国国家地理》和线下的媒体报道，曝光率过百万。此活动的成功还在于不同于以往的纯分享，让参与者制造内容，让更多的粉丝和车主更直观地感受到翼虎挑战、出发、进取的精神。

资料来源：作者根据第一营销网相关资料进行整理。

16.2.3 网络营销竞争战略实施与控制

实施网络营销战略，是现代企业面对竞争的必然选择，网络营销为企业开拓市场，为企业带来低成本高回报的营销效果。

1. 网络营销竞争战略

网络营销的企业必须加强自身能力，改变企业与其他竞争者之间的竞争对比力量，巩固企业现有竞争优势：利用网络营销的企业可以对现在的顾客的要求和潜在需求有较深了解，对企业的潜在顾客的需求也有一定了解，制定的营销策略和营销计划具有一定的针对性和科学性，便于实施和控制，顺利完成营销目标。企业在数据库帮助下，营销策略具有很强针对性，在营销费用减少的同时还提高了销售收入。

加强与顾客的沟通：网络营销以顾客为中心，其中数据库中存储了大量现在顾客和潜在顾客的相关数据资料。企业可以根据顾客需求提供特定的产品和服务，具有很强的针对性和时效性，可大大地满足顾客需求。顾客的理性和知识性，要求对产品的设计和生产进行参与，从而最大限度地满足自己的需求。通过互联网和大型数据库，企业可以以低廉成本为顾客提供个性化服务。

为入侵者设置障碍：设计和建立一个有效和完善的网络营销系统是一个长期的系统性工程，需要大量人力、物力和财力。一旦某个企业已经实现有效的网络营销，竞争者就很难进入该企业的目标市场。因为竞争者要用相当多的成本建立一个类似的数据库，而且几乎是不可能的。

网络营销系统是企业难以模仿的竞争能力和可以获取收益的无形资产。企业需要提高新产品开发和服务能力：企业开展网络营销，可以从与顾客的交互过程中了解顾客需求，甚至由顾客直接提出需求，因此很容易确定顾客需求的特征、功能、应用、特点和收益。通过网络数据库营销更容易直接与顾客进行交互式沟通，更容易产生新的产品概念。对于现有产品，通过网络营销容易取得顾客对产品的评价和意见，从而准确决定产品所需要的改进方面和换代产品的主要特征。

稳定与供应商的关系：供应商是向企业及其竞争者提供产品和服务的企业和个人。企业在选择供应商时，一方面考虑生产的需要，另一方面考虑时间上的需要，即计划供应量要根据市场需求，将满足要求的供应品在恰当时机送到指定地点进行生产，以最大限度地节约成本和控制质量。企业如果实行网络营销，就可以对市场销售进行预测，确定合理的计划供应量，保证满足企业的目标市场需求；另一方面，企业可以了解竞争者的供应量，制定合理的采购计划，在供应紧缺时能预先订购，确保竞争优势。

2. 网络营销战略实施与控制

企业实施网络营销必须考虑企业的目标、企业的规模、顾客的数量和购买频率、产品的类型、产品的周期以及竞争地位等；还要考虑企业是否能支持技术投资，决策时技术发展状况和应用情况等。

网络营销战略的制订要经历三个阶段：一是确定目标优势，分析实施网络营销能否促进本企业的市场增长，通过改进实施策略实现收入增长和降低营销成本；二是分析计算收益时要考虑战略性需求和未来收益；三是综合评价网络营销战略。

企业在决定采取网络营销战略后，要组织战略的规划和执行，网络营销是通过新技术来改造和改进目前的营销渠道和方法，它涉及公司的组织、文化和管理各个方面。如果不进行有效规划和执行，该战略可能只是一种附加的营销方法，不能体现战略的竞争优势。

策略规划分为：目标规划，即在确定使用该战略的同时，识别与之相联系的营销渠道和组织，提出改进的目标和方法；技术规划，即网络营销很重要的一点是要有强大的技术投入和支持，因此资金投入和系统购买安装，以及人员培训都应统筹安排；组织规划，即实现数据库营销后，企业的组织结构需要进行调整以配合该策略的实施，如增加技术支持部门、数据采集处理部门，同时调整原有的推销部门等；管理规划，即组织变化后必然要求管理的变化，企业的管理必须适应网络营销需要。网络营销在规划执行后：一是应注意控制，以评估是否充分发挥该战略竞争优势，评估是否有改进余地；二是要对执行规划时的问题及时识别和加以改进；三是对技术的评估和采用。

总之，网络营销战略是有别于传统营销的新营销模式，它可以在控制成本费用、市场开拓和与顾客保持关系等方面有很大竞争优势。但网络营销的实施不是某一个技术方面问题、某一个网站建设问题，它还涉及企业整个营销战略方向、营销部门管理和规划方面，以及营销策略制定和实施方面。

16.3 网络营销策划可行性分析

网络营销策划的可行性分析主要从技术的可行性、经济的可行性和管理的可行性三个角度进行衡量。一般来说，开展网络营销的一般过程是，企业首先需要对下列几个方面进行调研，即产品特性、企业财务状况和企业是否具有专业的网络营销人员。

1. 产品特性

企业是否需要在网上开展营销活动，在很大程度上取决于行业的特点和产品的特性，网络营销是为顺应营销手段的发展而不是为了赶时髦，如果一个行业的特点决定了利用传统方法更加有效，那么可以暂时不必考虑网络营销。如果网络营销不能在短期内带来切实的收益，那么还是应该量力而行，根据本企业产品的特点慎重决定。

2. 企业财务状况

用于网络营销的支出不是消费，是一项投资，而且是长期投资，有时还需要不断地投入资金，网络营销不一定能取得立竿见影的成效。决策人员应该根据企业的财务状况制订适合自身条件的网络营销战略，如网站的功能和构建方式、网络营销组织结构、推广力度等。

3. 专业的网络营销人员

网络营销与传统营销相比，有其自身的特殊性，如互联网本身的互动性、信息发布的及时性，以及网络营销的基本手段——网站建设和推广等，这就要求网络营销人员既有营销方面的知识，又有一定的互联网技术基础，这种复合型人才目前比较短缺，企业是否拥有高水平的网络营销人才，对网络营销的效果有直接影响。

当企业的基本条件具备之后，就可以开展网络营销活动。但在网络推广过程中，还要注意以下两个问题。

（1）品牌定位是否清晰

任何企业在推广之前，都要有明确的品牌定位和理念。现在是一个商品泛滥的时代，如果定位不清，网络营销只是空谈。同时，只有品牌定位清楚了，对外的宣传和推广才有主题、噱头和一致性。

（2）供应链支撑系统是否完善

太多网络销售失败的案例，都是因为前期炒作太厉害，但是商品或者仓储供应链跟不上。第一时间将顾客要的商品安全无误地发送到顾客家中，仅仅这一点简单的要求，京东商城都是投资几个亿才实现的。缺货或者送货迟缓，顾客会很容易逃离并且极少再来。所以传统企业触网之前，要确保是不是有丰富的上游生产商协助，有完善的仓储和物流系统做后盾。

此外，传统企业触网失败，很多情况下是人为的因素，而不是客观因素。传统企业的组织结构根深蒂固，如果电商负责人在企业内部没有足够的话语权和资源整合能力，那么电商只能是个幻影。副总裁级别以上高层直接挂帅，会极大提高触网的成功率。

16.4 网络营销预算与管理

16.4.1 网络营销预算的重要性

与一般的项目开展一样，网络营销的开展也应该制定相关的预算安排。营销预算即列出一张预计的损益表：首先，预计计划期内的收入总额，包括直接销售收入（通过用预计销售量乘以统计平均售价得出）、网站广告销售收入、收取的会员费等；其次，预测为了实现预计的营销目标而开展营销活动的支出，如生产成本、工资费用、办公费用等；最后，根据收入总额和费用总额得出预计的净利润。

企业通过成本—收益分析，结合企业实力和实际需要，合理地安排营销预算，同时必须说明具体的开支项目与各部门的责任及费用情况。营销预算是开展营销计划而发生的软硬件等设备开支、材料采购、生产调度、劳动人事以及各项营销活动的依据。因此，在营销活动开展后，应密切关注企业的收入和发生的成本，以判断企业是否按照既定的预算执行营销活动。

网络营销预算在网络营销的管理中有哪些重要的作用呢？

1. 网络营销预算使决策目标具体化、系统化和定量化

在营销管理中，网络营销预算是全面、综合地协调、规划企业内部各部门、各层次的经济关系与职能，使之统一服从于未来经营总体目标的要求；同时，网络预算又能使决策目标具体化。系统化和定量化，能够明确规定网络营销各职能部门各自职责及相应的奋斗目标，做到人人事先心中有数。

2. 网络营销预算有助于财务目标的顺利实现

通过网络营销预算，可以建立评价网络营销运行财务状况的标准。将实际数与预算数对比，可及时发现问题和调整偏差，使企业的经济活动按预定的目标进行，从而实现企业的财务目标。

举个简单的例子吧，有这样一则故事：古时，有人曾问扁鹊，他们家三兄弟，谁的医术最高明？扁鹊回答是，长兄最好，中兄次之，我最差。大哥总是能在别人发病前，及时预防病症的发生，二哥在别人发病的起初就能将病治好，而我却只能在发病后才能治病，所以别人认为我的医术最为高明，却不知，最好的医术是预防病症的发生。通过这个事例，我们能很好地理解网络营销预算对于某一件推广事件，乃至一个企业网络营销部门的重要性。

如果要想做好网络预算，首先要考虑好“做什么”“如何做”“用什么去做”。最好的方法是成立一个专门的网络预算部门，通过高效的预算工具，运用适当的方法达到预算的最佳效果。而营销企业的各个部门都要有人共同参与进来，而不是由财务或是某一个单独的部门来全权操控，从而导致执行难的问题。预算管理必须与企业的网络营销战略目标和绩效管理相结合，也就是说，在编制预算时就要考虑企业下一步网络营销战略目标是什么，预算必须是围绕战略目标服务的，一旦预算确定下来后，必须与绩效进行挂钩，对执行结果进行跟踪。

好的网络营销预算对于企业的网络市场经营是至关重要的，只有首先编制出一个科学合理的预算，才能有的放矢，然后通过适当的方法、工具来达到我们的目的。

16.4.2　网络营销预算的方法

1. 目标达成法（目标任务法）

根据企业的网络营销战略和营销目标，具体确定网络营销成本规划和营销成本目标，再根据网络营销成本目标编制营销成本计划，确定企业的营销成本预算总额。

美国市场营销专家阿尔伯特·费雷（Albert Frey）将目标任务法的操作程序归纳为 6 个步骤，具体情况如下：

（1）确定企业在特定时间内要达到的营销目标。

（2）确定企业的潜在市场的基本特征，包括：①值得企业去争取的消费者对营销成本产品的知晓程度；②消费者对营销成本产品的态度；③现有的消费者购买产品的情况。

（3）分析潜在消费者对营销成本产品的态度变化及营销成本产品的销售量变化情况。

（4）选择适当的媒体开展营销成本宣传，提高产品的知名度。

（5）制定恰当的营销成本媒体策略，确定为达到既定营销成本目标所需要的营销成本暴露次数。

（6）确定最低的营销成本费用即营销成本预算总额。

目标任务法是在网络营销成本调研的基础上确定的营销成本预算总额，它的科学性较强，但比较繁琐。在计算过程中，如果有一步计算不准确，最后得出的网络营销成本预算总额就会有较大的偏差。

2. 销售额百分比法

销售额百分比法是以一定期限内的销售额的一定比率，预算网络营销成本费的方法。由于执行标准不同，销售额百分比法又可细分为计划销售额百分比法、上年度销售额百分比法、平均销售额百分比法及计划销售增加额百分比法四种。

其计算公式为：营销成本费用=销售总额×营销成本费用与销售总额的百分比

例如，某公司上年度的网络销售总额为 1000 万元，今年拟投入的网络营销成本费用占销售总额的 4%，那么，今年的营销成本预算为：营销成本费用=1000 万元×4%=40 万元。

这种方法简单易行，其优点是：计算简单，营销成本支出与产品销售状况直接挂钩，销售状况越好，营销成本费用也越高，企业不至于感到财务压力。

但该方法也有很大缺陷，即因果倒置。营销成本活动目的是要创造消费，提高销售额，而不是以销售来决定营销成本。因此在营销成本实践中，这种方法很容易造成营销成本费用支出的机械性，当市场景气时，营销成本支出多，而当销售降低时，营销成本支出反而减少了，从而会进一步恶化市场形势。

16.4.3 网络营销预算的管理及注意事项

网络营销预算管理是指营销部门在战略目标的指导下，对未来的经营活动和相应财务结果进行充分、全面的预测和筹划，并通过对执行过程的监控，将实际完成情况与网络营销预算目标不断对照和分析，从而及时指导经营活动的改善和调整，以帮助管理者更加有效地管理企业和最大程度地实现营销战略目标。

①制订计划，网络营销预算有助于管理者通过计划具体的行为来确定可行的目标，同时能使管理者考虑各种可能的情形。

②促进合作与交流，网络营销预算能协调组织的活动，使得管理者全盘考虑整个价值链之间的相互联系，网络营销预算是一个有效的沟通手段，能触及营销部门的各个角落。

③有助于业绩评价，通过网络营销预算管理各项目标的预测、组织实施，能促进营销部门各项目标的实现，保证营销部门各项目标的不断提高和优化，是体现企业业绩的一种好的管理模式。

④激励员工，网络营销预算的过程会促进管理者及全体员工面向未来，促进发展，有助于增强预见性，避免盲目行为，激励员工完成企业的目标。

网络营销预算的制定流程分为以下几步。

网络营销预算编制：进行网络营销预算的编制工作，包括各类网络营销预算申报、审批、汇总、调整、最后发布等一系列工作。

网络营销预算执行：网络营销预算执行情况的跟踪、展示等。

网络营销预算分析：网络营销预算编制数据和网络营销预算执行数据的分析展示，包括固定表分析方式、多维分析方式、图形化展示等。

绩效考核：自动摘取关键指标，按照平衡积分卡的管理思想进行网络营销预算考核。

网络营销预算管理中应注意的问题：

编制足以反映现实的网络营销预算，避免网络营销预算过于繁琐；划定网络营销预算的控制责任，划清各责任人的实际业绩；注意防止各部门从本部门出发以网络营销预算目标取代企业目标；网络营销预算控制不是对现状本身的控制，而是对发展趋势的控制；做好网络营销预算执行过程中的业绩记录，以便分析比较；网络营销预算责任必须落实到人；网络营销预算控制是激励经理人员的依据，是他们对预防偏差、纠正偏差所采取的措施。网络营销预算目标制定的不合理，太高达不到，太低没有激励性。各部门编制的计划比较零散，部门内部和部门之间的计划缺乏协调性，容易发生公司资源分配的冲突。网络营销预算编制缺乏依据，成本网络营销预算没有按照成本动因进行分解，单纯依靠历史数据和主观判断。网络营销预算确定的目标与各负责人员的职责不相匹配。企业不能根据自身条件选择适合的网络营销预算方法，盲目实施复杂的网络营销预算解决方案，无法确认制订网络营销预算所需的投入，预计投入人力和时间过于漫长。

网络营销预算执行常见的问题：

网络营销预算执行监控，监督跟踪不到位，没有相应的配套措施。网络营销预算中一些费用分摊方法各管理人员无法控制。没有网络营销预算作为依据，支出审批时不能区分正常的和例外的支出，高管人员不得不应付大量日常审批事务，审批程序复杂周期长，无法适应复杂多变的环境要求。财务部门在对支出审批上不能起到有效的监督作用。

本章小结

网络营销策划是一项复杂的系统工作，它属于思维活动，但它是以谋略、计策、计划等理性形式表现出来的思维运动，是直接用于指导企业的网络营销实践的。网络营销是指企业以电子信息技术为基础，以计算机网络为媒介和手段，为发现、满足或创造顾客需求，利用互联网（包括移动互联网）所进行的市场开拓、产品创新、定价促销、宣传推广等活动的总称。网络营销策划即企业借助网络优势，根据自身情况以及营销目标，对企业营销活动采取的一些网络营销组合的设计、实施与管理的过程。

网络营销的主要特点有：传播范围广、不受时空限制；网络营销是多维营销；交互性；网络营销具有高效灵活性；网络营销具有可重复性和可检索性；网络营销的投放更具有针对性；网络营销成本低具有经济性；网络营销具有超前性。

网络营销的十项基本职能：网络品牌、网站推广、信息发布、销售促进、销售渠道、顾客服务、顾客关系、网上调研、企业网站建设、网站流量统计分析。网络营销可按照不同的标准进行分类，比如：营销活动的内容、参照对象、开展网络营销的地域延伸等。

网络营销策划包括对网站页面设计的修改和完善，以及搜索引擎优化，付费排名，与客户的互动等诸多方面的整合，是网络技术和市场营销经验的协调作用的结果。

网络营销策划应遵循以下流程：第一步，界定问题，明确目标；第二步，收集信息，分析资料；第三步，构思创意，设计方案；第四步，推出策划方案。

企业在进行网络营销策划前首先需要对产品特性、企业财务状况和企业是否具有专业网络营销人员这几个方面进行调研。在网络推广过程中，企业还要注意品牌定位是否清晰与企业供应链支撑系统是否完善。

网络营销与传统营销方式最大的不同在于营销环境（或载体）不同，而两者所处的社会环境、消费人群、消费习惯都是一致的。所以，传统营销当中的营销理论和方法也是适用于网络营销的。企业可以用 SWOT 分析法来合理有序地分析竞争对手。

网络营销的企业必须加强自身能力，改变企业与其他竞争者之间的竞争对比力量。巩固公司现有竞争优势：利用网络营销的企业可以对现在的顾客的要求和潜在需求有较深了解，对公司的潜在顾客的需求也有一定了解，制定的营销策略和营销计划具有一定的针对性和科学性，便于实施和控制，顺利完成营销目标。网络营销的企业推动竞争战略的主要手段有加强与顾客的沟通；为入侵者设置障碍；稳定与供应商的关系。

网络营销策划的可行性分析主要从技术的可行性、经济的可行性和管理的可行性三个角度进行衡量。一般来说，开展网络营销的一般过程是，企业首先需要对产品特性、企业财务状况和企业是否具有专业网络营销人员这三个方面进行调研。

网络营销预算管理是指营销部门在战略目标的指导下，对未来的经营活动和相应财务结果进行充分、全面的预测和筹划，并通过对执行过程的监控，将实际完成情况与网络营销预算目标不断对照和分析，从而及时指导经营活动的改善和调整，以帮助管理者更加有效地管理企业和最大程度地实现营销战略目标。

能力培养指导

1. 结合所学的知识，试举一个典型的网络营销案例，说明其网络营销策划的过程。
2. 试举例说明，网络营销预算管理对于网络企业经营有什么重要的意义。

案例应用 1

电影《致青春》的网络营销策略

赵薇导演的处女作《致我们终将逝去的青春》上映三天票房已经过亿，首日票房超过了《泰囧》，造就了一个新的票房奇迹。能够取得这样优秀的成绩与它高超的网络营销策略是密不可分的。

一、通过微博等渠道进行大范围营销

1. 电影官方微博及时发布动态并且做好互动

电影的官方微博在电影开机前一年多就已经开通，这样可以在更早的时间里，让网友对此片有一个概念，进而慢慢地积累口碑。截至目前，电影的官方微博粉丝已经达到 174225 人，导演赵薇的微博更是达到了 43330509 人。官方微博在花絮和海报的内容和形式上也非常注重开放性和话题的吸引性。通过微博发布大量剧照，以及电影筹拍、开机等全过程引起大家注意。电影开始前期，其官方微博没有太大的影响力：没有粉丝、没有口碑。这个时候，往往需要借助一些电影动态、剧照、活动预告等相关的宣传，并制造类似于“青春回忆”等互动性较高的话题，带动网友参与，并在社交媒体上掀起一股热议风暴，从而提高电影知名度。电影中台词、剧照、精彩片段预先推向网络，还有对“青春”概念大规模的媒体营销，使全民参与到电影的宣传当中。类似“青春就是用来怀念的”“爱自己，胜过爱爱情”这样的话语在网民不自觉的意义再生产过程中掀起了时尚的潮流，成为宣传影片的关键词。

电影的网络营销，起重要作用的并不单单是官方的主动营销，而更是由电影延伸开来的话题、演员、故事、拍摄花絮等因素。这些元素基本上都符合用户深层次的需求，激发用户自动传播，形成一种病毒式营销，而这种通过社交平台的传播，范围更广，成本也会更低。

2. 微博名人大量转发，充分利用明星效应

根据二八定律再结合微博可以知道，微博上80%的影响力是由20%的人创造的，事实上微博的影响力是由2%的大V所左右的。而在《致青春》社交网络营销中，起主要作用的还是大V力量，而这也更是达到了空前的水平。赵薇在影视圈内的朋友为她呐喊助威，就连商业圈的史玉柱、草根圈的天才小熊猫、文化界的张小娴、宗教界的延参法师等人也都参与了微博营销。据统计，区区24个账号，粉丝总数已经接近3.7亿，在没有去重的情况下已经占了微博总用户量的80%。“微博大V”一方面起到了引导作用，引导用户参与到相关话题的讨论，一方面在一定程度上起到了眼球效应的作用，让用户在不同时间、不同地点都能接触到电影的信息，并实时了解相关的动态。

文章、何炅、黄晓明、陆毅、王珞丹、韩红等影视明星的帮助，发行方光线传媒的大力推广，还有史玉柱、张小娴、杨澜、延参法师等各大跨领域知名人士的宣传，最终在网络上形成了一个巨大的话题和影响力，有力地助推了电影的知名度。另外韩庚等演员也有很高的人气，这些演员本身的粉丝不少，他们为影片吸引了不少关注度。赵薇自从《还珠格格》以来积累的粉丝成为了最主要的观众。

在距离电影上映10天前，片方又公布了天后王菲献唱的主题曲《致青春》，一时间成为网络热点。王菲主唱的《致青春》片尾曲通过电影官方微博首发，转发超6万，这是歌后王菲13年来首支单曲，为电影加分不少。赵薇近二十年积累的人气和人脉，在这次电影的营销过程中发挥了不可忽视的力量。

3. 制造各种相关的微博体

电影上映前后，互联网成为主阵地。现在的电影主流观众都比较年轻，大多为学生、白领，他们经常上网，通过微博等来获取各种信息。因此微博营销这种方式很容易获得较好的宣传效果，随着电影的播出，“你神经病啊”“有一种感情叫赵薇黄晓明”等经典流行语传播开来。这些流行语都出现在热搜榜上。策划团队利用一切手段，去创意和策划，唤起全民“致青春”的热情，让它成为最广泛最热门的话题。

4. 借助公益活动顺势营销

在雅安地震的第一时间，赵薇代表剧组向壹基金捐助了50万，既是做慈善，又是很好的电影预热方式。剧组能在第一时间表态捐款50万，既是赵薇本人作为知名艺人的一种责任感，也是这个电影制作方对于雅安的爱心体现。无论如何，这些对于电影来说都是有益的。

5. 传播大量影评

不少人并没有看过网络原著小说，有的人则是看了电影后才去网上找小说来读。于是，电影和小说的区别成为网友热烈讨论的话题，而“改编得究竟好不好”成为众人争论的焦点，也成为吸引更多观众走进影院的原因。针对原著和电影删节和改编部分有着大量不同，电影上映后，原作者辛夷坞第一时间发表了自己的观点：“电影和原著相似度有五分。作为一个小说者，明白电影是对小说的一种再创作，这是最起码的，从文字到影像，不可能是生硬的照搬。所以必须说，我很高兴遇到的是赵薇和她的团队……我觉得电影展现了很多人物小说以

外更多的命运，它让《致青春》变得更有脊梁，也更有力量。”原作者的支持让很多人增加了对电影的期待和好奇，也扩大了正面性，小说的粉丝、主创的粉丝也在不断宣传，以至于后来很少能够听到负面的声音，即使有也很快被不断的好评所覆盖。通过微博、人人、微信、QQ 空间等社交平台和工具，电影《致青春》得到了大量相关话题的病毒式传播，各种好评不断，与之相关的影评、剧情分析、人物分析等文章被广为传播，推动了电影票房的上涨。

二、与其他营销方式相结合

1. 电视营销

电影上映前夕，新浪微博、人人网等社交网络平台上纷纷扩散着一个“有一种感情叫赵薇黄晓明”的段子。在一幅长微博中，赵薇和黄晓明的所有互动细节全部被一一记录：同喝一瓶水，接过水瓶拧盖子，双方默契凝视，赵薇生日黄晓明拄着拐杖赶节目为赵薇庆生，黄晓明忍着腿伤抱起赵薇……这是在电影上映前一个月，赵薇做客鲁豫的《说出你的故事》后在微博上疯转的一篇文章。“有一种感情叫赵薇黄晓明”本身说的也是属于赵薇黄晓明的青春故事，与电影《致青春》有着某种程度上的相似度。而黄晓明祝赵薇生日快乐并同时“致青春”的微博，被转发 5 万多次。看似不经意的与老同学缅怀了一下青春，回忆了共同的大学生活，其实也是关于影片《致青春》上映前的网络营销行为。

2. 广告营销（略）

3. 借助主流媒体报纸的报道宣传（略）

4. 植入手机游戏《找你妹》（略）

三、优秀的发行策略（略）

电影《致青春》借助微博、空间、视频网站等社交媒体进行营销，并取得了显著的效果。在社交网络越来越发达的今天，网络营销的实时性和实效性已变得非常强大，这种利用网络进行密集、全面、系统、互动的营销方式值得我们借鉴和发展。

资料来源：作者根据百度文库相关资料进行整理。

【讨论题】

1. 电影《致青春》如何借助网络进行营销推广？

2. 试分析电影《致青春》的目标人群是谁？文中介绍的推广方式是否适合?并说出你的观点。

3. 你所理解的网络营销包括哪些内容？

案例应用 2

欧派·爱会跟家一起走

一、营销背景

品牌（线上）打造：传统家居企业品牌在互联网上缺乏营销手段、经验。随着互联网、自媒体的影响力日渐上升，传统企业迫切需要找到提升其在网上的影响力、知名度和美誉度的营销方式。

面对行业的激烈竞争，欧派集团投资开拍微电影，尝试采用创新的内容营销手段结合线上线下的优势资源，以开创行业营销的新局面。

欧派家居集团是中国首批开创自营电商的家居企业之一，定制家居的电商平台有其先天的不足与特点，如何赢得消费群体的青睐，让品牌更深入其消费者群体之心，是这次活动的重点。

广告主规划：

欧派计划打造2013年度重金营销活动，计划结合线上线下所有资源同时开展，并投资开拍微电影，作为活动的外围助力推广内容。

营销活动面临的挑战：

活动时间长（规划持续3～4个月），炒作期和最终活动开始过渡期较长，有别于一般的网络话题营销，从而需要更可持续的创意亮点。

活动点多面广（包括线上线下促销、抽奖、微电影等），具备资源的优势同时具有难以形成统一的聚焦的劣势。

传统家居行业O2O整合营销案例缺乏，此次活动实为一次全新的尝试，开创行业的先河。

二、营销策略与创意亮点

（1）全局概念，整体营销，通过打造“痒婚”话题作为贯穿整个活动的创意点，通过“炒作、转介、引爆”三个阶段，把活动分散的点和面串连起来，形成统一的活动包装。

（2）线上线下配合互动，多渠道多媒介覆盖推广，整合资源发挥1+1>2的营销效果。其中运用欧派自媒体（微博、官网）起到信息传递及关注聚焦作用。

（3）巧用新媒介（微博、微信），制作微应用——痒婚诊断器等创新形式，为网络营销注入新鲜的玩法，为品牌企业塑造创新、时尚的形象，并创下了家居行业网络营销的先河。

三、执行过程

第一阶段——话题炒作，吸引关注

制作微博应用“痒婚诊断器”结合网络“痒婚”奇文炒作，制造“痒婚”话题及舆论环境，吸引大规模受众参与，制造话题热点，引爆网络对话题的热议。巧妙运用内容营销配合网络公关手段，以热议话题作为营销活动的开端，打响头炮。

第二阶段——创意声明，转介关注

欧派微电影上线，自媒体（欧派官方微博）承接前期炒作的痒婚话题，发表创意声明，让前期对“痒婚”话题的关注转介到品牌层面上，提出“爱会跟家一起走”的“止痒婚”概念，并一连推出5个有奖转发活动，把对“痒婚”的关注转移到欧派品牌层面上，把对“痒婚”话题的受众成功转介成为欧派活动的参与者。

第三阶段——借势推广，引爆活动

承接前期话题、活动的热潮，配合线上线下痒婚“爱会跟家一起走”等主题关联的促销活动，并揭晓“私人定制浪漫之旅”终极大奖。运用多方优势渠道，借势“痒婚”话题发布活动创意信息，推广品牌活动，设置活动页面流量入口，参与量大幅暴涨，整个营销活动达到高潮。

四、营销效果与市场反馈

（1）“痒婚”话题论坛热帖浏览量超过130万。

（2）“痒婚”热帖转载微博登上新浪微博排行榜总榜（第63名、第7名）。

（3）“痒婚”微博信息生成量由7条跃升至超过170万条。

（4）“@欧派家居集团”新浪微博发起的5个有奖转发活动，参与人数超过200万人次。

（5）营销活动主题“爱会跟家一起走”微博信息生成量超过280万。

（6）“@欧派家居集团”新浪微博粉丝数量增长接近 140 万。

资料来源：作者根据互联网相关资料进行整理。

【讨论题】

1. 欧派家居如何借助网络进行营销推广？

2. 试分析欧派家居的目标人群是谁？文中介绍的网络推广方式是否适合？并说出你的观点。

案例应用 3

三只松鼠：砸了钱也没安全感

“双十一”的 800 万元

毛利 50%的坚果产品，淘宝推广费用占销售额的 30%！

“用传统品牌运营的角度来看，这是不健康的，我自己都觉得这不健康。”坚果类淘品牌“三只松鼠”创始人章燎原说。

但这种大手笔的投入，让“三只松鼠”在上线仅 4 个月之后的“双十一”淘宝大促，日销 800 万元，知名度和曝光度也随之爆发，正如章燎原所期待的那样。

“‘双十一’是一次有预谋的行动。”章燎原说。从 2012 年 6 月 19 日上线开始，三只松鼠就开始在准备“双十一”这一天的爆发。就像线下品牌，渠道准备充分之后，要来一次高空广告强有力的轰炸，“双十一”就是其品牌规划的临界点，希望在这个点上能一举成为“第一”（销量）。

他解释，这个“第一”对他们意义重大。“双十一”是受大家关注的，是一个免费推广的好时机，会引起淘宝或者相关领域的关注。但是在这个准备过程中一口气都不能松，要坚持打到底。

在上线之初，“三只松鼠”就给自己设定了一个松鼠漫画品牌形象，便于消费者记忆。在用户体验上也追求与众不同，比如每个客服人员有一个松鼠的形象和名字，它们叫消费者“主人”，不管你骂它还是调戏它，它都只会卖萌不还嘴；再比如，随包赠送湿巾、核桃夹等贴心小礼品，给消费者超出预期的惊喜等。

但这都只是基本功，毕竟还是要耍大招的。换句话说，只凭这点小打小闹，不舍得花钱果然还是不行！于是就有了那个 30%。

对此章燎原有自己的理解。他认为，在互联网上的推广费用实际上同时也起到了广告的作用，但现在很多人仍然没有将互联网的推广和广告结合起来。

在“双十一”之前的 4 个月当中，其实就是在流量和推广上做铺垫。当时章燎原给团队提出了很多要求。

首先占流量入口，“我们希望有一个单品在搜索流量入口在全国要达到 40%，占据前三的位置。”章燎原说：“当搜索流量达到 40%，占据全国前三时，顾客的二次购买率和口碑转化率，如果达到 20%以上，这个对新品牌来说是一个比较高的值，就可以再加大推广。”

他进一步说明，6 月份上线，8 月份的目标是进入坚果的前 10 名到 20 名，10 月份的时候希望占据或并列坚果类的第一，保持流量等各种指标均衡。

流量的构成有钻展流量、直通车流量、活动流量等付费流量，还有一部分慢慢累积的免费流量，就是那些直接搜“三只松鼠”这个品牌名的消费者。

“6 月到 10 月我们完全是亏本的，我们的考核指标就是二次购买率和口碑转换率。”

“三只松鼠”有一个数据推广部门，数据分析的对象包括：每天的销售额，来自于哪些流量，多少来自于老顾客等，然后针对这些制订每次投放的计划。

章燎原一直坚持自己传统企业出身的身份，他认为这些推广和品牌的思路均来自于他多年传统企业经验和思考，但到了电子商务，很多事情还是变得不一样。

“与传统企业最大不同在于，每一次的推广，都能获得数据的支撑。我们很多时候投放广告，不一定去追求产出怎么样，而是在于获得这些数据，对数据进行分析后知道下一步怎么做。前期做不好没有关系，有了数据，我们只会越做越好。”在他看来，事情变得更便捷。

在前期的铺垫当中，和传统企业一样，品牌的渠道上的市场占有率也有要求。“全部的单品能在淘宝的同品类下，有 30%到 40%的占有率”。

只有这些都准备充分之后，才可能有一次借势的爆发。“那一次双十一，我们的目标是 500 万元，但后来超出了预期，有 800 万元。”章燎原说。

一不小心还是会挂掉

即便借势成功，甚至在 2013 年 1 月，一个月的销量达到 3000 万元，一个刚刚成立一年的品牌，有如此耀眼的成绩，“三只松鼠”这个品牌就安全了吗?

很可悲，不是。

淘品牌死掉的速度，甚至比它起来的速度更快。

章燎原也承认这样一个事实，“不是说现在做到了什么样子，就可以一劳永逸了。”

那这是否意味着，他们需要一如既往地保持这种亢奋状态冲刺，还要这么狠心砸钱砸下去?

“我们现在的推广费在销售额中的占比平均下来在 18%左右，有活动的时候，还是在 20%以上。”章燎原补充道：“我很负责任地告诉大家，我们现在还是不赚钱。”

章燎原依然认为现在的投入是值得的，他有一种对品牌的执念，“如果想盈利，明年就能盈利，但是我们还是要做品牌”。

像“三只松鼠”这样的淘品牌，有借助互联网快速成长的天然优势，也有天然弱势——没有渠道的推力。

一直以来，在传统企业中有一个认知，就是一个品牌的成功，离不开渠道商的贡献。但是“三只松鼠”这样的淘品牌成功的核心，就是因为新兴渠道的兴起和渠道成本的降低。“互联网品牌的重要价值就是便宜。”章燎原说。

不管是线上还是线下，只要有渠道就要再一次分摊利润，成本压力激增。

互联网最大的变革是渠道已经虚拟化，可以用更快的方式、更好的服务、更好的产品直接找到客户。但这也需要靠自己单打独斗的品牌商注入更多的资源。

“为了抓住更多的客户，让他们满意，我愿意花更多的钱。”章燎原说。

此外，章燎原现在不做分销，“取决于一点：货必须自己发，必须从我们自己的仓库走，因为我们要向顾客保证产品新鲜”。

保证品质是一个品牌必须有的职责。但正如章燎原所说，现在品质是必修课，并不是突出的特点。一个品牌的品质如果不能和非品牌区分，那品牌靠什么取胜?

“用户体验。”章燎原强调，“互联网的好处在于是顾客说了算，品牌在于服务过程等细节是否达到了用户的满意度和希望值”。他们关注消费者每天都有什么变化，会每天对一万个评价进行分析，了解顾客的喜好。

章燎原认为，未来形成的壁垒并不是一个营销点或者一个营销创意，有两方面很关键：一是具备持续的、系统化的创新能力；二是硬件，会在全国建物流中心，保证物流更快。

“三只松鼠”最近拿到了今日资本的600万美元融资，章燎原透露这笔融资会用在后台的建设和用户体验方面，在全国建设若干个物流中心。

至于什么时候，才开始靠这个品牌来赚钱。章燎原说：“我现在也不知道，真的不知道。”但他认为，如果二次购买率达到40%以上，超过三到四次的购买，这个品牌就有价值了。

资料来源：作者根据互联网相关资料进行整理。

【讨论题】

1. 三只松鼠的品牌推广方式和传统企业产品推广方式有何区别？
2. 淘品牌如何进行网络营销预算管理？

参考文献

[1]〔美〕迈克尔·波特. 竞争优势[M]. 陈小悦，译. 北京：华夏出版社，2005.

[2]〔美〕杰恩·巴尼. 获得与保持竞争优势[M]. 王俊杰，译. 北京：清华大学出版社，2003.

[3] 李振东. 创业经营王者方略[M]. 北京：经济管理出版社，2001.

[4] 张福墀，周福元. 管理造势论[M]. 北京：经济管理出版社，2001.

[5] 涂光社. 因动成势[M]. 南昌：百花洲文艺出版社，2001.

[6] 施芝华. 孙子兵法新解[M]. 上海：学林出版社，2000.

[7]〔美〕戴维·贝赞可. 公司战略经济学[M]. 武亚军总译校，译. 北京：北京大学出版社，1999.

[8] 张福墀. 管理场论纲[M]. 北京：企业管理出版社，1995.

[9] 李均朋. 孙膑兵法译注[M]. 石家庄：河北人民出版社，1992.

[10] 汪应洛，席酉民. 战略研究理论及企业战略[M]. 西安：西安交通大学出版社，1990.

[11] 张维迎. 博弈论与信息经济学[M]. 上海：上海三联书店，2004.

[12] 刘力钢. 企业持续发展论[M]. 北京：经济管理出版社，2001.

[13]〔美〕丹尼斯 C. 缪勒. 公共选择理论[M]. 杨春学，译. 北京：中国社会科学出版社，1999.

[14] 屈云波，高媛. 市场细分[M]. 北京：企业管理出版社，1999.

[15]〔英〕迈克尔·J.贝克. 市场营销百科[M]. 李垣主，译. 沈阳：辽宁教育出版社，1998.

[16] 郑宏. 销售业务管理[M]. 北京：企业管理出版社，1998.

[17] 王方华，张向菁. 绿色营销[M]. 太原：山西经济出版社，1998.

[18] 刘思华. 可持续发展经济学[M]. 武汉：湖北人民出版社，1997.

[19] 罗国民. 绿色营销[M]. 北京：经济科学出版社，1997.

[20] 全国中等职业学校财经类专业教材编写组，尚晓春. 市场营销策划[M]. 北京：高等教育出版社，2000.

[21] 胡树华. 产品创新管理[M]. 北京：科学出版社，2000.

[22] 芮明杰. 中国企业发展的战略选择[M]. 上海：复旦大学出版社，2000.

[23] 杨洁. 企业创新论[M]. 北京：经济管理出版社，1999.

[24] 傅家骥. 技术创新学[M]. 北京：清华大学出版社，1998.

[25] 彭慧翔. 浅谈绿色会展经济发展的教学管理[J]. 现代经济信息，2013（06）.

[26] 樊桂萍. 浅谈会展场馆实施绿色经营的对策[J]. 现代工业经济和信息化，2013（02）.

[27] 孟繁雅，任晓英. 也谈广播电视节目市场营销[J]. 商业文化（学术版），2009（11）.

[28] 傅秀政. 试论广告策划的策略应用[J]. 科技创新导报，2008（16）.